# 全球经济的
# 系统脆弱性

（美）杰克·拉斯穆斯
（Jack Rasmus） / 著

贾拥民 / 译

西方
经济—金融前沿
译丛

华夏出版社
HUAXIA PUBLISHING HOUSE

献给英格丽德（Ingrid）

她耐心、体贴，是我永远的挚友、一生的伴侣

# 目　录

## 第一部分

# 第二部分

## 第三部分

# 第四部分

# 前　言

　　21 世纪的第二个十年已经过去了一半，越来越多的证据表明，全球经济正在变得越来越脆弱。无论是从既有的事实来看，还是从潜在的趋势来看，都是如此。无论是在金融行业，还是在非金融行业（也即所谓的"实体经济行业"），也全都如此。

　　有人认为，2008 年至 2009 年席卷全球的金融危机早已风平浪静，可能导致金融不稳定性事件急剧爆发、造成实体经济严重萎缩的各种因素也已经被我们远远地抛在身后了。这种观点是不正确的。2008 年至 2009 年爆发的全球经济危机尚未结束，它只是改头换面，有了新的形式，或者说，它的主要轨迹发生了变化。金融危机最初集中在美国—英国经济体中，到了 2010 年至 2014 年，它转移到了其他发达经济体，比如欧元区和日本的局部脆弱处。从 2014 年开始，它又再一次转移（这已经是第三次了），转移到了中国和其他新兴市场经济，并且一直在持续发酵和蔓延中。

　　确实，到了今天，经济不稳定性的主要来源已经不再是房地产行业（次级抵押贷款市场），也不再是与次级抵押贷款市场深度融合的信贷和衍生品市场。从实体经济的角度来看，虽然实体经济并没有处于迅速萎缩的状态，但是问题重重。实体经济开始陷入停滞状态，全球贸易和实体经济投资都放慢了脚步，通货紧缩的幽灵出现了，越来越多的经济体在衰退的泥淖边缘爬行。然而，往往刚刚爬出又重新掉进去——从日本到巴西和俄罗斯，再到南亚和欧洲的许多国家，甚至连加拿大等国也不能幸免。另一方面，从金融行业来看，企业的、政府的和家庭的严重过剩的流动性和持续上升的债务，正在助长一系列新的金融泡沫，中国的股票市场、各国企业的垃圾债券和杠杆贷款、美国的交易所交易基金、欧洲的政府债券、全球无处不在的外汇兑换产品和金融衍生产品，全都充斥着泡沫。

当然，金融不稳定性事件、金融崩溃以及通常会随之而来的实体经济灾难，并不一定像某些一再重复播放的电视节目那样会一成不变地重复出现。从这次危机到下次危机，不同危机中的具体剧情和细节总会有所不同。在某些时候，危机会出现在房地产和所有权市场上（例如，20世纪80年代的美国和90年代的日本经济危机，以及2008年的全球金融危机）。而在另一些时候，危机则会出现在股票市场上（例如，2000年的科技股泡沫和2015年的中国股市泡沫）。当然，它也可能会出现在货币市场上（例如，1997年至1998年的亚洲金融危机）；或者也有可能出现在政府债券中（例如，2012年的欧洲）。但是，导致所有危机的基本因素却几乎总是相同的。

那么，导致危机发生的基本因素究竟有哪些？这些基本因素是如何产生和发展的？它们又是如何相互作用和互相反馈的，以致使得全球经济系统变得愈加脆弱，从而导致这个系统极易爆发金融危机并出现经济紧缩？而且，在出现某些突发的事件时，金融不稳定性紧随而来的实体经济的萎缩会发生得更快，经济会下滑得更深，而且比一些其他更"一般"的金融不稳定性事件的后果更严重，金融衰退持续的时间更长。那么，这种情形产生的基本因素又有哪些？在危机发生时，启动正反馈效应、强化不稳定性、加剧危机的各种传导（传动）机制又有哪些？这些基本因素又是如何限制或否定那些旨在恢复金融稳定和推动实体经济复苏的财政政策与货币政策的有效性的？说到底，我必须先回答：何谓"全球经济系统的脆弱性"？为什么"系统脆弱性"如此重要？为什么大多数经济学家在预测和分析中都没有提到或试图解决这个问题？

## 基本趋势和基本决定因素

本书指出，在日益升级的全球经济脆弱性的背后，隐藏了如下九个基本趋势：

趋势一：世界各国的中央银行，特别是美国中央银行（美国联邦储备委员会）数十年来注入了天量的流动性；同时，私人银行系统的"内部信贷"的可获得性也在日益增长。

趋势二：随之而来的是与日俱增的私人部门的债务，因为投资者会利用各国中央银行注入的天量流动性为投资而大举加大杠杆进行借贷。

趋势三：总投资不断地从实体经济行业转移到相对来说更加有利可图的金融行业。

趋势四：由于投资者大多转而投资金融证券，因此正常的投资流量出现了转向，致使正常的投资活动被扭曲、实体经济投资放缓。

趋势五：由于流动性过剩、债务扩张和投资向金融资产领域转移，金融资产价格的波动性日益增强，因而导致资产泡沫、资产通货膨胀以及随之而来的通货紧缩。

趋势六：当实体经济投资流中断、实体经济的增长减缓时，商品和服务的价格从长期来看将由通货膨胀向"反通货膨胀"转变，随后就会出现通货紧缩。

趋势七：随着新的全球金融体系（包括新的金融市场和证券市场）的建立，金融市场结构将发生根本性的变化；同时，一个新崛起的全球金融资本精英阶层，他们非常适应流动性日益增加、债务持续扩张和投资日益向金融资产转移的大趋势。

趋势八：劳动力市场也将出现相应的根本性变化，从而导致从业者工资收入停滞或下降，以及其家庭债务上升。

趋势九：随着金融资产性质的债务和收益的不断增加、工资收入的停滞不前和家庭债务的上升，以及政府资产负债表上债务不断增加而收入（税收）不断下降，政府的财政政策与货币政策将日益变得无效，因为所有这一切都降低了投资和消费对利率的反应的弹性，也降低了政府财政政策的乘数效应。

## 脆弱性的关键变量和形式

金融（经济）危机的主旋律是，随着时间的推移，如前所述的九个基本趋势都将动态地发展并强化。事实上，这九个趋势都在为经济的系统脆弱性的"一般条件"做贡献，而且在此过程中它们还互为决定因素。因此，经济的系统脆弱性首先构成了上述九大趋势的动态条件，但是反过来，这九种力量的相互作用又导致了经济的系统脆弱性；它们是通过以下三个关键变量来"生成"经济的系统脆弱性的：债务，偿还债务所需的收入，以及"债务条款和条件"（"terms and conditions of debt"，简称"T & C"）。

债务、偿还债务所需的收入以及债务条款和条件的动态交互作用会强化三个主要经济组织（即金融机构、家庭和政府）内部的脆弱性。不仅如此，这种脆弱性还会体现在它们之间。同时，脆弱性的水平不仅可能会因上述趋势加大某一组织的债务并同时减少其收入，进而导致偿债条款和条件更加不利而提高，并且三个变量之间的相互作用也可能会提高脆弱性的水平。此外，金融机构、家庭和政府这三者的脆弱性之间的反馈效应也会进一步提升整个系统的脆弱性。

因此，脆弱性不是一个线性的过程，它不像有些人所描述的那样，会随着债务或收入的增加（或减少），从一个水平上升（或下降）到下一个水平。它完全是一个动态过程，它在任一组织和形式之内或之间都具有多重反馈效应。同时，系统脆弱性也绝不是三种组织形式的脆弱性的简单相加。这三种组织形式之间的脆弱性是如何相互决定的？它们的互为作用又是如何导致经济的系统脆弱性的？这些都是很重要的问题。

既然我们将关注点集中在三种形式的脆弱性的动态相互作用上，那么就必须将它们内外及之间的各种"传导机制"识别出来并加以解释。在此，我们不妨先将一些比较重要的"传导机制"列举出来，它们包括：与金融资产和实物资产相关的价格体系、政府的政策转变，以及不同行为主体的心理预期［这里所说的"行为主体"是指投资者（尤其是金融资本精英）、消费者家庭，以及中央银行、立法机构和政府政策的制定者与执行者］。当然，最需要强调的重点应该放在价格体系上，因为它是脆弱性发展并演化的特别重要的传导机制。

各种动态交互作用，即各种反馈效应与发挥着"使能"作用的各种传导机制，都会起到强化系统脆弱性的效果。此外，取决于各种交互作用或"反馈效应"的脆弱性的程度则会因商业周期的长短和条件的不同而不同。

当然，系统脆弱性并不仅仅是三种形式的脆弱性的简单加总，它是一个动态过程的结果；该过程有一个历史轨迹，即系统脆弱性是以实际条件和各行为主体的主观心理预期为基础的。因为系统脆弱性是其内部趋势和变量的产物，所以它是内生的并在内生主导的环境下发展和"成长"起来的，如果用经济学家常用的术语来说的话。

另外，不断强化的金融脆弱性会使全球经济更容易引发金融不稳定性；而当金融不稳定性事件发生时，它又会进一步加速实体经济的收缩，这种加速的后果是还会导致更深因而通常持续时间更长的实体经济收缩。

在本书中，我们将从对系统脆弱性的一般分析中得出两个重要的推论，这两个重要的推论都会对主流经济学的正统观念提出挑战。主流经济学的两大正统观念是：全球资本主义经济，无论是在国家层面还是在整个世界层面，从长期来看必然会趋向稳定；当出现不稳定的情形时，由于有市场力量和（或）政府政策干预的存在，必定能回归均衡。

为此，从系统脆弱性的角度出发，第一个受到挑战的正统假设是：在市场层面上，资本主义价格体系将发挥调节供给和需求的"魔法"作用，使经济回归均衡和稳定。但是，我们对系统脆弱性的分析结果表明，价格体系并不是促成系统稳定性的力量；恰恰相反，在 21 世纪，价格体系正在日益成为破坏系统稳定性的力量。这个结论尤其适用于金融资产价格扮演的角色。因此，并不是所有的价格体系都是一样的，也没有一个价格体系是"放之四海皆准"的。主流经济分析的基本原则是：只有一个价格体系，在该体系内，供给和需求一并发挥缓和不稳定性的作用。但是，这并不是事实，因为这个世界上存在着多种价格体系。尤其到 21 世纪，在金融资产投资在全球资本主义中越来越占主导地位的情况下（相应地，实物资产投资的重要性不断下降），波动性更高的金融资产价格的表现会全然不同，而且越来越有能力驱动货物（产品）和要素（工资或劳动）的价格甚至货币本身的价格（利率）发生变动。

第二个受到挑战的正统假设是：政府的财政政策和货币政策可以稳定经济系统，当这种政策行为与纯粹的市场力量和单一价格体系的力量构成互补的时候。但是，正如我们对系统脆弱性的分析所表明的那样，当全球经济体系内的脆弱性变得根深蒂固之后，上述情况出现的概率将越来越低。系统脆弱性不仅会部分抵消货币政策（以及利率变化）所带来的弹性效应，而且还会降低政府支出和税收政策的乘数效应，从而削减那些旨在促进经济复苏的财政政策和货币政策的效果。现在，无论是从金融行业的角度还是从实体经济的角度来看，试图稳定经济系统的财政政策与货币政策所能够带来的，都只是更加疲弱的和不可持续的经济复苏。而这正是这类政策越来越无效的结果。这类政策的失败往往表现为经济增长的"再次沦陷"（经济增长在单个季度内急剧减缓或出现负增长），或短暂而轻微地一再重复下滑并触及经济衰退底部的情形。而且，在某些特定情况下，这些"次佳"的经济复苏还可能滑落为真正的经济萧条。

## 实体经济中的不稳定性

目前，全球实体经济的发展一直在持续放缓。对此，本书将在第1、2章中进行详细讨论。不过由于中国经济的短暂飙升，以及因为某种特殊而暂时的原因所导致的发生在2010年至2013年间的新兴市场经济体（EME）的增长，使得全球实体经济这种放缓的情形一度暂时被抵消了。但实际上，早在2013年年底，中国和各新兴市场经济体的经济增长就已经出现了初步消退的迹象。自那以后，支撑这种增长的各种因素的作用程度进一步减弱了，到如今（2015年），这些经济体的经济增长已经显著地放缓了。

全球实体经济（制造业）已经处于衰退状态，工业总产值正在下滑。在许多国家，耐用品的产量正在逐步减少。实物资产的投资已经急剧下降，与生产相关的收益也相应减少，生产率几乎无所提高或完全停滞；反通货膨胀和通货紧缩作为一种通常的趋势也已经持续一段时间了。

或许，最能够体现实体经济放缓的情形的是世界性大宗商品和石油价格的崩溃。与几年前的价格相比，主要工业大宗商品如铁矿石、铜和其他有色金属的价格已经下跌了一半以上，而原油的价格则更是比之前下跌了三分之二。非金属商品的价格的情形也好不到哪里去。高度依赖这类产品生产和出口的国家，比如巴西、俄罗斯、委内瑞拉、尼日利亚、南非，甚至澳大利亚和加拿大，几乎都处于经济衰退状态，或者极度接近经济衰退状态。中国经济的实际年增长率毫无疑问不可能超过5%，要远低于其官方报告报的7%，更加远低于几年前的10%～12%。随着中国经济增长速度的放缓，南亚各经济体的经济增长更是举步维艰，它们的经济发展状况都严重依赖于中国的经济表现。

欧洲在分别经历了 2011 年和 2013 年的两次衰退之后，经济增长幅度一直处于前所未有的、低于平均水平的 –1% ~ 1% 区间波动。自那之后，欧洲某几个最强劲的经济体（包括法国、意大利和德国）曾经出现过一次微弱的复苏。今天，这几个经济体仍然在为真正的经济复苏而努力奋斗着。与此同时，欧洲的次发达国家则一直承受着持续的衰退之苦。而且，今天这些国家的范围也再不仅仅限于南部地区，还包括北部的斯堪的纳维亚半岛和波罗的海沿岸国家。

与此同时，作为世界第四大经济体的日本自 2008 年至 2009 年经济崩溃以后，足足经历了四次衰退，尽管其中央银行在 2013 年以后实施了史无前例的量化宽松政策，向经济体注入了总额高达数万亿美元的货币。然而，这个注入货币的政策的效果充其量只不过是造就了短暂的股市暴涨，而对实体经济的增长却并没有任何实质性的影响，这让日本经济再次陷入了衰退。

此外，被许多人大肆宣扬的美国经济的"健康恢复"，其实只不过是媒体和政客玩弄的一个把戏而已。就实体经济增长而言，自 2010 年以来，美国经济表面上是经历了四次"复苏"，但实际增长速度却至少下降了四分之一或转为负值。在美国，真正可以观察到的实体经济增长，无非是页岩油工业及其相关的运输业和制造业。然而，随着 2015 年全球石油价格的再次崩溃（有些人估计石油价格可能下降至每桶 30 美元），这种经济增长迅速告终。美国实际失业率仍然保持在 12% 左右的水平上居高不下。不过，服务行业的低工资的、兼职性的和临时性的职位带来的收入，在很大程度上掩盖了美国总体失业情况的严重程度。到了 2015 年年底，随着美元的升值——美元首先是因为长期利率的提高而升值，随即又因为短期利率的上升而出现进一步升值（由于人们对美联储会在 2015 年采取行动而有所预期），美国的出口和制造业的增长速度正在放缓；而建筑业则仍然停留在远低于 2006 年至 2007 年间创下的前高水平之下，因为只有收入较高的家庭才有能力购买住房。家庭消费仍然极大地依赖债务融资，因为收入中位数一直在下降。在 2008 年经济崩溃整整七年之后，人们翘首以待的工资增长情形仍未出现。与此同时，美国政府的相关机构却在对美国 GDP 的构成和经济增长进行重新定义，以这种手段来美化数字和"助推"经济增长。

在半个多世纪以来最疲弱的经济复苏消失后，随着实体经济增长速度的放缓，人们的绝望情绪日益增强，各国政府的决策者不得不退而求其次，致力于为本国的企业在增长持续变缓的世界贸易中尽可能地争取稍微高一点的份额。例如，在欧洲各国，在日本，为了降低生产成本和刺激出口，它们的政府采取的应对措施是，采取量化宽松和大规模注入货币的政策，让本国的货币贬值。这些决策者还抱着这样一种希望，那就是，货币贬值也会刺激股票和债券投资，从而可能反过来促进国内的实体经济投资。但是，在欧洲各国和日本，这种政策从未能获得成功过。因此，为了进一步降低成本，欧洲各国已经开始推行旨在压低工资成本的"劳动力市场改革"。这是另一种选择。日本也正在策划实施。

欧洲各国和日本竞相采用量化宽松政策，这只会令本国货币贬值，只会引发全球货币战争。它们的这种努力实际上是在将它们的经济缓慢增长和停滞"出口"到国外，其结果只能是促使中国、亚洲各新兴市场经济体也同样竞相贬值本国货币（以此来增加自己国家的出口），从而导致一场"逐底竞争"。而为了做进一步的回应，欧洲各国和日本几乎肯定会在 2016 年推出更多轮次的量化宽松政策。

不过，与 2010 年至 2012 年期间不同的是，以往那种情况——中国和其他新兴市场经济体经济快速增长、部分抵消欧洲各国与美国及日本的经济复苏失败的影响——再也不会出现了。事实上，引领今天全球实体经济放缓的正是中国和一些新兴市场经济体，但是却没有任何证据表明，美国、欧洲各国和日本这些发达经济体能够反过来发挥中国和一些新兴市场经济体以前曾经发挥过的作用。现实是，随着中国和一些新兴市场经济体经济增速的放缓，欧洲各国和日本将进一步受到影响。美国的制造业和工业生产也将进一步放缓，因为无论美国联邦储备委员是否会在 2015 年及以后针对短期利率进行何种操作，长期利率和美元价值都必定将继续上扬。

## 全球经济体系中的金融不稳定性

同样不难看出的是，在 2015 年年中，全球经济体系中的金融不稳定性程度在不断上升。排在"全球金融不稳定性排行榜"榜单顶部的是在中国股票市场上渐次展开的一系列不稳定性事件，其次是地方政府基础设施融资、住宅和商业住房融资的持续不稳定性，再接下来是金融资产管理的不稳定性，以及老旧工业企业的融资困难和不稳定性——现在，许多老牌工业企业从技术上讲实际已经破产。

从 2014 年开始，中国的股票市场出现了非常经典的泡沫，主要表现是，股票价值在短短一年内涨幅高达 120%。中国政府最初制定政策的目标是，引导过剩的流动性和过于活跃的金融投机活动离开已经失控的、为地方政府基础设施融资和房地产投资融资的影子银行，然而，这种政策实际所产生的效果却是将它们引入了股票市场当中。中国政府在施行这种政策时，还抱有另一个意图，那就是，找到一个促进实体经济投资的途径：利用金融股权资产的升值来刺激私人资本增加对实体经济的投资。决策者还希望，股票普涨所带来的财富效应能刺激私人消费；私人投资和消费需求的带动能力增强，中国政府就可以减少采用以往刺激经济增长的政策，这些政策包括：增加政府直接投资，由中央银行注入大量货币，吸引巨额外国资本流入，以及鼓励制造业产品出口。这些政策早在 2012 年至 2013 年间就已经开始实施了，当时中国还没有开始转向新的、驱动民营企业投资的政策。但是，中央银行的注资、外国资本的流入，以及将货币资本从房地产行业转移到股市上，所有这些政策都没能起到促进实体经济投资的效果——并不比欧洲各国、日本、美国通过量化宽松政策注入货币更能促进实体经济的投资，实际情形恰恰相反，它们只引发了中国股市的巨大泡沫。

到 2015 年 6 月，中国股市泡沫终于破灭，当时的市值损失总额超过 4 万亿美元，而且其后果至今仍然影响着全球金融市场。其中的一个后果是，在总值超过 5.7 万亿美元的全球货币兑换市场上，它使得竞争性贬值进一步加剧、货币战争进一步趋向激烈。在此之前，当日本于 2014 年、欧元区于 2015 年分别实施 1.7 万亿美元和 1.3 万亿美元的"逐底竞争性"量化宽松政策时，货币战争就已经非常激烈了，不过这些政策对全球的金融不稳定性和实体经济不稳定性的影响还不是十分明朗和突出。然而，随着股票市场的冲底，中国随后的政策部分地回归了出口驱动型战略，并试图以此推动其已经快速减缓的实体经济重新获得振兴。此时，这一政策的后果便开始显现。其最初的表现形式是，将法定货币人民币的汇率调低至 2%～4% 的区间水平。面对中国股市的下跌、货币的贬值以及实体经济的放缓，亚洲各国及其他新兴市场经济体的货币也迅速做出了反应。

中国发生的这些事件加速了人民币汇率的急剧下跌，尽管自 2014 年以来欧元和日元已经下跌了 30%。现在从印度尼西亚到泰国，再到新加坡，甚至是澳大利亚和韩国，所有主要的亚洲国家和地区的货币汇率都在急剧下跌。

2015 年夏末，货币贬值的后果明显开始外溢，并且逐步蔓延开来，从而加剧了全球股票市场价格的快速波动和收缩。货币和股市的暴跌反过来又加速了各新兴市场经济体和中国的资本外逃。为了减缓资本外流，各新兴市场经济体纷纷提高国内利率，但这又进一步拖慢了国内实体经济复苏的步伐，并进一步导致股票价格暴跌。随着时间的推移，到了某一个临界点上，股票市场和货币市场上日益加剧的金融不稳定性就开始互相作用并互相强化。很可能，这就是全球经济的状态。

金融不稳定性既可以反映在金融资产价格泡沫的不断膨胀上，也可以反映在这种泡沫的解体或破灭上。世界石油和商品价格的崩盘自 2013 年以来就开始了，然后在 2015 年夏季又进一步加速。这是另一个强有力的指标，表明全球经济处于金融不稳定性不断强化的状态。

欧洲各国和日本持续的经济萧条，美国经济的小幅下滑，导致世界商品价格和石油价格不断下滑。自 2014 年以来，中国实体经济的衰退又进一步加剧了这种疲软走势。在原油市场上，美国页岩油的能源生产商与以沙特阿拉伯为首的海湾石油生产国之间日趋激烈的竞争，又进一步推动了石油价格的下跌。原油价格在 2014 年时为每桶 120 美元，到 2015 年年初已经跌到每桶 50 美元；而且据一些专家估计，原油价格将再次下跌，很可能会跌至每桶 30 美元。作为一种既是金融资产又是自然资源的全球性商品，石油价格的崩溃毫无疑问会对金融市场产生深度的负面影响，尤其当普通商品价格的通货紧缩一直在持续并且没有任何缓解迹象的情况下。

因此，在今天，排在"全球金融不稳定性排行榜"顶部的是股票市场的脆弱性和易崩溃性、货币市场的极度波动性，以及全球大宗商品价格和石油价格的持续崩盘。

不仅如此，其他金融资产在 2015 年也处于泡沫状态之中，这是由于自

2008年以来，大量过剩的流动性被注入全球经济中，从而导致债务大幅上升，特别是企业债务和银行债务的急剧上升。

同期，一些国家的中央银行确定的利率水平一再刷新最低纪录，对于银行借款人来说，实际利率几乎为零。这样就为全球经济注入了至少15万亿美元的流动性，这是继一些国家的中央银行差不多10万亿美元的量化宽松之外额外注入的。问题是，这两种形式的流动性创造现在仍在继续进行当中。流动性泛滥导致了创纪录的金融资产价格（从股票、企业债券、主权债券到各种衍生工具，以及其他形式的金融资产）泡沫和汇率投机活动。

企业债券的泡沫也处在高峰期，尽管债券市场似乎还没有出现与股票价格、商品价格和货币汇率同样明显的问题，但是问题总有一天会浮出水面。风险最高的是企业垃圾债券，因为当油价崩溃和企业违约时，这种债券就有可能受到从美国页岩油（气）生产行业溢出到其他行业的风险的威胁。虽然表面上看还不那么明显，但仍然存在泡沫的是企业投资债券。在2008年金融危机之前的五年中，全球发行的企业债券总额平均每年不到1.5万亿美元，但是在2010年以来的五年中，每年平均发行额却超过2.5万亿美元。这就是说，与历史平均水平相比，整整多发行了5万亿美元的债券。

政府债券也进入了未知的风险领域，特别是在欧洲，各国政府债券越来越多地以负利率出售。这就是说，在买家购买主权债券时必须支付利息给政府，而不是政府支付利息给买家。这样做的目的无非是为买家的过剩流动性找到一个临时安全的避风港。现在债券界已经发生了翻天覆地的变化，但是未来的金融不稳定性的后果却属于未知领域。几年前人们见证过债券的"闪电崩溃"，而对其原因至今仍然一无所知。随着传统银行在这一领域的退出，喜欢追逐风险的影子银行承担起了原有银行的角色。然而，债券交易市场因流动性消失带来了许多问题，这成了一个日益恶化的问题。许多人都在警告，债券交易部门将会由于流动性枯竭而出现债券价格加速崩溃的情况。新的金融不稳定性事件也许不太可能再次因次级抵押贷款问题而爆发，某个典型的股市崩盘事件或许会成为一个真正令人震惊的金融不稳定性事件，债券市场崩溃便可能是其中之一。如果是后者，那么由于债券行业在全球经济中是一个规模大得多的行业，因此而引发的危机或许将会严重得多——相形之下，因次级抵押贷款问题爆发或股市崩溃而引发的危机几乎不值得一提。

在这些更加明显的股票、债券、大宗商品如石油和货币市场不稳定的背后（在 2015 年年末，所有这些市场的不稳定性情况都在趋向恶化），在全球范围内还有许多看似较小但可能更加不稳定的金融资产市场。

这些年，在杠杆贷款和债务市场的推助下，一些机构和投资者掀起了一个历史性的并购热潮。此外，现在还出现了各种各样的交易所交易基金（ETF），投资这种基金的散户投资者被过度暴露于风险之下，因为他们不顾一切地在高风险的投资上寻求"收益"（更高的回报）。在英国、法国、美国、澳大利亚和斯堪的纳维亚半岛国家，都出现了房地产泡沫的情况，因为富裕的投资者带着从中国和各新兴市场经济体中抽逃出来的资本，大举投资发达经济体的高端房地产。在美国，还存在着银行之间的回购市场，在那里，当流动性不足时，影子银行家就可以发挥更大的作用。另外，在全球衍生品交易中，还存在着各种未知的衍生品，其中大多数属纯粹"赌博"和投机的金融证券，它们在 2008 年金融危机爆发七年后仍然非常不透明。这些衍生品在源于次级抵押债券的金融危机中曾对于金融风暴的快速传播起到过关键作用。

总而言之，今天全球经济中有太多促使金融不稳定性的因素，而且几乎所有方面似乎都在继续朝着更脆弱和更不稳定的方向发展。

在本书中，脆弱性将被视为导致金融不稳定性的一个关键因素。事实上，它自身就可能直接触发金融不稳定性事件，例如，银行崩溃、股市崩盘、信贷危机、流动性泛滥、跨部门或跨机构的偿付能力危机、突如其来的货币汇率波动、货币资本的急剧抽逃、金融资产价值的快速崩溃，以及违约和（或）破产。当然，这些其实只是最明显的一些例子。金融危机后的实体经济衰退虽然会因金融不稳定性事件的波及范围和严重程度而异，但是这种衰退无论是从定性的角度来看，还是从定量的角度来看，都必定不同于过往我们通常所称的"正常"衰退，一些经济学家称之为"大衰退"。不过，在考虑这个术语可能会导致误解之后，本书将这种衰退称为"叙事诗般的衰退"或"史诗般的衰退"*，即一种"无声的"大萧条。不过，无论选择哪个术语，这种

---

* "叙事诗般的衰退"的原文是"epic recession"，或者也可以直接译为"史诗般的衰退"。若想简洁一些，或者也可以译为"大衰退"，但那恰恰是作者本人反对的（见下文）。——译者注

衰退似乎都在向全球经济体系中正在生成和加剧的另一个更加严重的不稳定性因素——脆弱性——传导破坏性，脆弱性会进一步导致（实际上也可以说是"促成"）新的足以使实体经济再次萎缩的金融不稳定性，而实体经济的萎缩反过来又会加剧全球金融系统的脆弱性。因此，在金融系统的不稳定性与实体经济的不稳定性之间，完全有可能形成一个能够自我运行的负循环系统。可悲的是，今天一些国家的决策者却并没有做好准备，同时也不具备能力去处理这个令人棘手的问题。

## 本书内容提要

本书前 6 章构成了第一编。第 1、2 章分别简要地评述了一些和国际经济机构对全球经济增长的过度乐观的预测。第 3–6 章着重分析了全球经济近年来的主要发展趋势，同时阐明在 2015 年，全球经济面临着比 2008 年金融危机更大的潜在金融不稳定性。同时还讨论了一些精心选择的案例，它们揭示了当今全球经济如下一些事实：石油市场和商品市场变得日益不稳定；商品价格通货紧缩；新兴市场经济体货币趋于崩溃、资本外逃、金融市场不稳定性增加、进口急剧膨胀、（偿还急剧增加的外债所需的）出口收入减少；欧洲一些国家和日本的决策者与中央银行家们则越来越绝望，因为他们引入的量化宽松政策和内部峰值政策全都归于无效（这些政策旨在通过降低劳动力成本和令本国货币贬值来刺激出口，以便在世界贸易总额中占据更大份额，从而推动国内经济复苏）；而在中国，金融资产泡沫日益膨胀。总之，当更多的实体经济越来越走向衰退时，无论是中国、欧洲各国、日本，还是各新兴市场经济体的经济形势，也无论是全球大宗商品（例如石油）的市场趋势，全都反映了全球经济体系中的金融不稳定性上面。对于这些趋势和事件，我们完全可以说，它们就是"全球金融煤矿中的金丝雀"。

本书第 7–15 章构成了本书的第二编。在第一篇一系列精选案例的基础上（它们构成了全球金融不稳定性的最明显的当代证据，无论是各新兴市场经济体、欧洲各国，还是日本和中国），第二篇转而开展更深层次的讨论，重点阐述内生于今天全球金融体系中并不断发酵和催生下一次金融危机背后的九个关键变量。这一篇的讨论侧重于危机表象背后的物质条件和力量。

第二篇将使我们过渡到对理论的探讨。如果我们要想搞清楚如下这个问题，那么一个相应的理论是必不可少的：全球经济以往是怎样的？当前处于何种状况之下？以及最重要的，未来几年的走向是怎样的？如果没有基于强大的理论预测，那么就只能停留在经验性的叙述上；如果未能掌握关于过去最重要的信息，那么也就不可能通过对现状的描述来提供对于未来的准确预测。然而不幸的是，这正是当今主流经济学分析状况的真实写照。

那么，对于金融不稳定性、投资，以及金融周期和商业周期之间关系的当代经济学分析的局限性具体表现在哪些方面呢？这是本书第三编，即第16–18章的主题。第 16 章对当代主流经济学在讨论这个主题时所呈现的两个主要流派的观点进行了细致周详的分析与批判。本书把这两个流派分别称为"混合凯恩斯主义"和"复古古典主义"。但我们认为，这两个流派都未能充分理解金融资产投资、实物资产投资与不断加速的"投机性投资转向"之间的关系（这种转向本身也是这种新型关系的产物）；而且也都未能充分理解债务和收入是如何变得越来越负向相互依赖的——它们不再独立地作为经济增长的正向来源而发挥作用。同时，对于金融资产价格如何破坏金融系统的稳定性这个问题，这两个流派都有误解。除此之外，这两个流派还都对传统的政策（即货币政策和财政政策）的作用给出了过分乐观的评估。事实上，这两个流派在很大程度上都共享着一整套概念工具，而这套概念工具必然会阻碍其本身及其追随者深刻理解 21 世纪资本主义经济的新特征。

第 17 章则对当今挑战马克思主义经济学分析方法的主流观点提出了挑战。前者认为，源于实物商品生产（即马克思主义者所定义的生产性劳动）的利润不断下降才是全球经济放缓的关键（而且事实上也是唯一的）驱动力，同时这也反过来可以解释经济的金融化转向。而本书认为，这是对马克思主义的一种过于"机械"的应用，它忽视并误解了马克思所说的资本循环的交换侧（对此，马克思本人也从来没有提出过一个全面的理论）。这种"以利润率不断下降"的理论来解释一切的进路，其实只是一种"半吊子理论"。它认为，经济的所有的不稳定性都是由实物商品的生产所决定的，而实物商品只能由生产性劳动生产出来（即只能由那些生产实物商品以及提供相关支持性服务的工人来生产）。根据这种观点，实体经济行业和金融行业两者之间的关系被认为是一条只能从生产通往金融的"单行线"，这两个行业之间是不可能产生相互作用的。而本书则认为，这些"以利润率不断下降"理论解释一切的理论家完全不能理解驱动经济的是投资，而不是某种特定形式的融资（即利润）。

与前述主流经济学的两个流派一样，这些坚持"以利润率不断下降"理论来解释一切的马克思主义经济学家也缺乏对应性的概念工具，因而无法正确理解 21 世纪金融资产投资与实物资产投资之间的关系。在很多重要方面，这三派经济学家都不能准确地理解他们自己一脉相承或与他们密切相关的那些经济学家所拥有的更加丰富的思想和观点。"混合凯恩斯主义"事实上歪曲了凯恩斯的思想，"复古的古典主义"也误解了凯恩斯和其他一些经济学家的立场，尽管这两个流派都试图重建 18 世纪和 19 世纪的古典经济学分析方法。"机械马克思主义"则不能理解马克思本人的方法，并且也没有认识清楚，在19 世纪末资本主义体系中刚刚出现的银行、金融和剥削的新形式时，马克思究竟走到了哪一步。

第 18 章讨论了著名经济学家海曼·明斯基（Hyman Minsky）的重大贡献。明斯基的研究工作与他所称的金融脆弱性密切相关。明斯基的大部分著作完成于 20 世纪 80 年代和 90 年代，他在金融周期和实体经济周期如何相互影响、相互作用这个问题上，开创了全新的领域。他的贡献已经获得了举世的公认。不过，还有许多事情是明斯基没有提到过的，他也未能亲眼看到他的观察结论是如何在 21 世纪得到充分验证的。本书作者赞赏明斯基的重要贡献，不过在本章中，作者也详细剖析了他的理论的局限性，毕竟那是根据 20 世纪 90 年代中期发生的一系列事件提出来的。本章还指出，对于如下问题给出一个更加充分、更加全面的解释，有助于进一步发展明斯基的理论：在 21 世纪的全球经济体系中，脆弱性何以成为金融行业和实体经济行业不稳定性的主要决定因素。

本书第四编给出了作者自己的分析。在这一编中，作者提出了关于全球经济危机从何而来、以后又可能走向何方的理论。这一理论被归入"系统脆弱性"的理论框架之内。"系统脆弱性"这个概念其实在前面的章节中就已经提出来了，而且还被多次引用过。在本书最后一章，即第 19 章，"我的系统脆弱性的理论"中，作者对它进行了更加详细的总结性阐述。第 19 章之后是一个附录，它陈列了一些方程式，对应于第 19 章的主要论点。

最后一章所给出的系统脆弱性理论是一个非常初步的理论。本书的目的是建立一个全新的理论框架，它可以用来分析金融周期和实体经济周期的相互作用（这种相互作用代表了 21 世纪资本主义全球经济的主要特征）。当然，这种努力还只是万里长征的第一步。

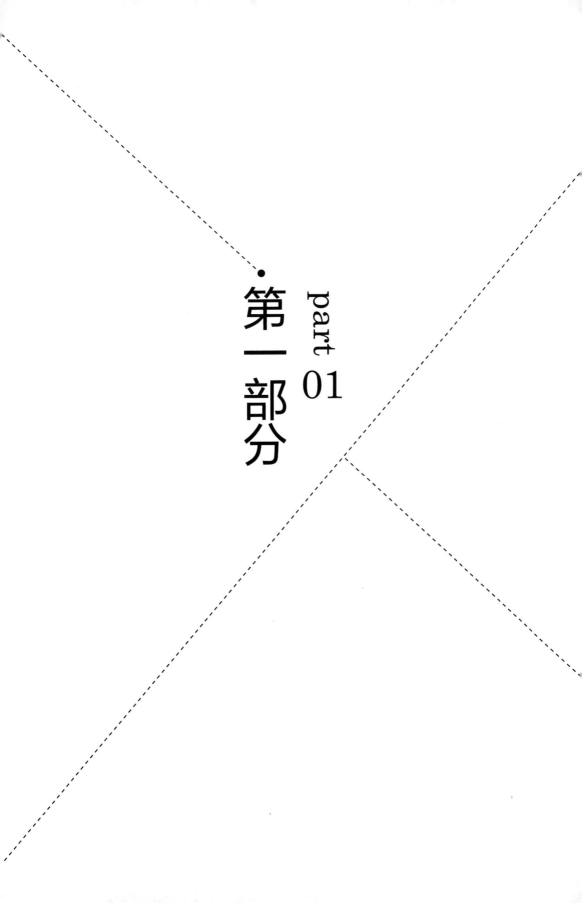

part
01

第一部分

# 第1章　预测实体经济和金融行业的不稳定性

## 一个长期存在的问题：官方预测总是过于乐观

经济学以前经常被人们称为是"沉闷的科学"，但是现在不会再这样了。今天，你只要稍微留意并关注一下主流经济学家（不管他们是身在学术界还是之外）给出的预测，就肯定会发现，在他们眼中，全球经济的未来一片光明。主流学院派经济学家的天性是保守的，同时又不愿意承担自己的观察结论被专业圈内的同行们反对的风险，因此总是力求稳扎稳打，尽量避免在预测时将经济环境和经济政策的重大变化作为重要因素考虑进去，尽管在经济不稳定时期，它们会对全球经济的演变轨迹产生显著的影响。当然众所周知的是，在过去的几十年时间里，经济从来没有稳定过。

与学院派经济学家相比，在商界和政府机构就职的专业经济学者所承受的压力更大：他们必须给出保守的预测，否则就无法稳妥地待在用最新的可用数据营造而成的"保护罩"之内。事实上，大胆预测未来的做法，即不仅仅依赖直接数据，而且还要根据长期趋势、政治事件，以及很多时候被称为"黑天鹅"的事件来做出预测的做法，是这些专家经济学者的雇主（无论是私人雇主还是政府雇主）所强烈反对的。预测如果偏离同行的"共识"太远，那么就有可能导致被客户或投资者投诉，以致因此而被解雇。令人不快的负面预测总会令某些客户觉得无法容忍，因而是非常不受欢迎的。因此，对于就职于私营企业的预测专家来说，稳扎稳打、不冒险是必须遵循的首要原则。还是保守一些好，乐观预测出错会比悲观预测出错好得多。从长期来看，这种做法更有利于确保自己的职位稳定。

因此，我们从经济预测这一行所能获得的"预言"通常总是关于全球经济的未来轨迹过于乐观的描述。就像现代版的"憨第德"（Candides）一样——那是法国哲学家伏尔泰写于 18 世纪的一篇小说《天真汉》的主人公——这些经济学家总是把现在和未来描述为"所有可能的世界上最好的一个"。当然，谁都知道，憨第德先生说这句话的时候，正是使得法国社会发生天翻地覆变化的法国大革命爆发的前夜。无论如何，那些专家总是告诉我们：现在的（经济）世界是我们现在所能拥有的最好的世界，而未来的世界还会更好。

那么，这些专家如此乐观的理由何在？在过去六年时间里，他们为自己的长期乐观预测提供的理由其实全是老调重弹：通货膨胀率一直很低，长期利率也很低，中央银行会确保短期利率保持在相对低位的水平上（即使要提高利率，中央银行也会保证在不扰乱经济的前提下小幅缓步行进），中央银行的货币政策的基调是宽松的，银行贷款势头正在渐渐向好，家庭和企业已经修复了自己的资产负债表（即减少了债务），个人收入在增加，就业机会被再次创造了出来……所有类似理由中最"正面"的一个是，油价下跌将会提高消费者的收入，从而致使家庭支出增加。

在过去的六年时间里，马丁·沃尔夫（Martin Wolf）给出的一系列预测可以说是这类乐观预测的最典型的例子。沃尔夫是英国新闻评论家中的头面人物，他对过去一年（2015 年）的预测是这样的："这一年，我们预计全球经济的增长将相当可观。简而言之，可观的增长就是 2015 年最可能的结果。"[1]类似的乐观预测非常多。马丁·沃尔夫的美国同行、《纽约时报》评论员、"混合凯恩斯主义者"（即所谓的"自由主义者"）保罗·克鲁格曼（Paul Krugman）则补充道："经济状况已经大有好转了……自奥巴马总统上任以来，工作岗位已经增加了 670 万个……所以我对 2015 年非常乐观，而且实体经济的表现可能超出我们的预期……"[2]英国经济史学家、哈佛大学教授尼尔·弗格森（Niall Ferguson）是一个与美国商界精英有密切联系的"思想家"，他在

---

[1] 马丁·沃尔夫：《一个经济学家对占星家的建议》，载《金融时报》，2015 年 1 月 7 日，第 7 版。

[2] 保罗·克鲁格曼：《奥巴马经济的复苏》，载《纽约时报》，2014 年 12 月 29 日，第 A17 版。关于克鲁格曼对"混合凯恩斯主义者"的定义，以及这个术语在主流经济学中的镜像对应物"复古古典主义者"的定义，请参阅本书第 5 章。该章对主流经济学对 2008 年全球金融危机以来的全球经济的错误分析和预测进行了批判。

《华尔街日报》的社论中也热情洋溢地宣称："美国经济复苏的势头已经势不可挡了，尽管有些人还在讨论会不会陷入长期停滞状态之中，但是我们根本不用担心这个问题。"[①] 那些已经进入商界和银行业界的经济学家则比他们在学术界的同行们更加乐观。例如，全球投资银行高盛（Goldman Sachs）的首席战略师彼得·奥本海默（Peter Oppenheimer）就宣称："对于这一年的经济前景，有些人放弃了增长的预期，但或许这一年会成为实现意外增长的非常令人惊讶的一年。"[②]

非常遗憾！这一年确实是令人惊讶的一年，不过并不是奥本海默所期待的那种惊讶。美国国内生产总值不但没有增加，反而再次坠落于下行的轨道之上。2015 年第一季度，美国经济增长率再次转为负值（这是最近几年来的第四次），并且还观察不到有任何复苏的迹象。日本在年中又进入了一次衰退。欧洲各国则继续停滞不前，尽管欧元区在 2 月又实施了数万亿美元的量化宽松政策。到夏天快结束的时候，中国的经济形势也越来越明朗，其经济增长放缓的速度比官方预料的快得多。越来越多的独立研究者相信，中国 GDP 的年增长率将下降至 4%~5% 的区间，而不是官方所报告的 7%。随着全球大宗商品价格的持续下跌、中国需求的放缓和人民币的大幅下挫，随着资本的大举回流美国（因为预期美国利率更高、回报更高），也随着全球货币战争的愈演愈烈，各新兴经济体也一个接一个地陷入了衰退。石油生产国遭受的打击最为严重。随着全球原油价格的持续下跌，俄罗斯、尼日利亚、委内瑞拉、墨西哥、印度尼西亚等石油生产国都陷入了困境（全球原油价格从 2014 年的每桶 120 美元的高点下跌到每桶 65 美元，并在短期盘整后，到夏天结束的时候再度又跌到 40 美元以下）。

换句话说，沃尔夫、弗格森、克鲁格曼、奥本海默等人在 2015 年年初给出的乐观预测完全落空了。当然，这并不是他们（以及他们这个专业经济学家圈子）达成的共识首次完全不符合现实经济运行的轨迹，而且也不会是最后一次。

---

[①] 尼尔·弗格森：《2015 年，世界将分崩离析》，载《华尔街日报》，2015 年 1 月 3 日，第 9 版。

[②] 拉尔夫·阿特金斯（Ralph Atkins）：《什么可能错了？》，载《金融时报》，2015 年 1 月 3 日，第 11 版。

悖谬的是，到了今天，绝大多数主流经济学家，包括来自那些最显赫、最权威的全球性机构（如国际货币基金组织、世界银行、国际清算银行、经合组织、美国联邦储备委员会、日本中央银行等）的经济学家，所持的观点仍然与一年前几乎完全相同：全球经济正在复苏，而且这种复苏的势头还将持续下去。但是，全球经济真的在复苏吗？并且真的将会复苏吗？

## 2014 年：全球经济的转型之年

对于 2014 年的全球经济的表现，各种官方预测由于一些"意外事件"（或者没有得到充分重视或考虑的事件）而落空了。事实上，全球经济中的主要问题早在 2013 年就已经被一些富有警觉性的有识之士意识到了，到了 2014 年，这些问题更加清晰地浮出了水面。简单总结起来，2014 年全球经济令人"惊喜"的事件包括以下这些：

　　·全球商品价格下跌，包括世界原油价格从每桶 120 美元跌至 50 美元的"漫漫熊途"的第一阶段；

　　·年初美国 GDP 增长率转为负值，这是自 2011 年以来的第三次；

　　·中国实体经济增速显著放缓；

　　·日本 1.7 万亿美元的量化宽松政策未能阻止通货紧缩，也未带来实体经济的复苏；

　　·欧元区开始出现通货紧缩的状况，但同时经济又仍然处于持续停滞状态，这使得欧元区于 2015 年进一步采取量化宽松政策的必要性大为增加；

　　·美国长期利率开始上浮；

　　·世界贸易量增长幅度收窄，各新兴市场经济体货币疲软、出口增速放缓、资本回流发达经济体、经济不稳定性显著上升。

## 欧　洲

2014 年，欧洲东北部国家的经济已经开始出现了减速迹象，它们与南部的西班牙、葡萄牙、意大利和希腊连成了一片陷落带。事实上，还有其他许多国家的经济也陷入了衰退之中，或者几乎没有任何增长，或者继续处于萧条之中。欧洲不同板块之间的裂缝已经开始呈现，处于困境中的不仅仅是那个经济实力已经被严重削弱的"欧洲南部"经济体，而且还包括斯堪的纳维亚半岛国家和若干东欧国家。此外，欧洲的核心经济体之一的法国也开始陷于停滞状态，不得不在通货紧缩的边缘苦苦挣扎。

欧洲各经济体向全球市场的出口也在 2014 年显著放缓，制造业开始大举外包。整个欧元区的失业率维持在 11% 以上的水平上，即使有就业机会被创造出来，但基本上也都是临时性的，工资水平非常低。欧洲各国的银行仍然不敢发放贷款（只有德国和其他少数几个国家例外），消费支出仍然止步不前。英国在 2013 年至 2014 年度出现了一次短暂的复苏，但却是源于各新兴市场经济体和中国的投资者带来的资本，这些资本推动了英国的房地产泡沫。不久之后，英国经济增速再次开始放缓。欧元区南部经济次发达国家的情况则几乎没有太大改变——西班牙和意大利各增长和下滑了一点点。乌克兰陷入了危机，而俄罗斯则威胁要发动制裁，这必定会导致中欧和东欧各经济体的经济增速进一步放缓。斯堪的纳维亚半岛各经济体（如芬兰和瑞典）也处于停滞或衰退状态。在整个欧洲，通货紧缩已经变成了现实，证据是商品和服务的总价格在年底降幅为 0.2%。

由于财政紧缩政策的进一步实施，再加上以"结构性改革"和"劳动力市场改革"为名的新的紧缩政策的实施，欧洲各国的消费受到了进一步的抑制，从而阻止了经济增长。对俄罗斯的贸易制裁以及俄罗斯的反制裁，使欧洲的出口和产出下降到了各种预测都没有预测到的程度。日本于 2013 年开始施行的大规模量化宽松政策（在 2014 年全面生效）对欧洲的影响也被严重低估了。由于接下来每年相当于 6 500 亿美元的量化宽松政策，致使日本货币（日元）对欧元的汇率大幅下降，日本企业得以抢占了欧洲对中国和亚洲其他国家的出口份额。欧元区的银行对非金融企业提供的银行贷款仍然在减少，这与主流经济学家的预测——银行将增加对实体经济的贷款——完全相反。

另外，从 2014 年年中开始，世界石油价格迅速崩溃，这严重影响了英国和挪威的经济，而这也是专家们未曾预料到的。与此同时，新兴市场经济体的经济放缓对欧元区出口的影响也被严重低估了。

总而言之，欧洲 2014 年的经济形势远远称不上稳健，因此不能为专家们对该区域 2015 年的乐观预测提供基础。不过很显然，如上所述的这些事件和条件，专家们完全没有预料到和考虑过。他们甚至在 2014 年年底极度乐观地预测，2015 年欧元区经济将为全球经济增长做出重大贡献。

## 日　本

专家们在预测日本的经济趋势时，同样未能预见到日本经济从 2014 年夏天开始出现的深度收缩，而且他们也没有把最近的这次衰退纳入对日本 2015 年经济形势的预测当中。尽管日本在 2014 年开始就再度陷入衰退了（这是自 2008 年至 2009 年全球金融崩溃以来的第四次），但是他们还是预测日本将在 2014 年年底加速复苏。这个预测是在假设日本首相安倍晋三将大肆宣扬他的"三箭计划"将在 2014 年全面实施并见效的基础上做出的，然而这个计划后来被终止了。除了只对银行家和投资者有利的规模相当于 1.7 万亿美元的量化宽松计划之外，对于消费者来说，等到的却是销售税的大幅上升。量化宽松和提高销售税这"两支箭"已经射出了，但是"第三支箭"却一直引而未发。拟议中的"第三支箭"的主要内容是：增加相当于 290 亿美元的基础设施投资，要求日本企业自愿提高员工工资（但它们很快就拒绝了）。然而，人们观察到的只是企业员工工资收入水平的继续下降，而消费上升和经济复苏则连影子都看不到。事实上，消费自 2008 年以来每年都在下降，因为销售税在上升。但是奇怪的是，当那些专家明显过于乐观地高估日本经济即将对于 2015 年全球经济复苏的贡献时，却没有一个人考虑到这些因素。

关于日本的经济增长，官方预测仍然是基于最乐观的假设做出的，政策发生变化或归于失败的可能性则通常不会被考虑在内。至于各新兴市场经济体的超预期经济下滑带来的负面影响，当然就更加不会被专家们注意到了。

## 中　国

2014 年，为了阻止经济增长不断放缓的趋势，中国政府又推出了新一轮的财政和货币刺激计划（这已经是近些年来的第三次了）。中国政府的目标是，将经济增长速度保持在一个可以容忍的水平上。专家们做出预测时的假设是，即使中国经济真的有所放缓，但是中国政府还是能够成功地应对各种挑战的，即能够将经济年增长率保持在远远高于7%的水平上。

虽然中国的 GDP 增长率在 2014 年仍然超过 7%，但是与以往两位数的高增长率相比，显然已经是不可同日而语了。而且自 2012 年以来，中国经济的增长速度一直在放缓。2014 年的 7% 增长率来之不易，它是中国政府连续推出三个"迷你"财政刺激计划、中央银行持续注入天量货币、离岸货币大量流入、中国地方政府大举进行基础设施投资的共同结果。官方在预测时还进一步假设，无论全球经济状况如何，中国的制造业和出口都能够保持在以前的水平上（尽管世界贸易早就明显放缓，以及石油价格和大宗商品市场也彻底崩溃了）。预测专家认为，既然在 2008 年到 2010 年期间全球经济崩溃时，中国经济能够做到一枝独秀，那么现在的表现也不会太差，更何况中国有高达 4 万亿美元的外汇储备，足以抵消任何可能出现的负面影响，保持 7% 或更高的经济增长率当非难事。这些预测专家假设中国经济的领导者制定并实施有效政策的能力是无与伦比的：中国成功地抗御了迄今为止的所有全球经济衰退趋势，并将继续这样下去。

在官方的全球预测中，中国通常被认为对 2014 年全球经济增长做出了显著的贡献，而且预测专家们还相信，中国在未来将会继续发挥这种作用。他们的假设是，中国政府有能力在经济出现停滞的初步迹象时，就适时地实施有效的财政刺激政策。他们还假设，中国经济的增长方式将成功地从出口驱动型转为内生驱动型，这个过程不会遇到太大的困难。

然而，事实是，整个 2014 年，中国一直在努力解决各种各样的结构性问题，这是预测专家们未能充分考虑过的：必须与"天生"会造成不稳定性的全球影子银行体系作斗争（影子银行导致中国出现金融泡沫，还使中国地方政府的债务积重难返，房地产市场也问题重重）；努力赶在企业违约一发不可收拾之前淘汰老旧的、无效的工业企业；必须将严重依赖于政府直接投资和出口的增长方式转变为更多地依赖于消费支出和私营企业投资的增长方式，等等。更加重要的是，对这些严峻问题的挑战，到 2014 年结束的时候，仍未取得成功。因此，预测专家们的假设是完全不正确的。

### 全球石油价格持续下跌

2013 年至 2014 年，全球石油价格一直在下滑。2014 年 6 月，为了将美国页岩气和页岩油生产商排挤出全球市场，沙特阿拉伯及其在欧佩克组织中的同盟国决定增加原油供应，这进一步加速了石油价格的持续下跌。尽管美国页岩油（气）生产商努力削减生产成本，但是他们的产量并没有减少。世界上其他主要产油国（包括俄罗斯、委内瑞拉、尼日利亚等）也都继续在生产更多的石油，目的是确保石油价格虽下跌但收益依然能够维持在原来的水平上。而中国对石油需求的持续下降、欧元区和日本经济的萧条，则进一步推助了石油价格的颓势。

石油价格崩盘的负面效应导致了其他商品和金融资产价格的下跌。石油公司股票大幅下挫，这些公司投资的实物资产的价格也高位跳水，全球资本支出也随之减少。2014 年年底，原油和石油商品期货等金融资产价格的下跌引发了金融资产和实物资产的普遍通货紧缩。

在石油价格下跌到低位后，预测专家们又假设，在零售环节，随着原油和燃油成本的下降，消费者的可支配收入和消费支出将会增加，从而推动 GDP 的增长。但是这种情形并没有发生。油价下跌对消费者的支出并没有产生多少影响。他们或者将节省下来的收入存了起来，或者用来偿还家庭债务，再或者将之转用于房租、食物等方面的支出（因为其他成本一直在上升）。

预测专家们的另一个错误是，他们以为石油价格在经历了 2014 年的下跌之后，在 2015 年将会稳定下来，因此对 GDP 只有短暂的影响。在这个错误的假设的基础上，他们给出了对 2015 年的预测。然而再一次，他们低估了负面效应的力量并高估了经济增长的可能性。

### 新兴市场经济体

2014 年，各新兴市场经济体也迎来了经济增长的尾声。从 2013 年开始，大多数新兴市场经济体的稳健增长开始逆转，那是因为美国联邦储备委员会宣布将大幅削减为期四年、总额为 4 万亿美元的量化宽松计划。量化宽松"乱发脾气"之后，大量资本立即开始流出各新兴市场经济体，向美国和其他发达经济体回流。这样一来，各新兴市场经济体的外国投资大幅下降，从而导致其货币汇率下降、进口产品价格上涨、国内通货膨胀率急剧飙升。为了减缓货币资本的外流，许多新兴市场经济体不得不提高国内利率。在所有这些因素的共同作用下，从 2014 年开始，新兴市场经济体的经济显著放缓。另外，石油价格和其他大宗商品价格的下跌、中国需求的疲软、日元和欧元因量化宽松政策所导致的贬值，这些因素也对新兴市场经济体的经济增长造成了很大的负面影响。一场"完美经济风暴"已然在新兴市场经济体形成，它必将在 2015 年进一步加剧。

那些以原油商品出口为主的新兴市场经济体受到的打击尤其严重，它们包括俄罗斯、委内瑞拉、尼日利亚等国，在 2014 年，它们的经济迅速走向衰退。此后，这些新兴市场经济体的金融市场的发展严重受阻，这体现了经济衰退和货币资本外流的严酷事实。2014 年，新兴市场经济体一个接一个地陷入衰退，2015 年必定会有更多的新兴市场经济体陷入困境。但是，预测专家们对所有这一切却视而不见，他们仍然乐观地预测，2015 年新兴市场经济体能够实现 3% ~ 6% 的经济增长。

### 美　国

2014 年第一季度，美国经济自 2011 年以来第三次出现了收缩（以 GDP 计算）。这是对 2015 年美国经济的一个准确无误的预警——当然，这是一个不受欢迎的预警。到了 2015 年年初，美国经济再次出现收缩，这是第四次收缩。

2014 年夏天美国经济实现了强劲的复苏，为此，许多预测专家都相信这种势头会一直保持下去。到当年年底时，人们经常听到的一个论调是，美国经济是"特殊的"，不会受全球经济趋势的影响；而且美国经济作为"一匹强劲的马车"，将推动全球经济在 2015 年复苏。但是，这些乐观主义者完全没有认识到，美国于 2014 年下半年实现的 4% 的 GDP 增长率，其实是一系列特殊的、一次性的因素所导致的，并且这种复苏是短暂的，不会在 2015 年重演。但是预测专家们坚持认为一定会。

美国 2014 年的大部分经济增长都源于由页岩油（气）行业的繁荣，因而只集中体现在对某些州的钻机等设备制造业和相关的运输业的投资上。然而由于不久之后，全球油价就因石油过剩而出现了暴跌，因此美国页岩油（气）行业的景气实际在 2014 年下半年就开始出现了逆转。不过，石油价格的崩盘倒是暂时降低了美国进口产品的价格，从而提高了净出口对美国 GDP 的贡献。另外，在奥巴马政府的卫生保健计划（"奥巴马医改"）生效后，从 2014年下半年开始，美国经济增长也受到了更多医疗保健服务支出的刺激。但是，这也是一个一次性的因素，只能在 2014 年年底增加对美国 GDP 的贡献，到2015 年就不会再有这种作用。此外，政府军费支出也在 2014 年下半年出现了飙升，那是联邦政府投入了更多的资金用于军事设备采购的结果（因为这种采购通常在 11 月全国选举之前进行）。但是，所有这些因素，都只能对美国GDP 做出"一次性"的贡献，而且只会带来短期效应，到 2015 年，这些因素的影响就会完全消失。

只要不被表面现象所惑，我们就能看得很清楚，美国 2014 年下半年虽然实现了高达 4% 的经济增长率，但是这种经济增长背后的支撑力量绝大多数都是不可持续的。然而，预测专家们却坚持认为，对美国国内生产总值和经济增长产生积极影响的这些正面因素或多或少地都是永久性的，它们的效应至少可以延续到 2015 年。他们还进一步假设，所有负面因素都不是永久性的（只是暂时性的），不会延续到 2015 年。但是事实告诉我们，恰恰是这些负面因素才真正延续到了 2015 年。

## 预测困境：灰天鹅还是黑天鹅？

"灰天鹅"这个术语源于纳西姆·尼古拉斯·塔勒布（Nassim Nicholas Taleb）在他于 2007 年出版的《黑天鹅》（*The Black Swan*）一书中阐述的一个观点："黑天鹅"是指那种几乎完全不可预测、不可预见的事件。"黑天鹅"事件会对经济造成沉重的打击和破坏。据说，自然界中的黑天鹅虽然存在，但是它们的出现却是不可预测的。经济事件也有类似的性质，或者至少在理论上可以这么说。"黑天鹅"事件的一个例子可能是 2008 年雷曼兄弟投资银行的破产，这个事件引发了 2008 年银行体系的崩溃。"灰天鹅"是这种思想的一个变体，指类似的不可预测的、不可预见的事件，不过这类事件并不一定会带来什么负面影响。

当然，"灰天鹅"的数量可能比"黑天鹅"要多得多，而且它们一起出现时的"集体影响"——即使同时飞来的"灰天鹅"只有三五只——可能使以前过于乐观的预测完全落空。尤其是当系统本身就存在根本性的脆弱性和不稳定性的时候（今天的世界经济就是如此），"灰天鹅"的出现往往更加频繁。但是，那些预测专家们在预测时也没有把这一点考虑进去。

如果把 2014 年发生的"灰天鹅"事件列一个表，那么排在第一位的无疑是全球石油过剩和油价崩盘。这个事件的起因是沙特阿拉伯和海湾地区各酋长国决定扩大石油生产，目的是搞垮美国当时正处于上升阶段的页岩油（气）行业。这只"灰天鹅"于 2014 年 6 月翩然而至，它似乎从天外飞来，完全出乎世人预料。很快地，它就对页岩油（气）行业、新能源行业和美国经济的其他相关行业产生了负面影响。

由于石油不仅是一种商品，而且也是一种金融资产，因此从 2014 年年中开始，石油价格崩盘对全球商品价格下跌引发的通货紧缩和对其他金融资产市场持续低迷也产生了明显的"反馈"效应。

"灰天鹅"还可以改变自身的颜色，即摇身一变成为"黑天鹅"。石油价格崩盘对一般商品价格下跌的影响可能会蔓延到其他金融资产市场上，导致一些金融资产价格快速下跌。美国页岩油（气）行业出现的垃圾企业债券大面积违约的情况就表明，2014 年中期出现的这只"灰天鹅"显然拥有这种潜力。这只"灰天鹅"（石油价格崩盘）加速了一般商品价格的下跌，而一般商品价格的下跌还可能进一步破坏新兴市场经济体的稳定性（无论是金融行业还是实体经济行业）。

沙特阿拉伯与美国之所以会在 2014 年年中爆发这场"页岩经济之战"，可能还与沙特阿拉伯政府（以及类似地，美国政府）的其他一些政治目标有关。不过，在这里我们将不展开讨论此问题。2014 年的另一个"灰天鹅"事件是乌克兰危机，它导致了西方国家对俄罗斯的制裁以及俄罗斯对欧洲的反制裁。乌克兰经济濒临崩溃，纾解这种困境的重担很大程度上落在了欧盟各国的肩上，从而给欧洲经济带来了额外的经济压力，同时还可能影响欧元区某些银行的最终偿付能力。这个例子告诉我们，"灰天鹅"的出现可能是某个政治事件的结果。

全球性的股票市场出现了一次或多次 20% 或以上幅度的调整，这也可能会引发"灰天鹅"事件。美国道琼斯股票市场扩张得很快。每次调整即将开始时，美国联邦储备委员会就会推出另一个量化宽松计划，让投资者拥有更多的流动性，从而将股票价格推得更高，或者诱导投资者将已经套现的数万亿美元又重新投入股市，使得调整再一次延后。但是在这个过程中，金融脆弱性则进一步强化，这为日后埋下了必须进行更彻底调整和股票价格更大幅度下跌的隐患。这种更大幅度的调整可以说是一个标准的"灰天鹅"事件。另一个可能出现的"灰天鹅"事件是货币战争的爆发，它会导致类似1997年"亚洲金融危机"事件的再次出现。

如前所述，"灰天鹅"（甚至"黑天鹅"）也可能以政治事件的形式出现。假设希腊决定退出欧元区，那么几乎肯定会导致有关国家或机构提出葡萄牙、西班牙和意大利快速进行债务重组甚至债务清偿的要求。或者，这几个国家也可能干脆退出欧元货币联盟，如果是那样的话，那么几乎肯定会导致更剧烈、更严重的欧洲经济衰退。又假设，如果因为乌克兰，北约和俄罗斯宣布开战，那么这也会导致"灰天鹅"或"黑天鹅"事件的出现。从这个角度来看，民粹主义政党在欧洲某些国家取得政权、中日之间为了争夺石油资源丰富的近海岛屿而开展更加直接的对抗、埃博拉疫情从西非扩散至欧洲或美国，所有这些事件都可能演变成"灰天鹅"甚至"黑天鹅"事件，这会对全球经济产生重大影响。

但是，那些预测专家们在对全球经济进行预测时，通常不考虑这些经济或政治风险因素。毫无疑问，针对这些风险因素的特定政策调整理当纳入预测模型中，尤其在当今全球经济不稳定的情况下。现在，会对全球经济造成重大负面影响的事件的出现变得越来越频繁了，2014年全球经济受意料之外的石油和商品价格下跌引发的通货紧缩的冲击，就是一个明显的例子。毫无疑问，这是一个"黑天鹅"事件，或者至少也是一个"灰天鹅"事件。

进入2015年后，预测专家们再一次表现出了过度的"乐观精神"，他们完全没有吸取2014年预测落空的教训。尽管很显然，全球商品和石油价格下跌引发的通货紧缩可能加速，日本和欧洲诸国的量化宽松政策或货币刺激政策不会改变，各新兴市场经济体也可能要承受越来越大的压力，但是国际货币基金组织和世界银行等全球性经济机构，以及各国中央银行和政府统计机构的官方预测，却都不约而同地坚持声称，2015年全球经济最多只会出现温和的、暂时的下调。

## 国际货币基金组织对全球经济的预测

国际货币基金组织于 2014 年 10 月发布的一份报告的结论是：2014 年全球经济与前一年相比增长较快，而 2015 年的增长速度则还会高于 2014 年 0.5 个百分点，即从 2014 年的 3.3% 提高到 2015 年的 3.8%；2016 年则会是更好的一年，全球经济的增长速度将上升到 4.1%。[①] 作为这个极其"鼓舞人心"的乐观预测的一部分，国际货币基金组织还预测，新兴市场经济体在 2015 年将以 5% 的速度快速增长，而中国在 2014 年和 2015 年的经济增长速度都会大大高于 7%。

但事实证明，短短一年后，上述预测就几乎落空了。然而有意思的是，在 2015 年 4 月，国际货币基金组织虽然对其于六个月之前给出的预测进行了下调，但是却依然乐观地认为，2015 年全球经济增长率为 3.5%，2016 年为 3.8%。这种修订仍然明显高估了。

尽管各主要新兴市场经济体（例如巴西和南非）、各石油生产国（例如俄罗斯和尼日利亚）都已经深陷衰退，但是国际货币基金组织却依然预测它们的经济都会出现正向增长。即便是它于 2015 年 4 月的修正中，也明显地误判了拉丁美洲各新兴市场经济体、以中国为贸易伙伴的南亚各国，以及俄罗斯、尼日利亚、印度尼西亚甚至加拿大等石油生产国的经济形势。国际货币基金组织对日本经济的预测一错再错，它总是高估日本经济的上行空间。它没有预见到日本 2011 年和 2014 年的经济衰退，也没有预见到日本 2015 年中期出现的经济紧缩。当然，它也完全没有预见到欧洲 2011 年和 2012 年的两次衰退。

国际货币基金组织分别于 2014 年 10 月和 2015 年 4 月所作的两次预测所产生的一个主要问题是，它未能充分考虑到 2014 年 6 月开始的全球石油价格崩溃的影响（石油价格在 2015 年又开始了第二阶段的下跌）。另一个问题是，它也没有完全预见到 2014 年夏季及其后所发生的其他事件。

事实上，国际货币基金组织这种预测"手法"堪称典型：先给出一个乐观的预测，然后当它落空时，即对其进行修正，说经济增长经历了一次调整，

---

[①] 　所有以下数据均来自国际货币基金组织，载《世界经济展望》，2014 年 10 月，表 1.1，第 2 页。

并声称这种调整是临时性的，但是乐观的基调却保持不变（预测 2016 年全球经济很快就会出现稳健性的增长）。国际货币基金组织于 2015 年 10 月发布的"展望报告"也不例外，该报告调低了对全球经济增长的预测指数：从前次预测的 3.3% 的年增长率调低为 3.1% 的年增长率。①

尽管：

· 希腊危机对欧洲的影响持续发酵，欧元区的量化宽松政策显然未能推动其实体经济的复苏，法国和斯堪的纳维亚半岛国家经济停滞不前；

· 日本经济在 2014 年进入第四次衰退，随后的短暂复苏仅仅维持了几个月，接着又在 2015 年坠入另一个收缩陷阱（录得的增长率为 −1.6%）；

· 世界商品价格的下降速度比当初预计的速度快得多，这使得拉丁美洲各新兴市场经济体、俄罗斯和亚洲各新兴市场经济体的经济增长速度快速放缓；

· 中国的实体经济开始以更快的速度放缓，股市泡沫破灭，同时还从以往的稳健货币政策转向了允许货币贬值的政策。

但是，根据国际货币基金组织于 2015 年 7 月的预测，2015 年年初夏出现的所有事件都只会导致全球经济增长速度仅仅下降 0.2 个百分点。

2015 年第二季度，全球石油价格快速下跌，中国经济增长速被放缓且股市泡沫破灭，各主要新兴市场经济体陷入经济衰退，全球货币战争死灰复燃并愈演愈烈……所有这些事件，全都可以算得上是"灰天鹅"事件，但是国际货币基金组织在预测时，全都没有将它们考虑进去（或者对它们的影响估计不充分）。

国际货币基金组织对 2014 年和 2015 年全球经济预测的最明显的误判，体现在它对世界贸易（无论是发达国家之间的贸易，还是新兴市场经济体之间的贸易）增长的超级乐观的预测上。根据国际货币基金组织的预测，2014 年和 2015 年世界贸易将快速增长，然而这两年全球经济的真实图景却是：中

---

① 国际货币基金组织，载《世界经济展望》，2015 年 10 月，第 15 页。

国出口严重下滑，全球石油和几乎所有其他商品价格都出现了自由落体式的下跌，日本和欧元区量化宽松政策以及通过货币贬值来增加净出口的政策全都归于无效，全球商品和服务价格的下跌引发了严重的通货紧缩，经济增长速度放缓甚至陷入衰退的新兴市场经济体的数量不断增加……在这种情况下，世界贸易又怎么可能实现快速增长呢？国际货币基金组织没有办法解开这个谜。

　　无论是集装箱运输船装载量、"波罗的海干货指数"，还是"世界贸易监测"提供的数据，全都一致地证明，全球贸易增速自 2012 年以来一直在放缓，2015 年前五个月中有四个月在下降，并且在过去一年中只上升了 1.5%。全球贸易增速的放缓似乎与全球实体经济投资的减缓有关，因为资本密集型产品在总贸易量中的权重很大。总的来说，预测专家们没能解释为什么全球实体经济投资在减缓，以及与其相关的商品贸易增速也在放缓。①

　　这些汇聚到一起的负面因素是如此显眼，尽管国际货币基金组织的预测专家们对此无法视而不见，但是他们的反应仍然与过去十年来的反应一样：对预测作出一次修正，说经济经历了一次调整，然后声称这种调整是临时性的，并预测经济很快就会回到稳健增长的正轨上来。

　　自从 2008 年全球金融危机以来，国际货币基金组织因一再给出过度乐观的预测而受到国际社会越来越多的批评。在不断增多的批评压力之下，国际货币基金组织在 2014 年年初不得不承认，其预测"在某些特定国家和地区以及全球经济出现衰退时往往持过于乐观的态度……有证据表明，国际货币基金组织的预测专家们需要更充分地考虑中国、德国和美国经济发展的国际性影响"。② 然而，道歉归道歉，在那之后，国际货币基金组织依然一再高估全球经济的增长速度。于是，在 2014 年 10 月公布的一份报告中，它不得不再次对越来越多的批评作出回应，承认"尽管已经下调了其过度乐观的预测"，但是"全球经济增长速度仍然令人惊讶地处于每一份成功的《世界经济展望》

---

① 例如，代表 34 个世界上发达经济体的研究机构国际经合组织，预计 2015 年的投资仅增长 2.3%，但却又预测 2016 年的投资速度将增长到 4%，从而过去 10 年的趋势将被扭转。然而却并没有解释原因。

② 汉斯·詹斯伯格（Hans Gensberg）和安德鲁·马丁内斯（Andrew Martinez）：《论国际货币基金组织预测的准确性和有效性》，国际货币基金组织独立评估办公室，2014 年 2 月 12 日，第 1 页。

预测的下限区"。国际货币基金组织在该报告中承认，特别关键的是，它错误地估计了各新兴市场经济体（尤其是"金砖国家"）的经济增长趋势，也没有充分考虑到日本和整个亚洲甚至欧洲经济增长的负面因素，从而"形成了一个对经济增长速度预测反复过度乐观的一般趋势"。[①] 该报告还认为，预测错误的一个显而易见的原因是，国际货币基金组织对实体经济投资增长的预期过度乐观了。不过，它虽然承认了错误，但是却并没有进一步解释为什么实体经济投资增长会一直低于预期。

事实上，问题的关键在于，国际货币基金组织的预测一贯依赖于一些主流经济学家和财经媒体，而后两者在选择和分析数据时，所依据的通常是与东道国经济相关的数据，但其研究结果和数据却通常会被纳入一些学术机构的学术报告和相关政府机构的报告中。这些数据本来就不是用来服务于从全球的视角出发进行分析预测这个目标的。正如我们在本书下一章中将会阐明的，以 GDP（国内生产总值）为主要分析和预测指标，必然会一贯导致对全球经济状况的高估，从而导致国际经济机构（例如国际货币基金组织）也一贯高估全球经济增长情况。其最终结果必然是，全球经济看起来更稳定、恢复得更好，尽管实际情况远非如此。当然，一贯地、一般性地对全球经济做出过度乐观预测的机构比比皆是，国际货币基金组织绝不仅仅是唯一的一家。

## 世界银行对 2015 年的预测

在所有"全球资本主义"的机构当中，世界银行和国际货币基金组织是熠熠生辉的"双子星"。2015 年 1 月份，世界银行发布了它对该年及以后诸年的全球经济的第一次预测（该预测每年发布两次）。[②] 与国际货币基金组织一样，世界银行也一如既往地高估了 2015 年全球经济复苏的前景。

在 2015 年 1 月发布的这份预测报告中，世界银行继续预测，2015 年全球经济增长的速度将比 2014 年更高。在 2014 年 7 月的报告中，它估计全球经济将在 2015 年增长 2.6%，后来又在 2015 年 1 月的报告中，将对 2015 年经济增长的预测提高至 3.0%。然而，在 2015 年 6 月的最新报告中，它不得不

① 国际货币基金组织，载《世界经济展望》，2014 年 10 月，第 29~40 页。
② 《全球经济展望》，世界银行，2015 年 1 月。

承认 2015 年的全球经济增长速度远远低于 3%，但同时又声称，全球经济正在经历的不过是一个所谓的"阶段性疲软"过程。也就是说，这种情况是暂时性的。因此，它在 2015 年 6 月的报告中对预测进行了调整，即预测 2015 年全球经济的名义增长率将会是 2.8%。[①] 不过，事实可能会恰恰相反，2015 年全球经济的增长率或许会远远低于 3%（也有可能低于 2.8%，甚至有可能低于 2014 年的 2.4%）。

　　尽管如此，世界银行于 2015 年 6 月发布的报告仍然坚称，它对 2016 年和 2017 年全球经济强劲复苏的预测保持不变。根据世界银行的数据，在未来的两年半（直到 2017 年），中国经济将持续保持每年增长率 7% 左右，而印度经济则会每年保持 8% 左右的增长率。[②] 尽管从 2015 年下半年开始，各新兴市场经济体都出现了急剧的经济收缩，但世界银行仍然预测它们的经济在 2015 年将会加速，而 2016 年和 2017 年的增长速度则会有一个更大幅度的提升。[③] 截至 2015 年年中发生的一系列事件表明，这些无疑都是荒谬的预测。

　　由上述我们看到，世界银行的预测模型与国际货币基金组织的完全相同：一开始给出过度乐观的增长预测，然后进行调整和修正，再然后是继续高估全球经济增长情况。这两个机构一直无法跟上全球经济增长的真实轨迹，它们的预测一再落空，尽管不断调整，但依然远远偏离现实。

　　世界银行于 2015 年 1 月发布的预测报告声称，欧元区和日本将在 2015 年实现经济的强劲增长。但事实是，日本经济在 2015 年第二季度收缩了 1.6%；而欧元区的经济增长率则继续停留在 2014 年的水平上（即停滞不前），其中，在 2015 年中期，德国经济明显放缓，法国经济则陷入了彻底的停滞状态中。世界银行还预测，像巴西这样的新兴市场经济体将实现经济的温和增长，尽管商品价格下跌和需求萎缩已经使该国和其他拉丁美洲国家经济集体陷入了衰退状态。世界银行还预测，新兴市场经济体将在 2015 年实现

---

① 《全球经济展望》，世界银行，2015 年 6 月。

② 很显然，世界银行同意印度将国内生产总值年增长率向上修正 2% 的做法，尽管这种做法非常可疑，因为它是通过重新定义其国内生产总值来实现的。在各新兴市场经济体中，当它们的经济增速放缓时，这种做法已经变成了一种惯常手法。这当然是一种非常有争议的做法。

③ 世界银行行长金墉（Jim Yong Kim）接受记者访谈，见《对新兴国家的展望》，载《华尔街日报》，2015 年 6 月 22 日，第 R5 版。

加速增长（增长率将达到 4.8%），2016 年还会再次加速增长；至于中国，预计其将继续保持高于 7% 的经济增长率（但是到 2015 年年中，事实证明这种情况是不可能出现的）。世界银行对美国经济的预测是，在 2015 年，美国经济增长速度将加速，达到平均 3.2% 的年增长率，而事实却是，2015 年第一季度，美国经济的增长率几乎下降到 0，仅仅在上半年年底之前似乎又出现了短暂"复苏"（增长率为 1.5%）的迹象。尽管已经高估了 2015 年美国经济增长的速度，但是世界银行首席经济学家考希克·巴苏（Kaushik Basu）还是不得不承认，即便美国经济增长 3.2%，但仍然不足以使全球经济摆脱增长放缓的艰难局面。① 由此可见，对中国和印度经济保持强劲增长的乐观预期，对欧洲和拉丁美洲国家以及日本增长速度的高估，似乎构成了世界银行对 2015 年全球经济增长预测的基础。

世界银行 2015 年 1 月份的报告在做出全球经济将上行这个乐观预测的同时也"留了一手"，它提醒人们关注如下四个可能导致全球经济下行的重大风险：（1）"持续疲软的全球贸易"；（2）主要经济体（如美国）的利率上升可能会导致全球金融市场的剧烈动荡；（3）"产油国的油价持续低迷"；（4）"欧元区、日本经济长期停滞或通货紧缩的风险"。然而，尽管承认存在着严重的、不断增大的下行风险，但是世界银行的报告（就像国际货币基金组织的报告一样）仍然没有对这些风险给予充分的重视。它于 2015 年 1 月发布的预测报告如此，在 2015 年 6 月发布的修正报告也还是如此。

例如，在 2015 年 6 月的修正报告中，世界银行虽然承认新兴市场经济体的经济增长确实可能正在放缓，但是它仍然预测"高收入国家（即发达经济体）的经济将复苏并保持增长势头"。很明显，世界银行忽视了日本第二季度 GDP 增长率再次变负值（-1.6%）的事实，也没有关注到该国对中国和其他国家及地区的出口的复苏的进一步影响。世界银行的这份修正报告还坚称，美国经济将实现"强劲增长"。它对中国经济的预测与 1 月份的报告相比没有任何变化。事实上，美国经济虽然实现了 2% 的增长率，但是这远远称不上"强劲"，而且美国制造业已经放缓，工业生产不振，出口行业萎靡，这些情况很可能导致 2015 年下半年美国经济增长率无法再次达到 2%

---

① 伊恩·塔利（Ian Talley）：《世界银行下调全球展望》，载《华尔街日报》，2015 年 1 月 14 日，第 11 版。

的水平。而且，美国联邦储备委员会很可能会提前加息。至于中国，世界银行显然完全没有注意到中国实体经济明显放缓的事实，因为它对中国经济增长的预测在整整九个月的时间里没有任何变化。谁都知道，对中国经济增长的预测，如果在这么长的时间内都没有任何变化，那么肯定是没有什么价值的。

那么，自 2008 年全球金融危机以来，为什么国际货币基金组织和世界银行会一再高估全球经济增长和复苏的前景，而现实的窘境又致使其不得不一再修正那些过于乐观的预测？

这两大全球性的机构都担负着提供全球经济发展状况的数据、预测全球经济前景的任务，它们之所以经常给出过度乐观的预测，既有政治方面的原因，也有文化方面的原因。国际货币基金组织和世界银行的成员国都不喜欢看到对本国经济负面预测的报告，因为这会导致成员国政府债券的评级被下调，从而抬高借款成本，进而影响其预算和财政计划。从这个角度来看，政府行为与私营经济预测公司和学术界的行为其实非常相似。私营预测公司给出的预测如果过于负面，那么它的客户就会抱怨预测专家影响了它的业务。而对于学院派经济学家来说，他们可能接收到这样的隐含信息："如果继续发布关于我们所在的行业和企业的负面消息，那么我们就会削减对你所在的大学或商学院的捐款额度。"此外，还必须考虑文化方面的因素。在任何一家机构（无论是学术机构、商业机构，还是政府部门）任职的经济学家，预测错了当然可能会影响自己的声誉，但是预测过于乐观所承担的声誉风险远比预测过于悲观要小得多。因此，国际货币基金组织和世界银行这类官方机构中的预测专家，也与私营机构的预测专家一样，更有可能做出过于乐观的错误预测。具体地说，对于导致经济下行的因素，这些预测专家会把它们仅仅作为一种"可能性"提一下，他们宁愿在这些负面因素真的起作用时反复修正自己的预测（并道歉）。

### 经济合作与发展组织的预测

作为 34 个发达经济体的"官方研究机构"，经济合作与发展组织（OECD，下文简称"经合组织"）在 2015 年 6 月发布的报告中预测，2015 年全球经济将增长 3.1%。与经合组织上一份报告的预测相比，下调幅度已经相当引人注目了（从之前的 3.7% 下调到 3.1%），但是仍然高于国际货币基金组织和世界银行调整后的预测。此外，与国际货币基金组织和世界银行一样，经合组织也预测，全球经济在 2015 年的增长速度相对较低，但是到 2016 年就会再度强劲增长，达到 3.8%，这个增长率接近 4%。该预测是建立如下一系列非常可疑的假设的基础上的：中国经济将一直维持在 6.8% 以上的增长速度；美国国内生产总值的增长速度将比之前再加快近一半；世界石油价格的下跌、日本和欧洲的量化宽松政策最终肯定都会对它们的实体经济产生净的正面影响（当然，迄今为止事实并非如此）。最重要的是，上述 3.8% 的增长率还基于这样一个假设，即到 2016 年，全球原先勉强高于 2% 的实体经济投资年增长率，将以某种"不可言说"的方式翻上一番，即达到 4%，那是自 2008 年以来的最快增长速度。① 因此，经合组织也在重复国际货币基金组织和世界银行的预测模式，即先是高估，然后再进行修正和调整，并且有意不强调会导致全球经济增长进一步（甚至更加快速地）减缓的各种重大因素。说到底，经合组织不过是重复了国际货币基金组织和世界银行的观点。

## 各国中央银行的预测

如前所述，国际货币基金组织、世界银行和经合组织等举足轻重的全球性经济机构通常都会高估经济增长。在国家一级，这种偏向性同样会体现在各国中央银行和政府统计机构的预测当中。只要考察一下日本中央银行、欧洲中央银行和美国联邦储备委员会对经济增长的预测，就不难发现它们也有类似的"预测误差史"。

在这里，我们没有必要把所有国家的中央银行对经济增长的预测都评述一遍，举几个典型的例子就足够了。例如，美国联邦储备委员会自 2011 年以来，每年都要预测美国 GDP 增长的"核心趋势"。五年来，这种预测一贯地高估美国的经济增长。

① 关于经合组织这份报告的主要内容，请参阅戴维·乔利（David Jolly）:《经合组织认为全球经济将缓慢复苏》，载《纽约时报》，2015 年 6 月 4 日，第 B7 页；以及费迪南多·久里加诺（Ferdinando Giugliano）:《经合组织调低全球增长率》，载《金融时报》，2015 年 6 月 4 日，第 2 版。

下表给出了美国联邦储备委员会提供的关于美国经济的一些数据。

| 年 度 | 美国联邦储备委员会预测的 GDP 增长率 | 实际 GDP 增长率 |
|---|---|---|
| 2011 年 | 3.0% – 3.6% | 1.6% |
| 2012 年 | 2.5% – 2.9% | 2.2% |
| 2013 年 | 2.3% – 3.0% | 1.5% |
| 2014 年 | 2.8% – 3.2% | 2.4% |
| 2015 年 | 2.6% – 3.0% | 1.5%（上半年） |

资料来源：美国联邦储备委员会,《华尔街日报》, 2015 年 8 月 22–23 日, 第 A8 页。

自 2008 年全球金融危机以来, 主要发达经济体的中央银行和政府统计机构（例如, 日本统计局、法国国家统计局、加拿大统计局、美国商务部等）, 也都存在预测过于乐观的问题。

## 预测金融不稳定性力有不逮

如果说国际经济机构、政府机构以及私营公司的预测专家们对全球实体经济的趋势和轨迹的预测一贯地偏离现实的话, 那么他们对金融行业趋势的预测存在的问题就更大了。在很大程度上, 这是因为他们一直没有一个有效的、可以帮助他们理解金融周期的模型, 并且更加不具备理解金融周期如何影响实体经济周期以及实体经济周期反过来又如何影响金融周期的模型。就"金融侧"而言, 现有的所谓理论, 无非是关于"商品超级周期""收益率曲线"和"VIX"等的一些直观猜测而已（"VIX"是标准普尔500 股票波动率的指标）。如果在 2008 年金融危机期间（或者更早的时候）发生的各种事件, 可以视为金融不稳定性对实体经济的影响的指示器, 那么我们就有理由相信, 至少可以设计出一个部分可靠的指标, 即"金融周期GDP"或类似的其他东西。

主流经济学家接受的学术训练是, 构建和利用基于可以定量处理的"真实变量"的经济模型。这些"真实变量"包括产出、工资、实体经济投资、价格、出口量、M2 和其他货币变量等。然而, 他们的模型及其 GDP 统计本身都明确地将金融变量排除在外, 这当然是一个偏见。这种模型至少可以追溯至20世纪20—30年代，即国民收入核算（GDP）的最初发展时期。诚然，需要复苏的是实体经济，因此"实际数据"是必不可少的。第二次世界大战爆发后，战时经济紧急状态的实施又进一步强化了搞清楚实体经济运行方式的必要性，因为必须评估如何开足马力生产实物以满足战争所需，同时还得努力维持"民间经济"的稳定。

在很大程度上，在战争期间发展起来的占主导地位的新经济分析范式——凯恩斯经济分析法——也主要关注经济发展的真实变量。但是战争结束后，这种主流方法却普及开来了，它对实际指标的偏爱也逐渐深入人心。金融变量可能对当时发生的"大衰退"产生了很大的作用，但是只有实体经济才是经济重建的焦点。凯恩斯自己当然不反对增进对金融变量的理解，但是他的划时代的开创性著作——《就业、利息和货币通论》——实际上几乎没有讨论过金融变量。① 在那之后，几十年来，主流经济分析方法以及主流经济学家使用的数据严重偏向经济的真实变量，而金融变量则被排除在外，特别是国内生产总值的统计明确排除对金融资产及其波动的可能性的考虑。

然而，在20世纪70—80年代期间，金融变量在对实体经济增长方面发挥的作用变得越来越重要了。全球实体经济的稳定性及其增长速度比以往任何时候都更加依赖金融的稳定性。但是，这一时期的经济模型和经济分析方法都没能"跟上这个形势"。

当然，也有一些机构在从事类似预测金融不稳定性的工作，例如，国际货币基金组织、世界银行、独立研究咨询机构（例如麦肯锡协会）和各国的中央银行，它们在关于全球经济的报告中嵌入的某些章节或评论就充分体现了这种情况。在这方面，被人称为"中央银行的银行"的国际清算银行（BIS）关于全球债务趋势的定期报告，可能最接近对金融不稳定性情形的预测。但是，所有这些评论或章节实际上都没有给出一个关于全球金融不稳定性趋势的简明可靠的预测，同时也缺乏一个用以衡量金融不稳定性的有效指标——类似于用来衡量实体经济的GDP指标，尽管GDP本身也是一个相当糟糕的指标。并且，更加重要的是，到目前为止还没有一个可以衡量"金融GDP"和"实体经济GDP"互相影响的量化指标。

---

① 本书第16章对此有详尽的论述。

这些局限性造成的后果是，经济学家们（包括学院派的主流经济学家和"政府经济学家"）几乎总是无法预测下一次金融危机和其他重大金融不稳定性事件的发生。他们永远不可能预见到金融危机的到来，因为他们不知道需要考察的针对性数据是什么，或者根本不拥有这种数据；或者即使他们拥有相应的数据，但是他们也没有恰当的理论或关于金融周期和金融不稳定性的模型，因此不具备得出对应性结论的基础。从这个意义上讲，对于一些国际经济机构和经济学界对全球金融周期的糟糕预测，我们其实不能指责过多，因为除了基于对非常有限的关于"超级周期""产量曲线"这类数据所作的"瞎蒙"之外，真正意义上的预测几乎不存在。因此，我们观察到，能够定期预警金融危机即将发生的无非是一两个先知式的特立独行的经济学家而已，然而他们的预警却总是被完全漠视。

在 21 世纪，金融因素和金融变量在决定全球资本主义经济增长和稳定方面已经并且将发挥越来越重要的作用，这就致使预测专家们总是无法准确地预测实体经济的发展趋势和轨迹。在预测时，国际机构、各国政府机构及其中央银行无一例外地过于乐观，因为这里存在着一种偏见，即假设中国和其他新兴市场经济体在 2010 年至 2012 年期间出现的强劲复苏不会中止或减缓；日本、美国和欧洲各国的长期衰退、停滞和触底不会再度发生。然而，这些假设不会发生的事情恰恰又都发生了，其结果是，2015 年又出现了一次"死猫反弹"式的复苏。不过本书认为，反弹的机会应该不会有多少了。

# 第2章 "死猫反弹"式复苏

据说，猫有九条命。然而，在市场上，也时不时地发生类似的情形：市场崩溃，而后迅速反弹，收复一小部分失地后，接着又再次陷入更深、更大幅度的下跌。这种情况被称为"死猫反弹"（dead cat bounce）。也就是说，这只是一次虚假的复苏，当它很快结束后，市场仍然会重复以前的趋势，即"经济之猫"将再次下跳，而且为时更久甚至永远不再反弹。

20世纪30年代大萧条期间发生的情况就是如此。美国股市是1929年10月初崩溃的，随后市场迅速出现了一次反弹。1929年到1930年间的这个复苏似乎告诉人们，股市崩盘的经济后果是有限的，即只是导致了一次短暂的衰退。事实上，这次短暂衰退尽管相当严重，但仍然算不上致命，其影响主要限于制造业和建筑业，尚未波及美国整个经济。但是，1929年的股票价格暴跌却最终导致了1930年的区域性银行危机，紧接着又进一步引发了全国性的银行破产，并且每一起银行崩溃事件都比上一起更加严重。在大萧条期间，至少出现了三波银行破产浪潮（分别在1931年、1932年和1933年）。"猫"确实跳了几次，但是每一次跌下来后都比前一次死得更加彻底。[1]

## "死猫"与"史诗般的"衰退

有时候，"猫"反弹上来后不是马上重重地摔下来，而是摇摇荡荡地盘整而下，即一边"空中漫步"，一边慢慢下坠。在这种时候，市场的表现就像一只拖着脚走路的"僵尸猫"一样，1907年至1909年期间美国金融危机和经

---

[1] 见本书作者的另一部著作：《史诗般的衰退：全球大萧条序曲》，第6章，Pluto图书出版公司，2010年5月。

济衰退之后发生的情况就是这样。在 1909 年之后的五年中，即在 1909 年至 1914 年期间，"猫"又再次坠入了两次衰退的深渊之中。简而言之，在 1907 年到 1909 年的金融危机和经济收缩之后，又出现了一次为期六到十八个月的不连续的复苏。紧接着，经济又多次陷入短暂的衰退，短暂衰退过后则是更加短暂的危机复发期。这导致 1909 年后出现了延续到 1914 年的"停停走走"式的复苏模式：先是沉闷的衰退和下滑，然后是同样沉闷的、不连续的复苏。①

与美国经济在 1907 年至 1909 年金融危机后出现并延续到 1914 年的"非传统"的复苏模式非常相似的是，2007 年至 2009 年金融危机之后，美国经济在 2010 年至 2015 年之间也开启了"停停走走"的经济复苏模式。在此期间，美国经济的增长率大约只相当于通常的衰退后复苏期的一半。在 2009 年的经济衰退结束后，美国经济在短期内实现了正常增长；然而，在 2010 年至 2015 年期间，美国经济又出现了至少四次单季度危机复发（经济增长率降至为零甚至转为负）、紧接着又是短暂复苏的情况。正如本书作者在 2009 年年底给出的预测一样，美国这次复苏完全遵循了 1908 年至 1914 年间的模式。现在我们不妨在这里把当时的预测重温一遍："考虑到金融体系和实体经济中仍然存在一系列严重的问题，因此（2009 年后）最可能出现的情况是，未来一到两年内经济将呈现出一种不可持续的增长模式，即复苏将会是短暂的、轻微的，而之后很可能继之以更多的经济下滑（也是短暂的、轻微的）。"②

就美国经济而言，这里所说的不可持续的增长模式——"短暂的、轻微的"复苏，继之以同样"短暂的、轻微的"经济下滑——具体指的是轻微的经济复苏被单季度收缩或零增长所中断。但是事实上，如果不是官方为了提高 GDP 估值而重新定义 GDP 的含义，那么在 2011 年至 2012 年冬季、2012 年至 2013 年冬季，美国经济就会出现连续两个季度的真正意义上的衰退（尽管仍然是轻微的）。

日本和欧洲也像美国一样，出现了短期的单季度经济收缩情况，而且更严重、持续的时间也更长。事实上，它们在 2011 年至 2012 年间经历了真正

---

① 杰克·拉斯穆斯：《史诗般的衰退：全球大萧条序曲》，第 5 章，Pluto 图书出版公司，2010 年 5 月。

② 同①，第 244 页。

的衰退。就日本而言，它在 2011 年至 2012 年间的之前和之后都出现了"三重"甚至"四重"衰退的情况。欧洲在 2011 年至 2013 年间，也至少经历了一次大规模的衰退，其中欧洲南部各经济体（西班牙、希腊等国）甚至在 2009 年之后的五年时间里都陷入了持续的萧条。因此，在 2009 年至 2014 年期间，至少在日本、美国和欧洲各发达经济体，确实呈现出了如上所述的模式，即先短暂的、不可持续的复苏，之后继之以同样短暂的、轻微的衰退（通常表现为单季度的小规模经济收缩）。[①]

事实上，当我们把美国、日本和欧洲各发达经济体放在一起考虑时，就会发现，它们的经济在 2011 年至 2012 年间明显出现了双底衰退。[②] 这种双底衰退是全球大多数经济体都未能避免的，但是在当时，它却被中国和其他新兴市场经济体的快速增长所抵消或掩盖了。河流中的礁石刚好低于水平面，许多人看不到，但是它们确实就在那里。

对于欧美日发达经济体于 2010 年至 2014 年间出现的这种"停停走走"式的、非同寻常的、缓慢的经济复苏，本书作者把它称为"史诗般的衰退"（epic recession）。"史诗般的衰退"与通常的衰退完全不同，主流经济学家一般只能将通常的衰退识别出来，它们是由供给或需求政策的冲击所造成的。这种外部冲击引发的经济收缩通常持续的时间较短并且相对来说较轻微，因此传统的财政政策和货币政策能够相当成功地化解它们带来的问题。但是，"史诗般的衰退"却是一种全然不同的经济现象，它们不是由外部冲击所导致的，而是由内部的或者内生的金融不稳定性事件所引发的。这种衰退引发的其他经济问题的原因，与它们被引发的原因一样，也不同于通常的衰退。"史诗般的衰退"与通常的衰退的根本区别就在于，它们与系统脆弱性的各种条件密切相关。导致金融不稳定性事件发生（进而引发实体经济收缩）的那些条件，会使实体经济在金融不稳定性事件爆发时更敏感、更易受到影响。因此，在"史诗般的衰退"发生之后，实体经济的收缩幅度通常更大、经济探

---

① 　杰克·拉斯穆斯：《史诗般的衰退：全球大萧条序曲》，第 7 章，Pluto 图书出版公司，2010 年 5 月。

② 　在 2009 年至 2012 年间，中国和其他新兴市场经济体的强劲复苏（许多国家实现了 8%～12% 的 GDP 增长率）在很大程度上掩盖了许多问题。而在今天，中国的 GDP 增长率降到 5% 上下，而巴西、俄罗斯等经济体则低至 −3%～−5%，其他大多数国家更是停滞不前或略有收缩。

底的速度也更快，因此需要更长的时间才能完全恢复。另外，上述不同的内部条件也会使得传统的财政政策和货币政策的效果显著减弱，尽管它们能够成功地"诊治"通常的衰退。①

之所以采用"史诗般的衰退"这个术语，是为了避免采用"大衰退"（great recession）这个更老的术语，以便从定量和定性的角度将这种衰退与通常的衰退区别开来。这是"大衰退"这个术语的倡导者无法实现的。"史诗般的衰退"这个术语的内在含义，也挑战了关于经济衰退何时结束的传统观念。传统观念认为，当经济停止进一步收缩时，也就是说，当经济下探到最低点时，衰退就正式宣告结束了。但是，采用这一定义，实际上只是界定了"半个周期"。一个真正意义上的衰退，一个"史诗般的衰退"，应该用一个完整的周期来定义和衡量。也就是说，从经济收缩开始那一刻起至收缩期内所有"失地"都完全收复为止，这整个期间所涉及的事件都要考虑在内。根据这样一个"全周期"的"史诗般的衰退"的定义，我们就可以断定，美国经济直到 2013 年年底才完全复苏，而欧洲诸国和日本则至今仍然没有结束，因为它们在 2015 年的经济增长水平仍然低于 2007 年。2008 年至 2009 年金融危机之后，真正很快就实现"复苏"的只有中国和各新兴市场经济体，但是本书下面的章节将会阐明，即使在这些国家，经济复苏也没能持续，从 2014 年开始，它们一个接一个地出现了经济下滑的迹象，现在已经再一次集体陷入了衰退。

"史诗般的衰退"这个术语，与主流经济学家在 2009 年年初创建的、用来描述 2009 年以来发生的诸多重大事件的"大衰退"术语也有区别，后者是一个更加流行的术语，不过本书作者认为它并不恰当，因为从根本上说，"大衰退"这个术语并没有从定量和定性的角度界定清楚这个"大衰退"与以往看上去"显然不那么大的衰退"究竟有什么不同。自 2009 年以来，主流经济学

---

① 参见本书作者在 2012 年出版的《奥巴马经济：少数人的复苏》，Pluto 出版社，2012 年。该书辟专章阐述了作者的预测，美国的财政政策、货币政策以及奥巴马政府于 2009 年到 2011 年间采用的一系列政策，都不可能带来美国经济的持续复苏，相反，最多只能带来一场"停停走走"的经济复苏——在很多方面都类似于 1908 年至 1914 年期间的经济复苏。这两个历史时期，即 1908 年至 1914 年、2009 年至 2012 年，都有这样一个共同特点：都采用了"救助银行"的货币政策（而且都遭到了失败），但却几乎都没有或完全没有任何"救助"其他经济行业的财政刺激政策。

家之所以把发生在 2007 年至 2009 年之间的衰退称为"大衰退",无非是因为与以往的"通常的衰退"相比,它在某种程度上更加糟糕一些,但是又不如"20 世纪 30 年代的大萧条"那么糟糕。本书作者认为,这种定义是不能接受的,因为很显然,我们不能仅仅通过这样一种"形容词的分析"来解释不同的经济现象——通常的衰退、2007 年至 2009 年的"大衰退"和真正的萧条。

如果不将金融不稳定性因素考虑在内,那么我们就不可能解释 2007 年至 2009 年之间发生的一系列事件。主流经济学家在分析这次金融危机以及随后的"史诗般的衰退"("大衰退")时,基本上没有将各种金融因素的作用考虑进去,而只是将之归因于金融去管制化和次级抵押贷款过度膨胀(这主要是自由主义左派的观点),或者称这是"信息不对称"或"道德风险"所致(这主要是右派的观点)。前面这种解释实际上将原因归结为政府政策失效或"坏人欺诈了贷款人",后面这种解释则认为罪魁祸首是"个人决策受到干扰或个人的道德失范"。这两种解释都有一个共同点,即坚持市场没有错。具体地说,2007 年至 2009 年爆发的金融危机与资本主义企业或金融体系的内在本质无关。根据主流经济学的解释,资本主义体系的失败尽管比政府政策不当或个人行为不良更具根本性,但是却无须对危机负责;要指责的是少数人的不良行为或政府的政策不当。这何等荒谬可笑!实际上,内生的金融因素和其他内生的原因才是 2007 年至 2009 年金融危机以及随后的远低于正常水平的复苏的关键所在。

"史诗般的衰退"的其中一个定性特征是,这种衰退或多或少地肯定是全球性的。这一点在 2007 年至 2009 年间表现得非常明显。在最初的金融崩溃之后,各新兴市场经济体的经济增长呈现出了一种集体式的发散性,尤其自 2010 年之后,各新兴市场经济体的经济出现了强劲增长,而各发达经济体则陷入了再度收缩、反复停滞和衰退的状态。各新兴市场经济体的这种发散性可能在 2015 年年中趋于消失,而收敛性则将再次凸显。各发达经济体仍然没有出现比 2010 年以来更强劲的经济增长,而中国和其他新兴市场经济体的经济增长速度则正在放缓(通过增长率的下降表现出来)。由于欧洲诸国和日本均已陷入停滞或衰退状态,美国经济最多只能实现缓慢的、低于通常水平的、"停停走走"式的增长,因此无法填补以前快速增长的中国和其他新兴市场经济体经济放缓留下的空间。中国和各新兴市场经济体与各发达经济体之间的"脱钩（或解耦）"过程（在 2010 年，这是一个热门的话题）已经宣告结束，"再挂钩（或重新耦合）"过程正在进行中，因为全球经济放缓已经成了现实，越来越多的国家陷入了停滞型增长或更糟糕的境地。

相比 2009 年，2015 年的全球经济已经有了极大的不同。2009 年之后，持续的"史诗般的"衰退进入了一个新的阶段，全球经济出现了许多新特征。现在剩下来的问题无非是：究竟哪一类金融资产市场、哪一次金融不稳定性事件会导致下一次全球经济的严重萎缩？它会不会比 2007 年至 2009 年那次还要严重？

总而言之，在 2015 年，尽管那只"死猫"还有可能再次反弹，但是现在它已经摔得四脚朝天了。

自 2009 年以来，"死猫反弹"的另一个特点是，金融不稳定性事件爆发的可能性从来没有大幅下降过。这种不稳定性从根本上说源于过剩债务的大量累积（特别是私营企业债务），它促进了金融投机；而债务又是过度流动性进入全球经济的直接后果。在本书下面章节中，我们将引用大量数据阐明，在 2015 年，由金融资产投机造成的过剩流动性和过剩债务已经远远超过 2007 年至 2009 年金融危机爆发之前，由此形成了大量的金融资产泡沫；任何一个泡沫都可能在任何时候破灭，问题只在于到底是哪个泡沫会破灭以及在什么时候破灭；泡沫一旦破灭，全球的实体经济就可能进入一个比现在更加快得多的下行通道。

事实上，一些金融资产泡沫已经破灭了，并且导致部分资产价格的通货紧缩，例如，全球原油期货、中国和其他一些国家的股票、欧元主权债券、越来越多的新兴市场经济体的货币等。其他一些泡沫也非常不稳定，它们濒临金融悬崖边缘，岌岌可危，例如，企业垃圾债券、交易所交易债券基金、杠杆收购贷款等。

"死猫反弹"式的复苏也与传统的财政政策和货币政策的有效性下降有关。长期以来，全球各国的中央银行都充当了"动物救援人员"的角色。这些"动物救援人员"一直在自己所在国的各地奔波，试图救活被他们找到的任何一只"死猫"，然后给它们提供由货币和流动性打造的"氧气"。在全世界范围内，银行间的利率水平已经降到了几乎为零甚至负利率的水平了，同时，各国中央银行的"氧气瓶"也几乎空了；如果发生另一场重大危机，那么各国中央银行不可能再把利率降得更低，从而无法救活那些可怜的"死猫”；一旦不能救活，那么全球经济就将可能滑入严重的萧条期。

一些经济学家和制定政策的决策者也很难理解或解释在 2010 年至 2015 年的"史诗般的衰退"中，全球经济经历"停停走走"式的增长（现在即将经历更多的"停"而不是"走"），但实体经济投资放缓的情况为什么会长期比经济增长速度放缓的情况更加严重，而且世界各国都趋同于商品价格甚至服务价格的通货紧缩。他们绞尽脑汁后给出的答案是，这必定是某种"长期停滞"（事实上，近年来确实出现了一种"长期停滞论"）。但是，全球经济到底是怎么陷入长期停滞状态中的呢？为什么全球经济会停滞不前？这种停滞与金融因素有什么关系？这些经济学家和制定政策的决策者却几乎没有给出什么解释。给定他们思考这个问题时所依据的概念框架，他们只能继续囿于实体经济变量如"供给"或"需求"的狭隘范围解释这个问题。这是由他们所接受的经济学训练决定的"舒适区"。因此，对于他们的理论和模型无法解释的 21 世纪全球经济的新现实和（"异常"）现象——其中最重要的是各种金融因素和金融变量，他们是很难敞开心扉热情拥抱的。①

## 2007 年至 2009 年金融危机后的"五大危机后现实"

2007 年至 2009 年金融危机之后，2010 年至 2015 年的"五大危机后现实"有以下主要特点：

（1）继 2009 年至 2012 年的短期实体经济繁荣（快速反弹）之后，中国经济从 2012 年开始迅速放缓，现在又进一步加速放缓。

（2）由于大宗商品需求和价格在 2012 年后迅速下滑，原先由发达经济体流向新兴市场经济体的货币资本流动出现逆转，新兴市场经济体货币崩溃，在 2010 年至 2012 年期间因商品繁荣而"反弹"的经济增长终结，并在 2014 年至 2015 年期间出现自由落体之势。

（3）日本经济多次重复坠入衰退、摆脱衰退的过程，日本政府采取的大规模注入货币的量化宽松政策无法促进实体经济投资和经

---

① 关于"长期停滞论"，读者可以参考它的某些主要支持者的论述，例如美国财政部前部长拉里·萨默斯（辩论的需求方）和经济学家罗伯特·戈尔登（辩论的供给方）。

济增长。

（4）欧洲经济增长长期停滞不前，2011 年至 2013 年间两度收缩，之后一直保持在 1% 左右的平均增长水平上。与日本一样，欧洲也无法推动实体经济投资和经济持续增长。

（5）美国经济的复苏一直"停停走走"，单季度 GDP 增长率一再降低为零甚至负利率，年平均增长率始终无法突破 1.5%~2% 的区间（这大约是历史上通常水平的一半）。

2009 年以后的经济数据表明，全球经济的若干关键国家和地区，例如日本和欧洲，一直没能从 2007 年至 2009 年的全球经济崩溃中真正恢复过来。自 2009 年以来，由 29 个成员国组成的欧盟，至少经历了两次衰退；而由 19 个成员国组成的欧元区，则至少经历了三次衰退。日本的情况没有什么争议。官方承认，截至 2014 年，日本已经经历了自 2009 年以来的四次衰退，而且 2015 年年底又开始进入第五次衰退。

日本和欧洲在 2010 年至 2015 年间"山重水复"式的经济衰退和停滞，从下图 2-1 和 2-2 中可以看得非常清楚。这种经济图景正是过去五年来它们的经济增长的主要特征。在下面的第 4 章中，我们将会对日本和欧洲经济增长的轨迹及其原因作出更进一步的分析。

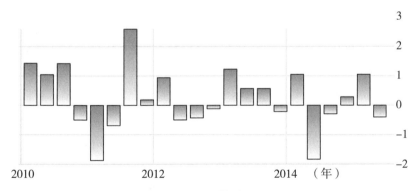

**图2-1 日本GDP增长率**
**国内生产总值变化百分比（%）**

数据来源：TRADINGECONOMICS.COM，日本内阁办公室。

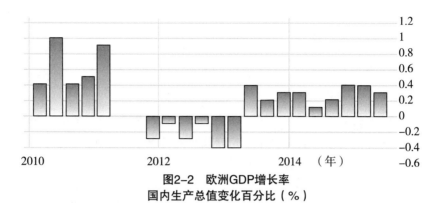

**图2-2　欧洲GDP增长率**
国内生产总值变化百分比（％）

数据来源：TRADINGECONOMICS.COM，欧盟统计局。

　　有些经济体在2010年至2012年间经济出现了复苏（例如中国和其他一些依赖于大宗商品出口的新兴市场经济体），但是在2012年之后再一次显著放缓。对此，本书第3章（新兴市场经济体）和第4章（中国）将进一步展开分析。这些经济体——中国、巴西、俄罗斯、土耳其、印度尼西亚和其他新兴市场经济体——为什么会在2010年至2012年期间出现经济复苏，而后经济增长又显著放缓甚至出现经济崩溃？这种现象背后的实际因素和金融因素有哪些？

　　在这里我们先来看一下这些经济体的增长趋势。如下图2-3所示，中国经济从2012年开始出现了一个重要转折，即经济增长速度放缓。另外，中国的季度数据表明，中国可能高估了自己的GDP增长率。例如，中国官方最近仍然声称其经济增长速度达到了7％，然而越来越多的数据表明（它们来自各种各样的可信的独立信息来源，包括位于香港且与中国的贸易和投资有密切关联的汇丰银行和渣打银行等全球性银行机构），中国的经济增长率应该位于5％~6％之间，甚至可能更低。

　　自2014年中期开始，全球大宗商品和石油价格开始崩盘，并且在一年后又再一次加速下跌。许多国家的经济因此陷入了困境，巴西和俄罗斯就是其中最大的两个经济体。这两个国家的遭遇可能只是新兴市场经济体日益严重的经济危机的一个极端例子。但是，另一方面，它们的经济增长率变动轨迹也反映了2010年至2012年间的强劲"反弹"结束之后，整个新兴市场经济体经济发展的总趋势。现在应该可以看得更清楚了：这一年经济的短暂

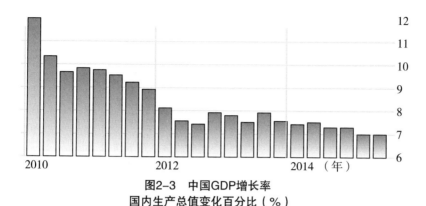

**图2-3  中国GDP增长率**
国内生产总值变化百分比（%）

数据来源：TRADINGECONOMICS.COM，中国国家统计局。

"复苏"已经结束了，"新常态"是经济收缩，剩下的问题无非是收缩得多快和多深。

巴西可以说是拉丁美洲经济体的典型代表。拉丁美洲经济体包括委内瑞拉、智利、秘鲁、阿根廷（在一定程度上甚至包括墨西哥，但是因为它与美国经济的一体化程度更高，因此这些经济体的一般趋势在墨西哥身上体现得不明显）。所有这些经济体都是大宗商品的生产者，在 2010 年至 2012 年间，它们因来自美国、日本和欧洲的巨额资金流入，以及同期中国对大宗商品的不断增长的需求而受益良多。但是，在 2013 年之后，随着中国的需求和发达经济体的货币资本这两个增长动力的消退，这些经济体的经济增长变得异常困难。从 2015 年开始，美国和英国的长期利率开始上升，其他发达经济体的中央银行也计划推高利率，再加上先由日本和欧元区发起、中国不久之后加入的日益激烈的全球货币战争，各新兴市场经济体的货币崩溃开始不断加速——更多的资本外逃、更严重的进口通货膨胀——从而进一步阻碍了它们的经济增长。

巴西的经济增长轨迹反映了与它相似的依赖于大宗商品出口的新兴市场经济体的命运。俄罗斯的经济增长轨迹则揭示了高度依赖石油的产油国的类似命运，它们包括尼日利亚、印度尼西亚、北非地区国家，甚至加拿大和墨西哥。所有这些国家的经济增长都在迅速减缓，一些国家甚至深深陷于经济衰退的泥淖之中。

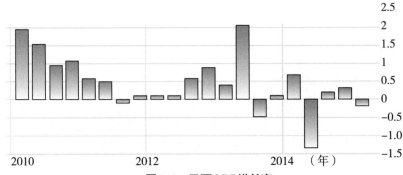

**图2-4 巴西GDP增长率**
国内生产总值变化百分比（％）
数据来源：TRADINGECONOMICS.COM，巴西国家地理与统计局。

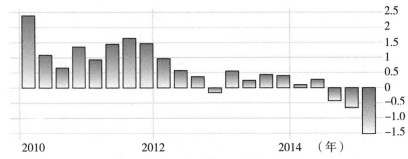

**图2-5 俄罗斯GDP增长率**
国内生产总值变化百分比（％）
数据来源：TRADINGECONOMICS.COM，俄罗斯联邦国家统计局。

2015年，全世界财经新闻界最关注的一个问题是，在全球经济增长速度加速放缓的时候，美国经济是否能够恢复增长；或者，这个问题也可以换种方式表述：美国能否超越全球经济的发展轨迹，进而阻止全球经济的进一步下滑；进一步地，即美国能否发挥中国和其他新兴市场经济体当年在短期内曾经发挥过的作用（在2008年至2009年金融危机和经济紧缩之后，中国和其他新兴市场经济体的经济强劲复苏，阻止了全球经济的进一步下滑）。如果美国真的能够发挥这种作用，那么是否意味着那只"曾经死去的猫"又在作一次反弹呢（当然，也许不会反弹得跟上次一样"高"）？如果不是，即如果美国经济增长无法超越全球经济并实现快速增长，那么对全球经济将意味着什么？这只几乎"死定了的猫"会在2016年及以后再次蹦跶起来吗？

美国经济即将走上持续增长的康庄大道并将带动全球经济一起回升，这种观点在过去四年多来一直是美国政府、财经新闻界以及许多专业经济研究机构的"非正式咒语"。每一次，当某个季度的单季经济增长率达到 4% 左右的时候，同样的呼号就会响起：美国经济已经彻底好转了，而且现在正在开始起飞。然而，事实是，每一次都好景不长——美国经济的增长率很快就会重新回落到零点附近，甚至转为负。这种"旋转"令许多人头晕目眩。

美国经济的最近一次"旋转"出现在 2014 年下半年，在 7–9 月这个季度，美国的 GDP 同比增长了 5%。然而，正如本书作者所指出的，美国之所以能够实现 5% 的经济增长率，是当时的一系列特殊情况（既有短期的，也有长期的）所致。这是一个很重要的差异。根据预测，美国经济在 2015 年将再次褪色，正如它在 2011 年、2012 年和 2014 年年初三度探底时那样。

具体而言，美国经济在 2014 年 7–9 月那个季度之所以能够实现 5% 的增长率，是因为有许多一次性的短期因素在起作用，但它们都是不可持续的。这些因素包括：政府开支在全国选举之前激增；商业库存和资本支出基于对圣诞假期购物高峰到来之前可持续性的消费支出增加的预期而大幅增加；净出口短期增加，等等。除了这些短期因素之外，还有一些长期因素，它们使得美国经济在全球经济增长放缓的大环境下，也能够以略高于其他经济体的速度增长。

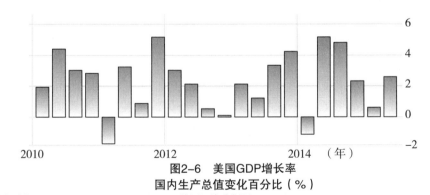

**图2-6 美国GDP增长率**
国内生产总值变化百分比（%）

数据来源：TRADINGECONOMICS.COM，美国经济分析局。

这些长期因素包括：美国以及美国经济特有的一些特征，包括但不限于：可以在短时期内进行大规模军事开支；拥有对国际储备货币和国际交易货币（即美元）的控制权，美国的中央银行（美国联邦储备委员会）对其他国家的中央银行拥有特殊的影响力；美国在全球资本市场的主导地位；美国对各种国际经济机构的特殊控制力和影响力，等等。

其他国家和地区经济"反弹"结束的形式，可能体现为真正意义上的两次甚至三次探底的衰退，例如，日本和欧洲的情况就是如此，而新兴市场经济体的波动就更加剧烈了。然而，美国经济长期以来拥有的优势（而且以美国主导的于 1945 年以后建立起来的国际经济体系能够保证它继续拥有这种优势），使得它在"反弹"结束后通常会转化为较缓慢的增长（增长速度往往相当于历史上通常增长速度的一半左右，即 1.5%~2% 的区间），而不会陷入衰退或进入经济停滞期。①

因此，与其他主要发达经济体相比，一系列特殊因素使得美国经济能够在较长时期内保持相对较高的增长率，并可以抵御定期影响新兴市场经济体的极端经济风暴。然而，美国这种相对较高的经济增长率至少部分是以牺牲其他经济体为代价换来的。换句话说，就像美国能够"出口"通货膨胀一样，它也能够"进口"其他经济体的经济增长。也就是说，由于美元是最重要的交易和储备货币，因此通过提高利率和美元价值，美国的决策者能够降低美国的通货膨胀率。汇率上升会吸引外国资本回流美国，但同时也会致使其他国家"进口"美国的通货膨胀。货币资本流向美国会导致投资者对其他国家的投资减少，从而使得这些国家的经济增长放缓，但却会鼓励投资者增加对美国的投资，促进美国的经济增长。

上述机制的一个很好的例子是美国主导下的页岩油（气）行业的繁荣：美国页岩油（气）行业的繁荣导致了全球石油过剩，使得美国能够间接地从其他地方"进口"经济增长，因为全球石油价格下跌与美元价值上升有关。这种上升使得大量资金从全球各新兴市场经济体流入美国，从而刺激美国经济增长；而资本外流反过来又减缓了各新兴市场经济体的经济增长。与此同时，迫于美元升值的压力，各新兴市场经济体不得不提高其本国利率，致使

---

①　美国在 2013 年夏天改变 GDP 定义之前，已经正式公布了 1.8%~2.0% 的 GDP 平均增长率。对 GDP 的重新定义使美国 GDP 的估值增加了 0.2%~0.3%，即每年大约 5 000 亿美元的产值。这主要是将研发、业务费用和其他无形资产计入企业投资的结果。当然，这种做法是否恰当是很值得怀疑的。本书作者把这种"做高"GDP（不仅适用于未来，而且可以溯及既往）的做法称为"统计操纵的经济增长"。

其经济增长速度放缓和政府支出下降（目的是减少赤字）。通过这样一个"传导机制"，美国就可以从其他地区"进口"经济增长，这是事实。

在"后反弹时期"，另一个与石油行业相关的有意思的事件是，以沙特阿拉伯和阿拉伯联合酋长国为首的欧佩克国家，以为自己在政治和经济上已经足够强大，能够挑战美国转向石油和页岩油（气）的趋势。正是沙特阿拉伯等产油国的这种挑战行为，才导致从 2014 年开始全球石油价格加速暴跌。因此，美国页岩油（气）的生产者和以沙特阿拉伯为主的石油生产国之间的经济战正在进行中，而且必定会对全球经济造成严重的负面影响。

总而言之，美国经济在 2015 年及以后都不可能出现足够强劲的增长，因此注定无法发挥中国曾经在 2010 年至 2012 年间发挥过的带动"全球经济反弹"的作用。既然中国也不能在 2010 年至 2012 年之后继续带领全球经济复苏（当时中国经济的年增长率超过 10%），我们也就没有理由相信美国现在能够带动全球经济复苏，即使它能够以 4%~5% 的速度增长。事实上，美国经济不可能以高于 4% 的速度增长，甚至勉强维持 3% 的年增长率都极其困难。因此，毫无疑问，它目前的 2% 甚至更低的经济增长率永远不足以带动全球经济出现另一次"反弹"。

如果暂且不考虑中国和其他新兴市场经济体在 2010 年至 2012 年间出现的短暂的经济复苏，那么这次长达五年的全球性经济停滞，是自 20 世纪 30 年代大萧条以来未曾出现过的。与 20 世纪 30 年代大萧条之间的这种相似性，已经导致一些经济学家认为，自 2009 年以来，全球经济已经经历了一次"无声的大萧条"（或者至少就发达经济体而言肯定是如此）。这是 21 世纪的"大萧条"。虽然从定性和定量的角度来看，到底要怎样才算"萧条"，经济学家们从来没能取得过一致的意见，但是这种观点——全球经济在 21 世纪经历了一次新的"无声的大萧条"——无疑是有说服力的。

### 长期停滞成了"新常态"？

如果将上述"无声的大萧条"论有意淡化处理一下，那么就会变成当前全球财经媒体界正在激烈讨论的所谓的"长期停滞论"。这种观点源于作为自由主义者的主流经济学家拉里·萨默斯（Larry Summers）在 2014 年发表的一篇文章。"长期停滞论"认为，从总体上看，进入 21 世纪后，劳动力的性质和特征发生了变化，它导致了经济体系中的供需失衡，而这种失衡抑制了经济增长。他指出，要实现经济增长，需要的不仅仅是收入及其相应的需求的增长，而且劳动力供给面也必须产生结构性的变化，以便提高工人的生产率。①

但是，坚持"长期停滞论"的这些经济学家无法解释清楚在 2010 年至 2015 年间，实体经济投资放缓的速度为什么会长期远远低于经济增长的速度，但同时全球范围内又都出现了商品（甚至服务）价格的通货紧缩。长期停滞论者也不能阐明全球经济是怎样陷入长期停滞的，他们也不能解释全球经济为什么会长期停滞不前；尤其是这种停滞与各种金融因素有什么关系的问题，他们几乎从来不考虑。他们只会在原有的概念框架内打转，即只知道继续在实体经济变量的"供应"或"需求"这个狭隘的范围内作出解释。也就是说，他们仍然不愿意离开他们经过长期经济学训练形成的思维舒适区。因此，对于他们的理论和模型无法解释的 21 世纪全球经济的新现实和（"异常"）现象——其中最重要的是各种金融因素和金融变量，他们是很难敞开心扉完全接受并热情拥抱的。

不过，无论是称"无声的大萧条"还是称"长期停滞"，这两个术语至少也都反映了这样一个事实，即更多的人已经意识到，至少在某些方面，全球经济已经处于一个长期减速趋势中了。

## 工业生产和贸易的衰退已是既成事实

"反弹"已经结束，全球经济的总体轨迹现在明显处于下降通道，能够反映这个事实的最好指标很可能是全球工业生产量和全球贸易量。我们有充分的理由认定，世界经济正在经历工业生产和贸易的衰退。

自 2008 年至 2009 年金融危机之后，全球贸易由收缩转为繁荣，增幅一

---

① 请参阅：拉里·萨默斯，《大胆的改革是破解长期停滞的唯一方案》，载《金融时报》，2014 年 9 月 8 日，第 9 版。萨默斯认为，长期停滞是由需求侧的因素所导致的，而像经济学家罗伯特·戈登（Robert Gordon）这样的经济学家则认为是由供给侧的因素所导致的。

度超过 12%。贸易热潮主要集中于中国和其他新兴市场经济体。各发达经济体之间的贸易在 2012 年的增长率下降到了几乎为零，这是因为欧洲和日本相继步入了衰退期，同时美国经济也出现了减速。不过事实证明，即便中国和其他新兴市场经济体的贸易有所增长，这轮"贸易繁荣"也更多地属于"反弹"性质，而不是可持续的扩张。

在 2008 年之前的二十年里，世界贸易一直以差不多两倍于全球总 GDP 的速度在增长。例如，在 2007 年，世界贸易增长了 6%，而全球总 GDP 则增长了 3.5%。然而，在 2008 年至 2009 年，世界贸易与全球总 GDP 一样出现了急剧的萎缩。危机过后，在经济"反弹"的 2010 年，世界贸易急剧增长了 13.8%，增长速度是全球总 GDP 的三倍多。2011 年，世界贸易的增长速度仍然保持两倍于全球总 GDP 增长速度的水平。然而，到了 2012 年，世界贸易的增长率下降到了 2%，与全球总 GDP 的增长率相同。在那之后，世界贸易增长率"向下跨越"，几十年来首次低于全球总 GDP 的增长率（2013 年，世界贸易增长率只有 2.2%）。到 2014 年第一季度，世界贸易增长率转为负值，直到 2015 年第一季度才回升至 0.7%。但是 2015 年年初出现的这个复苏是"中气不足"的，因为到了 2015 年年中之后，大宗商品和石油价格就出现了进一步的收缩，许多国家的货币都急剧贬值。[①] 因此，如果以世界贸易量来衡量，全球经济在 2015 年下半年几乎就进入了衰退期，或者至少接近衰退。

工业生产主要由三个部分组成：制造、采矿和能源。世界各地的采矿业发展都处于减速或收缩状态。至于制造业，在中国（世界制造业产量的四分之一源于中国），自 2014 年年底以来每个月都在收缩。若仅从发电量来看，中国工业生产开始下降的时间甚至还要早。美国也占了全球制造业的大约四分之一，虽然美国的制造业有所复苏，实现了"温和增长"，但是这种"温和增长"实际上已经放慢到了无增长的水平。利率上升和美元升值将会削减其他国家对美国出口商品的需求，因而也会影响美国的出口和制造业。欧洲的制造业仍然停滞不前，而主要新兴市场经济体的制造业在 2015 年至 2016 年肯定会下降。因此，从整体来看，世界制造和工业生产已经接近衰退了。

---

① 所有数据均源于世界贸易组织，见《世界贸易报告》，2007 年至 2015 年。

# 通过重新定义 GDP 高估全球经济增长

　　数字中大有玄机。本章和前一章在讨论全球经济增长时，都使用了一个传统的统计指标，即 GDP（国内生产总值）。即便是在对预测专家们的预测提出质疑时（如第 1 章），本书仍然引用了 GDP 指标。但是，如果 GDP 这个指标本身就严重高估了经济增长，那么又会怎样？再者，如果高估越来越严重，那么又将如何（因为政府希望通过操纵数据和重新定义 GDP 来引导预测专家们得出更高的经济增长率估值，这种动机已经变得愈益强烈起来了）？

　　作为衡量全球经济增长和复苏的一个主要指标，GDP 本身的可靠性已经变得越来越值得怀疑了。因为近年来，许多国家——不仅仅是美国，而且还包括欧洲诸国和一些新兴市场经济体——都重新定义了 GDP 的含义，以此来提高本国的经济水平和经济增长率。

　　在美国，这种操纵是在 2013 年完成的。原先认定为业务费用、不得计入 GDP 中的支出，现在被认定为投资并计入 GDP 当中了。这种改变是可以溯及既往的，而且在对过去的 GDP 进行调整时，2008 年经济崩溃以来的最近几年均被赋予了最大的权重。通过这种手段，美国这些年每年至少增加 5 000 亿美元的 GDP。

　　当然，对 GDP 统计指标进行操纵的国家绝不仅仅限于美国。在欧洲，一些国家甚至已经或即将通过改变对 GDP 的定义，将非法毒品交易和卖淫列入"合法服务"的范畴之内，以便将它们纳入 GDP 中，尽管这种"服务"的真实价格和数量是不可能准确统计的（由于数据可得性问题）。但是对于这些国家来说，这个问题是无关紧要的：当真实的数据无法收集和统计时，可以根据某种"新型统计假设"以特定方法"补上"。

　　事实上，在全球范围内，通过重新定义 GDP 来"实现"经济增长的做法已经形成了一个"大趋势"。例如，尼日利亚最近通过重新定义 GDP，使本国一跃成了非洲最大的经济体。尽管经济的真实增长和复苏变得越来越困难，但是通过统计操纵却可以轻而易举地"实现"增长。

　　印度的情况更加令人震惊。在发现 2013 年至 2014 年财政年度的 GDP 增长率仅为 4.7% 之后，印度政府于 2015 年 2 月又重新定义了 GDP，并将该年度的 GDP 增长率修正为 6.9%。这就是说，只要在统计方法上动些手脚，就可以另外得到 2.2％ 的 GDP 增长率。无论是制造业、贸易，还是金融业，都被大幅上调了。当然，其他国家和地区的有些经济学家有充分理由认为这种修正是 "完全不可信" 的。但这是一种 "偷梁换柱" 的做法，因为关于印度经济的其他数据显示，该国的商业活动和消费需求持续疲软。

上述例子表明，当经济持续放缓时，对 GDP 的定义和统计数据的操控可能愈演愈烈。从历史上看，类似的操控行为一直存在。例如，国际货币基金组织、世界银行以及其他机构和媒体为了得到所谓的实际 GDP 的指标，都会利用通货膨胀率对 GDP 增长率进行调整，具体做法是：由每个国家先估算出本国的通货膨胀率，然后有关机构将其 "转换" 成所谓的 "购买力平价"（PPP），再综合起来以后估计全球经济的复苏状况。然而，这种 "购买力平价" 调整方法所依据的假设本身就是不可靠的，因此这种调整更多的是一种 "艺术"，而不是一种 "科学"。

这样也就提出了一个更加重要的问题：GDP 能否作为衡量经济增长的最好指标？当然，很明显，那些以宣布经济衰退何时开始、何时结束为己任的经济学家认为这不是一个问题。然而，从历史上看，GDP 原本其实只是美国国家经济研究局（NBER）的经济学家在辨识衰退开始和结束时曾经考虑过的几个指标之一。这些经济学家认为，在确定美国经济是否处于衰退的时间点上，重要的不是 GDP，而是工业生产、销售、就业、净出口等其他指标。不过，其他国家却一定会这样做。考虑到每个国家都可以对 GDP 进行重新定义，而收集的数据的准确性又相去甚远，并且还会通过调整通货膨胀率来获得所谓的 "实际 GDP"，因此从这个角度来说，对各国的国内生产总值和经济复苏状况进行比较无疑就更像是一种 "艺术" 了。既然如此，那么我们得先问一下：全球 GDP 总量的估计的准确性究竟如何？

如果不惑于外表亮丽的 GDP 总量指标和增长率指标，进一步对经济的真实状况刨根问底，例如，就业增长情况如何，有没有新的工作岗位被创造出来，是否存在没有就业的复苏，那么对于全球经济增长的 "基本事实" 就会产生更多的疑问。自 2008 年以来，就日本的情况而言，失业率（和就业增长）几乎没有任何变化，一直保持在 3.5％ 左右，在随后的三次经济衰退期间也是如此。而在欧元区，在同一时期创造出来的所有就业机会中，有高达 55％~70％ 的都是兼职性的和临时性的。至于美国，据称自 2009 年以来创造了 600 万个就业岗位，但至少有同样多的工人退出了劳动大军，即前门进来 600 万，后门又走掉了 600 百万。美国、欧洲和日本这三个发达经济体每年的经济体量大约为 40 万亿美元，差不多占全球经济的三分之二。在日本，许多人没有工作；在欧洲，许多人只做兼职工作；在美国，许多人从全职工作转为兼职工作。这样的情况真能够说是经济增长？

另外，GDP 作为衡量经济增长的一个指标（无论是从总体水平上还是从增长率上），无法告诉我们这种增长对谁有利。要搞清楚这一点，至少与搞清楚"哪些东西"（商品和服务）被更多地生产出来一样重要。在美国，股票、债券和其他金融产品已经从衰退时的最低点上涨了一倍以上。例如，股市的涨幅比 2008 年高出了 180%，上市公司的利润几乎是 2006 年至 2007 年繁荣期高峰点的两倍。根据加州大学伯克利分校的一些经济学家的研究，自 2009 年以来，美国最富有的 1% 的家庭的年净收入不低于全国总年净收入的 95%，[①] 而其余家庭的家庭实际工资收入的中位数在过去五年间每年都在下降。事实上，这个趋势在 21 世纪初就已经开始显现了。既然如此，那么当资本收入在国民总收入中占据了 95% 的份额时，这能说美国经济实现增长了吗？这是谁的增长？

在欧洲和日本也都出现了类似的情形。普通家庭的工资收入没有增加，而占社会少数的富人家庭的资本收益则在持续增加。即便是在中国和巴西等新兴市场经济体，其国民收入的增长结构情况也是完全一样的。因此，我们是否可以说，国民收入，而不是国内生产总值，才是衡量全球经济增长的最好指标？

当然，无论是选择 GDP 数据还是国民收入数据，或者是就业数据、贸易量、工业产出数据，抑或其他任何数据，对全球经济增长状况进行估算所能得到的最好结果都不可能超过用 GDP 数据估算时的结果。然而，即便不对 GDP 数据提出质疑，它们也代表了一种显著过高的估算。这就是说，2010 年至 2012 年期间的"死猫反弹"实际上并不如 GDP 指标所显示的那么高，而 2015 年以来的衰退状况则可能甚至比指标显示的还要糟糕。

前面说的这一切要表达的意思无非是，当前对全球经济增长的估算和预

---

① 　参见加州大学伯克利分校经济学教授伊曼努埃尔·萨斯（Emmanual Saez）关于全球收入不平等趋势的研究。他还建立了反映全球收入不平等趋势的 ELSA 数据库。

测是十分可疑的, 或者至少在大多数情况下都是大大高估的。如果以收入和分配为经济增长的基准概念, 那么绝大多数经济体的经济行业都几乎没有任何增长。

因此, 全球经济复苏充其量只是一种可疑的估算, 并且很可能在不久的将来变得更加可疑。

## 再一次反弹, 何时?

本书第二编, 以及接下来的第 7~15 章, 还将进一步从全球经济仍在发展的九大宏观趋势出发, 考察那只"跳个不停的猫"的"九命人生"。这九大趋势中的任一趋势都反映了当今全球经济活力下降的情形, 它们合在一起则凸显了全球经济的"系统脆弱性"程度不断提高的条件, 那就是, 长期趋势和短期周期的重合和共振。长期趋势是持续"脆弱老化"的, 而短期周期则在不断"密集轰炸", 无论是实体经济行业还是金融行业, 都是如此。这可以说是一种经济的"动脉粥样"硬化症。

或许"猫医生"可以对今天这只"经济之猫"做几台"器官移植"手术, 以便使这只进入"耄耋之年"的"老猫"返老还童, 再"活"上很长一段时间。20 世纪 70 年至 80 年代, 新自由主义已经完成过一次"经济器官移植"; 而更早的时候, 即 1945 年后布雷顿森林体系的建立, 也相当于一次"经济器官移植"。这两次手术都使这只"九命老猫"多活了三十年左右。现在这只"猫"还可以第三次复活 (再活个十年、二十年) 吗? 或者, 至少可以期望另一个短期反弹? 再或者, 已经到时候了, 即这只垂死的"猫"将会完成它的最后一次反弹, 然后彻底死去。到那时, 我们将会埋葬了它, 再去寻找另一只新的"经济动物"?

# 第3章 新兴市场：完美风暴

在离岸市场上，一场完美的风暴正在形成，一旦"登陆"，必定会给全球经济造成严重破坏。现在它的"风力"正在加强。尽管我们目前还不知道这场风暴最先将会在哪里登陆，但是很清楚，它的"风暴眼"显然位于各新兴市场经济体。

各新兴市场经济体曾经在2010年至2013年间支撑了全球经济，使之不至于在2008年至2009年金融危机爆发之后进入萧条；但是在今天，它们却变成了这场仍然在持续的全球性经济危机的焦点。事实上，全球经济危机从未结束，只是"风暴眼"从发达经济体转向了新兴市场经济体。今天，导致全球经济放缓以及另一次全球金融危机的各种因素都集中在了新兴市场经济体。

今天，各新兴市场经济体在全球GDP中所占的份额已经达到52%，但是它们的经济却在加速下滑，这显然对世界其他经济体来说是不祥之兆。当前，发达经济体的经济增长持续疲弱，明显不能抵消新兴市场经济体经济下滑带来的影响。这与2010年至2013年间的情形全然不同。在那时，新兴市场经济体的经济增长在很大程度上抵消了同期发达经济体经济停滞和疲弱带来的影响。因此，从净值的角度来看，今天的全球经济的实际增长前景更加暗淡，而且经济体系本身也更加不稳定。

新兴市场经济体在各个方面都受到了严重的冲击，包括：

 ·中国经济增速放缓，中国对新兴市场经济体出口商品的需求呈现出明显的下降趋势；

 ·欧洲和日本对新兴市场经济体的出口商品尤其是制成品的需

求疲软；

· 美国和英国的利率偏高；

· 日本和欧元区的量化宽松政策引发了货币战并不断升级，作为回应，中国也在 2015 年 8 月实施了货币贬值政策；

· 经济增长和稳定依赖于原油生产和出口的那些新兴市场经济体，还受到了世界原油价格崩溃的额外冲击；

· 中国股市在 2015 年出现了严重泡沫并破灭。

这些都是"外生于"新兴市场经济体之外的问题，它们对新兴市场经济体产生了严重的影响，并在很大程度上超出了这些经济体的控制范围之内。不仅仅如此，除了这些外部力量之外，还有许多更加严重的"内生的"问题导致了新兴市场经济体的经济不稳定，它们进一步引发了新兴市场经济体的经济收缩并使之变得更加脆弱。内外两重因素互相作用并形成反制，从而导致了实体经济行业和金融行业的更进一步的不稳定。

加剧新兴市场经济体经济不稳定的内部因素包括：

· 新兴市场经济体货币崩溃；

· 资本从各新兴市场经济体回流美国、日本和欧洲等主要发达经济体；

· 愈演愈烈的消费品通货膨胀；

· 新兴市场经济体对货币价值下跌、资本外逃和通货膨胀的政策反应；

· 新兴市场经济体资产（股票）市场的崩溃；

· 新兴市场经济体债券市场中以美元计价的债券发行变得越来越困难。

外部和内部问题的同时发作，对新兴市场经济体未来的实际经济增长和金融稳定，对全球股票市场、债券市场和外汇市场的稳定，以及对全球经济增长和世界金融的稳定，都不可能是一件好事。

我们先来看一下新兴市场经济体的实体经济行业。根据一家大型欧洲银行集团——瑞士联合银行集团（UBS）的估计，所有新兴市场经济体在2015年前三个月的经济增长率仅为3.5%，这还是包括了中国在内的数据。中国作为一个新兴市场经济体，其官方公布的增长率为7%；如果将中国排除在外，那么所有其他新兴市场经济体在2015年的经济增长率最多仅为百分之零点几。而如果中国的实际GDP增长率为5%或更低（许多独立机构都是这样预测的）的话，那么所有其他新兴市场经济体在2015年的经济增长率可能不会超过零；或者换句话说，新兴市场经济体作为世界经济的一半，实际上很可能已经陷入了停滞状态。而上述数据也仅仅代表了截至2015年3月的情况，或许在不久的将来，很可能出现如下情况，比如，中国经济进一步放缓，美国利率上升，全球石油和商品价格再次下跌，等等，这些都肯定会进一步压低新兴市场经济体的经济表现，使它们作为一个群体陷入衰退状态。

我们再来看一下反映新兴市场经济体金融不稳定的各项指标。新兴市场经济体的股票价格已经从2011年的高点下跌了超过30%，这还不包括中国2015年夏季（2015年6–9月）的股市崩盘（跌幅超过40%）。[1] 而在重要性更高的债券市场，根据麦肯锡咨询公司的统计，自2007年以来，全球债务加速上升，总计有一半以上为私人债务，而其中各新兴市场经济体又占了一半以上。尤其在拉丁美洲和东南亚，一些国家暴增的私人债务绝大多数都是"垃圾"级别的，但这些债务却必须以美元偿付，而其偿债能力又严重依赖于这些国家能否进一步扩大出口。在世界各国的贸易都在放缓的今天，这无疑是非常困难的。如果到期无力偿债，那么就只能以更高的利率借入新债以偿还旧债。因此，一旦出口收入进一步下降，新兴市场经济体企业违约的情况就会急剧恶化。此外，在各新兴市场经济体，政府债务的违约率也有可能大幅上升，特别是在政府借入的以美元计价的债务迅速增长的情况下——许多非洲新兴市场经济体的情况就是如此。

总体上来看，新兴市场经济体的经济明显更加"脆弱"：政府机构不断借入以美元计价的债务，而私人企业也大举增加"垃圾"级别的以美元计价的债务。新兴市场经济体债券泡沫破灭的可能性与时俱进。事实上，债券市场紧随股票市场大幅下跌的趋势已经形成。如果新兴市场经济体真的发生双重

---

[1]  根据"MSCI股票指数"（从2011年至2015年中期），新兴市场经济体股票市场的主要指数全体下跌。

金融不稳定性事件（股票市场和债券市场同时发生），那么肯定会对全球金融乃至经济带来严重影响，并将产生巨大的扩散效应。

## "新兴市场经济体"意味着什么？

在接下来详述各新兴市场经济体不断恶化的经济增长条件之前，我们有必要先澄清一些概念性的问题。首要的一个问题是，"新兴市场经济体"究竟是指哪些国家（和地区）？

国际货币基金组织（IMF）将 152 个新兴的、发展中的经济体都确定为新兴市场经济体。相比之下，MSCI 股票指数中的"新兴市场经济体"则只包括 51 个经济体，而这 51 个经济体又被进一步分成两类：28 个 GDP 规模较小的国家被称为"前沿经济体"，其余 23 个 GDP 规模较大的国家则被称为"较大新兴市场经济体"。对于新兴市场经济体，还有其他一些定义方法（分别依据 GDP、资产财富以及其他因素）。

像巴西、印度尼西亚、印度、墨西哥、土耳其、阿根廷、南非和其他一些类似的国家，都被归入新兴市场经济体，这毋庸置疑。但对于中国是否也应被列入新兴市场经济体，则存在很大的争议，因为中国是全球第二大经济体（如果以"购买力平价"衡量，并经通货膨胀调整，那么中国是全球第一大经济体）。而像韩国这样的国家是否也应被列入新兴市场经济体，也存有很多争议。又如智利被公认为是一个新兴市场经济体，但是它在经济的许多方面都比葡萄牙"更大"，而后者却不被视为一个新兴市场经济体。澳大利亚通常不被视为一个新兴市场经济体，但是它却表现出了新兴市场经济体的许多特征，例如，高度依赖大宗商品出口以及与中国的贸易关系，而且它最近的大幅货币波动也与其他各新兴市场经济体类似。至于俄罗斯、沙特阿拉伯、新加坡以及经济规模较小的东欧诸国，如果把它们都列为新兴市场经济体，那么对于"新兴市场经济体"又该如何进行分类呢？

各石油生产国（例如尼日利亚、委内瑞拉、伊朗、墨西哥和印度尼西亚，以及位于北非和中东的一些产油国）则构成了一个特殊的新兴市场经济体子集。新兴市场经济体的第二个层级由那些生产或提供具有战略意义的原材料或服务的经济体组成，例如生产铜的智利和秘鲁、提供金融服务的新加坡等。

第三层级的新兴市场经济体有时也被称为"前沿经济体"。而所谓的"金砖国家"（包括巴西、俄罗斯、印度、中国和南非）则通常被认为是新兴市场经济体中的"火车头"，尽管像墨西哥、土耳其、印度尼西亚和其他几个作为新兴市场经济体的国家也相当重要。新兴市场经济体还有一些分类方法，例如，人们有时将新兴市场经济体分为"生产商品"的新兴市场经济体和"生产制造品"的新兴市场经济体两大类，尽管一些较大的新兴市场经济体同时也是上述两种产品的提供者。

不过，无论怎样对新兴市场经济体进行分类，都不会改变如下一个重要事实，即这些新兴市场经济体构成了全球经济中的一个重要的集团。在 2009 年之后、2013 年之前，一些新兴市场经济体与中国一道，通过自己的经济增长"保住"了全球经济，（至少暂时）成功地阻止了它的衰退。新兴市场经济体的经济增长（既包括实体经济，也包括金融业）带动了发达经济体的银行、影子银行和投资者重新注资，使发达经济体的企业利润大增、股票价格飙升。然而可惜的是好景不长，这种情况从 2012 年开始步入尾声，到 2015 年年中迅速告终。及至 2015 年年末，几乎所有人都相信，自 2009 年以来的新兴市场经济体和中国的短期经济增长已经结束，而全球经济的良好发展阶段也宣告结束。

转向已经启动。各新兴市场经济体现在面临着巨大的经济压力：一是因为发达经济体等对它们生产的商品、石油和半成品的需求持续下降。二是在美国和英国加息后，新兴市场经济体的资本外流加速了。三继日本和欧盟国家实施量化宽松政策、中国货币贬值之后，各国货币的不稳定性程度提高了。四再加上全球贸易量下滑、出口放缓以及股市不断下跌，金融市场整体上变得一天比一天脆弱。五更加雪上加霜的是，许多新兴市场经济体的政治不稳定也日趋严重，这又进一步额外增加了它们潜在的经济压力。从目前来看，这种情况在巴西、马来西亚、土耳其、南非、委内瑞拉等国特别突出。

## 导致新兴市场经济体经济不稳定的各种外部因素

中国因素

中国经济增速放缓（且从 2015 年下半年开始加速放缓），使得中国对大宗商品和石油的需求大幅下降，从而导致以中国需求为经济增长驱动力的新兴市场经济体的经济的崩溃（在 2010 年至 2012 年期间，来自中国的需求是这些新兴市场经济体经济增长的基础）。[①] 中国商品需求的下降对新兴市场经济体的经济造成了双重不利影响：第一，商品生产和出口大为减少，经济增长速度严重下滑；第二，商品价格严重下跌，出现通货紧缩，生产和收益进一步下滑。

目前中国经济的实际增长率已经下降到了 5% 左右（有些机构甚至估计已经降至 4.1%，而不是官方公布的 7%），中国对新兴市场经济体的商品需求出现了暴跌的情形。中国原先消化了全球大约一半的铜、铝和其他金属，以及接近一半的钢铁和大约三分之一的食品，还有世界石油的 12%，因此，中国的需求一旦下降，就会对新兴市场经济体的出口和生产带来极其重大的影响。

为了说明中国经济放缓的程度，我们不妨来看一看彭博商品指数（Bloomberg Commodity Index，BCOM）。构成该指数的 22 种关键商品在 2012 年到 2015 年夏季期间下降了至少 40%，跌到了 1999 年以来的最低点。随着商品产量的下降，世界商品价格普遍下跌了 25%~50%，而原油价格下跌的幅度则还要更大一些：在 2014 年到 2015 年的一年多的时间里，原油价格从每桶 120 美元狂跌到了每桶 40 美元。普通商品数量已经大幅萎缩，再加上商品价格也大幅下跌，相应的新兴市场经济体的国内生产的减速也就不可避免了，其总体经济增长率必然乏善可陈。

当然，新兴市场经济体的出口减速并不仅仅是因为中国需求的降低。自 2010 年以来，欧洲经济停滞不前，日本经济再次出现衰退，它们对新兴市场经济体的商品和制成品的需求也同样大幅下滑。随着新兴市场经济体在 2013 年之后经济增速开始逐步放缓，作为大宗商品生产国的那些新兴市场经济体相互之间的需求也在不断下滑，这又进一步导致了整体商品需求放缓的趋势，从而导致通货紧缩、出口下降，最终减慢了新兴市场经济体的经济增长速度。

根据独立研究机构凯投宏观（Capital Economic）的报告，在 2014 年 6 月至 2015 年 6 月的这一年里，新兴市场经济体的进口增长速度下降了 13.2%，而出口增长速度的下降还要更快。仅仅在 2015 年 3 月至 5 月，新兴市场经济

---

[①]　对于中国实体经济增长速度放缓和金融不稳定性增加的讨论，见本书第 6 章。

体的出口增长速度就放缓了 14.3%。以拉丁美洲各经济体为例，在出口额于 2011 年达到 5 500 亿美元的高点之后，在 2014 年就下降到了 4 800 亿美元，预计 2015 年还将进一步下降至 4 000 亿美元。另外，根据世界贸易组织提供的数据，2011 年至 2013 年期间，发展中国家（新兴市场经济体）的出口额上升了 20%，并在 2014 年第一季度达到高峰，此后开始放缓。[①] 2014 年以来，受影响最严重的新兴市场经济体是巴西、南非以及几个南亚国家，还有一些产油国。

### 发达经济体提高利率

在中国对商品需求下降的同时，以美国和英国为代表的发达经济体的政策也从 2013 年前后开始转向，即美、英两国在 2009 年至 2013 年期间实施的量化宽松政策和零利率政策开始出现转向，量化宽松政策于 2013 年年底收尾，而短期利率则将从接近零的水平逐步提高。此后，长期利率也随之上升。

事实上，美、英两国政府宣布将会提高短期利率这个行为本身，就会给新兴市场经济体带来相当大的负面影响，而在政策实施之后，对新兴市场经济体的影响还会更大。其传导机制大致如下：核心发达经济体（美国、英国）提高利率后，会把前期（2010 年至 2013 年期间）注入新兴市场经济体的大量资本吸引回其国内。货币资本之所以会回流（对新兴市场经济体来说，这就是资本外逃），是为了寻求更高的回报，因为投资者预期，在美国和英国利率上升的同时，随着中国经济增长速度的放缓，对大宗商品的需求会下降。这两者（即新兴市场经济体的经济增长速度放缓和发达经济体的利率上升）合在一起，必定会对新兴市场经济体实现经济增长所需的资本产生严重冲击。

当美联储在 2013 年宣布量化宽松政策将会"逐步减码"并最终完全停止时，这个政策被新兴市场经济体的金融市场解释为，因量化宽松政策而创造出来的过度流动性将不会再流入新兴市场经济体。新兴市场经济体对美国这个政策转变（削减量化宽松）的市场反应，被许多人称为"削减恐慌"：市场价格的大幅下跌，资本大量从新兴市场经济体回流美国和英国等发达经济体。2013 年 7 月，鉴于市场的激烈反应，美国联邦储备银行不得不迅速决定暂时

---

① WTO 新闻稿第 722 号，2014 年 9 月 23 日。

中止实施削减量化宽松政策，新兴市场经济体的市场也随之暂时稳定了下来。

第三轮量化宽松政策在 2013 年年底被美国联邦储备委员会宣布退出后，人们关注的焦点就从新兴市场经济体转移到美、英两国的中央银行的动作上来了——它们提高短期利率的可能性越来越大。在 2014 年 1 月，美国联邦储备委员会表示将实施提高利率的计划，新兴市场经济体的市场再一次陷入恐慌的境地，于是美国联邦储备委员又不得不再一次暂停立即上调利率。

但是前景已经很明朗，那就是，美国的利率最终肯定会上调，而这肯定又会给新兴市场经济体的经济带来严重的不利影响。新兴市场经济体资本的大规模外逃在 2014 年终于成为现实，因为人们预计美国和英国的利率最终肯定会上调。同年 6 月，全球石油价格崩盘，新兴市场经济体的资本外逃又多了一个有力的理由。到这一年的下半年，资本外逃全面展开。2015 年，中国经济增长速度放缓、股市暴跌和货币贬值，则又进一步加快了新兴市场经济体资本外逃的速度。

## 全球货币战争

日本于 2013 年 4 月开始实施它的第一个大规模量化宽松注资政策。该计划直接促成了日元的贬值，同时还导致了全球货币战争的升级。而那正是全球商品价格下跌即将开始之际，美国联邦储备委员会也刚刚表达了提高利率的意图。这两个事件加大了新兴市场经济体货币贬值的压力。日本的量化宽松政策特别重要的一个作用是，它压低了日元对中国法定货币（人民币）的汇率——人民币相对于日元升值了 20%。

日元在明显贬值之后，日本对中国的出口在全球份额中所占的比例明显上升了。为了与日本展开竞争，许多新兴市场经济体也都贬值了本国的货币。随后，日本在 2014 年年底又加速推进了量化宽松政策，而那时正当全球石油价格在前一年夏季开始迅速滑落之后。日本的量化宽松政策、美国联邦储备委员提高利率的计划，以及全球石油价格持续下跌，这三大因素共同导致了 2014 年下半年新兴市场经济体的货币的急剧贬值、资本净流出和资本外流速度的加快。

到了 2015 年年初，货币战争进一步升级。欧元区自 2015 年 3 月开始实施为期 18 个月、总额为 1.1 万亿美元的量化宽松计划，欧元随之贬值，这也对货币已经贬值的新兴市场经济体的外汇汇率施加了更大的压力。中国的货币（人民币）相对于欧元升值了大约20%（这与人民币相对于日元升值的幅度相当），这样一来，中国在全球出口额和总贸易额中所占的份额大幅下降。

在中国股市于2015年6月12日崩盘之后，中国政府的货币政策也出现了反转。作为对量化宽松政策导致的日元和欧元贬值做出的回应，8月，中国也让人民币贬值了大约4%，从而正式加入货币战争的行列。当然，这只是一个开始。

日本和欧元区的量化宽松政策（以及令其货币贬值的政策）使全球货币战争不断升级，因为全球贸易的减缓已经迫使越来越多的经济表现不佳的国家试图通过量化宽松政策间接使本国货币贬值，以便在不断减速的全球贸易中获取更大的份额。货币战争、美国利率上升、再加上中国的回应，所有这些都要求各新兴市场经济体加速贬值本国货币，以便适应发达经济体的货币政策调整。如果哪个新兴市场经济体不这样做，那么它在世界出口中的份额就会进一步下降，从而导致其国内经济增长速度进一步下滑。当然，这样做也就意味着汇率的下降，而这又会进一步加速其净资本外流和资本外逃。因此，到了2015年中期，新兴市场经济体发现自己已身处两难境地——欧洲、日本等发达经济体和中国推动货币贬值，而美国和英国则推动利率上扬，同时全球对其商品需求呈自由坠落之势。不难想见，受影响最严重的那些新兴市场经济体，必定是那些原油在其出口商品组合中占了一半甚至更多的国家。

### 全球石油价格持续下跌

2014年年初，全球原油价格开始崩溃，这又进一步加速了新兴市场经济体的资本外流。美元上涨通常会导致油价下跌，这种效果与美联储加息、利率上升相似。上述两者都会抬高美元价值，而会降低新兴市场经济体的货币的价值。

那么，全球原油价格到底是怎么崩溃的呢？要回答这个问题，我们首先要看一下沙特阿拉伯和美国的经济状况。自2013年以来，全球经济的持续放缓不仅引发了国与国之间的货币战争，而且还引发了国与国之间的"能源生产战争"。货币战争的爆发源于日本和欧元区的"备战到底式"的量化宽松政策，而能源战争则是由以沙特阿拉伯等为主的石油生产国发动的，它们的目的是为了应对美国页岩油（气）生产商提出的挑战。

从 2008 年到 2014 年，全球原油日产量提高了 80%，达到 90 亿桶。驱动原油供应增长的主要动力是中国和新兴市场经济体实体经济的繁荣。那是在 2010 年至 2013 年间，处于 2008 年全球金融危机之后的第二个发展阶段。中国在 2009 年至 2010 年实施了庞大的财政刺激计划（总额高达其国内生产总值的 15%），从而产生了对新兴市场经济体的商品的巨大需求，再加上流向中国和各新兴市场经济体的来自发达经济体的巨额流动性的刺激，导致了全球石油供给在 2008 年到 2014 年期间比之前激增了 80%。因此，当中国和新兴市场经济体的需求在 2013 年之后开始减弱时，石油供应过剩就是一个不可避免的结果了。大约从 2014 年中期开始，石油价格开始显著下跌。

不过，疲弱的石油需求只是导致原油通货紧缩的其中的一个原因。另一个原因是，进入 2014 年后，在需求下降的同时，石油供给反而增加了。在那个时期，美国的页岩油（气）行业高度繁荣，再加上加拿大也扩大了焦油砂的生产，因此，北美（当量）原油产出在 2014 年获得了大幅增长。但这种情况却进一步降低了油价。另外，利比亚在 2014 年的石油产量也比之前增加了四倍，而许多独立的新兴市场经济体的石油产量也有所增加。因为这些国家的石油生产已经或多或少地国有化了，所以尽管油价下跌，但却仍在扩大产量，以便将其外汇储备和收入维持在一定水平上。另外，这也是它们的政府为了保证预算赤字处于可控的范围之内所必需的。[①]于是，到 2014 年年底，全球原油价格从每桶 115 美元下跌到了每桶 70 美元。[②]

从事后回顾的角度观察，在 2014 年，沙特阿拉伯似乎试图通过增加石油产量来排挤那些生产页岩油（气）的美国竞争对手。它似乎认为，只要把石油价格压低到每桶 80 美元，美国页岩油（气）的生产商就会无利可图，就会离开市场，然后沙特阿拉伯和其他石油输出国就可以重新控制全球石油市场并推高油价。但事实证明，这是一个极大的误判。根据花旗集团的研究报告，即使原油价格下跌到每桶 40 美元，美国的页岩油（气）生产商（他们的生产

① 在俄罗斯、委内瑞拉、尼日利亚、伊朗、安哥拉和其他一些国家，年度预算一半以上都依赖石油的出口收入，关键食品和消费品的进口也依赖石油出口收入。

② 教科书中供求定律解释了价格是如何被决定的，然而在现实中，石油需求下降和油价下跌并未导致石油供给量的相应减少，以及使价格回归均衡。

基于新的低成本的压裂技术）仍然能够降低成本并保持盈利——只要关闭无利可图的油气井、扩大有利可图的油气井的生产即可以做到。事实上，通过削减成本，美国的页岩油（气）的生产商能够获得比在以前的产量水平下更加高的利润。2014年，美国（当量）原油产量上升到了三十年来的最高点，相应地，当年11月，全球原油价格下跌了40%。

油价还将进一步下跌。2014年11月28日，当欧佩克组织在奥地利维也纳举行会议时，全球石油价格下跌已经越过了一个临界点，但是在沙特阿拉伯的推动下，欧佩克组织还是决定不减少原油产量（即欧佩克成员国维持每天30万桶的产量），从而导致石油价格继续下跌。欧佩克组织中的许多非沙特阿拉伯系的成员国都呼吁削减产量以提高原油价格，而许多非欧佩克产油国（例如俄罗斯）也主张如此。但是沙特阿拉伯坚决反对削减石油产量。那么，问题来了：为什么以沙特阿拉伯为代表的欧佩克组织要这样做？如果纯粹从商业的角度来考虑，那么结论无疑是，欧佩克组织应该削减石油产量，以稳住全球石油价格，但是它并没有这样做。

这或许可以从以下几个方面来解释。首先，沙特阿拉伯拥有7 500亿美元的巨额外汇储备，因此，即使它只能赚取较少的石油收入，也可以维持相当长的时间。当然，其他较小的产油国，例如委内瑞拉、尼日利亚等国就做不到这一点了。其次，以沙特阿拉伯为代表的欧佩克组织在这件事情上利益攸关，因为美国出现了新的产油技术且产量激增，这将使它（们）迅速失去对全球石油价格的控制权；前者很清楚，全球页岩油（气）生产短期内就会对其主导地位构成致命威胁。当然，除了这两个明面上的原因之外，还有更多的"内情"，其中之一便是，沙特阿拉伯和美国结成了新的伙伴关系——它们所采取的降低石油价格的新政策是针对伊朗和俄罗斯的。全球石油价格暴跌已经对俄罗斯和伊朗的经济造成了严重影响。沙特阿拉伯所采取的促进全球石油价格进一步走低的政策，对美国的某些政治利益团体有很大的好处，尤其是当美国乐见俄罗斯和伊朗经济遭到更大破坏的时候，因为这有利于美国全球政治目标的实现。

以沙特阿拉伯为代表的欧佩克组织于2014年11月28日做出的决定立竿见影：全球石油价格马上大幅下跌。此后，其他产油国的货币开始加速贬值，新兴市场经济体和欧洲的股市也随之应声下跌。不过，沙特阿拉伯的货币和股票市场并没有受到影响，因为该国的货币是与美元挂钩的。进一步的货币贬值又进一步推动了新兴市场经济体的资本外逃。事后我们可以看得非常清楚，新兴市场经济体的资本外逃正是从 2014 年下半年到 2015 年第一季度开始加速的，有数据显示，在九个月内流出的资本总额接近 1 万亿美元。这种大规模的资本外逃，显然只会进一步减缓新兴市场经济体的投资和经济的增长——事实上，从 2014 年开始，新兴市场经济体的投资和经济就开始收缩了。

2015 年第一季度，以 GDP 衡量，美国经济再次陷于停滞，这进一步拉低了全球石油需求，从而又进一步推动了全球石油价格的下滑。欧元区因经济也停滞不前，继而又推出了量化宽松政策。美元和欧元相继走弱，许多新兴市场经济体的货币则紧随其后，特别是各石油生产国，包括委内瑞拉、尼日利亚、俄罗斯等。2015 年春天，美国国会就取消对美国石油和天然气的出口禁令进行辩论，这使全球天然气和石油市场面临供给进一步激增的威胁。这种前景也意味着，油价存在进一步下行的压力。

到 2015 年春季，中国经济也已经连续九个月录得负面数据。这表明，中国经济增长放缓的速度比原先人们预料的要快得多（中国官员曾经一再保证，"GDP 增长率能够保持在 7% 的水平上"）。而到这年 6 月中旬，中国股市出现暴跌，这又进一步压低了全球石油价格。全球石油期货作为一种金融资产，其收益和价格都受其他金融资产的影响。将作为一种金融资产的石油期货与股权资产联系起来的是那些全球的专业投资者，他们在这两种资产上都会进行投机。当某个资产类别的价格快速下跌时，就会对其他资产类别产生负面影响，因为投资者会先从市场上撤出，等一段时间后，他们看清楚发生了什么再进行交易。

2015 年 8 月，原油价格收复了一些失地（在前一年，每桶原油价格整整下跌了 75 美元之巨），从每桶 38 美元左右的低点反弹到了每桶 55 美元。这是因为市场上传出了谣言，说沙特阿拉伯等国有可能决定削减原油产量，这致使油价一夜之间上涨了 20% 以上。然而，当事实证明这只是谣言时，油价又跌回了原地。如此巨幅的价格波动（一夜之间涨跌 20%），恰恰说明石油价格的波动很少取决于现实的供求关系，相反，它在很大程度上是由石油期货市场上的专业投机者决定的。来自中国和新兴市场经济体的同一时期的数据显示，它们的经济增长放缓的速度比官方报告得更快。伊朗则宣布，无论价格下跌到什么程度，它都会生产更多的石油。油价再次下跌，新兴市场经济体的货币和股票市场也是跌声一片，更多的资本回流到发达经济体。

石油价格连续十八个月下跌的情形清楚地表明，由于美国页岩油（气）生产商与沙特阿拉伯石油生产商之间的竞争，全球石油价格下跌趋势大大强化了（2014年，因全球经济放缓，油价开始下跌）。随着沙特阿拉伯和北美页岩（气）生产商对全球石油行业主导权和价格控制权的争夺愈演愈烈，各新兴市场经济体要不断支付的代价也将越来越高。

从2014年以来，全球石油价格的持续下跌一直在发挥着新兴市场经济体经济不稳定加速器的作用。货币不断贬值、商品出口和价格持续下滑、资本外逃以及货币战争等，这些全都会因为全球石油价格持续下跌而加速或恶化。

## 是谁摧毁了新兴市场经济体的"经济增长模式"？

对于新兴市场经济体来说，就像中国对大宗商品的需求放缓、发达经济体提高利率、全球货币战争一样，全球石油价格暴跌在很大程度上是新兴市场经济体自身无法控制的外部因素。这些因素从外部对它们施加影响，但它们却对此无可奈何。从原则上说，新兴市场经济体对这些因素如何做出回应，只是一个"选择"问题。但是，正如我们下面对"内部因素"（即新兴市场经济体的回应）的讨论将会表明的那样，可供它们选择的选项其实是非常有限的。例如，虽然从理论上说，某个新兴市场经济体可以通过提高本国的利率来阻止其资本外逃，但是这种做法会进一步拖慢实体经济。又比如，如果某个新兴市场经济体通过降低生产成本来扩大出口，那么这又可能使其国内消费支出减少并进而拉低国内经济增长，同时还会进一步促使资本外流。而通过减少政府支出来抵消进口商品的通货膨胀的做法，其所产生的效果也是一样的。

从表面上看，仿佛各新兴市场经济体日益恶化的经济问题的主要原因都与其国内政策相关。但事实上就像以往一样，即在2010年至2013年间，新兴市场经济体的经济扩张在很大程度上是源于"外部因素"的推动。当然，这样说并不意味着各新兴市场经济体的经济增长模式已经被推翻了（这是近年来美国和欧洲各国的财经新闻界乐于讨论的一个主题），①事实是：在 2010 年至 2013 年间，发达经济体通过其货币政策将经济增长"出口"到了各新兴市场经济体，而现在只不过是通过相反的货币政策又"重新进口"了这种经济增长。因此，新兴市场经济体当前的经济疲软完全可以打上这样一个原产地标签："发达经济体制造"。

詹姆斯·金奇（James Kynge）和乔纳森·惠特利（Jonathan Wheatley）在他们最近发表的一篇文章的结论中指出："在 2008 年至 2009 年的金融危机之后，驱动发展中国家实现经济增长的动态经济增长模式已经分崩离析了，而且很有可能将整个世界拖回衰退之中。"②但是，这个经济增长模式真的是由新兴市场经济体创建的吗？或者，它是由发达经济体在 2010 年"强加"给新兴市场经济体的吗？这种模式现在之所以分崩离析，是因为新兴市场经济体在 2010 年至 2013 年间做出的经济决策失败，还是因为发达经济体以及在某种程度上由沙特阿拉伯做出的决策推助？

更有意义的或者说更加根本的问题是：在 2008 年至 2009 年金融危机之后，发达经济体为什么要让新兴市场经济体而不是让它们自己成为全球经济复苏的动力之源？为什么到了现在，即在 2014 至 2015 年，发达经济体的决策者又决定扭转这种局面？在 2009 年，各发达经济体，特别是美国和英国，有意识地决定采取这样的政策：优先通过注入大量流动性拯救其银行和其他金融机构，进而促进金融资产的投资和投机，这将给金融业带来利润，将恢复银行的资产负债表。发达经济体的决策者还决定，通过鼓励和扩大对包括中国在内的新兴市场经济体的投资，增加回报，加快其非金融跨国公司的复苏，因为与在自己国内进行投资相比，这种投资的回报率要高得多。这种策略既有利于发达经济体的金融业的复苏，也有利于非金融业的发展，所以这个行业迅速恢复生机，一些公司实现了创纪录的利润。当然，由于其他形式的实体投资仍然遭受损失，所以发达经济体的国内经济在接下来的五年内一直停滞不前。因此，从 2013 年开始，发达经济体的政策转变实际上是重新聚焦于其国内经济的，即通过促进货币资本回流来刺激国内投资。它们（主要是美国和英国）通过停止采用量化宽松政策以提高利率来刺激 GDP 增长率的

①②　关于这一点，请参阅金奇和惠特利发表在《金融时报》上的长篇文章《修补一种打碎的模式》，2015 年 9 月 21 日，第 8 版。

回升，但这也意味着在 2008 年至 2009 年金融危机后，当世界经济进入持续缓慢发展的阶段后，新兴市场经济体必须付出代价了。

　　本章前面讨论的那四个"外部因素"对新兴经济体的不利影响之所以会越来越大，是因为发达经济体和中国有意为之的政策的结果。当然，如果单以全球石油价格持续下跌这一点而论，沙特阿拉伯及其产油盟国的政策也"功不可没"。不过，美、英等发达经济体以及中国和沙特阿拉伯之所以采取这种策略，还有一些更加深刻的原因：自 2010 年以来，以美、英为代表的发达经济体一直未能使其经济回到合理的增长轨道上来；中国还没有实现向私人投资和消费驱动经济增长模式的过渡；沙特阿拉伯及其产油盟国试图将美国页岩油（气）生产商排挤出市场，以此来维护自己对石油生产和价格的战略控制权。上述国家经济发展的条件和政策变化，给新兴市场经济体带来的不利影响是非常严重的，而且这种影响还会愈益深刻。如果下一场危机来临，有些人可能会根据它的最初发源地认为它是"新兴市场制造"的，但那将是一个巨大的错误：它其实是美、英等发达经济体—中国 —沙特阿拉伯"联合制造"的。

## 导致新兴市场经济体经济不稳定的内部因素

　　尽管对于新兴市场经济体今天迅速恶化的经济，需要"承担最终责任"的是如上所述的各种外部因素，但是同样重要的是，我们必须注意到，导致经济恶化的各种外部因素已经启动并生成了一系列额外的内部因素，而后者又进一步导致了新兴市场经济体的经济下滑。当然，这些内部因素部分地也是各新兴市场经济体自己选择的政策的后果。

　　面对由外部因素所造成的经济混乱情势，新兴市场经济体必须做出回应，但是它们通常只能在一些非常不如人意的政策选项之间进行选择，例如，提高国内利率以阻止资本外逃；利用本来就很有限的外汇储备去支撑本国货币以使其不贬值；削减政府开支以降低进口商品价格的上涨幅度；降低本国货币汇率，以便在出口上与发达经济体进行竞争，等等。但是，所有这些选择都只能是短期的或者临时性的，而且这些选择几乎总是会导致新兴市场经济体的实体经济进一步恶化和金融不稳定性程度的提高。

**新兴市场经济体的资本外逃**

资本流出会对一个国家的经济产生多重负面影响。首先，它意味着可用于实体经济投资的资金将变得更少，而本来增加投资可以增加本国的 GDP、创造就业机会并为从业者带来收入，从而促进国内消费。其次，资本外逃还会阻碍外国投资者将货币资金转为"外资"。因此，当出现资本外流时，资本流入肯定会减慢或减少，致使投资者减少他们在新兴市场经济体股票市场上的投资，因而导致股市下跌；而股票价值的下降，又会进一步阻碍货币资金流入。这样，在资本外逃、投资减少、经济放缓、股票价格下降之间会形成一个下降的螺旋。

近期新兴市场经济体的经济运行趋势体现了资本外逃的范围和幅度。在 2008 年至 2009 年全球经济崩盘之前，新兴市场经济体的净资本流入一直为正值，由 2002 年的 2 000 亿美元起步，一直呈上升之势。然而，在 2008 年至 2009 年金融危机期间，新兴市场经济体净资本流出高达 5 450 亿美元。从 2009 年年底开始，受益于发达经济体中央银行大量注入的流动性和中国商品需求的强劲增长，新兴市场经济体的经济一片繁荣，流入的净资本再次迅速回升。从 2009 年 6 月至 2014 年 6 月，大约有 2.2 万亿美元净资本流入。

但是，这种净资本流入不久之后就开始逆转了。一开始是缓慢地流出，随后就加速了。新兴市场经济体的资本外流始于 2013 年，当时美国联邦储备委员会表达了提高利率的意图，"这就造成了新兴市场经济体对量化宽松政策退出的恐慌"。但在当时，资本的流出还是暂时性的，因为在新兴市场经济体做出了"激烈反应"后，美国联邦储备委员会很快就改口了。然而，在 2014 年 1 月，当美国联邦储备委员会再次宣布将提高利率时，资本外逃又开始了。新兴市场经济体的恐慌导致美国联邦储备委员会又不得不第二次改口，这才暂时性地阻止了资本外流，反而有净资本流入。但这是美国联邦储备委员会最后一次这样做。

到了 2014 年中期，新兴市场经济体又出现了资本净流出，资本外逃卷土重来。而且，随着中国经济增长放缓、全球石油价格的持续下跌、以量化宽松政策为标志的货币战争的加剧、对美国联邦储备委员会提高短期和长期利率的预期升温、新兴市场经济体实体经济的下滑和货币贬值，资本外逃迅速加剧，资本流出的号角吹响了。

例如，从 2014 年 7 月到 2015 年 3 月，19 个最大的新兴市场经济体至少出现了 9 920 亿美元的资本净流出（或者说，在短短 9 个月内，资本净流出达到近 1 万亿美元）。这还仅仅是最大的 19 个新兴市场经济体。9 920 亿美元这个数值，意味着这 9 个月的资本净流出量相当于 2008 年 7 月至 2009 年 3 月那 9 个月的资本净流出量的两倍多（在当时的那 9 个月内，所有新兴市场经济体出现了 5 450 亿美元的资本净流出）。它表明，新兴市场经济体资本外逃危机的严重程度至少是 2008 年至 2009 年金融危机期间的两倍。这 9 920 亿美元的净流出发生在 2015 年 6 月开始的中国股市崩盘以及在这年 8 月中国开始转向货币贬值政策之前。因此，在 2015 年第三季度和第四季度，新兴市场经济体的资本外逃总额可能会超过前 9 个月的 9 920 亿美元。这就是说，2015 年下半年新兴市场经济体的资本外逃总额很可能将超过 1 万亿美元。[①] 这意味着，在短短 18 个月内，前面 5 年积累下来的 2.2 万亿美元的外资将会全部流出。资本外逃或资本外流的规模和速度都表明，在 2016 年及其后，新兴市场经济体都将很快会出现严重的经济收缩。

### 新兴市场经济体货币崩溃

货币价值下跌与资本外逃直接相关。资本外逃的速度越快，货币贬值（或崩溃）的速度也就越快。这是因为，资本外逃意味着投资者必须将本国货币兑换为他们打算将货币资本转移到另一个目标国家的货币。也就是说，投资者必须出售新兴市场经济体的货币，这会加大新兴市场经济体的货币的供应量，从而降低该种货币的价格（即汇率）。当许多投资者都竞相出售新兴市场经济体的货币时，也就意味着投资者对该货币的需求下降了，该货币的价格被压低了。

自 2013 年以来，新兴市场经济体的货币贬值已经历了三个阶段：2013 年完成了第一阶段的贬值。第二阶段则从 2014 年年中开始，当时全球石油价格崩溃，同时中国的经济增长正在放缓。第三阶段始于 2015 年夏天，伴随着中

---

① 请参阅詹姆斯·金奇和乔纳森·惠特利的文章：《大破解》，载《金融时报》，2015 年 4 月 2 日，第 5 页；以及詹姆斯·金奇和罗杰·布利兹的文章《新兴市场因万亿美元资本外逃而震颤》，载《金融时报》，2015 年 8 月 19 日，第 1 版。

国股市崩盘和人民币的贬值而来。中国股市崩盘这个事件影响巨大，它很快就使整个新兴市场经济体的股票市场都掀起了下跌狂潮。投资者试图把他们的钱从股市中捞出来，然后转移到发达经济体，以便逃避风险甚至获取更好的回报。各新兴市场经济体的货币资本纷纷被兑换为美元、英镑、欧元和日元，从而推高了这些货币的价值，但同时也使新兴市场经济体的货币进一步贬值。

摩根大通新兴市场经济体货币指数是衡量资本外逃和货币贬值对新兴市场经济体货币和经济影响的一个指标。从 2011 年到 2015 年 7 月，该指数从最高点下降了超过 30%——事实上，几乎全部降幅都出现在 2014 年至 2015 年期间。与摩根大通新兴市场经济体货币指数类似的另一个指数是彭博社和摩根大通公司编制的拉丁美洲货币指数，该指数显示，同一时期拉丁美洲新兴市场经济体的货币价值下降了 40% 以上。

在 2015 年的前 8 个月（1-8 月），在最大的新兴市场经济体中，有些国家的货币价值下跌了 20% 以上，它们包括巴西、南非、土耳其、哥伦比亚、马来西亚等；而其他国家，例如墨西哥、泰国和印度尼西亚等，其货币也都贬值了 10% 以上。

新兴市场经济体的货币崩溃还导致了更大规模的资本外逃。无论如何，没有任何一个投资者（无论是外国投资者还是本国投资者）会愿意持有价值迅速下降且预期还将进一步下降的货币，他们宁愿承担一定损失也要把自己的货币资本汇出国门，换为能够升值的货币（如美元、英镑，甚至欧元或日元），期望通过新换得的货币获取资本收益。这样，货币贬值就引发了一个恶性循环：资本外逃——进一步的货币贬值——更大规模的资本外逃……

有人也许会认为，货币价值的下降能够刺激本国出口，因此也不无好处。但是这种情况只会发生在一个静态的世界里。在一个各种内外因素都不断变化、经济形势瞬息万变的动态世界里，一旦出现货币贬值，就必定会在一个接一个的新兴市场经济体中"串联"式地接续发生货币贬值，从而意味着所有新兴市场经济体都必须参加"割喉式竞争"，必须血战到底。没有一个国家能够通过货币贬值长期在出口上保持竞争优势，因为其他国家很快就会以更大幅度的货币贬值来与它竞争。这种"交替跃进"式的货币贬值将使任何一个国家因货币贬值而获得的短期出口优势很快就消失。

退一步说，即使真的能通过扩大出口来促进经济增长，但这种益处也很容易被下面这些因素共同作用所造成的实体经济投资下滑所抵消：资本外逃加速；政府为了阻止资本外逃做出各种努力，例如提高国内利率水平；与净资本净流出如影随形的股市下跌，以及国内消费的减缓，特别是国内消费放缓带来的负面影响，往往会彻底抵消通过货币贬值所获得的为期甚短的出口比较优势。新兴市场经济体在 2013 年后发生的情况正是如此。

### 国内通货膨胀

货币贬值还有另一个负面影响，那就是，它能够引发进口商品通货膨胀，从而直接影响国内消费。当货币价值下跌时，进口商品的成本将上升；如果进口商品在新兴市场经济体的总消费量中占据了很大份额，那么新兴市场经济体的国内通货膨胀率就会上升。许多新兴市场经济体都要从发达经济体进口大量消费品和半成品（对于后者，它们会再加工，或者用于国内消费，或者用于再出口）。如果进口消费品出现显著的通货膨胀，那么就意味着实际消费量的显著减少，因而会导致新兴市场经济体经济增长放缓；如果进口资本品出现显著的通货膨胀，那么就意味着生产成本上升、产量降低，而这同样会导致新兴市场经济体经济增长放缓。

因货币价值下降而发生的资本外逃还会导致通货膨胀，不过这种通货膨胀与货币贬值导致的进口通货膨胀有所不同。进口通货膨胀影响的是消费，而资本外逃导致的通货膨胀则是通过投资传导的。更多的资本外逃意味着更少的投资，同时也意味着更少的生产收益、更高的生产成本，从而导致成本推动型通货膨胀发生。总之，货币贬值、资本外逃和通货膨胀会互相加剧，而这会对新兴市场经济体的实体经济增长产生显著的负面影响。这个恶性循环从货币价值下跌就开始了，即货币贬值加速资本外逃并减少投资，同时还推动通货膨胀并减少实际消费。

中国对全球商品的需求下降后，随之而来的是全球商品价格持续下跌，新兴市场经济体货币贬值和资本外逃，进口商品通货膨胀，消费低迷，实体经济投资和经济增长持续下滑。从 2014 年年中开始，几乎所有新兴市场经济体都出现了上述因素的"汇聚"现象。之后，全球经济形势的发展又进一步强化了这些负面因素的作用，造成了如全球石油价格持续下跌、美国利率上升的可能性大增、货币战争不断升级，以及中国和新兴市场经济体股市崩溃等情形。

新兴市场经济体面临的上述挑战在 2014 年下半年之后全都进一步加大了，为此，它们不得不采取一些不可能赢得经济增长的政策举措。当然，不同的国家有不同的政策反应，比如巴西、南非和其他一些新兴市场经济体，它们都提高了本国利率，以减缓资本外流的速度，并试图吸引外国资本继续投资，尽管这种选择并不会使这些国家的经济有起色。新兴市场经济体的另一个选择是，利用它们在 2010 年至 2013 年经济繁荣期间积累起来的外汇储备，在公开市场上购买本国货币以抵消其贬值趋势。当然，它们积累起来的外汇储备并不是无限的。事实上，许多新兴市场经济体根本没有什么外汇储备，即便有的有一定外汇储备，但很快也就消耗一空了。还有一种选择是，它们还可以通过各种方式压低本国货币的价值，努力在日益萎缩的全球出口中争得更大的份额。但是，这意味着要加入日趋激烈的全球货币战争。然而，在这种血战到底的"割喉式竞争"中，它们不可能胜过中国、美国、日本和其他拥有大量外汇储备的国家。各产油新兴市场经济体的应对措施是，一味地降低原油的价格并扩大生产，以保住它们的政府和经济所依赖的收入流。最后一个选择是，直接从发达经济体银行借入款项，为它们不断增加的债务再融资。当然，利率会更高，条款也对它们更不利。

虽然新兴市场经济体在 2010 年至 2013 年期间强劲复苏，从而使得发达经济体避免了同一时期的经济发展出现停滞甚至衰退的局面。但是到了2013 年之后，两者扮演的角色开始反转。发达经济体所采取的政策导致新兴市场经济体的货币资本大规模流出，从而极大地减缓了后者的经济增长，并引发了金融不稳定性事件。更为关键的是，各新兴市场经济体能够选择的用来应对挑战的政策通常只能导致更多的困难。下面我们即将描述的巴西的案例，就很好地反映了许多新兴市场经济体面临的"霍布森的选择"的困境：它们必须做出选择并付出相应的给经济增长和金融稳定性造成不良后果的代价。

## 巴西作为新兴市场经济体的代表——"煤矿中的金丝雀"

没有哪一个国家比巴西更能反映新兴市场经济体的状况和命运了。巴西是大宗商品和制成品的主要出口国之一，它最近还成了石油生产国中的一员。巴西最大的贸易伙伴是中国，它向中国出口各种各样的商品，包括大豆、铁矿石、牛肉和石油等。从 2002 年到 2014 年，巴西对中国的出口增长翻了五番。巴西也是"金砖国家"的成员国之一，它与南非、印度、俄罗斯和中国之间的"南南贸易"举足轻重。同时巴西与欧洲各国和美国的贸易联系也很紧密。作为一个农业大国、一个重要的全球战略资源和大宗商品大国，巴西获得了源于发达经济体的巨额资金。

2010 年，随着新兴市场经济体的经济繁荣，巴西经济迅猛发展，实现了 GDP7.6％的年增长率。当年，巴西出口对进口的贸易顺差达到了 200 亿美元之巨。虽然对巴西商品的需求大部分源于中国，但美国和欧盟中央银行采取的注入天量流动性的政策为巴西扩大投资和生产提供了资金，这使得巴西生产的销往中国和其他国家的商品的产量大增。来自中国的需求、来自美国的信贷和巴西本国债务融资的扩张，共同造就了巴西在这个时期的经济繁荣——事实上，同期几乎所有主要新兴市场经济体的情况也都是如此。然而，在 2013 年至 2014 年，形势开始出现逆转，主要表现为：中国的需求开始放缓，从美国和欧盟等发达经济体流入的资金减少并开始转为资金净流出。到 2014 年，巴西的 GDP 增长率已经下降到了 0.1％，而前四年的年平均 GDP 增长率曾高达 4％。

2015 年，巴西正式陷入衰退：第一季度 GDP 下降 0.7％，第二季度下降 1.9％。2015 年下半年的情况更加糟糕，以至于巴西媒体界哀号巴西出现了"自 20 世纪 30 年代大萧条以来最严重的衰退"。

2015 年前 7 个月，资本外逃一直在持续，平均每月净流出额高达 50 亿到 60 亿美元。而在这之前的 2014 年下半年，资本外逃还要严重。后来之所以资本外逃有所放缓，是巴西大幅度提高利率的结果。迄今为止，除巴西之外，为了吸引资本或防止资本外逃所采取的激进政策的新兴市场经济体为数不多。巴西的利率已上升至 14.25％，成了新兴市场经济体中利率最高的国家之一。但是，优先吸引外国投资的这种政策的代价非常高昂，它最终使巴西经济迅速陷入了严重衰退。这种政策非但没有完全阻止资本流出（最多只能是有所减缓），反而却使巴西经济几近崩溃。这种结果对其他新兴市场经济体提出了一个明确的警告：为了避免外资流出所采取的政策有可能带来灾难性的后果。在当前情况下，拉动货币资本离开新兴市场经济体的力量实在太大了。流动性将回流发达经济体，没有什么办法能阻止。像巴西这样提高利率，只能导致比这个问题还要严重得多的问题。

再者，试图通过提高利率来减少外资流出的政策同时也未能阻止巴西货币的贬值。巴西雷亚尔在过去一年里贬值了 37%。从理论上说，如此巨幅的货币贬值，应该能够刺激一个国家的出口，然而并没有，原因如前所述。总之，在当前情况下，货币贬值对出口增长的正面影响根本不能抵消货币贬值在加剧币值波动和资本外逃等方面的负面影响。

事实上，巴西雷亚尔暴跌 37% 这种自由落体式的贬值所起到的真正作用是，大幅推高了进口商品的通货膨胀率和总体通货膨胀率。巴西的通货膨胀率在 2013 年的大部分时间里保持在 6%~6.5% 的范围内，甚至在 2015 年 1 月曾一度下降到 5.9%，但后来又上升到 9.6%。

通货膨胀率接近 10%，同时失业率又几乎翻了一番（从 2015 年 1 月的 4.4% 上升到 7 月的 8.3%），巴西陷入了一片萧条，因为失业率提高和通货膨胀率飙升正是经济萧条的标志。2015 年 9 月，据巴西中央银行估计，该国的经济将收缩 2.7% 左右。这是二十五年来的最低点。由于 2015 年上半年全国累计裁员超过 50 万人，因此巴西社会变得极不稳定，政局动荡，且呈愈演愈烈之势。不过这种结果说到底其实并不足怪。[1]

不久的将来，巴西可能变得更加不稳定。像其他许多新兴市场经济体一样，巴西在繁荣期间为了实现经济扩张，借用了发达经济体的银行家和投资者提供的流动性（因为发达经济体的中央银行向银行家提供了几乎零利率的资金）——无论是政府机构还是私营企业都大举借款，因此债台高筑。巴西政府债务占国内生产总值的百分比在短短十八个月内就从 53% 上升到了 63%。由于政府债务状况恶化，标准普尔将巴西政府债务的评级调低为"垃圾"级。

---

[1]　其他新兴市场经济体的社会动荡也愈演愈烈，特别是马来西亚、土耳其、尼日利亚和印度尼西亚等，它们的情况与巴西类似。

　　更加重要的是，私营企业的债务现在已经占到了国内生产总值的 70%，远高于 2003 年的 30%。这些债务大部分是高利率的、以美元计价的"垃圾债券"或"高收益债"。巴西私营企业习惯于从美国投资者、影子银行和商业银行那里借款，因此必须以美元偿债。以往经济繁荣时，出口收入可以偿债付息，但是现在出口正在收缩。据估计，巴西私营企业每月必须支付的利息已经高达整个私营企业收益的 31%，这个指标充分反映了巴西负债状况的糟糕程度。

　　由于来自出口的收入大幅下降、资本外逃后不可再得，而且以新债偿还旧债时必须支付更高的利息，因此巴西私营企业已经变得极其"脆弱"。[①] 到底有多脆弱？很快就会见分晓。据报道，巴西的非金融行业在 2016 年完成的再融资的债务总额高达 500 亿美元之巨。由于出口和收入严重下滑，要想获得外国资本越来越困难，而且国内利率高达 14.25%，人们很难想象，巴西对这 500 亿美元债务再融资究竟怎样才能实现。如果私营企业不能成功偿还这些债务，那么将会出现大面积违约，接下来的情况肯定还会更加糟糕。

　　巴西的货币政策反应是一味地加息、再加息，但是不断加息却导致了经济大幅度放缓。巴西的财政政策也与货币政策一样，只能起到反向的效果。具体地说，巴西的财政政策是将政府支出和预算削减 250 亿美元，这种紧缩型财政政策，只能进一步拖慢实体经济。

　　巴西的教训在很大程度上对所有新兴市场经济体而言都是一种警示，因为它们也面临着不断深化的危机。不过，这一危机的根源不在于新兴市场经济体本身，而是源于发达经济体和中国。资本外逃的列车既然已经驶离车站一去不返，那么任何试图挽回的政策都将注定遭到失败。同样地，为扩大出口而与发达经济体展开"割喉式"竞争的举措也必然无效。日本和欧盟都打算贬值自己的货币，试图通过这种方法在日益萎缩的全球贸易中获得略高一点的份额；新兴市场经济体并没有多少外汇储备，也缺乏其他资源，因此无法在这场货币战争中胜出。因此，新兴市场经济体不能把实现经济复苏和增长的希望寄托于扭转资本流动方向或扩大对发达经济体的出口上。确实，各

---

① 　这里使用的"金融脆弱性"这个术语指的是公司的收入流越来越不足以偿付债务利息和本金这种情况。除了债务水平和收入流量这两个因素之外，债务的增加、还款条件和条款（如利率和期限等）变得严苛会使偿债更加困难，因此也会导致脆弱性程度提高。

新兴市场经济体必须努力找到合适的路径来相互扩大彼此之间的经济联系，以探索经济增长的"新模式"。"原有的新兴市场经济体增长模式"并不是新兴市场经济体自己打破的，而是被其他国家打破的。既然发达经济体决定放弃这种旧模式，那么新兴市场经济体也就不可能恢复这种模式。

## 新兴市场经济体的金融脆弱性与不稳定性

金融资产市场的不稳定性绝对不仅仅是实体经济状况和引发的事件的后果。如果有人对此有所怀疑，那么我们不妨回忆一下：影子银行、金融衍生品和住房金融产品的崩溃，是怎样引发了 2008 年至 2009 年的金融危机，以及导致随后而来的快速的、深幅的实体经济萎缩的。在 2009 年以后，金融资产市场也在发达经济体的"停停走走"的、远低于通常水平的经济复苏中扮演着关键角色。金融资产和金融市场必将在下一次金融危机和更严重的实体经济收缩中发挥着重要作用。

2008 年至 2009 年金融危机之前的大量例子，也进一步证明了金融因素在实体经济收缩中的重要作用。2001 年美国科技网络股泡沫以及随后的衰退都是金融资产投机的结果。1997 年至 1998 年的"亚洲金融危机"从根本上说也是资本投机的结果。日本在 1990 年至 1991 年的经济崩溃，美国在 20 世纪 90 年代的经济衰退、80 年代的股市崩盘、垃圾债券危机和住房危机，20 世纪 90 年代初的北欧银行危机……凡此种种，都与金融不稳定性密切相关。所以，金融是至关重要的。

当然，股票市场下跌本身也是实体经济出了问题的信号。股票市场下跌会加剧实体经济中的问题。例如，2015 年，中国股市泡沫破灭无疑进一步减缓了中国实体经济的投资，并导致该国的资本外逃；而资本外逃又使得全球货币市场更加不稳定，进一步推高了英国、美国和澳大利亚等国的房地产和其他金融资产市场的资产价格。中国股市的崩溃已经并将继续对世界其他国家的股票市场造成极大的压力。新兴市场经济体的主要股市指数——MSCI 指数——已经从高位下跌了超过 30%。主要新兴市场经济体（例如巴西、印度尼西亚等国）的股市指数在 2015 年的前 7 个月下跌幅度超过 20%。金融资产价格的持续下跌不仅反映在全球股票价格上，而且还反映在石油商品期货价格上。

股票价格下跌也意味着一些企业可能会失去一个重要的资金来源（即股权融资），从而可能导致其无法偿付债务。整个新兴市场经济体的主要特征之一便是许多企业在繁荣期间拼命举债，而到现在它们必须偿还那些已经在很大程度上变成"垃圾债券"或"高收益债"的债务。那些债务往往都是美元债务，必须用它们的收益去偿还。但是，当股票价格暴跌后，通过发行或出售股票来筹集资金就变得非常困难了。

对于某个新兴市场经济体来说，当它出现货币贬值的时候，就意味着它的企业的同等本币收入只能偿还更少的外币债务，从而企业的真实债务增多了。因此，实际债务的增加也是金融脆弱性日趋严重的一个指标，即可以用来偿还债务的收益一直在下降。货币贬值还可能使企业更加难以对债务进行再融资，或者迫使它以更高的费用或利率来完成再融资。这也体现了日益强化的金融脆弱性。

另一个金融市场是石油期货市场。它对那些依赖石油生产和出口的新兴市场经济体来说尤为重要。石油不仅仅是一种商品，它也是一种金融资产。当这种金融资产的价格崩溃时，产油国的收入（在许多情况下）也会崩溃。通常来说，对未来油价的预期决定了国际石油市场上当前的油价，而当前的实际供给和需求对石油价格的影响并不大。这种定价机制会使更多的专业投机者会进一步推动石油价格的下跌。全球石油商品交易市场的存在会将更多的金融不稳定因素带入全球石油市场，因此，金融资产价格的变动可能会给产油国的收入带来显著的负面影响。

最后，就债券市场（主权债券或政府债券，以及企业债券）而言，新兴市场经济体显然也是非常不稳定的，它们的大部分企业债务（以及某些非洲国家的政府债务）都是以美元计价的，因此最后必须以美元偿还。正如前述麦肯锡咨询公司的研究报告所表明的，自 2007 年以来，全球增加的债务一半以上都集中在新兴市场经济体，而且其中大部分是私营企业的债务。从 2010年年初到 2015 年中期，新兴市场经济体新发行的以美元计价的债券超过 2 万亿美元（另外还有 4 万亿美元债券以各新兴市场经济体的本国货币发行）。根据摩根大通新兴市场 BI ＋债券指数，亚洲的债券总额已经高达亚洲所有经济体联合 GDP 的 113％，创下了历史新高。现在，越来越多的新兴市场经济体试图通过提高本国利率来化解自身的危机，这就像巴西曾经做过的，以及南非目前正在做的那样。但这种做法将导致债券价格的大幅下跌。整体性的债券价格崩溃对全球金融稳定程度的影响比股票市场的崩溃要严重得多。如果新兴市场经济体的企业不能以它们有能力支付的利率偿还堆积如山的债务，那么企业违约狂潮必将撼动新兴市场经济体和全球的经济。由于它们的收入在持续下降，因此这种可能性会变得越来越高。

未来几个月，新兴市场经济体暴露的经济问题将不断增多，金融市场的问题也将变得更加严重。当然，面对挑战的不仅仅是新兴市场经济体，发达经济体的银行和投资者也无法置身事外。当金融市场崩溃时，通常会导致实体经济的危机进一步升级。据最近牛津经济研究院的预测，新兴市场经济体的 GDP 增长率将降至 2008 年至 2009 年金融危机以来的最低水平。其他一些机构也警告，现在的情况看起来与 1997 年的情况非常相似——当时一场涉及几乎所有新兴市场经济体的重大金融危机正处于爆发前夜，实体经济行业与金融行业之间的负面影响作用后果很可能重现。

# 第4章 日本:"永久性经济衰退"

"永久性经济衰退"可能是对过去二十多年来日本经济运行特征的最好总结。进入21世纪后,影响全球经济的一般条件在20世纪结束之前就已经影响了日本,而一些国家为实现经济复苏所实施但归于失败的那些金融政策和财政政策,也早就在日本尝试过并失败了。这一切的结果是,日本在二十多年的时间里几乎陷入了永久性的衰退之中。日本经济自1993年至2014年间一共出现过七次衰退,2015年出现的这一次则是第八次衰退。在各次衰退之间,日本经济的特点是增长缓慢甚至停滞和长期通货紧缩。

例如,在1993年至2002年这九年间,日本共发生了三次衰退,这些衰退之间的复苏也非常乏力——GDP增长率只有1%。相比之下,日本在20世纪80年代一直保持了强劲增长的势头,没有经历过任何衰退,直到巨大的金融泡沫在20世纪90年代初破灭。泡沫破灭后,日本出现了"停停走走"式的经济复苏,然后又是更多的"停"和"走"。在金融泡沫破灭之初,日本的反应是:中央银行(日本银行)向银行注资,给它们提供流动性;而对于金融行业之外的实体经济,则采取紧缩财政政策,以便减少由于一再出现的衰退和随后短暂的、轻微的复苏所造成的预算赤字。[1]

2001年全球科技泡沫破灭之后,日本又出现了第四次经济衰退。在那之后,尽管全球经济于2002年至2008年间出现了复苏,但是日本的GDP增长率却几乎每年都低于0.5%。具体而言,从2008年开始到2014年,日本经济又经历了另外四次衰退:2008年至2009年有四个季度经济出现收缩;2011年则有三个季度收缩;2012年也有三个季度收缩;2014年又有两个季度收缩。在2015年的第二季度,日本国内生产总值再次下降。这也是日本经济自

---

[1] 在2008年至2009年金融危机之后,其他发达经济体在很大程度上复制了这种政策。

2008 年以来的七年内的第五次衰退、过去二十多年时间里的第八次衰退。

日本近年来的衰退，堪称是本书作者提出的"史诗般的衰退"的典范。"史诗般的衰退"的定义是：短期的、轻微的经济收缩，继之以更加短暂的、不可持续的复苏，即可能持续多年的"停停走走"的情形。短期的、轻微的经济复苏，似乎是专门为确保在最初的金融崩溃后的经济收缩的肯定出现而出现的，这就像大地震之后出现的连续冲击波一样，而且随后的每次冲击波又使得经济更加脆弱和不稳定。引发"史诗般的衰退"的是金融泡沫的破灭，而不是与"通常的衰退"相关的政策或供给（需求）冲击。从日本的经济表现看，其衰退显然属于前一类。日本经济在陷入长达二十多年的疲软、短暂的复苏和重复的衰退之前，曾经在 1985 年至 1990 年期间形成过一个巨大的金融泡沫；在这个泡沫破灭之后，又出现过一浪高过一浪的银行危机。因此，为了说清楚今天的日本经济状况和它二十多年的停滞和八次衰退，以及长期的实体经济投资疲软和通货紧缩，我们有必要先回到 20 世纪 80 年代来剖析一下日本最初的金融危机的起源。

## 日本的"美国制造"的泡沫及其破灭

1989 年，在日本 1990 年至 1991 年金融危机爆发前夕，日本房地产价值总额高达 24 万亿美元，相当于美国所有房地产总价值的四倍。尽管当时日本人口不到美国人口的一半，其 GDP 也只有美国的 60%，但是其房地产价值却占了世界土地价值的 50% 以上（尽管日本国土面积也只占全球土地总面积的 3%）。

而且，日本的金融泡沫不仅仅限于房地产市场。1989 年，日经 225 指数指标股的平均市盈率达到了八十倍，而同期美国则只有十五倍。在东京交易所上市的股票的总估值为 590 万亿日元，占全球股票市场总价值的 42% 以上。在 1989 年世界十大最有价值的企业当中，日本就占了八个（相比之下，今天日本只在世界百大最有价值的企业当中占了两个）。日本的金融泡沫是非常典型的房地产泡沫叠加股市泡沫。这个"双重泡沫"一直在等待破灭的那一天。

那么，日本的金融体系是怎么变得如此脆弱的呢？在泡沫产生之前，日本一直以"日本企业制造"而著称，在 20 世纪 70—80 年代一直在高效地制造和出口高质量的、有强大竞争力的商品。但是整个 80 年代是转变的十年，尤其在这十年的后半段，日本人患上了拼命购买金融资产的狂热病。这种现象背后的问题是：为什么它会在那个时候开始从之前的制造并向全世界出口极具竞争力的商品的成功模式转变为另一种模式？即为什么它要从制造和出口驱动的经济增长模式转变为金融投资和投机模式？①

一个关键的转折点出现在 1985 年。当时美国的经济决策者采用"胡萝卜加大棒"的策略，迫使日本迅速地从它原来以极具竞争力的制造业为基础的、制造和出口驱动的经济模式，②转变为更多地关注金融市场和金融投资的经济模式。③

从 1985 年前后开始，美国就一直坚定地向日本施压：日本必须进一步刺激国内消费（尽管日本国内消费已经出现了强劲增长），不然就进一步限制日本向美国出口。这是"大棒"。美国决策者的意图是，推动日本国内出现通货膨胀，从而降低日本出口的商品与美国商品的竞争力。而"胡萝卜"则是，美国将向日本投资者开放美国市场，让日本投资者自由买入美国房地产和其他资产。作为回报，美国要求日本进一步刺激其已经强劲的经济体，推动日本国内通货膨胀，促使它的出口商品变得不那么有竞争力。美国和日本之间关于贸易和资本流动的新体制是通过 1985 年的"广场协议"确定的。作为"广场协议"的一部分，日本同意增加国内支出，抬高通货膨胀，推动日元升

---

① 对于中国从 2014 年下半年开始到今天的经济状况也可以提出类似的问题。中国目前的经济模式转变与日本在 20 世纪 80 年代后期相似。虽然日本和中国最终都没有彻底转向金融模式，也并没有完全放弃以制造业和出口驱动经济增长的战略，但是相对变化还是很明显的。日本的房地产泡沫在 1990 年至 1991 年破灭，中国的股市泡沫则在 2015 年破灭。

② 这种观点与美国近年来所坚持的观点有雷同之处。美国认为，中国应该将它的经济增长模式从实体投资和出口驱动为主，改为更多地由私营企业的国内投资驱动为主，同时还应提高对发达经济体的金融公司的开放程度。

③ 在 20 世纪 80 年代上半期，美国商品在出口市场上完全没有竞争力，这不仅是因为美国的生产率较低，而且还因为美国采取的经济政策。从 1981 年开始，里根政府开始加息，美国中央银行最后将美国短期利率提高到了 18%~24% 的创纪录水平。利率上升将外国资本吸引到了美国，在这个过程中，美元的价值也大幅提高了。当然，这种政策使得美国公司几乎在一夜之间完全丧失了竞争力。此后，美国的汇率一直保持在相对高位水平上，直到 20 世纪 80 年代末。为了抵消美国公司由于美元升值所造成的竞争力下降的情形，美国政府没有采取促使美元贬值的政策，相反，美国的政策是让日本政府提高日元的价值。

值,以便使其出口商品在美国变得更加昂贵一些。

于是,在 1985 年至 1995 年这十年间,美元相对日元的价值一直在下降,其结果是,日元在 20 世纪 90 年代初升值了一倍,最终导致了严重的金融泡沫。这个事件在日本被称为"圆高"(Endaka),意思是日元升值带来的危机。日本的金融泡沫不仅涉及房地产和股票市场,而且还涉及货币资产升值。

由于日本在 20 世纪 80 年代实现的经济增长是以出口驱动的制造业为基础的,因此日元升值导致了日本出口、制造业全面滑坡和日本经济的崩溃。之后,日本经济增长迅速放缓,其 GDP 年增长率从 1985 年的 5% 以上降低到了 1986 年的不足 3%。为了阻止经济进一步下滑,日本中央银行开始向经济体注入更多的资金,同时降低利率。到 1987 年,利率下降到了第二次世界大战后的最低点。低利率刺激了工商企业和投资者的借贷活动,但是大部分资金都被用于房地产和股票的投资,以及货币投机和对其他金融资产的投资,或者被用于为海外的投资而融资。到 1987 年,日本股票市场的价值已经超过了美国,而与此同时,日本在亚洲其他地区的海外投资也在 1985 年至 1989 年间增长了六倍。

当美国股市在 1987 年 10 月因为垃圾债券和房地产过度金融投机而崩溃时,美国要求日本进一步刺激其国内经济,日本很高兴地这样做了,毕竟它在 1985 年至 1987 年间,通过转向金融资产投资获得了巨大的金融资本收益。1987 年,美国还在法国主持召开了另一次全球性会议,与日本达成了"卢浮宫协议"。根据该协议,日本又降低了利率。流动性的注入使日本债务进一步增大,其金融不稳定性亦日趋增强。因此,到了 1989 年,日本的实体经济早就被过度刺激了,造成其债务负担过重。

到 1990 年,日本的政策造成了其有史以来最大的金融资产泡沫之一。正如日本野村研究所指出的那样,"永远不变的低利率导致了强烈的看涨情绪,推动资产价格上涨,从而造成了严重的泡沫"。

至此,日本已经从极具竞争力的以制造业为基础的出口驱动型经济模式,转变为了以金融投资驱动的经济模式。这种转变是日本心甘情愿的,并不需要美国施加多少政治或军事压力。因为对于日本的商业和金融精英来说,这种模式意味着更大的和来得更快的金融利润。

在长达五年的时间里,日本一直维持了超低利率,而中央银行又在持续地注入流动性。另外，其信用债务延期也推动了金融市场的膨胀和外国货币的流入。因此，到 1989 年年底，金融投资驱动的经济终于达到了危机的临界点。为了冷却过热的经济，日本中央银行于 1989 年 5 月开始加息，一年后利率达到了 8% 的高位。这就向投资者发出了明确"拿走自己的钱赶快跑"的信号。投资者争相兑现从 1985 年到 1989 年间赚得的创历史纪录的金融资产利润。当然，只有那些有幸尽早脱身的投资者才能真正做到这一点，大多数投资者都陷入了一个经典的金融资产通货紧缩陷阱而无法兑现，最终以破产收场。

## 日本的滚动式银行危机

到了 1990 年年初，日本的金融市场终于崩溃。日本的主要股市指数东证指数（Topix）在 1991 年至 1992 年暴跌了 60% 以上，随后继续下滑，到 2003 年该指数比 1990 年的高点整整低了 72%。房地产价格也很快就跟随股市下跌了，从 1991 年开始，在接下来的十年中，日本的房地产价值萎缩了 81%。从 2004 年至 2007 年，这两类金融资产出现了短期反弹，一度收复了部分失地，但是到 2008 年至 2009 年，又出现了另一次金融崩溃，导致股票和房地产分别下跌了 72% 和 81%。可以说，从 1991 年开始的金融资产的通货紧缩是二十多年来日本经济的一个主要特征。此外，商品和服务也出现了通货紧缩。这两种形式的通货紧缩是相互联系的，最终导致了日本企业实际固定资本形成中产生了一个长期弱点。在 20 世纪 80 年代，日本的资本形成增长了 100% 以上，但是在 1990 年之后又崩溃了。直到 2009 年，日本的资本形成仍然比 1990 年的水平低 30% 以上。[1]

1992 年，日本实体经济（非金融行业）增长迅速放缓，到 1993 年至 1995 年，终于陷入严重衰退。为了阻止经济下滑，日本的中央银行（日本银行）在此期间先后八次降低利率，到 1995 年下降到了 0.5%。然而，这种传统的货币政策（降低利率）对实体经济的复苏并没有什么影响——当金融崩溃后经济收缩时，总会如此。这是因为，在金融资产价格处于下跌趋势或停滞不前、赚得利润的机会很低的时候，投资成本很低并没有太大意义，原因

---

[1]　以上统计数据来自 tradingeconomics.com，以千亿日元计。

是金融投资并不是资本成本的函数,而是预期回报率的函数。只要资产价格下降,投资者和企业就不想借款和扩张。因此,低利率并不能在这些条件下推动资产价格上涨。

到了 1995 年,随着衰退的加剧和金融资产价值的崩溃,越来越多的小银行和住房金融公司开始破产。日本政府和中央银行决定向银行系统注入 68.5 亿日元,试图用这种方法救助银行体系。但是最终仍然没有阻止金融危机的蔓延,也并没有改善银行的资产负债表——银行所持有的不良贷款仍然在不断增加,因此不敢借出资金。

长达五年的衰退和随后的缓慢增长,导致日本政府赤字不断增加(因为政府税收减少了)。面对这种困境,日本政府又犯下了第二个"经典"的政策错误:除了主要依靠降低利率和向银行体系注入流动性之外(政府希望以此来促进银行放贷,但是银行却不敢这样做),还决定提高税收,以弥补财政赤字。加税当然只会令实体经济的复苏更加举步维艰——在"史诗般的衰退"中,一切财政紧缩政策都只会带来这种后果。

1997 年,日本经济再一次陷入衰退,更多的银行走向破产,包括许多规模很大的银行。此时,第二次金融危机开始浮出水面。亚洲经济也在 1997 年至 1998 年崩溃,这使得日本的出口又进一步减少。[①] 为了阻止出口和制造业的下滑,日本政府又采取了更为严厉的财政紧缩政策,将销售税从 3% 提高到 5%,家庭的社会保障税也提高了,所得税也增加了。与此同时,有消息称,日本的各家银行的不良资产和不良贷款已经超过了 1 万亿美元,然而它们却在 1990 年上一次金融崩溃以来将这个事实隐瞒了长达七年之久。此时,日本中央银行迅速向新出现的那些濒临破产的银行注入了 1.8 万亿日元;日本政府甚至将一些银行国有化,以便清除它们的资产负债表上的巨额债务,并鼓励银行大胆借贷。但是却没有效果。于是,利率又被进一步降低到了 0.25%。然而,无论采取什么货币政策,无论中央银行注入多少流动性,银行体系仍然没有稳定下来,银行仍然不能为国内企业提供贷款。在接下来的 18 个月,日本经济又陷入了另一次深度衰退。1999 年,加税政策出现了逆转,但是它

---

① 1997 年至 1998 年席卷亚洲的金融危机有时也被称为"亚洲崩溃"。它的爆发,是有关国家的私营企业过度负债、政府从西方银行过多借款的结果,其直接原因是作为金融资产的一个类别的货币崩溃。

已经造成的严重后果却无法逆转了。

　　1998 年，资产价格的持续下跌终于传导至消费品价格上，消费品价格普遍下跌。受此关联，更多的银行开始破产。随后，日本中央银行于 1999 年又将更多的流动性注入 15 家濒临破产的银行。一些行将破产的大银行也被政府强迫合并。1999 年，日本中央银行推出了 "ZIRP" 计划（零利率政策），以刺激经济复苏，但是并没有效果。2000 年，日本中央银行试图最低限度地提高利率（即结束零利率政策），但是经济再次下挫，于是利率又一次被降低至 0.15%。之后日本政府推出了一个消费券计划，对有儿童和老年人的家庭提供帮助，但是这个计划很快就被中止了。这十年结束后，日本政府的债务和预算赤字进一步增大了，主要是因为经济长期低迷且经历了多次衰退，导致税收收入下降。

　　日本经济在 2000 年仍然举步维艰，然而在进入 2001 年之后却又迎来了全球科技网络股泡沫的破灭，这令日本股市再次下跌 50%。为此，日本中央银行向银行体系注入了更多的日元，并重新把利率从 0.25% 降低至零，即重新推出曾一度于 2000 年至 2001 年暂时中止的零利率计划（ZIRP）。与此同时，日本中央银行还推出了第一个 "量化宽松" 计划，即每月购买 1.2 万亿日元的政府债券，随后又扩展为购买银行持有的 2 万亿日元的股票。2003 年，日本中央银行的股票购买额提高到了 3 万亿日元。不过尽管如此，通货紧缩仍然一直持续到 2005 年。

　　2000 年之后，历届日本政府尝试过多种 "适度紧缩" 政策，目的是增加收入、降低政府成本，以减缓政府赤字和债务的上升。然而，日本的债务与其 GDP 的比率却从 2000 年的 125% 上升到了 2006 年的大约 175%。

　　从长期的角度来看，与 1990 年的水平相比，到 2005 年，由于缓慢的经济增长和不断减免企业所得税，日本政府的税收减少了 18% 以上。日本的 GDP 在 1990 年至 2005 年的十五年间仅仅增长了 13%，这也证明，经济增长缓慢和税收收入不足确实是政府赤字和债务增加的主要原因（或者说，政府支出过多并不是主要原因）。日本在这十五年里，GDP 仅增长了 13%，换算为年平均水平则为 0.8%。也就是说，在 2008 年至 2009 年的严重金融危机以及发生在 2005 年至 2015 年那十年间的四次衰退之前，日本在十五年内总共只留下了 13% 的 "余粮"。

## 日本在 1990 年至 2005 年期间的教训被忽略了

上述对日本 1990 年至 2005 年间的经济史作了简要概述，目的不仅仅是提供一种"历史叙事"，更重要的是为了说明，在金融危机、银行倒闭和实体经济停滞的情况下，日本在那十五年间犯下的错误，在 2008 年至 2009 年金融危机及之后，美国和其他发达经济体又重犯了。

日本这段"失去的二十年"的历史表明，对于金融危机导致的经济衰退，货币政策通常都会归于失败；即使中央银行以最极端的方式（即零利率计划和量化宽松政策）向银行体系注入流动性，但其所产生的效果也不会比传统的货币政策（如中央银行购买债券）更好；或者为了刺激实体经济投资、防止金融资产和商品的通货紧缩而降息（甚至将利率降至为零），也无法达到预期的效果。

日本这几十年来（而且今天仍在继续）的经验表明，中央银行虽然可以将数以万亿计的美元注入银行体系，但是这些资金只会留在银行体系内部空转，或者溢出海外为跨国公司的全球投资计划提供资金，再或者转为金融资产的投资。如果说也会产生一些对国内企业的贷款，那主要也是用于为过去的贷款和债务提供再融资（如离岸融资和金融资产投机），而对实体经济的增长则没有多少影响。

尽管零利率计划和量化宽松政策明显没有什么效果，但日本还是继续执行了下来。[①]到了 2009 年及以后，这两项"非凡"的货币政策又在美国、英国等发达经济体再次被采用。在决策者和媒体眼中，这些似乎都变成了全新的东西，由美国和英国的中央银行大胆地最先引入并采用。当然我们现在知道了，零利率计划和量化宽松政策早在 1990 年至 2005 年间就已经在日本尝试过并完全失败了。美国的混合凯恩斯主义者如保罗·克鲁格曼和本·伯南克等，仍然坚定地支持量化宽松政策和零利率计划，并用非常复杂的经济学理论来论证它们为什么会成功。在 2009 年之后，他们一再捍卫了这些政策，

---

① 在 2013 年，日本重新采用了量化宽松政策而且规模更大，但是效果并没有什么不同。之后，它又重复了 1997 年的错误，于 2014 年再次提高销售税，使经济又一次陷入了衰退。

尽管它们完全没有取得成功。①

日本的房地产市场（货币泡沫）和金融危机及其货币政策和财政政策的失败，以及随之而来的全球经济衰退，与 2008 年至 2014 年间美国和欧洲一些国家发生的一系列事件何其相似！而更加令人惊恐的是，1990 年至 2005 年日本的房地产市场和股市泡沫，与 2014 年至 2015 年中国的房地产市场和股市泡沫之间的相似性。

日本自 2013 年以来再次重复了它在 1990 年至 2005 年间犯下的错误——采用量化宽松和零利率的货币政策，同时实施加税和紧缩开支的财政政策。这个政策本身没有什么太过令人惊讶之处，但我们却不能不分析一下为什么会这样。

## 日本的五次衰退

为了进一步理解上文给出的要点，我们在这里有必要先简要回顾一下 2008 年至 2015 年中期的日本经济状况。

与全球经济一样，日本经济在 2008 年至 2009 年全球经济衰退期间大幅下滑，GDP 连续四个季度下跌，其中包括 2009 年年初出现的单季度下降 15％ 的巨幅收缩。2010 年的全球商品繁荣也使日本在短时期内有所受益，但随后又于 2011 年再次快速陷入了衰退。福岛核电站事故发生后，为了应对核泄漏危机和海啸危机，日本政府支出急剧增长，由此带动了 GDP 的大幅增长。但这只是昙花一现，经济于 2012 年再次陷入衰退。在这一时期，全球经济好不容易才勉强避免了另一次全球性的经济衰退，当时欧洲经济出现了"双重探底型衰退"并差一点发生另一场金融危机，而美国经济也在 2012 年年底停滞不前。2013 年，对经济复苏的预期推动了日本经济的短期正向增长，但是到了 2014 年，很快又由于政府采用的提高销售税的紧缩政策而陷入了第四次衰退。

下面这张图给出了自 2000 年以来日本实体经济的表现；在 2000 年及之

---

① 其中一些论据包括：如果确定一个明确的通货膨胀目标，那么零利率计划是有效的；如果公众的通货膨胀预期上升，那么实际利率就会跌到零以下；量化宽松政策和"印钞机"政策实际表明的是中央银行创造通货膨胀的坚定承诺，而这会提高民众的通货膨胀预期；量化宽松政策将导致货币贬值，刺激总需求；采用量化宽松政策，通过购买不良贷款可以扩大货币基础，将体现政府对推动通货膨胀的进一步承诺，而这会进一步提高民众对通货膨胀的预期，等等。

后，日本实体经济出现了五次真正意义上的衰退。2001 年，日本对科技网络股泡沫破灭后的衰退的反应，显然要比其他经济体更加失败——其经济衰退持续了整整四个季度。之后，日本再一次经历衰退。当然，日本还会经历多次衰退。[1] 这张图中没有显示的是，自 2015 年第二季度开始，日本可能陷入第五次衰退，因为那个季度日本的 GDP 下降了 1.6%。日本 2015 年这次经济收缩也反映了中国和亚洲其他新兴市场经济体的经济正在迅速失速，因为日本与它们的贸易关系非常紧密。

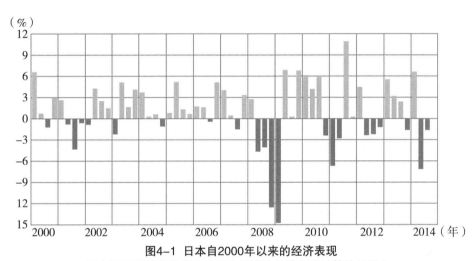

**图4-1　日本自2000年以来的经济表现**
季度GDP增长率的变化（图中给出的是按年度计算的结果）

数据来源：日本内阁办公室。

　　日本对 2008 年至 2009 年金融危机和经济深度收缩的政策反应与中国、美国和英国都不同。中国在 2008 年至 2009 年间实施了相当于国内生产总值 15% 的财政刺激计划，但是日本却几乎完全没有出台任何通过提高政府支出或减税来刺激经济的政策。日本也没有让中央银行给银行体系注入流动性，它没有引入新的量化宽松政策。[2] 另外，由于日本的利率原本就非常接近于

---

[1]　相比之下，美国因科技网络股泡沫破灭而导致的经济收缩却只持续了一个季度。“9·11”事件的发生中断了美国的经济收缩，因为在那之后，美国政府显著增加了国防开支。

[2]　作为以往量化宽松政策和流动性注入计划的结果，也作为以往购买债券的努力成果的反映，日本中央银行的资产负债表已经从 1998 年的 52 000 亿日元上升到 2008 年的 125 000 亿日元（2015 年 9 月，日元对美元的汇率大约为每美元 120 日元，按此汇率计，日本中央银行 2008 年以前购买的债券的资产负债表大约为 1.04 万亿美元）。

零（日本银行提供给银行的贷款利率已经低至 0.1%），因此它这次也没有实施零利率计划。

对于日本在 2008 年没有引入新的财政刺激或货币刺激计划的情况，用日本专家的话来说就是，日本的政策早就处于"进退两难的险境"。近二十年来经济极其缓慢的增长（或几乎是负增长）已经使日本政府的预算赤字和政府债务极度膨胀，它的政府债务与 GDP 的比率在 2008 年时就已经达到 167%。日本的官僚阶层很保守，而且执政的自由民主党也很"重商"，因此在它们主导下制定的经济政策天然地更倾向于平衡预算，像中国政府那种采用大规模的赤字和政府直接投资政策，在日本是不可想象的。当然，中国这种通过房地产繁荣和基础设施投资来推动经济复苏的做法，还会唤起人们对日本在 1985 年至 1998 年间投机性的房地产繁荣和泡沫破灭，以及贯穿整个 20 世纪 90 年代的金融不稳定的记忆。无论如何，日本政府不可能像 2009 年的中国政府那样花那么多钱，那将加剧原本就已经很脆弱的预算债务状况。

日本政府也无法像美国和英国政府那样推出另一个量化宽松政策，因为日本实际上是一直在执行量化宽松政策。由于量化宽松政策及其他债券购买计划的执行，使得日本中央银行（日本银行）的资产负债表规模在过去十年里已经扩大了一倍以上，即从 1998 年的 52 万亿日元扩大到 2008 年的超过 125 亿日元，如果以美元计，则从大约 4 300 亿美元扩大到了超过 1 万亿美元（按 2015 年的日元兑美元汇率计，即每美元兑 120 日元）。而在利率政策方面，日本在 2008 年之前就已经将利率降低到几乎为零。可以说，日本的这类"弹药"早就用光了。

因此，在 2008 年至 2009 年金融危机之后，日本对全球金融崩溃以及紧随其后的经济衰退并没有做出什么反应。政策反应的过于迟钝给日本经济在 2008 年至 2012 年五年间的前景蒙上了阴影，使之成了所有发达经济体中经济表现最弱的一个。在那五年间，日本又经历了三次衰退，其中有二十个季度或更长的时间都一直处于收缩或完全停滞状态，没有获得任何增长。

## 日本对经济衰退的反应：2008 年至 2012 年

从 2007 年年初到 2010 年底的四个整年，日本的国民消费支出一直停滞在大约 295 千亿日元（相当于 2.4 万亿美元）的水平线上，①而企业总固定资本支出的数据则更加糟糕，从 2007 年的大约 117 千亿日元（9 750 亿美元）下降到 2008 年的 97 千亿日元（8 160 亿美元），降幅高达 16%；直至 2011 年中期，也一直维持在这个水平上。为了抵消国民消费支出和企业固定资本投资疲弱的情形，日本政府的支出在 2008 年之后有所增加，但是却远远不足以抵消企业支出的削减。

企业固定资本支出停滞不前是日本经济的一个长期问题，它至少可以回溯到 1990 年。从 1980 年到 1990 年，日本固定资本支出增长了 100%；但是在那之后的整个 20 世纪 90 年代都是下降的；到 2008 年和 2009 年，又分别比 1990 年累计下降了 7.7%、8%。直到 2011 年年初的福岛危机之后，日本政府的固定资本支出才略有所上升，然而在 2012 年和 2013 年年初又再次走平。

日本固定资本形成不佳的一个主要原因是缺乏新增银行贷款。截至 2011 年年底，即 2008 年至 2009 年金融危机之后的第四年，银行贷款总额仍然与 2008 年年初持平。然而，银行贷款疲软并不是因为日本中央银行在此期间收紧了流动性。实际上，到 2010 年年底，日本中央银行对私人银行的贷款利率从 0.1% 降低到了零，而银行间的借贷利率则为 0.25%，同样达到了历史最低点。以 M2 计的货币供给（这是中央银行提供的流动性的衡量标准），2010 年比 2008 年增加了 8% 以上。既然国民消费停滞不前、企业资本支出又在下降，那么钱究竟到哪里去了呢？可以肯定地说，这些钱肯定没有用于工业生产的扩张，因为从 2008 年到 2009 年工业生产下降了 40%，2010 年也仅短暂地恢复了些许，然后在 2011 年至 2013 年的大部分时间里，每月都出现了负增长（除过 2012 年年初短暂的时间之外）。

日本经济在 2008 年至 2009 年经历急剧的萎缩之后，在 2010 年至 2011 年再度陷入“双重衰退”。而且，商品和服务的通货紧缩（这是 20 世纪 90 年代日本经济的一个长期问题）也在 2008 年后变得更加根深蒂固了。一个证据是，从 2008 年年初至 2013 年年底，日本的 GDP 平均指数下降了大约 10%。

不过上述所论及的商品和服务通货紧缩的轨迹并不适用于金融资产价格。在 2008 年之前，日本的日经 225 指数就曾经达到过大约 14 000 点。在

---

① 基于 2015 年的汇率为 1 美元兑 120 日元的假设。

2008 年至 2009 年股市崩盘期间，它下降到了 8 000 点，但随后又迅速反弹到 11 000 点，这比 2009 年的低点高出了 38%。这种反弹表明，日本中央银行于 2008 年以后注入的流动性的大部分都流入了股票市场；而另外一部分则可能进入日本的跨国公司通过离岸方式进行直接投资；还有一部分流向了非金融企业，用于为旧债再融资，或者囤积在私人银行的资产负债表上；剩余部分则留在了中央银行的资产负债表上。在股票等金融资产价格上涨了大约 38% 的情况下，商品和服务价格却出现了 10% 左右的下降，这无疑是非同寻常的。

当然，在 2008 年至 2009 年金融危机之后，金融资产价格的迅速反弹是一个世界性的现象，不独日本为然。事实上，在美国和英国反弹的力度比日本还大，尽管在欧元区则不然。金融资产价格大幅反弹这个事实说明，在 2008 年至 2009 年金融危机后，所有发达经济体的中央银行的反应都是注入流动性，这是它们的共同政策。不过，在各发达经济体，金融资产价格的反弹对实体经济投资和商品通货紧缩几乎没什么影响。

在 2010 年年底，日本和欧元区的实体经济增长轨迹开始与美国和英国"分道扬镳"。从 2009 年开始，美国和英国以直接购买债券和印钞这种量化宽松形式，推出了比日本（和欧元区）更大规模的流动性注入计划。在 2010 年年底和 2012 年 10 月，美国又分别推出了第二轮和第三轮量化宽松政策，其中第三轮量化宽松在债券购买方面是"开放式"的，也就是说，"印钞"的总额没有限制，购买债务的时间也没有限制。与此同时，英国的英格兰银行也在大举注入流动性。

相比之下，日本则不太愿意实施另一轮量化宽松政策，因为它之前这样做过了，但是效果并不理想。[①] 量化宽松的政策理念是日本最早提出的，它早在 2001 年就推出了一项非常有限的量化宽松计划，该计划一直持续到 2006 年才暂停。因此可以说，日本是"量化宽松之母"。然而，日本在 2001 年至 2006 年间的量化宽松政策的结果却非常令人失望。尽管日本中央银行在 2001 年之后通过量化宽松政策（债券购买）使基础货币增加了 18%，但是其实体经济增长却一直欲振乏力。因此，在 2006 年后，量化宽松政策因在日本"声

———————

[①] 如本书下一章将要表明的，欧洲中央银行基于与日本中央银行不同的若干原因，在注入流动性方面也慢了一拍。因此日本和欧洲的股票市场和金融资产市场的反弹速度，不如美国和英国那么迅速。

誉不佳"便渐渐退出了,主要代之以降息政策,日本央行一直将利率降低到了 0.25%。

事实上,日本财政部从来没有真正相信过量化宽松政策(债券购买)会带来实体经济的大幅增长。然而,在 2008 年至 2009 年金融危机发生之后,日本中央银行和财政部成了日本两大政党之间政治斗争的中心。日本有两个主要政党,即民主党(DP)和自民党(LDP),后者从 1990 年以来一直到 2008 年几乎都在执政。在全球金融危机以及随后的经济衰退发生之后,围绕要不要重新采用量化宽松政策的问题,这两个政党之间爆发了激烈的争辩。最终,到了 2010 年,日本再一次实施了量化宽松政策,但是其规模较小,而且附加了其他一些限制,比如,只能购买为期三年或更短期的政府债券,而且购买的总额也被设定了上限。

日本经济于 2011 年进入了双底衰退。随着 2010 年至 2011 年经济的两次探底,日本股市再次出现大跌。2011 年下半年,日本经济出现了一次非常短暂的、轻微的复苏——主要是因为福岛事故发生后政府支出大幅上升,但复苏不久就又迅速结束了,这使日本在 2012 年又陷入了 2008 年以来的第三次经济衰退。日本股市(日经指数)再次从 2011 年年初的 11 000 点下跌到了 2012 年年底的 9 000 点。[1]

到 2012 年中期,日本的工业生产和制造业已经分别连续下降了 13 个月和 11 个月。资本投资一直没有增长,中央银行债务和外债都在上升。尽管中央银行对银行贷款的利率已经降低为零,同业拆借利率也已调低至 0.20%,但银行贷款仍然波澜不兴。商品和服务一直处于通货紧缩状态,金融资产价格也萎靡不振。这似乎成了"一般规律"。工资在下降,而政府债务占 GDP的百分比则上升到了 200%。在 2012 年 11 月举行的全国大选中,自民党推出的总理候选人安倍晋三很容易就胜出了。

安倍在竞选时呼吁加大货币刺激力度。他说,日本中央银行的债券购买规模应该至少扩大一倍;通货膨胀目标应设为 3%,而不是当前的 1%;量化宽松计划应该是"开放式的"(即"无限宽松"的);利率则应降低为零,甚至进一步降为"负"利率。毫无疑问,安倍的这种积极转向量化宽松政策

---

[1]　相比之下,美国和英国股市在这个时期持续飙升并保持了强劲的势头。

和货币刺激政策的立场，肯定受到了美国联邦储备委员会主席本·伯南克和欧洲中央银行主席马里奥·德拉吉的影响。德拉吉刚刚在几个月前宣布，欧洲中央银行将会做"任何需要做的事情"，以确保欧元区的股票价格和经济回到正轨。当时欧元区已经陷入双底衰退。伯南克则在 2012 年 10 月份刚刚宣布了美国的第三轮量化宽松政策。作为一个没有时间限制的"开放式"计划（尽管规定每月购买 800 亿美元的债券），这其实是一个"量化宽松到无限"的计划。在美国和欧元区推出了上述政策后，美元和欧元相对于日元都有所贬值，从而威胁到了日本的出口和经济增长。日本的经济已经处于衰退之中，甚至还可能变得更加糟糕。因此，在各发达经济体之间，以"血战到底"式的量化宽松政策为标志，货币战争从 2012 年下半年开始正式打响了。

## 白川方明的警告

当时担任日本中央银行（日本银行）行长的是白川方明，他是一个"老派"的绅士官僚，很怀疑量化宽松政策是否真的具有推动实体经济增长的潜力，但是迫于两大政党的压力，他于 2010 年重新引入了量化宽松政策。不过妥协的结果是，实施一个有限的量化宽松政策：只能购买短期债券，而且要设置一个上限——低于日本 GDP 的某个比例。这样做的目的是降低日本中央银行的成本，因为短期债券的利率更低。然而到了 2012 年，由于日本一直陷于第三次衰退而无力自拔，因此白川方明在压力之下决定增加债券购买，即日本中央银行购买债券的限额比之前将提高五倍，也就是说，到 2012 年年底达到 101 万亿日元（8 410 亿美元）。当然，日本中央银行最终还是争取到了新的妥协结果，那就是，上述额外购买计划在 2014 年之前不会实施，因此这个量化宽松政策不会立即生效。这令安倍和自民党大失所望。

白川方明是日本另一派人士的代表。他们都认为注入流动性不可能刺激实体经济。他们认为日本经济的问题在于供给一侧；真正需要的并不是更多的量化宽松，而是结构性改革；只有通过结构性改革，才能提高日本在全球出口市场上的竞争力、提高工人的生产率并激励生产性投资。

不久，白川方明的上述计划就被安倍和自民党拒绝了。在 2012 年 11 月的大选中，安倍率领自民党获得了压倒性的胜利。在日本中央银行于 2013 年 1 月举行的会议上，白川方明同意安倍确定的 2% 的通货膨胀目标，并宣布将购买 10 万亿日元的债券，使日本量化宽松总额达到 1.2 万亿美元。但是，日本中央银行仍然坚持只购买短期（即三年期）的政府债券。这种政策——只能购买短期政府债券——与美国的第三轮量化宽松政策形成了鲜明的对照。美国的债券购买计划不但不限于政府债券，而且还不限于在 2013 年内再买入总额为 1 万亿美元的债券，它同时还是"开放式"的，可以购买的债券的金额没有上限。

从那时起，白川方明就逐渐被排挤出了日本货币政策决策圈之外，因为他的日本中央银行行长任期也将于 2013 年 4 月结束。后来安倍任命黑田弘彦为日本中央银行的下一任行长，以便他在当年 3 月取代白川方明。黑田弘彦一贯严厉批评白川方明的立场，他一直强烈呼吁日本中央银行应该大幅增加债券的购买。白川方明于 2013 年 3 月即日本财政年度结束之际正式离任，离任演说中他发出了一个警告："中央银行天量购买债券的量化宽松政策，并不是实现真正经济复苏和结束通货紧缩的正确出路。"他说："日本、美国以及欧洲过去的经验表明，货币基础与价格之间的联系已经被打破了。"货币政策，特别是量化宽松货币政策，最多只能"买下一点时间"而已，只有结构重组（通过财政刺激政策）才有可能实现经济更长期的复苏。

## "安倍经济学" 1.0：回到未来

2013 年 4 月 4 日，日本新任总理安倍晋三和新任中央银行行长黑田弘彦，推出了全世界有史以来最激进的量化宽松政策和零利率计划——它比美国的"无限量化宽松"政策还要激进，如果考虑到日本 GDP 的规模和经济水平的话。

日本量化宽松政策的具体内容包括：在不超过两年的时间内实现 2% 的通货膨胀目标；债券购买额每月增长幅度 70%——从每月 3.8 万亿日元增加到 7.5 万亿日元；债券购买标的可以包括期限超过三年的证券。这个量化宽松政策将是"开放式的"，其目标是将日本的货币基础翻一番，即从每年 7 300 亿美元增加到 1.46 万亿美元。据称，如果需要的话，还可以购买更多的其他类别的资产。黑田弘彦将它称为"质化量化宽松"（QQE）政策，媒体则把它解释为"量化宽松之平方"政策。日本这轮"质化量化宽松"政策的特点是，它不仅在"量的方面是宽松的"，而且在"质的方面也是宽松的"。所谓"质的方面的宽松"，是指可以购买的不仅仅是政府债券，而且还包括其他类别的金融资产，如房地产投资信托证券（REITs）、交易所交易基金（ETF）、股票、企业"垃圾债券"（高利率债券）以及商业票据。这种量化宽松政策——无限地购买各种形式的金融证券——背后的理念是，量化宽松政策会提高"通货膨胀预期"。日本政府认定，投资者和消费者（家庭）肯定相信通货膨胀必定会发生，因为这个计划付诸实施的规模是如此庞大。由于预期通货膨胀即将到来，因此投资者会急于投资、消费者会急于消费，因此会导致通货膨胀真正出现。

日本的量化宽松政策（与所有的量化宽松政策一样）是建立在"只要你相信，它们就会到来"这样一种理念的基础上的。说到底，这种理念其实是一种绝望的产物，它严重忽视了关于投资和消费的"心理学"的极其复杂性。量化宽松政策的鼓吹者不知道，当大部分家庭收入岌岌可危时，当多数企业承担着过重的债务负担、面临着日渐枯竭的收入流（那是它们在未来偿付债务的依靠）的险境时，传统假设往往不再有效。

日本的"质化量化宽松"政策同样面临着一系列量化宽松政策不可避免的潜在问题。首先，它可能会推动日元贬值。虽然有可能刺激出口，但是日元汇率的下降也会造成进口商品价格的上涨，从而阻碍国内家庭消费和国内实体经济投资。其次，它肯定会导致股票市场和房地产市场产生巨大的资产泡沫。第三，它可能会加剧货币战争，导致其他国家也竞相采取量化宽松政策，给经济体注入流动性，推动本国货币贬值。如果这样的话，那么量化宽松政策带来的鼓励出口、促进经济增长的效果将归于无。第四，能够在日本以极低利率借入日元，那么这必然会增加新兴市场经济体和离岸投资者对日元的需求——用日元来对其他货币进行投机。如此，日本央行因购买债券而得以扩张的货币供给必将流向海外。换句话说，这将会鼓励资本外逃。第五，它还可能通过减少可用的流动性来破坏日本总额高达 10 万亿美元的债券市场的稳定性（这是世界第二大债券市场）。因此，在引入"质化量化宽松"政策后，日本债券的价格实际上将会上升，而不会下降。

除了可能引发上述潜在的问题之外，"质化量化宽松"政策的最直接的效应是，日本股票市场价值激增，泡沫迅速膨胀。从 2012 年 11 月至 2013 年 5 月安倍当选日本首相之后，日经 225 指数连续上涨了 80%，因为投资者预计，政府承诺注入的天量流动性将被用于购买股票。由于来自投机性的与股票相关的资本收益大增（因为企业投资于金融资产而不是实物资产），因此现金开始在企业资产负债表上不断积累起来。当然，在 2013 年，由于预期出口会增加，因此实物资产投资确实一度有所增长。但是，到当年年底，日本企业积累起来的现金相当于日本 GDP 的一半，又重复了"实物资产投资少于现金流的"历史旧况。[①] 从 2008 年开始，日本企业的现金一直在增加，到 2012 年年底达到大约 1.75 万亿美元。在 2013 年 4 月日本政府实施"质化量化宽松"政策后，企业现金积累的速度进一步加快了，原因主要是源于股票和其他金融资产投资的资本收益大幅上升、受益于日元汇率下降而获得了更多的出口利润，以及工资的继续下降。到 6 月，企业现金增加到了 2.65 万亿美元。[②]

安倍承诺，作为"安倍经济学"的一部分，国民工资将会提高，整体社会消费也将获得提升。但是，2013 年 4 月以后的实际情况却是，国民的实际工资从当年年初的零增长水平持续下降，到年底下降了 2%，而到 2014 年又下降了 3%。一般工资水平的下降，部分原因在于名义工资更低了，同时还有许多工人从全职转为兼职。安倍的政策使得企业更容易解雇长期员工，转而雇用兼职工人和临时工，因为他们的工资更低。到 2014 年年底，在 3 300 万日本劳动工人中，有超过 38% 的都是兼职工人。在安倍上台后的前两年，从事兼职工作的人增加了两百多万。[③] 名义工资的增长在这个时期也严重滞后，因为安倍虽然提出了提高工资的计划，但是这纯粹是企业自愿的行为。

① 见《金融时报》对黑田弘彦的采访，载《金融时报》，2013 年 12 月 13 日，第 1 版。

② 而且这不包括银行和影子银行。见埃莉诺·沃尔诺克（Eleanor Warnock）和关口土库（Toko Sekiguchi）的文章：《日本首相安倍称要推动公司提高员工工资》，载《华尔街日报》，2014 年 12 月 16 日，第 4 版。

③ 2008 年后出现的这个趋势——雇用更多的兼职工人和临时工人，减少全职工人——并不限于日本，它是所有发达经济体的一个典型特征。从美国到日本，再到欧洲，被大肆宣扬的"就业增长"事实上是"工作流失"，因为两个兼职工人替换了一个全职工人，或者临时工人被雇来代替全职工人。这是工作岗位似乎出现增长的原因。这也解释了为什么工作收入并没有伴随工资收入一起增长的原因。

日本政府只是呼吁企业在 2013 年 4 月将雇员基本工资提高 1%左右，但是企业当然不会将它们分别于 2013 年和 2014 年积累起来的现金用于提高雇员的工资。为此，安倍在 2014 年年底又宣布，将出台一系列减免企业税收（企业所得税）的措施，鼓励现金膨胀的企业提高雇员工资、刺激社会需求。

当然，企业税收（企业所得税）的减免无疑会使日本政府本就不断加重的债务负担进一步加大。"安倍经济学"1.0 还呼吁提高消费税，即分两步走，先从当前的 5%提高到 2014 年 4 月的 8%，然后于 2015 年 4 月再提高 2%。减少企业税收（企业所得税）、提高消费税以及控制政府支出，这些措施代表了"安倍经济学"的"第二支箭"（"第一支箭"就是前面所说的日本中央银行实施的天量货币扩张计划）。"安倍经济学"还有"第三支箭"，那就是推动结构性改革。

上述税收和政府支出规定（"第二支箭"），以及在某种程度上作为"第三支箭"的结构性改革，代表了日本政府的"紧缩型"财政政策。政府支出会先略微扩张，这是为了配合日本中央银行的天量货币注入计划；但在经济开始增长之后，政府支出就会重新收紧。① 因此，日本紧缩计划的特点是，象征性地增加政府支出、削减企业所得税，然后又通过缩减支出和提高消费税的形式来弥补因削减企业所得税所损失的收入，后两者分别是从 2014 年 4 月和 2015 年开始的。

"安倍经济学"1.0 实施起来有一个很大的困难，那就是，它从一开始就不得不直面从 2013 年年中开始出现的全球性阻力，因为那时中国和东南亚各新兴市场经济体的经济增速开始放缓了。在过去十年，日本的出口越来越依赖于中国和东南亚各经济体的需求。日本私人银行在 2013 年 4 月之后也加快了对亚洲离岸市场的贷款速度。虽然在日本国内还从来没有公开宣扬过，但事实上促进离岸贷款和投资始终是"安倍经济学"的优先选项，这可以说是

---

① 这个计划也不像奥巴马政府推出的美国版的紧缩计划：在 2009 年年初推出一个削减 8 000 亿美元的支出计划之后，紧随而来的 2010 年年底又推出了另一个 8 550 亿美元的商业减税计划，然后是 2011 年 8 月出台的 10 000 亿美元的支出削减计划，以及 2013 年 1 月的另一个 5 000 亿美元的支出削减计划。美国的支出严重倾向于国防支出，以及对各州的补贴，至于减税，则严重"商业导向"。从 2013 年 1 月开始的未来十年，企业税收（企业所得税）将获得永久性的减免。到 2022 年年底止，政府减税的成本将高达 40 000 亿美元。

“安倍经济学”秘而不宣的“第四支箭”——安倍已经承诺，日本在未来几年将会投资 1 100 亿美元。但是，现在中国和亚洲各新兴市场经济体的经济都开始减速了。因此，在 2013 年实现了短短九个月的复苏之后，日本经济在当年年底又开始收缩了。而到了 2014 年 4 月，“安倍经济学”的“第二支箭”射出了：销售税从 5% 提高到 8%。

　　由于预期销售会增加，因而消费者“加大”了购买量。所以，当上述税收政策实施后，对消费的影响特别大（消费占了日本 GDP 的一半以上）。“安倍经济学”促进了出口，使企业获得了更多的利润，但也加剧了进口商品的通货膨胀，降低了消费者的实际收入和消费水平。工人从全职工作转为兼职工人／临时工进一步减少了他们的收入，而要求日本企业自愿提高雇员工资的政策努力也落了空。总之，在 2014 年 4 月后，消费崩溃了，于是日本经济陷入了自 2008 年第二季度以来的第四次衰退。与所有在 2008 年后采取的旨在促进经济回暖的量化宽松政策的发达经济体一样，日本的量化宽松政策也推高了资本收入、利润和最富裕的家庭的收入，但是对经济复苏最需要的工人的就业和他们工资收入的提高则几乎没有什么作用。量化宽松政策为银行、企业和投资者创造了一波接一波的“收入浪潮”，但是这些“浪潮”全都在面对国内工资收入停滞甚至下降的“礁石”，以及随后中国和亚洲各新兴市场经济体对日本出口商品需求的放缓，都消退了。

## “安倍经济学”2.0：当政策不起作用时，加倍下注

　　2014 年经济重新陷入衰退后，日本中央银行从该年秋季开始进一步升级债券购买行动。这一次，日本中央银行打算买进股票基金和债券，它的计划是，到 2016 年，其所持有的交易所交易基金（ETF）将从原来的 3.5 万亿日元增加到 7 万亿日元。消息公布后，日本股市应声上涨了 5%。① 政府的养老投资基金（GPIF）也开始大量买入股票。但是通货紧缩仍然在继续，企业雇员工资收入也一直在下降，而企业现金储备则进一步上升，同时占据日本

---

① 继日本中央银行 11 月的决定之后，政府又决定让政府养老投资基金也开始购买更多的股票，从而将注入的 138 万亿日元从购买债券转移到购买股票上。政府养老投资基金还将转而购买更多的国际债券和股票。

GDP 半壁江山的消费却随着日元的加速下跌而狂降。另外，进口商品的通货膨胀还在恶化，从而进一步降低了民众的实际收入。"质化量化宽松"政策减少了民众的消费，而且也未能刺激出口和投资。到 2014 年年底，"无限度"的"质化量化宽松"政策和"安倍经济学"1.0 开始遭到各界的普遍质疑。

为此，日本政府又推出了"安倍经济学"2.0，它基于这样一个荒谬的假设：当某个政策不起作用时，就进一步加码；面对失败，必须加倍努力去做已经失败了的事情。事实上，大多数根据货币主义经济理论给出的政策建议确实就是如此。货币主义者认为，一切经济问题的答案无非就是更多的钱（或更少的钱）。如果经济不增长，而通货紧缩正在形成，那么就必须注入更多的流动性；如果经济增长得太快，导致通货膨胀的产生，那么就得撤出流动性。然而，货币主义者的政策主张却从来没能被彻底证伪，因为他们总是可以辩解说，"这项政策你还没有尝试足够长的时间"。那么，什么是"足够长的时间"？他们从来没有定义清楚。

安倍晋三和黑田弘彦在 2013 年犯下了一个蹩脚的错误，他们竟然明确地向公众宣布自己的政策实施多久就足够了。他们在 2013 年 4 月发布"质化量化宽松"政策时宣布，为了实现 2% 的通货膨胀率，债券购买计划将一直持续下去，直到实现上述目标为止。截至 2014 年 7 月，黑田弘彦仍然坚定地认为 2% 的通货膨胀率是可以实现的，而且很快就可以实现。但是到了年底，他的口径却变了，他改口说实际可以实现的通货膨胀率是 1%。黑田弘彦不断提及这个 2%（或 1%）的通货膨胀率目标，这令安倍晋三非常紧张，因为它越来越变成了"安倍经济学"是否已经遭到失败的标准和证据——以这个通货膨胀率目标来衡量，它显然已经失败了。从 2014 年年中开始，世界石油价格的崩溃进一步强化了日本国内的总体通货紧缩趋势。同时，中国和亚洲各新兴市场经济体的经济增长也在持续放缓。另外，由于进口商品通货膨胀和国民工资增长停滞的状况仍在继续，因此不但消费者削减了自己的消费支出，而且企业也在加紧囤积现金或将现金输出境外。至此，2% 的通货膨胀率目标渐行渐远，似乎永远不可能实现了。

到了 2014 年下半年，日本中央银行的债券购买行动又进一步升级了，而安倍晋三则宣布，原定于 2015 年 4 月实施的第二阶段的消费税加税暂停实施。恰在此时，自由民主党在日本议会选举中又赢得了压倒性的胜利。这多重因素导致消费者和企业的信心有所增强,致使日本再一次从经济衰退中缓过劲儿来,于是投资和消费在当年年底略有回升。2015 年年初,日本经济似乎开始走向另一个"短暂的、轻微的复苏阶段"。然而,虽然第一季度的 GDP 增长率达到了 2.4%,但是这种增长主要是因为企业补库存所致;如果将库存因素去除,那么实际增长率仅有 0.4%。因此,毫不奇怪,到 2015 年春季,日本经济再一次出现了 1.2% 的负增长率。这也是第五次出现单季度收缩的状况。消费支出、企业的投资和出口都出现了明显的下滑,只有商业库存的增加对 GDP 增长做出了些微贡献。这表明,第三季度可能还会再次出现负的 GDP 增长率,因为 2015 年上半年商业库存已经过剩了,几乎肯定要在下半年经历一次去库存的过程。这样一来,2015 年第三季度 GDP 的下降将成为日本自 2008 年以来的第五次衰退。

不过尽管经济又一次放缓,但日本企业获得的利润却在 2015 年创下了新纪录,达到 29.4 万亿日元(即 2 400 亿美元),是安倍在 2012 年就职时的两倍以上。上市公司支付的股息、股票回购率也都达到了创纪录的水平。截至 2015 年 5 月底,东京交易所的股票市值总额高达 591 万亿日元,超过 1989 年 12 月日本股市泡沫高峰时的 590 万亿日元。换句话说,尽管日本经济一再经历衰退和微弱的短暂复苏,但资本收入却一直在高歌猛进。

日本于 2015 年春季再次陷入经济衰退之后,日本中央银行和黑田弘彦行长一开始都表示,每年 6 600 亿美元的债券购买计划不会有任何变化。7 月中旬,黑田弘彦声称,"我不认为经济增长会持续疲软"。[1] 但是,即使是一向预测偏乐观的国际货币基金组织也给出了与日本官方不同的预测,它警告说,日本的国内生产总值在 2015 年增长率不会超过 1%,这已经是最好的估计了。国际货币基金组织指出,日本国民工资增长过慢是一个长期的问题,而且日本的政府债务占 GDP 的比例已经达到了 250%,是全世界最高的。此外,日本中央银行迄今为止的债券购买涵盖了所有的债券供应,这会导致债券流动性问题,即在未来的某个时刻债券价格可能会迅速下跌。货币基金组织还进一步指出,日本政府和中央银行对经济增长的估计是"严重"过于乐观的,而且是在不切实际的假设的基础上做出的。

---

[1] 《金融时报》,2015 年 7 月 16 日,第 22 版。

到这年 8 月，全社会家庭支出下降了 3.1％，出口则收缩了 16.5％。为此，安倍暗示，可能不久之后就会推出一个新的总额为 200 亿美元的财政刺激计划。还有消息称，日本中央银行将进一步升级其购买计划，即买入更多的股票和其他证券——将在 2015 年 10 月会议之后。然而，在提出财政刺激计划的同时，安倍又再一次明确提出，将在 2017 年将销售税提高到 10％，即继续实施紧缩政策。即使有调查表明，对加税的预期已经抑制了日本 2015 年的消费并拖慢了经济增速，但安倍依然表示将落实该政策。

## 日本经济日趋严重的脆弱性

自 1990 年至 1991 年金融危机发生之后，已经过去四分之一个世纪了，日本经历了不少于八次的经济衰退、长达数十年的长期通货紧缩。它的实体经济投资不断减缓，而政府债务却创造了新纪录，再加上国民工资收入不断下降和政府政策失灵，日本经济成了全世界最脆弱的经济——"史诗般的衰退"和经济脆弱性的典型代表。日本政府试图通过缩减企业所得税和削减政府支出来弥补赤字，但是结果却使政府债务占 GDP 的百分比增加到了 250％，而且对实体经济也没有产生任何显著的、可持续的正面影响。随着国民实际工资收入的停滞甚至下降，日本国内的消费也持续萎缩。日本企业并没有将创纪录的利润用于投资实体经济，而是用于离岸投资、金融资产市场的投资，或者干脆直接囤积现金，这直接导致了实体经济萎缩、就业机会长期没有增加——除了兼职工作和临时性工作之外。另外，由于中国和亚洲新兴市场经济体整体需求下降，因此日本原来的出口驱动型经济增长模式已经分崩离析了。总而言之，日本的投资、消费和出口全都归于失败。这样一来，绝望却必须挣扎的日本中央银行不得不提出"无限"量化宽松和流动性扩张计划，它成了日本政府的主要货币政策；而政府的财政政策却在象征性的刺激与最低限度的紧缩之间摇摆不定。因此，日本实体经济之所以是如此脆弱，是因为在日本央行的货币政策的刺激之下，实体经济增长率不但没有上升反倒下降，而金融资产投资则不断加大。这样一来，不但货币注入与经济实际增长之间的正常传导机制被打断了，而且实体经济对货币供给增长和货币乘数的反应机制也被打乱了。与此同时，日本财政的脆弱性也在不断加大，这尤其表现在政府推出的减税措施和扩大支出的政策只能带来越来越有限的实际增长，原因是财政乘数已经被破坏了。

由于私营企业无法展现出足够的经济动力，因此为推动经济实现可持续增长，日本政府不得不努力试图填补这个空白。但是在这个过程中，政府本身也变得越来越脆弱了，因为它的资产负债表上增加了巨额主权债务。政府债务不堪重负本身就是私营企业过度负债的一个指标，同时也是与此相关联的家庭的收入增长减缓的一个指标。而政府为了削减私营企业的债务、化解私营企业的脆弱性，又不得不提高自己的负债水平，但是这个进程却并没有产生多少真正有效的结果。

日本经济中主要的受益者是：富裕的投资者家庭、金融机构和大型非金融企业。这正是那些致使政府承担了创纪录债务的政策所造成的结果。我们不难想象，如果再一次发生像 2008 年至 2009 年那样的金融危机，日本经济将会变成什么样子。

在日本，不仅仅是政府资产负债表的脆弱性和家庭脆弱性在上升，而且金融行业的脆弱性也在上升。中国在 2015 年出现的股市暴跌，蒸发了大约 50% 的总市值（估计超过 5 万亿美元），再加上中国实体经济放缓，中国股市下跌的联动效应也传导到了日本股市；而为防止日本股市出现崩溃的唯一方法是不断注入流动性。事实上，日本中央银行自 2010 年以来，特别是自 2012 年以来，一直在向自己的经济体注入流动性，并且“剂量”越来越大，因为保持股市上涨成了一项日益迫切的“政治任务”。然而，这却使得日本的股票市场越来越脆弱，并且日本总值高达 10 万亿美元的债券市场也正在变得越来越脆弱。日本中央银行（现在还要加上政府养老投资基金）不断买入波动性极高、风险极大的股票基金只是其中的一例，接下来一旦出现债券抛售狂潮，那么债券流动性将会产生严重的后果。

因此，日本实体经济以及包括股票市场和债券市场的潜在的不稳定性都正在上升。对于日本旨在结束“永久衰退”的政策的成败来说，全球经济环境的变化将成为决定性因素，尤其重要的是，中国发生的任何一个具有全球性意义的经济事件，世界金融资产市场的崩盘，欧元区“血战到底”式的量化宽松政策的继续实施，以及新兴市场经济体的货币继续贬值和经济持续衰退，都会对日本经济产生重大影响。

# 第 5 章　欧洲的长期停滞

如果说自 2008 年以来日本经济的根本特征是"永久性衰退"的话，那么欧洲经济的根本特征则是"长期停滞"。欧洲，特别是它的由 19 个成员国组成的核心——欧元区集团，在 2008 年后的大部分时间里的经济增长率一直都在 +1%～-1% 之间波动；日本则是在更低的增长速度与衰退之间波动。

欧元区和日本都没有恢复到它们在 2007 年至 2008 年间的产出水平。[①]也就是说，在 2008 年至 2009 年金融危机之后，整个全球经济体中，至今仍然有一个超过 20 万亿美元的"经济体"一直陷在"史诗般的衰退"（或"静默的大萧条"）中而无法自拔。此外，到 2015 年，越来越多的新兴市场经济体也都陷入了衰退，而韩国、澳大利亚、加拿大以及其他发达经济体则出现了经济零增长或更糟的情况。因此，在 2015 年第三季度，很可能全球经济体的一半以上都处于停滞或下降状态。

但是，所有这些经济体——它们整体的 GDP 占了全球 GDP 的一半——仍然继续在"打赌"，试图通过刺激出口、扩大本国在不断缩减的全球贸易中的份额，摆脱停滞或下降。这无疑是风险极高的赌博，也极不划算，欧元区经济自 2010 年以来的演变轨迹就已经清楚地证明了这一点。

## 出口驱动型复苏的局限性

自 2009 年以来，为了从 2008 年至 2009 年的金融危机中恢复过来，欧洲，尤其是欧元区，越来越多地将出口驱动型的增长作为推动经济复苏的主要战略。其实不独欧洲为然，日本和各新兴市场经济体也是如此。另外，直

---

① 不包括德国，它已经恢复到了衰退前的产出水平。

到 2013 年之前，中国也不例外。[1]但是，特别是自 2009 年以来，出口驱动型的增长往往意味着一个国家的出口收益，很可能恰恰是另一个国家因进口所造成的损失。随着越来越多的国家因国内实体经济投资增长乏力，将出口作为推动经济增长的主要战略，因此出口和进口商品的价格都越来越低，全球贸易总价值也随之不断萎缩，最终导致全球经济的长期增长速度和水平因此而有所减缓和下降。[2]

虽然主流经济学家坚持认为事情不至于如此糟糕（根据他们基于错误假设的过时的理论），但是 2010 年以来的全球经济的历史纪录明确无误地证伪了他们的论点：更多的贸易——自由贸易——永远意味着更高程度的经济增长。

世界贸易组织 2015 年年底的最新数据显示，从 1983 年到 2005 年，在这近四分之一个世纪内，世界贸易每年平均增长 6%。但是自 2010 年以来，每年平均只增长 3%，其中还包括 2010 年至 2011 年因前一年急剧收缩而出现的昙花一现的巨幅增长。2015 年全球贸易总额预计最多只能增长 1%，而且因为全球贸易在 2015 年上半年出现了 2009 年以来的第一次收缩，因此 2015 年全年的全球贸易增长率实际上可能会更低。

在 2008 年至 2009 年全球金融危机之后，当越来越多的国家把全部力量集中在出口方面、把扩大出口作为推动其国内经济复苏的主要手段时，世界贸易总额的增长幅度却一直保持在比较低的水平上。尽管自 2011 年以来，世界贸易增长速度大幅放缓，但是随着越来越多的国家，包括欧元区在内，越来越多地将以出口为驱动的增长模式作为推动其经济复苏的主要战略，因此

---

[1]　在 2013 年的时候，中国也可以说是一个出口驱动型增长的经济体，尽管自 2012 年以来，大规模的基础设施投资已经成了中国经济增长战略的核心。由于中国以出口和基础设施投资驱动经济增长的模式在四年后回报开始下降，因此中国试图转向"内生"驱动的经济增长模式。但是，中国在"转变经济增长模式"时遇到了很大的困难，部分原因正是其金融不稳定性程度的提高，即当中国商品出口到世界其他经济体时，投机型的货币资本就大量涌入中国，而一有风吹草动就又流出中国。

[2]　当然，这违背了主流经济理论。根据主流经济理论，贸易，特别是自由贸易，堪称一只"圣杯"，绝对不容怀疑或挑战：更多的贸易意味着更高程度的经济增长，更多的自由贸易则意味着更大的贸易量和更大幅度的增长。但是实际情况却是，自由贸易和"更多的贸易"却导致了更慢、更低幅度的全球经济实际增长率（以净增长率衡量），因为资本投资从实体经济行业转移到了波动性更大的出口行业。而且，主流经济理论也没有考虑到出口驱动型经济增长模式在长远来看所产生的负面影响。

对日趋萎缩的世界贸易份额的争夺将继续加剧。

事实上，不仅仅是自 2011 年以来，甚至在 20 世纪 30 年代那个十年，历史记录也与主流经济学家的普遍观点（即更多的贸易会带动经济增长）相左：出口竞争的加剧会导致全球经济增长速度的放缓。当时，由于各国之间出现了竞争性的货币贬值，因此全球贸易大幅放缓。不过，当年是各国政府直接以法令形式宣布将本国货币的汇率下调，而当今则是通过中央银行注入流动性来推动货币贬值进而压低货币价值——所谓的"内部贬值"。如今还出现了另一种形式的"内部贬值"，即通过所谓的"劳动力市场重构"——通过大幅削减就业人员工资和福利来实现货币贬值。无论是哪种形式的货币贬值，其目的都是令本国出口的商品拥有成本优势。在今天的欧元区，这两种形式的贬值（通过中央银行注入流动性和通过压低劳动力成本）都存在。

进入 21 世纪之后，大部分全球资本都已经转向了对金融资产的投资，甚至不惜以牺牲对实体经济的投资为代价。并且，资本向金融领域转移后，之前留在实体经济内的相当一部分资本也被调整和转向了，转成以扩大出口和贸易为目的的用途，而不再以满足国内市场的需要为目的。由于资本向金融资产领域转移以及转向对出口主导的产业的投资，因此直接面向国内经济的投资——以基础设施开发、工业生产、新行业开拓等为主的实体经济的投资——出现了明显放缓的趋势。

当然，与金融资产投资不同，转向出口行业的实体经济投资确实可以在一定程度上推动实体经济增长并为从业者带来收入，但是，出口驱动型投资所带来的经济增长通常是间断的、分散的、短暂的、波动性很大的。当越来越多的经济体都在打"向邻居乞食"牌的时候，其实它们中的任何一个的出口优势都会迅速消失，因为其他经济体也会以类似的出口导向政策做出反应。随着时间的推移，最终的结果只能是竞争的不断加剧，最终使得那些在"出口第一"竞赛中失败的经济体的经济更加不稳定，经济增长更加不可持续。

对贸易和出口的依赖不断加深，还会导致全球经济的不同产业之间的严重失衡，这同样会加速全球贸易增长速度的减缓。例如，针对中国和新兴市场经济体为推动本国经济增长（2010 年到 2012 年）而日益加大的出口贸易量，日本的应对措施是，推出量化宽松政策和其他货币政策，以促使本国货币贬值来获得临时性的出口优势（2013 年至 2014 年）；而欧洲的应对措施是，通过量化宽松政策注入流动性，同时结合其他政策和措施扩大出口（2015年）。当这种压力传导到中国一方时，中国最终决定将本国货币贬值（2015年至2016年），对此，欧洲和日本又推出了新的、更大规模的量化宽松计划（2016年以后）。如此循环往复，争夺出口的"一报还一报"的博弈将持续进行下去。

最终的一个结果是货币战争，因为全球各经济体都试图通过扩大出口来推动本国经济增长，并不惜以牺牲别的经济体的利益为代价来获得本国临时性的竞争优势。然而，从长期来看，随着竞争的日益加剧，货币战争又最终必将减少世界贸易量。

当然，某个特定的经济体可能会因出口驱动型的经济增长战略而受益，甚至可能出现净收益，但是这也只能是短时的。随着时间的推移，出口竞争的加剧会促使相关经济体通过量化宽松政策和其他措施推动本国货币贬值，或者促使相关经济体通过削减国内消费、工资、可支配收入和福利来实现内部贬值，进而导致全球货币流动出现更大的不平衡、金融出现更严重的不稳定，所有这些都会使全球经济长期增长速度放缓。

无论采取哪种手段来推动本国货币贬值，比如注入流动性、削减劳动力成本，其结果都是一样的。无论是在 20 世纪 30 年代还是在今天，无论是在欧洲、日本还是在其他地方，受益者总是以受损者的利益为代价的，而且受损者的总体利益损失总是会超过受益者的。

在"区或区域"这个层级上，出口驱动型经济增长战略的上述后果在欧元区表现得最为显著。十多年来，德国和其他北欧国家获益良多，但这是以欧元区的许多经济次发达国家（例如西班牙、葡萄牙、希腊、爱尔兰，甚至意大利）的过度负债和经济增速放缓为代价的。

在加入欧元区之后，这些经济次发达国家失去了贬值本国货币的主动性；加入德国主导的欧洲中央银行（ECB）后，这些国家又放弃了本国中央银行的独立性。另外，它们也无法将单位劳动力成本降低到与德国和其他北欧国家相近的水平。因此，这些国家不得不依赖德国和北欧各国的银行家和政府注入货币资本，它们甚至把这当成了推动它们本国经济从 2008 年至 2009 年金融危机中恢复过来的主要战略。对此，它们是寄望甚殷的。当然，事实证明，这个战略是一个巨大的、令人沮丧的失败。

# 欧元区的不稳定性源于德国

欧元区经济在过去十多年以来的长期停滞其实肇始于德国。更具体地说，它源于法兰克福，那是德国主导的欧洲中央银行（ECB）的所在地。同时也源于柏林，那是德国的财政部所在地；德国财政部通过一个由那些与德国结盟的北欧国家和东欧国家组成的联盟，主宰了欧元区的财政政策。当然，这些国家的经济都依赖于它们与德国的贸易和金融联系。①

因此，德国及其盟国事实上主导着欧洲中央银行。欧洲中央银行的高层由 19 个欧元区国家的中央银行的银行家组成。②欧盟委员会（EC）内部的财政部部长联盟也是由德国领导的，它负责确定欧元区的财政政策，包括紧缩政策和政府债务救助政策。

欧洲中央银行和欧盟委员会组成了所谓的欧洲"三驾马车"的三个主要泛欧洲机构中的两个，它们共同决定了欧元区的新自由主义政策。"第三驾马车"是国际货币基金组织（IMF），但是它的总部位于美国华盛顿特区，更强调所谓的"美欧共识"。当然，德国及其盟国对国际货币基金组织的影响不如对欧洲中央银行和欧盟委员会那么直接。国际货币基金组织甚至可能偶尔会批评欧洲中央银行的政策选择，包括欧元区的紧缩财政政策实施的时机和力度。但是，国际货币基金组织通常与欧洲中央银行和欧盟委员会站在相同的立场上，特别是在直接影响欧洲经济的问题上。

"出口第一"政策和欧元区经济的长期停滞都始于 1999 年，那正是欧元问世的那一年。欧元使德国成了欧元区内出口和贸易的主要力量，特别是对欧洲南部和东部的国家。但是，德国在欧元区内的出口控制权却反过来在欧元区内造成了严重的贸易和资本流动的不平衡，③这种不平衡在 2009 年之后对欧元区内的某些国家的过度负债的积累起到了关键作用。

---

① 这些国家包括荷兰、奥地利、斯洛伐克、匈牙利和波兰，以及波罗的海沿岸国家和斯堪的纳维亚半岛国家。

② 六个不属于欧元区的国家也加入了二十五国理事会。

③ 出口的不平衡被称为"经常账户不平衡"。不过，这种不平衡也是与资本账户或货币流动不平衡联系在一起的。货币流动会导致经济次发达经济体债务和金融的不稳定，而德国则由此获得了"真实"的经济收益，因此能够维持其金融稳定。从这个意义上讲，德国在向其他经济体出口商品的同时也出口了其金融的不稳定。

虽然欧元为整个欧元区贸易大幅增长奠定了基础，但是有一个需要问的问题是：谁最受益？或者说哪个经济体获得了欧洲内部贸易量的最大份额？

能够从欧元区预期不断增长的内部贸易中获得最大收益的国家，肯定是那些能够最大程度降低其国内生产成本的国家。当欧元成为欧元区的共同货币后，各成员国不可能再通过贬值本国货币来降低其成本以获得出口优势。因此，能够主导欧元区出口贸易的国家，肯定是那些降低单位劳动力成本最成功的国家，即能够削减工资和福利并最大限度地从劳动者身上"压榨"并获得更高生产率的国家。在 2002 年加入欧元区后，德国迅速成了欧元区和欧盟内最成功的低成本出口生产国。

在欧元区刚刚从 2001 年至 2002 年科技网络股泡沫破灭引发的经济衰退中缓过气来的时候，德国还被认为是欧元区内的落后者，它一度被称为欧洲的"病夫"。2005 年，德国的失业率高达 11.3%。但是自那以来，德国实施了广泛的劳动力市场改革，并将企业税（企业所得税）从 45%一路降到了 15%的低点。德国的劳动力市场改革包括降低工资、重定集体谈判规则、削减福利、提高养老退休金年龄以及鼓励兼职等。截至 2014 年年底，德国在 2009 年以后创造的就业机会中，有超过一半以上都是兼职工作。① 同时，德国还削减了政府开支。劳动力市场改革和政府开支削减计划极大地降低了德国的劳动力成本，再加上企业所得税的大幅降低，德国实现了其货币内部贬值。因此，到 2005 年，德国占据了欧元区内出口和贸易的大部分份额。

统一使用欧元意味着欧元区内所有国家，尤其是那些小国，不能再如先前那样通过降低本国货币汇率来抵消德国货币贬值的影响，好在欧元有效地消除了这种影响。当时欧元处于高位，因此从德国和北欧国家的银行借入欧元的一些国家可以购买大量德国出口的商品。当然，这也意味着它们对德国和北欧国家的银行欠下了巨额债务。

德国不仅对欧元区内其他国家的出口激增，而且其银行还大量向这些国

---

① 在像意大利和西班牙这样的经济体中，兼职工人占了所有新增工人的 70%。兼职工作和临时工作（有时也称"临时劳动"）是减少总工资的主要手段，因为这类工作的"工资"通常只相当于全职工资的三分之二甚至更低，而且福利也更少。另一个"好处"是，雇主可以灵活地根据需要在短期内雇用工人，而在不需要时立即解雇他们，从而显著地节省成本。

家的银行、企业和政府发放贷款。由于德国、北欧国家以及其他国家的银行的许多贷款都进了西班牙、爱尔兰等国的住房和商业地产市场，因此在 2007 年至 2008 年，这些国家的房地产价格迅速上涨，形成了巨大的泡沫。这种"繁荣"进一步外溢到了其他国家的一些行业（这是房地产建设和金融资产投资推动的经济繁荣中通常都会出现的情况），比如，如果房地产及其物业的抵押价值上升和价格上涨的话，那么就会鼓励更多的贷款。这样一来，随着一些金融资产价格的持续上涨，更多的贷款、更多的债务、更高的市场价格就形成了螺旋式上升的趋势。

由于对欧元区内国家的出口销量激增，因此德国的非金融企业受益匪浅。德国的银行也从出口贸易融资中获得了巨大利润。德国和北欧国家的银行还特别受益于不断增大的货币资本流。由于欧元区内一些国家要为自己不断增加的债务支付利息，因此导致了货币资本的回流，即作为欧元区内国家的企业、投资者和富人从投机热潮获得的利润的一部分，又再次回流到德国和北欧的银行并被用于未来的再投资。

这种策略的成功，使德国的银行家和领导人相信，既然德国能够通过紧缩开支和扩大出口摆脱其 2003 年至 2005 年的严重衰退和危机，那么欧元区内的其他国家应该也可以在 2010 年之后实现同样的目标。既然德国的紧缩政策是有效的，那么为什么希腊、葡萄牙、西班牙、爱尔兰等其他国家就会无效呢？实际上，持有这种观点的人忽略了一点，那就是，2005 年之后的德国经济复苏发生在欧洲乃至全球经济在 2003 年后出现迅猛增长的背景之下，而 2009 年之后，全世界面对的却是崩溃的经济和发展的停滞。德国在 2009 年之前通过专注出口和紧缩开支的政策获得了成功，囿于这种经验，德国的金融和经济精英以及政治家在 2009 年仍然一味地强调出口和财政紧缩；他们认为，没有必要在整个欧元区建立一个银行联盟来集中制定和实施货币政策，欧元区各国的中央银行就足以执行货币政策了，因为关键是"出口第一"和财政紧缩政策，货币政策只是补充。

这种观点——紧缩型财政政策、有限权力的中央银行，再加上出口导向型的经济增长战略就足够了——对欧元区未来的经济复苏产生了深远的影响，尤其当德国在 2010 年之后成为欧元区的主导国家之后。这意味着德国经济将率先复苏，而其他国家则不得不继续苦苦挣扎（后者因此呼吁推进更广泛的银行业联盟和相对宽松的财政紧缩政策）。

在 2008 年至 2009 年全球金融危机爆发之前，与美国和英国一样，欧元区也出现了房地产泡沫，但是欧元区的房地产崩盘并没有美国那么普遍。因为这种崩盘是区域性的，主要是在爱尔兰、西班牙和葡萄牙等经济体量较小的国家。其银行体系仍然主要由商业银行和其他传统的地方性银行主导。欧元区的房地产泡沫也不像美国那样广泛地涉及影子银行和金融衍生品，因此，虽然 2008 年至 2009 年金融危机导致全球经济出现了严重的萎缩，但是欧元区远远不如美国和英国那么严重。

不过尽管如此，德国还是在 2009 年启动了欧元区内各国在十年前创立欧元时制定的一个模糊的规则。该规则要求，在出现危机的时候，各成员国要实现预算平衡，方法是采用财政紧缩手段。具体地说，设定政府预算和支出上限，赤字不得超过年 GDP 的 3%，政府债务不得超过 GDP 的 60%。2010年，欧盟委员会和欧元区各国政府正式启动了上述赤字和债务上限规则。[①]

在上述规则实施后的第一个完整财政年度（2011 年）——它实际上要求的是永久性的紧缩——就已经给欧元区各经济体造成了巨大的经济困难。与此同时，德国及其在欧洲中央银行的盟友则还在努力推动中央银行加息。

2011 年，欧元区利率开始上升，再加上 2011 年实施的财政紧缩政策，进一步打击了本已被削弱的欧元区经济，影响了它从 2008 年至 2009 年金融危机中艰难复苏的进程。

对紧缩政策的强调、欧洲中央银行的加息，在时间上也与欧元区内经济最弱的两个经济体——爱尔兰和希腊——出现的债务危机高度重合。加息导致爱尔兰、希腊等国的债券利率在 2011 年进一步上升。由于税收收入的大幅下降，财政紧缩政策使得这些国家的偿债压力与日俱增，同时这些国家的政府资产负债表的状况进一步恶化。也就是说，一方面因为债务增加，另一方面因为紧缩政策，导致政府税收收入减少。

由于欧元区经济进一步下滑，但同时却要求区内各国出台更严格的财政紧缩政举，以达到德国强调并坚持的 3% 的预算赤字规则要求。于是，财政紧缩、利率上升和主权债务恶化形成了一个恶性反馈循环，导致欧元区 GDP 进

①　同时，德国在 2010 年也深化了自己国内的"劳动力市场重构"改革，进一步降低了其劳动力成本。

一步下降，尤其区内较小经济体量的国家情况尤其严重。其中，希腊和爱尔兰这两个最弱的经济体，不得不请求更多的援助，而这又意味着它们的债务的进一步增加，即借入新债以便继续向北欧贷款国偿付旧债。

希腊在 2011 年 5 月收到了 730 亿欧元的救助包；11 月，爱尔兰也收到了 850 亿欧元的救助包。但是作为交换，它们必须实施更加严厉的财政紧缩政策。"毕竟，既然德国都能够做到，为什么它们会做不到呢？"这就是当时北欧国家银行界和政界普遍所持的理由。

欧元区一些小国的主权债务危机源于如下非常不利的组合：银行体系没有完成资本重组（即技术上无力偿债）；银行贷款下降；欧元区中央银行决定提高利率；日趋严厉且不断强化的财政紧缩政策。所有这些因素，驱使欧元区从 2011 年底开始进入严重的"双底衰退"。

在这之前的 2010 年下半年，欧元区的 GDP 年增长率为 3%。然而，从 2011 年开始，几乎所有的欧元区国家的经济增长率都开始下降，而不仅限于经济体量较小的国家。到了 2011 年夏季，北欧各国经济增长也开始陷于停滞，而一些经济较弱的国家则在第三季度开始深度的衰退。到这一年最后的几个月，欧元区内几乎所有的国家的经济都在收缩，欧元区经济开始进入"双底衰退"。这场持续 18 个月的衰退，直至 2013 年年初才宣告结束。在此期间，欧元区经济的降幅甚至比 2008 年至 2009 年全球金融危机后出现的第一次经济衰退期间的降幅还要大。

## 欧元区的"双底衰退"：2011 年至 2013 年

在 2008 年至 2009 年金融危机期间收缩了大约 10% 之后，欧元区经济在 2010 年开始缓慢恢复。尽管这个回升非常短暂和疲弱，但是欧元区中央银行——欧洲中央银行——却很快就分两次提高了利率，从原来的 1% 提高到 2011 年 7 月初的 1.5%。加息后，欧元区的经济增长率很快又下滑至 0.2%。这是欧洲中央银行过早加息的一个典型例子。当时经济仍然对加息过度敏感，因为过去繁荣时期各国的一些家庭和企业积累了过量债务，而资产价格也还没有从 2008 年至 2009 年金融危机中恢复过来。

债务过度和资产价格疲软加剧了欧洲中央银行加息对实体经济的负面影

响。①欧洲中央银行加息的时机非常糟糕，当时它对非银行企业的贷款仍在下降，而提高利率只会使银行更不愿意放贷。

对此，欧洲中央银行和德国中央银行的行长们辩称，之所以要加息，是因为有必要抑制不断升高的通货膨胀率。但是，2010 年至 2011 年出现的通货膨胀并不是欧元区内因素所导致的，而是区外因素，有两个：一是石油投机；二是中国和新兴市场经济体在 2010 年至 2011 年出现了经济繁荣，从而带动了对石油和商品的需求。因此，此轮通货膨胀是外生性的，由供给面驱动的，同时也是临时性的。只要这些外部因素仍然存在，那么通过提高欧元区的利率来减少需求并不能化解通货膨胀。但是在欧元区，特别是在德国，防范通货膨胀的意识太强并占了上风，以致成了过早加息的理由。这种决定也反映出了德国及其盟国的中央银行家在欧洲中央银行理事会中占据主导地位的事实。事实证明，欧洲中央银行 2011 年提高利率的决定给欧元区带来了灾难性的后果。

当然，过早加息导致的利率上升并不是 2011 年欧元区经济陷入"双底衰退"的唯一原因。其实在 2010 年启动更加严厉的财政紧缩政策时，恰逢利率上升的"东风"，两者互相叠加的威力终于显现出来。意大利、法国、荷兰、西班牙，当然还有爱尔兰和希腊，除了提高销售税（或增值税）、财产税和若干所得税之外，还分别将政府年度支出削减了 170 亿至 240 亿美元。在欧元区之外，欧盟国家也推出了财政紧缩计划。英国于 2010 年通过的紧缩计划要求削减 20% 的预算；2011 年及之后，英国的预算总共被削减了超过 1 300 亿美元，而增值税税率却从 17.5% 提高到了 20%。这种做法是非常典型的。

随着欧洲经济增长速度的放缓，税收收入的增长也在放缓，从而使欧洲各国的赤字水平都大大超过了规则所要求的"GDP 的 3%"。因此，到了 2012 年，各国又被要求进一步削减支出和提高销售税。为此，西班牙和意大利分别又削减了 800 亿美元和 70 亿美元，希腊也不得不削减几百亿美元，因为它需要第二次救助。法国则引入了所称的"中性预算"计划，准备降低企业所得税，同时削减其他开支。

2011 年至 2012 年，全球石油价格暴涨，这致使欧元区的经济进一步收

---

① 这就像债务和通货紧缩会弱化降息对经济复苏的正面作用一样。

缩，同时也更加抑制了欧元区实体经济的投资——由于银行贷款冻结、欧洲中央银行提高利率和金融资产价格通货紧缩等原因，令本来就萎缩的实体经济投资更是雪上加霜。据估计，欧洲的石油进口成本从2010年的2 800亿美元增加到了2011年的4 020亿美元，这使得本来有可能用于投资或消费的资金减少了1 220亿美元。

由于几乎所有欧洲经济体的经济都在放缓或收缩，同时出口和进口也在减少，因此欧元区的失业率迅速上升，总体失业率从9.8%上升到了12.2%；而西班牙和希腊等经济体，失业率还要再高出一倍以上，高达27%。不断上升的失业率，持续收缩和恶化的经济，再加上过高的债务负担，反过来又导致家庭消费下降。经济增长的所有驱动力——政府支出、家庭消费、出口和企业投资——2012年中期以后都在放缓或下降。

以固定资本总额来衡量，实体经济投资在2008年至2009年金融危机期间急剧下降，而在2011年及其后的短暂的复苏期间仍然持续下降。对出口和外生性增长因素的强调，紧缩型的财政政策（削减政府支出和加税），货币政策（提高利率），共同导致了实体经济投资的长期下降。不仅欧元区是这样，而且由27个成员国组成的欧盟也是这样。麦肯锡商业咨询公司的一项研究成果显示，在2007年至2011年期间，欧元区的投资下降了3 500亿欧元（即接近5 000亿美元），这相当于私人消费收缩额的20倍。

在欧元区内经济较弱的国家，随着其实际债务水平的上升和投资力度的下降，政府债券的价格迅速下跌，这导致了一些专业投资者/投机者加大了做空的力度，从而又进一步加速了债券价格的下跌。尽管外部商品驱动的通货膨胀正在发生，但是欧元区的金融资产价格却在持续下跌，比如股票和债券价格，因为欧元汇率已从每欧元兑1.45美元跌到了1.35美元。这成了人们严重关切的一个问题。在西班牙和爱尔兰，房地产价格持续下跌的情况尤为严重，金融不稳定与实体经济收缩同时出现。欧洲中央银行的加息，反生产的财政紧缩政策，不断恶化的主权债务危机，金融资产价格的崩盘，这一切又进一步推助了欧元区经济的下滑。由于私人银行体系仍然非常脆弱，因此银行贷款甚至比以前更少了。到了2012年年初，银行贷款的下降速度创下了自2009年以来的新高：2008年年初银行贷款以每年12%的速度增长，而到2012年6月，银行贷款增长基本停滞，现在的年增长率也仅为0.3%。

由于上述原因，欧元区经济在 2011 年夏季开始停滞。到当年第四季度的时候，欧元区内几乎所有经济体都陷入了衰退。这种情况一直持续到 2013 年春季。这是连续六个季度的经济衰退，其衰退期和负面影响程度都超过 2008 年至 2009 年金融危机后的那次衰退。这种负面作用造成的影响到 2012 年夏天，使得实体经济的萎缩不再仅仅限于欧元区内经济体量小的非主流经济体了，而是外溢并危及了以德国和北欧国家为主的"核心"经济体。

## 欧洲中央银行打开了"钱包"……但只漏出了一点钱

欧洲中央银行于 2011 年 4 月第一次提高利率，之后于 7 月再次提高利率。但是经济形势的发展很快就又迫使它改变政策：当年 11 月和 12 月分别两次降息，使利率从 1.5% 重新回到了 1%。但是这个举措对经济衰退几乎没有任何阻止作用，反倒是主权债务危机却迅速恶化，银行破产事件不断。

政府债务与 GDP 的比率在 2011 年进一步上升。欧元区内的非主流经济体如爱尔兰、葡萄牙、希腊等，债务水平已经远远超出了 100%。西班牙的政府债务与 GDP 之比创下了世纪纪录，意大利债务占 GDP 的比重也达到123%。私人银行的债务甚至更高，平均债务与整个欧元区的 GDP 的比率超过 127%。到 2012 年，西班牙和希腊、法国、比利时和意大利等国的私人银行越来越无力偿还债务，这种情况后来波及整个欧元区，而不仅仅限于欧元区的次发达国家。仅仅是为 2012 年年初到期的旧银行贷款再融资，就需要2 000 亿美元，但这一年，企业债券和政府债券的再融资总额将至少需要 1.29万亿美元。

金融危机的阴云密布，形势甚至比 2008 年至 2009 年更加危急。另外，金融的不稳定性也危及了正在迅速萎缩的实体经济。危机一个接一个地出现，一个危机强化另一个危机，整个欧元区面临着陷入实体经济和金融资产价格螺旋式下跌的危险境地。

鉴于这种危急形势，欧元区各国财政部部长和欧洲中央银行的高层决定，在年底前迅速降低利率，同时再推出特别紧急计划，对陷入绝境的一些国家的政府和银行提供救助。欧元区大规模注入流动性的时代即将开启。

但是，与美国和英国不同，欧元区在注入流动性时并没有采用零利率计划和量化宽松政策，或者至少在最初时是这样（真正的零利率计划和量化宽松政策在 2015 年才正式登场）。当时，欧元区的主流观点认为，紧缩计划足以拯救欧元区经济；货币政策的作用无非是"买下更多的时间"，以便让紧缩计划有机会产生效果。因此，当欧元区经济在 2012 年年初进入更深的衰退之后，欧洲中央银行的货币政策仍然只限于降息。

2010 年和 2011 年年初，在欧盟委员会的主持下，欧元区分别实施了两个政府债务救助计划。然而，尽管这两个救助计划的规模相当大，但是它们也仅仅适用于最严重的主权债务危机。第一个救助计划是在 2010 年年初希腊政府债务危机爆发时推出的，旨在向希腊银行和政府提供救助。该计划被称为"欧洲金融稳定基金"（EFSF），专门用于救助政府，总金额高达 7 800 亿欧元，以当时的汇率计，相当于 1.1 万亿美元。希腊政府于 2010 年 5 月从这个基金中获得了首期的 1 640 亿欧元，又于 2012 年 3 月获得第二期的 1 650 亿欧元。葡萄牙于 2011 年 4 月获得了大约 290 亿欧元，爱尔兰则于 11 月获得了 680 亿欧元，西班牙也获得了大约 1 230 亿欧元。欧盟委员会于 2011 年 1 月设立并直接管理的第二个规模较小的救助计划称为"欧洲金融稳定机制"（EFSM），它提供了 600 亿欧元的贷款担保，主要用于救助私人银行。

不过上述两个救助计划针对的都是政府，而这些政府都是被"精挑细选"出来的。它们不是用来直接救助私人银行的，也不是用来给整个经济体直接注入流动性的（美国和英国于 2009 年分别出台的量化宽松政策才是）。再者，欧元区这两个政府救助计划所承诺的资金大部分都是一纸空文。欧洲金融稳定基金和欧洲金融稳定机制承认要提供大约 1.2 万亿美元的救助资金，但最终只支付了不到一半的资金给希腊、爱尔兰等国。

根据欧洲金融稳定基金和欧洲金融稳定机制这两个政府救助计划的要求，被救助的国家的政府应将收到的救助资金转给国内的银行体系，用它为自己的债务再融资。然而，这些资金最终更多的还是流向了政府而不是私人银行，从而导致私人银行继续变得更加不稳定和脆弱。从救助私人银行的角度来看，官僚主义的欧洲金融稳定基金和欧洲金融稳定机制无疑已经遭到了失败，因此毫不奇怪，银行贷款在 2011 年至 2012 年继续萎缩。欧元区许多银行实际上已经处于技术上破产的境地：由于可用资金远远不足，因此只要出现经典意义上的银行挤兑风潮，那么它们马上就将关门大吉。当然，这种安排确实符合德国对救助基金分配的僵化"规则"的偏好。

而后，由于银行危机和债务危机进一步加深，同时实体经济又陷入了"双底衰退"，因此另一个救助计划于 2012 年推出。这个紧急计划被称为"长期再融资操作"（LTRO）。与前两个政府救助计划（欧洲金融稳定基金和欧洲金融稳定机制）不同，长期再融资操作计划直接针对银行。2012 年 1 月，有2 000 亿欧元贷款急需展期，为此，长期再融资操作计划向 523 家银行共分配了 4 890 亿欧元。2 月，当发现第一期 4 890 亿欧元救助资金远远不足以应对银行危机后，该计划又迅速追加了 5 300 亿欧元。两期合并，长期再融资操作计划总额达到了 10 120 亿欧元，以当时的汇率计，大约相当于 1.3 万亿美元。因此，欧元区用于救助政府和银行的资金总额高达 2.3 万亿美元。

然而，2012 年上半年这么多资金的注入并不能阻止欧元区经济以更快的速度陷入衰退。有鉴于此，欧元区又设立了一个新机构，由它来专门管理被统称为"欧洲稳定机制"（ESM）的所有上述基金（欧洲金融稳定基金、欧洲金融稳定机制和长期再融资操作计划三者的统称）。欧洲稳定机制于 2012 年 6 月正式推出。像长期再融资操作计划一样，欧洲稳定机制也被授予了救助银行的权力和资金——它可以再提供 5 000 亿欧元（大约相当于 6 000 亿美元）的救助资金。

所有这些都是在 2011 年 12 月至 2012 年 6 月期间推出的，以美元计，救助基金总额达到了 3.15 万亿美元。虽然这无疑是一个相当大的数字，但是它在很大程度上却一直停留在纸面上，而且只能有针对性地用于对被"精挑细选"出来的"最危急"的政府和银行的救助。德国及其在欧洲中央银行和欧洲联盟委员会的盟友不情不愿地对这些计划表示赞同，但同时却要求：这些计划必须先经过一系列官僚化的程序批准，而且日后支付资金时也要先经各国议会投票表决通过。换句话说，就像德国在财政政策方面设置了障碍一样（坚持受救助的国家必须按照严格的规则实施极其严厉的紧缩措施去换取救助资金），在货币政策方面，它也对采用量化宽松政策、直接大规模注入流动性设置了障碍。

不过无论如何，在 2012 年 6 月以前，上面制定的这些紧急救助计划提供的资金都已经全部到位了（至少在纸面上）。但在同时，欧元区的实体经济和债务危机又进一步恶化了。2011 年 11 月，欧洲中央银行的新任主席马里奥·德拉吉正式就职，但是欧元区各界精英根本无须花任何时间去游说他所推出的更宽松的货币政策去刺激经济。这是因为，财政政策在政治上已经被冻结了，唯一剩下的工具就是欧洲中央银行的更宽松的货币政策。2012年年中，在欧元区陷入更深的衰退之际，德拉吉受美国中央银行的"政策操作手册"里一段话的启发，"美国联邦储备委员会主席本·伯南克曾经宣称，当发生重大危机时，如果必要的话，他会'从直升机上撒钱'"，为此，他大胆地公开表示，欧洲中央银行将"竭尽全力"确保银行和经济获得所有必要的流动性。终于，欧洲中央银行开始跟随美国和英国往经济体大量注入流动性了。当然，现在的问题是，恰当的时机是什么，以及通过什么方式来注入流动性。这些问题一时之间还没有明确。不过似乎这并不重要。2012年7月，在德拉吉"表决心"之后，欧元区股票和债券市场急速飙升。

为了证明他"会做任何必须要做的事情"的决心，德拉吉很快就于2012年9月宣布了第五个救助计划。该计划被称为"直接货币交易"（OMT），它与美国将于2012年10月公布的第三轮量化宽松政策类似。直接货币交易计划是一个"开放式的货币注入计划"，也就是说，它将根据需要提供任何金额的救助，这意味着它将能够提供无限资金。

直接货币交易计划也意味着，欧洲稳定机制（它被授权分配5 000亿欧元的资金，以及在它管理下的欧洲金融稳定基金、欧洲金融稳定机制和长期再融资操作计划的全部剩余资金）现在可以从尚未被列入救助计划的国家直接购买债券了。欧洲稳定机制可以主动买入某个国家的政府债券，甚至在正式救助计划推出之前也可以。直接货币交易计划还扩大了可以购买的证券的选择范围，不仅仅是主权债券，而且还包括"无论什么需要购买的证券"。不过，购买行为仍然不得不先经过由德国银行家和他们的盟友主导的官僚机构及立法机关的批准。德国及其盟友一直管理着欧元区的钱包。与美国和英国的中央银行不同，欧洲中央银行仍然不能授权自己直接单方面地实施自己计划的购买行为。

换句话说，欧洲中央银行当时不是（现在依然不是）一个真正意义上的中央银行，它其实只是一个行政执行机构，负责执行由19个欧元区国家的中央银行组成的管理委员会的指令；在这个管理委员会成员中，占主导地位的是德国和作为其盟国的欧洲北部与东欧国家的中央银行家。

由于欧洲中央银行、欧盟和其他机构在货币政策方面的官僚主义做派积重难返，因此在 2012 年年初，欧元区的金融和实体经济的不稳定状况又进一步恶化。私人银行体系仍然非常脆弱，但中央银行却继续拒绝给私人银行贷款，特别是拒绝给欧元区的中小企业贷款。虽然欧洲中央银行现在已经被允许"打开钱包撒钱"了，但是受制于救助基金的高度官僚化的管理结构和德国强加的一整套僵化规则，任何急需的资金在支付之前都必须层层批准，因此短期内实际注入的流动性非常有限。只有实施统一的量化宽松政策，这个问题才能得以解决——流动性才能真正流动起来。

但是，德国及其盟国坚决反对建立一个银行业联盟，也反对将真正意义上的中央银行的权力授予欧洲中央银行（即让它来统一监管整个欧元区的银行）；它们还反对建立真正意义上的覆盖整个欧元区的存款保险计划和欧元区债券，尽管这是引入真正意义上的量化宽松计划的先决条件，就像美国和英国那样。德国不想出现一个真正的集中式的欧洲中央银行系统或一个真正的银行联盟（就像美国的联邦储备委员会或英国的英格兰银行那样），它也不希望欧元区出现一个统一的财政联盟，因为德国从这两者中都得不到多少好处，而且没有它们也不会有多少损失。

在 2012 年的大部分时间里，德国对欧元区事务的操纵一直得心应手，因此它不想放弃或淡化自己在欧洲中央银行、欧盟和其他机构中的权力和影响力。另外，在 2012 年上半年，德国经济仍然保持了温和的增长，尽管欧元区其他国家已经深深陷入了双底衰退的泥淖中。然而，这一切终将改变。到了 2012 年年底，德国经济也开始大幅下滑，因为它的出口急剧萎缩。据统计，德国出口总额从 2012 年年初的 900 亿欧元下降到了 2012 年年底的 800 亿欧元。德国经济终于加入了欧元区总体的衰退当中。

由于许多国家的所谓的"精英"仍然"目光短浅、心胸狭隘"，以及囿于日益僵化的民族主义立场，因此，欧元区——在当时是仅次于美国的第二大经济体——仍然是全球经济体系中的一个薄弱环节。它很可能永远会疲于应对实体经济和金融危机，很难真正实现长期可保持的高于 1% 的经济复苏。因此，就欧元区经济的长期命运而言，最好的结果也只是停滞不前。

## 对亚洲的出口成了德国出口的支柱

那么，欧元区经济陷于停滞，是不是就意味着德国对欧洲其他国家的出口将下降呢？是的，确实如此。但是自 2010 年以后，德国的出口就已经更多地面向中国和亚洲其他各新兴市场经济体了。当时，这些国家的经济正在蓬勃发展。在 20 世纪 90 年代，德国还没有确立以出口驱动经济增长的模式。但是在 2010 年之后，它就成了对出口依赖程度最高的国家之一了。到了 2015 年，出口在德国的国内生产总值中的比重已经达到 20%，与国内总资本投入对 GDP 的贡献大致相同。德国主要的出口商品包括汽车、机械、机器设备以及化学品等，这些正是中国和亚洲其他新兴市场经济体最愿意进口的东西。当然，这使得德国经济越来越多地依赖于欧洲以外的其他国家。如果"既然德国可以这样，那么欧元区也可以这样"这种说法是正确的，那么"既然全球经济是这样，那么德国经济也会是这样"的说法也应该是正确的。

对中国和亚洲其他国家的出口成了德国经济的"支柱"这个事实反过来也意味着，欧元区内各非主流经济体越来越多地依赖德国和北欧核心经济体提供的货币贷款来扩张其生产和购买进口商品了（它们在 2011 年之前曾为德国的出口商品提供了非常丰厚的利润）。经过 2008 年至 2009 年金融危机和 2011 年至 2013 年的经济衰退之后，德国的出口战略重心不断"东移"，导致流向并供欧元区内非主流经济体购买德国出口的商品，以及用于基础设施建设、投资住房和商业地产的资金流越来越枯竭，更多的只是大量债务。这些债务是以前欠下的借自德国和北欧国家的银行的。在经过这样一种"经济剥离"之后，欧元区内非主流经济体不得不自己动手收拾一片混乱的残局。当然，它们仍然可以继续向德国和北欧国家的银行及其政府乃至全球投资者借款，但是借款的主要目的不再是用于购买进口商品或用于发展经济了，而是用于偿付以前欠下的旧债。这就是说，它们为了偿付旧债就必须借入新债，最终要支付比以前更多的债务利息。

对于欧元区非主流经济体来说，获得新的货币资本只是为了支付之前旧的货币资本，而不是用于发展经济。这就是"德国的新安排"。既然德国已经下定决心将出口战略转向亚洲，那么欧元区非主流经济体就不得不接受这种安排。因此，欧洲各国银行，特别是欧元区非主流经济体的银行仍然没有能够得到纾困，仍然非常脆弱。但是，另一方面，它们的政府却又进一步陷入了更深的债务危机之中，因为它们的税收来源减少了，从而需要更大规模的政府债务救助资金。经济衰退期间欧洲央行施行的财政紧缩政策使它们的经济"饱受蹂躏"，而失业率上升和工资下降则意味着家庭消费经济的脆弱性在进一步增强。这可以说是一个非常典型的案例：政府资产负债表脆弱性的增强，强化了银行体系的金融脆弱性和家庭消费的脆弱性，从而使整个欧元区经济都出现了越来越明显的"系统脆弱性"。

## 欧元区第二轮短暂的、微弱的经济复苏：2013 年至 2014 年

在经历了"双底衰退"之后，欧元区经济在 2013 年春季出现了短暂而微弱的复苏，这种微弱几乎无法观察到。综观整个 2013 年，欧元区的经济增长率平均每季度仅为 0.2%，而且主要得益于占欧元区经济总量大约三分之一的德国经济的增长。在接下来的 2014 年，欧元区的平均 GDP 增长率有 9 个月的时间仍然保持在绝不起眼的 0.2% 左右的水平上。

这种疲弱的经济复苏的一个指标是，商品和服务的通货膨胀率持续下降。到 2013 年年底，在经过一年的稳步下降之后，通货膨胀率从年初的 2% 以上下降到年底的 0.8%。这种下降趋势一直持续到 2014 年，之后转为通货紧缩。同时，工资增长率也在下降，而且比商品和服务价格的下降速度还要快，从 2013 年年初的 2.8% 下降到 2014 年年底的 1%。在整个 2013 年，商品零售总额继续收缩，制造业和工业产出也是一样；服务支出在 2013 年也仅仅不过是持平而已。

所有这些数据表明，2013 年欧元区出现的增长率仅为 0.2% 的疲弱复苏，并不是因为其内部增长因素所致，因为无论是消费还是企业投资都非常低迷。这种复苏主要是因为出口的增长，尤其是德国和北欧国家的出口的增长。德国的出口增长速率超过了欧元区的平均水平，而且由于与亚洲的贸易规模扩大，德国经济于 2013 年年初开始加速增长。同时（在较小的程度上），由于美元升值，德国对美国的出口也有所增长。如果将欧元区经济增长的德国出口因素排除掉，那么欧元区在 2011 年至 2013 年期间的"双底衰退"至少还会多持续 6 到 9 个月，而不会在这年 4 月就结束。

　　欧元区 2013 年至 2014 年年底的这次经济复苏之所以如此疲弱，当然也与以下因素有关：欧元区继续实施紧缩的财政政策，同时中央银行的利率政策对刺激实体经济完全或几乎没有任何正面影响。

　　2013 年 3 月，在布鲁塞尔举行的财政部部长会议上，紧缩财政政策再次被进行了重申，不过法国和西班牙又被给予了两年的宽限期（以达到 3% 的预算赤字为标准），其他一些国家则争取到了更多的回旋空间。然而，德国和荷兰的财政部部长要求这些获得"延期"执行紧缩政策"优待"的国家进一步进行其结构性改革。

　　也正是在这个时候，德国和其他一些国家积极地重新开始进行劳动力市场结构的改革。这一举措目的是压缩生产成本和降低出口产品价格，通过扩大出口需求来刺激国内经济，但也意味着从业者工资的下降和福利的削减。很多时候，这种改革也被称为"内部贬值"。

　　这种改革复制了德国政府曾经在 2005 年和 2010 年分别施行过的政策。当时，德国政治家和商业领袖试图通过降低劳动力成本让德国企业获得相对于竞争对手的出口优势。劳动力成本重构是紧缩—出口驱动战略的一个关键因素，德国的精英们始终坚持这个立场。在 2005 年和 2010 年，德国曾两度削减养老金、减少失业福利和要求企业雇用更多的兼职工人，同时削弱工会的集体谈判权。现在德国希望欧元区的其他国家也这样做。然而困难在于，其他国家必须在短短四年内就经历了两次衰退的恶劣经济环境下这样做。

　　西班牙是第一个跟随德国进行"劳动力市场重构"的国家。到 2013 年年底，西班牙工人的实际工资下降了 15%，而出口则巧合地增长了 15%。从这个意义上讲，可以说是工人的贡献——实际上是"资助"了——造就了西班牙的经济复苏。当然，劳动力市场重构只是一种最新的紧缩形式，欧元区各种旧的紧缩形式仍在继续。荷兰政府制定了一个新的总额为 80 亿欧元的支出削减方案。法国宣布它很快将会出售国家在许多私人企业中的股份，同时考虑提高民众养老退休年龄、减少失业保险福利和家庭补助。这样，法国也将开始劳动力市场重构。意大利也在计划中。在希腊，第二次救助协议要求，在欧洲稳定机制和欧洲中央银行同意支付更多的救助资金之前，希腊公共部门必须裁减25 000 名员工，同时所有员工都必须接受 25% 的额外减薪。"旧的"紧缩政策仍然在继续，而更多新的紧缩政策则正在紧锣密鼓地计划和推进中。

然而，紧缩政策并没能够解决一些国家仍在恶化中的主权债务问题。紧缩政策旨在通过削减政府开支来减少赤字和债务，从而起到鼓励投资者投资的作用。但是，如果这真的就是紧缩政策的主要理由，那么在 2013 年到 2014 年，紧缩政策带来的后果则恰恰违背了这一政策的初衷。事实上，紧缩政策持续造出了更大的赤字和更多的债务，甚至连那总额超过 3 万亿美元的救助资金，也未能有效地降低政府的债务水平。到 2013 年中期，欧元区主要国家的政府债务水平都在上升，其债务与 GDP 之比正在接近或已经达到 100%。对此，经济学家普遍认为，这是一个关键的阈值，一旦越过它，未来发生不稳定性事件的概率就会急剧升高。

如上所述，紧缩政策既未能减少政府债务，又未能推动实体经济的增长。而同样地，2013 年至 2014 年的欧洲中央银行的货币政策也好不到哪里去。尽管欧洲中央银行在 2013 年 5 月将利率下调为 0.5%，并在当年 11 月又进一步下调至 0.25%，但是传统银行的贷款现状并没有丝毫改善，尤其是对中小型企业的贷款。欧洲中央银行新近提出的"直接货币交易计划"也没有起到什么作用。在欧元区，中小型企业几乎完全依赖传统的银行贷款，而不是债券，因此欧洲中央银行通过直接货币交易计划或其他救助基金购买债券的行为，对中小企业并没有任何帮助。欧洲中央银行针对特定银行的救助计划也没有多少效果。救助银行并不意味着被救助的银行将会向企业贷款。如果假设被救助的银行会向企业贷款，那么这就是一个非常有害的错误假设。很显然，欧元区救助银行的结果已经证明了这一点，美国、日本、英国和其他国家救助银行的经验也证明了这一点。银行可以被救助，但是被救助的银行却不一定会出借资金。

人们原本假设，采取有针对性的货币政策就可以建立低利率与银行救助和货币注入之间的链条，进而推动实体经济投资和经济复苏。但是，在 2008 年之后的"后危机世界"中，这个链条显然被打断了。欧元区的大型跨国公司可以仿照美国影子银行向全球投资者发行企业垃圾债券或向美国货币市场基金提供资金，即利用所谓的全球资本市场，但是中小型企业却不能。因此，在欧洲中央银行降低利率、发放了数以万亿欧元计的救助基金后，欧元区私人银行的信贷增长率仍然每月都在下降。事实上，银行贷款在 2013 年的前九个月和 2014 年的前几个月实际上都是负的，因为银行一直抱怨它们的资产负债表上仍有太多的不良贷款。也就是说，它们自身太脆弱了以至于无法发放贷款给企业。

在 2013 年至 2014 年，"双底衰退"在官方报告中消失了，欧元区的经济运行速度变得像螃蟹那样横向缓行，仅有德国仍然一枝独秀，这主要是因为它对中国和亚洲其他国家的出口依然强劲。2013 年欧洲的对外出口中，对中国和亚洲其他国家的出口占总出口超过 25%，其中德国的出口又在其中占了绝大部分比例。德国出口向中国和亚洲其他国家转移，实际上使得欧元区其他经济体"贫困化"了，特别是那些被公共债务和私人债务"压得喘不过气来"的非主流经济体。这些经济体无法获得资本，因而也就无法使自己的经济摆脱衰退或停滞（对希腊、西班牙和葡萄牙而言，是无法摆脱萧条）。

不过，虽然欧元区实体经济持续萎靡不振，但欧元区的股市却在 2013 年表现优异，专业投资者赚得盆满钵满。欧洲股市整整上涨了 40%，企业资产负债表上积累了大量现金，总额接近 1 万亿美元，支付给投资者的股利的增长率甚至超过美国。

然而，德国以出口驱动增长的战略的局限性很快就表现出来了。2014 年，据国际货币基金组织估计，德国（和西班牙）出口增长的一半以上都来自欧洲以外的国家。一旦欧元相对于其他主要竞争对手（国家）的货币的价值有所上升，那么 2013 年那种出口一片繁荣的景象很快就会消失。不要忘记，正是依靠德国的温和增长，才使得欧元区的经济增长勉强脱离了衰退区间——其增长率只有 0.2%。

2014 年出现了三种新情况，它们都会导致欧元相对于其他货币的汇率的上升。这三种新情况分别是：（1）日本在 2013 年也推出了大规模量化宽松计划，使日元显著贬值，尤其是日元对欧元的汇率的下跌幅度超过 20%，影响了德国和欧元区其他国家对中国和亚洲其他国家的出口（而且像德国一样，日本也主要针对中国和亚洲其他国家出口）。2014 年年底，日本又进一步扩大了量化宽松计划，从而使欧元区出口面对的竞争压力进一步上升。（2）2014 年，美国保持了低利率，从而使美元继续维持在低位，以确保美国产品在中国和亚洲其他国家和地区的竞争力。（3）从 2014 年年中开始，全球石油价格大幅下跌，同时各新兴市场经济体出口的商品无论是价格还是数量都呈低位之势，从而导致新兴市场经济体的货币猛烈贬值。这样一来，欧元对美元、日元和新兴市场经济体的货币的汇率迅速上扬，例如，欧元与美元的汇率一度达到两年以来的最高点——1 欧元兑 1.38 美元。

在欧元区，由于继续施行紧缩的财政政策，因此区内各经济体被压得喘不过气来。不过，欧洲中央银行虽然将利率维持在 0.25% 的低位水平上，但是仍然未能促进欧元区的银行发放贷款，整个欧元区的政府债务水平仍然持续攀升，失业率超过 11%——整个欧元区共计超过 1 900 万人失去工作。一句话，欧元区根本没有出现任何内生的新的增长动力。

到 2014 年年底，事实证明，以德国为代表的欧元区依靠出口促进增长的策略彻底落空了。甚至一些新兴市场经济体，以及日本和美国的货币在 2014 年都出现了贬值，从而削弱了以德国为代表的欧元区的出口竞争力。此外，到 2014 年中期，形势已经变得非常明朗了，作为德国和欧元区其他国家的出口对象的主要是中国，然而这时中国的经济也开始显著放缓了。于是到 2014 年年底，德国出口再一次出现了下降。人们普遍担忧的情况变成了事实，即欧元区 2014 年经济增长的"火车头"——德国——再次失速，从而导致该区域在 2015 年陷入了"三底衰退"。

## 欧元区 2015 年的量化宽松政策：关不住的水龙头

如果说 2012 年的历史见证了欧元区的救助基金完全没有发挥什么作用，以及 2013 年至 2014 年的零利率政策完全没有什么效果，那么 2015 年当欧元区和欧洲中央银行射出它们的最后一发"货币政策之炮弹"——"具有欧元区特色"的大规模量化宽松政策和流动性注入计划——之后，历史又将见证什么呢？这种举措真的有效吗？①

欧元区 2015 年的主要经济事件就是量化宽松政策的推出。2014 年 12 月，当欧洲中央银行宣布推出量化宽松政策时，欧元兑美元的汇率立即开始下跌，而在此之前的 2013 年，欧元兑美元的汇率已经从金融危机前的历史次低点和最低点分别上升了 12% 和 40%。

欧洲中央银行是在 2014 年年底下定决心要蹚这条"货币政策的卢比孔

---

① 在这里，"有效"的含义是指银行愿意贷款给非银行企业，而非银行企业愿意进行投资并扩大国内生产、创造就业机会，进而增加员工工资收入和促进整体社会消费水平的上升。

河"的。然而各种证据表明，国民生产总值达 13.2 万亿美元之巨的欧元区在 2015 年将可能再次陷入衰退，原因是，欧元区尤其德国的出口承受着巨大的竞争压力，因为中国和亚洲其他新兴市场经济体甚至美国经济都出现了明显的放缓迹象。

欧元区银行体系的脆弱性不断加剧成了一个越来越严重的问题。为了安抚市场情绪、缓解公众对银行体系稳定状况的疑虑，欧洲中央银行进行了"压力测试"。当然，这种测试只会得到正面的结果（无论银行的实际情况如何）。法国和意大利经济在 2014 年年底也严重疲软；希腊和其他非主流经济体的债务状况不断恶化，失业率仍然为 1.8%。

此外，五年来，整个欧元区商品和服务的通货膨胀率第一次转为负数——价格总水平下降了 0.2%。这是一个"红色警戒线"，说明欧元区有关当局必须采取更多的行动了。但是，在财政政策方面，实在没有什么空间，因为紧缩政策已经有效地锁定了并且是不可动摇的。降低利率也不是一个可行的选择，因为利率早就几乎降为零了。而且更加糟糕的是，如果通货紧缩的局面继续下去，那么实际利率事实上将上升，会变成高于零，从而阻碍经济的复苏。于是，做"任何需要做的事情"这个任务便交给了欧洲中央银行。2014 年 12 月，欧洲中央银行行长德拉吉发出了明确的信号：无限量化宽松政策的时代即将到来。

作为对欧洲中央银行做出的决定的反应，欧元立即暴跌，从 1 欧元兑 1.38 美元的高位下跌到了 1.07 美元的低位。不过，欧元区股票却急速上涨了 25%。

2015 年 1 月，欧洲中央银行宣布执行每月 600 亿欧元的流动性注入计划，量化宽松政策正式启动。欧洲中央银行还表示，未来它至少会在 2016 年 9 月之前的十八个月内一直购买债券，这相当于注入大约 1.2 万亿美元的流动性。[①]

这个量化宽松政策的理由和"卖点"是，它能够提高金融资产价格，比如股票和债券等，而这反过来将会提振市场信心，最终促成投资者对实体经济投资的增加。这也是量化宽松政策的传统理由。前半部分（提高金融资产价格）当然不会有错，量化宽松政策的施行和注入货币确实会促使金融资产价格上扬，同时它也可以压低汇率。这些"无成本资金"还会迅速进入金融

---

① 如果把以前推出的旨在救助政府和银行的各个计划（即欧洲金融稳定基金、欧洲金融稳定机制、欧洲稳定机制、长期再融资操作计划）剩余的 3.1 万亿美元资金包括在内，再加上这一次的 1.2 万亿美元的量化宽松计划，欧元区可以注入的流动性高达 4.3 万亿美元。

资产市场并提供快速的投资回报。但是，这些资金并不会以同样的方式进入实物资产投资领域。廉价货币确实能够降低投资成本，但这并不一定意味着实体经济投资的回报率可以与金融资产投资相比。这才是真正的决定因素，而不是资金成本。①

德国反对量化宽松计划，但是这一次它的反对无效。事实上，由于中国和亚洲新兴市场经济体经济增速放缓，以及日本在 2014 年年末也施行了更激进的量化宽松政策，因此德国的出口迅速下降，导致欧洲中央银行内部和欧元区财政部部长的德国—北欧—东欧联盟内部出现了分化。有些人认为量化宽松政策是必要的，它可以降低欧元汇率，从而重振以德国为代表的欧元区的出口经济。他们当然是对的。如上所述，量化宽松政策刚刚宣布，欧元就出现了明显的下降；在创下了 1 欧元兑 1.07 美元的低点后，欧元又出现了一波反弹，于 2015 年夏末回到 1 欧元兑 1.15 美元的位置——这正是 1 月份量化宽松政策正式宣布时的大致水平。确实，在此期间，德国出口出现了一定程度的增长，从 2014 年年底的 850 亿欧元的低点回升到 1 100 亿欧元。但是，德国内部有些人反对量化宽松政策，因为这种政策代表了权力向欧洲中央银行集中的趋势，不利于各国中央银行。量化宽松政策也意味着向真正意义上的银行联盟迈进了一步，而这也是德国所反对的。

从长期来看，在反对量化宽松政策的各种理由中，最令人信服的一点是，历史最终将证明，量化宽松政策在长期并不能有效地刺激欧元区经济的实际增长。总体来看，比起更糟糕的结果，这已经算是最好的了。

首先，对量化宽松政策持反对意见的人认为，欧洲 80% 的贷款都是通过银行贷款提供给私人企业和家庭的，债券在这方面的作用并不大。② 但实际

---

① 有趣的是，与这种观点几乎完全一样的观点，即通过推高股票和债券价格能够提振"商业信心"，进而促进更多的实体经济投资在中国也被制定成政策并验证过，那是在 2014 年年中。然而仅仅一年之后，即 2015 年年中，中国的股市泡沫便破灭了。本书第 6 章将对中国相关的经济情况作详述。

② 相比之下，在美国的债务融资，只有 20% 是通过银行贷款实现的，其余 80% 都是通过所谓的"资本市场"完成的（即企业债券、商业票据、杠杆贷款、证券化贷款、风险资本，以及通过各种影子银行而不是传统商业银行提供贷款）。换句话说，欧元区债务融资的结构决定了量化宽松政策在救助银行体系和注入流动性方面，肯定不如美国和英国有效。

根据该政策，几乎所有的欧洲中央银行救助都落实在了购买债券上，这个事实意味着它对银行贷款几乎没有影响，因而也不怎么可能促进实体经济的投资。批评者指责道，这种以购买债券为核心的量化宽松政策，仅意在保护和补贴投资者与政府，根本不能促进银行贷款、实体经济投资和推助总体经济复苏。[①]另外，欧元区各银行并没有形成一个真正的体系，它们分散在不同的国家。如此，每个国家能从这个量化宽松计划中分得多少债券购买"配额"呢？如何保证债券购买与每个国家的银行体系的体制相称？与此相关联的是，欧元区根本不存在"欧元区发行的债券"，而存在 25 个国家分别发行的债券。这是否意味着所有欧元区国家都必将对那些区内的违约国的债券承担责任呢？它们的纳税人是否要"埋单"呢？这正是德国一直高度关注的。德国之所以一直反对真正意义上的"欧元区债券"并坚持在任何救助计划中必须拥有最终决定权，原因就在于此。

其次，另一些对量化宽松政策持反对意见的人认为，以前的银行救助计划、长期再融资操作计划，迄今为止一直未能成功地稳定私人银行体系。尽管一些私人银行已经根据该计划购买了 5 280 亿欧元债券，但是它们的资金仍然不足，因此私人银行体系仍然非常不稳定，它们拒绝发放贷款。尤其当政府债券利率已经接近于零时，量化宽松计划又怎么能通过降低债券利率来影响经济呢？[②]

再次，对量化宽松政策持批评意见的人认为，引入量化宽松政策后，那些本应像德国那样为了提高效率而实施财政紧缩政策和进行劳动力市场重构的国家将不再有改革压力。德国希望其他国家变得像自己一样，这就意味着其他国家必须承诺进行结构改革，更多地转向出口驱动型的经济增长模式。然而，量化宽松政策会推迟这种重构和转型。

最后，一些批评者还指出，某些国家甚至没有足够的债券或私人证券供欧洲中央银行购买。

---

① 所有量化宽松计划一般都是如此，因此说它能够"保护投资者的财富"的理由是，能够提振商业信心，然后通过这种媒介或"传导机制"促成实体经济投资的回升。然而，这种"机制"并没有得到有效的验证。

② 德国的十年期政府债券的利率已经低于 0.5%，在未来，它和其他国家的政府债券的利率最终都将变成负利率。

尽管遭到严厉批评，但欧洲中央银行还是坚持施行其在 2015 年 1 月宣布的"欧元区版"的量化宽松政策。它承诺，将在 2015 年 3 月至 2016 年 9 月之间的 18 个月内，每月购买 600 亿欧元（或 680 亿美元）的债券和非债券证券。在这个"证券组合"中，债券和非债券的价值分别设定为 500 亿欧元和 100 亿欧元。该计划与以前的政策和计划的一个重大变化是，证券购买将是"开放式"的，这一点很像美国的第三轮量化宽松政策。也就是说，在未来 18 个月内购买了 1.2 万亿美元的证券之后，如果仍有必要，还会继续购买，直到欧元区实现 2% 的通货膨胀率目标为止。作为对德国的一个重要让步，其他国家购买债券所导致的损失中，80% 必须由这些国家自己的中央银行来承担，而不是由欧洲中央银行来承担，而且债券购买额将与每个国家对欧元区国内生产总值的贡献成正比。

在确定了这个 1.2 万亿美元的量化宽松计划之后，欧元区注入的流动性总额将高达 4.3 万亿美元。而且这是一种"开放式"的流动性注入，随后还将出台第二轮量化宽松政策和其他后续计划，以便进一步注入一般流动性。欧元区已经将利率降低到了 0.05%，现在又明确地提出了零利率计划。

这种大规模流动性注入计划的理由是，量化宽松政策和零利率计划为银行贷款和企业的实物资产投资提供必要的信心。非常有意思的一点是，为这种货币政策辩护的理由完全模仿了紧缩财政政策的理由，那就是，有助于恢复商业信心；商业信心一旦恢复，实体经济投资就会增加，工作岗位就会增多，工资收入就会恢复，消费水平就会上升，最终 GDP 也会增长……因此，商业信心的恢复成了财政紧缩政策和流动性注入计划的关键"传导机制"。但事实证明，这种传导机制在上述两种情况下都没有发挥作用。这种所谓的"传导机制"只是一个设想，一个决策者的"意识形态建构"，其意图是确保企业、银行家和投资者的资产不会受损。当然，他们也希望经济最终将会以某种不可言说的方式复苏。

## "三底衰退"即将来临？

到了 2015 年夏天，全球经济迅速减速，这主要是因为中国经济加速放缓和股市崩溃，其他新兴市场经济体因全球商品通货紧缩加剧而急速衰退，以及全球货币战激化。

　　欧元区（主要以德国为代表）的"出口优先"战略被瓦解了。欧洲中央银行从 2015 年 3 月至 8 月注入的 3 270 亿美元的流动性，终于使欧元区的经济增长率达到了"统计上显著"的 0.2%。然而，欧元区的商品和服务继续呈现出通货紧缩之势，2015 年全年通货膨胀率预测将下降至 0.1%。希腊债务危机第三度爆发，该国未偿还的债务仍然高达 860 亿欧元，这导致了其不得不实施更严苛的紧缩政策；而这种政策所能保证的，除了又进一步增加债务外，就是更进一步地再紧缩。当然，美国对俄罗斯的制裁也对德国和部分东欧经济体的经济放缓起到了推波助澜的作用。欧元区的量化宽松政策在一开始确实起到了降低欧元汇率和刺激出口的作用，但是不到 6 个月，这种优势就完全消失了，因为其他经济体（包括中国）都采取了措施推动本国货币贬值，而美国也决定暂不加息以抑制美元升值。欧元区施行量化宽松政策的前几个月，欧元兑美元的汇率曾一度下跌 16%，但是到 2015 年 9 月，欧元的价值就回升到了 1 欧元兑 1.2 美元至 1.14 美元的区间。这是量化宽松政策实施前一年的水平。事实上，"血战到底"式的货币战争已经开始，一些国家令本国货币贬值的速度，至少与欧洲中央银行令欧元贬值的速度一样快。

　　由于包括中国在内的各亚洲经济体经济增速正在放缓，而日本也计划进一步加大量化宽松力度以抗衡欧元贬值和中国人民币自 2015 年 8 月开始的贬值，再加上美国在 9 月决定维持利率不变（以防止美元进一步升值），因此，欧元区利用"出口优先"战略推动经济复苏的前景变得非常暗淡。

　　在欧元区，政府债务对 GDP 的比率上升到了 93%。欧盟各国的银行更是急于去杠杆化、缩减资产负债表，它们的不良贷款总额相当于欧元区 GDP 的三倍。由于银行贷款仍然风险重重，因此欧洲的非银行企业越来越倾向于通过资本市场发行垃圾债券来筹资，然而这却导致了垃圾债券发行量在 2015 年上半年上升了 73%。欧盟各国除了过高的政府债务之外，私人企业债务也堆积如山。

　　到了 2015 年第三季度，全球金融市场变得越来越不稳定。在量化宽松政策宣布初期，欧元区股市快速上涨了 25%，但是到 2015 年夏末，德国（DAX 指数）、法国（CACS 指数）和其他许多欧元区国家的股市的涨幅都已经化为乌有了。美国股市也跟随中国股市下跌。欧元区更多国家的政府债券开始以负利率发行。货币市场也越来越弱。非欧元区国家如瑞士、丹麦、瑞典等，纷纷将本国货币与欧元脱钩，以防范过度投机，同时它们也都开始讨论更大规模的量化宽松计划。瑞士法郎等货币闻声升值，然而货币升值国家一落千丈的出口又使其经济陷入停滞甚至衰退。

在 2015 年 9 月 3 日举行的会议上，欧洲中央银行决定发出信号：更大规模的量化宽松政策可能到来。欧洲中央银行给出的理由是：市场普遍担心中国经济持续放缓会导致其对来自欧洲和其他国家的进口商品的需求的下降，同时中国股市连续大跌也将会带来负面影响。毫无疑问，它还在观望，看美国中央银行是不是会在 2015 年加息，以及日本是不是会在年底前启动新一轮量化宽松政策。欧洲中央银行主席马里奥·德拉吉表示，欧洲中央银行"愿意并有能力采取行动"，只要有必要，就会进一步扩大量化宽松计划的规模和延续时间。但是，它显然不会在美国和 / 或日本采取下一步行动之前行动。然而，随着欧盟内部更多非欧元区国家进一步降息和注入更多的流动性，欧元区的政治压力持续增大。

另一方面，虽然同意实施第一轮量化宽松政策，但是德国及其盟国一直不同意加速推出更大规模的第二轮量化宽松政策，它们也不支持取消针对国家预算和债务的紧缩规则。德国财政部部长、在欧洲有非常大影响力的沃尔夫冈·朔伊布勒（Wolfgang Schaubele）重申，政府预算限额方面的规则必须得到遵守。德国人强调，在启动任何新的量化宽松政策之前，各国政府都必须重组银行及其债务、建立资本缓冲，即使这意味着更少的银行贷款。在一个特别有意思的提案中，他们建议，关于财政或救助规则的执行的任何决定，都应该从欧盟委员会中剥离出来，将它提交给一个新的"独立财政委员会"，它类似于欧洲中央银行理事会，可以否决欧元区内的国家的政府预算计划。

2015 年第三季度及之后，欧元区内的辩论越来越激烈，但是所有辩论都不是关于最终是否要启动某个计划来推动欧元区内投资、就业和经济增长（这是市场所期待的），而是关于是否要进一步扩大量化宽松政策，以及是否要更积极地集中力量通过货币"内部贬值"来降低企业成本、推动更多的"劳动力市场改革"。

量化宽松政策未能促进欧元区出口的增长，削减工资和福利的举措也没能在恶劣的全球贸易环境中加强它的出口竞争力。另外，由于欧元区的失业率仍然远远高于 11%，因此，削减工资注定只能进一步减少消费、减缓经济增长。然而，到 2015 年 8 月，一些欧元区国家为了获得耻辱性的第三次救助，不得不进一步削减工资，比如，西班牙加紧推进通过减薪补贴出口的政策，意大利新上台的偏向新自由主义的伦齐政府也将通过全面的劳动力市场改革方案。法国在继任命了一位来自工商界的人士担任新财政部部长后，奥朗德总统又宣布了一个加快劳动力市场改革的新举措。在整个欧洲，工人罢工和集体谈判的权力都受到了新的限制。

据称，劳动力市场改革和结构调整可以实现多重目标。因为，首先，它是通过削减工资来降低出口成本的又一种手段；其次，作为货币"内部贬值"的另一种形式，它降低了通过推出新的量化宽松计划来进一步实现货币贬值的迫切性；再次，它也是紧缩政策的一种形式。

## 欧元区的教训未被吸取

从 2015 年的情况来看，欧元区自 2009 年以来的经验教训仍然在很大程度上被德国和北欧国家的银行家、各种泛欧洲经济机构的官僚、主要欧洲国家的执政者忽略了。这些经验教训可以总结如下：

第一，出口驱动型增长的战略之所以能够成功，是因为采取同样战略的其他经济体给予"宽容"的结果。一般而言，所有经济体都可以采用同样战略，但相互之间总会产生负面影响，比如，在"血战到底"式的出口竞争中，所有可能的出口收益都将消失。"出口优先"的增长战略只有当全球经济作为一个整体在不断增长、贸易在不断扩大时才真正有效。然而，现今的全球经济形势已今非昔比。2013 年，特别是 2014 年，全球（包括中国）经济增长迅速放缓，世界贸易量走低，一些主要经济体对出口商品的需求全线迅速下降。

第二，中央银行管理下的官僚主义式的银行救助行为并不一定能促使银行贷款流向实体经济，尽管私人银行必须明确以银行提供贷款换取救助，即贷款必须流向真正需要贷款的地方，而不能流向金融领域。另外，欧元区总额高达 3.1 万亿美元的银行救助基金也没能解决大批银行技术性破产的问题，因为私人银行的不良贷款必须从银行资产负债表中剔除，从而导致资金本来就紧张的私人银行资金枯竭。

第三，历史经验表明，财政紧缩政策并不能减少主权预算赤字和政府债务，因此它不能推动实体经济的投资。事实上，财政紧缩政策对经济增长是一种抑制性因素，它对可以带来增长的投资的净效应为负（即会阻碍这种投资）。[1] 财政政策的核心必然是加大政府对公共事业的直接投资，包括直接雇用"过剩失业"者；政府支出的核心是创造就业机会，而不能用于补贴消耗性的短期项目。

第四，即使将利率降至零，也不一定能促使更多的银行贷款给企业。2008 年至 2009 年金融危机后，全球经济出现了一个新的"异相"，那就是，降低利率对刺激实体经济投资没有什么影响，而提高利率却对抑制实体经济投资和阻碍经济增长有直接而显著的影响。这两者都是经济系统脆弱性加大的结果。与主流经济学理论的预测相反，本书作者认为，即便给定金融脆弱性和"史诗般衰退"的条件，即在经济经过短暂的、微弱的复苏之后，继之以重新发生短暂的、微弱的衰退，但是降低投资成本（无论是降低利率、减免企业所得税、提供低成本资金，还是采取其他措施）依然不会促进实体经济投资的增长。

要想真正促进实体经济的投资，所需的是实体经济能够持续盈利的预期。但是盈利能力的高低本身也是相对的，比如，即使实体经济投资有利可图，但如果金融领域投资的利润一直高于实体经济，那么实体经济投资也不可能大幅回升。因此，低利率鼓励的是相对来说更加有利可图的金融领域的投资和投机。每一次，当一个新的救助计划公布后，当欧洲中央银行宣布降息后，金融资产市场价格总会飙升，而实体经济投资则会继续停滞甚至下降。换句话说，一方面利率与投资成本之间的关联已经被打破，另一方面利率与实经济投资之间的关联也被打破，取而代之的是以货币、利率与金融资产之间的更新、更强的联系。

欧元区显然没有吸取上面这些经验教训。越来越多的迹象表明，欧元区在 2016 年及以后都将"坚持原来的路线"。几乎可以肯定：（1）欧元区将会启动另一轮量化宽松政策，将注入流动性作为最终解决方案；（2）欧元区的

---

[1] 从主流经济理论的立场出发，上述政策中嵌入了三只"圣杯"。当然，它们代表的是某种经济"意识形态"，而不是经济科学。低利率的货币政策不会刺激实体经济的投资；紧缩政策也不能说服投资者进行新的投资；出口和自由贸易不会为所有贸易方提供收益——获得收益的只能是其中的某些人，但也只能是暂时获得收益。

政策反应将继续落后于形势发展，政府和私人债务将继续增加，因为它们的偿债能力将变得更弱；（3）欧元区仍然会继续推行财政紧缩政策，尽管这种政策行为基本上相当于在已经开始下沉的泰坦尼克号的甲板上重新安排座位表；（4）欧元区还会推出各种花样翻新的劳动力市场重构举措，它的一系列泛欧组织也会变得更加集权化和官僚主义化；（5）它还将继续实施出口驱动型战略，试图在日益萎缩的全球出口贸易中获取更大的份额（或者说，在全球贸易这个越来越小的"饼"中切下更大的一块）。

# 第6章 中国：泡沫、债务及其他难题

在本书前面的章节中，我们已经指出，当今全球经济中最薄弱的环节是新兴市场经济体。近年来，新兴市场经济体的经济开始"螺旋式下降"，严重受阻于全球大宗商品需求下滑、商品和金融资产通货紧缩、本国货币贬值、资本外逃、国内实体经济投资放缓、债务上升和进口商品通货膨胀等不利因素，总体经济发展普遍出现了停滞或衰退的状况。新兴市场经济体的经济开始出现螺旋式下降的情形最初是在2013年，之后一直呈加速之势。与此同时，作为世界第二大经济体的日本和第四大经济体的欧元区，在2008年至2009年金融危机之后，至今仍然没有真正恢复到危机前的水平。欧元区和日本的经济一直在重复出现的衰退和"停滞型增长"之间徘徊。至于美国，自2009年以来只实现了略微的改善，其经济增长率仅相当于通常的经济衰退后的增长率的一半。自2011年以来，美国经济四次出现了单季度的GDP增长率接近于零甚至为负的情况，因此充其量只能称为一个低于通常水平的"停停走走"的经济复苏。

直到最近，中国的经济增长状况与这些发达经济体（美国、日本，以及欧洲）的一般情况相比，仍然是一个显著的例外。在2009年到2012年的大部分短暂的时间段内，中国的经济都保持繁荣，GDP增长率一直达到两位数。然而，从2013年开始，随着全球贸易的下滑、世界石油价格的崩溃和货币战争的加剧，中国的实际经济增长速度已经开始显著放缓了。

自2013年以来，中国在世界出口中所占的份额因日本和欧元区的货币贬值而受到了巨大的冲击。这是因为日本和欧元区相继实施了量化宽松政策，使得欧元相对于人民币贬值了23%，日元则更是从2013年起相对于人民币贬值了30%。日元和欧元的贬值，再加上世界贸易的总体下滑，使得中国的出口出现了显著的下滑（而出口又是中国经济的核心推动力之一）；出口下滑反过来又导致中国制造业自 2014 年以来持续收缩。由于 2010 年 6 月之后中国的人民币汇率与美元挂钩，因此自 2013 年以来，中国的汇率与它的许多亚洲竞争对手相比，已经上升了 10% 至 30%（因为人民币随美元的上涨而上涨）。

而且，自 2013 年以来，在中国出口下滑和制造业收缩的同时，中国在 2009 年至 2012 年期间的另一个主要经济增长源——对工商业项目和住宅房地产的基础设施的投资——也出现了大幅收缩。

## 中国成功的财政刺激复苏战略：2009 年至 2012 年

在 2009 年至 2012 年间，中国基础设施投资的增加大部分都是政府直接投资的结果，投资额占比达到了中国 GDP 的 45% 以上。地方基础设施投资和工业建设项目也促成了中国这个时期的经济繁荣，资金主要来源于地方政府的"卖地收入"和离岸影子银行家和投机者的"热钱涌入"。另外，数以百万计的人口从农村迁移到城市，他们在为工业、制造业和基础设施建设提供劳动力的同时，也促进了住宅房地产业的高度繁荣。

正因为如此，中国经济在 2008 年至 2009 年全球金融危机后迅速复苏，而各发达经济体的经济则仍然停滞不前或陷入衰退，或走上了"停停走走"的微弱复苏之路。

中国经济复苏的轨迹之所以完全不同于各发达国家，是因为中国选择了不同的政策。与美国、日本和欧洲的发达国家不一样，中国在 2008 年至 2009 年全球金融危机和经济崩溃之后，并没有依赖于货币政策（由中央银行注入流动性以便救助银行，并希望由此推动经济增长）。这是因为，与各发达国家不同，中国的银行大多是由政府控制的国有银行，它们并没有过度贷款给投机者和影子银行家，因而也就不会因全球金融资产价格崩溃而受到重大影响，或者说，至少在 2008 年至 2009 年，不会有这个问题。此外，在 2009 年，中国国内还没有影子银行，它们也就不可能拖累传统银行体系。当然，在未来几年，这种情况会变得显著不同，但是在 2009 年的时候，这确实还不是一个问题。

因此，在 2009 年，中国的复苏政策完全侧重于财政政策，其核心是一个超大规模的政府直接支出计划，旨在快速扩大对工业、商业、基础设施、住房和制造业的投资。对此，中国的银行作了很好的配合并较好地完成了为实体经济投资提供资金的任务。与发达经济体的银行不同，中国的银行的资产负债表上并没有出现巨大的金融资产损失，因而它们发放贷款的阻碍不大。此外，由于中国的银行属国有体系，其主体是国有银行，因此政府告诉它们应该贷款时它们就会贷款。在 2009 年，当政府制定应对的政策之后，银行便配合政府付诸实施，向公共基础设施项目、建筑业、制造业和工业扩张项目、房地产业、装备业等放款。

## 发达经济体失败的货币复苏战略：2009 年至 2015 年

中国的财政复苏战略——以政府直接投资实体经济来推动经济复苏——与发达经济体的货币复苏战略完全不同。从 2009 年开始，各发达经济体推动经济复苏的战略无一例外的都是由中央银行主导的货币政策。事实上，各发达经济体实施的是"救助银行第一"的战略，它们希望获得救助的银行会借出贷款，从而刺激实体经济投资。根据货币理论，这将进一步促进工作岗位的创造和工人工资收入的增长，从而使经济增长的势头一直持续下去：提高实物商品价格和股票价格，进一步刺激消费和推动私人投资，等等。

但是，事实证明，发达经济体由中央银行注入资金优先救助私人银行的政策完全失败。这些被救助的银行并没有借款给中小型企业，也并没有促进实体经济的投资。相反，这些银行的贷款或者流向跨国公司，它们只在国外投资；或者被注入影子银行，而影子银行又把资金转用于对金融资产的投机。因此，股票和其他金融资产价格迅速膨胀，但对实体经济却没有什么影响。由于缺少对实体经济的投资，因此就业机会增长极其缓慢，而且大多都集中在低收入的服务行业；工资收入没有增长，实体经济投资也完全不会有起色，实物资产价格逐渐下滑，慢慢走向通货紧缩，从而对实体经济投资和消费又造成进一步的打击；雇主削减员工的工资和福利，后者由于失业率高企和经济复苏缓慢而无力自保。利润来自成本的降低，而不是源于销售收入的增长，这成了新的"规范"。

中央银行提供给银行、影子银行和投机者的贷款的利率几近于零，这种情况带来的另一个负面影响是：企业发行的债券的数量屡创纪录。如此，企业源于发行的债券、因成本削减带来的利润，再加上因货币政策实施的有利于企业和投资者的历史性减税，使得企业的收益大幅增加。但是企业不会把这种超额净收益直接用于实体经济投资，而是以股票回购和股利支出的形式重新分配给投资者，从而使资金再一次回到价格飞涨的金融资产市场上去，或者"囤积"在企业的资产负债表上。所有这些因素同时出现，使得发达经济体的经济在 2009 年之后最多只能实现温和的复苏（比如美国），或者出现长期停滞甚至反复衰退（比如日本、欧元区）的结果。发达经济体所采取的"货币政策优先"战略，即首先救助私人银行、投资者和跨国公司的战略，已经被事实证明完全失败了。这与中国的"财政优先政策"战略形成了鲜明的对照。事实证明，中国所采取的大规模的政府直接投资以促进出口和制造业发展的战略，在促进经济复苏方面是相当成功的，或者至少在 2009 年至 2012 年间是如此。

但是，自 2009 年以后，促使中国经济在 2009 年至 2012 年间实现双位数增长的两个主要产业——制造业和出口业，以及政府直接投资——都明显降温了。

这两个产业在 2009 年至 2012 年间确实发挥了巨大作用，它们除了推动中国经济增长之外，还拉动了新兴市场经济体的经济增长（因为中国对进口商品和半成品的需求激增），并降低了 2008 年至 2009 年金融危机对 2009 年之后的全球经济的冲击。毫无疑问，中国在 2009 年采取的政策及其带来的经济增长，在带领全球经济在 2009 年至 2012 年间走出低谷并出现复苏，使之不致陷入更严重的衰退中确实发挥了关键作用；如果中国没有出台这一财政直接投资战略，那么全球经济很可能会在 2011 年至 2012 年间再次陷入衰退之中。由于中国和其他新兴市场经济体同步实现了复苏，因此全球经济得以步履蹒跚地前行，尽管欧元区和日本都陷入了经济衰退之中，美国经济的增长率也仅仅相当于衰退复苏期间的增长率的一半。

不过，尽管中国在 2009 年至 2012 年间依靠"制造业＋出口＋政府直接投资"的战略取得了成功，但是这种战略从 2013 年开始便慢慢地失去了其威力，同时还影响了在同一时期与中国同步变革的新兴市场经济体。更致命的是，这种趋势在 2015 年之后明显加速了。

因而问题就成了：为什么中国的经济增长在 2012 年之后开始显著放缓？这种增长放缓与中国 2012 年后的政策转变有什么关系？与 2009 年以来中国出现的流动性泛滥和债务膨胀又有什么关系？与影子银行、源自发达经济体注入的金融资本以及 2012 年之后创造的金融资产泡沫（包括始于 2014 年中期膨胀并于 2015 年中期破灭的中国股市泡沫）又有什么关系？

## 中国的"流动性大爆炸"

2009 年，中国政府在进行大规模财政刺激（约占当时中国国内生产总值的 15%）的同时，也打开了向经济体系注入流动性的闸门。刚开始，流动性只来自中国的中央银行——中国人民银行——和其他政策性银行，用于为工业扩张和公共基础设施建设提供资金。当然，这在一定程度上是必要的。因为中国政府创纪录的财政刺激政策——通过直接投资的形式扩张制造业和工业生产的产能并提供相应配套的基础设施——要想获得成功，就必须大规模地增加货币供给；没有相应的货币供应增长，中国政府的财政刺激就不可能促成中国 GDP 的双位数增长。但是，官方银行注入的过量流动性，远远超出制造、采矿等产业及其配套基础设施建设投资所必需的资金。

从 2000 年到 2008 年，中国的货币供给量（M2）从 25 万亿元增加到了 40 万亿元，即增加了大约 15 万亿元。相比之下，从 2009 年到 2012 年，短短四年时间，中国的 M2 就从大约 40 万亿元激增到了大约 80 万亿元。而在 2013 年之后，货币的闸门进一步打开，到 2015 年年中，M2 就增加到了 135 万亿元，即在两年多一点的时间里就增加了 55 万亿元。

在 2010 年到 2015 年中期，人民币对美元的汇率一直固定在 1 美元兑 6.2 元一线，因此，以美元计，这期间中国的流动性（M2）整整增加了三倍。这种加速之势仍在继续，在 2014 年 10 月至 2015 年 7 月的九个月内，中国的 M2 再次增加了 2.5 万亿美元。换句话说，流动性增加的规模达到了中国实际 GDP 增加规模的两倍以上。

即使直接以 M2 衡量货币供给（这一定义是相当狭窄的），这种巨量的流动性注入无疑也是极其过度的。或许发生在 2010 年至 2012 年之间的流动性扩张（从 6.5 万亿到 13 万亿美元），是确保实际产出和 GDP 增长所必需的。

但是，自 2012 年至 2013 年末开始的进一步加速注入的流动性，却只能越来越多地用于金融资产领域的投资了，而极少被投资于基础设施、制造业等实体经济领域。此外，在 2012 年前后，除了官方注入的巨大流动性（M2）之外，中国政府还非常欢迎国外资金的流入，并采取了各种各样的措施去吸引外资，从而又进一步推高了整体的流动性。发达经济体的银行和跨国公司提供了一部分外资，另一部分则来自影子银行，包括全球范围内的离岸影子银行和国内的影子银行。

在 2009 年之前，中国几乎没有影子银行，但在 2010 年之后，中国进行了一系列改革，尤其金融体系开始面向全球金融资本开放，因此，到 2014 年，国外影子银行提供的资金所形成的债务就已经占到了中国总债务的 30%。除此之外，伴随影子银行兴起的"货币信贷"这种形式，又增大了"内部信贷"形式的流动性，从而使官方体现为 M2 和货币资金流形式的流动性大为增加。

对于中国的"流动性大爆炸"最重要的一点或许是，尽管源自官方和影子银行的流动性大为飙升，但它进入实物资产领域的量和投资速度却低得多。一组数据表明，在流动性从 6.5 万亿美元加速增加到 22 万亿美元的过程中，中国实体经济投资占 GDP 的比例却持续下降。根据汤森路透数据流（Datastream）金融数据库提供的 2015 年 8 月的最新数据显示，中国的固定资产投资占 GDP 的百分比从 2011 年年底的 22% 下降到了 2015 年中期的 11%。

接下来的一个大问题是："流动性大爆炸"从 2009 年开始并在 2012 年加速后，既然流动性并没有进入实体经济领域，那么它又流向哪里了呢？任何流动性肯定是为了某种目的而创造的，这种目的不可能只是为了让它待在银行的资产负债表上。因此，答案只能是：它进入了金融资产领域（而不是实物资产领域），或者为了其他目的而流向海外。就中国而言，大多数流动性都进入了金融资产领域。

上述论点也符合本书的其中一个主题，即近几十年来，全球范围内被创造出来的天量流动性，绝大部分都转向了金融资产领域。具体的途径是：银行和影子银行贷款给其他金融机构和投资者，后者的目的是为了通过各种金融资产和工具进行投机。这些金融资产涉及传统的股票、债券和外汇等，也涉及更新型的期货期权和各式各样的金融衍生产品。之后，这种天量流动性在金融资产市场上越来越多地被用作债务进行杠杆操作，进而获得更大的盈利能力，同时又引导获利资本离开实体经济领域，如此循环往复。如此，实体经济投资的放缓导致了商品的通货紧缩，而金融资产投资的加速则导致金融资产通货膨胀。

现在看来，中国已经融入了全球这个大趋势。

## 不可避免的债务危机

流动性过剩、金融资产投资和投机的主要指标就是债务。债务——贷款人提供的信贷——是流动性和金融资产投资之间的中介要素。过剩的流动性是额外信贷得以提供并成为债务的必要条件。债务杠杆率则是金融资产过度投资和金融投机的指标，过度杠杆化最终会导致金融资产泡沫生成、金融不稳定性事件发生和金融资产泡沫周期性破灭。当这些崩溃波及的范围和规模足够大时，就会导致某个国家发生金融危机甚至引发全球性金融危机。

在中国"流动性大爆炸"的同时，其债务总额从 2007 年到 2015 年中期也几乎翻了两番。根据全球领先的商业研究和咨询公司麦肯锡公司于 2015 年完成的一项研究报告，中国的债务总额已经从 2007 年的 7.4 万亿美元增加到了 2014 年中期的 28.4 万亿美元。[1] 据此，中国 2014 年的债务总额占 GDP 的比例已经高达 282%，是全世界最高水平。

中国的债务不仅仅规模大，而且增加速度特别快。但是这还不是最大问题。最大的问题是，中国债务的构成，即与企业相关的债务在总债务中所占的比例。从国与国之间比较的角度来看，中国的政府债务并不算特别高，但是企业的债务，尤其是老旧基础工业企业的债务却问题重重，而这其中绝大部分又都是国有企业。

截至 2014 年年中，在中国全部 28.2 万亿美元未偿还的债务中，最大的一部分属非金融企业。中国 2014 年的 GDP 为 9.4 万亿美元，而非金融企业的债务大约为 11.9 万亿美元，该债务与当年的 GDP 之比为 125%。再加上 6.2 万

---

[1]　麦肯锡全球研究中心，《债务与（不彻底的）去杠杆》，见麦肯锡公司的《执行摘要》，2015 年 2 月，第 3、10 页。

亿美元的金融机构的债务，两项合计18.1万亿美元，在28万亿美元的债务总额中，占比超过64%。而在2015年，企业债务约为16万亿美元。

地方政府债务是中国债务的另一个重大问题。现在许多地方政府债务都被包装成企业债务。在中国，有超过一万个地方政府都拥有一种"资产负债表外"投资工具，那就是通常所称的"地方政府融资平台"。这些地方政府融资平台大举通过影子银行对当地房地产市场进行过度投资。2008年，地方政府融资平台生成的债务大约占中国GDP的18%，总额达6340亿美元之巨。根据中国政府在2013年年底进行的一项调查的结果，地方政府融资平台债务截至该年年底已经增加到大约3万亿美元。据预测，地方政府融资平台债务还将进一步上升，到2015年将占中国GDP的45%，总额将高达4.6万亿美元。

根据麦肯锡公司的研究成果，2014年中国家庭债务总额大约为3.8万亿美元，其中大约一半是家庭抵押债务。而在2010年的时候，这项债务只有大约1.9万亿美元。今天中国家庭债务总额肯定会更高，因为麦肯锡公司的上述预测是在2014年中国股市泡沫发生之前做出的。据估计，随着股市泡沫的加大，股票经纪商对股票市场散户投资者（即在中国股票投资者总数中占85%的家庭）的"保证金债务"贷款，从2014年7月至2015年6月这将近一年的时间内就增加了0.85万亿美元。

通过对2014年年中的数据推算，中国的债务总额在2015年将超过30万亿美元，相当于中国名义年均GDP的三倍。在这当中，大约有26.5万亿美元属私营企业债务和地方政府的资产负债表外债务，而后者又包括地方政府融资平台债务和房地产债务；其余大约4万亿美元是中央政府债务。私营企业债务和地方政府融资平台债务自2008年至2009年金融危机以来已经增加了20万亿美元，这种债务规模的扩大是史无前例的。

如果没有来自银行、外国货币资本流、影子银行以及诸如保证金债务等"内部信贷"注入的流动性，那么上述债务规模的扩大就不可能实现（保证金债务大部分都是由影子银行提供的）。债务当然会带来一系列的后果，特别是像中国这样债务规模如此之大、债务构成又是如此之复杂的国度。当实体经济减速或下滑时，当金融资产价格、商品和服务价格一并出现通货紧缩时，这一点显得尤为重要。

## 中国的影子银行

影子银行充当中国信贷和债务的主要来源是 2009 年以后才出现的情况。根据摩根大通银行（JP Morgan Bank）2012 年的一项研究估计，中国的影子银行管理的资产总额，已经从 2008 年年初的仅仅几亿美元增加到了 2012 年年底的 6 万亿美元以上。[1] 而根据日本野村证券公司研究部门的报告，在 2013 年，中国的影子银行管理的资产总额已经上升并超过了 8 万亿美元。而到 2014 年，影子银行总资产又增长了 14%（或者说，总额增加了 1 万亿美元，总计超过 9 万亿美元）。另外，麦肯锡公司在 2014 年发布的一份研究报告称，在中国 2013 年的总债务中，可以"归功"于影子银行的债务所占的比例不低于 30%。[2]

中国的影子银行的不稳定性向来集中体现在所谓的"投资信托"上。根据麦肯锡公司的研究报告，投资信托基金目前在中国所有影子银行的所有资产（大约 9 万亿美元）中占了 1.6 万亿到 2.0 万亿美元。信托公司的资产在 2010 年至 2013 年间增加了至少五倍。大约有 26% 的信托基金都在向地方政府提供信贷（因此产生了地方政府债务），还有 29% 的信托基金向工商企业提供贷款，再有 20% 用于向房地产企业和金融机构提供贷款，剩余的 11% 则用于向股票和债券市场上的投资者提供贷款。自 2010 年以来，中国地方政府债务增长了 70% 以上。换句话说，影子银行的信贷主要流向那些债务快速增长和产生金融泡沫的行业。

影子银行体系的快速膨胀是中国政府在 2010 年前后对外国金融资本打开大门的直接后果。在美国、日本以及欧洲，2008 年至 2009 年金融危机之后，流动性创造的主要动力是零利率和量化宽松。而在中国，流动性的创造也完全"不让美国、日本与欧洲"，不过也有不同之处：一方面，中国通过传统的中央银行操作（传统的债券购买、减少储备行为等）来注入流动性；另一方面，中国还利用从发达经济体流入的资金来创造流动性。

---

[1]　见《金融时报》，2014 年 6 月 16 日。另外，也可以参阅杰克·拉斯穆斯（Jack Rasmus）的《中国及其影子银行家》，载《对冲》，2015 年 1 月 9 日。

[2]　汤姆·米切尔（Tom Mitchell）：《中国的影子银行贷款》，载《金融时报》，2014 年 1 月 15 日。

正如本书在接下来的几章中将会详细阐述的那样，从 2008 年开始，各发达经济体通过中央银行制定的零利率计划和量化宽松政策注入的流动性总额大约为 25 万亿到 30 万亿美元。发达经济体注入的流动性有很大一部分在 2009 年之后流向了新兴市场经济体，这其中就包括中国。因此，中国的天量流动性尽管从"内容"上看与美国、日本及欧洲的相似，但是两者在来源和目的上却截然不同（后者的流动性在很大程度上依赖于零利率计划和量化宽松政策）。不过，两者在将大量流动性以杠杆债务的形式传递给投资者和金融市场这个方面都有共同之处，即影子银行都发挥了重要作用。另一个区别是，在发达经济体中，流动性和债务被引向了股票市场、债券市场以及各种衍生品交易市场。

就中国而言，流动性最初的去向是地方政府融资平台及其土地交易市场，还有商用和住宅地产行业。之后，有的进入了所谓的"理财产品"（WMPs）行业；还有一些则作为"信托"贷款向国有企业提供再融资资金，因为这些国有企业已经无法获得传统的银行贷款（其利率更高）了。然后，从 2014 年开始，流动性开始大举流入中国股票市场。众所周知，在 2008 年至 2009 年间，发达经济体的影子银行体系曾经在全球金融系统不稳定性事件的引发中发挥过关键作用。依此作为推论，中国的影子银行也应该会发挥同样作用，但是在 2010 年及之后，它们在中国的不稳定性效应却被推迟了。照理，在短短四年内各类影子银行就投入了 9 万亿美元的资金，但却不会导致金融不稳定性、不会创造金融资产泡沫，那是绝对不可能的事情。因此，我们需要回答的一个重要问题是：这些泡沫在地方基础设施和住房建设、理财产品发行、支持资不抵债的国有企业，以及在股票市场投机中，到底发挥了什么作用？它们在导致中国实体经济增长放缓方面又扮演什么角色？中国实体经济的放缓与金融资产泡沫的增大都于 2012 年到 2013 年间同步出现，这难道是偶然的巧合？

与中国影子银行贷款密切相关的一个主要金融工具，是由信托机构提供的代表中国和外国高端投资者进行投资的"信托账户"。另一个金融工具则是"理财产品"，它将各种金融资产打包在一起整体出售给中高端投资者。在中国的中高端投资者当中，很多人的初始财富都来自当地的一级土地市场、房地产市场以及地方政府基础设施建设中的利润，他们将利润抽出来，然后再投资于"理财产品"。再一个金融工具就是"委托贷款"，用来为企业提供融资，其中包括一些国有企业，尤其一些老的工业企业特别依赖"委托贷款"。这种金融工具相当于中国版的"企业垃圾债券"融资。

至于影子银行的精确定义，既可以通过如上所述的金融工具或市场来界定，也可以根据其机构形式来界定。从形式上看，中国的影子银行首先包括许多传统形式的影子银行，如对冲基金和私人股本公司。据报道，仅 2015 年上半年，就有 4 000 家对冲基金和私募股权投资公司上市。这无疑是中国股市泡沫不断升级的结果。其次，中国的影子银行还包括新近才在发达经济体中出现的许多新形式的影子银行，例如同行贷款公司、财务公司等。再次，中国的影子银行还包括一些相对来说更常见的形式，如小型信贷公司等。当然，这其中只有信托公司才是影子银行的一个特别重要的形式。

中国的信托公司是地方政府贷款的渠道，而这种贷款反过来又为房地产泡沫提供了催化剂。信托公司还成了企业与富有的个人投资者之间的中介，为许多非常需要信贷的非金融企业筹集资金。因此，信托公司在一定意义上可以说是"垃圾债券"的代理商，能够帮助那些无法通过正常渠道获得银行贷款的企业获得信贷。这些企业愿意支付更高的利率，为自己争取一些生存时间。信托公司还是散户投资者的货币资金的"聚合者"，会帮助他们在股票和其他衍生金融品上进行投资。

## 中国的"三重泡沫"

中国自 2013 年以来形成了三个主要的金融泡沫，到目前为止，这些泡沫分别处于崩溃过程中的不同发展阶段，即金融资产通货紧缩的不同阶段。第一个金融泡沫是地方政府的资产和基础设施泡沫。第二个是企业垃圾债券和再融资泡沫，主要涉及老工业企业尤其是国有企业。对于这两个金融泡沫，中央政府都进行了干预，以防止泡沫破灭和随之而来的金融资产的迅速崩溃。中央政府的目标是，减缓泡沫膨胀和破灭的速度并防止它们互相传导。第三个金融泡沫发生于中国分别位于上海和深圳的两个主要股票市场，它从 2014 年夏季便开始出现。在一年的时间内，中国股市飙升了 120%，形成了巨大的泡沫，并于 2015 年 6 月破灭。为此，中央政府倾尽全力进行紧急干预，以防止因股市崩盘而影响全局。这就像自 2013 年以来中央政府一直致力于控制以往形成的房地产和地方基础设施泡沫一样，以免问题更加严重。

前述第一个金融泡沫出现在地方房地产市场上，制造者主要是地方政府。它们拥有的资产负债表外的融资工具——主要包括大约 1 万家的地方政府融资平台基金和影子银行（国内的和国外的）——提供了天量的流动性并形成了相应的债务。它们推动了 2011 年到 2014 年间的房地产金融投资。2013 年，中国的房地产价格上升到了创纪录的水平。这个泡沫在 2013 年至 2014 年间开始缩小。房地产和地方基础设施投资泡沫的崩溃意味着，推动中国实体经济增长的一个重大刺激因素在 2013 年之后不复存在了，或者说至少显著减弱了。据估计，房地产在中国的 GDP 中占据了 10% 以上的比例，因此，它的崩溃或回缩使得中国实体经济失去了一个重要支撑。换句话说，金融资产价格的崩溃以及随后的通货紧缩，对中国实体经济有直接的影响。

另一方面，房地产泡沫的膨胀会对实体经济造成负面影响。在 2014 年以前，中央政府曾经多次干预，试图挤压房地产泡沫，但是没有起到明显的作用。每一次，当运用提高利率手段去干预房地产市场时，同时也就减缓了实体经济增长的速度。而每当出现这种情况时，央行又会再次降低利率，实施微小规模的财政刺激政策，试图将实体经济拉回正轨。但是，这反过来又会吹大房地产泡沫。这种旨在驯服影子银行并试图保持经济增长的"跷跷板"式的政策，在 2014 年之前尝试过好几次，然而每次效果都不理想。此后，中国采取了更有针对性的方法，试图瓦解由影子银行、投机者和地方政府官员组成的同盟（该同盟因地方房地产和基础设施泡沫而获益）。到 2014 年，房地产价格上涨开始变得相对温和。然而，投机者将他们从房地产泡沫中赚取的利润转移出来，转而通过"理财产品""资产管理基金"等进行新的金融资产投机。

"理财产品"催生了更多的泡沫——第二个金融泡沫。这种泡沫与经济学家过去所称的"旁氏金融骗局"相近，即通过由信托机构和其他影子银行管理的"信托账户"，向那些变得越来越脆弱的企业提供高利息贷款。与中国的"理财产品"类似的是发达经济体的"高收益"（垃圾）债券，比如，同一时期美国等发达经济体的垃圾债券泡沫。然而，随着中国实体经济持续走缓，那些"弱不禁风"的企业越来越没有能力偿还这些高成本的理财产品（垃圾）

贷款。自 2014 年以来，已经有好几次，中央政府不得不兜底向这些企业提供救助。但是，如果实体经济在 2015 年至 2016 年间加速放缓，那么当违约事件大范围、大面积出现时，中央政府是不是还有能力继续救助这些企业，这是值得怀疑的。如果中央政府无法做到，那么理财产品的市场价值将会迅速下降。

第三个清晰的金融泡沫是股市泡沫。中国在 2014 年至 2015 年间之所以会出现股市泡沫并以破灭告终，原因有好几个。首先，中央政府在 2013 年调整了政策，决定将天量的流动性和因此而形成的债务（它们在进入房地产市场、地方政府融资平台和衰败的企业之后，已经对中国金融体系的稳定造成了严重影响）引到股市上去。这一重大政策"转向"是股市泡沫形成的一个很重要的因素。

这个重大政策转向的初衷是，鼓励更多的私人投资和私人消费，并将私人投资和私人消费作为经济增长的主要驱动力，从而摆脱以往严重依赖中央政府直接投资和出口来推动经济增长的局面。从 2013 年开始，直接投资加出口的增长战略已经失去动能了，而且由于日本和欧元区都陷入了"双底衰退"，而美国的经济增长也丝毫没有加速的迹象，因此，以出口来驱动经济增长的前景变得更加暗淡。日本推出量化宽松政策的目的是促使日元贬值，以便增强日本产品在出口市场上的竞争力。欧元区也开始大规模注入流动性，推出了名为"长期再融资交易计划"的量化宽松政策，目的与日本相同。美国也已经表示将会加息，这就意味着新兴市场经济体的经济发展在将来某个时候定会受到严重影响，因此，新兴市场经济体在将来也会减少对中国出口商品的需求。这时，全球贸易实际上已经显示出了放缓的迹象。

中国政府做出政策重大调整，显然表明它已经认定出口驱动的经济增长战略不再可靠了，而且越来越多的情况显示，政府主导的直接投资对经济增长的刺激作用有限。空置的商业和住宅项目激增，有的"新城市"几乎空无一人。2013 年春，中央政府决定进一步推动改革，更多地依靠国内消费来推动经济增长。也就是说，中国政府鼓励更多的私人企业投资和个人消费，期望通过将过剩的流动性引入股市，把推高股票市场当成向更多的私人企业投资和个人消费过渡的一条道路。

确实，刺激股价上涨能够产生双重有益效果。首先，这将促使投资者们将货币资本从过热的房地产市场和基础设施建设市场上转移出来——后来的事实证明确实会这样。其次，从理论上说，股票价格上涨也将会为国有企业和其他非金融企业带来重要的资金来源。如果这些企业的股票价格上涨，那么它们就不需要继续以更高的利率借入更多的资金（这些资金的还款条件更苛刻）；并且，股票价格上涨还将使债转股更加便利，可以降低企业的金融脆弱性。再次，高股价在理论上也意味着一般来说企业可以实现更高的资本收益，然后利用资本收益进行投资扩张，从而形成真正的资产投资，为更多的人提供就业机会和收入、促进个人消费；而不断上涨的股票价格也会对市场上的散户投资者产生积极的"财富效应"，因此也能促成更多的个人消费。总而言之，股票价格的上涨将有助于向以私人企业投资和个人消费为经济增长驱动力的战略模式的转变。

因此，股市繁荣似乎成了中国面临的好几个战略性挑战的答案：第一，股市繁荣有助于推进原先的经济增长模式向以私人企业投资和个人消费为驱动力的增长模式的转变；第二，引导资金流入股票市场，就能够有效地"驯服"影子银行并挤压它们创造出来的泡沫；第三，新的投资和消费将使中国经济回到更快的 GDP 增长路径上来——在当时，由于全球贸易不断放缓，中国经济也持续放缓，因此出口驱动型经济增长模式已经遭到了否定。

有鉴于此，中国政府在 2014 年采取了一系列推动股市上涨的政策措施。然而时机实在不好。当时，新兴市场经济体的经济增长已经承受了各种越来越大的放缓压力，它们通过商品出口获得的收入持续下降。日本和欧元区的经济也没能如人所愿地逐步恢复，它们对中国出口的商品并没有明显的需求上升。到了 6 月，全球石油价格又开始崩溃。为了推动股票市场上涨，中国人民银行从 2014 年年底开始先后进行了四次降息。它还通过降低银行存款准备金来进一步给市场注入流动性，目的是促使银行放出更多的款。11 月中旬，中国人民银行还改革了中国的外汇体制，使中国经济和市场进一步向外国资本开放。另外，作为即将注入更多的流动性的一个明确的信号，它还明确鼓励投资者在投资时更激进一些，比如，不妨以保证金的形式购买股票或卖空股票（即融资融券交易）。于是，大批散户投资者于 2015 年年初进入股票市场。然而，很快地，散户投资者用保证金购买股票的行为就失控了，尽管监管当局采取了某些抑制措施，但是仍然无济于事。

在短短一年之内上涨了 120% 之后，2015 年 6 月，中国两大股票市场都出现了巨幅暴跌。尤其在后来的短短两周之内，上海股市跌幅就超过 32%，而深圳股市更是下跌了 40% 还多。为此，决策者迅速入场干预，就像以往试图通过政策干预创造股市繁荣一样，不过这一次是试图止住股市崩溃。为了堵住抛售狂潮，中央政府采取了多种措施，包括要求在上海和深圳两大交易所上市的几乎四分之三的公司停止交易、禁止卖空股票、禁止大股东（占总股份 5% 以上的股东）出售股票等。此外，中央政府还出台了一系列旨在吸引投资者重新回到股票市场购买股票的政策，其中包括：要求国有企业购买自己所属的上市公司的股票，即使这意味着它们要承担更多的债务；要求国有投资基金大量购买股票；让中国人民银行向券商提供更多的流动性以用于购买股票，等等。对用保证金购买股票（融资融券交易）的态度也出现了 180 度的大转弯，融资融券交易再次获得了鼓励。换句话说，中国政府走上了这样一条路：以大量注入流动性的方式去解决过去过多流动性导致的问题。很显然，这些额外注入的流动性将转化为更多的用于金融资产投资和投机的资金，即金融债务。也就是说，那些长期存在的问题——过剩的流动性、过多的杠杆形成的资金又被重新投入了金融市场——在短期内却摇身一变成了解决问题的方案。但是，这种解决方案定将导致长期问题的再度恶化。

中国从 2013 年开始的战略性政策转变——从依赖政府直接投资、制造业和出口驱动的经济增长模式，以及服务于这种模式的实体经济投资和出口的货币政策——不禁让我们想起发达经济体在 2008 年至 2009 年金融危机之后所采取的促进经济复苏的战略（当然，那种战略已经被事实证明是失败的），两者之间确实不无相似之处。发达经济体所采取的战略主要依赖加速注入流动性的货币政策，而财政政策则一味强调紧缩，因而事实上其货币政策最大程度上不过是象征性的，甚至是反经济增长的（如欧元区和日本）。在各发达经济体，中央银行相信，只要银行恢复向非金融企业提供贷款，大量的资金就会流入实体经济，从而推动商品价格上涨、重新恢复商业信心，同时进一步促进实体经济的投资。这种"真正意义上的投资"会创造更多的就业机会，促进工人收入和消费的增加。同理，金融资产价格上涨带来的财富效应也将会进一步促进个人消费和更进一步的实体经济投资，这样就会创造出一种"良性循环"。但事实是，这种"良性循环"并没有出现，流动性在很大程度上都流入了金融市场并推高了股票和债券价格。而除此之外，却几乎什么也没有发生。

中国在 2008 年至 2010 年间采取的策略则完全不同。对当时的中国来说，财政政策是第一位的，而货币政策和流动性管理则主要是为配合财政政策而服务的。但是到了后来，由于一系列事件的发生，此种情况从 2010 年开始便有所改变，到 2013 年开始出现反转，接下来导致中国出现了流动性和债务的"大爆炸"。尽管这一切是在发达经济体之后且以不同的形式出现的，然而最终中国也形成了巨大的金融资产泡沫。中国的经验，特别是 2013 年以后的经验，同样证明了如下道理：侧重于流动性注入的经济增长战略，最终必定会导致过度的债务杠杆；流动性流入金融资产市场后，必定会导致金融资产泡沫，而后又需要注入更多的流动性去支撑金融资产价格。当泡沫破灭、以前的债务无法偿还时，这种情形就会不可避免地发生。过多的流动性导致过多的债务，过多的债务又导致需要注入更多的流动性进而又形成更多的债务。这是一个无底漩涡、一个吸引货币资本的黑洞，这是一个必将导致金融脆弱性和不稳定性的恶性循环。货币资本"本来"应该会进入实体经济领域，从而创造就业机会和形成实际收入与消费，最终带来更多的投资，形成良性循环，从而促进经济增长。然而事实上却并没有，货币资本进入了金融资产投机的黑洞并在某个时刻彻底消失了——当金融资产通货紧缩出现并开始拖累实体经济时。

## 中国实体经济放缓：2013 年至 2015 年

中国 2009 年以来的经验表明，实体经济投资和金融资产投资两者之间存在着重要的因果关系。这个观察结论与主流经济学理论完全相反。主流经济学理论认为，实体经济投资和金融资产投资是由不同的、基本上互相独立的因素决定的。

在 2013 年至 2015 年期间，中国金融泡沫不断增大，无论从速度、数量还是形式上而言都是如此；相反，以 GDP 衡量的实际经济增长速度则一直在持续放缓：从 2008 年之后的双位数年增长率，降低为中国官方最新公布的 7％的年增长率。对此，一些独立机构最乐观的估计是，中国实际的 GDP 增长率为 6.2%；而其他的机构估计则大多数处于 4.5% ~ 5.5% 的范围内；最低端的估计是 3.1%。

无论对中国 GDP 增长率的估计是多少，由于多种原因，这些估计或许也都是不可靠的。但是，从其他一些主要的经济指标来看，中国实体经济的实际增长速度要比官方所预测的慢得多。中国的工业产出在 2015 年 7 月触及了 15 个月以来的最低点，增长率在过去 18 个月内下降了整整一半。与 GDP 数字相比，用电量是衡量整体经济增长水平的一个更加准确的指标。到 2015 年年中，中国的用电量的年增长率已经从原来的 10% 左右一路降到了零。铁路货运量、新开工的住房建设量和进口的增长率，自 2014 年以来也都已经转为负值。过去一年来，汽车销量下降了近 7%。制造业受到的压力一个月比一个月更大。2015 年 8 月的最新数据表明，中国最重要的制造业企业的收缩趋势仍在继续。2015 年 8 月可以说是自 2009 年年初以来的最糟糕的一个月，制造业景气度跌入了过去 78 个月以来的最低点。而且，亮起"红灯"的并不仅仅是消费和制造业，以固定资本形成的总额衡量，中国最重要的实物资产投资正在迅速减速。2009 年固定资本形成总额的年增长率高达 25%，而到 2013 年则下降为 10%，2014 年仅为 6.6%，2015 年的数据无疑将会更低。

总之，各种指标都表明，中国实体经济不但在减速，而且减速非常快。由于本书前面章节中所解释过的一些原因，作为衡量经济增长关键指标的 GDP 往往会被高估，并且由于政府能够重新定义 GDP 的概念、操纵 GDP 的统计数据，因此以 GDP 来衡量经济增长变得越来越不可靠了。

## 中国的全球"传导"效应

如果中国的重大政策转向——更多地依赖货币政策（这会创造过剩的流动性，从而形成新的债务和金融泡沫）——对其实体经济增长产生了负面影响，那么其实体经济增长放缓就会对全球经济产生严重的负面影响。

新兴市场经济体的经济增长本来就已经出现了放缓迹象而且呈现加速下跌之势，而中国对大宗商品进口的需求下降则加剧了这种趋势。中国对一些商品和半成品的需求量的减少，对秘鲁、智利、委内瑞拉和巴西等拉丁美洲国家的出口产生了重大影响。澳大利亚虽然不属新兴市场经济体，但它也是大量向中国提供自然资源产品的国家，因此中国经济增长速度的放缓对澳大利亚影响很大。与中国有密切联系的许多亚洲尤其南亚经济体的经济也在与中国同步减速。中国经济增长速度放缓对欧元区和日本的出口也有重大影响，它极大地抵消了它们不久前实施的量化宽松政策的效果。欧元区和日本分别试图推动欧元和日元贬值以增加各自的出口，促使其经济走出停滞或摆脱下降的局面。然而由于中国经济增速放缓，因此尽管欧元区和日本先后通过量化宽松政策为其经济体注入了大量的流动性，使欧元和日元的汇率有所下降，但是它们对中国的出口并没有显著的增加。

中国经济增速放缓所导致的本国货币战略的转变，也肯定会对亚洲一些经济体产生重大影响。2015 年 8 月，中国的政策出现了一个重大转变，即中国开始允许人民币慢慢走低。毫无疑问，这将是一个长期趋势。人民币贬值加大了亚洲其他各国货币贬值的压力，同时也使日本和欧元区几个月前新挑起的全球货币战争愈演愈烈。由于亚洲其他经济体的货币必须随着中国人民币的贬值而加速贬值，因此这些经济体的经济的不稳定性进一步增强了。

中国经济增速放缓也导致了全球石油价格的下跌趋势。随着中国对石油需求量的减少，各产油国陷入了更加激烈的竞争，它们不得不竞相通过降低价格来吸引买家，以提高石油销量和收入。类似地，在金融领域，中国的股市崩溃效应显然也将在全球其他股票市场上产生重大影响。股市崩溃几乎肯定意味着中国实体经济投资的下降，因此消费也将减少，因而进一步降低中国对来自其他经济体的进口商品的需求。如果中国股市崩溃的效应外溢到发达经济体，那么发达经济体的股市下跌也会对其他经济体的投资和消费产生类似的负面影响。股票价格下跌会造成财富缩减、消费减少，从而形成负面的"财富效应"。而且，从一个较长的时间段来看，股市持续下跌最终肯定会阻碍实体经济的投资，因为非金融企业会变得保守，宁愿持有更多的现金。

只有在那些货币彻底崩溃的新兴市场经济体中，通货膨胀率才会上升。这种情况之所以会出现，是因为这些经济体的货币汇率下降导致其进口商品价格的全面上涨。在发达经济体，如果货币汇率变化比较温和，那么其商品和服务的通货紧缩就会成为一个真正的问题。像发达经济体一样，中国的货币也是十多年来最稳定的货币之一，它很少出现进口商品的通货膨胀现象。但是，商品和服务的通货紧缩却完全有可能。

事实上，中国实体经济投资的加速放缓已经开始对其商品和服务的通货紧缩产生持续性影响。中国的"生产者价格指数"已经连续 40 个月下降了，在过去一年里就下降了 6%。到目前为止，进口商品价格也下降了 10%。而消费者价格指数则从一年前的 2% 下降到了最近的 0.18%。换句话说，随着实体经济投资的下降，实物资产通货紧缩也将如期而至。另一方面，随着金融资产投资的上升，金融资产将出现通货膨胀。这种"平行发展"的现象不是偶然的。

实物商品的通货紧缩是那种强烈依赖流动性注入来推动经济复苏的货币政策完全失败的一个强有力的指标。不仅如此，这种货币工具还会导致严重的金融资产通货膨胀。上述两方面（金融资产通货膨胀与实物商品通货紧缩）有什么关联吗？或者说，决定这两种投资的因素之间是不是存在着因果关系？

中国在全球 GDP 总额中占了 15% 的份额。中国实体经济增速的放缓、规模不断加大的金融资产泡沫，对世界经济的影响是不可低估的。

## 中国和全球经济的系统脆弱性

中国经济的各种趋势，以及中国经济内部的各种关系——过剩流动性与日渐庞大的债务之间、实体经济投资与金融资产投资之间、金融资产通货膨胀与实物资产通货紧缩之间、金融资产投机与金融资产价格泡沫之间等，与欧元区、日本乃至美国经济均不无相似之处。金融泡沫一直在加大，金融资产通货膨胀一直在上升，而实体经济投资和经济增长率却长期趋于下降，实物资产稳步走向通货紧缩。随着流动性和债务的加大，金融资产投资的增加，金融资产通货膨胀问题日益严重，金融泡沫越来越大，而实体经济投资则减慢或下降，从而抑制了家庭收入的增长，进而又导致实体经济投资的进一步减速。最终的结果是，商品和服务价格通货紧缩以及金融资产通货膨胀的趋势难以阻止。

上述问题在当今全球的许多经济体中都出现了，尽管彼此之间并不平衡和同步。但从目前来看，没有任何国家或经济体能够像中国这样，把这些问题的发展过程展现得如此清楚。并且，实体经济增长的放缓与金融泡沫的增大、金融投资和投机与实体经济投资、金融资产通货膨胀与商品和服务通货紧缩等，都已经进入了"最发达"的阶段，超过世界上所有其他主要的经济体。中国今天的经济形势清楚地表明，21世纪的全球经济已经发生了根本性的变化。这是所有主流经济学家、银行家和政府决策者都无法解释清楚的。

为了更好地理解中国和其他新兴市场经济体，还有日本、欧元区乃至全球经济的发展状况，我们必须从理论的高度来分析有关事件的发展和演化过程，而不能仅仅停留在描述或叙事的层面上。这就要求我们在一个理论的框架内、围绕前面提出的九个关键变量来进行阐释。这正是本书接下来的第二编的内容。是的，我们必须提出一个新的理论框架，以便探索一系列基本问题，例如：金融资产投资与实物资产投资之间的关系如何？它们是怎样互相决定的（如果它们彼此是互相决定的话）？在当今世界，即在21世纪全球资本主义世界中，哪些关系的因果关联更强一些？在即将到来的几个月和几年中，全球经济的系统脆弱性和不稳定性意味着什么？在本书的第二编中，我们将研究全球经济系统脆弱性的九个关键变量。在第三编中将讨论：为什么当代主流经济学家不能阐释这九个关键变量之间的关系（它们导致了全球经济的系统脆弱性）？在最后的第四编中，我们将给出自己对这些变量是如何导致全球经济系统脆弱性的解释，并从理论的高度分析这种脆弱性是如何导致全球经济更严重的不稳定性和最终的危机——可能比我们在2008年至2009年间经历过的更加严重。

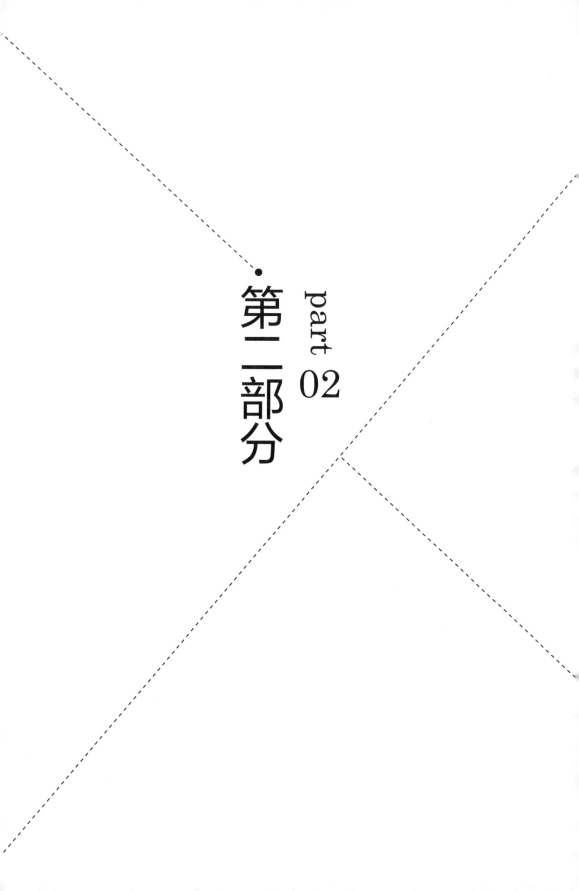

第二部分

part 02

# 第7章 持续放缓的实体经济投资

投资有各种不同的形式，既有对金融资产的投资，即对股票、债券、房地产、外币、金融衍生产品以及金融证券的投资，也有对实体经济的投资，即对能够生产出资本品、消费品和服务的实物资产的投资。对于金融资产投资，我们将在下一章中详细讨论。本章将重点讨论实体经济投资［或真实投资（real investment），前述章节已有所提及］。在这里，我们所说的实体经济投资特指其"总额"形式，即在考虑了各种"法律因素"、进行调整和减计（例如，税务和会计中的折旧处理对实体经济投资的变化的扭曲）之前的实体经济投资总额。

具体而言，实体经济投资既包括政府对商品和服务的投资，也包括私人对商品和服务的投资。将政府投资计入实体经济投资中，对于我们理解像中国这样的经济体非常重要。在中国，政府投资占比极高，包括大部分制造业设施。据估计，即便是美国这样的国家，政府每年的实体经济投资也会达到3 000亿美元左右，这是一个不小的数额。考虑到国家之间的巨大差异可能对实体经济投资总额的测算和全球实体经济发展趋势的预估的不实，因此在本章中，我们暂且将政府投资排除在外，重点考察私人的商业性投资。

"私人国内投资总额"是美国用于指称"实体经济投资"的一个术语。从这个意义上说，实体经济投资包括对设备、商业建筑、住宅房地产、知识产权等（如软件、研发、艺术和娱乐创作、商标、标志等）的投资。如本书第1章所述，美国在2013年重新定义了GDP，将一系列新的商业性投资类别包括在内，以此来提高GDP总值。这些变化代表了知识产权对"国内私人投资总额"的贡献。然而，知识产权的价值是否应被视为实体经济投资的一部分，仍然争议很大。本书认为不应计入，所以在本章中，知识产权类别的投资将被排除在实体经济投资之外。

美国政府用"私人国内投资总额"这个指标来衡量实体经济投资还存在另外一个问题，那就是，它包括了住宅投资，而住宅投资的波动性通常很高，近年来尤其如此。由于这种高波动性，因此，住宅投资对美国和其他发生过房地产泡沫的国家与地区的实体经济投资的贡献率就显得非常不稳定，比如，在 2003 年至 2006 年期间被人为地拔高了，而在 2007 年至 2010 年期间又被人为地压低了。为了使我们对实体经济投资趋势的估计更加稳定，因此将住宅投资从实体经济投资中排除出去也是有必要的。

最后，在美国的 GDP 核算中，对"私人国内投资总额"的定义与其他国家对该术语的定义并不一致。尽管欧洲诸国和其他新兴经济体也都重新定义了其国内生产总值（以抬高近几年的 GDP 指标），但是它们所采取的重新定义的方法却不同于美国，对此，本书第 1 章中已有所论述。

考虑到与"国内私人投资总额"有关的各种定义问题和跨国比较问题，我们认为，对于全球实体经济投资，最佳替代性的指标是全球 CAPEX 数据。"CAPEX"是指"全球资本支出"，具体指企业对升级后的新的商业设备和设施（工厂、办公室等）的投资或支出。因此，本书下文引用的数据都是"全球资本支出"数据，它们来自标准普尔公司发布的《全球资本支出年度报告》。这个数据以全世界最大的 2 000 家企业（它们是最大的资本支出者或投资者）组成的大规模样本为基础，能够代表和体现全球实体经济投资趋势。

## 实体经济投资 vs 金融投资

搞清楚实体经济投资与金融资产投资之间的关系，对于我们理解为什么全球实体经济投资自 2000 年以来一直趋于下降、全球经济逐渐走向通货紧缩，以及收入不平等日渐拉大等问题，至关重要。

区分实体经济投资与金融资产投资也是理解两者之间如何相互决定的首要条件，而区分和理解这两种形式的投资如何相互影响反过来又是进一步理解"系统脆弱性"思想的必要条件。因此，实体经济投资与金融资产投资之间的关系是我们本章将要探讨的主题之一。接下来，我们将对这些关系进行更加深入和详细的讨论，并从理论的高度进行总结。之后，我们探讨的重点将是全球实体经济投资下降的趋势。

很显然，实体经济投资正在经历一个长期的放缓过程。这种放缓首先是一个长期趋势，也就是说，它不仅仅是 2008 年至 2009 年金融危机的结果，而且实际上在各发达经济体，实体经济投资的放缓已经持续几十年了。并且近几年来，类似的趋势也出现在了各新兴市场经济体中，这当然也包括中国在内。

实体经济投资长期放缓并在 21 世纪加速这个事实有重大意义。没有实体经济投资的增长，正常的就业增长就会放缓；而没有正常的就业增长，收入增长就会放缓。如此，实际工资增长减速、停滞甚至下降都会随之而来，从而进一步导致收入增长停滞。收入增长问题又会导致消费需求问题，这反过来又会影响投资。这一切合并到一起的结果是：家庭消费和企业投资放缓、GDP 和经济增长结束。由于收入是与经济系统的脆弱性相关的一个关键变量，所以当收入增长减慢或下降时，经济系统的脆弱性就会趋于上升。另一个与此相关的效应是，家庭和企业为了弥补现金流和可支配收入下降的情形，不得不借入债务，而随着家庭和企业债务的积累，这两者的脆弱性也将上升。因此，实体经济投资增长对于保持收入增长态势、阻止企业和家庭债务的上升至关重要。

因此，要回答的关键问题就变为：导致实体经济投资长期放缓的各种因素到底有哪些？实体经济投资放缓对全球经济会带来什么后果？实体经济投资放缓是否是导致消费需求明显不足的原因？或者相反，政府支出能否推高消费需求进而带动企业作进一步的实体经济投资？削减商业成本（减税、降息）等激励措施能否自动促成企业对实体经济投资的增加？或者，企业仍然只会将成本削减带来的利润"囤积"起来并继续不投资？

## 不断放缓的实体经济投资

标准普尔发布的《2014 年全球资本支出报告》明确无误地告诉我们，自 2000 年以来，全球实体经济投资已经大幅放缓。在过去的十年时间里，全球实体经济投资在前五年经历了一次"历史性的"疲软的复苏之后，于 2008 年至 2010 年期间，其增长率再度转为负值。在这将近三年的时间里，仅 2009 年一年就下降了 10% 以上。2011 年至 2012 年期间，出现了短暂而疲软的复苏，然而在 2013 年，实体经济投资增长率又再次转为负值，下跌了 1.0%。在 2014 年的中期报告中，标准普尔预测 2015 年将再次下降 0.5%。[①] 事实证明，这个预测还是低估了下跌的幅度。

2014 年，除美国以外的全球所有国家和地区的资本支出都出现了负增长。美国之所以能够成为一个例外，那是因为它对页岩油和天然气的资本支出仍然在飙升。不过，"美国例外" 在 2015 年就戛然而止了。八个月后，即 2015 年 8 月，标准普尔公布的最新调查结果表明，2015 年全球总投资将连续第三年出现负增长——下降 1.0%。

2014 年下半年，原油价格下跌幅度超过 50%；到 2015 年下半年，油价再次下跌。油价的连续暴跌很可能导致 2015 年全球资本支出实际下降幅度超过标准普尔所预测的 1%。也许因为这个原因，标准普尔预测 2016 年全球实体经济投资将收缩 4.0%。如果这是真的话，那么这将是连续第四年出现收缩。[②]

下面我们来考察全球最大的两个经济体——美国和中国——的情况。2015 年年初，摩根大通公司的经济学家曾经指出，美国实体经济投资在 2014 年第四季度出现了大幅下滑，因此他们将 2015 年的美国资本支出增长预测调整为零。对于中国，标准普尔公司的研究报告预测，2014 年的资本支出增长率仅为 1%，远低于 2013 年的 4%；而且在 2015 年还将进一步收缩。从 2015 年的实际情况来看，显然上述预测对美国和中国的情况都过于乐观了。

对标准普尔公司的研究人员来说——其实对大多数经济学家来说也都一样——实体经济投资的这种下降构成了一个 "难题"。正如标准普尔 2015 年的报告指出的那样，"资本支出增长不再强劲实在是一个难解之谜，因为我们的（2 000 家）样本企业在资产负债表上拥有 4.4 万亿美元的现金和等价物"。[③] 为什么它们就是不愿投资呢？

---

① 标准普尔，载《全球企业资本支出调查概述》，2013 年 6 月 30 日，以及 2014 年 7 月 10 日。

② 同①，2015 年 8 月 3 日。

③ 同①，2015 年 8 月。

按实际美元价值计算，2014 年中期的实体经济投资额（包括能源行业在内）并不高于 2006 年，这两年的全球实体经济投资总额均为大约 2.8 万亿美元。而实际上，2014 年下半年能源行业的投资出现了急剧下滑，因此上述 2.8 万亿美元投资总额的估值可能低于实际值。如果不包括能源行业的投资，那么全球所有其他行业的实际投资总额自 2006 年以来每年就都有所下降。①

全球经济在 2015 年到 2016 年度的资本支出可能再次出现实质性的大幅收缩，按实际美元价值计算，其水平可能会回落到十年前。

如果这种情况出现，那么是否意味着全球经济进入了或即将进入另一次萎缩，就像 2008 年到 2009 年那样？如果实体经济投资趋势确实能够更全面地反映全球经济状况，那么这种情况是不是意味着全球经济在 2015 年至 2016 年期间可能会出现令人震惊的下滑？

标准普尔公司的报告和数据告诉我们，全球资本支出在 2008 年至 2009 年间出现巨幅下挫，而且至今仍未恢复［除了石油和页岩油（气）行业之外。但这个行业的投资热潮现在也已经消退并急剧收缩了］。因此，自 2008 年全球金融危机爆发以来，除了短暂的油气行业繁荣之外，实体经济投资从未完全恢复到正常水平，而且现在油气行业的投资已经自由落体般地下降了。

如果投资确实是资本主义生产的根本因素、是经济持续增长的基础，那么实际数据表明，全球资本主义经济大约在十年前就已经停止增长了，而且至今仍然未恢复过来。期间出现的唯一一次短暂的能源投资热潮现在也已经消退了。因此，欧元区和日本在过去六年时间里一直在衰退的泥淖里转圈也毫不奇怪，美国则只实现了停停走走式的经济复苏，新兴市场经济体也在衰退的边缘挣扎，甚至连中国也很难继续保持官方确定的 7% 的 GDP 增长目标。

## 导致实体经济投资减少的原因

许多马克思主义经济学家认为实体经济投资主要源于利润。这种观点当

---

① 这里所说的"其他行业"包括：公用事业、日用消费品业、奢侈消费品业、信息技术业、电信服务业、工业和材料业。"四大行业"则是指工业、公用事业、材料业和能源业，它们占了全球实体经济投资总支出的 80%。

然是错误的，虽然利润下降确实是投资下降的原因之一（反之亦然）。主流经济学家则认为，驱动（或未能驱动）实体经济投资的还有其他经济变量，而不仅仅是利润。事实上，将利润或企业的某种收益留存当作投资的主要决定因素，是一种简单化的概念，"属于"19世纪。放在今天的背景下，即便将银行贷款视为投资的融资来源也还是不够的，特别是在美国和英国这样高度金融化的国家中，资本（货币）市场（包括股票市场、债券市场等）和影子银行已经成了实体经济投资的主要的资金来源。

另外，在分析投资时，主流经济学家通常还会将产能利用率（capacity utilization）视为决定投资的一个因素。确实，如果大多数可用的生产设施都已经被利用了，那么企业就更有可能投资扩大这种产能。而对于老旧的资本存量也可以进行类似的分析。

未能进行投资的原因包括：预期新投资的净收益过低，投资成本上升，一般意义上的经济不确定性，甚至政治不确定性。有些分析人士则采用较长期的观点，并建议同时考虑服务和无形资产的投资，因为这些行业或资产类别只需要较少的投资就能带来与传统的实物生产行业相当的利润。

所有这些因素都可能对工厂及其设备等实物资产的投资产生一定影响，从而对实物资产投资的趋势产生负面影响。但是不要忘记，这些因素并不是新出现的。今天我们已经进入了21世纪，需要对极端疲弱的全球实体经济投资进行更加深入的分析，搞清楚到底是什么因素导致了实体经济投资的放缓，因为同期的利润（及利润率）下降都创下了历史纪录。因此，主流经济学家和马克思主义经济学家一样，都不能令人满意地解释全球实体经济投资为什么会放缓。对他们来说，这确实是一个"难题"。

本书第11、12章将分别从"金融资产投资转向"和"金融市场结构变化"这两个角度分析全球实体经济投资放缓的原因。在这里，我们先将如下这些尚未被充分考虑的但却有可能导致实体经济投资放缓的原因列出来：

- 非金融跨国公司的创纪录的现金储备；
- 上市公司进行大规模股票回购并向股东发放丰厚股利；
- 商品和服务的通货紧缩趋势；
- 对未来偿债需求的过高预期；

· 银行过度储备和不愿发放贷款;

· 无须进行实体经济投资盈利空间就能增大;

· 转向投机性的投资机会……

本书第 11、12 章将进一步探讨这些因素（它们是实体经济投资放缓趋势背后的近因），并从理论高度解释它们如何与本书第 19 章中的一些因素是怎样以及在何种程度上与本书强调的三种脆弱性（金融脆弱性、消费脆弱性和政府资产负债表脆弱性）联系起来的，从而说明它们如何共同加剧了全球经济的系统脆弱性。

# 第8章 转向通货紧缩

"通货紧缩"通常被定义为普遍的价格下降。有时候，一些人会把"通货紧缩（deflation）"与"反通货膨胀（disinflation）"混淆起来。"反通货膨胀"又称为"通货膨胀减缓"，它是指通货膨胀率的上扬速度正在放缓。当然，"通货膨胀"是指价格的普遍上涨，但是关键在于"哪些物品的价格在上涨"。

区分清楚哪些物品的价格真的在通货紧缩很重要：是消费者的商品和服务的价格（即通常所称的"消费者价格"），还是生产者（企业对企业）的商品和服务的价格？抑或是金融资产（如股票、债券、货币、金融衍生工具或其他金融证券）的价格？对于我们此处的分析来说，至少必须区分清楚两类不同的物品的价格及其通货紧缩情况，即一类是商品和服务（消费者和生产者），另一类是金融资产。[1]

商品和服务的通货紧缩与金融资产的通货紧缩之间的区别尤为重要。首先，正如我们在本书接下来的章节中将要详尽阐述的，这两个不同的价格体系不一定会有相同的表现。其次，搞清楚这两个价格体系之间是如何互相作用并互相决定的，对于分析经济不稳定性及其所导致的系统脆弱性至关重要。

大多数经济学家都认为，上述两种类型的物品价格体系都是由供给和需求力量以同样的方式驱动的。我们认为实际并不一定如此。另外，因为一些主流经济学家认为供给和需求力量既能通过价格稳定金融资产价格，也

---

[1] 还有其他一些重要物品的"价格体系"，例如，"投入要素"（即劳动、土地和资源）的价格体系。其中，劳动价格特别重要，它通常被称为"工资"。另外，货币价格也是很重要的，它通常被称为"利率"。商品价格和金融资产价格与工资和利率的相互作用非常重要。不过，我们在这里最关心的是金融资产价格，以及它们是如何与商品和服务的价格互相作用的，因为这些价格对经济不稳定性的作用似乎更加关键。

能通过价格稳定商品和服务价格，因此他们通常都会误解金融资产价格对金融体系和实体经济的不稳定性的作用。他们几乎从来无法准确预测金融危机，对此，本书后面的章节中将进一步展开分析。

## 通货紧缩对投资、消费和金融资产价格的影响

通货膨胀可能刺激消费者支出，甚至刺激企业的投资；反通货膨胀则可能会对投资和（或）消费产生负面影响，当然也可能不会产生负面影响。不过，通货紧缩却可以而且确实经常对企业的投资和消费支出产生负面影响：它可能导致冻结消费者支出，特别是住房和其他大额支出项目；或者导致企业搁置甚或削减投资。

通货紧缩可能会引发一系列事件，形成一个加速经济衰退的事件链。

比如，在金融资产投资正在进行的情况下，通货紧缩所导致的暂停投资情形可能更加显著。那些不太"内行"的家庭消费者可能会在金融资产价格下跌的早期就"按捺不住"，过早做出买入的行为；企业在决定投资之前，也可能无法等待价格"真正见底"。然而，专业的金融资产投资者却很"有原则"，当金融资产价格开始下跌时，他们会耐心等待，直到他们认为"底部已现"，才会重新进入金融资产市场进行投资。这是金融资产价格与商品和服务价格相比具有更大波动性的原因之一。

消费者和企业对通货紧缩的预期还会导致一个特别的"困境"，那就是，如果通货膨胀由于"通货膨胀预期"而加速（例如，美国在 20 世纪 80 年代初就发生过这种情况），那么为了"反通货膨胀"，中央银行就可能会大幅提高利率，但是这样一来，距离经济衰退就不远了。经济衰退在打破通货膨胀预期之后，商品价格就会下降，从而导致通货紧缩。但是，对付通货紧缩预期就没有那么容易了。降低利率并不一定能够对抗通货紧缩和打破通货紧缩预期，这是因为利率很难降低到零以下；相反，从理论上说，只要有必要，为了打破通货膨胀预期，中央银行可以无限制地提高利率。

## 从全球反通货膨胀到全球通货紧缩

对 2015 年全球经济稍作回顾就可以发现，相当多的经济体都出现了"决定性"的商品和服务价格通货紧缩的趋势。不过，金融资产价格的情况似乎显得有些混乱。在一些国家和地区，金融资产价格似乎即将达到顶峰，目前正处于筑顶阶段。而在另外一些国家和地区，原油、大宗商品、房地产、股票、企业垃圾债券，以及一些新兴市场经济体的外汇货币，则已经开始掉头向下，甚至出现了暴跌的趋势。

#### 欧 洲

在全球经济的主要区域当中，由 19 个成员国组成的欧元区在 2014 年年底显然"无限接近"商品和服务价格通货紧缩的状况了。事实上，自那时以来，欧元区已经先后几次试图摆脱通货紧缩。自 2012 年年初以来，欧元区一直处于通货膨胀迅速减缓的轨道上，通货膨胀率从 2.5％左右的高点，到 2014 年年初降到 0.4％，而到当年底，则进入了通货紧缩的通道（–0.2％）。这是欧元区自 1997 年有通货膨胀记录以来的第一次通货紧缩。[①] 2014 年 12 月，在欧元区 19 个经济体中，有 16 个出现了消费品价格通货紧缩的情况。

虽然欧元区出现商品和服务价格通货紧缩的情况主要是因为当年全球石油价格的崩盘，但是欧元区 2014 年全年的"核心"（剔除能源价格因素后）的通货膨胀率仍然只有 0.8％，远低于欧洲中央银行确定的 2.0％的目标。因此，很显然，欧洲区的通货紧缩不能只用石油商品价格暴跌来解释，更多的原因在于欧元区实体经济的持续停滞、消费者支出乏力和实体经济投资萎缩。

我们再来看下欧元区货币联盟之外的其他欧洲经济体（如英国、瑞典、瑞士等国），它们也经历了快速的反通货紧缩过程，同时也在 2014 年年底出现了通货紧缩的情形。2014 年 12 月，英国的通货膨胀率下降到了十四年以来的最低点 0.5％，而瑞典则下降到了零。英国于 2015 年 4 月正式进入通货紧缩通道，这是五十五年以来的第一次。

2015 年年初，欧元区各经济体的通货紧缩进一步加剧，这可能是欧洲中央银行（ECB）于 1 月底决定从 3 月初开始实施第一轮"定量宽松"政策并注

---

① 请参考欧盟统计局的数据。

入 1.2 万亿美元流动性的主要原因。欧元区商品价格在 1 月份下跌了 0.6%，2 月份又再度下跌到 0.3%，4 月份又继续下跌。在欧元区之外，涉及范围更大的欧盟价格指数在同一时期也出现了停滞甚至下降的情形。

2015 年 3 月到 9 月，是欧洲中央银行施行定量宽松政策的头六个月，期间共注入了超过 4 000 亿美元的流动性，但是欧元区在 9 月又回到了商品通货紧缩的轨道上。在这当中，包括德国在内的欧元区的商品价格在该月下跌了 0.2%。但是对此，欧洲中央银行和欧元区的经济政策制定者在来不及公开承认量化宽松政策和货币注入不一定导致商品价格上涨的情况下，又进一步开始讨论是否需要大幅度加码量化宽松政策并注入更多的流动性——把总额从 1.2 万亿美元提高到 2.4 万亿美元。事实上，在 2015 年年底日本、中国和美国在为自己加码货币政策给出辩护理由之前，欧元区就已经这样做了。

欧元区的通货紧缩也不仅仅限于商品市场，其金融资产市场，尤其是欧洲股票、货币和债券市场，在 2014 年也相继出现了通货紧缩的情况，并且一直持续到 2015 年。

欧元区的量化宽松政策"本来应该"能够使股市和其他金融资产市场回暖，但实际上却并没能阻止金融资产价格的通货紧缩。欧元区的货币欧元（一种金融资产）由于量化宽松政策而下跌了差不多 20%，北海石油（来自欧洲如挪威和英国的石油生产商）的价格也持续下跌。整整一年内，欧元区各国的政府债券价格几乎没有任何上涨，尽管一个接一个国家的政府债券利率相继转为负数。[①]

总体而言，欧洲的通货紧缩趋势非常稳定，尽管价格下降得不算快。之所以会出现这种情况，是因为实体经济的投资停滞甚至下降、就业和家庭收入增长乏力、消费支出疲软、政府采取紧缩财政政策，以及中央银行未能充分利用货币政策有效刺激投资，也未能使股票和其他金融资产价格持续回升。

## 日　本

全球经济中另一个主要的通货紧缩"极点"是日本。自 20 世纪 90 年代

---

① 利率（货币的价格）转为负值（即所谓的货币的通货紧缩）是一种新现象，同时也代表另一种形式的通货紧缩。这个例子说明紧缩的金融资产价格可能溢出到其他价格体系之中，不仅仅包括商品价格，还包括货币价格（利率）。

初金融危机以来，或者说在过去二十五年以来，日本在大部分时间里一直都处于通货紧缩状态。除了 1997 年和 2007 年通货膨胀率两度短暂上升之外（不过，通货膨胀率最高也只达到 2.0%～2.5% 的区间），日本在 1996 年至 2015 年间一直饱受商品和服务价格的通货紧缩之苦。

在 2013 年实施量化宽松政策、大规模注入货币之后，至 2014 年止，日本出现了一个短暂的商品和服务价格通货膨胀的回升期。之所以会出现这个短暂的回升期，并不是因为量化宽松政策刺激了实体经济的投资、促进了消费需求，而是进口商品价格上升所致。因为在量化宽松政策的推动下，日元相对于美元、欧元和其他货币贬值了 20% 还多，从而提高了总体商品和服务的价格水平。不过，除此之外还有另一个人为的因素：2014 年年初，日本提高了产品销售税，从而普遍推高了商品价格。但即便如此，日本 2014 年还是出现了经济衰退（这是自 2009 年以来的第三次），再次逆转了通货膨胀趋势，因为 2014 年以后的紧缩政策到 2015 年再一次直接演变成了反通货膨胀政策。到 2015 年年初，商品和服务价格的通货膨胀率降低到了 0.2%。国内消费和出口的下降，又导致日本经济在 2015 年出现了自 2008 年以来的七年内的第五次衰退，结果使得商品和服务价格再次进入了通货紧缩的通道——到 2015 年 8 月，日本的"核心"的通货膨胀率下降到了 –0.1%。

包括金融证券在内的金融资产价格在 2013 年 4 月推出量化宽松政策初期曾急剧飙升。以股市为例，其价格指数在量化宽松政策出台后上涨幅度超过 70%，之后趋于平稳。这个事实再次表明，中央银行的注资确实会产生通货膨胀，不过并不是商品和服务价格的通货膨胀，而是金融资产价格的通货膨胀。不过，与欧洲一样，日本股市并未持续走高。由于日本经济在 2015 年再次陷入衰退，因此股市迅速回落，从而引发了对更大规模的量化宽松政策的需求（这与欧洲如出一辙）。日本股市在 2015 年 8 月之后全线走低，基本与中国股市崩盘同步。其他金融资产价格的通货紧缩也不亚于股市。尽管量化宽松政策并未退出，但政府债券价格却持续下跌，日本货币（日元）也一再贬值。

中 国

在中国，商品和服务价格通货紧缩的故事的"主角"并不是消费者价格，而是生产者价格。生产者价格早就放缓好长一段时间了。中国的消费者价格指数从 2012 年的 6% 开始稳步下降，到 2015 年下降到了 1% ~ 1.5% 的区间。2012 年生产者价格指数同样出现了暴跌，在盘整了一段时间后，于 2014 年至 2015 年又进一步下跌。自 2015 年年初以来，生产者价格的收缩就一直在持续。这种收缩是包括制造业在内的整个工业生产自 2014 年中期以来急剧减速的反映。随着总体经济增长速度的持续放缓，生产者生产出来的商品依然面临着通货紧缩的前景。

在金融行业，通货紧缩的故事则是股市崩盘。它自 2015 年 6 月开始几天之内就暴跌了 40%；到目前为止，已经有 5 万亿美元的市值灰飞烟灭了。金融资产衍生证券的价格则继续大幅下跌。各地住宅和商业房地产的价格也曾达到泡沫水平。人民币在与美元挂钩多年之后，也于 2015 年 8 月首次"技术性贬值"后开始步入下行通道。

### 新兴市场经济体

新兴市场经济体通货紧缩的故事的"主角"则是商品。但在新兴市场经济体，"商品价格通货紧缩"不仅代表商品，而且也代表金融资产。这是因为，比如，石油既是一种商品又是一种金融资产。作为金融资产来说，石油在全球以金融投机商之间的期货合约形式进行交易。采用类似交易形式的其他工业商品（如大宗商品）也具有石油这种特性。因此，无论是在商品通货紧缩，还是在金融资产通货紧缩的意义上，深度的通货紧缩都是新兴市场经济体在 2014 年以来的最重要的特征，它根本没有经历过"反通货膨胀"。

石油价格已经从每桶 120 美元下跌到每桶 45 美元。有专家预测，石油价格还将进一步下跌：到 2016 年，最低可能会跌到每桶 20 美元。如果那样的话，那么这将是价格崩溃超过 80% 的通货紧缩。很显然，这是与萧条相关的通货紧缩。许多其他工业品，甚至非工业品的价格的跌幅，也都达到了 30% ~ 40% 的区间，完全符合经典的"经济萧条"的定义。

许多新兴市场经济体都高度依赖石油和大宗商品的生产与出口。由于石油和大宗商品的出口数量的减少与价格的崩溃，这些经济体的经济已经收缩了很多。商品通货紧缩就是经济收缩的集中体现。紧随商品通货紧缩和实体经济衰退的是劳动力价格、工资的"通货紧缩"，从而再次表明，一个"价格体系"中的通货紧缩最终会外溢到另一个"价格体系"中去。

金融资产通货紧缩与大宗商品、一般商品、工资的通货紧缩是紧密相连的。在新兴市场经济体，不仅商品期货证券价格在下跌，而且所有股票市场也都走在下行的通道上。通货紧缩带来了一系列严重后果，其中之一就是导致了新兴市场经济体的资本外逃，而这又加剧了所有上述"价格体系"（实体经济和金融行业）的通货紧缩。

许多新兴市场经济体（特别是拉丁美洲各经济体）的国内企业虽然都是以美元进行债务筹资的，但这些企业的债券价格也大幅下跌。因为很明显，这些企业无法再从出口中得到足够的美元，因而无力以美元向银行和影子银行偿付债务。而在以往，它们大规模地向这些银行和影子银行借款，已经承担了过多的债务。

另一种正在经历通货紧缩的金融资产是货币。自从大宗商品价格崩溃，以及美国和英国长期利率自2014年上调以来，许多新兴市场经济体的货币就直接开始了自由落体式的运动。货币贬值又进一步加剧了新兴市场经济体的资本外流，从而从另一个方向上强化了上述各种通货紧缩趋势。一些新兴市场经济体试图通过提高国内利率来阻止资本外逃，但是提高本国货币价值只会导致国内经济增长的进一步放缓，从而又进一步加剧通货紧缩。

到目前为止，新兴市场经济体都出现了通货紧缩在所有领域扩展和深化的情形，无论是实体经济行业还是金融行业，无一幸免。既然收入来源日益枯竭，那么最终的后果将是普遍的企业违约，随后是国家主权违约，如果美国、英国和其他发达经济体的投资者拒绝"债务展期"并提供再融资的话。

## 美　国

2015年年初，全世界的财经新闻界都提出了一个问题，那就是：目前世界上其他经济体的经济增速正在放缓或经济陷入衰退，而美国却实现了持续性的经济增长。那么美国"一枝独秀"能否阻止全球经济的进一步下滑呢？我们认为，即使美国实现了最强劲的经济增长，但是这个问题的答案也仍然是"不能肯定"的；相反，如果美国的实体经济投资和经济增速开始放缓，进而导致商品价格下跌或者出现持续性的反通货膨胀，那么这个问题的答案就是"完全不可能"。

与全球中的大多数经济体一样，美国实际上也出现了商品价格通货紧缩的趋势，尽管其速度远远低于日本、欧元区和其他新兴市场经济体。到目前为止，美国以"反通货膨胀"的方式出现价格向下"漂移"的情形是显而易见的。正如一些观察家所指出的，美国金融资产价格也开始出现高位反转和下跌的迹象，这一点在美国的主要股市指数上表现得尤其明显，因为它们已经处于顶部并且"生产着泡沫"。

2014 年最后两个月（11 月和 12 月），美国的"核心"商品价格和服务价格分别下跌了 0.3% 和 0.4%。这是美国截至 2014 年年底的六年以来的最大月度降幅。一些乐观主义者争辩道，这种下跌主要是因为全球原油价格下跌导致了美国汽油、能源和食品价格下跌，它最多只是偶发性的"总体消费者商品通货紧缩"。但实际上，即使把原油（汽油）和其他高波动性的商品排除在消费者商品价格之外，即只考虑所谓的"核心"商品和服务价格通货膨胀时，美国消费者商品和服务价格的指数在 11 月仍然下降到了 0.1%，而 12 月则进一步下降到零线上。2014 年全年，美国总体消费品的通货膨胀率只有区区 0.8%，远低于中央银行（美国联邦储备委员会）设定的 2% 的目标。

导致美国强化"反通货膨胀"趋势的因素是，企业之间互相销售的商品（生产者商品）价格在 2014 年的最后两个月也呈现出了通货紧缩的情形：分别下降了 0.2% 和 0.3%。这种情形仅仅依靠"反通货膨胀"的方式或许并不能阻止。

虽然消费品价格在 2015 年上半年有所回升，但是到了该年年中之后，这种势头又完全消失了——8 月份下跌了 0.1%。与此同时，生产者商品的价格在 2015 年的增长每月放缓，这表明消费者商品价格有进一步下行的压力，其通货紧缩趋势还将继续保持，反通货紧缩还必须跟进。

2015 年，美国的金融资产价格也开始呈现出下降的趋势。美国股市在 2015 年达到高位后开始下行。最著名的道琼斯平均指数从创纪录的 18 200 点下降到了 16 000 点以下。虽然这也许还算不上是一个"熊市"，但可以肯定地说，这是一次重大调整，而且这种调整可能加速。受此影响，其他金融资产市场也开始表现出了日益不稳定的迹象，包括与石油和天然气行业密切相关的企业高收益（垃圾）债券、杠杆贷款和投机型证券。这些金融资产的价格近年来已经上升到了难以维系的局面，随时都可能高位反转，一旦开始下跌，就会暴跌。

虽然通货紧缩趋势在美国的其他行业还不太明显，但是商品和金融资产价格的通货紧缩显然已经出现。如果全球其他地方爆发经济危机，那么完全有可能使美国经济增速显著放缓，从而使商品价格进一步从"反通货膨胀"的情形变为停滞或下跌，进而累及金融资产价格，使其进一步振荡下行甚至出现严重的通货紧缩情形。

## 好的还是坏的通货紧缩？

随着全球经济稳步走向通货紧缩，许多人开始争论是否存在"好的"或"坏的"通货紧缩。这种争论有时还会将通货紧缩与反通货紧缩混为一谈。如前所述，反通货紧缩——又称通货紧缩放缓——指商品价格仍在上涨，但涨速越来越慢。反通货膨胀是有可能刺激消费者支出和企业投资的，但是通货紧缩的效果通常相反。如果是真正的通货紧缩，那么几乎总会对消费产生负面影响，同时也总会对投资产生负面影响。

"有些通货紧缩是好的"论调的一个典型变体是：由于生产率的大为提高而导致价格下降是"好的通货紧缩"。生产率的提高意味着企业降低了单位劳动成本，从而能够获得更多的留存收入。然而，这种结论是在一系列错误假设的基础上得出的。

首先，生产效率的提高通常源于新技术的引入，即企业节省的成本通常是与新设备联系在一起的，而这意味着裁员、减少员工工资收入。通常情况下，经济增长速度可能会由于产量增加而提高，但是工资收入则不然。随着生产率的提高，产出（供给）与购买能力（需求）之间将会出现更大的不平衡。在今天，这是一个越来越严重、越来越重要的问题。因此，产品价格下降源于生产率的提高，这种假设意味着生产率的提高同时也会降低劳动力价格（工资）。另一个假设是，生产率提高以后，企业将会通过降低产品价格与消费者分享收益。当然，这个假设也不一定是正确的，因为它没有数据可以证明。或许企业也可能把额外的收益全部留存下来用于股票回购，或者以股利的形式分配给股东，再或者用于海外并购。所有上述情形都有可能发生，因此有的企业也未必愿意通过降低产品价格与消费者分享生产率提高的收益。"生产率收益共享"就是所谓的"好的"通货紧缩，但这几乎是一种梦呓，几十年来，不但企业通过生产率提高获得的收益几乎从未以降低产品价格的方式与消费者分享过，而且也基本上没有与企业的员工分享过。因此，我们可以说的只能是，企业生产率提高不一定会必然导致产品价格的下降，但是确实会导致劳动力价格（工资）的减少。

在今天，对于"好的"还是"坏的"通货紧缩的争论相当热闹，其中一个典型例子是，媒体和一些主流经济学家对最近世界原油价格崩溃所产生的后果是好的还是坏的辩论。有人认为，原油价格崩溃的后果代表着一种"好的"通货紧缩，也就是说，这种通货紧缩将会给消费和经济增长带来正向的净效应。具体而言，消费者因油价下跌而节省下来的资金将被用于购买其他商品和服务。这种观点的一个问题是，它假设消费者因油价下跌而节省下来的钱可以一一对应地转移到购买其他商品和服务上去。这实际上是忽视了消费者用油价下跌带来的"额外收入"去偿还过去积累下来的债务或将其储蓄起来的可能性（因为他们担心经济在未来会变得更加糟糕）。还有一种可能是，消费者将因油价下跌节省下来的钱用于购买进口产品，那样的话对本国经济的增长就不会产生正的净效益——反而对本国 GDP 的净增长产生负效应。就产油国而言，油价下跌的净效应显然是负的，因为石油价格的崩溃意味着实体经济投资剧减，失业率上升，人们收入下滑，消费减少乃至整体经济滑落。

再者，"石油价格持续下跌是'好的'通货紧缩"这种断言还忽略了如下事实：全球石油价格的下跌会导致相关商品和金融资产价格的通货紧缩效应。石油本身并不仅仅是一种商品，它还是一种金融资产，它的崩溃所产生的负效应肯定会传导到其他金融资产上。因此，"好的"与"坏的"通货紧缩之间的差异，最多只是一种想象中的差异。在今天，主流经济分析得出的许多结论，其意识形态性远远高于科学性，上述论调只是其中的一个例子而已。

### 石油、商品和金融资产通货紧缩

不可否认，自 2014 年以来，全球石油和其他商品价格一直保持着"完美的"通货紧缩趋势。这种趋势到目前为止还没有任何终结的迹象。仅在 2014 年，石油价格的下跌幅度就超过了 50%。2015 年年初，油价有短暂的反弹，算是收复了部分"失地",但是 2015 年下半年,油价又开始进一步下跌,最后跌到每桶低于 40 美元,这相当于相比以前的高点下跌了大约三分之二。而且更重要的是,市场人士一致有了共识:考虑到全球石油需求放缓和供给持续过剩,因此油价在 2016 年还将继续下跌。

原油期货是一种在全球交易所交易的金融资产,因此原油本身也是一种金融证券,但它也出现了像实物商品一样的通货紧缩。

全球石油通货紧缩通常被解释为供给过剩或需求不足的结果。但是供求关系其实不是根本原因。"供给"与"需求"等概念只能提供一种"中间"的解释,这种解释通常会掩盖驱动供给与需求变化的真正原因或基本因素。这里所说的基本因素,既有政治方面的,也有经济方面的——实际上政治和经济是不可分割的。2014 年,中东以沙特阿拉伯为首的产油国联盟决定降低全球石油价格,试图通过这种方法将其竞争对手美国的新兴页岩油(气)企业排挤出市场,而这是导致全球石油价格崩溃的一个根本性力量。技术进步使美国页岩油(气)生产商的竞争实力激增,严重挑战了沙特阿拉伯及其盟友对世界石油价格的控制权。为了使油价控制权不至于旁落美国之手,沙特阿拉伯在美国页岩油(气)生产商提供给世界市场的额外供给之外,又进一步制造了超额供给。因此,供给过剩与全球石油价格崩溃的真正原因是不同区域资本主义力量之间较量的结果。从上面的分析不难看出,简单强调"供给"会混淆供给背后的真正原因。

另外,需求因素及其背后的各种力量也是全球石油价格崩溃的一个重要因素。需求侧的基本因素包括:中国经济增速的放缓及其原因,技术进步、太阳能以及其他形式的替代性能源的广泛使用。值得指出的是,真正很快就会产生重大影响的并不是替代性能源在短期内可能会造成的实际影响,而是全球石油生产商对石油能源将会被替代这种前景的普遍预期。当然,在需求侧,政治因素也不可忽视,因为气候变化正在成为世界各国投票者都需要考虑的一个事实。

总而言之,要理解当前全球石油过剩和通货紧缩的"动力学",就必须从更广泛的视角来看待这个现象,即必须全面考虑资本主义体系内部的各种形式的竞争、日新月异的技术、资本主义国家之间的政治角力等。因此,这并不是一个简单的供求问题。供求因素只是石油价格持续下跌的表面原因,而根本原因还必须从资本主义国家的技术变革，从世界各国（各区域）之间的经济权力关系及其演变、金融结构和经济政策变化，以及政治对抗和竞合等方面去寻找。

其他商品（如铜、铁矿石、铝等其他工业金属）价格的通货紧缩，也受到了导致全球石油价格持续下跌的同样因素的影响；例如，在需求侧，中国经济增速放缓（以及由此所产生的对工业商品需求的下降）；而在供给侧，在2010 年至 2012 年中国和其他新兴市场经济体繁荣期间，这些商品的产能过度扩张。当然，如果没有全球经济的金融化过程，如果美国、英国、日本和欧盟的中央银行没有从 2009 年起大规模注入流动性，那么这种产能过度扩张是不可能出现的。天量的债务资助了这些工业金属品产能的扩张。因此，经济金融化是先于产能过剩的，现在产能过剩反过来又对金融领域产生反作用，从而导致了金融资产的通货紧缩。

2009 年之后，先是石油商品一片繁荣，随后是金融资产价格暴跌。这种情况的产生源自美国，即美国页岩油（气）压裂行业的过度扩张。如果美国银行（以及影子银行）没有帮助页岩钻探者和页岩油（气）生产商发售一系列垃圾债券进行融资，那么美国的页岩油（气）繁荣就不可能出现——在过去几年中，通过这种方式筹集的资金高达数十亿美元。因此，经济金融化促使页岩油（气）过度生产，从而导致原油在美国和全球供应过剩，进而引发沙特阿拉伯的激烈反应和全球石油供应的进一步过剩，而同时全球石油需求却正在减弱。因此，过度生产从根本上说是金融资本扩张的一个结果。

根据彭博社的数据——彭博商品指数（Bloomberg Commodities Index）涵盖了 22 个主要的商品类别，截至 2015 年 8 月，商品通货紧缩已经达到了自1999 年以来的最严重的情形，在过去的三年中收缩了 40%。[1] 其中，两种非常重要的商品——铜和铁——的价格分别下降了 25% 和 45%，而且下跌仍在加速。 涵盖 24 种商品的标准普尔—高盛商品指数的总回报率仅在 2015 年 7月就下降了 14%，跌回到了 2008 年的水平。[2]

商品通货紧缩对其他金融资产和金融证券也会产生传导效应。例如，当

---

[1] 《大宗商品需求增长的状况令人担忧》，载《金融时报》，2015 年 8 月 4 日，第 3 版。

[2] 塔姬妮娅·舒姆斯基（Tatyana Shumsky）：《大宗商品价格进一步下跌》，载《华尔街日报》，2015 年 8 月 1 日，第 B5 版。

商品价格下跌时，这种下跌就会导致依赖商品出口的国家的货币贬值，从而造成商品的进一步的通货紧缩。同时商品通货紧缩也会累及这些国家的股票市场。最终，商品通货紧缩还会溢出到所有商品和服务（非大宗商品）上，之后又反过来对金融资产市场产生影响，使股票和债券价格进一步下跌。由此便形成向下行进的通货紧缩螺旋，即商品通货紧缩和金融资产通货紧缩都会导致另一方价格的持续下跌。

在某个临界点上，通货紧缩的下降螺旋会造成企业违约率上升。违约会导致企业破产，而破产则会使企业进行资产"火线大抛售"，进而加速金融资产的通货紧缩及其负效应的传导。这是一个动态的债务—通货紧缩—违约的循环加速过程。违约反作用于通货紧缩，使之进一步加剧，从而又推动真实债务的进一步上升。通常来说，人们很容易看到的只是这个过程的冰山一角。例如，以巨型全球商品交易公司嘉能可（Glencore）而言，直到 2015 年 9 月，投资者和市场才开始意识到它已经处于技术破产的边缘了。[①] 2014 年之前，嘉能可公司在其业务扩张过程中积累了大量的债务，而大宗商品价格和出口量双双下降，导致其收入大幅下降，使其成了一个因实际债务增加而崩溃的大宗商品生产商的一个典型例子。不久前，嘉能可的股价在一天内就下跌了30%。在世界各地，还有许多"嘉能可"，这些公司的首席执行官和经理们都试图掩盖其严重的债务问题。[②]

债务和通货紧缩的相互动态作用导致违约频发，而违约反过来又会加剧债务和通货紧缩，这其中的一个典型例子是，美国垃圾债券市场上发生的一场危机与一些处于破产边缘的页岩油（气）生产商之间的相互关联性。页岩油（气）生产商的垃圾债券出现违约之后所产生的效应，很可能会溢出到其他垃圾债券市场上。如果那样的话，那么总体性的垃圾债券危机就会出现，甚而严重影响美国乃至全球金融市场。

全球石油和商品的通货紧缩都表明，实物产品（商品）的通货紧缩和金融资产的通货紧缩确实会同时发生，而且商品通货紧缩与金融资产通货紧缩

---

① 尼尔·休姆（Neil Hume）、詹姆斯·威尔逊（James Wilson）和戴维·谢泼德（David Sheppard）：《嘉能可的螺旋式下跌》，载《金融时报》，2105 年 10 月 3 日，第 12 版。

② 加文·杰克逊（Gavin Jackson）：《高负债矿企在测试中大溃败》，载《金融时报》，2015 年 7 月 25 日，第 12 版。

之间存在着互相强化、相互反作用的关系，这一关系会导致双方形成恶性的下降式螺旋，而金融资产通货紧缩尤其会加速这种下降式螺旋的形成。尤其重要的是，这种恶性循环关系的负效应还会溢出到其他经济体。

通货紧缩是一个危险的东西，而石油商品通货紧缩又更具危险性。通货紧缩之所以危险，是因为它不容易被货币政策的效应所抵消，尽管货币政策目前仍然是全球政治家和金融精英最欢迎的政策工具。通常而言，对于通货膨胀的预期，只要中央银行将利率提高到足以引发其严重的程度，通过货币政策是可以抵消的。例如，美国在 1980 年至 1982 年期间的里根政府的反通货膨胀政策就是如此。然而，反过来并不成立。要想扭转通货紧缩预期，降息的货币政策通常无效。

### 量化宽松政策与通货紧缩

美国债券专家比尔·格罗斯（Bill Gross）在 2014 年年底指出，"价格上涨了，但不是该上涨的东西的价格"。他还说，"美国的量化宽松政策注入流动性高达 4 万亿美元，而日本则为 2 万亿美元，还有欧洲中央银行行长马里奥·德拉吉宣布的 1 万亿美元。以上加起来的数万亿美元似乎直接透过投资和创新的砂壤土渗进了市场的水泥搅拌机中"。[1]以上观点表明，格罗斯与他的学院派经济学家同行们相比，他对量化宽松政策的看法显然更加准确。格罗斯的观点也与全球最大的银行集团之一汇丰银行的首席经济学家斯蒂芬·金（Stephen King）的观点一致。斯蒂芬·金也认为，"非常规的政策（指各国中央银行的量化宽松政策）对金融资产价值的影响显著高于对实体经济的影响，这一点已经显而易见了"。[2]

量化宽松政策当然会刺激金融资产的通货膨胀。但是，通货紧缩呢？量化宽松政策是否也会导致通货紧缩？是导致商品通货紧缩，还是金融资产通货紧缩？对于后者，答案肯定是"是"，而且从长远来看，对于前者，答案也肯定是"是"。

---

① 杰妮弗·艾博伦（Jennifer Ablan）：《比尔·格罗斯说，通货紧缩的可能性越来越大》，路透新闻，2014 年 11 月 3 日，Fidelity.Com 新闻频道。
② 安迪·布鲁斯（Andy Bruce）：《通货紧缩"食人魔"》，路透新闻，2014 年 1 月 9 日，Fidelity.Com 新闻频道。

　　声称量化宽松政策会导致商品通货紧缩的观点似乎与中央银行宣布的量化宽松政策的目标——使经济复苏、一般商品的通货膨胀率达到2%——背道而驰。但是这种情形从来没有发生过，尽管量化宽松政策已经整整实施七年了。根据逻辑推理可知，量化宽松政策的实施和流动性的注入将会提高股票和债券价格，为企业和投资者带来资本收益，然后他们会增加对实体经济的投资。但是，如前所述，上面最后一步实际上是不会发生的，因为资本收益不会被引入实体经济的投资中去。再者，由于金融资产通货膨胀可以带来特殊的利润，因此实际上反而有可能将潜在的投资从实体经济领域中抽出来转移到金融资产领域中去。所以，量化宽松政策的实施反而可能会导致对实体经济投资的减少，从而导致就业、收入和消费的下滑，使得消费者对商品的需求减少，进而导致商品通货紧缩。为此，我们有理由认为，量化宽松政策间接地有助于商品通货紧缩而不是商品通货膨胀。量化宽松政策和商品价格下跌之间的相关性表明，这很可能是真的。没有证据也没有某种相关性可以证明相反的结论，即量化宽松政策能够使商品总体价格水平（通货膨胀率）提高至2%。

　　当然，量化宽松政策具有明显提振金融资产价格，特别是股票和房地产价格的即期效应。但是，这种"提振"往往是过度的，通常会导致股票和其他金融资产的泡沫的形成。随后，这些泡沫将破裂并导致金融资产迅速走向通货紧缩。因此，从长远来看，量化宽松政策和流动性注入计划也会导致金融资产通货紧缩。

紧缩政策与商品通货紧缩

　　紧缩财政政策通常包括：削减政府支出、增加税收和（或）向私人买家出售政府公共资产和基础设施。紧缩财政政策会减少政府对商品和服务的需求，同时也会减少消费者对商品和服务的需求。如果紧缩财政政策既"重"又"广"，那么需求的减少通常意味着商品和服务价格的下跌。

　　紧缩财政政策也可能直接影响家庭收入和支出，而不一定要通过政府支出或税收来起中介传导作用。例如，政府可能会出台政策以消除企业削减工资收入的法律障碍。所谓的"劳动力市场重构"或劳动力市场改革就属于这类政策。这种政策的目的是以牺牲家庭收入（工人工资）为代价来提高企业收入的。

　　通过降低企业工资成本，从而增加企业可支配收入，进而促使企业增加实体经济投资，这种政策有许多支持者。但是，企业成本降低必定会导致实体经济投资增加的这种假设并没有获得相关证据的支持，相反，减少中等收入家庭的工资收入确实会对消费产生负面影响，同时对商品和服务价格产生负面影响。

商品通货紧缩从根本上看主要与消费者对商品的需求下降有关，而紧缩财政政策则是企业缩减员工工资收入进而导致消费者对商品的需求下降。因此，在紧缩财政政策实施最严厉的地方（如欧元区和日本），商品通货紧缩趋势最为强劲和固化。这绝对不是简单的巧合。

不过，与量化宽松政策不同，紧缩财政政策对金融资产价格几乎没有直接影响（无论是趋向通货膨胀还是通货紧缩）。

## 通货紧缩与全球经济的系统脆弱性

像投资一样，通货紧缩也是导致全球经济系统脆弱性的一个关键因素。正如不断减速的实体经济投资正好反映了对金融资产投资转向的加速以及商业杠杆不断加大和债务不断增加一样，通货紧缩通常会造成收入下降。而这是偿付过去积累的债务所必需的。

商品通货紧缩通过价格下降和销量减少这两种途径对企业收入产生不利影响。首先，商品价格下降意味着企业收入减少；其次，既然商品需要降价，那么也几乎总是意味着销量减少。企业可支配收入减少导致其不得不承担更多的债务，因为这时企业需要从外部融资才能支付其日常运营成本。因此，通货紧缩不仅会导致企业收入下降，而且还会增加企业债务负担。债务上升的同时收入却在减少，这种组合就相当于企业金融脆弱性上升。

随着商品价格的持续下跌，消费者（家庭）也同样会发生脆弱性上升的情形。商品通货紧缩通常与经济停滞或衰退联系在一起，这意味着企业会裁员和削减员工工资（即劳动力价格下降），换句话说，与商品通货紧缩相伴的通常是更加严重的工资"通货紧缩"。家庭工资收入停滞或下降意味着，只有更少的收入可以用来支付之前因经济衰退—复苏所积累起来的家庭债务。[1] 如

---

[1] 过去几十年工资收入的长期停滞甚至下降已经造成家庭长期债务不断累积（以抵消工资的停滞），即使在通货膨胀的情况下也是如此。当通货紧缩时，周期性的因素会增进家庭债务积累，进一步加剧家庭债务状况的恶化。

果复苏阶段经济走势较弱（就像 2009 年至 2014 年那样），那么家庭就可能积累起相当可观的债务。从以往的情况看，家庭工资收入下降往往发生在家庭债务随通货紧缩到来而增加之时。因此，与企业一样，为了抵消收入下降，家庭不得不采取增加更多债务来偿付到期债务的办法。而在需要偿付日渐增加的实际债务的情况下，收入却在减少，这种组合反映了家庭脆弱性（或消费脆弱性）的上升。

政府也会发生类似的情况。企业商品通货紧缩和家庭工资通货紧缩会导致"政府通货紧缩"。政府的"价格"就是税收。当政府因赤字支出而承担更多的债务时，减税——政府价格下降——便会随之出现。

通过上述途径，商品通货紧缩就会从企业传导到家庭再至政府。通货紧缩的这种传导效应也是互为反作用和互相强化的。

此外，在上面这种普遍的商品通货紧缩过程中，还会再加上金融资产的通货紧缩。金融资产通货紧缩会给企业的资产负债表呈现出巨大损失的情况，而这又会导致企业减少实体经济投资、降低商品价格和减少工资，以便获得所需的收入并用于偿付以往积累下来的债务。换句话说，在许多情况下，金融资产价格的崩溃会启动上面描述过的传导过程和互为反作用及强化的过程；即使一些不是由金融资产通货紧缩启动的其他情况，金融资产价格的崩溃也肯定会加速并加剧这些过程。

# 第9章　货币、信贷与流动性爆炸

　　那么，在过去的半个世纪里，货币形式和非货币形式的信贷到底是怎样实现其几乎是指数型的扩张的？而这种扩张又是如何引发金融脆弱性、消费脆弱性和政府资产负债表脆弱性，乃至最终导致全球经济的系统脆弱性的？

　　在本书中，流动性是指货币形式或近似货币形式（near money form）的金融证券。而货币，则通常被认为包括现金、硬币和能够在短时间内转换为现金的金融证券，如存款凭证和储蓄账户。

　　许多人认为，货币还包括贵金属，如黄金和白银。但是在21世纪，对于黄金和其他贵金属是否真的构成货币，是有争议的，因为现在已经不存在金本位制了，甚至连准金本位也荡然无存了，因此黄金一般不被认为是可用于普通交易的货币。所以，从这个角度来看，黄金、白银和其他过去被认为是货币的贵金属，在今天最好将其归类为金融资产——无论是在物理意义上，还是在基于作为商品的黄金、白银等贵金属的金融证券的期货交易的意义上。还有一些人认为，虚拟货币（比如说比特币）和现在涌现出来的其他类似的替代品也构成货币。但是，尽管比特币等虚拟货币确实在一定范围内被用于交易，但它们还是应当被理解为另一种形式的金融资产，即虚拟电子形式的金融资产。这种理解更恰当。

　　货币的一个基本特征是，可以充当交换媒介，即用于购买商品和服务、完成通常的交易。但是，货币并不仅仅是交换媒介，它还有一个特征，那就是像经济学家通常所说的那样，能够为持有人提供"价值储存手段"。正是具有这种价值储存特征，才使货币在经济中变成了一个波动性很大的、潜在的不稳定因素。价值能够储存起来，是投资得以实现的基础（投资其实是一种特殊的交易）。例如，当买方从卖方手里购买商品时，交易就发生了。买方将货币交付给卖方，以换取卖方的商品。但是在投资这种情形下，货币是被交付给"买入"货币的买方的，而买方则承诺在未来的某个时候返还货币并加上某个额外的金额。换句话说，在当前这个时期（不妨记为时期 t），双方的交易并没有完成（而在商品交易中，双方的交易在时期 t 就已经完成了），而是在将来的某个时间（不妨记为时期 t + 1），即当货币被返还时，才算完成。在交易有待完成的这个时期内，交换的价值是可以改变的，即不但所售出货币的价值形式可能会改变，而且数量也可能会改变。因此，交易的价值既可以上升也可以下降。这就导致卖给买方的（即所投资的）货币价值的潜在波动性。

因此，投资是一种"奇怪"的东西。当投资发生时，它就将延时性和波动性引入了买卖双方的货币交易关系当中。随着出于投资目的而进入经济体的货币数量的增加，波动的可能性也将上升。

货币的买家（即银行家和投资者）更喜欢波动性上升，因为这将会提高货币价格（又称"通货膨胀"）并能给他们带来资本收益——当他们最终转售时。此外，如果他们"转手"得越快，那么可以完成的投资交易就越多。所以，投资者更喜欢那些他们在短期内就可以完成买进卖出的投资。也就是说，他们更喜欢流动性高的市场，因为在这样的市场中，他们可以在短时间内买进卖出。投资交易周期越短，可以进行的交易就越多；投资期限越短，市场的流动性就越高，投资也就越安全；短期投资意味着其成本与长期投资相比更低，平均来说回报也更好。

总而言之，专业投资者——个人投资者以及代表这些个人的机构——更喜欢在高流动性的市场上投资高波动性的金融证券。在这些市场上，他们可以在非常短的时间内买入和卖出（在采用"快速交易"系统或"高频交易"系统的股票交易和对冲交易中，仅仅在几分钟内、几秒钟内甚至在几毫秒内就可以完成交易）。他们的行动越快，投资就越安全，成本就越低，潜在回报和资本收益就越大。因此，在他们看来，在金融证券和金融资产上进行短期投资，要比对"夫妻店"进行长期投资好得多；投资企业，在几年或几十年内都可能没有回报，而且企业还可能破产，以致无法收回投资。

随着专业金融投资者（他们也被称为新金融资本精英）在全世界范围内成长起来，随着他们的收入和可投资财富的增加，随着代表他们投资的机构

（例如影子银行）的增多，随着各种金融工具和投资不断增大的高流动性市场的不断涌现，金融资产投资的规模也不断增大。流动性是这些市场的"生命力"，而且正如我们下面将要解释的那样，从可用流动性中"流出来的债务"是它们的"食物"。

不过，金融资产投资也有一个缺点，那就是，其短期性意味着在很短的短期内波动性和收益都不可能太大。金融资产投资者化解短期投资的这个不足的方法是，在非常短期的交易中投入大量资金。另一方面，专业投资者总是更倾向于使用别人的资金而不是自己的资金，他们喜欢借款。他们喜欢将自己的资产和财富积累起来，或者只投入必须投资的并且是资金需要量最小的项目。当然，当他们这个阶层人数不断增多、当高流动性市场不断涌现，以及当各种各样的证券不断发行的时候，为了借到款项，就必须要有非常多的资金，因为只有这样才能使巨额债务的创造成为可能。

也就是说，短期金融资产投资需要大量的流动性，或者说，货币形式的流动性必须得到其他形式的流动性的补充：前一种流动性，即货币形式的流动性，是中央银行尤其是美国中央银行——美国联邦储备委员会——的创造对象；后一种流动性"作为货币形式的流动性的补充"，则依赖于"金融技术"大显身手创造的"内部信贷"。

第二次世界大战结束后，全球流动性大规模增长，源于各国中央银行（的政策）和技术这两大发动机的驱动，它们分别创造了货币形式的流动性和内部信贷形式的流动性。正如我们已经看到的，流动性的过量创造直接导致企业、个人和家庭积累了过量的债务，这就是导致金融脆弱性、消费脆弱性和系统脆弱性不断强化，以及金融不稳定性事件频繁发生的"基本力量"。

## 作为中央银行的货币的流动性

中央银行提供的货币形式的流动性（货币形式的流动性定义为货币和近似货币，而后者又被称为"准货币"）自 1945 年以来出现了爆发性增长，期间经历了好几个里程碑。第一个里程碑是 1944 年创建布雷顿森林国际货币体系。第二个重要的里程碑式事件是布雷顿森林体系的崩溃，以及随后于 1971 年至 1973 年间达成的《史密森协定》。布雷顿森林体系崩溃之后，货币体系由金汇兑本位制转向了所谓的"有管理的浮动"的货币体系，它允许各国中央银行将流动性注入全球经济中，以维持本国货币汇率的基本稳定，同时在经济衰退时刺激经济，并在金融机构发生损失和濒临破产时加以救助。第三个里程碑是 20 世纪 80 年代在美国的领导下，对全球货币和资本流动的管控被取消了。之后，金融工程和金融创造（如衍生品、资产证券化和超级杠杆）蓬勃兴起，与流动性的爆发式增长如影随形。20 世纪 90 年代互联网诞生，网络技术革命为流动性的爆发或增长创造了技术条件。在美国，美联储主席格林斯潘和伯南克分别于 1986 年至 2006 年之间、2006 年至 2014 年之间，先后都推出了扩张性的流动性政策。与此同时，紧随美国中央银行释放流动性的脚步，全球金融资产投资所用的其他货币的数额也大幅增加，它们包括英镑、欧元、日元以及新兴的人民币（中国的法定货币）。

　　根据 1944 年创建的布雷顿森林国际货币体系的规划，美元取代黄金，成了全球最主要的储备和交易货币。英镑则沦为次要角色；英镑和所有其他货币都"盯住"美元，而美元则"盯住"黄金（每盎司黄金兑 35 美元）。不过，尽管金本位制在 20 世纪 20 年代就崩溃了，但是关于黄金的传说仍然流传了下来并一直小有影响。在美元占据主导地位之后，美国中央银行（即美国联邦储备委员会）就可以自由地、不受限制地将流动性注入全球经济之中。之后，美国联邦储备委员会"重发"了美国政府战争债务，即将流动性提供给银行以换取私人投资者持有的美国债券，而银行则将大量流动性提供给美国跨国公司，并在接下来的十五年中在全球广泛进行直接投资，在欧洲和日本还购买了大量因战争而破败的重要工业资产。美国政府还在战后直接向包括英国在内的欧洲以及日本提供了数十亿美元的贷款。"马歇尔计划"——它的资金是由美国政府向本国企业支付的，因此是美国政府对企业的一种补贴——也增加了流动性。另外，随着美国在世界各地新建和扩建军事基地，更多的美元被花了出去，进入了全球经济中。1948 年之后，冷战开始，美元在全球各地有了更广泛的使用。与此同时，美国企业继续在全球投资和扩张，为全球经济带来了更多的美元。到了 20 世纪 50 年代末，全球各地都可以买卖美元了。

　　美元在全世界的泛滥带来了一系列负面影响。首先，美国的国际收支账户严重失衡，美国出口额占全球总出口额的比例严重下降，同时也因为欧洲、日本开始与美国展开了强有力的竞争。虽然美国企业的外国投资继续增加，但是美国的净出口额却在下降，这导致 20 世纪 60 年代美国出现了严重的国际收支问题。这也意味着美元的实际价值已经下降了，尽管它仍然与黄金挂钩（每盎司黄金兑 35 美元）。欧洲一些国家开始向美国"倾销"它们的巨额美元余额，要求从美国换回黄金，这又直接导致了布雷顿森林体系在 1971 年至 1973 年间的崩溃。当时，美国尼克松政府拒绝 35 美元兑换一盎司黄金。为了解决该问题，一些西方国家与美国最终通过协商达成了《史密森协定》。

之所以先回顾这段历史，是为了说明：美元—黄金"双本位制"（即布雷顿森林体系）的崩溃意味着美国和其他国家的中央银行以后将会向自身这个经济体注入更多的货币，以使本国货币与其他货币（主要是指美元）的汇率保持在一定"范围"内。这被称为"有管理的浮动"的货币体系。当然，时间会证明，它根本算不上是有"管理的"，特别是美国中央银行，几乎从来没有管好过。

从 1973 年到现在，美国联邦储备委员会多次向美国经济注入流动性，从而也就把流动性注入了全球经济中，因为美元仍然不断地在流出美国（出于如前所述的各种原因）。

1973 年至 1975 年间的经济衰退是第二次世界大战结束以来最严重的一次，这迫使美国联邦储备委员会又再次释放流动性并降低利率，以刺激实体经济。美国分别于 1966 年、1970 年和 1973 年出现的金融不稳定性事件，结果都导致美国联邦储备委员会向经济体注入更多的流动性，目的是救助金融机构和金融市场，尽管仍然仅限于个别机构和特定的市场。

在这个时期，欧佩克组织成立了，于是这在扩大的"欧洲美元"市场之外又兴起了"石油美元"市场。1973 年和 1979 年的两次石油危机推高了石油价格，因为美国经济对进口石油的依赖程度变得更高了，所以流出美国的美元价格也就更高了（美国要进口的石油数量更大、价格更高）。1981 年到1982 年，美国再次陷入严重衰退，美国联邦储备委员会又开始了新一轮的货币注入政策。

流动性爆炸的第四个重要里程碑是 20 世纪 80 年代，美国彻底结束对国际资本流动的管控，其他经济体也遵循美国的先例，先后放松了对国际资本流动的管控。随后，美国还放松了对国内金融机构的监管，特别是机构住房融资和垃圾债券的放任，直接导致了20世纪80年代的金融危机。对此，美国联邦储备委员会的对策是，注入更多的货币来救助濒临破产的金融机构。1986年，美国联邦储备委员会又迎来了新一任主席，由此，长达二十年（1986年至2006年）的"格林斯潘对策"期开始了。在这期间，只要美国金融机构的资产价格显示出下跌的趋势，美国联邦储备委员会就会向它们提供无限的流动性，比较出名的例子包括：墨西哥龙舌兰危机，当时美国银行面临重大损失；20世纪90年代初，长期资本管理公司（对冲基金）危机；1997年至1998年亚洲金融危机，当时流动性枯竭严重威胁着银行的资产负债表；科技网络股泡沫破灭导致经济萧条；1997年开始的"房地产繁荣"。另外，2001年的经济衰退需要大量的流动性来促成经济复苏，尤其是在"9·11"事件发生之后，当时许多人都担心突发政治事件可能中断美国经济复苏，好在延续了一段时间。不过，到了2002年，美国经济复苏就显得后继乏力了，增速放缓和反通货膨胀似乎成了真正的威胁，这时如何刺激经济快速增长成了一个重大的挑战。通常，刺激住宅房地产业是最快的方式，但是美国的住房周期是从1997年开始的，到2003年时基本已经结束了。美国联邦储备委员会最终的对策是：将利率降低到1%，以便进一步推高房地产价格，同时通过放松对银行的监管，允许它们将次级抵押贷款证券化。这就给住房地产业创造了一个不可持续的短时增长期，同时也带动了美国经济在2003年至2004年间出现了短暂的复苏。在那期间，伊拉克战争爆发，乔治·布什成功连任，格林斯潘也开始了他的新任期。但是，对住房地产业的刺激却导致了另一场金融危机，而且这个危机是与其他信贷市场的危机联系在一起的。因此，要想救助金融机构，美国联邦储备委员会必须注入更大规模的流动性。于是，这个任务便落到了格林斯潘的继任者、于2006年被任命为美国联邦储备委员会新任主席的伯南克身上，他采取的货币政策被称为"伯南克对策"。

借助20世纪90年代中期到21世纪第一个10年中期的"过渡时期"出现的重大技术革命，中央银行又加速了货币注入。在此期间，全球经济中还增加了一个新的全球性货币，即欧元。欧元于1999年创建。

这场技术革命可以简单地总结为：数字技术的发展促成了20世纪90年代互联网的出现，从而使货币实现了在全球市场上的"瞬间传输"。这意味着，美国联邦储备委员会和其他国家的中央银行创造的流动性的"流动速度"

比以前快了很多倍，同时中央银行创造的货币的"存量"也比以前增加了好多倍。货币供给（流动性）可以理解为"存量"，即现有的货币的数量。如果货币流通得越快，那么货币周转的次数越多，货币的供应量就越大。货币的供应量是流通"速度"的函数。如果将技术和互联网在加速金融投资周转中的作用考虑进去，那么我们就不难发现，在互联网出现并对金融交易产生越来越大的影响后，流动性也随之增长更快了。

在全球经济体系中，货币流动性的最近一轮同时也许是有史以来规模最大的增长，是美国和其他发达经济体从 2009 年开始实施的量化宽松政策的结果。通过直接印钞和无限制地购买新金融资本精英所持有的金融资产，美国中央银行自 2009 年以来，已经将大约 4 万亿美元投入了市场。除此之外，英国中央银行也注入了 6 500 亿美元，日本中央银行则注入了 1.7 万亿美元，欧洲中央银行间接注入了 1.4 万亿美元（通过长期再融资操作计划和直接货币交易计划），并于 2015 年又公布了另一个 1.3 万亿美元的量化宽松计划。在短短五年之内，这些发达经济体的中央银行将注入大约 9 万亿美元的流动性。

问题是，所有这些流动性将流向哪里？如前所述，它们不可能进入实体经济领域，因为实体经济投资正在放缓。那么，这些过剩的流动性到底流向了什么地方？我们认为，它们流向了金融资产领域。金融资产市场、金融工具、为金融市场服务并销售金融工具的金融机构（如影子银行和深层影子银行），以及全球金融资产的通货膨胀，都可以作为这个结论的证据。

但是，货币流动性驱动金融资产并不是流动性快速增长的直接关联因素。全球流动性稳步增长还伴随着"金融工程"的具有里程碑意义的发展，这也大大加速了流动性的增长。金融工程有时也被称为"金融创新"，近年来获得了重大发展。正是金融工程创造了"证券化"、加大了"杠杆"（借款的比例与自己投资的资本的比率）并促成了衍生品革命。今天，全世界范围内基于其他金融资产的（即派生的）、以"互换"和其他形式存在的金融资产投资总额高达数百万亿美元。金融工程导致了近几十年来流动性爆炸的第二种主要形式，即人们所称的"内部信贷"。

## 作为内部信贷的流动性

在投资时（无论是实物资产投资还是金融资产投资），货币可以用作信贷，但是信贷则不一定采取货币的形式。

由于各国中央银行特别是美国联邦储备委员会采取的行动，因此自 1944 年以来，由于如前所述的各种原因〔布雷顿森林国际货币体系、1973 年后的有管理的浮动汇率制度、全球资本流动放松管制、"欧元石油"和"石油美元"市场的兴起、"格林斯潘对策"和"伯南克对策"（更频繁和更严重的衰退需要通过货币刺激政策提供更频繁和更广泛的金融救助）、技术变革、金融工程等〕，导致了持续性的流动性注入——长期累加起来注入的流动性规模非常庞大。但是，所有这一切仍然都是中央银行货币形式的流动性。事实上，还有另一类流动性的注入，它是由内部信贷的扩张所提供的，当然它的目的是金融资产投资。

当金融机构（商业银行和影子银行，大多数时候是影子银行）允许投资者以已经购买的金融资产为抵押品借入更多的信贷时，内部货币（而不是中央银行提供的外部货币）就被创造出来了。如果投资者在衍生品或其他证券上的金融投资的价格上涨了（因此其"价值"上升了），那么投资者就可以进一步"赊购"（buy on credit）。这种做法表面上看似与散户投资者利用保证金购买（buy on margin）股票和其他证券的行为类似，但是所不同的是，投资者所"赊购"的是更加复杂的金融工具。通常情况下，投资者自己只需投入很少比例的现金，也许是 5%，就可以"借入"剩余的 95%。后者是金融机构根据投资者已投资的抵押品的价值提供的。

当然，这种内部信贷几乎仅限于金融资产和金融证券投资。例如，当有人购买新车时，他是不会被允许以上一辆车的车贷到目前为止已经偿付的本金的价值作为抵押品再获得贷款的。买车是一项商品交易，而不是金融交易。

许多人认为，货币是由中央银行创造的。这其实是一种误解。中央银行只是为私人银行创造货币提供了激励。归根结底，是私人银行创造了货币。私人银行可以将中央银行存在它们那里的货币借贷出去，然后给那些获得贷款的人（投资者）进一步提供信贷。而且，银行，特别是那些影子银行，也不一定需要中央银行的货币来扩大其信贷。在这个金融证券工程登峰造极的时代，银行，特别是影子银行，已经开发出了许多向自己的顾客（投资者）提供信贷的另类手段，而不需要有货币基础。当然，金融工程据说是服务于金融投资者的，尤其是新金融资本精英，但是由此而出现的内部信贷确实是一种被注入全球经济中的流动性（特别是金融资产市场）。

信贷扩张——无论是以中央银行的货币形式，还是以内部信贷的形式——肯定会导致债务膨胀。换句话说，有信贷就必定有债务。因此，我们可以看到这样一个逻辑链条：从大规模的流动性爆炸到信贷扩张，再到债务积累。不断积累的债务既可能成为为实体经济投资而进行的融资，也可能成为为金融证券投资而进行的融资。在为实体经济投资进行债务融资时，只要借款人能够支付到期的本金和利息，就不会出现金融不稳定性的问题。当然，这需要用从投资的实物资产中赚得的收益去支付本金和利息。在举债进行金融资产投资时，如果被投资的金融资产的价格持续上涨，那么也不会有问题。但是，一旦金融资产通货膨胀减速或逆转，即出现金融价格资产通货紧缩的问题，那么用于支付原始金融投资的"收益"就会蒸发。这是一个潜在的金融不稳定性问题，也是通过对本金或利息或两者都违约的途径。

换句话说，在债务积累、通货紧缩和违约之间存在重要的因果关系，本书称之为"债务—通货紧缩—违约"通路。这是产生更大的金融脆弱性的传导机制之一。

# 第10章　不断上升的全球债务

流动性爆炸的第一个后果是信贷升级，以及所有层面上的债务的激增，包括家庭的、企业的和政府的。与我们经常可以听到的一种说法相反，即自2009年年中国际官方组织宣布金融危机正式结束以来，全球债务水平持续增长的趋势实际根本没有得到扭转，甚至没有得到缓和，反而在一些国家和地区，债务增加的速度更快了。确实，如果债务是经济脆弱性的决定因素之一（因此也是不稳定性的决定因素之一），如果全球债务的这种总体趋势得不到扭转，那么就肯定会导致全球经济系统脆弱性的强化并带来更大的不稳定性。

2009年以来，全球经济的增长和复苏是不均衡的，同样地，全球债务的增长也是不均衡的，并且这种不均衡还会从一个区域传导到另一个区域，致使全球总债务水平不断上升。

从全球范围来看，在2008年至2009年金融危机爆发之前，债务增加主要集中在发达经济体，尤其是美国、英国，还有欧洲。其中大部分债务都是由住房和消费信贷形成的，另外还有许多银行和企业债务。①

---

① 关于2008年至2009年金融危机以前的全球债务及发展趋势，请参阅麦肯锡全球研究所：《债务和去杠杆：全球信贷泡沫及其经济后果》，2010年1月。在继续分析之前，我们要先给出关于债务的定义。这里所指的债务包括家庭（或消费者）债务、企业债务和主权（政府）债务。具体而言，家庭债务包括抵押贷款债务、信用卡债务、分期付款债务、汽车贷款债务和其他特殊类型的债务，如学生贷款、医疗债务、发薪日贷款和其他类型的个人贷款。企业债务包括企业债券（投资债券和垃圾债券）、商业票据、公司贷款、商业地产贷款、商业和工业贷款、各种形式的证券化贷款（如杠杆收购贷款），以及其他贷款。政府债务包括联邦债务或州债务（贷款和债券）、州或地方政府债券和贷款、市政债券、特殊地方政府（如学区）债券、政府赞助企业（GSEs）如房利美、房地美等持有的抵押贷款债务，以及中央银行资产负债表上的债务。这种定义是"总"政府债务的定义，在本书下文第15章中对此还有更详细的论述。在本章中，政府债务主要是指联邦或州政府债务，即主权债券和贷款。

在 2010 年到 2013 年期间，中国和其他新兴市场经济体的债务总体水平上升并且速度加快，全球债务的重心开始转移。原因是，流动性注入和信贷流动已经从发达经济体流向这些经济体了，而发达经济体值得关注的债务基本上只剩下正在去杠杆的家庭债务。不过，在这一阶段，发达经济体的企业债务水平开始快速上升，因为五年内全球新发行的企业债券平均每年都超过 1 万亿美元。而在中国和其他新兴市场经济体，同样也出现了大规模的企业债务水平加速上升的情况。发达经济体的政府债务在 2010 年后也继续上升，因为美国和英国等政府推行了减税和救助银行机构与企业的政策。在欧洲，政府债务激增的情况在欧元区外围国家尤其严重。全球债务总体水平不断上升的趋势和重心的转移，在下表 10-1 中可以看得很清楚。该表的数据源于国际清算银行，它给出了 2007 年到 2013 年期间全球各主要经济体债务总体变化的情况。

表 10-1　2007 年至 2013 年全球债务总体变化情况（单位：万亿美元）①

| | 2007 年年末债务 | 2013 年年末债务 | 2007 年至 2013 年期间债务变化情况 |
|---|---|---|---|
| （总债务） | | | |
| 发达经济体 | 135 | 150 | 15 |
| 新兴经济体 | 70 | 95 | 25 |
| （非金融企业） | | | |
| 发达经济体 | 47 | 48 | 1 |
| 新兴经济体 | 30 | 47 | 17 |
| （政府） | | | |
| 发达经济体 | 37 | 55 | 18 |
| 新兴经济体 | 20 | 22 | 2 |
| （家庭） | | | |
| 发达经济体 | 50 | 48 | –2 |
| 新兴经济体 | 21 | 25 | 4 |

---

① 数据源于国际清算银行，《第 84 份年度报告》，瑞士巴塞尔，2014 年 6 月。数据是估计值，经四舍五入处理。另见《关于世界经济的第 16 次日内瓦报告》，国际货币和金融中心，2014 年 9 月，日内瓦。本书下文第 14 章将按国别对这些全球趋势进行更详细的分析。另外也请参阅本书第 3~6 章。

表 10-1 的数据表明，全球企业总体债务水平在 2009 年金融危机结束之后实际是加速上升的，即便之后的经济复苏也没有减少私人（企业）债务激增的情况，甚至变得更糟糕了——非常非常的糟糕。表中的数据还表明，家庭也没能大幅度地减少债务负担，除了那些最富有的家庭之外。[①] 而在发达经济体，虽然总体家庭债务水平有所下降，但是政府债务却持续上升。因此，2009 年之后的转变实际只是一种相对转变，即债务从家庭和银行转移到了非金融企业，同时政府债务却不降反升。而在 2010 年至 2013 年，最重大的和最令人担忧的是非金融企业债务，特别是各新兴市场经济体的非金融企业的债务不断激增，同时发达经济体的政府债务也在持续增长。对此，正如国际清算银行报告的摘要部分所指出的，"从全球来看，非金融企业的债务总额自危机以来已经上升了 30%"。另外，银行债务的减少是不均衡的，而"私人债务则不断增长"。[②] 从总体上看，自金融危机以来，政府债务和私人债务的总额已经增加了大约 40 万亿美元。

## 全球债务仍在持续增长

在 2014 年至 2015 年，非金融企业的债务仍在加速增长。仅在美国，就新发行了超过 2 万亿美元的企业债券，其中，2015 年前九个月发行了 8 790 亿美元，到当年年底，新发行债务的总额可能会达到 2.5 万亿美元，这还不包括其他形式的企业债务，如商业和工业贷款、商业票据等。虽然传统上，欧洲和亚洲各经济体的企业债券在债务总额中所占比例较小，但是这些区域的企业债券近年来也在迅速增加。另一个新趋势是，美国企业发行的以欧元计价的债务呈现快速上升之势，而中国和各新兴市场经济体以美元发行的企业债务则成了其债务总额增长的一个主要因素。因此，毫无疑问，一旦美国利率开始上升，那么这些区域的非金融企业将面临极度不稳定的情况。

债务再融资的潜在问题不仅仅限于新兴市场经济体，中国也面临着同样的问题。而美国企业则必须找到为即将在 2015 年至 2019 年期间到期的 4 万亿美元债务再融资的方法；如果美国利率上升，那么无法确保债务再融资的

---

① 具体分析见下文。

② 参见国际清算银行的报告（BIS 84th Report），第 9、10 页。

可能性将会显著提高。这不仅仅意味着再融资时的利率将非常高，而且还意味着许多非金融企业将无法获得任何新的信贷（哪怕利率极高）。

据估计，美国企业的总债务负担是其收益的 2.62 倍，这是自 2002 年以来的最高值。因此，在 21 世纪第一个十年的剩余时间里，美国和一些新兴市场经济体乃至全球的债务违约率上升的可能性是非常大的。

从经济脆弱性的角度分析来看，违约会转化为金融资产的通货紧缩：资产的"火线抛售"往往是违约的前奏，而违约则会导致法院根据破产条款进行企业重组并组织资产拍卖。本书前述第 9 章中描述的金融资产通货紧缩的情形在现实中的脚步已经越来越密集了。

与 2008 年之前的债务上升相比，2010 年至 2015 年间全球债务激增还有一个关键的不同点，那就是，它出现在了偿还债务的收入来源正在减少或严重承压的情况下，无论是在企业层面，还是在消费者（家庭）层面，抑或是在政府层面，都是如此。例如，许多企业、大部分家庭，都出现了收入下降的情况。在中国和各新兴市场经济体，有些地方政府已经出现了偿债困难的情况；只有那些最大的公司和最富有的 10% ~ 20% 的家庭，才有机会因股票和债券资本利得而获得额外收入，或者有能力减少以前积累的债务。家庭、中央政府和地方政府，以及非金融企业和依赖高成本、低质量债务的中小型企业，在今天的收入状况都远比 2008 年以前更差，因此一旦发生另一场危机，它们根本就没有办法和能力来承担更高水平的债务负担。

## 美国债务去杠杆化的神话

美国一些政治家和媒体曾经断言，自 2009 年以后，全球经济，特别是美国经济，将会化解 2008 年至 2009 年金融危机之前积累下来的过量债务。但是根据本书前述数据表明的债务持续上升的事实，我们就知道这种断言其实只是一个神话，或者说到底它只是一个有意为之的"失实陈述"。如果债务水平是经济系统脆弱性上升的一个重要因素，那么随着债务总体水平的持续上升，经济系统脆弱性也将随之增加。

还有些人声称，金融体系正在改善，因为自 2009 年以来，一些家庭和企业都进行了债务去杠杆化（即债务得到偿还）处理。但如果仔细考察就不难发现，无论是在美国还是在其他一些国家，大多数家庭的债务杠杆化情形并没有改变，大多数非金融企业和政府也同样。

对此，一些经济学家和媒体可能会争辩道，自 2009 年以来，美国 20% 的家庭债务已经去杠杆化了。[①]但实际上，在这 20% 的家庭中，多达三分之二的都不属于"健康地去杠杆化"。"健康地去杠杆化"指的是消费者使用收入来偿还债务；但现在的这种去杠杆化，却是银行和债权人因为消费者违约而注销了其贷款。因此，美国家庭债务中真正去杠杆化（即用家庭收入偿还债务）的比例不会高于 7%。而且，大多数去杠杆化的家庭都是最富有的家庭，这些家庭的收入原本就足够高，它们的收入大部分都用于储蓄而不是消费。因此，在官方宣布 2008 年至 2009 年金融危机结束五年之后，实际仍有 80%～90% 的美国家庭（消费者）继续承受着巨额债务负担。

"20% 的去杠杆化率"这个数据的另一个问题是，它忽略了构成美国家庭债务的其他一些很重要的类别，例如高等教育贷款、发薪日贷款（它令依赖工资生存的低收入群体饱受折磨）、未支付医疗账单债务等。

即使不考虑上述这几类没被归入进去的债务，美国家庭净债务的去杠杆化率仍然不足 7%。

消费者去杠杆化与如下三个因素有关（这三个因素揭示了债务负担沉重的消费者为何依然脆弱）：

第一，抵押贷款债务之所以下降，是因为银行和借贷人直接注销了许多贷款人的违约贷款。而违约发生的原因是，在 2003 年至 2006 年期间，许多购房者被连骗带哄地承担起了他们根本无力偿还的"骗子贷款"——在这期间，美国发放了近 4 万亿美元的次级抵押贷款，按揭利率低到了令人发指的 1%，而且不需要首付。但是，当利率开始上升后，无数次级抵押贷款的房主就因无力支付贷款本金和利息而违约了。就这样，超过 1 400 万的房主被银行"止赎"（取消了房屋的赎回权），他们余下部分的贷款则由银行逐步注销。通过这种做法，美国的抵押贷款债务确实已经从 2007 年的 9.5 万亿美元下降到了今天的大约 8 万亿美元。单从数据上看，这种债务的减少显示了家庭去杠

---

① 顺便说一下，经常被引用的 20% 的去杠杆化率，其实只相当于美国上一次经济收缩之后的 38% 的去杠杆化率的平均值的一半左右。所以"经济复苏"的五年前，去杠杆化率其实仍只是达到"通常水平"的一半。

杆化的结果。但实际上，这并不是家庭本身清偿了债务（即通过家庭收入实现债务的去杠杆化），很大程度上，只不过是被银行当作坏账注销了而已。

第二，类似的注销行为也出现了美国的信用卡债务上。当数百万人失去工作或者被削减工资之后，他们不得不停止偿还信用卡贷款，从而导致信用卡违约。银行和信用卡公司也因这类债务而大受困扰。就像购房抵押债务所导致的情形一样，信用卡发行人不得不注销部分债务。

第三，实际上，只有最富有的 10% 的美国家庭真正显著地减少了他们的债务。这些家庭的收入在 2009 年之后有所增长。有学者研究表明，在美国，在 2009 年到 2013 年期间，所有净收入增长的 95％ 以上都落入了最富有的 1％ 的家庭中。[①]当然，虽然收入增长部分主要由这 1％ 的家庭获得，但是确实有几百万个美国家庭（全美国共有 1.24 亿个家庭）减少了债务。一般富有的和非常富有的家庭可能已经修复了他们的资产负债表（实现了去杠杆化），但重要的是，绝大多数美国家庭还远远没有。

如果仔细分析一下各种不同类型的美国家庭去杠杆化的不同程度，我们就会发现，最富有的家庭去杠杆化最彻底；与之相反，随着家庭年收入水平的下降，越靠近底层的家庭去杠杆化的程度越低。事实上，中等收入家庭的去杠杆化程度就已经相当低了，而收入低于中位数的家庭就更不用说了。

真正的事实是，自 2009 年以后，许多家庭的债务都在大幅度增加，一个原因是，有数百万大学生接受了贷款，致使他们的家庭承担了更多的债务。美国学生的债务总额现在已经超过 1.3 万亿美元，自 2009 年以来已经增加了数千亿美元。现在身上背负着这种债务的美国人（在校生和已经毕业的"前学生"）超过 4 000 万，平均每人未偿还的贷款高达 33 000 美元，其中五分之一以上的人已经开始拖欠贷款了。

不仅仅是学生债务，而且信用卡债务也开始再次上升了，因为各信用卡公司又再一次开始以接近 2008 年之前的速度向各家庭发放信用卡申请书。同时，抵押贷款债务也在上升，而且大多数都是因价格更高的房子而产生的。汽车公司现在也主要通过提供几乎免费的融资来销售汽车，因此许多人都在购买新车，但他们使用的却是"次级汽车抵押贷款"。这种贷款的还款

---

① 具体细节请参阅本书第 13 章对加州大学伯克利分校教授伊曼努埃尔·萨斯（Emmanual Saez）的系列研究的综述。

期限通常长达六年甚至更久，以确保买家能够承受更高的汽车价格。在这几方面因素的共同作用下，美国一些家庭的债务持续攀升。而在其他发达经济体，如欧洲各国，情况也没有太大的不同。至于新兴市场经济体，根据国际清算银行的报告，近年来家庭债务总额增加了 4 万亿美元。

企业或非企业的商业债务也没有实质性的去杠杆化。大多数企业都是通过以较低利率对原先就存在的债务进行再融资，或者通过银行出售不良资产，再或者通过债务重组（以注销部分债务）和企业合并等方式完成去杠杆化。

在这里我们再次以美国为例来说明。企业债务的最大来源是企业债券，它有两个基本品种：投资级别的债券和垃圾债券。垃圾债券一般是由发展前景不佳的企业发行的，因此必须向认购者以更高的利率支付债券利息。美国联邦储备委员会的保守估计是，美国企业债务将从 2007 年的 6 万亿美元增加到 2015 年年底的 12 万亿美元。而根据商业研究公司 Dealogic 的数据作出的"激进"估计，则美国企业债券市场总额到 2014 年年底就会超过 10 万亿美元——仅仅在 2014 年这一年内，就会增加 2.275 万亿美元，即一年之内的增幅就超过 20%。但实际这还不包括自 2009 年以来积累下来的其他形式的企业和非企业商业债务。例如，作为短期企业债务的商业票据的市场价值，现在已经超过 1 万亿美元，而企业贷款的市场价值则超过 2.7 万亿美元。其他又如商业性房地产贷款、私人股本杠杆贷款等，近年来也都增加了 70% 以上。

甚至连主流经济学家也不得不承认，自 2009 年以来，企业发行的债券确实出现了泡沫，特别是所谓的"高收益"企业债券或垃圾债券，泡沫非常严重，仅在美国就发行了数万亿美元（特别是最近三年）。因此，美国（全球）债务的真实趋势是持续的加杠杆化，而不是去杠杆化。

如果说美国的家庭债务充其量只是被"注销"了一些，美国企业的债务根本没有怎么去杠杆，反而正在加速上升，那么政府部门（联邦、州和地方）近年来是否成功地实现去杠杆化了呢？

主流经济学家一般喜欢用所谓的"负债比例"来模糊债务水平上升的问题：政府债务占 GDP 的百分比下降了，就表明政府正在去杠杆化。但这种观点其实是一种误导，即如果名义 GDP 相对于债务有所增长，表面上看似乎意味着债务不断上升的情况得到了改善，但实际上债务水平仍有所上升。对此，主流经济学家的说法是，GDP 的相对增长意味着偿还债务更容易了，因此可以降低债务的潜在不稳定性。但是，GDP 是不能用来偿还债务的，只有政府收入才能用来偿还债务，这就意味着，政府要偿还债务，就必须取得像政府税收这样的收入，或者通过削减政府开支节省一部分收入。这跟家庭的情况类似。家庭不能用 GDP 和国民收入这类总体概念去还债，必须用真实的家庭可支配收入去还债。因此，在估计债务上升对债务脆弱性的影响时，债务与GDP 的比率绝对不是一个非常有用或准确的指标。[①]

企业债务加速上升不仅仅是美国一个国家的问题，它是全球各国面临的一个普遍问题。自 2007 年以来，新兴市场经济体的非金融企业的债务一直是一个棘手的问题，而且这类债务还特别不稳定，因为它们大部分都是以美元计价的。以美元计价意味着，如果美元相对于新兴市场经济体的货币升值了，那么新兴市场经济体要偿还积累起来的债务就会面临极大的困难。2014 年以来，美元确实一直在升值，因此一些新兴市场经济体违约的风险越来越大，包括中国有的国有企业也有可能违约。

将银行贷款、信托贷款和其他形式的债务都考虑在内，以债务占 GDP 的比例来衡量，中国的债务总额已从 2008 年的 130% 上升到了今天的 240% 以上。目前中国的 GDP 已经超过 10 万亿美元。

## 债务与脆弱性

本书在接下来的几章中将更详细地阐述债务是决定经济脆弱性的一个关键因素。债务水平的上升会导致经济系统的脆弱性并进而增大金融的不稳定性。

在出现收入可得性下降或减缓的情况下，由于必须偿付之前产生的债务，

---

① 政府第三个收入来源是借入的收入，政府可以向投资者出售债券，然后将获得的"收入"用于一般支出。但是这种收入实际上是政府额外债务的一种形式，不能使总债务去杠杆化或减少。一个例外是，如果新的借款和债务是以较低的利率获得的，并用于偿还过去以较高的利率借入的债务，那么在这种情况下，政府债务的去杠杆化是可以在一定范围内实现的。确实有人认为，政府债券之所以连续七年保持零利率，其内在的动机就是想通过发行利率较低的债券用以抵消政府债务。欧洲一些国家的政府现在要求债务认购人为购买政府债券这种"特权"而付费，从而实现负利率。据统计，截至 2015 年年末，政府以负利率发行的债券总额已经不少于 1.7 万亿美元。

因此收入下降与债务上升的组合会导致经济脆弱性的进一步加大，从而导致更多的不稳定性事件发生。

　　在后续的第 11~13 章，我们将对收入流进行更深入细致的分析，同时我们还将探讨与收入流相关的三种价格体系（商品价格、金融资产价格和工资体系），并剖析它们对经济系统脆弱性的影响。

# 第 11 章 向金融资产投资转向

一个非常关键的问题是，流动性向金融资产投资领域转移这种情形，是实体经济投资（即对设备、厂房等的投资）减少的必然结果吗？或者，流动性向金融资产投资领域转移直接导致了实体经济投资的减缓？虽然谁都愿意承认这两种形式的投资的此消彼长——实物资产投资减少、金融资产投资增加——表明这两者之间存在明显的相关性，但是真正重要的问题是，到底是哪一种为先驱动了另一种？此外，这种相互关系是一种因果关系吗？如果是，那么这种关系又是怎样产生的？①

近几十年来，对实体经济投资的持续放缓已经给实体经济发展造成了重大影响，能够让人过上体面生活的有薪职位在减少，家庭收入出现停滞和下降的情况，家庭消费欲振乏力，因此出现了低于历史平均水平的经济增长率。从家庭层面来讲，工作—收入—消费的下降趋势，可能会因为家庭可以使用信贷来保持一定的消费水平而暂时被抵消，但是信贷增加意味着家庭在当前承担了更多的债务，这也意味着家庭在未来必须将更多的可支配收入用于支付利息。或者换句话说，在短期内，家庭负债可以抵消实际收入的下降并有助于维持消费，但是从长远来看，家庭负债会减少家庭可支配收入并降低消费水平。因此，就长期而言，债务的增加和可支配收入的减少，都会增加家庭消费的脆弱性。

而且，实体经济投资的下降还与金融债务的上升和企业的脆弱性相关。

① 在本书第 16~18 章，我们将详细讨论实体经济投资和金融资产投资之间的关系。关于这一点，在主流经济学家那里存在着巨大的混乱并且这种混乱在很大程度上阐明了他们为什么会无法理解金融周期与真实周期相互作用的方式。另一方面，机械马克思主义经济学家认为，这两种形式的投资之间的因果关系是单向的：实体经济投资决定金融资产投资，即后者完全是由前者所导致的。

## 实物资产投资向金融资产投资转向的起因

接下来我们来分析资本向金融资产投资领域转移的若干基本因素，它们包括：

· 在一个通常的商业周期内，相对于实物商品的价格和利润，金融资产的价格上涨速度更快，利润增长速度也更快；

· 近几十年来，由于流动性、信贷以及用于投资金融资产的杠杆债务的飞速膨胀，金融资产价格上涨迅猛，而商品价格则呈现出通货紧缩之势，两者之间的差距远远超过通常的商业周期内应有的差距；

· 与实物商品的生产成本相比，金融证券的"生产成本"更低，但利润却更高，能够产生比前者更大的利润；

· 实物商品价格的上涨会受到供给侧的限制，相比之下，在金融资产通货膨胀的周期内，却没有什么供给侧的限制会阻止金融资产价格的上涨；

· 由于金融市场的高流动性，因此金融资产投资的风险性和不确定性程度降低了，使得投资者进入和退出金融资产市场更加容易；

· 在高流动性的金融资产市场上，"主导"金融证券投资的新的全球性机构已经出现了，完整的代理结构也已经形成；

· 与实物商品相比，对金融证券征税的概率要低得多。

上面这些因素的共同作用使得金融资产价格不断上涨，即使在通常的商业周期内，金融资产价格的涨速也比实物商品价格快得多。因此，与实物商品的价格和利润相比，价格驱动的资本收益可以提供的潜在超额利润要大得多。最近几十年的流动性过剩、信贷膨胀和债务杠杆化，进一步加快了金融资产价格上涨、利润增加的速度。除了价格方面的这种特点之外，金融资产的其他一些特征，尤其是与证券市场、金融市场相关的那些特征，也提高了金融资产的盈利能力（相对于实物资产而言）。因此，在这两种形式的投资之间出现的价格和利润差距，在全球金融化的当今世界中正在加速扩大。

金融资产投资和实物资产投资之间越来越大的相对收益率差异，将资金越来越多地引向了金融资产投资领域，而且随着时间的推移，越来越以牺牲可用于实物资产投资的资本为代价。因此，金融资产更大的盈利能力"挤出"了实物资产投资，或者，一个更准确的说法是：金融资产更大的盈利能力将货币资本从实体经济投资"吸走了"，这些资本本来是可以用于实物资产投资的。

## 使金融资产投资转向得以实现的因素

从基本层面上说，实物资产投资之所以会向金融资产投资转向，是因为当今全球经济结构本身对金融资产投资的激励超过了对实物资产投资的激励。金融市场流动性更高并且提供了更大的潜在回报。在更具流动性的金融市场上，投资者还可以更方便快捷地运用资本，从而有效地避免损失，并能够将资本收益高效地利用起来。

金融市场也更容易出现价格加速上涨的情况，因为与供给相比，需求是过剩的；更大的需求导致更高的价格，因此投资者有更多的机会出售金融投资品，同时又能快速地获得资本收益。总之，投资者可以更快地进行投资和收回投资。金融资产市场尤其是金融证券市场基本上都是属于价格驱动型的市场，而不是那种必须通过大量出售货物才能实现利润的市场，也不是那种在某个商业周期内价格上涨会受供给因素限制的市场。

因为金融资产市场是高度流动性的，所以长期风险和不确定性要比实物资产投资低。这也使得金融资产投资潜在的盈利程度更高。投资者总是试图降低风险、不确定性和损失的可能性，为了实现这个目标，减少投资在某项资产上的时间是一个有效的途径。很显然，要想减少投资时间，投资实物商品或实物资产，肯定不如投资金融证券或其他金融资产那么便利。

金融产品的创造或"生产"不需要原材料、传统的劳动和半成品，几乎无需任何产生成本（即使有也非常少），但是实物商品的生产却有生产成本。生产成本会降低盈利能力或带来风险和不确定性，因为要进行生产就必须获得并保有可用的投入要素。因此，金融资产的供给成本和供给限制都被最小化了。金融资产的价格主要取决于投资者对它的需求，而不是供给。需求作用的最大化和供给作用的最小化，使得金融资产价格更具波动性；同时由于主要是需求驱动，因此金融资产也可能更加有利可图——特别是在短期内，只要价格能持续上涨就行。当然，从相反的角度看，这种波动性也可能导致投资者造成更大的损失，这意味着金融资产价格下降时的速度可能与上涨时一样快，在某些情况下甚至更快。但是，金融资产投资的特点恰恰是，无论金融资产价格下跌也好、上涨也好，都有可能获得利润。而在商品价格通货紧缩时，实物资产的投资者基本上是不可能获得利润的。

转向金融资产投资的另一个重要推动因素是，目前全球已经出现了一个完整的"制度结构"，它可以将过剩的流动性、信贷和债务逐渐引向金融资产投资领域。这个制度结构主要由被称为"影子银行"的金融机构组成。[1] 新近还出现了一个与影子银行体系密切相关的事物，那就是"全球金融资本精英"，它由管理影子银行业务和投资的"内部人"，以及作为他们客户的投资者的"外部人"组成。而且，金融资本精英还可以同时扮演这两种角色。例如，对冲基金经理既管理投资又出资进行投资。没有影子银行这种制度结构和这些金融资本精英，过剩的流动性、信贷和债务是不可能大规模地转向金融资产市场的。在许多情况下，上述制度结构不仅创造出了用来交易的市场，而且还创造出了用来投资的"金融工程"产品和金融证券。

金融资产利润往往更大的另一个原因是，金融资产投资的利润是被作为资本收益征税的，税率通常比销售商品或服务的税率低得多。这显然大大提高了金融资产相对于实物资产的盈利能力。今天全球的任何一个经济体，几乎都不存在会带来实际后果的"金融证券税"。由于金融证券转瞬间就可在全球流动，其利润也可以在转瞬间就被转走，因此避税极其方便，不过欺诈也像避税一样非常容易。金融投资的资本收益还可以从金融资产价格下降中获得，就像从价格上涨中获得一样，而实物商品的投资却无法从商品价格下降中获得利润。

换句话说，在大多数情况下，金融资产投资确实要比实物资产投资更加有利可图，原因是：价格上涨幅度更大，相对风险和不确定性较低；能够更

---

[1]　本书第 12 章将阐明"影子银行"不是一些离散的实体，而是由一些主要游离于监管之外的金融机构、受监管的商业银行内部专门销售投机型金融证券的部门组成，同时也包括一些嵌入在非金融企业中的"影子"机构。因此，一个更恰当的术语可能是"影子银行业务"，也就是说，这是一种活动，而不是一类"银行"（意指离散的机构）。

容易和更快速地进入和退出高流动性的金融市场；其"生产成本"更低；在一个商业周期内，限制价格上涨的供给因素几乎不存在；税收更优惠，等等。

如前所述，金融资产更容易出现通货膨胀这种市场特性，是金融资产投资相对盈利能力更高的关键因素，同时过剩的流动性、信贷和债务杠杆，则造就并进一步加速了金融资产价格和利润率超越实物资产投资和商品的价格及利润率的趋势。这种趋势最终导致了实体经济投资向金融资产投资的异常转向。这种"金融资产投资转向"在 21 世纪越来越明显并且越来越占据主导地位。

## 扩大价格利润差距

最近几十年来，资本主义商业周期的"繁荣"阶段的"定义特征"是，两个价格体系——金融资产价格体系与实物资产价格体系——之间的价格差距越来越大。前面所描述的所有"使能因素"全都反映在了这个价格差距变大的过程中，并且这种价格差距又在金融资产和实物资产的相对利润方面造成了相应的差距。

这个过程的工作原理是这样的：在一个商业周期内，货币资本越来越多地转向金融投资领域，因而刺激了对金融证券的需求，从而直接导致了金融资产价格的上涨和通货膨胀；伴随这种通货膨胀出现的是流动性的持续增长（如上一章所述），它使投资者可以进一步利用越来越多的债务进行杠杆式的金融资产投资，这又反过来导致了更大的金融资产需求和更严重的通货膨胀。因此，流动性、过度信贷和债务杠杆促成并加速了金融资产投资的增长，进而推动了金融资产通货膨胀。金融资产投资及其通货膨胀的上升趋势将一直持续下去，直到金融泡沫扩大到行将破裂为止，届时这个过程才会突然中断。

金融资产通货膨胀和实物资产价格上涨之间的差距就这样日益扩大，远远超出了一个商业周期内两者之间通常会出现的差距。相对价格差距的扩大意味着与投资金融证券相比，实物商品的投资和生产的相对利润也存在类似的不断扩大的差距。这种不断扩大的价格—利润差距，不可避免地导致了实物资产投资进一步向金融资产投资的转向，即从低利润的实体经济领域转向越来越有利可图的（价格和资本收益驱动的）金融资产领域。很明显，这是金融资产投资主导并驱动了这一过程，并且推动着它们不断向前。

在过去的三四十年里，应该说转向金融资产投资的要素都已经"就位"了：流动性爆炸、债务过剩和杠杆化操作大行其道；金融工具创新和使用广泛；高度流动的市场；金融经纪人构建的网络（即通常所称的影子银行）；聚焦金融资产投资的金融资本精英的形成；支持全球化金融投资市场的数字技术（互联网、数字存储、快速交易软件等）的诞生和投入使用。

## 这种转向的规模有多大？

金融资产投资转向的证据有哪些？大体上说，评估向金融资产投资转向的资本的方法主要有三种，实际上这三种方法是相关的，它们仅仅分别是从不同的角度来进行评估而已。

第一，将那些明显具有短期投资、价格驱动型和资本收益型投资特点的金融证券投资识别出来。例如，我们可以将持有期限不到一年的股票投资即短期投资，认定为"投机性的"。同样地，卖空，"暗池"交易，计算机化的"高频交易"，对冲基金套利，隔夜外汇货币交易，与高风险行业相关的企业高收益债券或垃圾债券投资，杠杆贷款，私人股本公司用于公司并购的杠杆贷款，以及被称为"回购协议"的从银行借入的企业债务，等等，也都可以被认定为是"投机性的"（这里所列举的只是较明显的几种"投机"操作）。

第二，将进行上述投资的金融机构识别出来并确定其规模。这类金融机构就是所谓的"影子银行"及其全球系统，它们的"主要职责"就是在全球范围内调动货币资本，然后在规模激增的、高度流动性的全球金融资产市场上，利用短期价格变化机会获得资本收益。①

在这里，很重要的一点是，我们一定要注意，影子银行尽管数量在增长、规模在膨胀，但是它们并不是金融资产的唯一来源机构，甚至也不是投机金融资产的唯一来源机构。传统的、（受监管的）商业银行和其他金融机构，通过为影子银行提供大量资金，也间接地从事着金融投资和投机。因此，两种主要类型的金融机构——影子银行和传统银行——在许多时候是相互重叠的，

---

① 见本书第 12 章对"影子银行"的定义和所举的例子。

它们之间的界线并不分明，相反，变得越来越模糊了。事实上，一些受监管的商业银行和其他金融机构甚至直接地进行金融投资和投机，尽管它们的投机行为会受到政府监管机构和负责监督商业银行的中央银行的某种限制。但是，从总体上看，这种限制并不算太严（在美国，还有欧洲），有时候甚至可以说相当宽松（从全球的视角来看）。

不过，从目前来看，商业银行直接进行长期的金融投机活动正在减少，原因不仅仅在于政府对商业银行的监管，更在于经济力量和市场因素推动力量的减弱。通常所称的"资本市场"显然正在削弱传统银行给非金融企业发放贷款的职能。与此相对照的是，随着全球经济系统的过剩流动性的持续增加，随着各种形式的金融证券的不断涌现（它们可以吸收流动性），随着流动性高的金融市场在世界范围内的扩张，随着全球金融资本精英阶层的加速形成，影子银行的金融投机活动显然在不断增多和扩大。

第三，除了通过影子银行来评估金融资产总价值或交易的规模的这种方法之外，第三种方法是，跟踪新兴的金融资本精英阶层财富和资产的增长情况，因为影子银行是为他们进行金融资产投资的，同时他们自己也是影子银行的所有者或股东。[①]

专业投资精英财富增长体现的是，"非常高净值"（VHNWI）个人投资者和"超高净值"（UHNWI）个人投资者所持有的财富和可投资的资产一直在不断增长。这两个投资群体包括公司的高级经理和银行家，后者一直通过银行直接管理资本，虽然这只是很小的一部分。这两个群体中的大多数成员都是专业投资者，他们要么直接或间接地与影子银行有关联，要么是独立投资者。独立投资者既包括通过影子银行投资金融资产的个人，也包括直接在金融市场上投资、不需要以影子银行家为中介的个人。

影子银行的爆炸性增长，以及新金融资本精英（非常高净值个人投资者和超高净值个人投资者）的数量及其财富规模的不断加大，代表了 21 世纪全球金融资本的"质"的、重大的结构性变化。当然，这种变化不是在一夜之间发生的，它是全球金融资本结构数十年累积下来的"量的结构性变化"的结果。

---

① 　见本书第 12 章。

# 不稳定的金融资产市场

"金融资产投资转向"会导致金融资产价格泡沫，而泡沫的破裂则会导致金融资产通货紧缩，这反过来又会导致其产生不稳定性，继而这种不稳定性传导给实体经济，又导致消费和政府的不稳定性。下表 11-1 中给出的若干市场的资产总值变化数据表明，如果没有流动性、信贷和杠杆债务的大幅增长，金融投资的增长是不可能实现的。导致金融资产通货膨胀的背后原因是债务（以及因债务日益恶化和不断强化的金融脆弱性）。如果资产价格和用来偿付债务的收益出现下降的情形（这情形在许多市场上都已经产生了），那么债务所导致的金融脆弱性必将因收不抵债的负面影响而日益加剧。

下表所列的金融资产市场都是有风险的市场，它们或者已经出现了泡沫的迹象，或者由于它们在整个信贷体系中的关键地位具有"传染"其他信贷市场的潜力，因而导致风险不断加大；或者已经成为一个"传染源"，可能会导致 21 世纪第一个十年结束之前发生另外的重大的金融不稳定性事件。

表 11-1　兼具风险和不稳定性的金融资产市场　（单位：万亿美元）

| 金融资产 | 2007 年资产价值 | 2014 年资产价值 |
|---|---|---|
| **（总债务）** | | |
| 股票市场（美国） | 14.4 | 26.1 |
| 股票市场（全球） | 32 | 64 |
| **债券市场** | | |
| 企业债券（全球） | 5.4 | 7.8 |
| 高收益债券（美国） | 1.0 | 1.3 |
| 高收益债券（欧洲） | 0.02 | 0.6 |
| 国债（美国） | 4.5 | 12.8 |
| 市政债券（美国） | 2.6 | 3.7 |
| **新兴市场** | | |
| 新兴市场企业债务 | 5.5 | 18 |
| 新兴市场美元债券 | 0.135 | 1 |
| 新兴市场美元债务总计 | 0.9 | 2.6 |
| **中国市场** | | |
| 地方政府融资平台（中国） | 0.55 | 3.8 |
| 私人企业债务（中国） | 2 | 11.8 |
| 理财产品（中国） | 0.35 | 2.9 |

表 11-1（续）　兼具风险和不稳定性的金融资产市场　（单位：万亿美元）

| 金融资产 | 2007 年资产价值 | 2014 年资产价值 |
|---|---|---|
| 委托贷款（中国） | 0.272 | 2.9 |
| 企业美元债务 | 0.045 | 0.367 |
| **美国和欧洲市场** | | |
| 固定收益养老基金（美国） | 9.1 | 11.1 |
| 市政债券（美国） | 2.6 | 3.7 |
| 学生贷款（美国） | 0.548 | 1.3 |
| 回购协议（美国） | 3.1 | 3.7 |
| 共同基金（美国） | 6.9 | 12.6 |
| 交易所交易基金（美国） | 0.7 | 2 |
| 杠杆贷款（美国） | 0.1 | 0.628 |
| 有条件可转换债券（欧洲） | 0 | 0.288 |
| 政府债务（欧洲） | 7.4 | 12.3 |
| **部分全球市场** | | |
| 外汇交易（总计） | 3.2（单日） | 5.3（单日） |
| 外汇交易（零售） | 0.045（单日） | 0.4（单日） |
| 养老基金（全球） | 20 | 36 |
| 场外衍生工具（全球总值） | 15 | 21 |
| CDS 指数期权（"互换期权"） | 0.04 | 3.1 |
| 回购协议（全球） | 7 | 4.3 |
| 证券化资产（美国和欧洲） | 1.45 | 1.85 |
| 证券化新发行（美国） | 1 | 1.2 |
| 证券化新发行（欧洲） | 9.12 | 0.243 |

## 下一个金融断层线在哪里？

### 全球股票市场

2015 年中期，中国股票市场泡沫破灭，仅仅在短短的三个月内，股票差不多就下跌了 50%（而在前一年则上涨了 130%，因此，这是一个真正意义上的"股票泡沫破灭事件"）。尽管中国政府努力救市，但是并未能阻止从 6 月开始的股市崩溃。中国各大银行按政府指示，直接注入了 4 000 亿美元；其他来源的救市资金总额估计不少于 1.3 万亿美元，但是到目前为止似乎并没有取得成功。总计超过 4 万亿美元的股市价值在不到四个月的时间内灰飞烟灭。

为此，中国政府承诺，将动用 5 000 亿美元的外汇储备去"托住"人民币的币值。此前，随着股票市场的动荡，人民币大为贬值。维持人民币稳定需要资金，因此中国开始出售过去买入的大量美国国债。然而，2015 年股灾后，资本继续大量外逃，逃离的另一个原因也是对人民币反通货膨胀的预期，这一年人民币首次出现了贬值，而市场普遍预测人民币还会继续大幅贬值。

中国股市暴跌和人民币贬值的效应外溢到了整个亚洲的股票市场和货币市场，以及美国、欧洲和其他新兴市场经济体的股票市场。不过，在美国和欧洲市场，传导效应还不太严重，这是因为那里存在着一些制衡因素，比如，总额大约为 1 500 亿美元的流动性注入。另外，欧洲、日本和美国都在筹备更大规模的量化宽松计划，美国还打算加息，这些都抵消了中国股票市场崩盘和货币贬值的负效应。但是，新兴市场经济体的情况就不同了，它们的股票市场和货币市场的金融资产的价格变动轨迹更接近中国。

股市暴跌和货币贬值，再加上资本外逃加速，这些不利因素的影响可能抵消甚至超过中国任何旨在刺激实体经济投资的努力的效果。实体经济投资现在已经明显放缓了，货币资本流出的速度可能比中国的中央银行和国有银行注入的还要多。如果股市再下跌 10% 至 20%，那么中国和其他国家的金融市场肯定会受到更大的影响，甚至可能导致严重的不稳定性事件的发生。

与此同时，欧洲、日本和美国的股市则仍然受到量化宽松政策的继续出台、美国加息延后、历史最高水平的上市公司的股票回购，以及创纪录的企业并购活动的影响。所有这些因素都为股市保持在一定点位上提供了支撑。当然，所有这些因素的力量最终仍然都有可能被中国和其他新兴市场经济体的市场收缩所带来的负面效应所抵消。尤其在 2015 年后，这种负效应可能会对股票和其他金融资产的通货紧缩产生更大的影响。

不过，总的来说，除了中国之外，全球股票市场的不稳定性并不是当今全球经济中潜在的金融不稳定性的最重要的源头，更可疑的也许是债券市场。全球股票市场的总价值大约为 40 万亿美元，相比之下，全球债券市场的资产总额则超过 100 万亿美元，是前者的 2.5 倍，其崩溃的传导效应更强；即便其中的一个细分市场崩溃，也很容易迅速扩散至其他债券市场，然后进一步席卷其他金融资产市场，从而导致产生比 2008 年至 2009 年金融危机更严重的危机。

全球债券市场

在全球债券市场中，有几个细分市场已经成了引发超大规模金融不稳定性事件的"罪魁祸首"：一个是美国和欧洲的高收益债券或垃圾债券市场；第二个是新兴市场经济体中过快增长的企业债券，特别是其中不断飙升的以美元计价发行的债券；第三个是中国大规模发行的企业债券和欧洲所谓的"有条件可转换债券"；第四个是主权债券，它也是债券不稳定的一个方面，尤其是拉丁美洲、非洲的国家，以及欧元区南部国家（特别是希腊、意大利、葡萄牙和西班牙），还有在欧元区被称为"新兴东欧"的那些国家（包括乌克兰）。从长期的角度来看，美国国债市场很有可能成为"罪魁祸首"的候选者，因为美国国债的波动性越来越大了，而且市场对于垃圾债券的流动性的担忧也有可能在危机发生时加大。

在美国，高收益债券或垃圾债券增长得特别快，当然在欧洲也是一样，不过速度稍缓一些。发达经济体的垃圾债券，还有新兴市场经济体和中国的企业债券，可能是最不稳定的。垃圾债券是由那些渴求资金的企业以很高的利率发行的，高利率表明这些企业无法通过发行投资级债券筹集到资金，也无法获得正常的银行贷款。债券通常是被指定用于长期投资的短期借款，如果发生危机时债券价格迅速下跌，那么这将是一种极度危险的组合。

在美国的垃圾债券中，有相当一部分是为了资助页岩油（气）压裂行业的扩张而发行的，但目前这个行业严重萎缩。根据一家银行的预测，美国垃圾债券违约率在过去一年里翻了一番，而且预计在 2015 年里还要再翻一番。当这些能源公司因违约而破产时，这种不稳定性将导致其债券价格的极度不稳定，继而这种不稳定性又将扩散到其他垃圾债券上去。当美国的垃圾债券市场出现整体收缩后，很容易就会溢出到欧洲和新兴市场经济体的具有大量类似的"高成本加短期"的债券组合上去。虽然欧洲以前算不上发行高收益（垃圾）企业债券的大市场，但是自 2008 年以来，这个市场却增长得特别快，即从每年的 200 亿美元增加到了去年的 6 000 亿美元。传统的银行贷款在不断减少，那些实力较弱、急于融资的企业不得不转向垃圾债券发行。

各新兴市场经济体的企业债券债务的加快增多是前所未有的。在拉丁美洲，大部分（并且仍在不断增多）债券都是以美元计价发行的 [ 这不像中国，大多数企业债券是以本国货币（即人民币）计价的 ]。拉丁美洲的债券的这个特点导致了一个特殊的问题，那就是，由于债务是美元债务，因此也就必须以美元偿还给投资者。如果新兴市场经济体进入经济衰退期或经济增长快速放缓，同时全球贸易停滞不前（这两种情况现在正在发生），那么就意味着新兴市场经济体无法再通过增加对美国或其他国家的出口来增加收入；而这种收入正是它们支付到期的美元债务所必不可少的。

新兴市场经济体中的政府债券债务是另一个潜在的重大不稳定性的点。对于那些严重依赖石油和其他商品的出口收入来维持或支付主权债务的新兴市场经济体来说，情况尤为严峻。现在，石油和商品的价格都大幅下跌，而世界对石油和商品的需求却严重下降，许多新兴市场经济体越来越接近主权债务违约状态。拉丁美洲的若干个新兴市场经济体（如委内瑞拉、巴西、阿根廷和厄瓜多尔），以及非洲的若干个新兴市场经济体（尼日利亚等），很快就会出现主权债券市场日益不稳定的局面。

至于欧洲各国的主权债券，值得特别关注的是欧元区内经济次发达国家，它们的债务水平自 2009 年以来从来就没有显著降低过。在希腊、意大利等国，政府债券债务仍在继续上升。而乌克兰政府债券现在已经成了欧洲的一个特殊的"黑洞"，这个"黑洞"何时能填满，现在依然看不到尽头。

接下来再来看一看美国国债。传统上，美国一直是债券投资的最安全的避风港，但是现在美国债券市场即使在长期来看也似乎不稳定了。这种观察结论好像有点反直觉，但事实确实如此。自 2008 年至 2009 年金融危机以来，美国国债市场的资产总额从 4.5 美元升跃至接近 13 万亿美元。更大的问题是，美国金融体系近年来的结构性变化为美国政府债券创造了一系列越来越不稳定的高流动性市场，它通常由追求高风险的影子银行家把持买卖。一个潜在的危机反映在，一些企业越来越频繁地利用这些债券以回购协议的形式借入短期贷款，目的是为长期投资提供资金。

回购协议是这样操作的：企业以政府债券做抵押品，从投资者（通常是影子银行家）手中借入短期资金。如果短期投资的价格崩溃了，那么企业就会出售债券，从而导致流动性的严重不足，进而将美国国债的价格拉低至过低水平，致使债券利率上升。因此，在美国金融体系和债券市场中，回购市场是一个具有严重脆弱性（详见下文）的市场。如果回购市场崩溃，那么美国国债市场就会面临潜在的、巨大的不稳定性。2008 年至 2009 年金融危机中的贝尔斯登和雷曼兄弟等投资银行的情况就是如此。这些银行大量借款，严重依赖回购融资，因此当回购市场崩溃时，它们也就倒下了。现在价值 9 万亿美元的美国国债市场的持续大幅增长（大部分国债的利率都相当低），也会导致类似的问题，因为美国政府在未来几年里需要为它们再融资，融资的利率几乎可以肯定会更高。从短期的角度来看，任何一项价值数万亿美元的资产，如果持续大幅急速增长，那么从来都不会有什么好结果（至少在短期内肯定如此），2001 年科技网络股票热潮、2007 年之前的次级住房债券市场泡沫，以及 2015 年的中国股市泡沫……一再证明了这一点。

正如下面的内容将会更详细地阐明的一样，在中国，企业债券市场已经爆发性地增长到了不可持续的水平，就像 2015 年的股票市场一样。虽然中国的大部分企业债券都不是以美元计价发行的，但是由于其总数自 2008 年以来增加的实在太多了，而近期需要完成再融资的债券数额极高，因此所需的货币资金就成了一个严重的问题。有人质疑，中国私人企业债务真的可以成功地再融资吗？根据中国政府发布的银行业报告，仅 2018 年一年，就有 5 万亿元（大约相当于 8 000 亿美元）债券需要再融资或展期；2018 年之前和之后，每年也都有几百亿美元。

从全球来看，新兴市场经济体的企业债券和政府债券、中国的企业债券、与回购市场相关的债券，以及欧元区内经济次发达国家的政府债券，数额都特别高，而且近期都面临着非常棘手的还款问题。这说明，不断膨胀的全球债券市场已经出现了严重的"裂缝"，而且"裂缝"还在日益扩大。

### 新兴市场经济体的企业债务

新兴市场经济体的企业债务问题，不仅仅是过度发行的问题（无论是以本国货币计价发行，还是以美元计价发行），而且还是是非债券债务，即企业贷款的问题。在拉丁美洲，还有一个特殊的问题，那就是，债务的高美元占比结构，即大多数债务都是以美元计价发行的。新兴市场经济体的企业债务已经从 2007 年的 5.5 万亿美元上升到了 2015 年的 18 万亿美元，即使暂且把中国排除在外，它们以美元计价发行的企业债务也已经增加了近 2 万亿美元。而在中国，企业债务已经从 2 万亿美元增加到了大约 12 万亿美元。总体算起来，中国之外的新兴市场经济体的企业债务增加了三倍多，而中国的企业债务则增加了六倍。企业债务以这种规模和幅度增长的步伐是不可能永远不会停的，而一旦停下来，肯定会很"难看"

同样的风险分析也适用于新兴市场经济体偿还债务的能力——无论债券债务还是贷款债务。相比较而言，贷款债务的规模更大，因此它带来的问题和潜在的金融不稳定性也更大。随着新兴市场经济体的经济陷入衰退或持续停滞，偿债将变得更加困难。

### 中国的金融市场

与其他新兴市场经济体的金融市场相比，中国的金融市场可能更加不稳定，而且由于中国经济和金融市场规模特别庞大，因而也就"更有能力"引发全球性的金融危机。关于中国的股票市场和企业债券市场的不稳定性问题，我们已经在上面作过详细讨论了。除这两个市场之外，中国还有三个规模很大的金融市场，它们分别是：地方政府融资平台、理财产品，以及所谓的"委托贷款"。在所有这三个金融市场中，影子银行都深深地参与进去了，它们提供大量信贷，使债务过度杠杆化，从而导致这三个市场特别不稳定。

地方政府融资平台是中国地方政府在国有银行提供的融资之外，为基础设施、商业设施和住宅建设提供融资的通道。大部分地方政府融资平台的融资都是通过影子银行来实现的，然后地方政府通过出售从私人所有者手里买来的土地的收入来偿还债务。问题是，出售土地的所得已经基本用罄，但是债务却依然未清偿，而且正是在债务急剧增长的过程中，房地产价格的泡沫也越来越大。现在，中国政府正忙于给泡沫"放气"，但这意味着以前发生的真实债务上升了，同时用于偿付债务的收入（征地后再出售）却减少了。在2007年的时候，地方政府融资平台债务约占中国GDP的20%，即5 050亿美元左右；而到了2014年，占比上升到了40%，即大约3.8万亿美元。

据估计，在中国目前超过3万亿美元的所有不良债务当中，超过30%的是地方政府融资平台债务。这意味着，其中有1万亿美元的地方政府融资平台债务已经处于技术违约状态。对此，中国政府的解决办法是，以更低的利率对债务进行展期。这种做法是否行得通并能否持续下去，仍有待观察，因为在接下来的2016年至2018年，中国必须重新融资的债务将超过7万亿美元。或许从 2016 年开始，地方政府融资平台违约的潜在传导效应可能对中国乃至整个全球经济产生重大影响。

第二类具有潜在不稳定性的重要金融资产是财富资产产品或通常所说的"理财产品"。理财产品在很大程度上也是由影子银行提供的，它实际是销售给富有的投资者的资产包，通常包括大约三分之一的股票、三分之一的地方政府债务，以及三分之一的中小型企业和国有企业的工业贷款（这些企业需要资金）。然而，这种债务是不透明的，它位于"资产负债表之外"，而不会出现在银行或其他机构的账簿上。与地方政府融资平台一样，这类金融资产的增长也非常迅猛，从 2007 年的几千亿美元增加到 2014 年的 2.9 万亿美元。由于与股票和房地产挂钩，因此理财产品在 2015 年的估值也大幅下跌，而且变得高度不稳定。

中国金融市场第三类具有严重问题的金融资产是"委托贷款"。委托贷款与中国最重要的影子银行（即所谓的"信托机构"）和中国银行系统密切关联。委托贷款是向中国工业企业特别是生产煤炭、钢铁和其他工业产品的国有企业提供的一种"垃圾贷款"，这些国有企业受困于中国经济增长的持续放缓和全球对中国钢铁等重大产品的需求的大幅下降。但是，这种委托贷款是高杠杆的，因此波动性极大。如果金融资产通货紧缩在中国金融市场上蔓延，例如股市崩盘、房地产价格持续下降、地方政府融资平台债务高筑，以及理财产品的价值进一步下降，那么委托贷款也将难逃厄运。与地方政府融资平台和理财产品一样，委托贷款的增速也非常快，从 2007 年的 2 720 亿美元猛增到 2011 年的 3 万亿美元。

上述三个金融资产市场（地方政府融资平台、理财产品和委托贷款），体现的是超过 10 万亿美元的潜在的、高度不稳定的私人企业的债务。再考虑到中国股票市场和一般企业债务的不稳定性情况，中国发生金融危机的可能性绝对不是微不足道。不过，中国拥有非常充足的外汇资产储备，因此，中国政府应该有能力对重大危机作出快速反应。然而，上述所有因素的综合效应在短期内产生的压倒性后果，也有可能让政府的任何反应都无法消除投资者的巨大恐慌，而投资者的恐慌（抛售）则可能导致金融市场的巨大收缩，致使实体经济紧随其后受到急挫——要知道，中国的实体经济增速早就开始放缓了。

### 美国的金融市场

今天的美国金融市场不是导致全球经济不稳定的主要因素。在 2008 年至 2009 年金融危机之后，美国联邦储备委员会注入的天量流动性抵消了多数大型银行、影子银行，以及私人投资者大户的金融资产损失。这一损失最后转移到了美国联邦储备委员会的资产负债表上。不过，私人债务并没有消失，它只是被转移了。然而，无论如何，美国的其他几个金融市场还是有可能造成全球金融的不稳定的。

我们在前面已经讨论过美国的垃圾债券市场和回购市场，以及回购市场上美国国债的"战略"关系和债券流动性问题。自 2008 年至 2009 年金融危机以来，共同基金的总资产增速也大大加快了，这反映了如下事实：美国联邦储备委员会注入流动性后，股票和债券的暴涨导致了金融财富的超常增长。不过，共同基金的规模大小也与回购市场有关；如果回购市场出现重大流动性问题，那么共同基金就会面临风险，债券也一样。因此，美国政府和美国联邦储备委员会正在努力改革和"保护"回购市场和共同基金市场，希望这两个市场在未来不会出现不稳定性事件。然而，很难说这种政策能够奏效。

其他不稳定性不断加大的市场还包括杠杆贷款市场和交易所交易基金（ETF）市场。由于商业银行和影子银行一直在向参与并购活动的企业和投资者提供高杠杆债务，因此这导致并购活动创下了历史新高（增长了 179%）。激增的并购活动，再加上同样激增的上市公司的股票回购（增长了 287%），在过去一年里使美国股市产生了大量投机收益。在这个市场上，一家名为"黑石集团"的影子银行控制了超过三分之一（即 1 万亿美元）的资产。根据全球商业研究公司 Dealogic 提供的数据，自 2013 年以来，全球并购投资总额已经上升到了 4.6 万亿美元，而 2009 年仅为 2.2 万亿美元。这些贷款是用于长期投资的短期贷款的典型代表，而这种做法正是金融不稳定性的一个典型要件。交易所交易基金是一种新的金融创新，它允许投资者将股票、债券、共同基金和其他资产"捆绑"在一起，然后就像买卖股票一样进行交易。因为交易所交易基金将股票、债券等"融合"成了一项金融资产，使其成为一种证券化的资产。而且因为该资产的价格每一分、每一秒都在变化，所以其波动性极大，并且会随着"被捆绑进来"的任何一个资产市场的证券的崩溃而崩溃。例如，在 2015 年 8 月 24 日，黑石集团支持的交易所交易基金就出现了闪电崩盘，短时间内下跌幅度超过 30%。

具有固定收益的养老基金、州和地方债券也可能是不稳定的，它们都还没有完全从上一次危机中恢复过来。具有固定收益的养老基金的表现取决于一般利率能否稳定地保持在足够高的水平上，因为只有这样才能确保投资回报足以支付退休金。但是近十年来，中央银行的利率几近于零，给养老基金的回报造成了重大损失，迫使养老基金另行对有风险的资产进行投资，以寻求更好的收益（回报）。自 2008 年至 2009 年金融崩溃以来，美国的许多州、城市以及地方政府的公共部门的养老基金都遭受了重大损失，并且至今仍未挽回损失，因而这种养老基金现在也面临着很大的风险。并且，具有固定收益的养老基金的情况在各个不同地区之间是非常不平衡的，如果再爆发一次金融危机，那么市政债券的利率无疑会进一步上升，那将导致许多州和地方政府出现财政危机，其严重程度将远远超过上一次金融危机。

美国消费金融和债务的另一个市场是学生贷款市场。近年来，这个市场已经从原来的几千亿美元增加到了超过 1.3 万亿美元。虽然目前它还不是金融不稳定性的主要影响因素之一，但是学生债务已然成了实体经济特别是消费经济的重要拖累之一。这是一种很奇特的资产安排，联邦政府能够从中获得巨额利润，而且其中许多部分（不是所有部分）会被合法地从私人银行中划走。

### 欧洲的金融市场

欧元区各国政府的主权贷款和债务仍是该区域的一个主要问题。债务分布严重不均衡，使得债务问题在政治上更具爆炸性，特别是欧元区内的经济次发达国家。欧元区的货币政策和财政政策也进一步加剧了该区域的债务问题，导致政府债券利率在受影响的那些国家中仍然过高，同时却又使得德国和其他一些国家的债券利率变为负值，这必将对欧元区乃至欧洲的经济产生重大影响，尽管具体的后果现在还无从知晓。

为此有人提出了一个解决方案，即发行一种被称为"有条件可转换债券"（Coco bond）的新债券。设计这种新债券的目的是，当发生金融危机时，可以将债券转换为股票。因为它是可转换的，并且转换为股票后有可能要承担几乎全部的损失，因此发行该债券需要支付给投资者较高的利率。换句话说，有条件可转换债券的风险更高，它是政府模拟垃圾债券的结果。许多投资者拼命寻找更高的收益率，所以买入了很多这种债券。但是，如果欧洲发生严重的不稳定性事件，那么有条件可转换债券将很快就会失去其大部分价值。

欧洲的一般政府债务问题在金融危机结束后并没有得到解决，反倒进一步恶化了，再加上经济增长陷入停滞，从而导致欧元区乃至整个欧洲的银行资产负债表上积累的不良债务居高不下，仅欧元区的不良贷款和债券债务就高达 1 万亿美元左右。欧元区的情况与中国一样，其他新兴市场经济体的情况则更糟糕一些。任何区域的任何不良债务水平高企的企业，在下一次危机来临时，通常都将成为最先违约的企业。

### 其他全球金融市场

最后两个与全球经济系统脆弱性相关的金融市场是外汇交易市场和衍生品投机市场。

正如前述表 11-1 给出的数据所表明的，自 2009 年以来，外汇交易市场的交易量出现了爆炸性增长，对此，各国中央银行大量注入的流动性可谓"功不可没"，因为其中很大一部分都进入了全球外汇交易市场和衍生品投机市场。全球外汇市场每天的交易量几乎翻了一番，达到 5.3 万亿美元，其中很大一部分都是由各国的中央银行、商业银行和全球性大公司进行操作的，但是也有超过 10% 的交易是由"散户"——专业投机者、对冲基金甚至小投资者——参与操作完成的。直到最近，许多交易者仍然在利用信用卡贷款为这种交易融资。一些国家的政府一方面不断通过量化宽松政策注入流动性，致使流动性过剩，从而进一步加剧货币战争的升级和外汇市场的波动。另一方面，一些国家则试图通过本币贬值来获得出口竞争中的暂时优势，这也使得外汇市场波动性上升，从而吸引了更多的影子银行家和投机者。这就导致货币市场更容易受金融投机行为的影响，进而对经济政策形成不利影响，对经济发展造成破坏。

除此之外，全球经济还面临着另一重挑战，那就是，金融衍生产品——利率掉期、信用违约掉期和其他金融创新产品——所扮演的角色越来越重要、影响面和传导效应不断增大，加剧了这一产品价格的波动。据估计，衍生品的名义价值现在已经超过 700 万亿美元。但是，这还不是最重要的，实际上，以衍生品"总价值"衡量的"潜在损失值"影响更为重大。虽然衍生品的总价值和潜在损失值还远远没有达到 700 万亿美元，但是也达到了 21 万亿美元，比 2008 年的 15 万亿美元高出了许多。这意味着衍生品价值及其潜在的极端金融不稳定性因素并未减少（在 2008 年至 2009 年的金融危机中，衍生品与生俱来的潜在的极端金融不稳定性表现得非常清楚）。事实上，衍生品仍在不断地"成长"，甚至出现了一系列"创新"的衍生品投机形式。一个例子是信用违约掉期的"掉期期权"（swaptions）市场。在这个市场上，投机者就信用违约掉期的变动进行"对赌"。信用违约掉期是一个"赌局"，如果赌金融资产价值将大幅缩水，那么届时就将可以获得一笔收益；而掉期期权则是一个深化的"赌局"，即对作为一种金融证券的信用违约掉期的指数的变动进行打赌。

衍生品交易量的增长极为迅速，在 2014 年达到了创纪录的水平。这种交易以前主要集中在美国和英国，而今甚至在南亚国家也获得了空前的发展，特别是在泰国、新加坡和马来西亚。日本更早就开始了大规模的衍生品交易。欧洲也在试图促进这种交易。中国将于 2015 年在上海证券交易所开设一个衍生品交易部门。

### 证券化金融资产市场

衍生品是资产证券化的一种形式。"资产证券化"的含义是将其他"离散"的资产"捆绑"到一起，形成一项新的金融资产，然后进行"包装"，之后将它作为一种独立的金融证券转售出去。证券化的金融资产是 2008 年至 2009 年金融危机发生的核心因素所在。然而正如之前所论及的，尽管在上一次金融危机中它扮演了关键的角色并对风险的跨市场传导起到了显著作用，但如今在美国、欧洲，证券化金融资产似乎又"归来了"，尤其是所谓的"抵押贷款债务"（CLO），现在已经成了银团企业贷款市场的第二大业务。实际上，它是杠杆贷款所产生的不稳定性的核心因素。此外，次级类资产的证券化产品也已经回到了消费市场上，这次它不但以次级住宅抵押贷款的形式出现，而且还以次级汽车贷款的形式出现。同时，在欧元区，也正在实施一项"大工程"，即在"跨国资本市场项目"的名义下，恢复并扩大欧元区的证券化贷款和债务市场。2012 年，中国也推出了一个庞大的证券化市场计划。当然，虽然现在的证券化资产（不包括衍生品）不一定具有像 2008 年至 2009 年那样的潜在的不稳定性，但是无论如何，它将再次在金融市场上发挥着重大作用。

## 金融资产投资转向、金融脆弱性和不稳定性

上述分析表明，全球金融资产市场一直在迅速扩张，在过去八年来，交易量已经从 2007 年的不足 100 万亿美元增加到了 2014 年的 200 万亿美元。如果没有流动性、信贷以及在过去几十年里极端杠杆化的债务的爆发式增长，金融资产价格是不可能如此急剧地膨胀到如此惊人的水平的。流动性和信用债务最终都转化成了金融资产，继而向金融资产投资的转向造就了我们今天目睹的创历史纪录的金融资产规模，同时还有伴随其而来的所有金融脆弱性和不稳定性。从目前来看，2008 年至 2009 年金融危机结束后并未阻止这种转向，当然更没有扭转这种转向，同时也没有减少伴随着流动性和债务巨量增长而来的对金融资产价格的投机。如果非要说金融危机之后的各种条件和政策真的造成了什么后果，那么只能说实际上加速了这种转向。

但是，上面阐述的所有这些导致金融资产投资转向和金融不稳定性的驱动因素，其实只是很小的一部分，并不是全部。流动性、信贷、债务、杠杆化、投机以及为极少数人创造的超额利润，都不是发生在真空中的，都必然有一个社会背景、有一个制度框架，以及社会阶层结构的深刻变化。流动性必须以这种方式而不是以其他方式管理、某些机构必须提供信贷、一些人的借款必须发生……这样才会出现上述所论及的转向，必须形成一个特定的金融结构，所有这一切才有可能发生；无数新的、全球性的高流动性金融资产市场的创建和扩张，以及原有的金融机构的转型和膨胀，才能使得这种金融结构被创造出来。这个转向还需要新的金融证券及其相应的金融机构——在高流动性的市场上，管理和买卖这些新证券的正是这些新机构。而且，更具根本性意义的是，它还意味着一个全新的金融资本精英阶层的形成，正是他们通过重构后的全球金融机构网络买入和卖出这些新的金融证券。

因此，在下一章中，我们将讨论自 20 世纪 70 年代以来的全球金融机构重构问题。上面所说的一切——新的金融市场、金融机构、金融产品和金融资本精英——都是这几十年来全球金融结构调整的产物。而正是这一切，使得金融资产投资转向得以实现，以及这种转向的所有后果得以产生。

# 第12章　金融市场的结构性变化

前面第11章描述了各类金融资产市场以及与这些市场相关的金融证券。从根本上说，所有这些市场、资产和作为金融资产投资的关键子集的金融投机活动之所以出现，是因为如下原因：第二次世界大战结束后，世界各国中央银行提供的流动性出现了爆发式增长；随后又于20世纪70年代布雷顿森林体系崩溃后进一步增长；再后来因20世纪80年代全球放松金融管制、取消对全球资本流动的管控后在地理空间上跨国流动起来；最后随着20世纪90年代之后互联网技术的出现，全球金融资本在国家之间的流动频繁和便捷因而进一步加速增长。

截至20世纪90年代末，全球流动性加速增长和流动的所有关键要素都具备了。从过往的历史看，通常金融危机只在一定地理区域内传播，比如说，仅限日本国内的银行或者北欧各国的银行；美国在20世纪80年代末和90年代初发生的住房和垃圾债券危机，也是如此。但是，20世纪90年代末之后，危机开始"全球化"了，即突破地理区域的限制开始跨境蔓延：1997年至1998年的亚洲金融危机只是其中一个比较突出的例子；20世纪末期源于墨西哥、俄罗斯和阿根廷等国的多次主权债务危机都蔓延到了其他国家。这些都绝不是偶然的。

## 从流动性和债务到新的金融结构

2000年的流动性爆炸是一个重要的节点，它说明，不但中央银行（政府）可以利用注入"法定"货币这种形式来实现流动性扩张，而且其他主体也可以利用金融工程以"内部信贷"的方式来实现流动性扩张。这里所说的"内部信贷"，具体表现为各种各样的金融衍生产品以及其他形式的"创新"金融证券。作为这些金融证券的基础抵押价值，会随着金融资产证券价格的上涨而迅速提高，从而为进一步的贷款和形成债务打下基础；这些进一步的贷款和新形成的债务又将被用于其他金融资产的投资……如此循环，不断"创新"下去。

中央银行发行的法定货币过剩了，就需要私人银行将这些货币借给投资者。流动性很高的全球金融市场的扩张，则为投资者提供了利用私人银行发放的信贷获利的机会。这些投资者会在自己选中的高流动性的全球金融市场上进行投资，这样也就相应提高了杠杆率（借入资金与投资者自有资金的比率）。随着金融衍生产品（金融证券的一种形式）不断地"攻城掠地"，证券化金融资产（将衍生品捆绑在一起创造出来新的金融产品）的泡沫也在不断地膨胀。这些都会形成"超杠杆债务"。这里所说的"超杠杆债务"是指借款所产生的债务，即为了买入用更早的金融资产创造出来的新金融资产。证券化＋杠杆＋内部信贷（基于此前创造和购买的金融资产的价格不断上涨所形成的债务），意味着金融资产需求的增加和金融资产泡沫的膨胀。

但是，所有这些仍然只代表了投资转向金融资产这个过程中的"市场和证券侧因素"，我们还需要搞清楚这个转向的"结构侧"因素。在这种高流动性的、快速扩张的金融资产证券市场结构中，到底是哪些人在进行金融投资呢？这一结构的主要制度因素是什么？……要想解释金融资产投资转向及其对实体经济的影响，包括导致实体经济投资下降、商品和服务通货紧缩、金融不稳定性等，我们就必须先剖析如下三个关键因素：市场和证券不断变化的结构、新金融制度结构，以及新金融资本家阶层结构。

各种各样的高流动性全球金融市场的不断扩张，使得大量全新的金融工具得以在这些市场上涌现和出售，它与向新金融资本精英出售这些金融工具的金融机构，共同构成了一个宽泛意义上的"结构"。这一结构是 21 世纪资本主义金融变革的基础，如果不深入剖析，就不可能准确理解近几十年来的金融脆弱性和不稳定性，也不能准确地预测其未来的轨迹。

向金融资产投资转向需要上述三个因素。如果没有使得这种转向得以发生的结构变化，那么流动性和债务的爆炸就会没有"出口"；或者也可以说，这种结构变化为金融资产投资转向"提供了出口"。此外，在这里，因果是互为相向并互相转化的，因此这种转向还会促成新的"开放"的金融结构的全球性变化。流动性—债务升级、结构变化、流动性金融市场的扩张等所产生的一系列后果，反过来又导致了经济的系统脆弱性；而脆弱性的定期爆发，又引发和加剧了金融的不稳定性。

经济的系统脆弱性越高，金融不稳定性事件爆发的频次就会越高，后果也越严重，随后实体经济的收缩会越深入和持久。当巨大的金融泡沫破灭时（"巨大"是指泡沫的规模、范围、深度和广度都有足够大的意思），资产的倒金字塔形结构就会轰然垮塌。在下一次金融危机爆发前夕，经济的系统脆弱性的广度和深度都将使得传统的财政政策和货币政策不太有效，进而使得它们无法给危机后的经济带来强劲的复苏。不仅如此，金融不稳定性事件还会频繁发生，并导致实体经济出现更大面积、更深度的收缩，1929 年至1934 年美国大萧条期间的情形就是如此。之所以如此，部分是因为这些政策实施的效果影响面大，很难在短时间内见效。另一方面，如果政府虽然出台了财政政策和货币政策，但是实施的效果却过于疲弱或迟缓，那么实体经济的停滞也可能会持续相当长的时间。持续的经济脆弱性效应会导致短暂的、小规模的经济收缩重复出现，紧随其后的是疲弱的、无法持续的复苏，美国在 1907 年到 1913 年间以及 2009 年至 2014 年间发生的情形就是如此。

本书第 11 章已经简要分析了与金融资产投资转向相关度最高的那些高流动性金融市场和金融证券。本章描述的全球"影子银行"的制度框架以及金融资产投资转向，就是在这个框架内得以实现的。接下来我们将先分析新出现的全球金融资本精英是如何成为与制度框架同样重要的促成金融资产投资转向的一个要素的。在一些媒体的新闻记者笔下，"市场"往往被描述成了具有"情绪"的、会对实际情况反应过度或无动于衷的东西。但实际上，将市场比喻为"行为主体"并不比将企业比喻为"人"更加高明。在金融资产投资这个专业领域，行为主体是人，即专业或准专业的投资者、机构和散户，他们就是"市场"。他们是我们识别新金融资本精英的切入点，他们是整个过程的驱动力量，他们当然也是金融资产投资转向的引领者。

## 什么是影子银行?

在这里我们要提请读者注意的是，对于"影子银行"有好几个不同的定义，其中有一些是狭义的，另一些则是广义的（更具"包容"性）。这种区分很重要。

我们先来看看"影子银行"的"官方定义"：一则来自美国联邦储备委员会的《资金流动报告》；[①]另一则则出自国际货币基金组织的《全球金融不稳定性的报告》。[②]请注意，我们在这里说的是"官方定义"，因为在本书作者看来，这两个机构的定义都未能准确地、全面地界定当今全球金融体系中的影子银行的范围、规模和意义。

事实上，影子银行是由好几个"子银行"组成的：第一，基本影子银行；第二，混合影子银行，即介于商业银行与影子银行之间的银行；第三，嵌入式影子银行；第四，新兴影子银行。

美国联邦储备委员会在《资金流动报告》中给出的定义，甚至连基本影子银行的很大一部分都没有涵盖进去，而所有其他类型的影子银行，则几乎都被排除在外了。例如，在基本影子银行中，虽然《资金流动报告》承认影子银行在 2000 年后急剧膨胀，其规模在 2005 年超过传统银行，但却认定影子银行在 2008 年之后急剧收缩，而美国的传统商业银行的资产则持续增长（尽管比 2008 年之前更慢一些）。美国联邦储备委员会声称，在 2007 年的时候，传统银行的总资产大约为 10 万亿美元，而影子银行则达到 13 万亿美元；不过在 2008 年之后，两者之间的比例出现了逆转，尤其到了 2011 年的时候，传统银行的资产达到 13 万亿美元，而影子银行则下降到 8.5 万亿美元。我们认为，问题就在这里。根据《资金流动报告》给出的定义，影子银行仅限于那些交易商业票据、债券回购协议、资产证券化和货币市场共同基金的金融机构。[③]它明确排除养老基金、保险公司、对冲基金和其他各种类型的投资基金、金融公司等许多其他金融机构，这些金融机构或直接参与金融资

① 　美国联邦储备委员会，《资金流动报告》（历史年报），2014 年 12 月 11 日。
② 　载国际货币基金组织，《全球影子银行：规模多大和风险多高》，引自《全球金融不稳定性的报告：风险承担、流动性和影子银行》，2014 年 10 月。
③ 　美国联邦储备委员会，引自《金融危机调查委员会报告》，图 2-1，第 32 页。

产市场，或代表自己的客户（和公共投资者）间接参与金融资产市场，甚或两者兼而有之。如果扩大《资金流动报告》对影子银行的定义，那么仅仅在美国，影子银行持有的资产就会增加数十万亿美元。另外，《资金流动报告》对影子银行的定义，只包括了国内的影子银行，而且美国联邦储备委员会的官方估计中也没有考虑到影子银行的全球性，因此也低估了美国以外的影子银行。

《资金流动报告》过于狭隘的定义也完全忽略了混合影子银行。这就是说，它没有考虑到传统银行与影子银行之间的关系，也没有注意到传统银行内部出现的"类影子银行"行为。传统银行——有时被称为商业银行——通常出借资金给影子银行，因为后者不能直接获得美国中央银行向商业银行提供的几乎无息的资金（当然，在 2008 年之后，这一点已经有所变化）。总之，商业银行以极低的利率或无息获得贷款，然后出借给影子银行，由后者在高风险、高流动性的全球金融市场上进行投机。影子银行有时也会出借资金给传统的商业银行，这些商业银行也可以在金融市场上进行投机，但是它们的行为因受到法律法规的约束和限制，因此不可能像影子银行那样无所顾忌。传统的商业银行参与投机的主要方式是，贷款给那些进行高风险金融投资活动的影子银行，而后者则将高回报中的一部分返还给商业银行。由于影子银行不受法律法规约束，也不受最低储备金标准的限制，因此它们通常将大部分资本都投入到高风险的金融市场上去，并运用来自商业银行的（杠杆）贷款去投机。当某个影子银行因债务过度杠杆化而变得非常脆弱，以及可以用来偿还债务的收益又在下降时，商业银行或其他影子银行就会拒绝贷款，这时，该影子银行便行将崩溃。2008 年贝尔斯登和雷曼兄弟等投资银行的情况就是这样。当然，如果政府以某种方式进行救助，那又另当别论。政府的救助方式包括：由中央银行直接注入流动性；贷款担保（2008 年，当花旗集团和美国银行在技术上已经破产时，政府就采取了这种救助方式）；强制合并重组；向政府发行优先股并由政府买下银行坏账，之后将坏账转移给国家所有的"坏账银行"或资产管理公司，等等。

早在 2008 年前，传统商业银行就已经广泛而深入地参与了影子银行的业务。许多商业银行都建立了自己的"资产负债表外"的对冲基金和其他投资工具。直到今天，它们仍然在通过投机衍生证券、买卖高风险的垃圾债券、在回购市场上扮演"金融中介"的角色等直接参与影子银行的业务。尽管2008年之后，政府在加强金融监管方面进行了很多尝试，但是依然未能阻断传统商业银行与影子银行之间通过各种各样投机性金融资产捆绑在一起的密切关系。它们之间的这种互连互通，潜藏着巨大的传导效应。它们二者之间的界线依然非常模糊。由于当前的市场焦点正在转向金融资产投资，而且由于影子银行和传统银行都参与了金融资产市场的投机，因此通过某种定义将影子银行和传统商业银行硬性地分开（如果同时又要坚持定义必须符合现实的话）是不可行的。

　　《资金流动报告》对影子银行的狭隘定义还忽视了大型非银行跨国公司在金融资产市场上的投资和投机行为。其实这就是所谓的嵌入式影子银行，即非金融企业内部的部门实际上作为影子银行来进行运作。财富500强跨国公司的大部分海外收入其实都来自这些公司的金融投资部门。例如，在2008年之前，通用汽车公司的大部分利润都来自其金融部门，即通用汽车金融服务公司（GMAC）。类似地，通用电气公司也有自己的借贷部门，即通用电气信贷公司。在2008年以前，非金融跨国公司的这类金融部门从金融投资中获得了非常可观的收益；但是2008年之后，它们的损失也非常大。与普通公众的看法相反，实际上导致通用汽车公司出现创纪录亏损并在2008年至2009年间几近破产，并不是它对SUV和其他"油老虎式"车型投资的失败，而是其汽车金融服务公司的巨大亏损，因为后者曾经大举投机次级抵押债券。后来，美国政府动用了900亿美元救助了通用汽车公司和美国汽车业；接受救助后，通用汽车公司不得不剥离其汽车金融服务公司，后者之后重组成了一家传统意义上的商业银行，更名为"联合金融"（Ally Financial）。类似地，通用电气公司的通用电气信贷公司也剥离了其大部分信贷业务。不过，尽管一些巨型公司出现了这些变化，但是基本事实仍然是，财富500强跨国公司的金融部门继续在大量投资各种金融资产，包括衍生产品，并从这种投资活动中获得了可观的收益（据估计，这种收益大约平均占它们总收益的25%[①]）。因此，毫不奇怪的是，在2010年美国国会准备通过《多德—弗兰克金融监管法案》时，非银行跨国公司进行了大量游说活动，以保证自己不会被禁止投资衍生

---

① 格里塔·克里普纳（Greta Krippner）：《利用危机：金融崛起的政治起源》，哈佛大学出版社，2011年；以及显示投资组合收益与利润之比的数据。

产品和其他高风险金融资产。它们的游说很成功，奥巴马政府和国会将它们排除在了该法案的适用范围之外。因此，我们必须把非银行跨国公司的"嵌入式影子银行"包括在影子银行的定义之内。

新兴影子银行是 2009 年之后才出现的，但是成长非常迅速，它不但在美国出现，而且还出现在了欧洲和世界其他地方。这类影子银行就是人们所称的"众筹"贷款公司，或者公众直接贷款公司、另类贷款公司、网贷公司，例如"借款俱乐部"（lending club），就是其中的一例。基本影子银行和混合影子银行通常也参与这类业务，即将资金借给这种新涌现出来的在线的、采取众筹方式的"另类"金融实体，然后由它们借给投资者。资本流动方向也可能是"另类"的，即个人投资者将他们的资本汇集起来，然后借给对冲基金公司或私募股权公司，或资产管理公司，后者再在各种金融市场上进行投机。无论资金流向哪里，关键在于我们必须认识到一种新的、快速成长的影子银行已经涌现出来了，而且成了资金流去向的一个点。

《资金流动报告》对影子银行的定义的问题在于，它只把影子银行设想为一种"金融中介"，即将银行资本从传统商业银行中"倒腾"出来，然后提供给那些想在高风险金融资产上进行投机的投资者，因为传统商业银行是不能直接贷款给这样的投资者的。有人表示支持影子银行发挥这种"金融中介"的职能，理由是它们能够将资本分配到比传统商业银行更有效率的地方，这是很可贵的。但是，影子银行绝不只是"金融中间"，它们还直接进行投资并间接为投资者进行投资，同时还从富有的投资者那里募集资本。从根本上说，影子银行的作用并不仅仅是投资者与传统银行之间的中介机构，它们还会导致债务和资本流动的不稳定、吹大金融资产泡沫、造成虚假金融繁荣……这些在宏观经济意义上都只与"低效率"有关。然而，在主流经济学家圈子和财经媒体界，盛行的是美妙的幻想和高度意识形态化的论断：影子银行在某种程度上是高效的，因此对于全球金融体系来说，影子银行是个"好东西"。

国际货币基金组织的《全球金融不稳定性报告》对影子银行的定义，要比《资本流动报考》的定义宽泛得多。该定义涵盖了更多类型的影子银行（尽管不是全部）。这些影子银行已经成了美国和英国的金融体系中的主导银行，而在欧洲金融体系的版图中也在不断扩大，甚至在中国也造成了重大的金融不稳定。

在 2010 年之前，中国几乎不存在影子银行，在欧洲的影响也非常小。直到最近，无论是欧洲的还是中国的都有这样一个明显的特点，即银行向非金融企业提供的贷款是至关重要的。这体现了资本主义经济的一个传统观点：贷款给企业的银行如果提供更低的利率，那么就会刺激更多的银行贷款；更低的利率是中央银行提供额外的流动性、增加更多货币供给的结果。确实，从传统意义上讲，较低的利率会刺激非金融企业对贷款的需求，进而会产生更多的投资，创造更多的工作岗位和收入，同时带来经济复苏。但是，现在这种情况基本上已经不复存在了。21 世纪的资本主义经济发展在很大程度上不是由进入实体经济的传统商业银行贷款驱动的，而是更多的由所谓的"资本市场"驱动的。现如今有了高度流动的全球金融资产市场，企业和投资者在这里就可以买卖债务，而不是以贷款的形式从银行借款。债务发行的主渠道已经变成了影子银行体系了。

各发达经济体的中央银行已经将利率保持在无限接近于零的水准超过五年了，它们为传统银行提供了几乎没有任何成本的几十万亿美元资金。据称，这种政策是为了刺激传统银行给实体经济提供贷款，但是这种情况实际并未发生。此外，它们还以量化宽松的形式提供了近 10 万亿美元的流动性。这难道不是传统银行和传统货币体系已经分崩离析的证据吗？"疯狂"的定义是，一遍又一遍地重复做着没有意义的事情。现在各国中央银行年复一年地犯同样的错误（并年复一年地得到同样的、与它们意图相反的结果），是不是也陷入了疯狂之中？各国政府和中央银行在近两年内花费了数万亿美元的资金救助传统银行，并且还源源不断地给它们注入没有成本的资金，希望它们增加对非银行企业的贷款。然而，事实却证明，这种做法和预期是何等的错误！一个相关的问题是：为什么大规模的货币注入，再加上持续五年多的创历史纪录的低利率，都没能促进私人银行贷款和实体经济投资？简单的答案是，这数十万亿美元直接通过传统银行系统直接转入了影子银行系统，而影子银行系统又反过来又将这些资金用于金融资产投资——全球股票市场、债券市场（特别是垃圾债券和其他高风险的新式债券）、衍生品交易市场、外汇交易市场，以及影子银行自己创造的其他金融资产市场。政府监管机构曾经试图控制这种资本流动，但是它们的举措既温和又无力，并没有产生什么实际效果。关键在于，问题明明出在影子银行身上，但它们却过于专注传统银行。政府监管机构和中央银行对影子银行的外部或内部信贷控制力很弱，影响也极其有限（如果说有的话）。监管部门也曾经尝试过很多办法，例如，通过提高传统银行的资本要求以减少改变流向的资本量，对影子银行提出合规性要求，改变货币市场基金的规则，在期货市场进行旨在减少影子银行系统流动性的所谓的"反向回购"，等等，但都收效甚微。

换句话说，中央银行不仅未能控制性全球的货币供给和信贷，而且还未能有效地监管影子银行并阻止其在全球货币体系中占据主导地位。它们所做的无非是，将无限的资金投入到金融系统中，首先救助传统银行，然后再抱着一个自欺欺人的理论假设（更多的货币供给和更低的利率将刺激实体经济投资，从而促进经济增长）坐等经济复苏。

中央银行提高货币供给量、降低利率，鼓励私人银行向企业提供贷款，以促进实物资产投资的增长……这些美好的传统景象已经一去不复返了。进入 21 世纪后，这种传导机制已经从根本上被颠覆了。影子银行越来越多地取代传统银行。无论中央银行向传统银行体系注入多少流动性——无论是通过量化宽松政策、零利率计划，还是通过其他创新手段——银行贷款以十多年前那种传统形式回归到实体经济中去的前景已经变得越来越渺茫了。

## 全球影子银行的规模有多大？

传统银行正在被越来越多的影子银行所取代，这种现象在美国和英国已经屡见不鲜了。正如国际货币基金组织在《全球金融不稳定性报告》中所指出的那样，美国影子银行持有的资产已经比受监管的传统银行（商业银行）的资产高出了 5 万亿美元，尽管后者的资产总额高达 10 万亿美元。根据全球性的财经媒体《金融时报》的报道，"美国资本市场已经有 75% 掌握在了非银行机构中"。[1] 与美国联邦储备委员会的《资本流动报告》给出的表格和数据相反，自 2008 年至 2009 年金融危机以来，美国影子银行的数量一直在持续增长，其增长率与传统银行相比只高不低。而且，美国目前的经济状况也

---

[1] 引自《金融时报》，2014 年 6 月 17 日，第 7 版。

"有利于影子银行的进一步发展"。在英国，影子银行资产占GDP的比例已经超过了任何其他经济体。正如英国财政部前部长、银行家戴维斯勋爵所指出的，"金融结构的全面重构正在进行中，我们恰好处在一个转折点上，银行正在释放出越来越多的资产……在未来十年或十五年的时间内，影子银行将会成为主流"。① 根据《全球金融不稳定性报告》，影子银行在欧洲和中国大行其道，并"在新兴市场经济体中迅速成长"；影子银行的表现"强于传统银行"，尤其是在各新兴市场经济体，"而在中国则更是引人瞩目"。②

《全球金融不稳定性报告》对影子银行作了更宽泛的定义，并根据这个定义给出了另一个"官方估计"③：全球影子银行在2002年控制了大约26万亿美元的资产，而到2013年年底，这个数额已经激增到了75.2万亿美元。总体趋势如下表所示：

表 12-1　全球影子银行资产增长情况（单位：万亿美元）④

| 年　份 | 控制的资产总额 |
| --- | --- |
| 2002 | 26 |
| 2007 | 62 |
| 2009 | 59 |
| 2012 | 71 |
| 2013 | 75 |
| 2014 | 81（据估计） |

## 美国的影子银行

据估计，全球影子银行的总资产约为75万亿美元，其中美国影子银行的资产就占了超过三分之一，高达25.2万亿美元。⑤ 另据估计，在2013年，美国影子银行总资产的年增加额大约为4万亿美元。这种增长速度将至少持续到2020年。⑥

---

① 帕特里克·詹尼斯（Patrick Jennings）和山姆·弗莱明（Sam Fleming）：《另类金融走出阴影》，载《金融时报》，2014年12月10，第4版。

②④⑥　国际货币基金组织，《全球金融不稳定性报告》，2014年10月，第66页。

③　基于将明显属于影子银行的机构——如对冲基金、不动产信托投资公司、信托机构、金融公司以及被《资本流动报告》遗漏的其他机构——包括进来之后的估计。

⑤　《华尔街日报》，2014年12月22日，第2版。

根据这种估计，到 2015 年年底，美国影子银行的总资产将比 2013 年增加 8 万亿美元，同时全球所有其他国家的影子银行的总资产也将至少会比 2013 年多出 4 万亿美元。因此，到 2016 年，全球影子银行的资产总额将可能高达 87 万亿美元。到那时，美国所占的份额将达到 40% 左右（大约 87 万亿美元中的大约 35 万亿美元）。无疑，这意味着天量的流动性和巨大的杠杆债务，它们都可以用于金融资产投资或投机。

如前所述，2013 年美国影子银行的总资产为大约 25 万亿美元，相比之下，美国 19 家最大的商业银行中，前 5 家的总资产仅为大约 6.5 万亿美元，[1]后 14 家的总资产则只有大约 4 万亿美元。美国所有其他受监管的银行，即大约 6 900 家小型银行或地方性银行，其总资产则仅为大约 8.15 万亿美元。这意味着，2013 年美国所有传统银行的总资产不超过 19 万亿美元，[2]因而明显低于同一年的影子银行的总资产（25 万亿美元）。到 2015 年，影子银行与传统银行之间在总资产上的差距将进一步拉大。很明显，影子银行已经成了美国经济中占主导地位的金融机构。而与此同时，影子银行在亚洲和欧洲的一些经济体中也在持续快速增长。

不过，即便是《全球金融不稳定性报告》根据其更宽泛的定义对全球影子银行的规模作出上述估计（大约 75 万亿美元），但是在本书作者看来，它也是被低估了。因为该报告只关注了作为"信贷中介"的影子银行，虽然被它列入影子银行的机构类型比《资本流动报告》更加宽泛，但是仍然不全面。现在看来，将全部有资格称为影子银行的机构都包括进来，还是有必要的。

### 中国的影子银行

最近的研究表明，在 2013 年，中国影子银行的实际规模明显大于《全球金融不稳定性报告》给出的估计。当然，到 2015 年，就超出更多了。

中国的影子银行正在以创历史纪录的速度增长，这种增长代表着"有史以来最大规模的信贷热潮"。[3]据估计，2013 年中国传统银行的总资产大约为

---

① 这是前四大银行——摩根大通、美国银行、花旗集团、富国银行——的总资产。见《华尔街日报》，2014 年 3 月 10 日，第 C6 版。

② 沙彦迪·雷斯（Shayandi Raice）：《最大额的贷款持续增长》，载《华尔街日报》，2014 年 1 月 4 日，第 82 版。该文估计占比为 44.2%。

③ 《金融时报》，2014 年 6 月 16 日，第 5 版。

26万亿美元。在2008年时，中国还不存在影子银行，但是到了2013年，中国影子银行的资产总额就达到6.5万亿美元，占比相当于传统银行的四分之一。中国当年所发放的所有信贷中，大约有一半来自影子银行。据估计，中国超过8 000个地方政府融资平台累计的债务已经相当于中国国内生产总值的36%，而在2008年的时候，完全不存在这种情况。预计到2015年，地方政府融资平台的债务将增加到占中国GDP的40%，即从2014年的大约2.9万亿美元增加到2015年的4万亿美元左右。如今，一半以上的地方政府融资平台债务都是用于为旧债"再融资"新债。[①]

　　信托机构是中国影子银行的主要形式之一。在过去12个月中，中国信托机构的总资产增加了至少1万亿美元，而地方政府融资平台的地方债券发行则翻了一番。在2014年，这两类"领先"的影子银行的总资产至少增加了4 000亿美元至5 000亿美元。这发生在前一年的爆发式增长之后——在2013年，它们总体增加了差不多1万亿美元。我们在这里再强调一次，在2008年的时候，中国没有任何实际意义上的影子银行（在这里，"实际意义"能够产生一定影响）。在股票市场上，投机性投资也在增长。2014年和2015年年初，保证金买入（融资买入）的股票市值增加了两倍。同时，作为另类贷款机构的网贷平台也出现了迅猛发展的势头。这种新型影子银行的资产规模虽然相对较小，但是发展速度却与西方国家一样，快得惊人。

　　虽然中国的影子银行似乎在很大程度上是"土生土长"的，但是全球的影子银行还是可以通过套利交易参与对中国的金融资产投资和投机的。例如，它们可以购买铜和其他大宗商品，然后转手卖给中国以换成人民币，再然后投资理财产品，比如购买中国的股票和债券，向地方政府贷款，或者通过中国的影子银行（信托基金）进行投资。这种通过离岸影子银行完成的间接影子银行投资，操纵着商品的套利交易，全都没有被包括进对中国影子银行的规模和增长率的估计当中。

### 欧洲相对落后的影子银行

　　在欧洲，除了英国，影子银行相对来说不那么发达，尤其是那些形式较

---

① 《华尔街日报》，2015年2月28日，第1版。

新的影子银行。比较传统的影子银行，如投资银行和大型商业银行中的投资银行，作用相对有限，而且增长速度也远远比不上美国、中国和亚洲其他国家的影子银行。

## 影子银行主要类别一览表

下面列出了影子银行的主要类别，其范围比《资本流动报告》和《全球金融不稳定性报告》对影子银行的定义都更加宽泛：

**基本影子银行**
　　对冲基金
　　私募股权公司
　　投资银行
　　经纪商
　　金融公司
　　养老基金
　　人寿保险公司
　　风险资本家
　　商业开发公司
　　资产管理公司
　　不动产投资信托基金（公司）
　　地方政府投资工具（地方政府融资平台）
　　共同基金
　　货币市场基金
　　信托基金
　　结构性投资工具
　　主权财富基金

**混合影子银行**
　　精品银行

　　私人银行

　　银行控股公司

　　银行资产负债表交易

## 新兴影子银行

　　众筹

　　贷款俱乐部、直接贷款

　　P2P（点对点）贷款组织

　　在线贷款网站

## 嵌入式影子银行

　　非金融跨国公司的金融部门和投资业务部门

　　当我们把从事独立的、非传统的金融业务的机构都视为影子银行时，影子银行的定义范围就会显著扩大。例如，所有形式的证券化资产投资很显然都属于影子银行业务领域；无论是发生在基本影子银行，还是发生在传统银行的"资产负债表内"；也无论是银行或其他机构在"资产负债表外"设立的特殊投资工具（或结构性投资工具），还是大型跨国公司的金融部门，都是如此。这意味着，基本影子银行与传统银行已经实现了"混同"。因此，影子银行在一定意义上是由某种金融业务来定义的，即从事这种业务的任何机构都可以被视为参与了影子银行业务。换句话说，传统银行在参与众筹、代表非银行跨国公司投资衍生品，或者经由共同基金借款以便在外汇市场上投机时，其行为就像影子银行。机构的属性由其业务定义。

　　这种业务通常指投资于风险非常高的金融资产和证券，其投资的回报率可能非常高，而且回报通常只能通过不稳定的价格波动来获得。不过，追求过高的回报必将导致金融脆弱性，进而引发金融泡沫和金融不稳定性。

　　可以界定为影子银行其他业务的活动还包括：

　　第一，在不透明的、相关资产及其真实价值很少被披露的金融市场上进行的投资，在政府监管很弱或没有政府监管的地方进行的投资，或在无清算中心等支持证券交易基础设施的地方进行的投资。影子银行投资的金融市场的"架构"通常与其他类似的市场紧密相连，因此其负面效应非常容易传导，即当某个市场出现崩溃时，就会拖累其他市场。

第二，利用高杠杆。影子银行借入资金与自有资金的比率通常为 10∶1，有时甚至更高。

第三，千方百计获取短期资金，但却用于投资长期资产；或者使用现金和准现金去投资那些难以出售的非流动性资产，比如贷款。

第四，将贷款发起人的违约风险进行转移。

例如，货币市场基金、集合证券化抵押贷款、点对点贷款和高风险"可转换债券"，这些都扩大了影子银行和"影子投资"的定义。所以，将影子银行的定义仅仅限定为"金融中介"（就像《资本流动报告》和《全球金融不稳定性报告》中的定义那样），无疑是错误的。重要的是各种机构实际从事的各种各样的影子银行业务。如果仅仅把这些业务中的"金融中介业务"（即将银行贷款与终端客户连接起来）认定为影子银行业务，那么肯定会导致人们极大地误解影子银行业务对金融系统稳定性所起的严重破坏程度。

我们需要理解清楚的是，由哪些机构进行的哪些业务会带来高风险的、高流动性的、债务杠杆驱动的、依赖短期价格上升的回报。这种类型的业务会导致金融脆弱性，进而在金融不稳定性事件爆发时加剧金融的不稳定性。

《全球金融不稳定性报告》对影子银行的定义虽然比《资本流动报告》更宽泛，但是其仍然将重点放在了仅仅作为"信贷中介"的业务上。不过，该报告承认其定义是不充分的，为此它留下了一道开放的"后门"，即基于业务的类型可以对影子银行的定义作出更宽泛的界定，然而奇怪的是，它最终却并没有好好利用这道"后门"。矛盾的是，它只承认影子银行业务的全部范围迄今为止仍属"未知"，而这"在很大程度上是因为缺乏必要的细节"。它还认为，"信贷中介"行为也不一定仅仅局限于传统银行与投资者之间，它还可能发生在影子银行与影子银行之间、投资者与影子银行之间，同时还可能涉及多家影子银行和传统银行以及多个投资者。

无论如何，以下这个结论不会有错：影子银行显然已经成了美国经济中占主导地位的金融机构，而且在亚洲和欧洲也在持续快速发展并呈现出强大的力量。

## 新金融资本精英

但是，像"市场"这样的系统并不是独立的有生命的实体，它只是真实的人的有意识活动的"产物"。真实的人做出决策，创建了各种各样的金融市场并运行它们。当然，并不是所有的人都会参与到这种活动中来，整个金融体系也只不过是人类社会的一个相对小的部分。"资本家"在人口中也只占很小的一部分，尽管全世界的"大资本家"和"小资本家"的总数已经达到数百万。从实际操作的角度来看，要想估计"新金融资本精英"（他们是影子银行业务和传统银行业务的决策者）的人数，作为第一步，我们可以先估计通常所称的"高净值个人"的人数，特别是通常所称的"非常高净值个人"或"超高净值个人"的人数。在下文中，我们有时还会把这些"高净值个人"或"非常高净值个人"或"超高净值个人"统称为"富裕人士"，因为暂时还没有找到更好的术语。其实用什么术语并不重要，重要的是这些术语代表了一个"新金融资本精英"阶层的兴起。这个阶层最初是在 20 世纪 60 年代末至 70 年代初的金融周期开始阶段形成的。自那以来，他们的人数和财富一直在增多，政治经济影响力持续扩大和增强。他们掌管着影子银行，是影子银行系统的运行者和主要决策者。他们中的许多人还是传统银行体系的高层。偶尔公众可以看到这个阶层的"大佬"，例如，沃伦·巴菲特、卡尔·伊坎等；大型对冲基金和私募股权公司的负责人，如摩根大通的杰米·戴蒙斯、皮特·彼得森。类似的还有拉丁美洲的卡洛斯·斯利姆（Carlos Slims）等。

近年来，一些全球性的咨询公司和银行的研究部门一直在试图估计新金融资本精英阶层的可投资资产总额，最值得注意的是波士顿咨询集团的年度报告、新加坡财富情报咨询公司和瑞士联合银行集团联合推出的《世界超富人士财富报告》、凯捷管理顾问公司和皇家银行财富管理公司联名发布的《世界财富报告》，以及其他一些报告。其中，最具代表性的是波士顿咨询集团的年度报告，它的数据采样源自 130 家银行、财富管理公司和政府的账户。

这些报告将"富裕人士"分成"非常高净值个人"和"超高净值个人"两类，分别计算他们的可投资资产。"非常高净值个人"可用于投资的年流动资产至少有 100 万美元。注意，这里说的是"可投资"的资产，而不是固定资产，如住房或其他"不可流动"的财产，因为固定资产无法快速变现用于投资。"超高净值个人"可用于投资的年流动资产至少为 3 000 万美元。凯捷管理顾问公司和皇家银行财富管理公司的报告估计，2013 年，全世界的"非常高净值个人"至少有大约 1 370 万个。[①]

新加坡财富情报咨询公司和瑞士联合银行集团的研究报告估计，在上述 1 370 万个"非常高净值个人"中，大约有 21.1 万人是"超高净值个人"，他们每人每年至少有 3 000 万美元的可投资资产。到 2014 年年底，这两类"富裕人士"将分别增加到 1 500 万人和 24 万人。自 2008 年以来，尽管美国经济复苏非常疲软，欧元区和日本则一再重复陷入衰退，但是在此期间，全球"富裕人士"的人数却一直在以惊人的速度增加，例如，"超高净值个人"已经从 2008 年的 13.7 万人增加到了 2012 年的 21.1 万人。[②]

有的研究报告还从"超高净值个人"的集合中进一步划分出了一个子集的"亿万富豪"，即每年可投资资产超过 1 亿美元的个人。这类投资者的人数在 2012 年时就已经超过 1.2 万了，到现在肯定进一步增多了。[③]

正如波士顿咨询集团在其 2013 年年度报告中所指出的，全球私人财富总额已经超过 152 万亿美元，大约相当于全球 GDP 总值的两倍（2013 年全球 GDP 总值为 76 万亿美元）。但实际上，152 万亿美元这个估计是偏保守的。到目前为止，全球私人财富总额可能超过 200 万亿美元。2008 年至 2009 年金融危机以后至 2013 年，全球私人可投资资产的增长趋势如下表所示：

表 12-2　全球私人可投资资产增长情况[④]（单位：万亿美元）

| 年　份 | 私人可投资资产总额 |
| --- | --- |
| 2008 | 92 |
| 2009 | 111 |
| 2010 | 121 |
| 2011 | 125 |
| 2012 | 135 |
| 2013 | 152 |

① 凯捷管理顾问公司和皇家银行财富管理公司，《世界财富报告》，2012 年。
② 新加坡财富情报咨询公司和瑞士联合银行集团，《世界超级财富报告》，2013 年 9 月。
③ 波士顿咨询集团，2012 年。有关该报告的摘要，请参阅《金融时报》，2013 年 11 月 29 日，第 3 版。
④ 波士顿咨询集团，2012 年。

在这些"富裕人士"当中,"底层"的百万富翁(每年可投资资产100万美元)和"顶层"的亿万富豪(每年可投资资产超过1亿美元)自2008年至2009年金融危机以来都屡创历史新高。2002年,"底层"的百万富翁有770万人,然而到2008年至2009年金融危机之前(2007年),这一数字增加到了1060万;到2008年年底,由于股票市场和债券市场暴跌,百万富翁的数量减少到了880万。但是金融危机之后不久,百万富翁人数迅速回升。到2012年,全球百万富翁的人数已经超过金融危机之前,达到1380万;2013年则达到1630万,比2007年的历史前高峰增长了60%。[①]

"顶层"亿万富豪人数的增长也表现出了同样的趋势,从2009年的1360人增加到了2014年的2325人,增长了70%。美国的亿万富豪最多,达571人;中国第二,有190人;接下来依次为英国(130人)、德国(123人)、俄罗斯(114人)和印度(100人)。[②]

这里需要向读者指出一个非常有意思的事实:在2002年至2007年经济繁荣期间,富裕人士的人数年平均增长率仅约为4.8%;而在所谓的"复苏"期间,即从2008年到2013年,全球经济最多只能算是缓慢增长,但是"超高净值人士"的平均年增长率却达到了13%。

下表12-3反映了2012年全球"超高净值人士"的地理分布和相对集中情况,它是根据新加坡财富情报咨询公司和瑞士联合银行集团的研究报告制作的。

**表12-3 2012年全球"超高净值人士"的分布 [③]**

| 地　区 | 人数(人) |
|---|---|
| 北美洲 | 70 485 |
| 欧　洲 | 58 065 |
| 亚　洲 | 44 505 |
| 拉丁美洲 | 14 150 |
| 中　东 | 5 300 |
| 大洋洲 / 澳大利亚 | 3 955 |
| 非　洲 | 2 775 |

---

① 《金融时报》,2014年6月2日,第16版。
② 湾区新闻集团,2014年2月15日,第2版。
③ 数据引自新加坡财富情报咨询公司和瑞士联合银行集团的研究报告。

## 对影子银行监管的无效性

金融资本就像从山上奔腾而下的急流，它总是能找到绕过试图"规制"它的任何办法。这不仅仅是近几年来的现实情况，甚至也不是近几十年来才有的情况，它的存在至少已经两个世纪的历史了。在 19 世纪初，影子银行就开始萌芽了。

当然，到了 21 世纪，影子银行是全球性的，它们进行交易的市场和证券也是全球性的，这就使得各国对影子银行的监管的无效性更加突出了。为了有效地监管金融机构及其背后的金融资本精英的业务，国家之间以及各国的监管机构之间就必须进行极为复杂的、精细的远程跨国合作。然而，影子银行资本流动的规模、快速增长的特点和复杂性使得这种跨国监管难上加难。

除了"国家之间"的监管协调之外，每个国家也都有着自己极为精细的制度安排，许多机构都要共同承担监管责任。例如，在美国，联邦一级的监管职责分别由证券交易委员会、商品期货交易委员会、货币监理署以及其他联邦机构承担。州一级也有类似的叠床架屋式的、官僚主义严重的监管机构。在欧洲，监管协调问题比美国要严重很多倍，因为欧盟有几十个成员国，而每个成员国都存在类似的官僚主义问题。

影子银行业务是高度不透明的，这种不透明是监管不可能取得成效的又一重要原因。总会有某个小国或某个海外岛国充当避税天堂，政府监管机构试图收集证据、获取关于影子银行业务数据的努力，很容易受到一些不愿合作的小国或岛国的政府的阻挠。例如，在 2008 年至 2009 年金融危机期间，美国参议院金融委员会试图清查以开曼群岛为公司注册地的金融资本精英的资产。美国国税局的调查人员在开曼群岛发现了一幢 4 层高的建筑，那里竟然是超过 10 000 家公司的总部所在地，存放有很多数据。然而，当调查人员在查证涉案的影子银行及其金融资本精英时却碰了壁。当参议院金融委员会在听证会上要求美国国税局的官员解释他们为什么没有提供更详细的证据时，后者说，美国国税局的规则禁止他们连续调查一个案件两年以上，而在有效期内他们很难获得更进一步的证据。因此，超过有效期之后，他们不得不宣布结案。离岸影子银行业务的这种不透明性，使得官方和外界根本无从了解它们的投机活动的细节，更无法掌握与它们的投机活动相关的全球范围内的跨国资本流动情况。

　　之所以对当今全球影子银行的监管难以奏效，除了它们超大规模、不透明性、增长速度快和业务复杂以及监管机构官僚主义严重等之外，基于金融科技的金融资本在全球范围内高速流动的技术特性也是监管几乎不可能取得成效的另一个重要原因。金融资产的大多数价值都是电子形式的，如果有必要，可以用无数种方式来加以隐藏或掩盖，而且可以迅速地转移到世界各地。当监管机构前来查证时，因证据可以隐藏在其他国家或地区的远程服务器上而无法获得。

　　还有另外一个巨大的障碍，它来自政治领域。华尔街金融机构是美国屈指可数的最强大、最有政治影响力的游说团体之一。尽管 2008 年至 2009 年金融危机导致了全球经济萧条，但是它们还是成功地使 2010 年通过的《多德—弗兰克法案》不包括任何有意义的金融改革措施。这个法案充斥着空泛的陈词滥调，如"豁免""例外"等，只提出了一些概略性的建议，而所有重要的细节都留给了政府官僚机构和金融界游说者决定。因此，在通过整整五年后，就监管影子银行而言，它几乎毫无价值。

　　事实上，我们完全有理由认为，《多德—弗兰克法案》近年来反而刺激了影子银行的高速增长。这是因为，该法案的条款只有在规范传统商业银行方面才是相对有效的。它要求传统银行保持更高的资本水平和更好的货币资本质量，以保证在下一次金融危机到来时有足够的缓冲余地；它还要求传统银行将投机交易业务与传统业务分开。这些规定至少产生了如下有害影响：推动更多的投机业务进入影子银行。因此，进一步强化对传统银行的监管，也只能导致可投资资产进一步转向影子银行。一个简单的例子是，新的监管规则不允许传统银行向评级为"垃圾"的企业发放贷款，这就意味着这些企业只能转向影子银行——私募股权公司和商业发展公司。据估计，传统银行的这类业务损失，实际上使得"美国银行每年赚取的 150 亿美元中，至少有 11 亿美元"面临极大的风险。[1]就算是在策略性回购市场上，影子银行也正在取代传统的商业银行。

---

[1]　特雷西·阿洛维（Tracy Alloway）：《影子金融是银行利润的威胁》，载《金融时报》，2015 年 3 月 5 日，第 22 版。

自 2009 年以来，中央银行的量化宽松和长期低利率政策进一步将传统银行的资产推向了影子银行。该政策还迫使投资者更加迫切地追求高收益率，即进行风险更高的投机性投资，从而又将他们推向了影子银行。技术也在向影子银行转向的过程中发挥了重要作用，例如，促成了对直接贷款和在线 P2P 贷款的高风险投资的急速增长（这些领域成了影子银行扩张的最新热点）。

除了监管传统银行和影子银行的政府机构之外，美国联邦储备委员会自 1913 年成立以来一直负责监管银行。然而，直到 2008 年至 2009 年金融危机之前，"监管"仍然仅限于那些受监管的传统商业银行，影子银行则被有意排除在外。虽然金融危机之后，美国联邦储备委员会一直在考虑如何加强对影子银行的监管，但并未付诸实施。实际上，它在金融危机期间也救助了影子银行；既然救助过影子银行，那么它也应该强化对它们的监管。

对此，美国联邦储备委员会的一个新举措是，试图通过所谓的"反向回购"来收回影子银行系统的过剩流动性。其具体操作方法是，联邦储备委员会进入回购市场并出售债券，从而从银行系统中获取流动性；流动性越低意味着投机过度的可能性越小，出现金融不稳定性事件的可能性也越低。但是，美国联邦储备委员会这种"反向回购"其实只是一种"一厢情愿"式的监管。

美国联邦储备委员会过去监管传统银行体系的记录极差（无论是最近的还是自 1913 年成立以来的记录），这也就从侧面说明，它在监管影子银行方面取得的成效不可能太大。既然它不能有效地监管传统银行的业务，那么又怎么可能有效地监管影子银行的全球性的、高流动性的和不透明的业务？正如一位财经新闻评论家最近所指出的，影子银行"创造了另外一种类型的中央银行依靠传统监管和控制手段无法企及的钱"。[①]

有些人认为，从长期看，影子银行是可以有效地加以监管的，前提是，以立法形式规定影子银行的功能及其业务必须与传统商业银行的功能及其业务完全分离开来。他们声称，美国于 20 世纪 30 年代通过、后来又于 1999 年被废除的《格拉斯—斯蒂格尔法案》就可以实现这一点。但事实上，自 20 世纪 80 年代初以来，该法案的具体规定就被零敲碎打地掏空了，也失去法律效力了，1999 年被废除的只是其原始法律文本的外壳。而且，这一立法有几个

① 保罗·麦卡利（Paul McCully）：《使影子银行安全和私人资金稳健》，载《金融时报》，2014 年 6 月 17 日，第 9 版。

严重的先天不足：第一，它仅适用于国内，而今天的影子银行是全球性的。第二，所有形式的私人银行（甚至包括非金融公司）在某种程度上都已经变成了影子银行。说传统商业银行与影子银行之间存在着"一堵厚实的墙"，这种隐喻是不贴切的。第三，立法无法涵盖所有可以成为影子银行的机构类型。19世纪影子银行发展的历史一再表明，一旦某种特定形式的影子银行被纳入监管，那么金融资本家就会再创造一种全新形式的影子银行，然后继续在监管范围之外从事金融投机活动。

跟不上技术进步的步伐，跨区域监管协调失灵，低透明度，官僚主义严重，受制于金融机构的游说和选举操纵，大规模的腐败，过于分散的监管责任……美国联邦储备委员会和其他监管机构迄今的监管记录就是如此令人悲哀，再加上传统商业银行与影子银行的信贷和债务之间的多重叠加，因此在合理预期的将来，监管机构对影子银行的监管必然是无效的。

至少在2008年至2009年金融危机之后的几年内，监管机构对传统商业银行的监管是失败的，那么因此我们又有什么理由指望它对影子银行的监管能取得成效呢？说到底，对付影子银行的唯一办法就是禁止它从事所有的投机性业务，并对在国外经营的机构和投资者处以重罚，包括罚款和量刑。

## 为什么影子银行从根本上讲是不稳定的？

不断地以不断加大的杠杆和债务为手段进行融资和投资的惯性，是金融资产投资（尤其是作为其变体的金融资产投机）的"天性"所在；而不断增加的流动性和内部信贷则是这种惯性背后的推动者。杠杆最终体现的是证券化，即债务被用于购买金融证券，而标的金融证券本身又是以其他金融证券为基础的，这其中的每个信贷（债务）延期也都是基于杠杆的。所谓的衍生产品革命就是这个过程的具体体现。

因为债务源自许多不同的渠道，所以债务很自然地就具有一种网络整合的功能，即将金融证券本身以及发行金融证券的机构的功能全都整合到一起。当然，这也就意味着这会形成一种"传导性结构"。

同时，债务结构也会因为其他原因而变得不稳定。债务不稳定性事件的其中一个前提条件是所谓的"期限（到期日）转换"，它会随着时间的推移而

"堆积"起来，特别当有更多加杠杆的债务发行时。期限转换是一种用借入的短期资金投资长期资产的做法。在金融危机即将爆发的情形下（即金融脆弱性达到峰值时。对此，我们将在后面的章节中给出详细的解释），当短期债务到期时，投资者就必须出售长期资产以支付到期的短期债务。但是，在危机期间，金融资产价格会迅速下跌，而对于价值快速下跌的资产，不会有买家（即使有也非常少）接盘，因为没有人想购买下跌的资产。这样就会极度缺乏偿还短期债务所需的资金，于是就会迫使资产持有人"火线抛售"资产；如果不能售出，结果只能是违约和潜在的破产。金融泡沫膨胀过程中期限转换不断发生，就会使得金融资产和金融机构都变得"潜在的不稳定"，并且在危机爆发时成为"事实上的不稳定"。

影子银行的金融资产投机性投资是另一个不稳定因素，也就是所谓的"流动性转换"。流动性转换是指用现金和准现金资产购买更加难以出售的资产，如公司贷款或企业垃圾债。如果这些难以出售的资产即将违约，那么情况就会变得更加困难。与期限转换一样，流动性转换也存在随着时间的推移而"堆积"的情形，特别是当某个高风险的金融市场或某种高风险的金融证券的泡沫不断膨胀时。

在零利率甚至负利率的世界里，投资者倾向于承担更多的风险，因为他们追求高收益率。因此，他们会将投资转向高风险资产，而这些资产通常都具有上述"不稳定"的特征。影子银行正是这种高风险资产的主要提供者；随着投资者被迫朝他们设计的方向前行，影子银行的地位变得愈加重要。在许多情形下，中央银行确定的利率越低（零利率甚至负利率），影子银行追求风险收益的驱动力就越强，经济系统的金融不稳定性就越高。影子银行利用的正是这种"追逐回报心理学"。

影子银行集中投资的证券等往往代表着高度波动的金融资产。这些资产的价格可能比实物商品或服务的价格上升得更快。当然，它们下跌得也更快。事实上，价格通货紧缩通常比价格通货膨胀更快。对金融资产投资本身的价格变化下注，在一定意义上就是拉开松紧带、再放手让它缩回的游戏：收缩回去的速度比拉伸开来的速度更快。不过，它更像是在"金融赌场"里滚动骰子，只不过在全球金融这个赌场中，有一些玩家可以用他们自己经常用的骰子。也就是说，市场事先就被操纵了，近年来的许多例子都证明了这一点，比如说，伦敦同业银行利率市场的黑幕、股票市场中的内幕交易、货币市场上的汇率操纵等。总而言之，利用金融骰子赋予他们自身种种优势，大玩家就能够发明出无数新玩法。

## 金融结构变化导致了金融的不稳定性

也许从 20 世纪 60 年代末开始，导致金融不稳定性的一些因素的"量的"变化就已经出现了（无论如何，20 世纪 70 年代和 80 年代，这种"量的"变化肯定出现了），经过几十年的积累，最终导致 21 世纪全球金融资本结构发生了根本性的变化。具体而言，这些因素包括：

- 影子银行体系的规模、相对角色和复杂性都发生了变化；
- 流动性、债务和杠杆不断增长与加大；
- 高流动性的金融资产市场和证券形式激增；
- 以减少实物资产投资为代价转向内部信贷和金融资产投资；
- 金融市场走向全球一体化；
- 一些发达国家的中央银行失去了对本国货币供给的控制，以往通过利率政策的制定来促进经济增长的效力下降；
- 传统的、受监管的商业银行的作用相对下降，因为影子银行业务一直在稳步扩张；
- 随着影子银行的兴起和全球投资中金融资产投资所占的份额的不断加大，新金融资本精英的收入和财富不断增长，政治经济影响力不断加大。

上述因素综合作用的总体效果实际上可以用来作为本书对"金融化"作出定义。与其他书不一样，本书并没有利用一般金融机构不断增长的利润份额或就业份额来定义"金融化"，也没有用流行的"FIRE"（金融、保险、房地产）行业的不断扩张来定义"金融化"，而是完全舍弃了这种引用一两个单独的指标来定义的方法，进而对"金融化"重新进行定义："金融化"描述的是一个由机构和人类行为主体组成的巨大的全球网络。这不是一个静态的定义，而是一个动态的定义，它涵盖了投资过程，整合了机构、市场、产品和社会阶层。"金融化"不仅会导致全球各国收入不平等的状况加剧（因为全球金融资本精英在收入中所占的份额在不断增长），而且会导致全球资本主义制度自身日益强化其内部不稳定性。

# 第13章 劳动市场的结构性变化

本书的一个重要主题是，随着金融脆弱性的上升，从长期来看，家庭消费脆弱性和政府脆弱性将不断强化。与金融脆弱性和政府脆弱性一样，消费脆弱性也是长期的和周期性的，并且各种周期性的力量（如金融不稳定性事件和经济衰退）会进一步加剧它的脆弱性。

无论脆弱性的形式如何——金融脆弱性也好，消费脆弱性也好，政府脆弱性也好——背后的一般因果关系都是一样的，它们都是如下三个因素相互作用的结果：债务水平的不断上升，偿还债务的条款严苛、条件日益恶化，用来偿还债务的收入持续下降。对于消费脆弱性而言，工资收入的持续下降是一个强大的决定因素。[1]

## 金融脆弱性与消费脆弱性之比较

消费脆弱性的根源既在于劳动力市场的结构性变化，也在于金融市场的结构性变化。[2] 本书第11章和第12章虽然从不同角度分别探讨了金融脆弱性的根源，但我们的结论是，它归根结底源于近几十年来全球金融市场的结构性变化。正如金融市场的结构性变化对金融脆弱性随着时间的推移而不断深化其重要作用一样，劳动力市场的结构性变化也同样会加剧家庭消费的脆弱性。

[1] 本章特别关注工资收入因素对消费脆弱性的决定作用，同时也考察家庭债务、债务偿还条款和条件以及偿债条款和条件与收入之间的相互作用关系。

[2] 接下来的第14章和第15章将会指出，政府资产负债表的脆弱性主要由金融脆弱性与消费脆弱性及其相互作用关系决定。然而，政府资产负债表的脆弱性也可能反过来影响金融脆弱性和消费脆弱性并进一步加剧这些脆弱性。

　　与金融脆弱性紧密相连的金融市场的结构性变化包括：影子银行的出现和不断发展壮大，中央银行提供的天量的流动性，内部信贷的可用性上升，高流动性金融资产市场的扩张，新金融证券发行的增多，以及新金融资本精英阶层的崛起。金融市场结构的这些变化一方面会导致债务加速，但是另一方面，在繁荣阶段，也会带来金融资产大幅增长，因而金融收益的增长可以抵消债务上升对金融脆弱性的负面影响。不过，繁荣会造成金融资产泡沫，而泡沫最终必定会破灭，从而在金融资产价格最终崩溃时抵消其收益的增长。同时，在繁荣阶段可能有利于偿还债务的各种条件在萧条阶段会恶化，比如，偿还债务的条款和条件将变得更具限制性，因而加剧金融的脆弱性。因此，导致金融脆弱性的所有三个关键变量——债务、偿还债务的收入以及偿付债务的条款和条件——在金融危机之后全都转为负向量了。

　　家庭消费脆弱性也类似。在经济衰退之前的一段时间里，家庭债务会上升，同时借款条款和条件通常都相当优厚。但是，近几十年来，抛开金融资产收益不说，家庭收入（工资）在冲抵繁荣期间积累下来的家庭债务方面，似乎并没有发挥多少作用。也就是说，与金融脆弱性有所不同，就家庭而言，债务增加了，但是用来偿还债务的工资收入的上升速度要慢得多（或根本不上升）。确实，工资收入增长持续显著滞后于债务扩张。以美国为例，在从1947 年到 2007 年的六十年间，美国家庭债务的平均年增长率为 9%，而家庭工资收入的增长速度却要慢得多。因此，家庭债务和工资收入之间的关系与金融债务和金融收入之间的关系形成了鲜明对比。家庭债务和工资收入之间的这种不配比关系对经济衰退期间家庭消费的脆弱性，以及金融危机后经济复苏期间消费的回升都造成重大影响。与家庭相比，金融机构在经济衰退之后更容易对自己的债务"去杠杆化"，而且速度也快得多。这种差异，与工资收入在经济衰退之前和之后的增长，都比金融资产收益更慢有关。

　　在金融危机造成经济衰退期间，家庭收入迅速下降，因为就业岗位减少、薪酬（工资和福利）降低。而与此同时，债务付款条件却变得更加苛刻，并且对那些原本有可能利用贷款来为债务再融资的家庭来说，信贷的可得性也降低了。另外，由于劳动力价格（即工资）的下降，实际债务相对而言是上升的。

　　因此，金融脆弱性与消费脆弱性之间有一个重要区别，那就是，工资收入增长即便在经济危机之前的一个时间段里也不能抵消债务。相比企业而言，由于其产品和金融资产价格的上涨，收益能够提升，但是家庭却不然。在家庭债务上升的同时，工资收入通常不能与家庭债务一并快速上升。因此，当经济衰退到来之时，工薪阶层的家庭会变得更脆弱。

那么，为什么家庭工资收入在繁荣阶段无法像金融资产收益那么快的增长呢？而且，在经济衰退后的复苏期间，与金融资产收益相比，家庭工资收入为什么也回升得更慢（如果真的有所回升的话）呢？这与几十年来劳动力市场的结构性变化有关，特别是在发达经济体。正是劳动力市场的结构性变化导致了工资收入增幅的停滞和增长速度的放缓，并加剧了金融危机以及随后的经济衰退之后的工资收入下降。

因此，我们必须深入剖析已经发生的劳动力市场结构的重大变化，并探讨这些变化在经济衰退之前是怎样削弱工资收入的增长，以及在经济复苏期间又是怎样限制工资收入的回升的。从长期来看，这两者都强化了不断加剧的家庭消费脆弱性。

## 劳动力市场结构性变化的主要形式

近几十年来，劳动力市场结构性变化的主要形式包括如下（这些变化减缓或减少了工资收入，并加剧了家庭消费的脆弱性）：

- 就业结构的变化；
- 去工会化，以及对集体谈判范围的限制；
- 工资结构的变化；
- "递延工资"和"社会工资"的减少；
- 工作时数安排的变化；
- "共享经济"或"零工经济"的出现。

劳动力市场的这些变化自20世纪70年代出现以后一直在深化发展，尤其是在美国、英国和日本，还有欧洲和其他发达经济体。随着这种结构性变化的加深和扩展，它们推进了工人家庭收入向公司和投资者的转移，或者说对此"做出了巨大的贡献"。[①] 在 2008 年至 2009 年金融危机以及随后的经济衰退期间，这种收入转移又在进一步加速。由于劳动力市场结构性变化对工人工资收入的不利影响会反过来强化经济衰退的深度和持续时间，并在经济衰退结束后累及经济复苏，因此工资收入的停滞和下降所导致的家庭消费脆弱性的上升，必定会加剧经济衰退并阻碍经济衰退后的正常复苏。

抑制工资收入的劳动力市场的各种结构性变化在美国和英国最为"超前"，日本、欧洲和其他发达经济体持续跟进。就日本和欧洲而言，这些变化是由一些企业界领袖和政治家共同倡导的一种政策的推动所造成的。这种政策有时被称为"劳动力市场改革"。从根本上说，这种政策其实模仿了美国（以及在某种程度上还有英国）已经付诸实施的改革政策。[②]

## 就业结构的变化

临时性就业（Contingent Employment）的兴起和增长

自 20 世纪 80 年代以来，几乎在全世界所有地方，特别是在发达经济体，劳动力市场都出现了一个重大的结构性变化：企业越来越多地雇用兼职工作人员和临时工，同时将以前的全职工人转为兼职员工和临时工，由此便导致了一个新的就业类别的兴起和发展，它被人们称为"临时性就业"。

"临时性就业"既有自愿的，也有非自愿的；就业者或者做兼职工作，或者做临时性工作（从事临时性工作时，既可能是全职的，也可能是兼职的）。就美国而言，兼职工人的平均工资很低，大约只相当于全职工人的 60%，而且往往没有任何福利；临时性工人的报酬也较低，平均为全职工人的 75%，而且无论是全职性的临时工人，还是兼职性的临时工人，都只能得到最低限度的福利。总之，在美国，自 20 世纪 80 年代以来，兼职工作和临时工作这

---

① 对于 1980 年至 2005 年间美国长期收入转移的途径和流向的详细分析，请参阅本书作者的《家庭战争：从罗纳德·里根到乔治·W.布什的公司攻势》一书，由 Kyklosproductions，于 2006 年出版。

② 推动劳动力市场的结构性改革是今天欧洲和日本的政策重点，它们都致力于降低至关重要的工资成本，以保证本区域、本国的产品出口到世界其他市场时更具竞争力。实际上，欧洲和日本的"劳动力市场改革"政策模仿的是美国已经实施的政策（在较小程度上也模仿了英国的政策）。

两种就业形式在出现后就迅速为各行业所使用，每年为雇主们节省下了数百亿美元的劳动力成本。

官方严重低估了美国"临时性就业"的情况。根据官方估计，在 1.57 亿的总就业人口中，临时性就业者大约有 3 000 万人。但是我认为，这种估计是根据帮助企业雇用临时性就业工人的招聘机构做出的，并没有计入企业自身直接雇用临时性就业工人的人数。此外，这种估计也没有考虑到如下四个重要的临时性就业群体：第一，数百万自称为"独立承包人"（自由就业者）的临时性就业者。许多被企业裁员的专业人士和半专业人士都成了"非公司"承包人，他们依据临时性合同重新就业，并且通常是为以前受雇的同一家企业工作。重新就业后，他们收入减少了，而且也不再享受任何福利。第二，数百万为"地下经济"或"影子经济"工作的工人，其人数近年来一直在增加。他们的工作是"没有记录"的，工资也是"现金付清"的，并且为了避税，他们自己或他们的雇主也从来不会主动报告。临时工人和兼职工人是"影子经济"最常雇用的工人，他们大量存在于建筑业和其他行业中。第三，最近几年"离开"劳动力大军的数百万美国工人，虽然在官方统计报告中体现为"劳动力参与率"指标的持续下降，而实际上他们在某种程度上仍然在从事某种工作，只是在"官方统计"的意义上"离开"了就业岗位。第四，在美国 1 100 万的无证工人中，实际还有许多从事临时工作和兼职工作的人。

不过，无论如何，临时性就业者的收入要远远低于传统工人的工资收入，而且几乎没有任何福利。这是不容辩驳的事实。由此而导致的一个结果是，最近几十年来，美国工人的总体工资收入水平下降了，特别是自 2000 年以来，由于临时性就业人数迅速增多，因此工资下降得更快。我们估计，临时性就业者的人数已经达到 5 000 万至 5 200 万，几乎相当于美国 1.57 亿就业总人口的三分之一。

读者只要快速计算一下就不难发现，由于劳动市场上出现的这个结构性变化（由全职就业转向临时性就业），仅仅在美国，就有多少收入被从劳动者家庭和消费者手中转移给了企业，即由工资收入转变为资本收入。这种收入转移，无疑是相当于给工人减薪。我们首先假设全职就业者的平均工资是每小时 24 美元，并且这 5 000 万临时性就业者的平均工资是全职就业者的平均工资的 65%，即每小时 15.50 美元，那么这就意味着雇主每小时可以节省

8.50 美元工资成本。其次，我们假设雇主可以从每一个临时性就业者那里节省下来的福利开支为基本工资的 10%（因为福利极低），那么这样一来，这 5 000 万临时性就业者的雇主可以节省下来的工资和福利开支为每人每小时 10 美元。再次，我们假设临时性就业者的年工作小时数为 1 500 小时（相当于全职就业者的年工作小时数 2 080 的四分之三）。我们将上述数字相乘——10 美元 ×1 500 小时 ×5 000 万人数，就可以算出每年工资收入转为资本收入的总额是 7 500 亿美元。这 7 500 亿美元就是美国每年从依赖于工资收入的那些家庭中挤压出来的，因此称它对美国家庭消费的脆弱性"做出了极大的贡献"一点都不为过。企业收益不断上升是导致家庭消费脆弱性不断强化的关键，因为当债务上升时，或当债务支付条件变得更为苛刻，或收入减少时，又或者这些情况同时出现时，家庭消费脆弱性就会加剧。但是当今世界正在发生的传统就业结构向临时性就业结构的转化，恰恰造成了就业者收入的下降，因此必定会造成并加剧家庭消费的脆弱性。

由临时性就业劳动大军人数迅速增加所造成的家庭工资收入大幅减少的情况，不独美国为然，英国也是"先驱者"之一。自里根政府和撒切尔政府在 20 世纪 80 年代通过立法，向雇主提供一系列激励他们雇用临时性就业者的措施之后，这种情况在企业就蔚然成风。之后，日本、欧洲和其他发达经济体的企业及其雇主在政府的鼓励和支持下，也大举转向雇用临时性就业者。

据估计，在意大利、西班牙和欧元区的其他国家，自 2008 年至 2009 年金融危机以来，临时性就业者占所有新雇用的就业者的比例不低于 70%。即便是在德国这样一个低失业率的国家中，估计也有 55% 的新雇员是临时性就业者。[1] 日本劳工部最近估计，临时性就业者在日本总就业人口中占 38%。[2]

在欧洲和日本，一些企业界领袖和政治家甚至发动了一场新政策攻势，要求推进所谓的"劳动力市场结构改革"。他们提出的改革建议包括，允许企业雇用更多的临时性就业者，鼓励企业将更多的全职就业者转为临时性就业者。

---

[1] 莎拉·奥康纳（Sarah O'Connor）：《复苏促进了不稳定的工作合同》，载《金融时报》，2014 年 8 月 5 日，第 3 版。

[2] 米特鲁鲁·奥贝（Mitsruru Obe）：《日本工作机会很多，但通常是临时性的》，载《华尔街日报》，2015 年 3 月 13 日，第 7 页（根据日本劳动部的数据，自 2000 年以来，日本临时性工作岗位的数量翻了一番，超过同期全职长期工作的岗位；后者的数量一直在减少，从大约 3 800 万减少到了 3 300 万）。

　　日本首相安倍晋三提出了一个结构改革方案，即所谓的"安倍三箭"，它的核心是改革劳动力市场，让企业招聘员工时"更加灵活"。对于安倍的计划，最近有一篇财经文章的分析非常到位，它指出，"安倍的改革目标是，让企业更方便解雇长期工人，鼓励企业以临时工人代替长期工人。安倍认为，这样一来，企业将更加乐意雇用工人"。[①] 欧洲也在推行同样的政策，例如，西班牙已经进行了这种改革并降低了工人的工资，意大利的改革也正在进行中，法国也宣布将于近期启动"劳动力市场改革"。[②]

### 制造业和建筑业的就业人数明显下降

　　因就业的结构性变化导致一些行业的工资收入明显下降，尤其是制造业、建筑业甚至交通运输业（这些行业的工作通常需要支付较高的工资），使得这些行业的就业者纷纷转移到工资较低的服务业。

　　工资较高的制造业和建筑业中的就业人数下降，是劳动力市场的各种结构性变化当中对家庭工资总收入影响较大的一个因素。在 2000 年的时候，美国的制造业还雇用了大约 1 830 万工人。然而，到了今天，尽管上一次经济衰退结束后经济已经"复苏"六七年了，但是美国制造业的工人总数却只有 1 230 万，即整整减少了 600 万人。[③] 当然，制造业就业人数的下降并不是美国制造业的产出有所下降所致。这些年来，美国在全球制造业总产出中的份额一直稳定地保持在 23%~25% 区间的水平上。美国的制造业并没有消失，消失的只是一大批制造业工作的机会。

　　工资水平相对比较高的建筑业工人的总数也减少了数百万人，并且永远不可能重新恢复原有的水平了。在 2007 年之后，建筑业从业人数急速下降，跌到了 2000 年前的水平，即从 730 万人减少到了 530 万人。近年来虽稍有起色，但这个数字也仅仅"恢复"到了 630 万人。为此，政界和商界的领袖们决定，不让投入建筑业的资本在总投资中所占的份额回升到 2007 年前的水

---

① 米特鲁鲁·奥贝：《日本工作机会很多，但通常是临时性的》，载《华尔街日报》，2015 年 3 月 13 日，第 7 页。

② 关于欧洲近期的"劳动力市场改革"举措的评论，请参阅杰克·拉斯穆斯的《欧元区的新紧缩模型》，teleSURtv，英文版，2014 年 10 月 19 日。

③ 请参阅美国劳工部每月公布的《就业情况报告》中的（B-1 表），并比较 2000 年 12 月和 2014 年全年的有关数据。

平。建筑业就业人数的下降代表了美国劳动力市场的另一个永久性的结构性
变化。

制造业工作岗位的减少主要由于如下四个原因：自由贸易，离岸外包
（而且政府也采取了鼓励离岸外包的金融和税收激励政策），技术变革（政府
鼓励企业用新的机械和设备替代工人），以及新兴行业——社交媒体、生物技
术和通信等——只需雇用相对更少的雇员。

对于发达经济体来说，自由贸易协定意味着因进口而损失的工作岗位的
数量，肯定要比出口创造的多。这就是说，"净就业"被出口到了新兴市场经
济体，从而导致发达经济体的就业者的工资收入下降。再者，有研究表明，
发达经济体通过出口，其收益创造的工作岗位的工资水平，平均来说要比因
进口而减少的那些工作岗位的工资低 20%。因此，自由贸易会给就业者的工
资收入带来双重不利影响。

自由贸易还与一些工作离岸外包有关。当一些行业中的企业受到（或即
将受到）来自海外的更便宜的进口产品的影响的时候，它们就会考虑外包。
当然，并不是所有的离岸外包都与自由贸易有关，政府税收和其他鼓励企业
离岸外包的措施的影响可能更大。一般来说，全球竞争也会进一步激励外包。
工作离岸外包意味着国内工作岗位的减少，当然也意味着从业者收入的下降，
虽然部分人员可以转而去往相关的服务业，但是工资要低不少。

在发达经济体，尤其是在美国的制造业中，与就业人数减少同样重要的
一个因素是，新出现的机械和设备代替了部分工人的劳动。这个趋势还会一
直持续下去并加速，其中的原因之一在于：发达经济体的政府通过削减企业
所得税以鼓励这种转移，其具体措施包括允许加速折旧、发放研发信贷，以
及推出投资税收抵免政策以鼓励特定行业的发展。所有这些都加速了"机器
取代工人"的速度。在美国，制造业失去的工作岗位，至少有三分之一是出
于这个原因。

由于自由贸易、业务离岸外包、技术进步导致机器取代工人，以及鼓励
所有这些"新事物"的政府政策的影响，制造业及其相关行业的就业人数和
工资收入水平都在持续下降。而因新兴技术、新行业和新产品创造出来的工
作岗位根本无法抵偿因传统行业工人失业和工资收入下降所导致的损失。这
些新行业根本不是创造就业的引擎，因为它们与传统的制造业完全不同。

21世纪资本主义国家的这些快速增长的行业，单位美元资本投入所创造的就业机会微乎其微。它们不是劳动密集型产业，也不是生产性行业；只有生产实物产品才需要先获得原材料生产出半成品或中间产品，然后再生产出成品，因而可以提供很多的工作机会。这些新行业的成品既不需要组装，它们的直接销售部门也不需要向用户解释产品的特性和功能，只需要买方通过网络直接联系卖方就可以了。换句话说，这些新行业更像是服务业，通过网络而不是由销售人员将产品提供给客户，因此分销网络和生产部门都只需要很少的员工。

像Facebook和Google这样的社交网络公司就是这类快速增长的低就业新行业的公司的典型代表。它们都是市场估值高但对劳动力需求却相当低的公司。这些公司可能支付相对较高的工资，但是雇用的人数却相对较少。因此，从宏观经济的角度来看，它们是不可能为雇员创造高额的工资收入的；它们仅代表少数人的收益增长，以及更多人的收入萎缩。

这些事实印证了当今劳动力市场的主要特征：失去的工作机会比创造的工作机会多。这一点在发达经济体中和在高薪制造业中尤为突出。足以维持就业者体面生活的工作岗位数量的下降是长期性的、结构性的，已经延续了很长一段时间，而且显然还将会持续下去。当然，在这种趋势变得越来越明显的同时，也有一些工作岗位被创造出来了，但是它们通常是工资较低的服务性工作岗位，而且往往意味着更多的临时性就业。许多工人无法依靠这类服务性岗位的低工资维持生活，不得不退出"劳动力大军"转而进入"地下经济"谋生。"地下经济""影子经济"不提供医疗卫生保健、退休养老金和其他福利，但因从业者无须纳税，因而可以略微弥补因工资下降所造成的损失。

"资本替代劳动"的趋势，对于那些仍然在制造业和建筑业中就业的工人来说，还会产生另一种负的工资收入效应：企业生产率有了显著提高，因此节省了成本，因而增大了企业收益在总收益中的份额。因此，当今劳动力市场的另一个主要特征是，企业与工人分享效率收益的传统不复存在了。过去四十年来，生产率提高所带来的收益几乎完全归于企业及其股东，这与1947年至1973年期间完全不同。在过去，美国企业生产率提高的收益中，至少有一部分是由制造业和建筑业的工人所享有的。但是自2000年以来，虽然一些企业的生产率一直保持着稳步提高的势头，但从业者并没有从中受益。

## 失业结构的变化

导致从业者工资收入下降的第三个就业结构性变化的具体形式是失业结构（composition of unemployment）的变化。

传统的失业结构是这样的：（1）失业者主要由因周期性经济事件（经济衰退）而被解雇的工人组成。经济衰退持续的时间通常较短，一般为六至九个月。当经济复苏时，大多数失业人员又都会重新回到原工作岗位上（被召回的顺序与被裁撤的顺序相反）。（2）还有所谓的结构性失业，即因传统行业和企业被新行业和企业所取代而导致的失业。对于这种情况，政府或企业提供的再就业培训和财政支持可以缓解失业。在过去，许多工作所需要的技能都是可以在相当短的时间内学会的。（3）由于需要接受再教育（培训）或因其他临时性的个人原因，总会有一些工人进出"劳动者大军"队伍，因此会出现所谓的摩擦性失业，不过那是总失业的一小部分。但是到了 21 世纪，失业者所面对的劳动力结构已今非昔比了。

由于技术变革和全球竞争，结构性失业正在以高得可怕的速度改变着传统的商业模式，使得商业周期波动更频繁、持续时间更久。而这种商业周期反过来又会造成失业更加长期化、失业人口基数不断增加的情形。经常性的衰退会周期性地强化这种交互作用。

在失业总人口中，有很大一部分人因"失去兼职工作或临时性工作"因而属于就业不充分，这种"半就业"实际上就是"失业"，因此他们应该被计入总失业人口之中。这就是说，与转向临时性就业的劳动力市场结构变化相关，就业不充分率的上升也是近几十年来就业结构的一个特征。

失业结构变化的另一个特征是，劳动力参与率（LFPR）表现出了长期下降的趋势。劳动力参与率是指有资格工作进而退出劳动力大军队伍的人在其中所占的百分比。这部分人有时被称为"丧志工人"或"消失不见的劳动力"，他们也是失业人口中的另一个重要部分。2000 年，美国的劳动力参与率是 67.3％。到了 2015 年 2 月，这个指标就下降到了 62.8％，整整下降了 4.5％——美国的劳动力人口为 1.57 亿，4.5％意味着有 700 万人属于潜在的失业者。但是由于不符合关于"失业人口"的通常定义，因此这些人是不计入失业人口之列的。但是常识告诉我们，如果这些"前工人"没有继续找工作，那么他们就很可能彻底失去工作，即失业。

这里我们再次以美国为例。失业结构的再一个变化是，自 2008 年以来，领取社会残疾保障福利金的人数比以前增加了 200 万人，即从 1 000 万人增加到了 1 200 万人。如果他们真是残障人士，那么他们不被雇用就应该算为失业人口的一部分。然而他们却不被官方认为是失业者，于是这 200 万人就处于所谓的"隐性失业"状态，与那些退出"劳动力大军"队伍的人一样。

从事"地下经济"的人的激增，也从另一个侧面反映了"隐性失业"情况的严重。"地下经济"是当今全球经济中的一个普遍现象。失业结构的第四个变化是，那些经"官方认定"的失业者，他们持续失业的时间比以往任何时候都要长久。在过去半个世纪的大部分时间里，美国失业者的平均失业时间大约为 20 周。然而，自 2008 年以来，这一持续时间差不多加倍，达到 35 周至 40 周。

现在还出现了另一种长期趋势，它被人们称为"无就业复苏"。这个术语体现了劳动力市场的一个更加重大的结构性变化，即恢复到经济衰退之前的就业水平所需的月份数越来越多。自 20 世纪 50 年代以来，美国的"无就业复苏"一直只有不到十二个月的时间，但是在 2001 年衰退之后，却逐渐增加到了超过四十八个月（即四年）的时间。而始自 2007 年 10 月的最近一次经济衰退以来，则达到七十四个月（超过六年）。这就是说，要花六年多的时间才能恢复到衰退前的就业水平。因此，"无就业复苏"的持续时间显著延长了，而且这种延长是在上一次衰退到这一次衰退之间的相对较短的时间内出现的。在今天的劳动力市场中，经济衰退之后失业者得到重新雇用的机会变得越来越少了，这就造成了从业者工资收入长期下降的压力。这是因为，由于衰退更频繁、更严重（以就业情况衡量）、衰退期更长，因此收入的恢复也就更缓慢、更困难了。

政府机构在统计劳动力工资收入下降情况的时候，所依据的是在职人员的工资收入，而且通常只考虑那些有全职工作的人。但实际上，要统计所有劳动力工资收入的损失，就必须考虑那些失去所有工资的失业者，他们处在 100% 减薪（暂不考虑作为补贴的失业保险）的无就业状态。所以，应该以所有依赖工资的人的"工资账单"作为基数来计算全体劳动力工资收入的总损失。如果采用这种方法，那么发达经济体的劳动力工资收入下降的幅度就肯定会比之前官方统计的结果要大得多。另外，技术和市场全球化导致的劳动力市场的结构性变化，也导致了最近几十年来失业者人数在稳步上升。如果再加上因更频繁、更严重的周期性衰退导致的失业，那么失业总人数就更多了。总之，失业结构的变化反映了劳动力工资收入的大幅下降并持续的状况。

## 去工会化和集体谈判力量的衰减

劳动者非工会化是最终导致他们收入增长幅度下降（或者收入长期下降）的又一个体现劳动力市场结构重大变化的因素。这种情况不仅发生在美国，而且也发生在欧洲，以及在较小程度上发生在北亚（日本和韩国）。

在这里，我们再次以美国为例。在 1980 年，工会代表了当时 1.07 亿劳动力中的大约 22% 即大约 2 350 万名劳动者。[1] 而到了 2014 年，在私营企业中，工会代表的劳动者的比例下降到了 6.6%；如果包括公共事业机构，则这个比例为 11.1%，即总共只有 1 450 万名劳动者。[2] 这就是说，工会会员减少了 900 万。如果美国的劳动者到 2014 年仍然保持 22% 的工会化率，那么在这一年的 1.56 亿的总劳动者中，应该有 3 400 万名工会会员。但从实际统计数据来看，整整少了 2 000 万。

2014 年的数据还表明，劳动者的总人数虽有所增加，但是工会化率却降低了——无论是绝对人数还是相对人数都是如此。据官方估计，2014 年新创造的就业机会有 260 万个，但却仅有 4.1 万名劳动者成为工会会员。

当然，劳动者去工会化的原因非常多，其中最值得注意的有以下三点：一自 1980 年以来，美国自由贸易协定适用范围不断扩大，同时跨国公司大举推进业务离岸外包以及加大到境外投资；二美国政府的税收政策也起到了推波助澜的作用；[3] 三政府鼓励企业用机器取代人工，以及实体经济中发生的技

---

[1] 霍华德·富勒顿（Howard Fullerton）：《20 世纪 80 年代的劳动力预测准确度如何？》，载《每月劳动评论》，1982 年 7 月号，第 16 页。

[2] 关于工会会员的人数，请参阅切里·巴克诺（Cherrie Bucknor）和约翰·施密特（John Schmitt）：《2015 年工会概览》，载《工会会员快报》，经济和政策研究中心，2015 年 1 月 23 日，第 1 页。

[3] 关于美国自 20 世纪 70 年代末到 21 世纪初的去工会化的各种原因，请参阅杰克·拉斯穆斯的《家庭战争：从罗纳德·里根到乔治·W. 布什的公司攻势》一书中的第 3 章"企业工资战略：三十年的工资冻结"，由 Kyklosproductions 于 2006 年出版。

术变革，加速了去工会化的步伐。此外，政治领域出现的新动向也很重要，因为政府已经越来越多地以商业利益为导向了（出于各种原因），而政治家也更多地考虑企业利益，尤其他们要与大型跨国公司的利益保持一致。市场全球化、不断加速的技术变革，再加上政府越来越偏向企业和投资者，所有这些加在一起，令原本已经式微的全世界工会更是一蹶不振。随着工会的日渐没落，工人要想让自己的收入保持增长的难度也越来越大，无论是经济正常增长时期，还是在经济危机后的复苏期间，都是如此。

工会的衰落也反映在了工会与雇主之间集体谈判的适用范围日趋减小这个事实上。许多以往通过集体谈判确定的合同事项，现在都不能再通过集体谈判了，包括年度生活费用补贴、工资随生产率提高而增加的权利，以及由雇主提供的卫生保健和退休福利等。这里列出的只是其中最显著的几个例子。现在的集体谈判多涉及的是如何扩大"管理权"，包括雇用临时性就业人员、将业务分包、将业务转移到海外、随意解雇工人以及改变工作时间和日程安排等。总之，去工会化和缩小集体谈判范围这两者是"齐头并进"的。

随着工会的衰落，原本存在于工会会员与未入会工人之间的工资差距也在缩小。曾几何时，与从事同一行业的未入工会的工人相比，工会会员的工资通常要高出20%，福利高出40%。而在今天的美国，许多行业中的上述工资差别已经缩小到了10%甚至更低的幅度，福利差别的缩减则还要更大。这就意味着，仅仅在美国，就有2 000万工人的工资减少了10%，福利待遇则下降得更多。去工会化还会以额外的方式压低工人的工资，并且受影响的不仅仅是工会会员，而且还包括未入会的工人。这也就是说，去工会化对工人工资收入的不利影响超出工会会员之外，波及未入会劳动者，致使其工资收入也将减少。这与历史趋势——非工会工人的工资收入跟随工会会员的工资收入变动——是一致的。

在欧洲，现在也出现了去工会化和集体劳动谈判范围受到限制的情况。无论从希腊到法国，还是再到德国，各国政府都在以"劳动力市场改革"的名义推出一系列政策举措，其主要目的是进一步限制工会和工人的权利，扩大自身的"管理权"，以便更"便利"地解雇工人，同时采用新的限制工人罢工的条件。

仅仅在美国，目前工会会员人数就减少了2 000万，他们无法继续获得相对更高的工资和福利，再加上工会会员与未入工会的工人之间的收入差距持续缩小了，这使得他们每年减少的工资收入高达数百亿美元。日本和其他发达经济体的情况也类似，工会会员每年减少的工资收入总额高达 1 000 亿美元。请注意，工会会员工资收入的这种减少，是在长期就业向临时就业转向进而造成每年 7 500 亿美元的工资收入减少之外发生的。如果把其他发达经济体都一并考虑进来，那么上述数额可能还会翻一番。

## 工资结构的变化

"工资结构"这个术语一般指一个经济体内部（或）不同行业和不同职业之间的工资分配。这里所说的"工资"包括计时工资或薪金，一次性支付的报酬如奖金和佣金，计件工资，等等。

### 掏空中间层

在大多数发达经济体，几十年前，工资结构一直都呈现着一种"钟形曲线分布"状态。这就是说，大部分家庭的工资收入都位于"中间位置"，即接近中位数。比这些家庭收入低一些的是贫穷的工人家庭，更低的则是一些靠领救济金生活的失业者。工资收入比中位数高的人数较少，一般而言，收入越高，人数越少。然而近几十年来，发达经济体的工资结构却发生了巨大的变化，它变得越来越呈"双峰分布"状，即 20% 收入最高的顶层工资有所提高，而 80% 收入最低的底层则出现了工资收入停滞甚至下降的情况。再者，虽然占 20% 的底层人口工资总收入有所上升，但这并不是因为他们的工资绝对值提高了，而是因为更多的从业者进入了这一阶层，使得工资基数或规模变大了，但实际其相对工资是下降的。这一"双峰分布"状的工资结构的综合效应导致了工资增长在中间层出现了"下陷"或"被掏空"的状况。整个工薪阶层的工作状况以及反映这种状况的工资结构的净效应是，总工资收入实际呈净减缓甚至净下降趋势。普通民众对工资收入无法维持通常消费水平的抱怨，恰恰是这种情况的真实反映："中间阶层"的工资收入正在下降，即便其他阶层的工资收入有所增长也无法改变这种状况。

对于 20% 的底层人口来说，虽然总体工资收入水平呈增长之势，但这是因为更多的人"跌入"了这个阶层，因此他们的平均工资收入水平实际是呈停滞甚至下降趋势的。导致这种情况的一个原因是，最低工资标准的下降不但影响了一般底层工人，更影响了那些工资收入刚刚高于最低工资标准的工人，他们的工资收入水平随最低工资标准的变化而变化。

### 不断降低的最低工资标准

当通货膨胀幅度高于政府规定的最低工资标准提高的幅度时，最低工资标准实际就"缩水"了。自 20 世纪 80 年代以来，美国已经形成了这样一种局面：立法机构在调整最低工资标准之前，先要等上很长一段时间，在最合适的时机做出调整；而即便要调整，也只做出小幅度的调整——只相对于通货膨胀的幅度进行调整。其结果是，为雇主节省了数十亿美元，而工人及其家庭却损失了数十亿美元。

仅仅因为没有及时跟随通货膨胀幅度调整最低工资标准（使之不至于出现实际下降的情形），就使雇主每年至少省下了 228 亿美元的支出。①但是，这些省下的支出就是工人及其家庭收入的损失。到 2015 年，工人家庭的绝对收入损失无疑更高了，尽管联邦政府和各州政府曾经在 2006 年提出了名义上的最低工资标准，但是由于政府未能调整最低工资标准，因此工人家庭总体上每年至少要损失 250 亿至 300 亿美元的收入。

### 加班工资豁免

加班工资也在不断减少，这不仅是因为低工资工人的这部分工资"被偷"了，而且高薪工人的加班工资也被减少了。然而所有这些却都是"合法"的，因为政府决定根据法律"免除"企业支付加班工资的义务，或者将小时工资制（hourly wage）改为"薪金制"（salary pay），而后者不适用于有关加班工资的法规。

某些企业最喜欢的策略是，直接将工人重新归类为"独立承包商"，以规避向工人支付加班工资的义务。在乔治·W. 布什担任美国总统的 2001 年至 2008 年期间，美国劳工部成功地进行了一项"重大改革"，即对 800 万美国

---

① 杰克·拉斯穆斯：《家庭战争：从罗纳德·里根到乔治·W. 布什的公司攻势》，由 Kyklosproductions 于 2006 年出版，第 164 页。

工人重新进行了分类，让他们从领取小时工资、有资格获得加班工资的工人身份，"转型"为雇主无须支付加班工资的薪金制员工。另外，随着雇主转向更多地雇用兼职或临时工人，这使得他们实际上更有能力灵活地操控工人的工作时间，从而能够合法地避免为数百万人支付加班工资，每年节省下数十亿美元的支出（这也就意味着工人每年要遭受数十亿美元收入的损失）。据估计，仅仅在美国，每年应付而未付的加班工资就高达 190 亿美元。[1]

### 普遍的克扣和拖欠工资现象

在美国，由于工资拖欠现象愈演愈烈，这使得低工资工人的工资收入进一步减少了。"工资拖欠"是指直接不发或拖欠低工资工人工资的情况。据估计，美国每年拖欠低工资收入工人的工资总额在 8.6 亿至 138 亿美元之间。[2]

虽然工资拖欠现象在低工资工人中特别突出，但实际上它也是整个工资结构中的一种普遍情形。非法克扣工资是工资拖欠的一种典型办法，特别是对于无证工人和在"地下经济"中就业的工人。非法克扣工资通常还伴随着少付或不付最低工资或加班工资的情形。

另一种伎俩是威胁工人，如果他们要到有关部门登记实情就会失去工作。然而，实际上，即便他们不登记，他们的合法收入也会减少，而且未来雇主可能要支付给他们的合法赔偿也会下降。再有，让工人在休息和午餐时间工作都是不需要支付工资的，因此这事实上也是另一种形式的工资拖欠行为。在服务行业，雇主和主管会直接克扣侍者和其他服务人员的小费，这是公然的近于强盗式的工资抢劫。还有一种手段是，让工人在空白的工作时数表上预先签好字，然后由主管填上内容，从而减少工人实际工作小时数。[3]

正如经济政策研究所在 2014 年发布的一份报告中所总结的："仅仅是纽约、芝加哥和洛杉矶这三座城市，低工资行业的一线工人每年的工资总额就接近 30 亿美元。如果我们将这三座城市得到的这些调查结果推而广之，那么

---

[1]　金·博博（Kim Bobo）：《美国的工资拖欠》，New Press 于 2011 年出版。

[2]　罗斯·埃斯伯雷（Ross Eisenbrey）：《美国雇主每年拖欠工人数十亿美元》，经济政策研究所博客，2015 年 2 月 3 日。

[3]　史蒂夫·格林豪斯（Steve Greenhouse）：《更多工人称工资被拖欠》，载《纽约时报》，2104 年 8 月 31 日。关于拖欠工资的各种形式的更全面的讨论，请参阅金·博博：《美国的工资拖欠》，由 New Press 于 2011 年出版，第 1~55 页。

全美国低工资工人的总数约为 3 000 万，每年被拖欠的工资总额实际超过 500
亿美元。"①

从目前来看，整体工薪阶层因工资被拖欠、加班工资被拒付、最低工资
标准调整严重滞后于调整通货膨胀幅度等，每年工资收入的损失超过 1 000 亿
美元。如前所述，中产阶层工资收入的"空心化"也使他们工资收入严重缩
水。而且，一般来说，雇主都不愿意根据本企业原有的"工资提升速度表"
按比例提高工资，因为这样会造成工资的"复合增长"，即新的百分比变化是
在以往的百分比变化基础上产生的。实际上，如今工资结构的状况是，企业
越来越倾向于一次性发放奖金或提供加薪，这就排除甚至断绝了随时间推移
而出现的工资复合增长的情形。

### 转移医疗保健成本

我们到目前为止所讨论的都是"名义工资"。实际上，由于工人不得不承
担越来越高的健康保险和医疗服务成本，比如，支付更高的医疗保险费、更
多的免赔额和共付费，而医疗保险覆盖的范围却一直在缩小，因而实际工资
在进一步下降，每年工人实际可支配收入因此而减少的数额高达数十亿甚至
数百亿美元。这也是近年来家庭消费增长一直停滞不前的另一个重要原因。

### "递延工资"和"社会工资"的减少

"递延工资"是指这样一种形式的工资，即雇主预先支付给某个私人基
金的约定在未来某个日期以员工的名义发放给员工及其家庭的名义收入（工
资）。这种基金通常为私人固定收益养老基金。"社会工资"也是一种递延工
资，由雇主存入某个政府信托基金，然后在未来某个日期以名义收入（工资）
的形式发放给符合领取资格的老年人或残疾人。美国的社会保障计划和其他
国家的国家养老金等都采用"社会工资"的形式。

### 不断下降的递延工资收入

当企业员工权衡之后放弃通常形式的、可随时间推移而增长的工资，转

---

① 巴迪·梅克谢尔（Bady Meixell）和罗斯·伊森伯雷（Ross Isenbrey）：《工资拖欠流行
病》，经济政策研究所报告，2014 年 9 月 11 日。

而选择企业直接投资退休养老基金、健康保险基金、教育基金或其他形式的有收益的基金时，"递延工资"就出现了。递延工资意味着企业将其员工目前的名义工资转移支付给某个基金，而员工在未来某一日收回这种延期支付的款额作为其工资收入，即要么每月收到退休金（养老金），要么用于支付医疗保健费，或支付高等教育的学费，等等。

最近几十年来，递延工资支付的主要形式一直是人们所熟知的固定收益养老金计划（defined benefit pension plan，简称 DBP）。这是一种集体养老金，目的是保证（无论是否通过集体谈判决定）工人退休后每月都能领到一笔养老金，具体金额按他们的工资收入和他们为企业服务的年数为基数计算。如果由于某种原因，雇主和管理养老基金的经理做出了失败的投资决定，那么养老金仍然要由雇主的其他收益或经营资金来支付。随着时间的推移，养老基金积累了巨额的存款并为金融资本所青睐，特别是在各州、各城市、各政府部门和各学区都相继引入固定收益养老金计划之后。到了后来，尤其在2006 年以后，养老基金逐渐蜕变为重要的"影子银行"——向传统银行和其他影子银行（例如对冲基金）提供贷款。

收回支付给固定收益养老金计划的递延工资的一种办法是，设立另外的养老计划，例如像美国的"401k 计划"和英国的类似计划。与固定收益养老金计划不同，"401k 计划"是个人养老金计划，而不是集体养老金计划。这种计划允许企业继续在其账面上将养老金作为其资产处理，并且在纳税时继续扣除企业对养老金计划的缴款，即使企业不再有任何义务保证某种退休工资支付水平（甚至不用保证会支付退休工资）。这一点与固定收益养老金计划全然不同。

"401k 计划"的另一个好处是，企业需要支付的金额要比固定收益养老金计划少得多。事实上，并不是所有的企业都需要为"401k 计划"缴款，这是完全自愿的；并且即使有些企业已经缴款了，也随时可以减少或暂停缴款。向"401k 计划"缴款后，企业就可以等额减少向养老金计划缴款，因而也就减少了未来支付给员工的退休金。另外，企业还有其他方法来"收回"向"401k 计划"的缴款，比如，它可以让员工将其本人的工资缴款部分用于购买本公司的股票，这等于间接将员工的工资作为资本回笼到本公司。如果员工将"401k 计划"的余额投资出去，用于购买其他公司的股票，那么这也是另一种间接形式的"返还工资",只不过它流向了其他公司。

"401k计划"在20世纪80年代以后迅速被许多企业所采纳,其资产规模很快就超过了固定收益养老金计划的资产。为此,许多固定收益养老金计划停止运行并转换为"401k计划",尤其是那些去工会化的企业。80年代初,即在向"401k计划"转换的潮流兴起之前,一些企业的固定收益养老金计划覆盖的劳动者人数达到了3 000万人,而当时的劳动者总数仅为1.06亿。但是到了2012年年底,虽然劳动者总数已经超过1.5亿,但是固定收益养老金计划所覆盖的人数却已经下降到了1 570万人。到2014年,在员工总数达到或超过500人的企业中,有超过41%都加入了某种类型的"401k计划",而固定收益养老金计划的覆盖率则下降到了16%。[①]

除过"401k计划"之外,企业收回工资(养老金)作为其资本的另一种方法也在20世纪80年代中期开始大行其道。法院裁定固定收益养老基金的所有权属于企业,因此它们可以合法地"拐走"养老基金的投资利润并用于其他目的。事实上,它们确实越来越多地这么做了。有时候,一家公司收购另一家公司的目的只是为了获得后者养老金计划的现金。收购公司会把养老金计划的现金留下,然后再把它掏空的"无现金公司"转手卖掉,进而把支付退休金的义务转嫁给政府机构。就美国而言,养老金福利担保一般只向退休人员支付部分退休金,这个比例通常不会超过原来的养老基金所承诺的月付款的一半。

进入20世纪90年代后,又出现了一种企业收回养老金工资的办法。克林顿政府允许企业从固定收益养老金计划中转出资金,以支付它们为医疗保险计划所承担的成本(这一时期,医疗保险的保费以两位数的水平上升)。换句话说,企业可以用员工在固定收益养老金计划中的递延工资支付它在不断上涨的医疗保健成本中本应承担的份额。当然,员工自身本来也必须支付不断上涨的医疗保险费中自己所应担的份额。不过,这意味着相对成本分摊开始从企业那里转移到员工身上了。这种转变一直持续到今天。

企业从固定收益养老金计划中收回工资、用"401k计划"代替固定收益养老金计划这两个办法的净效应是,员工的可用递延工资形式的总退休收入

---

① 迈克尔·拉波波特(Michael Rapoport):《退休人员寿命延长冲击退休金计划》,载《华尔街日报》,2015年2月24日,第B1版。

大幅下降。保证养老收入的固定收益养老金计划正在消失，而"401k 计划"却没有提供相应的可替代的养老收入，因此净变化无疑是工人递延工资收入的减少，以及企业因净缴款额下降所产生的收益的增加。

在美国，到 2014 年，所有退休基金（公共的和私人的）和私人养老基金（"401k 计划"、个人退休账户等）的价值总计 22.1 万亿美元，其中，"401k 计划"占该总额的 58%，约 12.8 万亿美元。[①]而在这 12.8 万亿美元中，占大比例、大额度的是全美国最富有的 10% 的家庭，其余超过 80% 的美国家庭的份额都很小。中等收入的家庭则集中在固定收益养老金计划上，不过因为固定收益养老金计划遭到了侵蚀，因此这些家庭的递延工资收入也已经显著下降了，但是它们却没有从"401k 计划"的个人养老金中获益。正如美国参议员谢尔德·布朗（Sherrod Brown）不久前所指出的，在 45 岁至 64 岁的美国工人中，"401k 退休账户余额不足 27 000 美元的人，占到这一年龄段人口的四分之三以上，而这其中又有三分之一的人甚至没有任何退休账户"。[②]

### 社会工资收入下降

社会工资包括企业雇主及其员工的缴款，它在名义上是工资的"实时"增加部分。这种缴款由某个在未来一个特定日发放的"社会基金"代为管理，如政府信托账户。社会工资是美国社会保障制度的重要体现，其他发达经济体的国家退休基金也属此类。这种类型的保障建立在企业雇主及其员工"一致决定"的基础之上，尤其员工自愿推迟对工资增长部分的享受，将它放入某个基金，以保证自身在日后可以收到付款。

自 20 世纪 80 年代末以来，与通货膨胀挂钩的工资税每年都在提高，但是退休福利却并没有增加多少。这对企业员工而言，相当于将目前的工资收入转移出去了，但是日后的福利却最终并没有任何改善（未来获得较高的工

---

[①] 这个 12.8 万亿美元包括"401k 计划"的大约 7.8 万亿美元，其余为个人退休账户（IRA）资金。个人退休账户是另一种形式的私有化退休金。另外还有大约 10 万亿美元属固定收益养老金计划，其中大约 6 万亿美元是被保留下来的私人公司的固定收益养老金计划（单个和多雇员计划）资金，其余大约 4 万亿美元属公共部门的固定收益养老金计划。

[②] 谢罗德·布朗（Sherrod Brown）：《致编辑信》，载《华尔街日报》，2014 年 1 月 30 日，第 12 版。

资收入）。不过这已经是最好的结果了。与此同时，企业家和政治家却仍然在努力减少工人的福利，一些另类替代计划正在拟定当中，比如允许家庭撤回缴款、用社会保障信托基金盈余在股票市场上进行投资、提高退休年龄等。如果这些计划真的出台了，那么就意味着工人将不得不为递延工资付出更多，然而在未来却只能获得更少的福利（工资付款）。

社会保障中的"社会工资"不仅仅包括退休福利，而且还包括为残障人士提供的医疗保险和相关福利。但是这些福利时不时也会减少。就医疗保险而言，社会保障中的保健福利计划的覆盖率一直在不断下降，但每个月的自付部分却在不断上升。

现在，大幅削减社会保障中残障人士保障计划的主要福利的行动已经箭在弦上了。自 2009 年以来，美国有 200 万工人享受着社会保障中的残障抚恤金，但目前这个福利计划已经入不敷出了。这就为那些反对社会保障的政策制定者提供了一个极好的机会。因此，社会保障中的残障人士的福利将进一步减少，而这就意味着数百万家庭又将有一种社会工资收入会下降。

不过无论哪一个方案，其关键都在于：工人以工资税的形式支付社会保障。这些方案的本意是以工人当前工资收入的减少去换取未来福利（工资收入）的增加，然而可惜的是，未来的福利会减少，这是不争的事实。

在英国，近年来许多人都对社会工资进行了猛烈抨击，针对的焦点是："改革计划"，削减了政府机构人员的公共养老金，且允许他们在 55 岁退休前提取养老金；或者允许他们在退休时完全提现，并允许他们将撤出的资金以年金的形式投资于保险公司或者主权财富基金（另一种影子银行）。[①]这意味着银行家和保险公司将能获得大笔的资金进行投资（类似于"401k 计划"）并获得高额的管理费用。

无论是通过将工资税与通货膨胀挂钩以转移更多的工资收入，还是提高医疗保险自费水平，或者是大幅削减福利（如削减社会保障中的残障抚恤金），能够起到的效果都只能是：在当前转移更多的工人的社会工资，而在未来使他们获得更少的福利或工资收入。

---

① 社论：《英国养老金改革：更匆忙了，但却在减速》，载《金融时报》，2015 年 3 月 13 日，第 10 版。

# 工作时间的制度性变化

新的工作时间概念正在迅速地植入 21 世纪的资本主义经济中，它意味着更多的工作量、工作时间更长、节奏更快，但报酬却更少甚至完全没有。某种程度上，传统工作制度向临时性就业制度的转变就是这种趋势的重大表现。直到 20 世纪 90 年代前后，法律仍然规定，工人应该按时计酬、加班应该支付加班工资，但是现在这种模式已经改变了，传统的工作时间与非工作（或休闲）时间已经混合在一起了。

这种变化的一个维度是所谓的"技术时间"的出现，即"把家带到工作中"；而另一个维度则可以称为"家庭时间"，即"把工作带到家里"。此外还有所谓的"旅行时间"和"双倍时间"。无论称谓如何，实际上在所有的传统非工作时间内，工人现在都在从事与业务有关的活动，但却没有任何报酬，因此在这点上，它们也可称之为"免费时间"和"无薪时间"。

## 技术时间

技术时间（Tech Time）这个术语反映了这样一种趋势：在技术行业中，一些公司越来越多地使其员工将更多的非工作时间用在工作上。公司有意营造兼具许多私人生活特征和功能的工作环境，以便让员工尽可能多地将非工作时间投入到工作中去。例如，位于加利福尼亚州硅谷的许多顶尖科技公司都开办了与"美食广场"相比毫不逊色的免费自助餐厅，它们提供各种各样的美食。为什么要工作到下班时间，然后在路上花两个小时，之后回到家做晚饭，迟迟上床睡觉，第二天又早起做早餐，然后又在路上花两个小时来公司上班呢？把耗费在家里、路上、煮饭菜的时间、精力和成本节省下来，边工作边吃不好吗？更妙的是，为什么要回家去呢？公司有娱乐设施、运动场、健身房、游泳池、免费视频游戏，也有供休息和社交的安静场所，甚至还有让员工睡觉和淋浴的设施。有了这些，为什么还要回家呢？回家是那么远、那么不方便、那么费钱和费时间，一天到晚留在公司，待个 12 到 15 小时甚至 24 小时，有什么不可以呢？

这就是"工作 & 生活"，它将成为未来公司的核心工作模式：为员工营造更佳的工作环境、节省更多的空闲时间，从而促动他们以极低的成本为公司创造更多的工作时间；或者说，传统的非工作时间和休闲活动都被组合进了工作时间当中。工资越来越成为"以实物形式支付"的报酬了。

当然，希望吸引高智力人才和专业工作者的高科技公司也不得不越来越多地依靠这些条件（高科技行业是未来增长潜力很大的行业）。体面的工资、稳定的保险福利、每年几个星期的假期，已经不够了，还必须或者不得不参与全方位的"环境竞争"。这种做法与现在美国一些大学在竞争最优秀的学生时的做法很相似：建更大的游泳池、更好的健身房、更时尚的娱乐设施、更好的宿舍等。

然而，与大学所不同的是，在高科技行业，所有这些看似"免费"的东西其实都是有价格的。这个价格就是员工在 8 小时之外提供给公司的免费劳动。至于员工失去正常家庭生活这个代价，在这里就先不说了，因为这对公司来说，如果要支付无疑太昂贵了，而且不利于"提高生产率"。毫无疑问，减少生产成本的最好办法就是让员工每周 7 天、每天 24 小时都留在公司工作，相比较而言，休闲设施和免费食物的成本要远远低于这些额外工作时间的价值。说到底，员工付出了没有报酬的劳动，他们过的是符合公司需要的、没有工作之外生活的生活。

### 家庭时间

"家庭时间"是一个与"技术时间"相对的概念，它是指公司员工不在工作场所长时间地工作，而是把工作带回家里并进一步延长工作时间。今天这样的行业已经越来越多了，公司员工通过电子设备每周 7 天、每天 24 小时相互联系。最早是黑莓手机和电子邮件，现在则是 iphone 和 ipad，明天可能是苹果 iwatch，视频会议随时随地都可以召开。在"家庭时间"，公司的工作环境被植入了家庭环境之中；而在"科技时间"，则是家庭环境被融进了公司的工作环境之中。但无论哪一种时间，超时工作都是免费的，不会导致名义工资的增加。

### 旅行时间

更传统的"无酬劳动"是在"旅行时间"内付出的。由于工作地点远离城市中心，也由于道路越来越拥挤，因此年轻员工不得不将更多的时间花在上下班的路上。当然，这种额外付出的劳动也没有补偿。由于公司员工大都不喜欢长途通勤，于是一些公司选择搬回市中心，还有一些公司则选择通过提供私人交通服务将员工带到远离城市中心的工作场所。除此之外，它们还通过提供豪华公共汽车将居住在城市中心的人吸引过来。技术进步已经使得一些公司的员工能够在"旅行时间"里进行工作了，这也带动了航空旅行业发生类似的变化。

## 双倍时间

还有一个更传统的但同时也许是迄今为止应用最普遍的工时概念，这就是所谓的"双倍时间"（double time）。随着科学技术的发展和进步，一些企业/公司越来越不再通过最大化利润率或利润水平来追求利润了，而是通过最大化利润空间率来追求利润，即通过降低运营成本来提高生产率。它们通常采用的模式是，通过裁员削减劳动力成本，然后将被削减的员工的工作任务及其职责转移到留下来的员工身上，令他们承担"双倍"的任务和职责。与此类似的一个例子是美国的"K-12教学体制"，它影响了数百万教师。每个教师的日常工作时间通常已经达到了 7.5 个小时，然而在该教学体制下，他们还需要在课后辅导后进和残障的学生，以及为学生提供课业咨询、指导并陪伴学生参加各种比赛或竞赛、参加行政会议等很多不能获得工资报酬的活动。另外，他们还需要承担以前由管理员承担的工作及其职责，当然这也是无薪的。另一个类似的例子是医院里的注册护士，如今她们越来越多地承担起了许多以前由医生负责的工作。再有，在零售商店里，店长只不过是低薪销售人员，但是他们却需要承担起管理其他"现场销售人员"的职责。

## 无薪实习生

"无薪工作时间"的另一个发展趋势体现在越来越多的"无薪实习生的免费劳动"上。许多谋求职位的人都愿意事先成为无薪工作的实习生，目的只是为争取一个"尝试"工作的机会。一些企业也更愿意接受他们，因为它们不用承诺真的要聘用他们。事实上，许多企业都在"循环使用"无薪实习生，即到下一年（或下个季度）就用新实习生取代老实习生。

虽然我们很难准确估算无薪实习生究竟为企业贡献了多少无薪工作时间，

但是完全可以估计，仅仅在美国，工薪阶层因此而损失的工资收入至少达到数百亿美元。事实上，这些可以说是企业"收回"的工资，因为它们并不需要真的支付这些工资。

## 新兴的"共享经济"

工资收入减少的另一个原因是过去几年里蓬勃兴起的"共享经济"。"共享经济"有时又被称为"零工经济"，英文名称为"Gig economy"。此处的"Gig"是俚语，指短期的、无规律的工作任务。而"共享"（Sharing）是描述同一现象的另一种表达方式，指消费者与那些永久性就业的工人共同完成特定的工作。在"共享经济"领域，引领趋势的创新公司包括：提供出租车服务的 Uber 和 Lyft，提供酒店服务的 Airbnb，提供管家和个人服务的 Hello Albert，提供家庭清洁服务的 Homejoy，提供一般服务的 Taskrabbit，等等。目前这类公司的数量还在进一步增加中。①

在"共享经济"领域，工作与非工作之间的界线非常模糊。非专业出租车司机利用自己加盟的公司（如 Uber）的软件和服务平台接送乘客，然后乘客为这项服务支付的费用——车费——由公司和司机分享。这一模式使 Uber 等出租车公司显著地节省了运营成本，它不必提供车辆，也不用承担车辆维护费用，只需为非职业司机付出的时间支付相应的费用——这些司机实际上是用这些时间为公司赚取收入，但公司却不必向司机支付任何福利。这种"共享"其实只是一种委婉的说法，或者说是一种非常不平等的"共享"。Uber 司机得到的远远少于传统出租车公司向专业出租车司机支付的。正常工资收入和支付给司机的工资收入之间的差异，导致了出租车司机整体工资收入水平的大幅下降。Uber 等"共享经济"公司的出现，强化了临时性就业趋势，以及从业人员的工作向低收入服务性工作转移的趋势，同时也进一步推动了长期上升的失业趋势。这些都是当前就业结构变化的特征。

Airbnb 则复制了 Uber 开创的"共享经济"模式。Uber 主要致力于本地交

---

① 要想更全面地了解"零工经济"的情况以及对这种经济的评论（在全球范围内，"零工经济"的潜在雇员高达 5.4 亿人），请参阅麦肯锡咨询公司的报告：《一个新的劳动力市场：数字时代将人才与机会连接起来》，2015 年 6 月。

通服务，而 Airbnb 则致力于本地住宿和酒店服务，即让有些家庭将自己的家租给别人住。Airbnb 并没有提供酒店，但却得到了这种"共享经济"创造出来的大部分收益。Taskrabbit 又进一步扩展了"共享"的概念，它可以提供各种各样的服务。可以预料，在未来几年内，"共享经济"将导致从业者大幅降低工资收入，并且这种就业和收入模式将取代传统的模式。"共享经济"创建的是一种短期的、零工式的就业形式，从业者必须自己提供生产设备，但同时却还要承担雇主"卸下来"的大部分传统业务成本的"包袱"。

## 家庭债务减少了未来家庭收入

由于家庭必须对过去积累下来的债务支付较高的本金和利息，而目前的经济情况导致家庭获得的真实工资或名义工资收入减少了。因此，从另一个角度看，近几十年来，因为家庭债务水平大幅上升，债务本身就成了导致家庭可支配收入大幅减少的又一个因素（由于如前所述的各种原因，可支配收入早就被缩减得所剩无几了）。然而，饶具讽刺意味的是，恰恰是因为工资收入长期停滞不前甚至下降，家庭才越来越多地转而求助于信贷，希望以债务来弥补工资收入的不足，但是债务的不断积累又必然导致未来可支配收入的进一步减少。

根据纽约联邦储备银行的数据，从 1999 年至 2008 年，美国的家庭债务从 4.6 万亿美元增加到了 12.68 万亿美元，[1]增加额高达 8 万亿美元。这些债务所产生的利息都必须从家庭当前的收入中支付出去。

从 2008 年到 2012 年，美国家庭总债务略微有所下降，达到 11.3 万亿美元。然而，这种减少并不是因为家庭收入的增加，而是大部分由于银行的"免收"（即取消部分债务），或者是因为债务重组，或者是因为家庭破产。根据纽约联邦储备银行的数据，银行取消的债务绝大部分都涉及住房抵押贷款和信用卡债务，其中仅住房抵押贷款债务就取消了 1.3 万亿美元。[2]然而，

---

[1]　美国联邦储备银行，《家庭债务和信贷情况季度报告》，2015 年 5 月。另见本·麦克兰纳汉（Ben Mclannahan）：《渴望借贷的银行欢迎筛选有信用客户的新方法》，载《金融时报》，2015 年 10 月 16 日，P 版第 14 页。

[2]　美国联邦储备银行，《货币问题》，第 19 卷，第 2 期，2013 年，第 6 页。

自 2012 年以来，美国家庭债务再次出现了上升的势头。根据纽约联邦储备银行的最新报告，截至 2015 年第二季度末，美国家庭债务总额达到 11.85 万亿美元。

虽然美国家庭的住房抵押贷款和信用卡债务由于银行取消债务和其他原因而有所减少，但是新的债务却一直令人不安地加速增加，其中特别是学生贷款、汽车抵押贷款和发薪日贷款。仅发薪日贷款这一项，就达到 460 亿美元，涉及 1 500 万人；而在这 1 500 万人中，大约有 70％的人每个月都要贷款，否则就无法满足基本生活所需。

上述债务一方面进一步加大，另一方面偿债条款和条件却变得更加苛严。发薪日贷款的利息最高可达 400％；贷款的学生通常需要向银行和美国政府支付 7％~8％的利息（而银行向政府的借款，利率却低至 0.1％）；汽车贷款的平均期限则只有 84 个月。

因此，被一些媒体和政客津津乐道的一个"成就"——自 2008 年以来，由于工资已经恢复了增长，因此美国家庭已经出现了显著的债务"去杠杆化"（债务减少了）情形——其实只是一个神话。债务因工资收入增长而减少，这种情况最多只发生在全美国最富有的前 10％的家庭中，而对于其余的 90％的家庭，即使债务有所减少，也基本上是因为债务取消、债务重组或家庭破产。

部分债务被取消，再加上被豁免的 10％，使美国家庭债务总体有所减少。根据纽约联邦储备银行的数据，美国家庭总债务从 2008 年的 12.68 万亿美元的峰值减少到了 2015 年的 11.85 万亿美元，下降了 6％。但是，如果真的是家庭收入增长所导致的债务去杠杆化，那么就不应该是这种情况。美国的家庭债务水平长期处于高位，即使不再像以前那样迅速飙升，但也一直在持续缓慢增加。

当然，与美国相比，其他发达经济体和新兴市场经济体的家庭债务状况和趋势都要糟糕得多，尤其在 2008 年之后，家庭债务增幅持续升高，不管是欧洲还是日本和加拿大等，也都出现了类似的情况。[1]麦肯锡全球研究所的一份报告指出，近些年"家庭债务持续快速增长，去杠杆化只是罕见的特例"。[2] 2008 年以来，全球家庭债务总额又增加了超过 2 万亿美元。

---

①②　麦肯锡全球研究所，《债务与（乏善可陈的）去杠杆化》，2015 年 2 月，第 6 页。

# 家庭收入、债务和消费的脆弱性

上述我们讨论了最近几十年来，全球家庭收入尤其是美国是如何显著地减少、停滞甚至下降的，同时指出，这种情况在很大程度上源于发达经济体，特别是美国的劳动力市场的结构性变化。在这方面，美国通常是先行者。

家庭收入下降的结果必然是家庭债务的上升，因为收入是支付到期债务本金和利息所必不可少的。由于结构性变化所导致的从业者工资下降，意味着从业者及其家庭的收入不足，进而无法满足其家庭维持体面生活的所需，甚至无法满足家庭对基本必需品的需求，因此家庭不得不加大对信贷的依赖，从而导致债务水平进一步上升。从业者及其家庭收入不足导致更多的家庭债务，而家庭更多的债务又导致从业者及其家庭收入的进一步减少，因为更多的收入将被用于支付本金和利息，而到期的本金和利息都是随债务的增加而增加的。这样就形成了一个恶性循环的趋势。从长期来看，它会致使依赖工资收入的家庭破产。

如果说家庭偿还债务的能力不断下降，以及由此导致的债务的持续增加，确实是引发家庭消费脆弱性日益恶化的一个重要因素，那么即使在所谓的"良性"经济增长时期，即使家庭消费有所增加，但这两者的螺旋式上升也会加剧家庭的消费脆弱性。其问题在于，要支撑消费，就必须有越来越多的债务，但消费和债务并不是对应性的增幅关系。比如，在 1947 年到 2007 年的"繁荣"期间，家庭债务的年平均增长率达到 9%，而消费的年平均增长率只有 3.6%，它们之间的比例约为 3∶1。而自 2008 年以来，消费的年平均增长率已经下降到了 1.5%。这就是说，家庭债务每增加 1%，实际只能使消费增长 0.2%。

一旦金融崩溃和随后的经济衰退发生，那么情况就会变得更加糟糕：以前积累下来的债务仍然存在，本金和利息必须支付，但是支付债务本金和利息所需的工资收入却"崩溃"了——因为大规模失业，因为仍然保有工作的人的工资收入从各种途径"流失"了，因为家庭不得不进一步借款以偿还债务或维持必要的生活支出。有一些家庭或许可以通过借新债还旧债的方式渡过难关，但是却面临着非常苛刻的偿债条款和条件，包括利率急升、贷款资格审查非常严格且非常难以通过、债务偿付期限变长、贷款人的强制收回权随时可能执行等。

家庭消费脆弱性的三个决定因素（它们其实适用于所有形式的脆弱性）相互之间开始加剧了：家庭收入的下降导致寻求更多的债务和更不利的偿债条款和条件；无力偿还债务导致偿债条款和条件更加苛刻，从而又导致工资收入被用于抵扣更多的利息，等等。消费脆弱性的三个决定因素——收入、债务、偿还债务的条款和条件——在金融危机和随后的经济衰退中不断加剧且相互强化。依赖工资收入的家庭在经济衰退行将结束时的消费脆弱性甚至比经济衰退刚刚开始时还要严重。周期性事件像棘轮一样，不断强化着家庭消费脆弱性持续的时间和趋势。

那么，在金融危机和经济衰退的前后，政府的应对策略是如何直接导致并强化家庭消费脆弱性和金融脆弱性的呢？要对这个问题作出回答，又引出了新的问题：金融脆弱性和家庭消费脆弱性是如何决定政府脆弱性的？政府脆弱性又是怎样影响金融脆弱性和家庭消费脆弱性的？而这两大问题是本书接下来的第14章和第15章的重点内容。

# 第14章 中央银行与结构脆弱性

货币政策是由中央银行主导的。在美国，中央银行是美国联邦储备委员会（FED）。其他主要的发达经济体也有各自的中央银行：在英国，是英国银行（BOE）；在日本，是日本银行（BOJ）；在欧元区，是欧洲中央银行（ECB，其执行委员会由 17 个欧洲经济体的中央银行组成）；在中国，则是中国人民银行（PBOC）。几乎每个国家都有自己的中央银行。

## 新旧货币政策工具

在深入讨论中央银行及其政策是如何以及为什么会导致经济的系统脆弱性并进而导致金融不稳定之前，我们在这里先提供一些背景信息，这样做应该是有益的。

主流经济学家通常将中央银行的三个主要目标归结为：（1）影响经济中的货币供给，以促使私人银行要么借出更多一些，要么借出更少一些；（2）监督私人银行系统，以防止出现可能危及整个货币金融甚至经济系统的高风险行为；（3）作为最后贷款人，当监管失败、私人银行陷入困境时，对它们进行救助。为了实现这三大目标，中央银行传统上一般采用如下三种最基本的货币工具：（1）设定准备金要求；（2）改变中央银行的贴现利率；（3）向私人银行购买或出售国债。第三种工具有时也被称为"公开市场操作"。

准备金要求是指私人银行必须保有不得贷款给企业或消费者的资金量。如果中央银行提高准备金要求，那么私人银行就会减少贷款。如果所有其他条件都相同，那么中央银行提高准备金要求就意味着，非银行企业用来投资的借款和家庭的大额支出（如汽车、住房、教育贷款等）都会减少。也就是说，投资和消费将有所下降，而经济增长也将放缓或下滑。如果中央银行降低准备金要求，那么就意味着银行会增加贷款，企业和家庭也会借入更多的钱款，于是投资和消费将上升。但是近几十年来，准备金要求这个货币工具几乎从来没有被美国联邦储备委员会和其他发达经济体的中央银行作为主要工具使用过。

以美国为例，贴现率是美国联邦储备委员会直接向私人银行贷款的利率，但它也很少被使用。

公开市场操作是美国联邦储备委员会最常用的货币工具。在2008年至2009年金融危机之前，中央银行经常通过公开市场操作去影响私人银行的货币供给和贷款情况。公开市场操作并不复杂：中央银行从私人银行那里购买美国国债，即用货币将自己以前卖给私人银行的国债再次买回来。这意味着银行将有更多的钱可供出借。但是，正如我们下面将会解释的，私人银行手头持有更多的可以贷给企业和家庭的货币，并不一定意味着私人银行就会发放更多的贷款。

2008年至2009年金融危机之后，上述三种传统货币工具（准备金要求、贴现率和公开市场操作）很快就被认定为是不完善的和有缺陷的：它们不能足够快、足够多地向经济体注入流动性（以便抵消由于金融资产价格崩溃和违约率上升所导致的私人银行资产负债表上出现的巨大损失）。另外，私人银行由于其持有的金融资产价格崩溃造成了损失，因此不得不冻结贷款。再有，由于无法从银行获得信贷，因此许多非银行企业不得不"关门大吉"，从而导致数以百万计的人失去工作，进而导致投资和家庭消费完全停顿。有鉴于此，美国联邦储备委员会决定尝试启用新的货币工具，以便在金融体系彻底崩溃之前给经济体注入更多的流动性，以防止另一个类似于20世纪30年代那样的大萧条的出现。

美国联邦储备委员会尝试启用了如下四个新的实验工具：

第一，特别拍卖。面临最大破产威胁的私人金融机构，包括影子银行和传统商业银行，可以就它们愿意以何种利率从美国联邦储备委员会那里借款进行投标（对中央银行来说，这是"拍卖"）。

第二，零利率计划。美国联邦储备委员会降低联邦基金利率，即私人银行相互借款时的利率。联邦基金利率从正常年份的2%~5%一路下降到

0.15%，并在这个水平上保持了六年半的时间。

第三，美国联邦储备委员会以 0.25% 的利率向银行支付利息，而且还制定了一个计划：如果银行重新在美国联邦储备委员会存入资金，那么其将向私人银行支付 0.25% 的利息。

第四，量化宽松计划。从 2009 年到 2014 年，美国联邦储备委员会还引入了量化宽松计划。该计划是这样的：美国联邦储备委员会不再等待银行前来借款，而是主动向银行（包括商业银行和影子银行）、富有的个人投资者回购他们所持有的美国国债、垃圾债券和证券。

## 总额高达 25 万亿美元的全球银行救助资金

说到底，美国政府的量化宽松政策只是使美国联邦储备委员会的资产负债表增加了不到 4 万亿美元的不良资产和其他债券，这些债务是从私人银行和投资者那里购买来的。① 美国政府在购买时所用的钱，实质上是美国联邦储备委员会自己直接"印"出来的，而不是通过向民众征税筹集的。② 不过，到目前为止，我们仍然对每一次购买不良资产的价格是什么不得而知，因为一直没有公布过。通常在实施该政策的时候，大多数银行等机构的不良资产价格都已经崩溃，在许多情况下不足其原始价值的 20%。因此，如果美国联邦储备委员对此支付超过其原始价值 20% 的价格（事实可能就是这样），那么它实质上就是对银行和私人投资者提供了补贴；也就是说，它以高于市场价格的价格购买了这些机构的不良资产。

美国联邦储备委员会的 4 万亿美元量化宽松政策是在 2009 年至 2014 年 10 月期间分三轮实施的，与此同时，它还通过零利率计划和特别拍卖计划向私人银行系统注入了另外的 10 万亿美元。还有一个计划是，美国联邦储备委员会与外国银行进行了总额超过 1 万亿美元的"互换"，即给后者美元以换取它们本国的货币（主要是欧元，还有其他欧洲国家的货币），以支持这些银行。至于美国联邦储备委员会以 0.25% 的利率向银行提供借款，迄今仍然没

---

① 在这 4 万亿美元中，有一部分是美国的长期国债。

② 虽然从技术上看，货币是以电子手段创造出来的，或者是用纸张印刷出来的，但是"货币是'无中生有'地创造出来"的结论在这两种情况下都是成立的。

有具体的数据。但是，我们仅仅把上述几个来源加总一下就不难看出，为了救助银行体系，美国联邦储备委员在 2009 年之后注入了大约 15 万亿美元的流动性。[①] 而这只考虑了美国的中央银行，实际上欧洲、日本、中国等的中央银行，也都通过传统货币工具和与美国类似的新货币工具为共同体或本国提供了巨量的流动性。

英格兰银行至少通过量化宽松计划为英国注入了 6 500 亿英镑（相当于大约 1 万亿美元）。此外，它通过实施零利率计划又注入了大量流动性。在 2015 年之前，欧洲中央银行通过所谓的长期再融资操作计划，为欧元区注入了大约 1.5 万亿美元的流动性。在 2014 年的时候，欧洲中央银行曾经推出过一个总额高达几千亿美元的债券购买计划。到 2015 年年初，欧洲中央银行又启动了另一个总额为 1.1 万亿美元的量化宽松计划：每月 650 亿美元，为期十八个月。这就是说，从 2014 年到 2015 年，仅仅欧洲中央银行就注入了超过 2.5 万亿美元的流动性（英国通过量化宽松政策和零利率计划注入的流动性也与此不相上下）。而实际上，欧洲中央银行在自 2009 年以来的大部分时间里都在实施零利率计划。当然，欧元区内未加入欧洲中央银行的其他国家的中央银行在 2009 年以后也都实施了自己的零利率计划和量化宽松政策。因此，保守估计，欧洲自 2009 年以来注入的流动性不会低于 5 万亿美元。

日本的利率多年来一直接近于零。在 2008 年至 2009 年金融危机之前，它通过零利率计划和其他政策工具向银行系统和经济体注入流动性的历史就

①　需要提请读者注意的是，这里并没有提到美国国会通过的总额为 7 500 亿美元的《问题资产救助计划》（TARP），该计划由美国财政部执行，目的也是救助银行。但是，《问题资产救助计划》却从未被用于银行救助，因为银行体系是由美国联邦储备委员会负责救助的，而不是国会。关于《问题资产救助计划》的更多信息，请参阅本书作者于 2012 年出版的《奥巴马的经济：少数人的复苏》一书，Pluto 出版社，第 8 章。简单地说，《问题资产救助计划》的大约一半资金，都被分给了九家大银行和一些较小的小银行，另外一些资金则被用于救助汽车公司。到最后，还有数百亿美元的资金没有用掉，还给了美国财政部。没有任何资金被用于保护房主，尽管国会在批准该计划时明确指出了这种用途，这是因为提供和维护住房贷款的银行反对这种用途的结果。银行体系是美国联邦储备委员会通过特殊拍卖、零利率计划、量化宽松政策救助的，国会所发挥的作用仅限于临时允许银行暂停使用《市场公允价值会计准则》，即允许它们在一定时限内谎报它们的资产负债表状况。美国联邦储备委员会在此期间也对银行进行了虚假的"压力测试"，以鼓励投资者购买银行股票，这有助于银行"资本化"。此后，银行利润大幅提高、银行股票价格急剧飙升，最终使银行走向了复苏。

已经有十年了。日本银行于 2013 年春季曾推出过量化宽松政策，即从私人投资者手中购买证券，规模为每月 440 亿美元（相当于每年 5 300 亿美元）。到 2014 年 10 月，又加码推进量化宽松债券购买计划，债券购买额提高到了每月 600 亿美元，相当于每年 6 820 亿美元。两年半量化宽松政策的实施，日本注入了超过 1.2 万亿美元的流动性（在 2013 年之前通过零利率计划注入的流动性不算在内）。另据报道，日本银行正在考虑效仿欧元区，在 2015 年或 2016 年年初推出新一轮量化宽松政策。

中国的中央银行（中国人民银行）并没有推出量化宽松政策。它自 2009 年以来一直依赖传统的货币工具为本国经济注入流动性，例如，降低准备金要求，降低利率，降低其他借款成本，等等。不过，现在中国也越来越多地鼓励来自全球影子银行的资本流入了，因为它们在中央银行的传统注入途径之外，又为中国经济注入了更多的流动性。那么，中国自 2009 年以来通过这些不同途径向经济体注入了多少流动性呢？根据流动性的不同定义，有不同的估计结果，一般估计在 1 万亿到 4 万亿美元之间。

保守一些，假设中国注入的流动性为 1 万亿美元。据此我们不难推算出，美国的联邦储备委员会、英国的英格兰银行、日本的日本银行、欧元区的欧洲中央银行和中国的中国人民银行等总计注入的流动性，至少达到 25 万亿美元。[①]

因此，如果我们只考虑全球最重要的这些中央银行，只考虑量化宽松政策，那么自 2009 年以来，它们注入的流动性总计就已经超过 9 万亿美元了，而且这个数额仍然在增大之中。而如果我们把流动性注入的所有形式——量化宽松政策、零利率计划、利率拍卖、传统货币工具等——全都考虑进去，那么这个数额至少为 25 万亿美元。

然而，除了中国和几个新兴市场体在 2010 年至 2012 年间出现短暂的复苏之外，这种大规模的流动性注入并没有带来强劲的、持续的实体经济投资回升和全球经济复苏，而只是导致全球经济出现了本书前面章节中所描述的"死猫式反弹"。自 2013 年以来，全球经济复苏缓慢，经济在短暂的复苏之后往往是更长时间的经济放缓；也没有出现经济萧条后通常会出现的工资收入回升情形，相反只是进一步地下滑。尽管许多主流经济学家一再警告，25 万

---

① 当然，这里并没有把其他主要发展中国家的中央银行注入的数千亿乃至数万亿美元的流动性也考虑在内，例如印度尼西亚、韩国、巴西、土耳其、墨西哥等。

亿美元的流动性注入肯定会导致失控的商品通货膨胀，但是这种事情并没有发生。

实际上，这25万亿美元流动性注入的"成就"无非是：企业、家庭和世界各国政府债务的持续攀升。本书前面章节中引用过的国际清算银行以及其他机构的研究报告都充分证明了这一点。中央银行通过注入流动性，使一些私企积累起了创历史纪录的债务；而通过量化宽松政策和其他救助银行的举措，这些中央银行又将天量的不良私人债务纳入自己的资产负债表。在这些中央银行将私人债务转移到自己资产负债表上的过程中，它们所采用的手段（大量注入流动性）最终又通过私人银行系统产生了更大的债务和杠杆。因此，从长期来看，私营企业和中央银行的债务水平都将增长；原来为解决流动性过剩和债务问题而注入的流动性，反过来又成了更多债务的原因。因果相依相循。

## 为什么中央银行在救助银行之后仍然继续免费撒钱？

一个进一步要追问的重要问题是：既然在2009年通过大量注入流动性，已经使私人银行的资产负债表得以恢复，那么为什么美国联邦储备委员会和其他主要国家的中央银行在接下来的五年中却仍然要继续注入更多的免费资金——通过零利率计划和更多的量化宽松政策？

2008年9月，雷曼兄弟投资银行因没有获得救助而轰然倒塌，而抵押贷款公司房地美和房利美却被政府救助。同年10月，全球保险巨头美国国际集团也获得了850亿美元的救助金。从2008年到2009年，美国联邦储备委员会通过特别拍卖和注入流动性，救助了一系列重要的金融机构（其中包括通用汽车金融服务公司和通用电气信贷公司）、共同基金和影子银行，同时它还通过各种手段对技术上已经破产的花旗集团和美国银行予以救助，包括向花旗集团和美国银行各提供大约3 000亿美元的担保贷款。既然美国的银行体系在2009年下半年已经基本稳定了，那么为什么美国联邦储备委员会还要继续在2009年至2015年间提供数万亿美元的资金分别推出第二轮和第三轮量化宽松政策，并且在超过六年的时间里一直实行零利率计划？持续进行这种免费注资，如果不是为了继续救助银行的话，那么究竟是为了什么？

　　答案是，为了救助金融投资者并让他们重新获得资本收入。中央银行通过私人银行将资金和流动性交到投资者和投机者手中，用意是推高股票、债券、金融衍生产品和其他投机性投资市场产品的价格。中央银行，特别是美国联邦储备委员会和英国的英格兰银行，一直在提供免费资金，以提高金融资产的市场价格，进而提高金融资本精英的资本获利并增加他们的财富。

　　事实上，美国和英国的银行在 2012 年后已经不需要更多的流动性了。在 2008 年至 2009 年金融危机之后的几年时间里，美联储和英格兰银行注入的数万亿美元早就超过这些银行在 2008 年至 2009 年金融危机期间所造成的金融资产损失了，它们的资产负债表上的"黑洞"也早就填补上了。而且，私人银行并不缺乏资金，它们在 2009 年之后就有能力向非金融企业和家庭贷款了（更不用说 2010 年之后了）。它们拥有大量的准备金，只是没有出借给一些非金融企业和家庭罢了。

　　今天，美国的银行仍然坐拥超额利润和超额储备，它们囤积下来的现金已经超过 2 万亿美元。实际上，到 2010 年，银行利润和股票价格就快速恢复先前的水平了，特别是在美国和英国，那么为什么美国联邦储备委员会和英格兰银行还要继续向私人银行注入免费资金？为什么美国的量化宽松政策和零利率计划不可以继续实施五年？为什么直到今天所有的发达经济体的中央银行仍然在继续执行零利率计划？为什么量化宽松政策在欧元区和日本继续加码推进？为什么在全球经济衰退正式结束七年后，巨量的"免费资金"仍然不断地从一些发达经济体的中央银行喷涌而出？

　　自 2009 年以来，通过零利率计划执行注入的流动性比量化宽松政策实施之后的还要多。现在，日本和欧元区还在加码推进零利率计划和量化宽松政策。与此同时，中国的中国人民银行也在继续降低利率、减少商业银行的准备金要求，以鼓励商业银行发放更多的贷款——它们的资金规模已经达到 20 万亿美元之巨。同时，中国政府还鼓励更多的离岸货币资本流入银行体系，因为中国的经济发展还在持续放缓。而其他已经陷入经济衰退的新兴市场经济体也在拼命注入流动性。

　　因此，全球各经济体的中央银行注入"免费货币"的"水龙头"仍然大开着。这是中央银行送给私人银行、商业银行、影子银行，以及作为它们的首选投资者——金融资本精英——的礼物。然而，所有这一切，都发生在它们已经获得有效救助的五年之后，这无疑是一种异常现象。对此，应该怎么解释？

一种可能的解释是：银行和投资者因为"免费资金"而欲壑难填了。[①]另外，在各发达经济体，银行仍然主导着本国的政治生活（因为银行在政府领导人竞选时的捐款更加慷慨，因而它们的游说也更加有效），因此政府会要求中央银行继续给它们注入流动性和免费资金。基本上在各发达经济体，2008年以后竞选上台或在2009年之后继续连任的所有总统和总理，全都与私人银行有着密切的关系。这绝非偶然。英国的卡梅伦、日本的安倍、德国的默克尔以及（最重要的）美国的奥巴马，他们在竞选时获得的最大笔捐款全都来自对冲基金、银行和房地产界。[②]

另一个可能的解释是：它们坚持认为这里存在着一种"涓滴效应"，即如果提供更多的流动性，那么至少有一部分会以更多的银行贷款的形式渗透到实体经济中去。但是，六年多来，美国实体经济增长的速度却一直低于平均水平，欧洲和日本则经历了多次衰退，中国和其他新兴市场经济体的经济增长也急速放缓；同时，银行对非银行企业和家庭的贷款依然没有回到2008年之前的水平，因此对实体经济投资和实体经济增长并没有产生什么影响。

那些试图为美国联邦储备委员会货币政策寻找辩护理由的研究也表明，总计只有不超过三分之一的货币注入了实体经济中并对经济产生了些微的刺激。而这已经是对美联储流动性政策对实体经济所产生的影响的最乐观的评估了。因此，发达经济体的中央银行注入的流动性所产生的效果无非是：实体经济增长波幅低平，实体经济投资增长率持续下降，低收入的临时性就业增多，但是家庭收入和消费持续停滞或下降。

再有一个解释是：这种不断注入流动性的货币政策已经是2010年以后政策制定者们可以玩的唯一游戏了。财政政策或者是象征性的，或者是负面的（即紧缩的），因此政府必须摆出自己确实在努力做事的样子。它唯一的选择是不断加码货币政策，也就是说，当原来的政策被证明无效时，它就将已经

---

① 请参阅本书作者的一篇文章：《银行是否对"免费资金"上瘾？》。

② 关于奥巴马在2008年大选期间对银行业和房地产业的立场，以及他与金融行业既得利益集团的关系，请参阅本书作者撰写的著作：《奥巴马的经济：少数人的复苏》，第1章，Pluto出版社，2012年。

失效的政策和计划"加大剂量"。

例如，在 2010 年 11 月美国中期选举之后，奥巴马政府 2009 年至 2010 年年度的温和的财政政策被叫停了。然而，从 2011 年起，美国政府又重新启用了该政策。自当年 8 月之后，美国政府赤字减少了近 1.5 万亿美元，这个数额大约相当于 2009 年至 2010 年年度财政刺激额的两倍。在财政政策出现反转的情况下，唯有货币政策与其同步了，尽管年复一年，但时间已经证明了货币政策对实体经济几乎没有什么正面影响。因此，当 2011 年美国政府决定重新启用上述财政刺激政策时，美国联邦储备委员会毫不令人吃惊地先是推出了第二轮量化宽松政策，继而又进一步推出了第三轮量化宽松政策。在花了数万亿美元对一些银行和大公司实施救助之后（尽管对其他行业乃至整个经济发展几乎没有任何作用），其他一些国家的政府和中央银行也纷纷效仿，认为自己也必须向公众证明自己在努力救助"平民大众"，于是它们开始更改说辞，为进一步注入更多流动性的量化宽松政策寻找新的理据。它们这一次设定的目标不是 2% 的通货膨胀水平，而是降低失业水平。这个新目标显然很容易为公众所接受。但后来一个更加有吸引力的目标又取代了降低失业率目标，这就是，量化宽松政策和零利率计划是工资增长所必不可少的。然而，这一切其实都只是借口，注入更多流动性的量化宽松政策的真正目的在于恢复资产价格、恢复投资者和富裕家庭的资产财富。

除了上述提到的财政紧缩政策幌子、注入更多流动性会对经济产生"涓滴效应"，以及投资者对"免费资金"越来越上瘾等理由外，对中央银行不关上流动性这个"水龙头"的第四种解释是：大量流动性的注入将导致商品和服务价格的通货膨胀，进而带动商业信心的恢复；而商业信心的恢复又有助于更多实体经济的投资，从而增加就业、收入、消费，继而最终实现经济复苏。

但实际这种解释也只是上述几种解释所含的"意识形态"的一个变种。过量的流动性无法通过将利率压低至零来带动更多的投资，而且也无法通过商品价格上涨来带动更多的投资。注入更多的流动性能够促成更多的投资这一类结论完全依赖于如下假设：只要增加银行的现金量，银行就会发放更多的贷款，同时非银行企业也会借入更多的钱款。然而，这个假设并不成立。谁能保证银行钱更多了，就会有更多的企业会去借款呢？而且，说到底，真正明白该不该贷款、该不该向实体经济贷款的应该是银行家。银行可以囤积现金，或者借钱给不能创造就业机会的金融资产投资者，但是它不一定会把钱借给实体企业、增加实体经济投资，因此实物商品价格并不一定会上涨。

因此，只要银行将中央银行注入的货币（即货币供给）转而引入金融资产投资领域，那么结果就只能是更少而不是更多的实体经济投资。只有真正意义上的实体经济投资才会带来实物商品和服务价格的通货膨胀、创造更多的就业岗位，进而带动工资增长。而当银行不将拨款贷到真正需要的地方时，实体经济投资就不会大有起色，所能创造的工作岗位最多也只能是一些低端的、低工资的服务业岗位。这样，实物商品价格将走向通货紧缩，商业信心的恢复也不可能实现（与理论假设恰恰相反）。今天的中央银行家们搞不明白的是，货币、利率与实体经济投资之间的原有关系在 21 世纪的全球经济中早就分崩离析了，旧的关系已经让位于金融资产投资、实物资产投资与（商品和金融资产）通货膨胀之间的新关系了。

在欧元区和日本，只要中央银行注入流动性就能够促进实体经济投资增长这种僵化的意识形态还出现了另一种更加扭曲的变化：量化宽松政策和过剩的流动性能够降低本国货币的汇兑价值，即促使本国货币贬值。在这种意识形态主导之下，这种政策的目标就变成了刺激出口而不是重振商业信心。具体地说就是，出口增长了，反过来就会刺激出口所需的实物产品的国内投资。根据欧洲中央银行和日本中央银行的设想，如果某个国家的 GDP 严重依赖于出口（例如日本、德国和其他较小的欧洲国家），那么"量化宽松政策型货币贬值"就是刺激出口增长的有效办法。再以欧元区为例，通过更大规模的量化宽松政策注入更多的流动性，就可以降低欧元的价值，从而使欧元区企业更具竞争力，带动出口增长和降低失业率，促进商品价格提高，最终促进经济复苏。然而，事实并非如此。在注入了 5 万亿美元的流动性以及最近又对量化宽松政策加码之后，失业并没有减少，银行贷款并没有增加，商品通货紧缩趋势也并未获得扭转……当然更谈不上可持续的实体经济复苏了。

这种"以量化宽松促货币贬值"的政策及其背后的意识形态根源在于，所有国家都可以加入这种"以量化宽松促货币贬值"的游戏。也就是说，某个国家通过实施量化宽松政策刺激出口而获得的经济优势，很快就会因为另一个国家的加入而消失。例如，日本在 2013 年通过量化宽松政策促使本国货币贬值之后，曾经一度获得了出口优势，但是为期非常短暂，因为欧元区很快就以同样的政策做出了反应。这种"血战到底"式的量化宽松政策竞争最终无法为各国带来好处，除了降低商品价格之外。量化宽松政策的不断加码和实施，唯有给金融资产价格的不断上涨创造了机会和条件；实体经济投资在一开始的时候或许能从因本国货币贬值所带来的出口增长中获得一点点好处，但是这种好处很快就会消失得无影无踪。只有金融资产市场一片繁荣，因为量化宽松政策所注入的大多数流动性都进了金融资产市场。

前述关于中央银行为什么持续注入"免费资金"的讨论，还引出了另一组相关的其至更基本的问题，即银行在实际上已经成功获得了救助的流动性之后，为什么中央银行还要再继续注入？既然已经注入的 25 万亿美元的流动性超过了实际救助银行所需的资金量，既然救助之后并没有带来真正的实体经济投资、就业、家庭收入以及经济的增长，那么超出银行需要的以万亿美元计的流动性又到哪里去了呢？或者说，对银行救助的成本、对银行利润的直接补贴，以及银行所需并保有的 2 万亿美元的超标准的准备金远远低于 25 万亿美元，那么多出来的那数万亿美元又到底流向哪里了？

对于这些问题，我们认为，私人银行得到的这 25 万亿美元，除了用来填补资产负债表上的损失，以及在账面上囤积超过 2 万亿美元的准备金（在日本和欧元区，还要更多）之外，剩余的数万亿美元被转移到了如下一些地方：

- 在 2010 年至 2013 年间，向美国和其他发达经济体的跨国公司发放贷款，而这些跨国公司又将贷款用于在新兴市场经济体（包括中国在内）的金融行业和实体行业进行投资。

- 向影子银行和富有的投资者贷款，而它们又用获得的贷款在全球高流动性的金融资产市场和证券市场上进行投资，包括股票市场、债券市场（公司债券和主权债券）、各种金融衍生品市场、热门房地产市场、投机性货币市场，以及其他金融资产市场。

- 通过发起股票回购、向自己的投资者支付股息以及给管理层发放奖金外，还将剩余的资金又重新分配给自己及其投资者。

- 在全世界范围内对金融证券、大宗商品和金融市场进行各种直接投资，期望从金融资产上获得更高的收益（回报），而不是向中小型企业和消费者贷款。这样，银行利润就不再依赖于实体经济了。

· 与影子银行合作，融资增加杠杆贷款，用于企业兼并和收购活动等。

上述流向表明，世界各发达经济体的中央银行自 2009 年以来注入的大量流动性，到 2013 年年底，绝大部分都已经从实物资产领域转向了金融资产领域，进而投资到中国和其他新兴市场经济体的实物资产上了。不过，在 2013 年以后，随着中国和其他新兴市场经济体经济增长速度的放缓，这一种投资转向开始显著减少，甚至撤出各新兴市场经济体。因此，从总体上看，欧元区和日本通过零利率计划和加码的量化宽松政策注入的流动性显然绝大部分都流入了金融资产市场。

在 2010 年至 2013 年期间，发达经济体中央银行前期注入的流动性部分转入中国和其他新兴市场经济体后，确实促进了这些国家的实体经济的增长。在这个时期，货币资本从美国和欧元区甚至日本流入新兴市场经济体，这也从另一个角度诠释了为什么美国经济的复苏会如此停停走走，欧元区和日本的经济为什么又会反复陷入多重衰退之中。由于实体经济投资从发达经济体转移出来，因此发达经济体对新兴市场经济体及其金融市场的投资大增，这使得中国和生产大宗商品的新兴市场经济体受益最多。剩余的流动性或者被银行囤积起来，或者用于股票回购，或者以股息的形式支付给美国、日本和欧元区的个人投资者。不过，支付给个人投资者的资金会有很大一部分再度流出。毫无疑问，富有的投资者或金融资本精英肯定会进一步利用各种各样的离岸"税收天堂"，越来越多地将资本收益存放在这些"税收天堂"中，因为这样无须支付国内个人所得税。

总而言之，这 25 万亿美元的流动性并不像过去几十年那样流进了各国的实物资产领域，然后创造出相当数量的、可以让人过上体面生活的工作机会，并推动从业者工资及其家庭收入的增长，进而促进消费的增长和经济的复苏。与此相反，无论是在美国、欧元区，还是在日本，经济复苏都并未出现。确实，当发达经济体银行的绝大多数流动性都转入新兴市场经济体，或者被银行囤积起来，或者被用于金融资产的投机，或者被分配给银行自身的管理层和投资者的时候，又怎么可能会带来上述所说的这些呢？

## 中央银行注入过多的流动性会导致金融资产通货膨胀

如本书前面第 11 章所阐明的，自 2009 年以来，金融资产总投资激增，各种类型的金融资产市场的总价值加速膨胀。这些都意味着金融资产市场上充斥着天量的货币资本——流动性；流动性并不会凭空出现，必定来自某个地方；部分流动性毫无疑问来自银行"内部信贷"的扩张，但是更多的流动性却几乎肯定来自中央银行，是它们创造了流动性过剩。以美国为例，美国联邦储备委员会贷款给银行，银行再贷款给影子银行和专业投资者，由他们在金融市场上进行投机。银行从中央银行那里获得"免费资金"，然后以更高的利率出借。尽管贷款利率高，但是这对影子银行和其他专业投资者来说仍然非常有吸引力，因为随着它们 / 他们对资产需求的上升，金融资产价格在债务、杠杆化和最终流动性注入的基础上急剧飙升，这种通货膨胀带来的最终回报比区区利息要大得多。影子银行家和专业投资者通常投资企业垃圾债券、高波动性的外汇和各种金融衍生产品，或者向需要进行融资并购的企业提供借款，等等。而银行则除了借钱给影子银行和投机者之外，也会自己直接进行投机。一些非金融企业会使用贷款去回购股票和支付更多的股息，因为企业本身所产生的利润已经不足以满足股东的需求了——金融资产价格提高，股东要求分配更多的股利。不断上升的金融资产价格和股利让投资者赚得盆满钵满，然后他们回过头来又将获得的收益投到金融资产市场上去。这是一个自我维系、自我强化的过程：金融资本收益又带来更多的金融资本收益。如此，金融资产价格持续上升，在一定契机下，资产泡沫就形成了。

过剩的流动性与债务驱动的金融资产投资之间这种互相强化的关系，一个突出的例子是可以印证的，这就是，量化宽松政策实施所注入的流动性与股票市场上金融资产泡沫具有特别强的相关性。

下图 14-1 说明，在美国联邦储备委员会于 2009 年至 2014 年期间分别推出三轮量化宽松政策以后，美国股市轮番上涨加速的情形。当上一轮量化宽松政策的实施即将结束时，股市急剧下挫，直到新一轮量化宽松政策公布为止。不过，在最近的第三轮量化宽松政策即将付诸实施时，美国联邦储备委员会变得更谨慎了，它没有直接宣布这轮量化宽贷政策实施的结束时间，也没有公布量化宽松的总额，只是声称每月都将会注入 850 亿美元，而且只

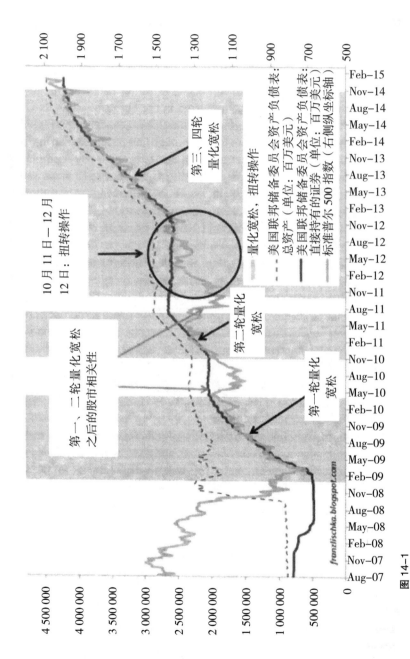

**图 14-1**

数据来源：franzlischka blog。

要有必要就会继续注入。而且，当 2013 年至 2014 年第三轮量化宽松政策的实施进入尾声、美国股市开始走低时，新的流动性却又从离岸新兴市场经济体回流美国（当初是从美国流向新兴市场经济体的）了。这实质上相当于替代了美国联邦储备委员会的注入流动性政策。[①] 关于量化宽松政策与美国标准普尔 500 股票指数之间的强相关性如下图 14-1 所示。

日本从 2013 年开始推出量化宽松计划，2014 年又进一步扩大了量化宽松规模，2016 年即将第三次升级，股市也显示出了与美国非常类同的波动模式。当第一轮量化宽松计划公布时，日本股市在 2013 年一年内跃升了 70% 以上；而当这一轮流动性注入行将结束时，股市涨幅明显缩小。进入 2014 年，第二轮量化宽松计划推出，流动性的注入加速了股市暴涨，然后又再次回落。2016 年，当日本第三轮量化宽松计划公布时，日本股市将再度大涨。

同样的情形也出现在了欧元区。2015 年，欧元区首次宣布推出量化宽松计划，注入 1.1 万亿美元的流动性——在 2016 年年底之前的 18 个月内，每月将注入 650 亿美元。然而，由于 2015 年欧元区与希腊的主权债务谈判进展缓慢、中国和其他新兴市场经济体对欧元区的出口需求放缓等原因，欧元区股市在上涨了一段时间后又重新回落。到 2015 年下半年，欧元区与日本一样，也开始讨论是否将在 2016 年推出更大规模的量化宽松计划。但是无论如何，在欧元区第一轮 1.1 万亿美元的量化宽松计划实施后的前三个月，其主要经济体的股市指数确实都出现了大幅上涨的情形。

对于其他金融资产市场，量化宽松和其他流动性注入计划，也可能导致类似情形的出现。有数据表明，量化宽松政策所致的巨量流动性与企业垃圾债券市场的表现之间存在着强相关性，外汇（货币）交易、并购活动、杠杆贷款和其他金融资产市场亦然。当中央银行通过量化宽松政策（以及其他货币政策）注入流动性时，金融资产市场就会一片繁荣。总之，中央银行的量

---

① 由此我们或许可以认为，量化宽松政策和其他计划注入的流动性有如下四个流向：
（1）在 2010 年至 2013 年间进入中国和其他新兴市场经济体的实体经济投资领域；
（2）从一开始就流入全球金融资产市场并持续不断流入；（3）美国本土范围内（在有限程度上）的实体经济投资领域；（4）被银行囤积，作为不必要的高额甚至超额准备金，这一金额超过 2 万亿美元。

化宽松政策和其他流动性注入计划就是使金融资产泡沫得以膨胀的"那个东西"。甚至在量化宽松政策付诸实施并把货币资本注入经济体之前，仅仅对它的预期就足以掀起金融投机热潮了。

因量化宽松政策和其他流动性注入工具所创造的巨量货币不但很快就会被"重定向"（Redirect）到金融资产投资领域，而且还有可能把资金从实物资产投资（这种投资能够带来就业、收入的增长，有助于经济复苏）领域吸引过来。因此，只有富有的投机者和投资者（个人和机构）才能因量化宽松政策而受益。对于有资本收入的人来说，资本收益的回报率大幅上升，而社会就业率、从业者工资收入则停滞不前，两极收入不平等状况将进一步加剧。

所有这些都意味着，货币政策工具（无论是传统的还是新型的）都归于无效；或者说，主流经济学的左右两翼（混合凯恩斯主义和复古古典主义*）的理论也都归于无效；甚至可能所有的经济学理论都将归于无效。巨量货币供给（流动性注入）、零利率、量化宽松……所有这些货币政策都不能促成可持续的实体经济复苏，只能导致金融资产价格的通货膨胀。随着实体经济投资增长放缓甚至下降，实物商品和服务的价格也缓慢下滑，最终陷于通货紧缩。

因此，今天的中央银行及其货币政策都已经不再为整体经济服务了，而是优先为金融资本服务了。中央银行已经从一个宣称以保证经济增长、价格和货币稳定为使命和目标的机构，蜕变成了这样一个机构，即仅仅确保那些能够在全球性的、高流动性的金融资产市场上投资金融证券并获得资本收益的金融资本精英的利益。这种转变趋势已经越来越明显了。

## 中央银行业务的自相矛盾之处

虽然中央银行一而再、再而三地注入流动性，但实体经济投资和经济增

---

\*　"混合凯恩斯主义"（Hybrid Keynesianism）和"复古古典主义"（Retro-Classicalism）是本书作者自创的两个术语。前者大体相当于通常所称的"新古典综合经济学"，后者大致相当于通常所说的"新古典主义"。——译者注

长却很有限。①商品和服务价格并没有上涨，甚至都无法确确保其稳定。不仅如此，在越来越多的经济体中，商品和服务的价格正缓慢地走向通货紧缩。与此相对照是，从 2009 年到 2014 年，世界各主要经济体的金融资产价格都在迅猛上涨，有的已经出现了明显的泡沫，甚至有些泡沫都已经破灭了，过高的估值也开始回落。在这当中，就包括全球石油和其他大宗商品的期货价格，中国和其他新兴市场经济体的股票价格，世界各国的外汇价格，以及越来越多的国家的债券价格（主权债券和企业债券）。在过去的几十年里，美国联邦储备委员会和一些发达经济体的中央银行一直能够利用货币工具来调节投资、就业、经济增长与通货膨胀。比如，通过持续加息，美国联邦储备委员会可以冷却过热的经济，并通过减少投资、就业和消费来化解商品和服务的高通货膨胀。然而在今天，这种"权衡关系"已经不复存在了。美国联邦储备委员会的货币工具对通货膨胀或实体经济投资和就业水平几乎没有什么影响，因而对民众工资收入和消费水平的影响极其有限（甚至这种影响还在不断下降）。如本书前几章所述，过去的六年多来，尽管注入了大量的货币资金，并维持了零利率，但实体经济投资仍然持续减少，就业也几乎没有什么增长（如果一定要说有的话，也集中在了低薪服务行业），经济增长陷入了停滞状态，商品和服务价格继续走向通货紧缩。

现今中央银行货币政策的"主要功能"是，创造金融资产的通货膨胀和金融资产泡沫，同时无形中建立将实体经济投资转为金融证券投机性投资的传导机制。因此，金融资产的通货膨胀"换来了"实物商品的通货紧缩；实体经济投资的萎缩"换来了"金融证券投机的增加；大多数家庭工资收入增长的停滞甚至下降则"换来了"投资者和金融机构资本利得的加速增长。

因此，今天中央银行面临的主要矛盾在于，其货币政策已经不能再通过低利率来刺激实体经济了，但同时却又不能引入高利率政策来给过度增长的金融行业降温。

虽然全球经济对作为刺激经济复苏工具的低利率越来越不敏感，但是却对作为减缓经济增长工具的高利率政策高度敏感、反应迅速。近五六年来，

---

① 据估计，在中国，在 2010 年，每 1 美元的投资可以带来 1 美元的 GDP；但是到了 2014 年年底，当注入的流动性超过数万亿美元之后，这一比例已经下降到了每投入 4 美元只能带来 1 美元的 GDP。

美国接近于零的低利率政策几乎没有带来任何真正的投资、就业和经济增长，但是一旦美国联邦储备委员会开始加息，实体经济就会非常快速地做出负面反应。

换句话说，降息对刺激实体经济投资和经济增长的作用已经变得最小，而加息却可能对减少实体经济投资和减缓经济增长有非常大的影响。

这些内在矛盾虽各有各的原因，但都可以归结为越来越深的系统脆弱性。在很大程度上，导致货币政策越来越无法让经济对低利率政策作出积极回应的就是系统脆弱性，而导致货币政策加剧金融不稳定且使经济对高利率政策过度敏感的也是系统脆弱性。

中央银行的过剩流动性不仅在刺激实体经济增长方面收效甚微，而且就其另一个主要任务（即保证货币汇率稳定）而言，这种过剩流动性的作用也造成了诸多方面的矛盾。高度不稳定的、变动不居的货币汇率显然会影响商品和服务贸易，从而减缓实体经济的增长。然而，过剩的流动性却恰恰会导致金融资产价格的大幅波动，因此会将货币资本重新引入全球货币市场的金融投机中去，这当然会造成更大的汇率波动和货币的不稳定，以及货币兑换等金融市场的更加不稳定。

近年来，经济复苏在全球范围内开始减缓，而货币的不稳定性程度和波动率却随之上升，同时还伴随着其他形式的金融资产投资和投机活动的增多。正如本书前述第 11 章所阐明的，自 2009 年以来，流入全球货币市场的资金数量一直在急剧增加，影子银行和专业投资者投入了巨量的资本去投机货币，即使是通常所说的散户投资者也大举"杀进"货币市场。还有很多人通过信用卡透支来对货币进行投机。流动性过剩刺激了债务驱动的投机行为，并从"需求"一侧增加了波动性。而且，随着货币战争的加剧，各国政府和中央银行又步调一致地增加了可用于外汇投机的货币。

在 2011 年至 2012 年间，日本和欧元区共同陷入了另一场经济衰退之中；美国经济复苏也分别在 2011 年年初和 2012 年年底再次因经济零增长而中断。于是，在 2011 年年初，全球一场新的货币战争爆发了。到 2013 年年中，美国宣布结束第三轮量化宽松计划，为此新兴市场经济体的货币应声暴跌。2014 年，随着美元的上涨，全球石油价格开始快速崩溃，新兴市场经济体的货币进一步下跌。到 2015 年，全球全面的货币战争已经如火如荼，因为欧元区和日本都试图通过"量化宽松政策型货币贬值"来刺激出口。早在 2013 年，日本就通过量化宽松政策促使货币贬值进而在出口战争中获得了暂时的优势，经济获得了短暂的增长，同时日元也稍有回升。但不久欧元区即宣布"参战"，因此日本的优势很快就消失了。现在，日本和欧元区都打算"血战到底"，竞相采取推动"竞争性货币贬值"的货币政策。美国则坚持此前宣布的计划——美国联邦储备委员会开始加息。中国也加入了货币战争，于 2015 年 8 月下调了人民币汇率，试图以此增强中国商品的出口竞争力，因为随着全球经济的减速，各国的出口量正在缩减。虽然中国的人民币初期贬值幅度很小，但是它很可能进一步贬值，特别是如果日本和欧元区通过另一轮量化宽松政策压低本国货币价格而美国决定不提早加息的话。总而言之，在今天，全球各国中央银行的货币工具和货币政策完全没能保证本国的货币稳定，正如它们未能确保本国持续的经济复苏和增长以及商品和服务价格的稳定，以防止经济陷入通货紧缩一样。

这样，各国中央银行大量注入流动性的政策产生一系列矛盾也就在所必然了。这些政策既没能稳定价格和防止金融资产通货膨胀，也未能防止商品和服务的通货紧缩；相反，它们促成了金融资产的通货膨胀，从而必将导致未来的金融资产通货紧缩。它们也没能刺激实体经济投资，带来就业和工资收入的增长，反而使过剩的流动性流向了金融市场，从而使金融资产价格更加不稳定。此外，这些政策也没能实现确保货币稳定的预期，而是增加了货币的不稳定性。总体而言，各国中央银行的所有下述三项任务和使命全都宣告失败：稳定国内商品价格，稳定货币利率，促进经济增长（包括促进实体经济投资、就业和工资增长等）。

然而，支持中央银行采取上述货币政策的人却声称，中央银行作为"最后贷款人"还有一个重要使命，即救助已经或即将破产的私人银行。实际上，这正是创立中央银行的真正原因。虽然规范货币供给、稳定货币价格，为银行之间的支付提供中央"结算所"（Clearing house），促进社会就业和经济增长，等等，也是中央银行的目标，但却一直是次要目标。

充任最后贷款人的角色，即在私人银行定期制造出来的金融泡沫最终破灭并使金融资产价值蒸发的时候，提供一切必要的流动性去救助私人银行，这才是中央银行的基本功能。在这方面，发达经济体的中央银行，包括美国联邦储备委员会，确实做得非常成功，它们在 2008 年至 2009 年全球金融危机期间很好地履行了这个主要职责。然而，也正是在这样做的过程中，它们又为下一次危机埋下了隐患，因为它们提供了甚至远远超过救助全球私人银行所需的流动性。流动性过剩致使银行被"严重过度注资"，而且流动性的"水笼头"还没有任何被关掉的意思。因此，中央银行在完成对私人银行的最初救助的同时，也造成了金融资产价格暴涨，从而制造出了巨大的金融资产泡沫。在未来，这些泡沫必定会破灭，而且破灭的速度将比 2008 年至 2009 年金融危机期间更快。

在 2008 年到 2009 年金融危机中，中央银行面临着一个根本性的矛盾或困境：如果它没有用创历史纪录的流动性注入去救助银行体系，那么它就会失败；而如果它真的做到了，那么它也会"失败"。正如许多中央银行家（包括美国联邦储备委员会主席本·伯南克在内）所声称的，如果他们在 2008 年至 2009 年期间没有及时对银行进行救助，那么肯定会出现另一个大萧条。但是问题在于，救助行动不得不在 2010 年之后仍然继续进行下去，而且在全球的一些国家和地区（比如日本、中国和欧洲）到今天仍然在升级。美国和英国的私人银行系统很久以前就已经被成功救助了，但是后来的货币注入却一直有增无减，到现在已经持续七年多了，流动性远远超过对银行救助的需要。这对投资者和金融机构来说相当于是"天上掉馅饼"，而中央银行和政治家们会确保流动性注入一直进行下去。这就像在 2005 年至 2007 年间，当次级抵押贷款投机活动到了白热化的状态时，许多人都非常清楚最终的结果将会是什么，但是没有人真的想杀死那只"会下金蛋的鹅"。

2008 年至 2009 年金融危机发生后，当时美国最大的银行之一的首席执行官查理·普林斯（Charlie Prince）被问及是否早就知道银行最终会崩溃，以及既然早就预料到了，为什么不及时停止在次贷方面的投机贷款，他的回答是："只要你来参加舞会了，你就必须跳舞。"因此，很多人确实早就知道金融崩溃是不可避免的。

今天的情形也是如此。自 2010 年以来，流动性过剩的情况一直在加剧，从而导致了过度的债务和杠杆化，进而导致了金融市场的过度扩张。金融泡沫的根本原因——过剩的流动性，以及随之而来的债务过度杠杆化和过度的金融资产投资——并没有发生变化，只不过流动性和债务所指向的领域已经发生了变化，即指向了除住房、次级证券及其衍生产品之外的其他金融资产市场及其衍生产品。可以这样说，中央银行是上一轮风险过高的金融投资行为的推助者；而自 2009 年以来，它又一次充当了该角色，并且规模超过以前。

实际上，中央银行注入流动性的政策在稳定金融产品价格、减少货币波动、推动实体经济投资、增加就业、促进工资收入提高和经济增长等方面是自相矛盾的。不仅如此，中央银行还在通过这些政策救助私人银行体系的同时，又为未来另一个金融不稳定性事件的发生创造了完美的流动性条件。从目前看来，这种不稳定性事件似乎已近在眼前了。那么，中央银行真的有决定是否继续通过量化宽松政策、零利率计划等工具注入过多流动性（即远远超过救助银行所需的流动性）的权力吗？因为目前它根本没有关闭注入流动性制动闸的意思。这背后是政治精英的决定（尤其是在发达经济体），目的是满足金融资本的要求，即金融资本要求中央银行继续实施提供“免费货币”的政策。这反过来也表明，更具根本性的矛盾实际上存在于政治体系当中——现在，金融资本精英对政治体系的操控已经达到了前所未有的程度。

金融资产投资带来短期收益是如此有利可图，以至于金融资本精英与其在政治上的代表无法在以下这个至关重要的问题上达成一致意见：是否停止注入过剩的流动性，是否将债务控制在一定限度内。虽然在短期内，他们可以获得的“利润”是前所未有的，但是长期的成本也可能是前所未有的。因此，双方只能在尽可能地争取在短期内获得最大“利润”这一点上达成共识。当然，从历史的角度来看，这并不是银行家、投资者和政治家首次达成“听任短期利益压倒长期利益”的共识；早在 20 世纪 30 年代，他们就曾经达成过共识，但却导致了大萧条；而在 2005 年至 2008 年期间，他们也达成了共识，但却导致了 2008 年至 2009 年的全球金融危机。

## 为什么中央银行不阻止金融泡沫？

鉴于金融资产价格泡沫破灭所带来的严重的经济后果，人们可能会想当然地认为，中央银行会把防止金融资产价格泡沫膨胀到要破灭的程度作为优先考虑事项。然而，事实并非如此。实际上，各国中央银行（包括美国联邦储备委员会）一直不愿意入场干预，它们似乎更乐意听任泡沫膨胀并破灭，然后再来收拾残局。当然，它们用的是公共支出或凭空印出来的钞票。莫非只有这样做，才配得上称"宏观经济总量"层面上的"最后贷款人"吗？也许吧！因为这正是中央银行被创造出来以及得以存在的最根本的原因。从历史上看，这也正是为什么美国联邦储备委员会迟至 1913 年才创立的原因，那是为了应对 1907 年的金融危机和随后一直持续到 1913 年的多重衰退，当时的私人银行没有能力彼此互相救助。而让一场危机演变成长达十多年的长期萧条（在 19 世纪曾经发生过这种情况），在政治上已经不再可承受了。另外，当时当选的政治家也不想成为破产银行的救助者。因此，他们决定创建一个中央银行——美国联邦储备委员会，以救助濒临破产的银行，减轻银行家和他们自身的压力。①

金融泡沫有各种各样的形式，其中最常见的包括如下：

（1）股市泡沫及其随后的崩溃，如美国 1987 年发生的股灾和 2000 年发生的纳斯达克技术股泡沫破灭。

（2）20 世纪 80 年代和 2006 年至 2007 年的房地产泡沫。

（3）1986 年的美国垃圾债券泡沫；日本在 1988 年至 1990 年期间的股市和房地产泡沫。

（4）货币汇率泡沫的破灭，如 1997 年至 1998 年的亚洲金融危机。

（5）2008 年至 2013 年、2014 年至 2015 年的全球石油和大宗商品通货紧缩。

（6）中国 2014 年至 2015 年的股市泡沫及 2015 年的股市崩溃。

就美国来说，19 世纪发生过铁路和运河债券泡沫，20 世纪 20 年代发生过股票、房地产和商业财产的泡沫，1907 年发生过铜和其他大宗商品的泡沫。

有人坚称，中央银行在金融泡沫破灭之前不能进行干预的一个重要原因是，很难确定金融资产价格上涨到何种程度才算是真正的泡沫，或许那可能只是暂时性的资产定价错误。

---

① 请参阅杰克·拉斯穆斯的《史诗般的衰退：全球大萧条序曲》中的第 6 章，Pluto 图书出版公司，2010 年 5 月。该章详细阐述了 1907 年金融恐慌和随后的"史诗般的衰退"，以及美国联邦储备委员会得以创立的原因。

事实上，中央银行不对泡沫进行干预的一个根本原因是，当资产价格上涨时，私人银行家、投资者和一些既得利益者都能获得巨大的投机利益。而如果中央银行试图阻止这种涨势，那么势必将承担非常高的政治风险。当然，如果私人银行的 CEO 不参与这种游戏，那么也要承担巨大的风险。让我们再来复述一下查理·普莱斯的那句话，"只要你来参加舞会了，你就必须跳舞"。对此，凯恩斯很早之前就指出过，有时候，专业投资者会被普通投资者组成的"群体"推着走，即使他们非常清楚"清算日"一定会到来。[1] 像普莱斯和凯恩斯这样的专业投资者以及一些中央银行家都受到具体情境的限制，以致身不由己，因而不愿意或没有能力对泡沫进行干预。

试想一下，在 2005 年至 2007 年间，如果一家私人银行的 CEO 拒绝参与次贷投机活动，从而错失那只"会下金蛋的鹅"，那么这家银行的主要投资者和股东肯定会对这位 CEO 大加指责，甚至可能把他撤换掉。同样地，假如某个中央银行的行长（或主席）试图在获利机会多多的"舞会"进行到一半时，强行将"舞会"停止下来，那么强大的金融利益集团必定会动用一切手段，令这位不识时务的行长（或主席）离职。是的，那些大型机构和大的投资者几乎肯定会要求他们的政治代理人阻止中央银行过早地抑制泡沫——当他们可以从资产投机中获取数百亿乃至数千亿美元利得的时候。

因此说中央银行是独立的，那只是一个神话。中央银行从来都不是独立的，过去不是，现在不是，将来也不是。如果一定要说中央银行是独立的，那么它到底"独立于谁"？在经济形势很好的时候，银行界的既得利益者和金融资本精英都不希望政府官员主导中央银行的政策。从这个意义上讲，中央银行可能是"准独立的"，即独立于政治家。但是，在"经济形势不好时"（即当银行界的既得利益者和金融资本精英遭受了严重而全面的资产损失时），他们又希望中央银行会对银行（以及投资者）出手相助，这时中央银行就不独立于政治家了。

实际上，中央银行从来都不是独立于银行界的既得利益者和金融资本精英的。直到今天为止，美国政府总是允许银行家私下审查和选择由谁来担任"具有战略重要性"的纽约联邦储备银行行长。而在过去的几十年时间里，只

---

① 约翰·梅纳德·凯恩斯，《就业、利息和货币通论》，第 12 章，以及本书第 16 章。

有银行家才有资格担任十二家联邦储备银行的行长。表面上看，今天美国联邦储备委员会的理事会是由来自学术界的代表、银行家代表和少数政府官员组成的，但实际上，它与大型银行和其他金融机构（尤其是在纽约的大型机构）负责人的不公开会议一直都在举行。美国联邦储备委员会在制定政策时与银行家"共谋"一直是一个心照不宣的"规矩"。而且直到今天，美国联邦储备委员会的运营成本仍然是由各家银行支付的，因此，任何一任美国联邦储备委员会主席如果偏离与银行体系达成的"共识"过远，那么他可能很快就会失去职位，或者至少在任期届满后无法继续连任。另外，任何一位联邦储备委员会主席在其任内如果制定的政策与银行体系的根本利益差异过大，那么他离任后就不可能得到通常都能得到的丰厚报酬。[1]

从政治的角度看，好像中央银行出于"现实政治"的理由而不会去阻止资产价格泡沫的膨胀，并且也有很多人认为，通过中央银行的干预去预防泡沫的形成是不可能的，因为泡沫本身就很难定义，所以无法确定应该在什么时候进行干预。他们指出，虽然有人或许会说，当"资产价格显著超过基本面并且持续一段时间时"，资产泡沫就有可能出现；[2]但是，"基本面"到底指什么，多少才算是"显著的"，"一段时间"又是指多长时间，这些都不明确。

亿万富翁、金融投机专家乔治·索罗斯（George Soros）就持这种看法。他认为，在出现金融资产通货膨胀的情况下，金融资产价格上涨会致"基本面""水涨船高"，因而很难确定资产泡沫是否真的发生。在他看来，金融资产通货膨胀与"基本面"走高似乎并不矛盾。

这也是曾经担任美国联邦储备委员会主席二十多年的艾伦·格林斯潘的

---

① 例如，美国联邦储备委员会前主席本·伯南克在任时，作为政府官员，每年只能得到区区几十万美元的薪酬。然而，在他卸任后，却可以应银行和一些金融机构的邀请，到处"巡回演讲"，每场演讲的报酬通常达到25万美元左右。这就是说，高层政府官员如果在任期内为它们的利益服务，那么在离职后就可以得到很好的报偿。表面看来，这样做对曾经在任的官员来说没有任何不妥。也许最令人震惊的一个例子是，里根总统离任后的某一次演讲的报酬竟然高达300万美元。这次演讲是由多家企业组织的，而且有意地放到了国外（日本东京），以减少美国媒体的关注和报道。

② A.G. 马里亚里斯（A. G. Malliaris）：《资产价格泡沫和中央银行政策："杰克逊霍尔共识"的瓦解》，引自《新视角下的资产价格泡沫》，道格拉斯·伊万诺夫（Douglas Evanoff）、乔治·考夫曼（George Kaufman）和A.G.马里亚里斯主编，牛津大学出版社，2012年，第412页。

基本立场。从 1986 年到 2006 年，格林斯潘的观点一直是：美国联邦储备委员会没有能力"正确地"或"准确地"判断什么是泡沫。据此，他指出，中央银行应当关注的不是防止泡沫的发生，而是"在泡沫发生时减轻它附带的不良后果，以保证顺畅地完成向下一次经济扩张的过渡"。① 总体上来讲，美国联邦储备委员会的基本立场可以总结为："听任资产泡沫膨胀和破灭，然后再出来收拾残局"。后来，这一立场被称为"杰克逊霍尔共识"（Jackson Hole Consensus）。杰克逊霍尔是怀俄明州的一个度假胜地，每年来自美国各地的中央银行家、私人银行家和学者都会聚集在那里开会，对货币政策作出评估。

格林斯潘的继任者是本·伯南克。伯南克在接替格林斯潘的职位之前，曾经是美国联邦储备委员会理事会的一名成员，他一直支持格林斯潘关于中央银行不应干预资产泡沫的观点。2001 年，伯南克指出，没有必要针对资产价格或泡沫采取干预措施，只需要瞄准实物商品价格，用传统货币工具去调节通货膨胀就行了，② 不用瞄准金融资产通货膨胀。

在 2005 年发表的一篇文章中，伯南克坚持认为，中央银行任何旨在防止房地产泡沫形成和增大的干预措施都无法证明是有效的（尽管当时房地产泡沫已经接近顶峰了）；中央银行阻止次级贷款泡沫的干预措施将会造成金融不稳定性事件并引发经济衰退，后果只会比听任泡沫继续膨胀更加糟糕。他还进一步补充道，在资产泡沫大规模破灭的情况下，为了救助银行，需要中央银行做的无非是直接"从直升机上撒钱"，而且只要有必要，撒下的钱可以无限多。自那之后，伯南克就被有些人更名为"直升机本"了。从 2009 年到 2013 年，伯南克一直坚持"杰克逊霍尔共识"，将数万亿美元注入美国经济中，完全对因此而膨胀的资产泡沫视而不见。

欧洲各国的中央银行家也或多或少地赞同"杰克逊霍尔共识"。最初他们确定的目标是 2% 的商品通货膨胀率，但对于资产价格泡沫，则不加干预和阻止，并在银行需要救助的时候加以救助。然而，欧洲各国的中央银行面临的

---

① A.G. 马里亚里斯：《资产价格泡沫和中央银行政策："杰克逊霍尔共识"的瓦解》，引自《新视角下的资产价格泡沫》，道格拉斯·伊万诺夫（Douglas Evanoff）、乔治·考夫曼（George Kaufman）和 A.G. 马里亚里斯主编，牛津大学出版社，2012 年，第 423 页。

② 本·伯南克：《中央银行应该对资产价格变化作出反应吗？》，载《美国经济评论》，第 91 卷，2001 年，第 253~257 页。由此可见，伯南克误解了泡沫增大期间商品价格与金融资产价格之间的关系。

问题要比美国联邦储备委员会困难得多。欧洲整体并不存在一个真正意义上的中央银行，现在的欧洲中央银行最多只不过是一个"中央银行意义上的银行"，它的管理委员会由欧元区 19 个国家的中央银行组成。欧元区和日本的中央银行直到今天仍然在继续执行量化宽松政策，试图通过向经济体注入大量流动性来实现商品通货膨胀率提高到 2% 的目标。但结果却事与愿违。不仅如此，这两个经济体还一直处于通货紧缩甚至停滞状态。即便如此，欧元区和日本仍然遵循了"杰克逊霍尔共识"。为此，在 2008 年至 2009 年金融危机之后，它们的政策从来不在于如何刺破价格泡沫，而在于如何使泡沫生成。从 2014 年年中至 2015 年年中，中国政府对资产泡沫问题也并未加太多关注。及至 2015 年 6 月，在上海和深圳的股市出现了崩盘（至今仍在继续）之后，中国政府才开始大加关注了。现在，中国政府和中国人民银行正在努力清理大规模金融资产通货紧缩事件导致的混乱局面。对于股市崩盘的传导效应还有待后续评估。

总体上来讲，世界各国中央银行拒绝采取防止或阻止金融资产泡沫生成或增大的干预措施，其实一直是常态。一些人都提出了各种各样的论据支持不干预政策，例如，识别泡沫很困难，应该在什么时间进行干预难以确定，干预的影响难以评估，干预的相对成本更高（与什么都不做、等泡沫破灭后出来收拾残局的成本相比），等等。

但是，另一方面，各国中央银行又当然是一直都在"干预"的，只不过它们的"干预"不是用来防范泡沫的生成和增大的；恰恰相反，它们的"干预"体现在了通过流动性注入政策、放松对私人银行的监管，以及完全放弃对影子银行的监管、推助金融泡沫的生成和膨胀上面。当然，这种"干预"的结果只能引发全球金融不稳定性程度的提高的。

## 中央银行与全球金融系统的系统脆弱性

如前所述，美国联邦储备委员会和其他国家的中央银行在政策选择上面临一个矛盾：一方面，为了救助银行、防止更严重的经济和金融危机的产生，必须采取注入流动性的货币政策，但是另一方面，这也为下一次金融危机埋下了隐患。这一矛盾源自中央银行政策选择之外的其他一些因素。我们可以在全球金融体系的重构过程中找到这些因素，正如本书第 11、12 章所述的那样，这种重构已经持续几十年了。

在面对 21 世纪金融的各种新挑战和持续的系统性结构变化时，各国中央银行自身结构上的先天不足就暴露无遗了。首先，它们越来越多地失去对全球货币供给的控制权了。导致这一情况产生的一个原因是，由于技术进步，一些商业机构和投资者可以在瞬息之间进出金融市场。今天，不在中央银行管辖范围内的可用信贷已经大大过剩了。对一些大的借贷人而言，其所在国的国内货币政策和法定利率根本无关紧要，他们完全可以到全球任何一个地方去借贷。不过，一些"小玩家"则仍然会被限制在本国市场之内。

其次，监督银行体系、防止风险过高行为出现的难度在加大，因为金融体系是全球性的，交易在全世界范围内以接近于光速的速度进行，并且可以"保证"不留任何"纸质痕迹"。在全球金融体系内，有数十万乃至数百万敏锐而聪明的金融精英，他们的任务就是想方设法找到新的用货币赚钱的方法，并做到处处领先监管机构一步。相比之下，各国中央银行和监管机构人手既少又非常官僚化，在日复一日的博弈中，中央银行根本不是这些金融精英所在的机构的对手，后者每天都在花样翻新地试图规避监管，并且总是能取得成功。

再次，尽管各国中央银行可以影响短期利率，但是它们对全球范围内的长期利率的控制力基本为零。虽然它们可以影响货币资本的短期供给，但是却不能影响长期货币供给，而且它们基本上没有办法影响货币需求。它们可以激励私人银行向非银行企业和消费者提供贷款，但是却并不能迫使私人银行这样做。它们也没有实质性的办法去鼓励借款人借款。这也就是说，它们对货币供给和短期利率的影响即便有，也是非常有限的，而对货币需求和长期利率的影响则微乎其微。

当然，近年来大规模流动性的注入在很大程度上确实是由各国中央银行负责的，但是这种政策的实施本身只是对全球金融体系统结构性变化的一种反应，而全球金融体系却正在加速脱离它们的控制范围。尽管自 2008 年至 2009 年以来全球金融不稳定性事件频发，无不与各发达经济体中央银行政策实施起到的推助作用有关，但这种事件归根结底并不发端于中央银行。全球金融体系的深层次问题是"内生性"和"结构性"的，而中央银行则"外生于"该体系，它们的政策最多只是一个外部因素，或者说只能从外围影响这个体系。就监管任务而言，这不是一个非常有效的设置。

正如上文所述，中央银行不能也不会去主动阻止金融资产泡沫的生成和增大，而且它们在短期内针对泡沫的政策反应往往会导致泡沫的进一步膨胀。中央银行只有在"事后"进行干预，即等那些追求过高利润率和资本收益率的金融机构和金融资本精英造成乱局之后才入场收拾残局。那些金融机构和金融资本精英愿意承担更大的风险，去努力从金融资产投机和投资中获得更大的利润。

中央银行对银行体系的监管已经严重落后于时代要求了，而且随着时间的推移，正在变得越来越落后。它们对影子银行体系几乎无力监管，现在影子银行体系大有超越传统银行体质的势头；影子银行已经在资本市场中占据了主导地位，同时资本市场在提供信贷方面也已经超越传统银行的影响力了，而且这种趋势还一直在强化中。然而，中央银行迄今仍未找到有效监管影子银行体系的全新的、高风险的、投机性的制度化引擎的办法。影子银行的演变非常迅速，在空间上的移动也非常灵活；新的证券形式和即时利用市场交易的方式层出不穷。此外，它们还非常擅长掩盖自己的踪迹。

另外，中央银行对于如何管理信贷的问题，也没有相应的工具来扭转一些金融机构（特别是影子银行）越来越明显地向"内部信贷"创造转变的趋势。

因此，中央银行所能做的，也仅仅局限于对全球金融体系中发生的危机做出一些"反应性"的行为。但是，这些行为或者用来解决危机的举措，恰恰是导致危机产生的同样一些举措。因此，如前所述，中央银行注入的过剩流动性刺激了进一步的债务和杠杆化，进而导致更大的金融不稳定性。这是一个恶性的、破坏稳定性的循环，对此，中央银行还没有找到摆脱它的办法。

总之，中央银行从很多途径强化了金融系统的脆弱性。金融系统的脆弱性这个概念旨在评估金融系统内部出现不稳定性事件的概率或可能性。首先，中央银行通过向金融机构提供过剩流动性促进了金融系统的脆弱性。流动性过剩是杠杆化债务迅速上升的基础，而杠杆化债务又是强化金融系统脆弱性的三个主要因素之一。因此，金融系统脆弱性是中央银行最直接的"贡献"；如果没有最近几十年来过剩流动性的注入，那么金融脆弱性和作为引发脆弱性的过量债务是不可能出现的。另一方面，我们还可以讨论一下这个问题：当布雷顿森林体系在 1971 年至 1973 年间崩溃之后，各国中央银行是不是可以选择不注入这么多的流动性？答案是不能。布雷顿森林体系崩溃之后留下了一个真空，各国中央银行别无选择，只能注入流动性。中央银行承担的这种新角色、新技术的出现，再加上各国取消对全球资本流动的管控，以及其他一些新情况，最终导致了过多流动性的注入。这不是一个简单的决策失误问题。

　　中央银行还以其他间接方式强化了金融的系统脆弱性，即通过加剧家庭消费脆弱性和政府资产负债表脆弱性推助了这一系统脆弱性的产生。

　　一些发达经济体的中央银行连续七年来一直保持接近于零的低利率（零利率计划）水平，结果导致依赖退休工资和固定收入的数千万家庭的收入增长停滞不前。零利率还给养老基金造成了重大损失。如果养老基金在下一次危机中破产，那么这就意味着更严峻的家庭脆弱性后果。零利率计划由于导致多数家庭收入没有增长，因此也会对消费脆弱性产生负面反馈效应。消费脆弱性意味着，家庭为了维持必要的消费水平，不得不借入更多的钱款，从而导致债务进一步加大。实际上，债务本身就意味着更大的家庭脆弱性。因此，消费脆弱性将得到双重强化：一方面是家庭固定收入的增长停滞；另一方面是家庭随之而来的债务的进一步累积，因为在收入增长减少的情况下，不举债就难以保持必要的消费水平。

　　而且，作为准政府机构，中央银行本身也会增加政府资产负债表的脆弱性，这有好几个途径。首先，中央银行的量化宽松政策实际是中央银行本身直接从一些机构和富有的个人投资者手中购买不良资产，这意味着将私人银行资产负债表上的债务转移到了中央银行自己的资产负债表上。这一操作，实际是政府债务增加了，也就是增加了政府资产负债表的脆弱性。

　　再者，中央银行的货币政策也会进一步加大政府资产负债表债务的增长，从而导致更严重的脆弱性，尤其当中央银行的货币政策未能带来实体经济的强劲的、可持续的复苏的时候；持续的经济复苏缺乏动力，那么这就意味着政府财政赤字的持续攀升；更大的政府赤字又将导致政府需要借更多的钱，从而使得政府（主权）债务大幅上升。

　　在下一章中，我们将讨论政府资产负债表脆弱性在财政上的各种表现形式。就中央银行将现有债务从金融机构转移到中央银行自身资产负债表上这一点而言（例如，在实施量化宽松政策的情况下），中央银行也对政府资产负债表的脆弱性"做出了贡献"，因为它本身就是准政府机构。

除了对政府资产负债表脆弱性的上述"贡献"之外，由于中央银行在过去几十年来一直都在注入流动性，因此对全社会的金融脆弱性也有"贡献"；而且中央银行的零利率计划对家庭消费的脆弱性影响显著。因此，显而易见，中央银行是一个对以上所有三种形式的脆弱性（即金融脆弱性、家庭脆弱性和政府资产负债表脆弱性）都有重要"贡献"的主要机构。

由此我们可以得出这样一个结论：要想让系统脆弱性出现任何"有意义的"下降，要想阻止金融不稳定性情形的进一步发展，就必须从根本上杜绝中央银行作为监管机构本身所制定和采取的政策的漏洞。今天的情形不能不令人觉得悲哀：中央银行本来是为了阻止金融不稳定性而设置的机构，但现实中却成了金融不稳定性的始作俑者。

# 第15章　政府、债务与系统脆弱性

如果脆弱性（就其最简单的形式而言）就是收入不足以支付债务本金和利息的结果，那么不仅仅金融机构变得脆弱，而且非金融企业和家庭也可能变得脆弱，甚至连政府机构会变得脆弱。[1]

为了更彻底地考察政府债务与收入之间的关系，我们首先必须进一步界定关于政府收入与债务的含义。

## 政府债务与收入

对政府债务最准确的估算不仅应当将国家一级的政府机构（包括立法和行政机构）的债务包括进来，而且还应当把区域（regional）和地方一级（local）的政府机构的债务也包括进来。另外，作为准政府机构的中央银行、作为事实上的混合政府机构的国家或地方的公共事业机构的资产负债表上的债务也应当包括进来。[2] 在这里，"混合"一词的含义是指这些公共事业机构具有公共行政的特征，但同时又通过股权产品（股票）在金融市场上筹集现金，而且其运营方式与私营公司非常类似。

中央银行的债务是指反映在中央银行自身资产负债表上的债务，它与一般政府债务是区分开来的。一般政府债务是指历年积累下来的年度立法—行政预算赤字，在下文中，我们将其定义为中央政府机构（立法机构、行政机

---

[1]　下面的第19章给出了一个更加全面的"脆弱性"理论，将收入和债务之外的其他决定因素也都包括了进来。

[2]　一个有趣的问题是国有企业（SOE）的债务应该如何归类。这种债务是企业债务、私人债务的一种形式吗？还是应当被认定为政府债务？在本书中，它被认为是前者。

构等）和大多数（但不是全部）州、省、地方政府的债务。[①] 特定公共事业机构的债务（无论是属于中央政府还是属于地方政府）通常也都包括在一般政府债务总额中，不过公共事业机构的债务具体包括哪些内容，则因国家不同而异。[②]

在讨论政府债务时，另外两个重要的定义是"政府总债务"和"政府净债务"。相比较而言，前者比后者更准确。"政府净债务"是指政府总债务中减去政府持有的、可以用于抵消债务的那些资产之后的部分，例如黄金储备、国际货币基金组织特别提款权（SDR），以及理论上可以用来支付债务的其他资产和应收款项。

总之，在本章中，我们在谈到政府债务或主权债务时，所指的都是"一般政府总债务"。如果中央银行和其他机构的债务也都被包括进一般政府债务之中，那么合并后的总金额将构成政府债务总额。除非明确说明包括中央银行和其他机构的债务，否则下面正文和表格中引用的数据均指"一般政府总债务"。国际货币基金组织、国际清算银行和其他全球性研究机构等来源的数据，都是关于"一般政府总债务"的数据。

对于政府的"收入"，一个显而易见的途径是将它定义为税收。但是，政府也可以通过发行证券（政府债券或主权债券）筹集资金，或者出借贷款赚取利息收入。此外，其他形式的"费用"也可以作为政府收入的来源。在许多国家，有许多企业是政府所有或经营的，这些企业的业务也可以给政府提供一些收入。这些国家的"战略性企业"，尤其是军用品生产企业，都是直接由政府或军队拥有的。政府总收入可能比政府总债务更加难以估算，这不仅仅是因为政府企业的收入报告往往非常不透明，而且还因为政府企业生产的商品和服务的价格都是政府确定的，往往人为地保持在很低的水平上（这是内部转让定价的结果，而不是市场价格）。因此，政府企业的利润和收入都会被最小化。政府还会操纵本国货币的汇率，将之人为地保持在低位，目的是

---

① 见下表 15-1 和 15-2 中对"一般政府债务"的定义，这一定义基于国际货币基金组织的定义和惯例给出。

② 例如，在美国，房利美、房地美等准政府机构持有来自私人金融机构的抵押贷款。这些私人机构"创造"抵押贷款，然后卖给房利美和房地美等准政府机构。或者还可以把美国政府对企业的贷款担保、持续的企业补贴以及来自政府的商业贷款等也考虑进去。

确保本国出口的产品更有竞争力。政府还可以通过调整关税和消费税或其他途径改变政府收入水平，方向既可能是正的，也可能是负的。如果将其他形式的国民收入，以及州和地方政府的税收收入和其他收入都包括进来，那么政府总收入将会高得多。然而，由于数据收集和加总等方面的问题，本章在讨论政府收入时，将仅限于被定义为国家或中央政府一级税收的政府收入。尽管这样做显然会大大低估政府脆弱性的程度。

## 对政府债务的估算

总体上看，政府债务有两种报告方式：第一种是报告政府债务占国内生产总值的百分比；第二种是报告债务的绝对数额。这两种报告方式之间有着非常重要的差别。与衡量一个国家历年积累下来的债务水平或债务大小的"一般政府债务"不同，"政府债务占该国 GDP 的百分比"是一个比率。既然是一个比率，那么也就意味着，如果 GDP 保持了强劲增长，甚或只需要保持正常增长，那么以"政府债务占该国 GDP 的百分比"来衡量的债务增长趋势，可能会显得不那么严重。但是，如果就此认定只要国内生产总值一直保持强劲增长，就不会有严重的债务问题，那就过于急躁了。这种观点背后的假设是，当国内生产总值保持强劲增长的时候，政府就能很好地偿还其债务（即在到期时支付本金和利息）。但是实际情形并不一定是这样的。GDP 增长确实可能会对债务偿还产生潜在的积极影响，但是只有当它真的转化为能够用来偿还债务的政府税收增长时才是这样的。在 GDP 保持增长的同时，政府税收收入也同样有可能减少。当出现这种情况的时候，政府偿还债务的能力实际上并没有改变，甚至反而可能随着 GDP 数字的上升而恶化。

在许多新兴市场经济体也存在类似的矛盾现象。新兴市场经济体的债务可能是以贷款国或债权国的货币（例如美元）发行和计算的，这种债务只能以该贷款国的货币偿还，而且通常只能通过出口这个途径获得。因此，如果出口收入下降（这可能是因为其他经济体需求下降，进而导致其出口商品价格下跌、出口数量下降），那么债务国的国内生产总值水平是高是低就不再重要了，因为它将无法支付到期债务的本金和利息。换句话说，以债务与 GDP 的比率为衡量债务水平的指标，可能会使得新兴市场经济体政府显得更有能力应对其绝对意义上日益增长的债务负担，尽管事实上其偿债能力可能正在迅速下降。

在下表 15-1 和 15-2 中，我们同时给出了以上两种衡量债务水平的报告。①从表 15-1 来看，政府债务似乎并不是特别严重，而且自 2012 年以来一直保持相对稳定；而表 15-2 传递的信息则相反。

表 15-1*　一般政府总债务占 GDP 的百分比（%）
七国集团与中国

| | 2001 年 | 2007 年 | 2010 年 | 2012 年 | 2014 年 |
|---|---|---|---|---|---|
| 美　国 | 53 | 83 | 94 | 102 | 104 |
| 英　国 | 37 | 43 | 78 | 89 | 91 |
| 日　本 | 153 | 183 | 216 | 237 | 246 |
| 德　国 | 59 | 65 | 82 | 81 | 73 |
| 法　国 | 56 | 63 | 80 | 88 | 95 |
| 意大利 | 108 | 103 | 119 | 127 | 136 |
| 加拿大 | 82 | 66 | 84 | 88 | 88 |
| 中　国 | 17 | 19 | 33 | 37 | 41 |

* **数据来源**：国际货币基金组织世界展望数据库，2015 年 4 月。

从表 15-1 来看，在 2001 年至 2007 年期间，美国和日本的政府债务有所增长，但是七国集团中的其他国家和中国则几乎没有变动。从债务占 GDP 的百分比来看，政府债务增长似乎不是一个特别严重的问题。另外，虽然美国和日本的政府债务在 2001 年至 2007 年间增幅明显，但是其债务与 GDP 的百分比的变动并不太剧烈。美国和日本的数据之所以相对差一些，是因为 2001 年经济衰退后经济复苏乏力，因此这两个国家的常规政府收入（税收）增长更慢，但同时政府支出却在增加。与美国和日本相比，七国集团中的其他国

---

① 如果想知道到底是哪些债务构成了一般政府债务、政府债务总额，以及债务占 GDP 的百分比，请参阅欧洲统计局（欧盟的统计机构）给出的对这些术语的典型定义。根据欧盟统计局的定义，"一般政府"是指中央政府，以及州、地区和地方政府，还有某些特殊机构和基金，例如英国、挪威和其他国家在前述政府形式之外存在的"社会保障"基金。"政府"则被定义为"由私人部门的税收收入和强制性付款提供资金的非市场生产者，主要任务是重新分配国民收入和财富"。"政府债务总额"是指所有要求支付本金和利息的负债，包括债务证券、贷款、保险、养老金和其他应付款。

家和中国在 2001 年至 2007 年间经历了相对强劲的经济增长，而政府赤字和债务的增长则相对平稳。但是总体来看，七国集团和中国在 2001 年至 2007 年间政府债务占 GDP 的百分比一直相当稳定。

而在 2007 年至 2010 年期间，七国集团和中国的债务占 GDP 的百分比都出现了显著的增长，这是因为 2008 年至 2009 年的全球经济出现了衰退，导致政府税收收入减少、支出上升。

2010 年之后，债务增长率再度放缓，有些国家（如德国）政府债务占 GDP 的百分比甚至出现了下降的情形。因此，表面上看，政府债务突出的问题在 2010 年以后似乎稳定下来了。但是，这种稳定只是表象。用债务与国内生产总值的比率来衡量债务水平容易导致这种表象，因为债务占 GDP 的百分比这个指标会掩盖政府债务问题的严重程度，同时在 GDP 保持增长时甚至可能有很大的误导性（即使 GDP 增长并不是特别强劲）。

由于债务与 GDP 的比率这个指标可能会误导人，因此用上述比率不能作为估算政府债务实际水平的首选指标。相比之下，政府债务总额是衡量政府债务趋势、政府债务对政府资产负债表脆弱性影响程度的更好指标。

**表 15-2\*　一般政府总债务（以本国货币计）**
**七国集团与中国**

|  | 2001 年 | 2007 年 | 2010 年 | 2012 年 | 2014 年 |
|---|---|---|---|---|---|
| 美　国 | 5.6 | 7.0 | 14.7 | 19.8 | 26.2（万亿美元） |
| 英　国 | 0.38 | 0.62 | 1.1 | 1.4 | 1.5（万亿英镑） |
| 日　本 | 776 | 938 | 1 041 | 1 124 | 1 197（万亿日元） |
| 德　国 | 1.2 | 1.5 | 2.0 | 2.1 | 2.1（万亿欧元） |
| 法　国 | 0.87 | 1.2 | 1.6 | 1.8 | 2.0（万亿欧元） |
| 意大利 | 1.3 | 1.6 | 1.8 | 1.9 | 2.1（万亿欧元） |
| 加拿大 | 0.93 | 1.0 | 1.4 | 1.6 | 1.7（万亿加元） |
| 中　国 | 2.7 | 7.2 | 12.6 | 18.6 | 25.8（万亿人民币） |

**\* 数据来源**：国际货币基金组织世界展望数据库，2015 年 4 月，按本国货币计算，计量单位：万亿。中国的数据按 1 美元等于 6 人民币四舍五入的办法计算。

表 15-2 表明，2007 年以后，政府债务状况出现了急剧恶化的情形。在 2008 年至 2009 年经济衰退期间，债务增长最为迅速。而且在随后的几年时间

里，美国、中国、日本和英国的政府债务水平继续大幅攀升。其中，美国政府债务在 2010 年后几乎翻了一番，中国也是如此。日本和英国的政府债务也持续增长，其增长率远远高于 2010 年之后的 GDP 增长率。

2010 年之后，欧元区各国政府债务水平没有持续快速上升，这很可能是由于欧元区采取了严厉的财政紧缩政策。相比之下，美国、英国和中国（特别是中国）的决策者一开始并没有选择财政紧缩政策。相反，美国在 2009 年还引入了一个温和的财政刺激方案，总额约为 8 000 亿美元（约占美国 GDP 的 5%）。中国则在 2009 年执行了庞大的财政刺激计划，总额约占其 GDP 的 12.5% 至 15.6%。自 2011 年开始，美国执行了温和的财政紧缩政策，而中国则仍然继续实施财政刺激政策。

2010 年以后，欧元区各国政府债务增速显得更加温和了，但这也是一种误导性假象。政府债务升级的情况实际在区域内发达国家（如德国、法国等）并没有发生，而是集中在了一些经济次发达国家，包括西班牙、葡萄牙、希腊、意大利、爱尔兰，还有英国，以及（较小程度上）东欧各国。也就是说，德国、法国等有效地将它们的债务增加份额"出口"到了欧元区内的经济次发达国家，即所谓的"外围"国家。这种政府债务的"出口"之所以产生，一方面是因为欧元区共同货币（欧元）的采用，另一方面是因为北欧各国政府的政策和银行家们的"努力"。

因此，以政府债务的绝对水平来衡量（而不是以债务占 GDP 的百分比来衡量），七国集团和中国的政府债务在 2007 年之后一直在快速增长，特别是在 2008 年至 2010 年经济衰退期间，以及在 2010 年之后的"疲弱复苏"阶段。在 2010 年以后，各发达经济体和中国的政府债务仍然持续增长，这表明，驱动政府债务增长的因素除了 2008 年至 2009 年金融危机之外，还有其他更长期的因素。因此，很显然，长期因素和周期性因素在这里叠加了。

在 2001 年至 2007 年、2008 年至 2010 年以及 2010 年至 2014 年这三个时期，七国集团和中国的政府债务总额上升的情况与主要新兴市场经济体都形成了鲜明的对比。

再一次，如果运用"债务占国内生产总值 GDP 的百分比"这个指标来衡量，那么也会掩盖新兴市场经济体政府债务增长的真实情况。以占 GDP 的百分比衡量，从2001年到2007年，新兴市场经济体的政府债务增长并不显著，而在2010年之后似乎也并没有明显上升。事实上，在2008年之前，一些主要新兴市场经济体的债务占其GDP的百分比是有所下降的，因为那几年新兴市场经济体的GDP增长强劲。尤其在2010年之后，新兴市场经济体的经济增长相当强劲，直到2013年至2014年之后，其经济增长才开始显著减缓。

各新兴市场经济体均受益于中国和美国在2009年至2010年期间实施的财政刺激政策。中国政府的刺激力度非常大，美国政府的刺激力度则相对温和一些。新兴市场经济体还受益于来自发达经济体的大量资本流入（特别是美国和英国），以及它们的中央银行实施的量化宽松政策。从2010年开始，由于受美国、英国和中国的财政政策与货币政策的影响，新兴市场经济体的出口和经济出现了迅猛增长，这种增长缓和并掩盖了这些国家随经济增长而积累起来的政府债务的绝对水平。

然而，到了2013年，新兴市场经济体的经济增长开始显著放缓，特别是那些依赖于大宗商品和半成品出口的国家，其中又以石油出口国为甚。到2014年年底，许多重要的新兴市场经济体都陷入了衰退。同时，大约从2013年开始，从发达经济体和中国流入新兴市场经济体的资金流开始逆转，而且中国对新兴市场经济体出口的商品的需求也放缓了。另外，2014年中期开始的全球石油价格通货紧缩拖累了新兴市场经济体的货币，这进一步导致了新兴市场经济体的资本外流。为了刺激经济、扭转经济增长乏力之颓势，同时也为了吸引更多的投资资金注入，新兴市场经济体转而求助于更多的债务，特别是私人部门和企业。到2013年之后，企业债务和政府债务的绝对水平开始持续上升，而且GDP上升所带来的模糊效应也消失了。在2010年至2012年期间，用债务占GDP的百分比这个指标来衡量时，新兴市场经济体债务增长的基本趋势和债务状况日益恶化的事实都被遮蔽了。然而，只要看一下绝对债务水平（特别是在2012年以后），那么新兴市场经济体的债务状况就会变得非常清晰，如下表15-3所示。

表 15-3*　一般政府总债务（以本国货币计）
新兴市场经济体

| | 2001 年 | 2007 年 | 2013 年 | 2014 年 |
|---|---|---|---|---|
| 阿根廷 | 144 | 546 | 1 369 | 2 158（万亿比索） |
| 巴　西 | 921 | 1 733 | 3 209 | 3 372（万亿里亚尔） |
| 印　度 | 18 547 | 36 916 | 67 373 | 77 858（万亿卢比） |
| 印度尼西亚 | 1 319 703 | 1 384 791 | 1 977 702 | 2 635 830（万亿卢比） |
| 墨西哥 | 2 783 | 4 280 | 646 | 826（万亿比索） |
| 俄罗斯 | 4 258 | 2 861 | 7 871 | 11 406（万亿卢布） |
| 委内瑞拉 | 28 | 152 | 751 | 1 499（万亿博利瓦） |

**\* 数据来源**：国际货币基金组织世界展望数据库，2015 年 4 月，按本国货币计算，计量单位：万亿。

在此不妨举几个例子。从 2007 年到 2014 年，巴西的债务总额翻了一番，阿根廷则翻了两番，印度、墨西哥和印度尼西亚也翻了一番。石油及大宗商品出口国的政府债务状况则更加糟糕，原因是全球原油价格崩溃后，它们不得不借入更多的债务以抵消石油销售收入和家庭收入的损失。俄罗斯的债务总额在 2007 年至 2014 年期间翻了两番，而委内瑞拉在 2014 年这一年则达到了 2007 年的十倍。

我们关注的不仅仅是这些枯燥的数据，而是关注它们背后的基本趋势和根本原因。为什么政府债务水平过去这些年来持续上升，并且还将继续上升？为什么这种上升会遵循如下顺序：先是发达经济体，然后是中国（从 2009 年至 2010 年开始），再接下来是新兴市场经济体（2014 年之后）？搞清楚这些趋势、弄明白为什么各国政府的债务将持续上升（无论是长期性的，还是周期性的短期的），对于我们理解政府债务在决定政府资产负债表脆弱性方面的关键作用都非常重要。而且，只有在此基础上，我们才能最终理解政府资产负债表脆弱性与其他形式的脆弱性（金融脆弱性和消费脆弱性）之间是如何相互作用，以及如何最终导致全球经济日益严重的系统脆弱性的。

# 主要趋势：政府债务、收入与脆弱性

## 趋势一：长期趋势与政府债务的上升

在 21 世纪的资本主义体系中，政府（公共部门）与企业（私人部门）之间的界限变得越来越模糊，而且达到了历史上前所未有的程度。长期以来不断上升的政府债务是政府部门与企业部门利益日益一体化的结果，这个趋势自 20 世纪 70 年代以来一直在发展并深化，而且可以追溯到更早的时期。

### 政府服务转包

许多公共服务本应是正式的政府机构、执行机构、军队、公共教育机构、地方警察部队的职能，只能由它们提供，但是最近几十年来，它们却纷纷被"外包"给了私人部门（甚至包括部分立法职能）。

现在，越来越多的教育服务（无论是在大学教育层面，还是在其他教育层面）都私有化了。外包的警察服务和军事服务也越来越多。在战场上，来自私营公司的雇佣兵与正规军事人员并肩作战，私营公司还提供了几乎所有的军事后勤支持。无数地方公用事业机构和设施都被卖给了私人投标者。纳税人出钱建造的公共道路也被出售给了私人公司，由它们管理和维护并收取通行费。私人保险公司有权参与以前只有国家公共卫生部门的卫生保健服务，并独揽最健康和最愿意付费的客户。公立医院也被以盈利为目的的连锁医疗机构所收购。公共国家养老基金也交由私人银行管理，这些银行雁过拔毛般地收取各种各样的费用，甚至最终吞并公共养老基金。这样的例子数不胜数，而且每年都在翻倍增加。

但是，政府"外包"的所有服务最终还是必须由政府支付费用的。服务外包的结果是赤字增加，而财政赤字则主要通过私人投资者和其他政府信托基金和养老基金的借款来融资，这意味着政府的债务在增加。①

随着时间的推移，政府职能和公共服务的外包还导致了政府对企业的大幅补贴，从而增加了企业部门的收入，却减少了企业部门举债的需要；而另

---

① 在美国，联邦政府赤字和 18 万亿美元的联邦债务，其中大约有一半是从世界各地的私人投资者和公司借入的，另有三分之一是从社会保障退休金和残障人士的抚恤金每年产生的盈余中借入的。

一方面，政府部门也减少了自身的收入，但又迫不得已借入更多的钱款以弥补自己收入的损失，这就意味着政府债务增加了。

政府企业、资产和服务的私有化

　　与前述公共职能和服务外包类似，收入和债务在政府部门与私人部门之间的转移还有另外一种形式，那就是政府将国有（公有）和国营（公营）的企业和事业机构出售给私人，即私有化。在美国，虽然由国家拥有或经营企业从来没有成为传统惯例，但是也确实曾经出现过不少国有企业或国有公共机构。例如，在20世纪30年代，联邦政府创建了田纳西河谷管理局（TVA），使周边的农村地区都实现了电气化；同时在第二次世界大战期间建造了大批工厂；许多美国城市都拥有自己的公共事业设施，等等。不过，在过去的几十年里，所有这些公共资产都出售给了或正在准备出售给私人投资者或机构。这种出售（即"私有化"）的结果是，政府原来的收入来源被"转移"给了购买公共资产的私人。现在，购买这些资产的私人因为可以获得稳定的收入流而受益匪浅，但是政府却必须借入更多的债务来抵消自己的收入损失。

　　在美国，公共资产和服务的私有化趋势今天仍然在继续。道路、高速公路、公园和政府收入的其他来源，都在紧锣密鼓地进行"私有化"。中国和许多新兴市场经济体仍然拥有"国有"产业及其公司。在欧洲各国，也还有不少国有（国营）企业。

　　但是趋势非常明朗。在全球各地，"私有化"（即出售国有企业）大潮无处不在，而且这种趋势的后果也全都一样：第一，它导致政府失去一个重要的、可以用来偿还债务的收入来源；第二，由于政府必须经常从私人手里购买服务，这就增加了政府支出，从而导致了预算赤字，使得政府不得不求助于更多的借款和更多的债务。①

　　导致政府债务增加的另一个长期趋势是，政府对私人企业的直接补贴和间接补贴不断增加，既有成本补贴又有价格补贴。

---

①　一种相反的观点是，政府的企业和服务从一开始就是亏损的，从而导致了赤字和债务。但是这种观点忽略了以下一个重要事实，即政府对产品或服务的定价和收取的费用实际上是在对公众提供补贴，它从来就不是设定在能够产生利润的市场价格上的，而是被人为压低的，很多时候都低于生产成本。之所以要收取一定费用，只是为了向公众证明产品或服务成本已经尽可能地低了。

　　直接补贴是指，政府用税收收入直接向私人企业支付补贴款，即私人企业可以直接用政府"支票"偿付成本支出。而间接补贴则是指，政府在从私人企业那里购买商品或服务时，要承担部分生产成本和（或）支付高于市场的价格。

　　为了给补贴企业的做法披上合法的外衣，中央政府的税法被"重新改造"，以便政府在企业受到损失时（甚至在企业并未受到损失时）向企业"开出支票"。银行业、制药业、高科技行业、石油和能源行业以及军工业的私人企业是美国政府的补贴的主要受益者。这些行业中的许多企业几乎从来都不用向联邦政府缴纳任何税费；而当遇到经济衰退时，它们还可以从政府那里得到直接补贴。

　　政府的间接补贴可以抵消成本或为企业带来额外收入，它的形式是多样的。其中一种形式是，当某家企业向银行申请贷款时，由政府出面担保，如果该企业最终破产了，就由政府来偿还贷款。这样政府就"化解"了贷款银行的风险，同时也极大地减少了借款人的风险。

　　政府间接对私人企业进行补贴的另一种主要形式是，以高价向私人企业购买商品或服务。这方面最好的一个例子是政府在国防军工产品上的支出。由于国防军工产品主要是由那些拥有事实上的垄断地位的企业生产的，所以政府最终肯定要为国防军工产品支付超额垄断价格。美国政府还从私营企业那里购买警察和其他特殊军事服务，这些服务的成本通常远远高于以往由美国军事人员自己提供的费用。[①]另外，几十年来政府一直在补贴农业生产者，或者以高于市场价格的价格购买他们种植的农产品，或者向他们支付补贴并要求他们不要生产某种农产品。对农业生产者发放补贴，最初的目的是为了保护规模较小的家庭农场。在 20 世纪 30 年代大萧条时期，这种补贴或许有些道理，但是到了今天，农业生产者往往是产值数十亿美元的大农业企业，而政府对农业的补贴仍然在继续，就会产生许多严重的后果。

　　美国政府补贴的另一个大受益者是美国的医疗保健行业和制药行业。对制药业很有利的一点是，美国联邦和各州政府总会对退休人员在处方药的支

---

① 一个非常有代表性的本应由美国军事人员执行军事行动但实际上却是由私人公司代为承担的例子是，美国军队在中东和全球其他地区都雇用了臭名昭著的、多次更名的"黑水"公司提供的雇佣兵。

出上进行补贴——不管制约企业生产的药品的定价有多高。而且，法律还禁止政府与制药企业进行要求降低药品价格的谈判。美国卫生服务行业中发生的另一个最近的例子涉及《平价医疗法案》（ACA），它就是大名鼎鼎的"奥巴马医改方案"。与补贴退休人员的处方药类似，"奥巴马医改方案"实际上是一个补贴健康保险公司、提高它们收入的计划。当然，这是以增加政府支出、推高预算赤字、加重政府债务为代价的。说到底，这是一个让家庭和私人为补贴医疗保险公司"做贡献"的方案。

间接补贴还有很多形式，例如，现在政府开始越来越多地资助某些行业中的企业进行基础研究和产品开发。

如前所述的这些长期趋势，在近几十年来已经非常清晰地展现在世人面前。越来越多的政府服务被转包出去了，越来越多的国有和国营的企业与公共资产出售给了私人，向私人企业提供的直接补贴和间接补贴（以及成本补贴和价格补贴）也越来越多了……所有这些都意味着政府收入减少、成本增加，而另一方面则是那些有"渠道"的私人企业的收入的增加和成本的减少。这些长期趋势的效应无疑都将会导致政府赤字增加，因为源于公共产品和服务的收入流失了，同时政府用于分包服务的支出却增加了。政府赤字的增加意味着政府必须借入更多的债务。

### 债务的转移：从企业到政府再到家庭

同样会导致政府债务增加的另一个"替代性方案"是，政府可以选择减少社会福利支出，同时提高税收。这种做法有时称为"紧缩政策"。虽然紧缩政策会减少政府支出，并且从表面上看似乎也能够减少政府所需的额外债务，但是紧缩计划会减少消费者的家庭可支配收入（尤其是中低等收入家庭），从而导致这些家庭不得不承担更多的债务以维持最低的消费水平。因此，总体上实际债务并没有减少，它只不过是从企业（以及投资者）那里转移到了政府的资产负债表上，然后又部分地转移到了中低等收入家庭而已。

总而言之，政府债务的持续增长反映了这样一个趋势，即政府补贴企业却将债务从企业那里转移到自己的资产负债表上，之后政府又将债务转移给了中低等收入的家庭。政府债务之所以会转移到中低等收入的家庭中，一个原因是政府采取了紧缩财政政策或提高了消费税，其目的是通过补贴和债务转移使企业受益。但是，另一方面，由于政府赤字和债务上升，有利于中低等收入家庭的政府支出被削减，而对消费者的税收却增加。因此，在很大意义上，私人企业和投资者的债务最终都被转移到了中低等收入家庭和政府自身。

### 趋势二：商业周期与短期政府债务

政府债务水平的持续上升是短期周期性趋势和长期趋势共同作用的结果。也就是说，如前所述的各种长期趋势会因为周期性事件的叠加周期性地得到强化，从而导致一般政府总债务的增长势头更猛。

这些周期性事件的叠加与一再重复出现的金融系统崩溃有关。这里的机制是，金融系统崩溃后，需要政府采取行动去救助金融体系（以及非金融企业），因为在金融危机之后，危机驱动的信贷危机是不可避免的，而信贷危机又会驱使整个经济陷入越来越频繁的、越来越深刻的、持续时间越来越长的衰退之中，然后继之以远低于通常水平的、更缓慢的、更不可持续的状态复苏。

#### 中央银行救助行动带来的政府债务

银行体系崩溃后，中央银行必须加以救助，方法是向银行和金融体系提供直接和间接的补贴。为了达到目的，中央银行可以通过多种途径，如本书前述第 14 章已经详细讨论过的，包括但不限于："特别拍卖"，由中央银行向金融机构提供零利率贷款（零利率计划），采取量化宽松政策，等等。说到底，所有这些都是在向金融机构提供"收入"。正如本书前一章所指出的，自 2008 年以来，中央银行提供的这种"收入"的总额大约为 25 万亿美元，其中一些体现为中央银行承担的新债务。据估计，截至 2015 年年底，仅仅在发达经济体，这种"新债务"就达到 9 万亿美元以上（还不包括新兴市场经济体）。

这 9 万亿美元也代表着从银行和其他金融机构的债务转移到了中央银行这个准政府机构的资产负债表上。这种货币政策其实就是对银行和其他金融机构以及其他非金融企业的一种成本补贴，因此肯定会显著加大政府的债务规模。

#### 政府救助银行带来的政府债务

2008 年以后，美国的银行和其他金融机构不仅被中央银行（美国联邦储备委员会）而且也被联邦政府所救助。

　　例如，美国的银行抵押贷款服务业本来已经遭受灭顶之灾了，但是在 2009 年至 2010 年之间，却被奥巴马政府通过总额为 500 亿美元的住房和房地产补贴计划所救助。该计划最初旨在救助房屋价格低于原按揭价格的房主，但到最后，这个 500 亿美元的项目却最终大部分用于为五大美国银行抵押贷款服务的机构提供各种间接补贴。原定的为房主提供最低限度补贴的计划，却只进行了一个非常短暂的时期——美国在 2007 年后失去家园的房主有 1 400 万多，但是最终只有区区的十几万得到了补助。

　　在最近的这次危机期间，政府间接补贴银行的另一种方式是，由美国政府在银行申请贷款时提供担保，就像花旗集团（Citigroup）的案例中那样（其贷款金额高达 3 000 亿美元）。此外，规模较小的地区性银行也从美国政府推出的《问题资产救助计划》中获得了数千亿美元。该计划总额为 7 500 亿美元，是国会于 2008 年 10 月批准的。[1]

### 救助特定政府机构带来的政府债务

　　在周期性危机期间，政府支持的抵押贷款机构（如美国的房利美、房地美以及联邦住房局），通过购买银行以原始价格发行的抵押贷款证券进一步补贴了银行的损失（尽管金融危机后这些抵押贷款的市场价值急剧下降）。这些机构的购买行为是法律规定的义务。金融公司向这些机构倾销抵押贷款债券本身就意味着向这些政府机构转移损失和债务。

---

[1]　用于这个目的的经授权的《问题资产求助计划》资金大约为 1 250 亿美元。汽车行业救助金、美国国际集团救助金，以及分配给通用电器公司和其他机构的救助资金，在 7 500 亿美元中大约占了 4 500 亿美元，其余资金则没有被花掉。在国会曾经就是否要使用剩余的资金去保护个人房主（在《问题资产救助计划》的立法过程中曾经提出过这个问题，但是被国会共和党人拒绝了，他们不支持将剩余的资金用于救助房主，尽管那是该项立法的本意之一）而吵过几个回合，但最终剩余的资金还是退还给了美国财政部。因此，《问题资产救助计划》从未被用于救助银行，银行的救助是由美国中央银行（美国联邦储备委员会）通过零利率计划和量化宽松政策完成的。不过，国会也提供了支持，即临时允许银行暂时停止使用《市场公允价值会计准则》，即允许它们在一定时限内谎报它们的资产负债表状况。美国联邦储备委员会在此期间也对银行进行了虚假的"压力测试"，告诉股市投资者说银行已经得到了救助，现在是买入它们的股票的好时机。暂时停止使用《市场公允价值会计准则》有助于说服投资者相信银行在 2009 年就已经摆脱了困境。

救助非金融机构带来的政府债务

由于金融危机通常都会导致全面的信贷紧缩，同时也会导致经济体内的非金融行业陷入衰退，因此政府机构（立法和行政机构）也会向陷入困境的非金融行业的大公司提供直接和间接补贴。这种补贴是除长期补贴之外的额外补贴，包括但不限于以下各项：

由政府出资购买一些公司的优先股。美国国会在 2008 年救助美国汽车工业时就是这么做的，救助的直接成本是 900 亿美元。而对保险巨头——美国国际集团——的救助也采取了这种方式，共花费 1 800 亿美元。

在欧洲和其他一些国家，对这种非金融机构的直接救助有时还采用将被救助的公司部分"国有化"的方式。当然，这只是一种名义上的国有化，公司仍然由其管理层继续经营和管理，政府只会派出有限的几位监察员去审查一下业务。当公司再次盈利时，政府就会将"国有化"时获得的股份全部抛售（而且通常是在股价大幅溢价之前），让私人投资者购回并从政府支付的救助资金中获利（当然，归根结底是由纳税人埋单）。2008 年，美国政府对美国国际集团的救助就是如此。

在周期性经济危机事件爆发之后，政府一般还会通过其他各种方式间接补贴非金融机构。2009 年，美国政府通过一个名为"COBRA"的计划为长期失业的员工支付了健康保险金（保险是他们以前的雇主为他们参保的）。该计划为员工付出的成本要高于雇主原先为员工付出的保险成本。因此，通过支付更高的保险费，政府实际上是补贴了医疗保险公司。失业员工可以继续享受福利，而保险公司则收到了钱。这些好处全都落入了保险公司的腰包，总额高达数百亿美元。

2010 年，美国政府又开始发放另一种补贴：对公司新雇用的员工在其工资之外又另行给予补贴。另一个类似的计划则是对一些公司雇用的退伍军人员工进行补贴。

美国在 2008 年至 2009 年金融危机期间以及随后的经济深度衰退期间通常采用的做法是，中央银行出手救助陷入困境的银行，而政府则主要救助非金融机构。然而，有些救助计划表面上是为普通消费者提供的，但实际上通过这些计划提供的资金一概难逃"雁过拔毛"的命运，因为福利之"涓涓细流"必须先流入私人公司（银行和非金融机构）的资产负债表。

因对家庭的转移支付和补贴而增加的政府债务

在政府与社会家庭之间，长期以来的情况一直是政府减少对家庭的转移支付和直接补贴。然而，在短期商业周期中的经济衰退阶段，政府则倾向于向家庭提供一些转移支付，例如失业救济金、收入补助福利、粮食补助，以及各种形式的其他补贴。确实，这些非工资收入能够抵消许多中低收入家庭的工资收入损失，但是因为这些家庭的这种收入增长主要来自政府赤字，因此也会导致政府债务的增加。

不过，经济衰退期间的这种"转移支付和政府补贴"让我们观察到了两种新情况：第一种是，过去十年与过去几十年相比，政府对家庭的转移支付和补贴已经大幅减少了。除美国之外的许多国家，紧缩政策已经取代了过去赤字型的转移支付和补贴政策。另一种是，即使政府对家庭的转移支付和补贴有所增加，但这种增加的持续时间也是非常短暂的，而且可以明确辨识出来的轮数通常只有一轮，之后这种转移支持和政府补贴就不会再继续。在欧元区，现在继续实施紧缩的财政政策，日本虽然紧缩程度不如欧元区，但是收紧的趋势很明显。美国和英国的情况则有所不同，它们的政府先是在经济衰退加剧的初期加大转移支付和对家庭的补贴力度，但不久之后，尤其当经济衰退结束转而有复苏的初步迹象时，就会取消大部分（如果说不是全部的话）转移支付和补贴。

由此可见，与政府对金融机构、专业投资者和非金融机构的救助相比，政府对家庭的救助完全不可同日而语。即使在经济衰退结束好多年后，政府对金融机构、专业投资者和非金融机构的救助也几乎没有减少。不仅如此，政府机构服务业务的分包、公共资产和公共基础设施的出售，以及对上述机构的直接和间接成本的补贴规模大有不断扩大之势。尤其是中央银行继续向金融机构提供特别援助和补贴，相比之下，即使在经济深度衰退期间，中央银行也完全没有向家庭提供过任何类似的救助。①

---

① 中央银行不救助家庭的借口是，它们没有这样做的法律义务。据说它们的使命仅限于救助金融机构。但实际上这种说法其实是一种奇谈怪论，因为中央银行可以很容易地提供救助，比如救助养老基金（影子银行的一种形式），以避免养老基金中的一些家庭的资产造成损失。或者，中央银行也可以购买负资产家庭的住房抵押贷款，以帮助这些家庭再融资，这种做法与中央银行从富有的投资者那里购买坏的抵押债券资产并没有什么不同。

趋势三：政府的收入与债务

对于政府赤字和债务水平的持续上升，以政府支出的扩大来作解释，最多只能解释一半。实际上，政府税收收入的缓慢增长才是日益增长的政府赤字和债务的决定性因素，相比政府服务业务的外包、公共资产和公共基础设施的出售、对公司和个人投资者的补贴的增加，以及所有其他导致政府支出增大、赤字和债务水平上升的政策等，政府税收收入的缓慢增长甚至相对下降对政府赤字和债务的影响要大得多。另外，政府税收收入的长期趋势和短期性商业周期对政府税收收入下降的影响，对政府赤字和债务的"贡献"远远超过转移支付、补贴、救助以及其他政府支出。

不断削减企业所得税的长期趋势

自 20 世纪 80 年代以来，各发达经济体之间还一直进行着另一场"备战到底"式的税收优惠战，即不断削减对企业和投资者征收的税。而且，在某个特定的发达经济体内部，不同区域（州、省、区）之间也存在着类似的"逐底竞争"。这两种情形是互相叠加的：各国争相大幅减税，以吸引外国公司到本国投资；每个国家内部各个区域也与其他区域展开竞争，为企业迁移到本区域提供税收激励。企业所得税和投资者税减免的"逐底竞争"无处不在，而且自 2000 年以来一直在加剧。

全球经济的"金融化"，以及本书前面章节中讨论过的投资向金融资产领域转移的趋势，也与企业所得税和投资者税的实际税率相对下降、而政府又渴望从这种税收中获得更多的收入相关。由于遭到金融行业既得利益者的强烈反对，因此征收金融交易税的计划在几乎所有发达经济体和新兴市场经济体都胎死腹中。这导致金融资产和金融证券的交易几乎在任何地方都不征税，这与商品和服务的生产所承受的重税形成了鲜明的对比。当然，这也强化了金融资产投资的转向，同时吸走了用于实物商品生产和服务的投资资金，因而导致政府税收收入增长减缓。

导致政府税收收入减少的其他方面的原因是，各国政府都降低了企业研发方面的税收、减少了投资税，并允许资产加速贬值。另外，跨国公司可以钻空子的税收漏洞也越来越大了。随着全球经济竞争的日益加剧，各国政府越来越多地通过为本国私营企业提供税收优惠的政策来刺激技术进步，为此，企业所得税、投资者减税等措施花样翻新、层出不穷。

自由贸易协定的扩展，也会导致国家层面的关税和消费税收入的减少。当然，政府收入损失的反面是企业收入的增长。

最早自 20 世纪 70 年代，特别是 80 年代以来，名义企业所得税率一直处于长期下降的趋势当中。由此所导致的一个结果是，政府对企业和投资者征收的税收大幅下降（这些税在政府税收总额中占了相当大的一部分）。由于采取了一系列减税措施，因此美国企业所得税的实际税率（或支付给政府的实际税额）大为下降，例如，将以往只适用于在美国国内投资的投资税收抵免优惠政策，扩大并用于跨国公司在境外的投资。美国政府曾经规定，企业要想享受税收抵免优惠政策，就必须提供自己创造就业机会的证据。但是这种规定后来就不再执行了。折旧免税额政策（实质上是一种减税）也在不断推行。上述政策措施导致企业实际收入与应税收入之间的差距从 5% 扩大到了 32%。也就是说，越来越多的企业收入被直接归入"无须纳税"之项。某些金融机构的利润被重新定义为"持有利益"，只需缴纳税率更低的（15%）资本利得税，而不用缴纳税率为 35% 的企业所得税。外国利润税（对跨国公司海外子公司的利润征收的税）实际上从未征收过。政府甚至允许跨国公司和富有的投资者将收入和利润转移到各个离岸避税天堂。政府一方面没有执行对跨国公司外国子公司征税的规定，另一方面又允许跨国公司在不同国家之间转移利润和收入。这样，跨国公司就可以将收入和利润转移到离岸控股公司或子公司中去，[①]并通过内部定价实现利润操纵和避税。

周期性的公司减税

经济衰退也会导致政府的企业所得税税收收入急剧下降，从而使政府赤字上升，需要借入更多的债务。在经济衰退期间，税务机构会寄出无数企业所得税的退税支票，立法机构也会通过特别减税法案，折旧免税额政策的推行速度进一步加快，企业裁员开支也被法律允许计入成本费用以用于减少企业所得税。这些短期的周期性税收减免措施与长期的减税趋势叠加在一起，

---

① 一个典型的例子是在 2013 年至 2014 年之间科技和制药企业中盛行的"企业倒置计划"。

导致政府税收收入极速下降。美国虽然在过去二十五年来企业名义所得税率并没有太大变化，但是实际税率却已经大为降低了。

2013 年，据美国政府会计局的一项研究发现，美国企业实际支付的全球有效税率仅为 12.6%，远低于法律规定的 35%。[①] 这与 1990 年的情况大相径庭。在 1990 年的时候，企业名义税率为 34%，有效税率为 33%，两者相差不大。即使把美国各州的有效企业所得税率与上述 12.6% 的有效联邦税率加在一起，美国企业的联邦和州合计总有效税率也仅为 17% 左右，还不到官方名义税率 35% 的一半。

企业要支付的有效税率的不断下降，必定会转化为政府的企业所得税税收收入的持续减少，从而影响政府税收总收入。由于企业的有效税率下降，因此低收入家庭的所得税有效税率必定会相对提高。

表 15-4* 美国企业所得税占联邦税收总额的百分比

| 年　度 | 收入占比 |
|---|---|
| 1954 年 | 32% |
| 1964 年 | 21% |
| 1986 年 | 12.2% |
| 2009 年 | 6.5% |
| 2010 年 | 8.8% |
| 2011 年 | 7.8% |
| 2012 年 | 9.8% |
| 2013 年 | 9.0% |

\* **数据来源**：《美国历年预算表：2014 财年和以前年度》。

投资者所得税减税

近几十年来，美国政府税收收入不仅由于对企业所得税的有效减免而减少，而且由于对富有的个人投资者征收的税收的有效减少而减少。前者反映在联邦一级和州一级的企业所得税的有效税率上，也反映在企业所得税在政府税收总额中所占的份额上。对个人所得的构成的分析表明，富有的投资者缴纳的税减少了。不过，虽然在政府税收总额中，企业所得税所占份额下

---

① 美国政府会计局，《企业所得税：有效税率可以显著不同于法定税率》，2013 年 5 月。

降、工资税所占份额上升这种转变是显而易见的，但是对富有的投资者的资本收益、股息和其他投资收益所征收的税而言，其所占份额下降这个转变并不太明显。这是因为，投资者获得的资本收益等形式的收入，也像他们的工资和奖金收入一样，都被包括进了要征税的"个人所得"当中，从而使得个人所得税占政府税收总额的比重保持在了44%～45%之间。这是对富有的投资者的资本收益所征的税相对下降、对其资本外其他收入所征的税相对上升所造成的结果。

自20世纪80年代初以来，美国和英国政府一直在减少对富裕投资者征收的税。该政策由在20世纪80年代初上台执政的里根和撒切尔夫人启动。对富裕投资者减税的重点是减少对他们的资本收益、股息和继承的遗产征收的税额。在20世纪80年代初之前，资本收益和股息适用的税率都高于工资薪金收入。但之后情况就出现了逆转。现在，资本收益和股息适用的税率比普通员工辛苦赚得的工资薪金收入要低得多。虽然个人收入的最高名义税率（即投资者类别）按法律规定是39.5%，但是最富有的那些投资者（他们的收入大部分都是资本收入）却只需要为美国境内获得的资本收益按15%、对股息收入按20%的名义税率缴纳税款。而且这些还不是他们支付税款的有效税率，因为他们都雇有一位聪明绝顶的税务律师，能够利用各种各样的税务漏洞保证他们的有效税率大大低于上述所说的15%和20%。或者，他们也可以将收入转移到海外，以避免美国政府向他们征税。又或者，他们甚至会隐瞒收入，以欺诈手段避税。

这一在20世纪初期形成的对富有的投资者资本收益减税的做法，在乔治·W.布什担任美国总统期间又得到了强化。对富有的投资者的资本收益、股息以及对遗产继承等征税的名义税率都降到了15%的历史最低点。然而，对工资薪金收入（无论是名义收入还是实际收入）的税率则保持不变。这对那些收入低于10万美元的普通员工来说，无疑是特别不公平的。而且，自1986年以来，工资税的税率就开始与通货膨胀率挂钩了，因此工资税每年都在上涨。所有这一切导致的结果是，在美国，个人所得税实现了"内部"转移：富有的投资者缴纳的税少了，因为资本所得税的税率下降到了15%或更低；而普通工薪人员缴纳的税却更多了，因为工资税的税率高达25%甚至更高。

政府允许投资者从企业的收益中获得越来越大的份额（这是投资者资本

收益的最终来源），这一做法近年来又进一步强化了。这是 2008 年至 2009 年金融危机及其后不断重复出现的经济衰退—缓慢复苏的一个结果。美国对富有的投资者减税的做法在 2010 年之后力度又加大了。

在经济衰退或金融危机这样的周期性事件发生时，富有的投资者的资本收益也会出现波动，尤其当股票、债券等金融资产价格崩溃时，会使富有的投资者的资本及其收益遭受损失，他们缴纳的税也会随之减少。然而，另一方面，当资本回报率很高时，富有的投资者的资本收益会转移到离岸税收天堂，以避免在美国被征税。像跨国公司一样，富有的投资者（像非常高净值个人士和超高净值人士这样的金融资本精英）也能够在全球范围内以电子方式转移资本收益，以尽量避税。

附录：公司的现金储备及其分配形式

政府减免企业所得税的政策使得一些企业或公司有很强的动力将更多的利润和收益转移给股东和投资者，无论在任何时期都是如此。由于政府对资本收益和股息征税的税率下降，股东和投资者可以获得更大份额的利润收入。因此，企业或公司和投资者的税收减免趋势是相辅相成的。

那么，一些公司究竟向股东分配了多少利润呢？至少在美国，分配的比例已经刷了新历史纪录。尤其在 2010 年之后，仅仅美国最大的 500 家公司，分配出去的利润就超过 5 万亿美元。而在 2015 年，标准普尔 500 公司用于利润分配和股票回购的现金就超过 1 万亿美元。

表 15–5　美国公司的股票回购和股息支付（单位：百万美元）

| 年　　度 | 美国公司的股息支付[1] | 标准普尔 500 公司的股票回购[2] |
|---|---|---|
| 1990 年 | 236 | 无数据 |
| 2000 年 | 576 | 无数据 |
| 2004 年 | 809 | 197 |
| 2007 年 | 1093 | 589 |

[1] 这是所有美国公司的情况。请参阅美国联邦储备委员会的《美国的金融账户》，Z.1 历史表格，表 S.1.a，2015 年 3 月 12 日。

[2] 这仅限于标准普尔 500 公司的情况。关于所有公司的股息支付情况请参阅《资金流量表》《美国联邦储备表》（S.1.a）。

表 15-5（续） 美国公司的股票回购和股息支付（单位：百万美元）

| 年　度 | 美国公司的股息支付 | 标准普尔 500 公司的股票回购 |
|---|---|---|
| 2008 年 | 1075 | 339 |
| 2009 年 | 871 | 137 |
| 2010 年 | 885 | 299 |
| 2011 年 | 963 | 405 |
| 2012 年 | 1146 | 398 |
| 2013 年 | 1303 | 475 |
| 2014 年 | 1308 | 553 |
| 2015 年 | 无数据 | 604（估计） |

美国公司的股票回购通常要占全球公司股票回购的 80%，因此，据估算，全球股票回购总额大约为 7 250 亿美元。日本和欧洲公司的股票回购率也一直在上升当中，这两大经济体中的一些公司近年来开始模仿美国公司的做法。在日本，公司股票回购率自 2012 年以来大致翻了一番，同期股息支出的幅度还要更大——合计达到将近 15 万亿日元（相当于超过 1 000 亿美元）。[1] 虽然欧洲的公司在股票回购和股息支付这两个方面都逊于美国和日本，但是欧洲上市公司在账面上的资金总额却已经超过 1 万亿美元，因此增加股票回购和股息支付的压力也与日俱增。[2]

当然，从另一个角度来看，欧洲和日本的公司的股票回购和股息支付总额占股票总价值的比例却比美国要高，因为相比欧洲和日本，美国的股票总价值要高得多。

不过，股票回购和股息支付的历史性浪潮虽然称得上波澜壮阔，但却远不是故事的全部。即便是在完成了大规模的股票回购和股息支付之后，2015年，全球一些公司仍然拥有数万亿美元的保留现金。根据日本银行 2015 年 6月发布的一份报告，在回购股票和支付股息后，欧洲最大的那些非金融公司囤积的现金仍然高达 1.1 万亿美元，而日本公司的现金储备则更是高达 2.4 万

[1]　长冈耕作（Kosaku Narioka）：《在日本，更多的门向活跃分子打开了》，载《华尔街日报》，2015 年 1 月 20 日，第 B1 版。引自日本银行和野村证券的数据。

[2]　拉尔夫·阿特金斯（Ralph Atkins）：《美国式的股票回购开始在欧洲公司盛行》，载《金融时报》，2015 年 5 月 29 日，第 20 版。

亿美元。在美国，据穆迪公司的研究报告估计，非金融公司在美国国内囤积的现金大约为 1.7 万亿美元，而另外还有 1.1 万亿美元存留在海外子公司。此外，美国银行也有大量超额准备金。需要指出的是，上面关于美国公司和银行的所有数据，全都不包括对冲基金、私募股权公司等影子银行，同时也不包括金融机构、跨国公司和富有的投资者囤积在全球各地避税天堂的资金和未报告的流动资产。

出现上述问题的关键是，如果从 20 世纪 80 年代开始出现并在 2000 年以后得到强化，以及在 2008 年至 2009 年金融危机之后对公司及其投资者的减税做法并没有存在过，那么上述这种创纪录的、以股息支付和股票回购等形式进行的公司利润的再分配，就不可能出现。全球金融资本精英变得越来越富有，而且速度越来越快。原因当然是世界各国政府，尤其是发达经济体的政府一直在慷慨地补贴公司并推助它们转移收入，却将公司债务转移到自身的资产负债表上。结果当然只能是政府债务上升，但用来偿还债务的税收收入却越来越少。

### 政府收入因为经济无力复苏而减少

当然，公司及其投资者缴纳给政府的税款下降，并不是政府税收收入下降的唯一原因。另一个主要原因是，自 2009 年以来，主要发达经济体始终没有实现强劲的经济复苏。如果不考虑政府对公司及其投资者的减税政策，那么更低的经济增长率当然意味着政府税收收入的减少。

经济增长乏力导致税收收入减少的典型例子是日本和欧洲。日本自 2009 年以来先后出现了四次衰退，并于 2015 年下半年开始了第五次衰退。同样地，欧洲也经历了至少两次经济衰退，并且很可能将要开始第三次经济衰退，至于地处欧洲南部的欧元区内经济次发达国家，则早就陷入了深度停滞当中。在美国，经济增长保持在一个稍好一些的水平上。但自 2009 年以来，美国经济也已经至少四次险些陷入衰退之中（每一次 GDP 都没有增长甚至负增长）。过去六年来，美国的经济增长率仅相当于 1945 年后历次经济衰退结束后经济复苏时的正常水平的一半到三分之二之间。英国经济增长的轨迹与美国相似，只不过比美国还要更弱一点，但是又不及欧元区那么弱。

经济衰退后一直没有出现可持续的经济复苏，这是导致政府税收收入下降的一个主要原因。如前所述，对公司及其投资者减税是导致政府税收收入下降的另一个原因。综合起来看，政府税收收入下降对政府赤字和债务增长的"贡献率"要大于政府支出（政府支出包括对公司的补贴、服务外包、提供救助等）。据估算，收入下降对政府赤字和债务增长的"贡献率"大约为60%多一点。

就美国而言，政府赤字和债务上升很明显是因为如前所述的支出和收入原因所导致的。根据圣路易斯联邦储备银行提供的数据，美国联邦政府债务（不包括州和地方政府、特设机构和中央银行的债务）在 2000 年至 2014 年期间增加了 12 万亿美元，即从 5.6 万亿美元增加到了 17.8 万亿美元。[①]同期，美国中央银行的债务也增加了 3 万亿美元。另外，政府支持企业（GSEs）的债务也增加了 3 万亿至 4 万亿美元，这些政府支持的企业包括房利美、房地美、联邦住房抵押贷款银行、农业信贷机构等。最后，还有学生债务 1 万亿美元。这就是说，自 2000 年以来，美国政府债务总额差不多增加了 20 万亿美元。这还只是联邦政府的债务，而不包括州和地方政府的数万亿美元的市政债券。

一方面政府债务持续上升，另一方面税收收入却不断减少。对此，美国政府如何来为这种创历史纪录的债务负担融资？其他经济体也有类似的情形，特别是中国和其他新兴市场经济体。自 2008 年以来，它们的债务增长速度非常快。另外还有日本，其政府债务占本国 GDP 的比例是全世界最高的，达到240%。至于欧洲，则面临着政府债务创历史纪录和政府债券利率落入负利率区域的双重问题——负利率意味着投资者必须付钱给政府才能购买政府债券。

就美国而言，持续攀升的政府债务之所以暂时还能维持，原因在于政府所采取的新自由主义政策，即本书作者所称的"双赤字"政策。同样的"双赤字"政策（不过要稍"弱"一些）也已经在欧元区实施了。中国、日本和其他新兴市场经济体，如此高的政府债务怎样才能维持下去，目前仍未确定。但是，在对政府债务问题进行全面"诊断"后，我们给出的"预后"却是明确的：对于美国和欧元区，这种状况是不可能长期持续的；而对于中国、日本和其他新兴市场经济体，则可以用四个字来概括，即"前景不妙"。

---

① 请参阅：《美国预算》中的《历史表格》，圣路易斯联邦储备银行，FRASER 数据库，表 7.1，年底联邦债务。也请参阅《预算收入和支出，以及收入来源》，作为上述周期性的以及长期的支出和收入因素对美国联邦政府赤字与债务的影响的佐证。

趋势四：解决政府债务的新自由主义方案——"双赤字"

上面我们对三种趋势的详论，不仅揭示了政府政策是如何在长短期内将一些公司和投资者的债务转移到政府自身的资产负债表上的，而且也阐释了政府所采取的有利于公司和投资者的减税政策，是如何恢复公司的收入，却减少了自身的收入。

债务转移和收入补贴的一个不可避免的后果是政府债务上升。这就是三十多年来发生的事情，特别是发达经济体。

那么，政府在减少公司和投资者税收的同时（这肯定会导致赤字和更多的债务），又是怎样通过不断借款（承担债务）来偿付屡创历史纪录的债务的呢？到底是什么政策手段使得这个过程能够不断持续下去？以美国而言，政府自 20 世纪 80 年代初以来所采取的政策手段就是许多专家所称的"双赤字"政策。在此我们不妨打个比方：政府的支出与税收政策就是使"债务之车"能够跑起来所需的"汽油"和"石油"，但是如果只有"燃料"而却没有"发动机"，那么这辆车还是跑不起来的；而"双赤字"政策就是政府债务的"发动机"。"双赤字"是指贸易赤字和预算赤字。没有前者（贸易赤字）就不可能存在长期的、具有显著意义的预算赤字。最近四十年来美国的情形就是例证。当然，要造就并启动"双赤字"这个政府债务的"发动机"，还需要一种全球性的贸易货币。

在 20 世纪 70 年代，全球资本主义经济危机爆发，当时全球经济中出现了投资减少、生产率降低、石油价格不稳定、布雷顿森林国际货币体系崩溃、货币贬值、通货膨胀和失业并行（滞胀）、工人运动激化等新情况。在那个风雨飘摇的年代，发达经济体的经济和政治精英们对资本主义经济体系（特别是美国和英国等主要经济体）进行了重构，并出台了一系列新政策。这一背景下的经济体系的重构和新政策的结合，被称为"新自由主义"政策体系。①

---

① 上一次全球资本主义经济体系重构发生在第二次世界大战结束之后，其结果反映在了一些基于布雷顿森林国际货币体系建立的新机构和资本主义强国之间达成的协议中。在此之前，也即在第一次世界大战之后，也出现了一次类似的未能完成的经济体系重构的尝试。在此过程中，虽然美国在当时完成了重构，但是欧洲和日本却没有，结果导致德国、日本等国出现了法西斯主义和军国主义。今天，即在 2008 年之后，全球资本主义体系正在进行另一次重构，但是迄今为止只完成了其中的一部分但还不那么成功，持续的经济和金融动荡就是后果。

"双赤字"就是新自由主义政策的一部分。它是在 20 世纪 70 年代末至 80 年代初开始形成的。然而这一事实却经常被大多数批评新自由主义的人所忽视。可以这么说，如果没有"双赤字"这个"发动机"，那么 20 世纪 80 年代以来的新自由主义政策是不可能付诸实施的。

"双赤字"体系现在有两个变体：第一个是在 20 世纪 80 年代形成的，与美国在全球经济中的霸权地位有关。第二个是在欧洲货币联盟成立之后于 1999 年形成的；在欧洲货币联盟内部，欧元区独占核心经济体霸权，而欧元区的外围经济体（特别是欧洲南部的经济体）依赖前者的体制。或许在不久的将来，还有可能出现第三个变体，那就是在亚洲，如果中国的人民币变成世界性的贸易货币，对美元构成实质性的挑战，那么更大的亚洲自由贸易区将会形成，而中国则将占据主导地位。不过这个变体目前还没有出现，至少人民币现在还不是全球货币，虽然它正走在成为全球货币的路上。因此，"双赤字"体系要想发挥作用，全球贸易货币是必不可少的。美国拥有美元。1999 年创立的欧元也符合欧盟的要求。在未来五年内，中国的人民币也有可能成为便于贸易的货币。

### 美国的"双赤字"

在 20 世纪 70 年代末到 80 年代初，发达经济体之间的竞争目标是通过牺牲全球竞争对手的利益为代价来获得更大的出口份额的。那些没有全球贸易货币和储备货币（如美元和欧元，以及在较小程度上的英镑和瑞士法郎）的经济体，直到今天仍然遵循着这种出口竞争路径。

然而，到了 20 世纪 80 年代初，美国的经济和政治精英们改变了策略，将竞争目标从最大化国内产品出口（并且不惜牺牲竞争对手的利益），转为最大化美国公司的外国直接投资（FDI）。当时，中国和苏联都没有被纳入全球货币体系之中，而美国还需要解决 20 世纪 70 年代世界经济危机带来的问题。但这一次，美国不再像以往一样通过加大对制造业的投资来推动其经济复苏，而是通过鼓励和促进美国公司增加海外投资，从低成本和更有利可图的海外生产基地进口商品，以促经济复苏。

为了便于美国跨国公司将自己在国外生产的产品重新进口到美国，还必须创造两个条件。首先，要让货币资本实现自由流动，政府不能对货币资本的流动进行干预或加以控制。这就是说，必须减少和消除对国际货币流动的控制。其次，对美国公司在国外生产的产品进口到美国的限制也必须减少到最低限度。在 20 世纪 80 年代，美国与日本以及欧洲各国一起，开始着手取消对国际资本流动的控制，在短短十年内，大多数限制资本流动的障碍都被消除了。美国还致力于减少对商品流动的限制。当然，这是分阶段实施的，主要途径是推动和扩大各种形式的自由贸易。直到 20 世纪 90 年代以后，这项工程才基本结束。至此，美国与日本和欧洲的主要贸易伙伴之间的贸易关系实现了重构，新自由主义贸易的第三个条件也成熟了。

对国际货币资本流动的限制取消后，美国公司对外国直接投资的道路就通畅了。作为新自由主义政策的一部分，除了取消对货币流动的控制之外，美国政府还加大了对美国公司扩大外国直接投资的激励力度，例如，向跨国公司提供慷慨的减税激励措施来鼓励它们在海外进行投资，同时对进出口银行发放更多的补贴。

在这个重构后的新贸易框架中，美国将从这些国家进口更多的商品（而不是美国向它们出口更多的商品）。这肯定会导致美国出现贸易逆差。但这一时期，美国的战略目标不是贸易顺差，甚至不是贸易平衡——那是 1973 年布雷顿森林国际货币体系时期的美国贸易战略目标，而是扩大对外国的直接投资，做强美国在海外的公司，以便更有效地与日本和欧洲的企业竞争。不过，要让作为美国竞争对手的其他国家允许更多来自美国的对外直接投资，一个交换条件是允许它们更多地将本国商品出口到美国。因此，美国的贸易赤字是必然的前提条件，它也是新贸易框架付诸实施的前提条件之一。

要让这个以"更多的外国直接投资、更多的进口"为主要特点的新自由主义贸易框架顺利付诸实施，第二个关键因素也是必不可少的，即除了美国承担贸易赤字这一点之外，日本、欧洲以及中东石油美元经济体，都必须把各自从对美国的贸易顺差中获得的美元重新输入美国，而主要途径则是购买美国政府发行的国债。这对美国来说，贸易逆差使得美国能够回收多余的美元；而对其他国家来说，它们的资本精英也能够通过无任何阻碍地向美国市场出口商品而获得丰厚的利润。此外，美国还将对外国货币资本开放金融市场，这使得其他国家的资本精英也能够从中受益。当然，美国的跨国公司既然在其他国家进行直接投资，那么也就肯定会参与"向美国出口"，而且因为它们在其他国家进行生产时的成本更低，所以也就比在美国本土生产更加有利可图。也就是说，美国公司不再像20世纪60年代和70年代初那样，带着比自己的竞争对手更高的成本去参与国际竞争（那当然对自己不利）。总而言之，生产国的资本精英和美国跨国公司都将受益匪浅。

后来通过的一系列自由贸易协议加速了上述贸易框架的早日付诸实施。美国跨国公司到世界各地进行直接投资的障碍基本消除了（这是美国自由贸易政策的主要战略目标），同时美国也取消了将美国的产品重新进口到美国的障碍。当然，美国进口壁垒的降低，也使得美国的贸易伙伴有利可图。

美国与日本和欧洲的贸易关系重构在20世纪80年代中期完成。日本和欧洲基本没有对美国设置什么障碍。1985年和1986年，美国分别与日本和欧洲签订了《广场协议》和《卢浮宫协议》。协议生效后，美国消费者将购买到更便宜的从日本和欧洲进口的商品；反之，日本、欧洲各国和欧佩克产油国则把本国积累起来的美元输送到美国。美国政府的国债和财政部票据是其他国家的投资者最喜欢的购买标的，后来美国政策还逐步允许其他国家的投资者在日本和欧洲购买美国的其他私人资产。

于是，美国和其他国家之间出现了巨大的货币资本流。一方面，美国公司和投资者通过直接投资将大量的资本投入其他国家；另一方面，其他国家随着美国不断上升的长期贸易赤字而积累起来的大量美元又回流到美国。由于美国和其他国家都取消了对货币资本流动的控制，因此美元的这种大循环成了现实。取消对货币资本流动的控制，有助于加速全球"金融化"的进程，也有利于美国的传统银行和影子银行在全球范围渗透，还将进一步推动美国和其他国家放松金融管制。

通过这种体系的安排，美国保持了它在全球的经济霸权地位。这种新体系取代了1944年至1973年间以布雷顿森林国际货币体系为代表的全球贸易体系。

为了保证这一新体系的顺利运行，各有关国家需要将某种货币确定为"核心"贸易货币和储备货币，这当然只能是美元了。在原来的布雷顿森林体系中，美国必须向买方出售黄金，但不能将美元贬值。而在20世纪80年代新出现的这种新自由主义体系下，所有这些限制都被取消了。

在这个新体系下，日元也将成为全球贸易货币中的一种，就像美元、英镑以及后来的欧元一样。日本最终将建立起一个利润丰厚的"日元贸易"体系，从而给日本的投资者创造许多获取全球金融投机利润的机会。

这场游戏的输家是工人，特别是美国工人。在美国，工人失去了有工会保护的薪酬更高的工作，因为对美国的廉价制造业产品的进口破坏了美国的制造业，摧毁了其就业机制，降低了工人的工资。当然，日本、欧洲和其他国家的工人也远远算不上是赢家，因为进口到这些国家的美国产品的成本大幅上升，从而减少了他们的可支配收入。美国资本大量流入这些国家和地区，而这些国家和地区的制成品则出口到美国。最终，外国直接投资和货币流（从美国出去）被进口商品和反向流动的货币流抵消了（回到美国）。

贸易逆差所造成的美元回流美国，反过来又使得美国政府有可能"驾驭"长期不断增加的预算赤字，即将预算赤字转化为不断上升的政府债务（今天，美国联邦政府的债务总额已经高达 18 万亿美元）。这是因为，弥补赤字所需的资金将不再限于美国国内，而是大部分来自其他国家回流的美元，它们有可能来自欧洲、日本、欧佩克国家，甚至全世界几乎所有的国家和地区。由此，全球经济的任何产业都将依赖于美国的消费者（购买它们出口到美国的产品），而美国的消费者则将依赖于其债务——他们自己的债务和美国政府从回流美国的美元中"借来"的债务。

随着时间的推移，将美元收回美国的上述贸易赤字政策，再加上其他政策措施，共同创建了一个不断扩大的"流入美元基金"，被美国政府用于为赤字和债务融资。流向美国、用来购买美国政府债务的货币资本流越来越大了。例如，自从改革开放以后，中国经济增速不断加快，中国每年流向美国的美元金额都高达数百亿美元。20 世纪 90 年代，自由贸易协议得到了进一步的扩充，而在 2000 年以后又得到了进一步的深化。作为美国贸易赤字和对外国直接投资的产物，美国收回的美元不断增加，最终使得美国联邦政府的债务升级成为可能。由于数万亿的美元被"回收利用"，美国政府才有能力在 2002 年至 2014 年期间对公司和投资者减征了 10 万亿美元的税收，这是史无前例的。也正因为如此，才使得美国政府有能力在军费支出上再增加 5 万亿美元。自 2001 年开始，美国在历史上首次不需要增加税收来支付战争费用。美国在增加军费支出的同时还有能力向企业发放数十亿美元的大额补贴，这在历史上也属首次。2008 年之后，美国政府还在救助金融机构和非金融公司的过程中花费了数万亿美元。① 这些都因之于数以万亿计的美元的"回收利用"。

"双赤字"体制（贸易赤字和预算赤字。其中，前者是为美国政府创历史纪录的预算赤字和债务融资所必不可少的）也许是 20 世纪 80 年代后出现的最重要的新自由主义政策安排。这是在 20 世纪 70 年代出现危及美国在全球的经济和金融霸权的危机之后，美国试图恢复和确保自己霸权地位的核心手段。但是，这种政策必然意味着美国政府债务的屡创历史新高：美国政府债务总额从 1980 年的不到 2 万亿美元，增加到 2001 年的 5.6 万亿美元，而到 2015 年则更是超过 26 万亿美元。

## 欧元区失败的"双赤字"战略

欧元区也尝试过"双赤字"战略。这种尝试是以美国的"双赤字"战略为蓝本的。欧元区试图在 1999 年以后在欧元区的 19 个国家和地区内复制美国在 20 世纪 80 年代开始实施并在后来成功影响到全世界的一整套制度安排。与美国一样，欧元区也需要让某种货币来充当贸易货币和储备货币。在 1999 年创建欧洲货币单位（欧元）之后，这个目标就已经实现了。与美国相比，欧元区的"双赤字"体系的不同之处在于，它仅在以欧元为贸易货币的欧元区内运行。这是全球经济的一个较小的区域。欧盟（海关自由贸易区）28 个经济体中，只有 19 个属于欧元区，因此"双赤字"战略仅适用于这一小部分欧洲发达经济体。

欧元区的"双赤字"体系同样面临着如何安排好出口盈余和欧元的"回收利用"问题。但是，它的运行却是逆向的。这是欧元区内非常棘手的不平衡问题的反映。从现在来看，欧元区的"双赤字"战略是失败的，而且未来也不可能成功。基于此，有人怀疑欧元货币体系本身是否可靠和稳定，认为

---

① 后一种大型补贴计划的一个例子是 2005 年为美国老年人制定的《医疗保险处方药计划（D 部分）》。该计划每年花费 500 亿美元，而且还在不断增加。它不是靠征收某种税来弥补成本的。虽然该计划表面上看是为退休人员制定的一项福利计划，但这最多只在一定程度上是真的，它实际更多的是对制药公司的一个大规模的补贴计划。法律允许制药公司将自己生产的药物价格定在它们想要的任何价格水平上，法律还禁止美国政府对制药公司的定价提出"挑战"，甚至不允许政府与制药公司谈判药品价格折扣的事宜。2010 年，《平价医疗法案》（又名《奥巴马医改》）出台，但它实质上是对健康保险公司提供了 1 万亿美元的补贴。虽然它也为用户带来了些许好处，但最终仍然允许制药公司进行类似于以往的那种不受控制的价格欺诈。

从长期来看该体系是无法维系的。

1999 年 1 月 1 日，欧元正式启动。北欧的制造业中心，特别是德国，在向欧元区南部经济体（包括葡萄牙、西班牙、希腊，甚至还包括意大利）出口制成品方面表现出了远超其竞争对手（欧洲其他国家和美国）的巨大优势。但与此相对照的是，南部经济体由于缺乏竞争力等而无法将大量商品和服务出口到德国和其他北欧国家，因而也就没有足够的欧元资本来购买德国和北欧其他国家的商品。为此，强大的北欧国家的银行家们就借给这些国家欧元和其他资金，让它们购买进口商品和进行基础设施建设；同时北欧国家的公司也大举在这些国家开办企业和进行投资。这样一来，天量的欧元货币资金就流到了这些国家的银行、政府和中产阶级手中（作为用来购买更多的北欧国家出口的商品和服务的收入）。最终，在欧元区南部国家，无论是公司、家庭还是政府，都累积了巨额债务。

德国和其他北欧国家的制造商及银行家因信贷和债务扩张到欧元区南部国家而收获了巨大利益。他们借给这些国家的钱绕了一圈又回到本国的资本家（甚至工人）手里了，部分是因为南部国家要购买他们出口的商品和服务。此外，北欧其他国家的银行家则通过对南部国家的银行和政府发放贷款而获得利息，而南部国家的新兴的企业家和中产阶级则通常需要将他们在经济繁荣期间的部分产品和收益输送到德国和北欧其他国家的银行，目的是保证资金安全并获得利息。同时，南部国家的新兴企业家和中产阶级还会设法利用腐败的政治制度来避税。事实上，南部国家的经济和政治精英们的日子相当好过。当然，北欧国家的资本家和银行家的日子则更加滋润，他们扩张到南部国家的信贷获得了数倍的利润。不过，与此同时，南部国家的政府、中央银行、私人银行、公司和家庭的债务越积越多，日子越来越不好过。此种情况最终引发了 2008 年至 2009 年的全球经济衰退。

债务在累积了七年之后，到了 2010 年，南部国家终因无法按期偿付而出现了严重的偿债危机。问题最严重的在房地产和金融投资领域，投机活动最为猖獗。因为南部国家的债务人无力支付到期的债务和利息，因此北欧国家的银行家们和政治家们决定给他们更多的信贷，用来支付以前的债务和利息。作为交换，南部国家被要求实施严格的财政紧缩计划，以确保实现税收盈余，用于在未来支付旧的和新的债务。但是因为紧缩政策降低了经济产出，因此南部国家实际更难获得税款来支付债务。另外，在欧元区并不存在真正意义上的中央银行，因此南部国家的私人银行也就无法得到有效的救助。于是，北欧国家的政府给南部国家的政府借钱，希望借此缓解南部国家私人银行系统的危机。但最终这种愿望落空了。不仅如此，南部国家政府的债务还进一步增加了。

在 2011 年至 2012 年间，欧元区又第二次陷入了衰退之中。南部国家政府急需更大规模的救助。但是这一次，北欧国家的银行家们和政府的新一轮救助，实际上是用来补偿曾经向南部国家政府和银行提供信贷的私人投资者的。在这一轮救助中，私人影子银行家们顺利地全身而退，而北欧国家的政府则留下来收拾残局，它们要解决南部国家在 2000 年至 2007 年繁荣期间、2008 年到 2009 年金融危机期间，以及财政紧缩期间积累起来的巨额债务。然而，由于紧缩政策导致了经济的进一步萎缩，因此巨额债务问题不但没有解决，反而引发了 2011 年至 2012 年的第二次经济衰退。

欧元区"双赤字"战略失败的关键在于，它只是美国全球"双赤字"体系的拙劣的模仿。欧元区并没有建立起一个"中央机构"，以实现销售商品的部分利润的回流；如果有一个强大的欧洲中央银行，那么它是有可能发挥这种作用的。德国和北欧国家是货币流和出口盈余的源头，如果其与南部国家之间的贸易出现顺差，那么前者就需要给出一个相应的制度安排，以便使贸易盈余重新回流到南部国家（像美国那样）。然而，德国和北欧国家却只是创造出了更多的贷款和信贷并扩展到南部国家，之后又将更多的收益收入其囊中。德国和北欧国家实际上既享受着贸易出口的盈余，但同时却要求从南部国家回收欧元，而那些欧元正是它们自己必须以贷款提供给南部国家的。这种制度安排，实则体现了一个赤裸裸的、经典意义上的殖民剥削计划，或者换句话说，这是一种特殊形式的经济殖民主义。然而，这种事情竟然出现在了经济如此发达的现代欧洲。

## 债务、收入与政府脆弱性

既然持续上升的债务和不断减缓的（税收）收入是政府脆弱性的决定因素，那么也就决定了在当今世界，政府资产负债表脆弱性的不断增加将成为一个全球性的趋势。然而，问题并不仅仅在于中央政府债务上升本身，而在于驱动一般政府债务总额上升的其中一个关键因素，即地方政府债务问题。由此便引申出了另一个重要的问题，即政府债务是如何导致那些会使私人机构债务（包括企业债务和家庭债务）增加的政策的出台的。

各国政府需要找到解决债务过度积累问题的解决方案，不过解决方案并不是无限的。当然，有些方案确实能为中央政府提供某种特殊的能力，即承受地方政府绝对无法承担的过高债务的能力。首先，中央政府可以更容易地借款，在危机发生时也更有可能为现有债务再融资，而州和地方政府则要困难得多。后者在许多情况下不得不违约甚至破产。其次，中央政府很少出现违约，尽管经济实力极其糟糕的中央政府在迫于无奈的情况下偶尔也可能不得不这样做。但是可以肯定，全世界没有一个大国会这样做。再次，各国中央政府可以直接"印钞"，即通过"自行创造收入"来解决过度负债和（或）收入减少的问题，相比之下，州和地方政府更像企业一些，它们不能这样做。另外，债务融资、还款的条款和条件（这是脆弱性的第三个关键变量）对州和地方政府通常也更加严格。第四，中央政府还可以更容易地以其他形式创造收入，它的税收制度和税收来源一般也比州和地方政府更加健全，因此在紧急情况下它可以开征新税，以获得收入来偿还债务。最后，正如本书前面章节中已经阐述过的，中央政府还可以做出几乎自动的再融资安排，比如说能够鼓励投资者购买债券的"双赤字"体系。随着债务的持续增加和收入增长的不断放缓，中央政府可能变得更加脆弱，尽管金融不稳定性不一定上升。相比之下，州和地方政府在紧急情况下创造新收入的方法却很有限，它们或者必须提高税收收入，或者必须在私人债券市场上更多地借款。它们实际上是通过增加债务来偿还债务的。然而，在发生危机的时候，开征新的税种、加收新的费用在政治上是非常困难的，而且信贷市场也可能在州和地方政府寻求再融资时拒绝向它们提供贷款。如果真是那样，那么州和地方政府就不得不依赖中央政府的"救助"了。

大量数据表明，对一般政府债务"贡献"最大的正是州和地方政府债务，以及中央银行债务。

本书前述第 6 章论及了地方政府债务是如何推动中国债务总额的上升的——无论是政府债务还是私人债务。自 2007 年以来，中国债务总额的增加超过 20 万亿美元，这其中的一半以上与房地产有关，而房地产的背后则是地方政府债务。在美国，许多州政府和州以下的地方政府，直到今天（即在 2008 年金融危机结束八年后）仍然非常脆弱，如果爆发另一次金融危机，那么肯定会导致更加严重的地方政府违约。

并且，如果爆发另一次金融危机，那么中央银行债务可能会带来更加严重的问题，尽管中央银行有能力通过印刷货币来创造收入。中央银行资产负债表上的问题重重的债务（这是从私人机构转移过来的），必定会影响中央银行在面对另一次危机时可能选择的政策工具。金融危机之后，在零利率计划的驱动下，利率已经降至零甚至负利率；而且，一直到八年后的今天，全球最重要的那几个中央银行，如美国联邦储备委员会、欧洲中央银行、日本银行和英格兰银行，都很难重新再提高利率。因此，很清楚，如果真的又一次爆发金融危机，那么利率政策将会被视为无效的货币工具。如此，剩下来的就只有量化宽松政策了。但是，量化宽松政策对实体经济的影响已经下降得如此之低，以至于很可能会被证明完全无法刺激实体经济在陷入另一次严重衰退后走向复苏。在 2008 年至 2009 年的金融危机之中，中央银行挽救了私人银行体系，但是在未来可能发生的危机和衰退中，中央银行或许会丧失这种能力。

中央政府债务攀升导致政策困境的第三个间接后果是，过度的中央政府债务可能会对商业金融和家庭债务产生反馈效应，从而加剧金融和家庭消费的脆弱性。

虽然中央政府债务本身通常不是不稳定的根源（因为主权国家很少违约），因而不会引发金融不稳定的连锁效应，但是中央政府债务确实会加剧金融和家庭消费的脆弱性。因此，中央政府债务对经济的系统脆弱性的"贡献"程度会超过其自身的债务积累及其脆弱性程度的总和。

这种情形可能以如下几种形式体现出来：在金融危机和经济衰退的过程中，当中央银行和中央政府试图救助私人银行和非金融企业时，它们会加速注入流动性。从表面上看，这可以抵消银行系统的损失。但是，这些损失实际上是被转移到了中央银行和中央政府的资产负债表上。按净额计算，债务并没有被消除，只是被转移了。之后，被注入的流动性会进一步催生债务杠杆化和带动金融投资，但实体经济投资却并没有什么起色。这样，金融资产价格将会再次飙升，债务积累又将重新回归私人部门。因此，向政府的债务转移会导致更多的私人债务积累。于是，债务总额进一步上升，结果是，政府债务变得更高了，总债务又回到以前的水平或变得更高。

政府债务累积还会带来另一种脆弱性的诱导效应。这种效应与家庭消费的脆弱性相关。当政府债务因救助支出的发生而上升时，政府赤字也相应增加。为了减缓赤字增加的速度，政府会减少其他领域的支出。另一方面，实体经济的崩溃也会导致政府收入的减少，进而使得政府支出进一步减少。由于政府试图减缓赤字的上升并需要更多的债务融资，而源于上面这两个来源的不断增加的赤字，因此最终将迫使政府不得不选择财政紧缩政策。不过，即使紧缩政策不是政府在金融危机发生后的第一反应（美国和英国在 2008 年至 2009 年金融危机爆发后的情形就是如此），也很快就会施行。在欧元区和日本，政府的第一反应是直接采用紧缩政策；而在美国和英国，政府最初的政策反应是采取反紧缩政策，即扩大政府支出和给企业减税，然而不久之后也都转向了紧缩政策。紧缩政策对准的目标是家庭，而不是企业。它的第一个效应是减少家庭收入，这样却加剧了家庭消费的脆弱性。紧缩政策的第二个效应是，家庭不得不增加更多的债务以应对收入的损失，而这又会导致更严重的家庭消费的脆弱性。

政府在转移银行和非金融企业的债务并给它们发放补贴的过程中，通过这种方式把自己承担下来的一部分债务和收入损失转移给了家庭和消费行业。因此，实际上，政府不仅推助了金融企业承担更长期的债务，而且还把短期债务转移给了更多的家庭。金融企业债务上升，社会家庭债务上升且收入下降，无疑会导致更严重的金融和消费的脆弱性。与此同时，中央政府的债务也在急剧上升。所有这三者的债务都在增加，系统总债务自然也随之增加，从而加剧了经济的系统脆弱性。[1]

在本书第 7-15 章中，我们分析了真实变量（例如投资、债务、收入、金融市场和劳动力市场的结构性变化等）和政府政策变量之间的相互作用关系，是如何增强了产生三种基本脆弱性和经济系统脆弱性的各种基本因素之间的相互作用关系的。同时还分析了债务、收入，以及与这两者相关的其他决定

---

[1]　二阶和三阶导数反馈效应，即指从家庭到政府的债务、从家庭到非金融企业的收入和债务，长期中亦然。

因素之间的相互作用，是通过什么方式导致金融不稳定性的。这一问题在 21 世纪的主流经济学和其他经济学流派中都没有得到很好的诠释。主流经济学倾向于孤立地看待这些变量，而不考虑它们之间的相互决定关系（"经济的系统脆弱性"这一概念已经体现了这种"相互决定性"）。其他经济学流派也没有对经济的系统脆弱性和金融不稳定性是如何关联的作更深入的探讨。因此，本书接下来的几章将致力于剖析为什么会发生这种情形，并探讨当代经济学理论因何理论缺陷而导致出现了这种"解释的无能"的状况的。如果没有一个更好的理论框架，仅凭经验性叙述或计量分析，是不可能解释全球经济的当前状态并预测它未来的走向的。

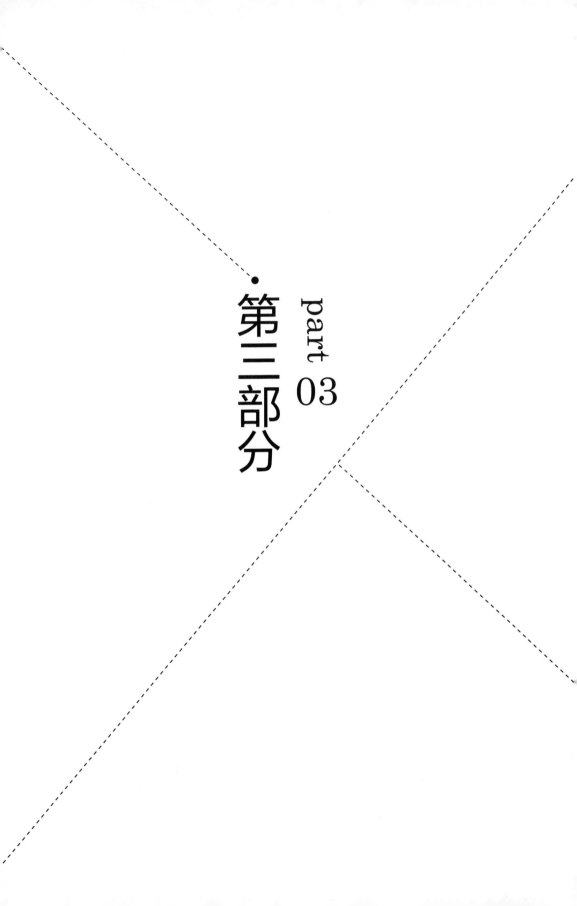

第三部分

part
03

# 第16章 "混合凯恩斯主义"和"复古古典主义"

主流经济学的概念工具已经完全失效了。它的两翼（两大主要支系）——本书作者分别称之为"混合凯恩斯主义"和"复古经典主义"[1]——都不能解释世界经济的金融化和全球化所导致的大量新的异常现象，而且也无法阐明各种金融变量为什么在进入 21 世纪后会起到更加显著的破坏全球经济稳定的作用。除了若干表面化的泛泛而谈之外，主流经济学的这两大支系都没有真正理解金融资产投资和实物资产投资是如何互相决定的，也搞不清楚这种互相决定的过程是如何创造了经济系统脆弱性的条件并形成了走向金融不稳定性事件日益增多并严重的趋势——在金融危机爆发时，正是这些金融不稳定性事件导致了非金融行业中的实体经济的萎缩，并在金融危机后成为经济复苏的主要拖累。主流经济学的失败根源在于，它解释不了债务和收入是如何互相决定的，或者更具体地说，它无法充分解释金融周期和真实周期是如何相互作用的，并导致更频繁、更严重的金融危机和经济收缩，进而使得金融危机后的经济复苏比历史上通常的危机之后的经济复苏都更加疲弱。

就最后发生的一系列"历史事件"而言，主流经济学的失败表现在它未能充分解释：2008 年至 2009 年金融危机期间银行体系崩溃的原因；银行

---

[1] "混合凯恩斯主义者"这个术语是指在今天被别人或自己"不准确地"称为"凯恩斯主义者"的一些人，他们的观点借用了凯恩斯理论的一些原始元素（但排斥了凯恩斯的其他思想），同时加入了凯恩斯之前的一些观点和命题（它们是凯恩斯本人坚决拒斥的）。"复古古典主义者"则代表了主流经济学家当中除了"混合凯恩斯主义者"之外的大多数经济学家，他们从不同的角度对"混合凯恩斯主义"提出了批评。其实所谓的"复古古典主义者"都是些货币主义者或货币主义者的"变体"。他们都坚持认为，货币供给是解释商业周期（包括衰退和通货膨胀）的主要决定性变量。本书作者之所以将他们的理论称为"复古古典主义"，就是因为他们的立场从根本上类似于古典经济学的"数量货币理论"，不过也并不完全类同。

体系的崩溃是怎样导致实体经济在质和量方面的异常严重的收缩的（与以往的"正常"衰退相比）；为什么 2008 年至 2009 年金融危机后的经济复苏远低于历史平均水平；全球经济体系为何又会向下一次金融危机和经济危机靠拢——它在未来两到五年内就有可能发生，而且很可能更加严重。

全球资本主义从来都不是静态的，而是一直处于不断演化当中。在历史上，资本主义的真正代理人——资本主义体系中的精英决策者们，如各政党的领袖、政府和国家机构的民意代表等——向来都认为必须顺应时代要求，对资本主义的各种机构以及它们之间的相互关系进行重大改组，以应对或化解不可避免的周期性危机。大型战争、经济萧条、金融危机、技术革命……再加上资本主义本身的快速扩张，使得重大的定期结构性重组势在必行。但是，主流经济学理论却总是落后于这种重组和变革。它的主要概念、命题、理论和模型都未能快速地做出相应的修正，因而无法解释新时代下的新出现的问题。

主流经济学的观念体系往往是保守的，它主要承担着在结构性重组之前为"旧秩序辩护"的重任，主要侧重于解释在新的异常现象的出现和涌动之前的条件和结构。它的概念和理论框架无法解释当这些条件和结构随着时间的推移而变化后形成的新条件、新结构，因此主流经济学也变得不那么"擅长预测"了。随着旧的概念、命题、理论和模型给出的解释当前相关性问题的有效性的不断下降，就会代之以越来越多的、新的意识形态化的论证和分析，并逐渐覆盖旧的理论的学理性论证和分析。这样一来，意识形态化的错误辩护就会越来越多，令人目不暇接、正误难辨。而传统理论因为在解释变化后的现实方面更加无效，因此其概念工具在解释新的条件方面就变得更加不充分了。至此，基本的概念突破就成为必然。

在主流经济学的两翼内部，经济学家们进行了诸多尝试，试图对旧的方法进行"更新迭代"，使之与新的时代背景和条件相呼应。然而，只要他们继续在根本上坚持旧的概念工具，只要他们不把旧的概念工具彻底抛弃，那么他们的努力最多也只能取得一时半刻的成效，之后一切都会付诸东流，就像廉价的烟花一样，只能在夜空中闪耀片刻。如果非要说这种努力肯定也能留下些什么，那么最多也不过是一些折中的经验主义论断，其理论无法解释新的时代条件，其模型更不具备预测能力。

# 古典经济学的概念限制

当代主流经济学无法解释金融变量、金融投资和金融不稳定性根源的历史，可以追溯到18世纪和19世纪。当时，主流经济学尚未完全打破古典经济学建立的概念框架的限制，尽管在过去的一个世纪里，它曾经进行过这方面的尝试，但是远远没有成功。

## 以长期增长为焦点

从18世纪中叶到19世纪中叶，古典经济学理论一直以长期的经济增长问题为核心，即它主要关注各种真实变量对经济增长的贡献，如资本积累、生产性劳动、生产率以及土地和自然资源等。古典经济学家认为，资本积累是经济增长的关键，因此长期阶段资本积累如何实现便成了他们关注的焦点。对他们而言，生产率（很大程度上被等同于分工）的作用是核心的，生产工人的创造力及其作用也是核心的，而那些不生产或制造东西的人不会促进经济增长。城市化和贸易扩大了商品市场，从而扩大了生产规模；生产创造的利润带动了更多的投资。他们认为，对于经济增长至关重要的是工资、租金和银行利息不能吸走额外的利润，同时资本家自身仍然要保持"节俭"。"节俭"指的是不把自己的利润消耗掉，而是把它们重新投资到实物生产中去。资本家之间的竞争也有重要作用，因为竞争促进了成本的降低和新技术的引进；新技术可以降低成本并提高劳动生产率。

因此，古典经济学"研究纲领"的首要任务是，探析并搞清楚到底是什么决定了实体经济的投资和生产率的变化，以及到底是什么将生产性劳动与非生产性劳动区分开来了。此外，古典经济学还有另外一个课题，那就是，土地和其他自然资源在经济增长过程中发挥的作用是什么，因为当时大部分经济增长仍然与农业相关，而且农业生产的发展被视为扩大工业生产的必要条件。

## "收入"是一个"零和"游戏

在关注长期经济增长的古典经济学家的视域中，利润是最重要的收入形式。其他形式的收入，无论是工资、租金还是利息，都是"衍生的"，并被认为是利润的减项。工资收入必须能保证劳动的生产（即保证劳动者能生存下去并繁衍后代）。租金则是一种"必要之恶"，支付给那些不生产任何东西的"寄生虫"——地主。利息也被视为利润的剩余，只有当资本家的剩余利润不能为下一轮投资提供足够资金、需要从银行借款来进行投资时，利息才会出现。因此，在古典经济学的理论中，对收入的理论分析非常薄弱：利润被视为经济增长的关键；利润的减少被认为会导致较低的经济增长率，甚至会破坏经济增长；其他形式的收入在长期经济增长中只发挥着不太重要的作用。新古典经济学几乎从来不解释经济增长的短期中断，即今天所称的衰退（包括大衰退）或萧条。古典经济学家似乎认为，既然经济增长的中断是可以自行纠正的，长期的经济增长最终必能实现，那么为什么还要去试图解释经济增长的短期中断或去纠正它呢？[①] 重中之重是长期经济增长的决定因素。新古典经济学家关注的是，怎样才能创造出更多的剩余产品，从而获得更多的利润，以便进行更多的实体经济投资。

### 好债务与坏债务

在这种长期经济增长至上的图景中，只要银行信贷（贷款）是被用来为实体经济投资提供资金的，那么债务就被认为是正面的，即"好债务"。这种"好债务"有助于扩大投资（当内部利润不足时）。但是，用于非生产性投资的债务则被认为是负面的，即"坏债务"，因为这是将银行贷款从实体经济投资中转移出来。因此，在古典经济学中，信贷和债务被表述为对其他资本家的超额利润的借用；这些利润没有被立即用于为本人投资提供资金，而是作为储蓄存入银行用于他人投资。从来没有人担心过，过度的信贷和债务可能导致恰恰相反的结果，即投资持续的大幅收缩。因此，私人企业的投资总被认为是积极的，只要银行向工业资本家发放的贷款是用于为实体经济投资

---

① 因此，这里没有多少后来所称的"需求"分析，几乎所有分析都是"供给侧"的。无论什么，只要有利于利润和实体经济投资，就会被认为都有利于经济增长。无论什么，只要能够降低生产成本，就会被认为能够增加利润和带动投资并拉动经济增长。当然，这里面也有一个古典经济学家是例外，那就是托马斯·马尔萨斯，他在长期上是悲观的。马尔萨斯提出了定期出现的短期"过剩生产"问题。这是由于非企业性收入不足以购买日益增多的产品所致。由于生产增长快于工资—租金—利息收入，因此就会出现一个缺口。

的——这些工业资本家的可用留存利润不足以完全用于投资。

消费者债务从来不被认为是一个问题。在古典经济学中，消费者家庭债务还没有成为分析的一个变量。不会有银行愿意向工人阶级家庭借钱，因为工资仅够提供家庭生活必需品（更不用说用工资收入来偿还债务利息了）。此外，工人阶级也没有获得贷款所需的抵押品。政府虽然可以发行债券，但是大多数仅限于战时，为其他政府目的而增加政府债务是不可取的。

### 只考虑用于实体经济投资的融资，以及将储蓄等同于投资

古典经济学对于金融资产投资和金融证券投资的关注极少。这类投资被认为是非生产性投资。投资金融证券对经济增长没有作用。投资始终是实体经济投资，而且所需的资金总是源于利润或来自银行借款，因而金融资产投资与实体经济投资之间的相互作用从来不被关注，或者根本不是古典经济学家侧重考虑的问题。

工业资本家没有用于重新投资、也没有用于自己消费的那部分利润，都被以银行存款的形式"储蓄"下来了。①这种储蓄是资本家在未来的借贷活动所凭借的资金池。因此，投资只有两种方式：一是直接用利润进行投资；二是间接用利润进行投资（即通过储蓄的方式）。所有其他融资方式，如通过出售股票或发行债券融资，都不是古典经济学家的分析对象。当然，在那个时代，被当今人们所称的"资本市场"根本不存在或仍然处于最早的孕育阶段。

根据这种理论，银行只是非银行资本家未使用的利润（即储蓄）的容器或管道。工业资本家的利润只要没有用于当前的生产，没有为了未来的生产而投资下去，也没有用于自己的消费，那就会被视为"储蓄"在银行中了。因此，利润决定了储蓄，而储蓄则决定了未来的投资。这样，古典经济学就

---

① 相比之下，工人对总储蓄则没有什么贡献，因为他们的工资收入不足。他们花光了他们得到的那一份源于生产的收入，没有任何储蓄。土地所有者的收入超过支出，因为他们拥有土地所有权，能够赚取"租金"。但是，租金就像银行家获得的利息收入一样，被视为利润的部分扣除，即利润收入的残差。租金收入往往会被地主用于炫耀性消费，因此，古典经济学家认为土地所有者（租金）是寄生的，他们从资本家的利润中拿走了租金，从而减少了投资。银行家有时被视为一种"必要的恶"，在利润不足以为生产性投资提供资金时，他们会提供资金。

假设储蓄与投资之间存在着某种意义上的同一性。而且，古典经济学还进一步假设，所有储蓄都会被银行贷出去，银行不会"保留"任何储蓄；银行也从来不会不愿意借贷（至少在长期中肯定如此）。当然，现实中银行无时无刻不处于短期之中，但是短期的问题并不是古典经济学理论的主要问题。

因此，在古典经济学家看来，利润是决定投资的唯一因素。一切投资，要么是资本家本人直接用内部利润进行，要么由其他资本家间接地利用"储蓄"在银行的利润进行。于是，古典经济学家就假设了如下同一性：利润导致储蓄，而储蓄就等同于投资。储蓄等同于投资的观点，至今仍然被许多主流经济学家所坚持。但实际上这种观点最多只有部分是正确的，原因如下：利润不是投资所需资金的唯一来源，甚至不是主要来源；储蓄也不一定会导致投资；储蓄与投资之间也不存在因果关系。事实上，人们完全可能颇有说服力地辩称，是投资决定了储蓄，而不是相反。确实有人持这种观点。

金钱、银行与信贷

同样，对于货币和银行对经济增长的作用，以及对于货币和银行给经济增长造成的周期性的严重干扰，古典经济学的理论解释同样非常薄弱。在古典经济学中，银行理论的发展是严重滞后的，[①] 而仅有的古典经济学货币数量理论也非常粗糙。在这方面，古典经济学特别严重的一个缺陷是，它未能解释信贷和债务与价格的相互作用如何会导致金融资产泡沫、投机性投资和金融危机，进而导致长期经济增长的周期性中断。由于过于专注决定长期经济增长的各种长期因素（土地、劳动和资本），而忽略了短期因素，因此无法关注商业周期和实体经济投资。

古典经济学对金融周期和银行崩溃的原因的解释就更加少了。它对银行危机的解释是"极简主义"的。毕竟，银行危机都是短期问题，因此通常都被忽视了。古典经济学之所以未能很好地解释短期的周期性经济现象，原因有很多，但最重要的是，短期分析所需的数据，无论是实际的或金融的，当

---

① 一个例外也许是英国银行家和经济学家亨利·桑顿（Henry Thornton），他根据自己的个人经验观察这样写道，银行发放的超额信贷可能导致金融不稳定和银行危机。参见他的《对大不列颠纸币信贷的性质和影响的探究》，1802 年。但桑顿只是当时古典经济学家中的一个例外，因此他的观点并没有引起其他经济学家的足够重视。

时都还不充分，而且直到进入20世纪之后才真正可用。短期收缩（经济衰退和经济萧条）当时确实曾经发生过，并且许多古典经济学家包括亚当·斯密等，也确实都观察到了，但是由于数据不充分，以及缺乏相应的定量分析方法，因此商业周期理论在古典经济学中的地位，一直不如解释资本主义经济增长原因的理论那么重要。

货币与提供大量资金的机构（银行）被认为只在整个经济增长过程中扮演了次要角色。货币有利于资本积累和经济增长，但是只有当货币数量（即货币供给）的增加与经济增长完全步调一致时才如此。这是一个强调"适中"的货币理论：货币的数量（货币供给）不能太多，也不能太少，而是"刚刚好"能够促进经济增长。于是，经济增长是由生产的实际要素（土地、劳动和资本）决定的。无论是在带动经济增长方面，还是在破坏经济增长方面，货币本身都是"中性的"，它并不能实现真正的经济增长，尽管它是实现经济增长所必需的。如果有太多的货币，那么货币超额供给只会导致通货膨胀；如果货币数量太少，则会导致通货紧缩。因此，在任何一个特定的时间点上，都有与之相对应的理想的货币供给量，它将既不会导致通货膨胀也不会导致通货紧缩。

根据这种货币作用有限论的观点，非货币形式的信贷作用完全不用考虑。新古典经济学家知道，货币可用于提供信贷（因而让借款人承担债务），但是信贷可以在没有货币的情况下创造出来。然而，这种想法在当时却是一个未知概念。

古典经济学家还认为，货币只能采取贵金属的形式。贵金属本身也是一种商品，有其开采和生产成本。从18世纪中叶开始，货币也越来越多地采取纸币的形式，或者被称为"法定货币"，或者被称为"取款凭证"。这种形式的货币当然不是"开采"出来的，它不是商品，而是由银行体系创造的。它与商品形式的货币不同，几乎没有生产成本。但是，当19世纪和20世纪纸币越来越多地取代贵金属货币时，古典经济学家却没有对上面这种重要区别作过多的重视并进行深入分析，也没有讨论它对金融稳定性的可能后果。虽然古典经济学家已经认识到，随着纸币的过度发行，银行危机会以某种方式发生，但是他们对以上两种形式的货币之间的差异以及它们之间如何相互作用的理解却非常有限。当时的辩论主要围绕以下这样的问题来进行：纸币

（取款凭证）发行数量多少为宜？纸币与金属货币的恰当比例是1：1，还是更高一些，以及高多少？除此之外，他们认为不同形式的货币对经济增长的作用没有什么区别。

古典经济学家对货币供给和存量的论述也是非常浅显的。他们一方面认为货币的存量和供给决定了利率，但另一方面却认为对货币的需求则是与利率不相关的，因而货币需求被假定为一个常数变量（尽管我们知道，需求也是决定利率的一个因素）。最重要的是，投资总是被认定为"真正的投资"，即在建筑物、机械、生产工具……上面的投资；用当代经济学的术语来说，古典经济学家认为投资必定是对"生产资料"的投资，或者是对用生产资料生产出来的实物商品的投资。

古典经济学家还认为，银行会以一定利率借出实体经济投资所需的资金，但是却没有分析货币需求和供给是如何决定利率的，也没有分析"货币流通速度"（货币供给在某个给定的时期内"周转"多少次）。似乎只有货币供给才是决定利率和投资的重要因素。

从这种粗浅的货币和信贷理论出发，古典经济学家得出了一些错误的结论。这些错误结论至今仍然存在于大多数主流经济学理论当中。首先，利率只是投资的许多决定因素之一。其次，利率本身是货币需求和货币流通速度的函数，而不仅仅是货币供给的函数。再次，利率只是投资的其中一种成本，与工资和原材料等其他"成本"一样。实际上，决定投资的不仅仅只有利率这一种成本。另外，在现实中，无论是利率还是其他形式的生产成本，都可能与投资决策毫无关系。投资者对利率可能上升或下跌的主观心理预期往往会抵消货币供给或利率对投资的影响。利率已经上升了吗？将来会上升得多快？或者与其他投资机会（包括金融资产投资和实物资产投资）相比，拟投资项目的预期盈利能力如何？所有这些预期都会影响投资。

投资不仅仅与利率有关，利率也不仅仅与货币供给有关；预期总是相对的，利润不是真实投资的唯一资金来源。然而，古典经济学理论对上面这些存在着很大的误解。

古典经济学理论中的货币，或者是商品货币（即黄金、白银等贵金属），或者是银行发行的纸币。古典经济学家知道可以用于信贷，但是没有想到没有货币时也可以创造出信贷。当然，他们所处的时代根本没有像21世纪"内部信贷"这样的独立于传统货币形式之外的东西。

不过，古典经济学家们已经认识到银行可能会过度借贷，从而导致通货膨胀的发生——因为有太多的货币被用于追逐太少的货物了。亚当·斯密和他的同时代的人还观察到，银行可能会在受到其客户压力的时候变得不守"纪律"，并对那些总是迫切地需要使用银行货币（债务）而不是自有资金的商人和工业资本家过度放贷。这在经济情况好的时期尤其如此。因此，银行家是"不幸"的，如果不守纪律，就会不时受自己客户的拖累。当时还没有人认识到，银行家自己也会主动"作奸犯科"，成为过度借贷的推手。在当时，银行贷款和债务都是放在为实物资产投资提供资金的语境中讨论的，很少有人考虑到银行贷款也可以用于金融资产投资或金融证券投机；也没有人想到银行可能囤积货币和信贷。既然假设银行会借出其所"储蓄"的一切，那么这一切又怎么可能发生呢？

## 稳态、静态与永久均衡

古典经济学家确实注意到了经济增长停滞（增长放缓到完全停止）的情形，但是对它的讨论并不是置于短期危机或商业周期的背景下展开的，而是放在长期经济增长及其决定因素的语境中的。在古典经济学家看来，经济增长减速或经济"崩溃"的原因只能到导致实体经济投资或资本积累减慢的原因中去找。因此，资本存量的增加和（或）与资本存量增加相关的生产率提高的放缓，才是经济长期增长放缓的根源。那么，到底是什么阻止了投资和资本积累？是利润增长放缓（因为利润是实物资产投资和资本积累的来源），还是生产率的提高减慢（当土地肥力递减时，农业生产率溢出到工业领域）？或者，也有可能是其他与长期经济增长过程有关的原因？上述问题在很大程度上都被古典经济学家忽略了，或者被过于简单地一带而过了。①

古典经济学的另一个流派则主张，经济短期收缩或停滞是无关紧要的，因为从长期来看，经济自然会自我纠正并恢复到均衡状态。

---

① 例如，亚当·史密就认为，尽管实体经济投资增长，但生产率提高仍然会有所放缓，即经济会陷入"稳定状态"。他还通过一些例子给出了具体的解释。大卫·李嘉图则发展了斯密的思想，将之称为"静态"，并认为它是由于在扩张阶段农业生产率下降所致。他们两人都没有提到停滞或收缩可能与金融周期有关。

### 作为再稳定机制的价格体系

根据古典经济学理论，经济是通过价格运动而自行进行"自我纠正"并恢复到均衡状态的。产品价格和要素（土地、劳动和资本）价格都会适应市场的力量而上升或下降，然后（再一次，在长期中）回到总需求与总供给同等的均衡状态。宏观层面的总量再平衡（即回到均衡状态），是"微观层面"的无数个产品决策和要素决策、无数次价格变动的共同结果。当然，在现实世界中，完美的平衡点（即完全均衡状态）可能永远无法实现。但是，这种趋向均衡的价格运动自然会驱动经济不断地朝着这个状态靠近。价格体系就是使经济恢复到完美稳定状态的机制。这种完美稳定状态就称为均衡状态。但是，均衡状态只是关于假想的稳定点或不动点的一种逻辑假设，实际它从来都没有被观察到过。如果不把均衡状态定义为可以实现的真实的稳定点，或把它定义为一系列断点和非均衡点的移动平均值，或许一样有说服力。

关于价格体系作为经济自我纠正机制的这种作用，非常重要的一点是，这里所说的"价格"是"那个适用于一切价格体系的价格"。也就是说，所有价格的运动方式都是相同的：市场的供求力量使价格向均衡点靠近，进而使实体经济趋向均衡。微观层面上每种产品的供给和需求的变化，都会通过某种途径"累积"起来或"被放大"，然后加总为总体价格水平创造的整体经济的均衡状态。这种观点显然符合现在人们所称的"事后归因谬误"。此外，在古典经济学的那个"适用于一切价格体系"中的商品和服务的价格就是这样的，土地、劳动和资本等要素的价格的运动方式也是这样的。利率只是货币的"价格"，当然也以这种方式运动：货币的供需推动利率（货币价格）调整，利率的调整反过来又推动投资和资本积累发生变化，这种变化进而又反过来使经济恢复均衡状态。商品价格的"行为"、要素价格的"行为"、货币价格的"行为"，全都相同。这是一个适用于一切价格的价格体系。

从古典经济学的这些分析来看，并没有任何关于金融证券价格或金融资产价格的讨论，也没有关于金融资产价格如何影响商品和（或）要素价格、货币价格的讨论。古典经济学家们也没有考虑到，金融证券价格对市场供求力量做出反应的方式可能不同于商品价格或要素价格，也可能不同于利率（货币）；他们同样没有想到，在某些情况下，金融资产价格可能会推动商品、要素和货币价格出现波动。

古典经济学家们更没有考虑到价格体系,尤其是金融资产价格会发展成一个根本性的不稳定机制(而不是稳定机制)的可能性。在他们的世界里,一切价格都起着恢复均衡状态、重建系统稳定性的作用。

古典经济学没有金融资产价格理论,也没有不同价格体系如何互相作用的理论(尤其在经济不稳定的情况下,各种价格的波动是怎样互相加剧并互相作用的)。在古典经济学家们看来,各种价格体系都是以相同的方式对供求做出反应的,而且也是分别独立地在各自的领域内做出反应的,彼此之间没有任何互相作用,也不会互相决定。

在古典经济学中,从"适用于一切价格体系的价格"是一种稳定机制这一点出发,可以得到如下推论:价格在淘汰低效率、低利润的企业方面发挥着关键作用,或者说,价格是确保经济系统自我纠正、恢复到均衡状态并保持稳定的一个重要的积极因素。然而,现实世界的许多证据都指向了相反的结论。在某些行业中,甚或可以说在整个经济系统中,价格变化都有可能是"振荡放大的",即在淘汰低效率、无利润的企业的同时,也可能摧毁非常有效率的有利可图的企业。

不过,价格体系的另一个重大失败被古典经济学家们看到了,那就是,当有太多的钱去追逐太少的商品时,通货膨胀(价格水平持续上升的情况)肯定会发生。但是问题在于,古典经济学家们就此认为,通货膨胀基本上是一种货币现象。这种误解源于古典经济学中的"数量货币理论"。根据这种理论,货币供给量 M 乘以货币流通速度 V(在长期中,它被假定为常数)的值,等于所有产品 Q 乘以其价格 P,即 MV = PQ。不过,既然货币流通速度 V 是一个常数,那就可以先不考虑,于是就有 M = PQ 的推论;紧接着,等号两边同时除以 Q,于是 M = P。换句话说,经济中的货币数量决定了价格水平和通货膨胀的水平。这当然非常简洁,可惜并不正确。

在现实世界中,价格并不总是货币的函数。如果真的是这样,那么 2008 年美国经济注入的 20 万亿美元的货币流动性,肯定会导致严重的商品和服务的通货膨胀,但事实上并没有。相反,商品(无论是资本品还是消费品)的价格的上涨反而趋缓(即出现了反通货膨胀的情形)并开始趋于通货紧缩。然而,正如本书下面即将讨论的,当代主流经济学中的复古的古典主义学派却仍然坚持源于古典经济学的数量理论，即价格水平的上升（通货膨胀）永远是货币供给过剩的结果。

至此，我们来总结一下：古典经济学将收入、债务、投资、货币、银行及信贷、价格体系以及均衡状态，全都视为内在稳定的，对均衡的偏离只是短期现象。这一概念框架忽略了金融变量和周期变量。

## 关于马克思经济学理论的附论

虽然马克思曾经试图突破古典经济学的概念限制，并在某种程度上取得了成功，但是一般来说，并没有太多人真正理解和欣赏马克思的经济学思想，特别是他的某些追随者，尽管他们口口声声地说，马克思已经说出了全部真理，除了马克思所说的东西之外，再也没有什么可说的了。事实上，马克思在很大程度上仍然停留在古典经济学的概念框架之内，这个框架显然阻碍了他在早期和中期提出的一系列经济学思想的进一步发展。马克思在 19 世纪 60 年代出版的《资本论》第一卷致力于批评他以前的"政治经济学家"，这可能恰恰是马克思难以完全突破他所批评的概念框架的原因。一直到马克思的生命的最后阶段，特别是在他写作《资本论》第三卷的时候，对古典经济学的概念框架的更彻底的突破的可能性才开始明朗起来。但是，《资本论》第三卷其实只是一些笔记、观察记录和零星洞见的组合，并不是完成的作品。尽管从中可以看到马克思关于银行、信贷和金融投机等主题的有意思的思考结论，但它毕竟只是一部未竟之作。[1] 本书将在下面的第 17 章概述马克思的后期观点，并探讨它们为什么有助于我们理解金融周期所发挥的"扰乱"资本主义经济增长（无论是短期经济增长，还是长期经济增长）的作用。

### 新古典主义的迂回战略：19 世纪 70 年代至 20 世纪 20 年代

尽管在 20 世纪 70 年至 90 年代，美国和欧洲由于债券市场和股票市场的崩溃，以及随之而来的银行业危机和实体经济的深幅收缩，出现了长达数十

---

[1] 也许在他的仍然没有出版或翻译的著作中有所论述。据报道，德国目前正在进行这项工作，但英文版还没有问世。

年之久的大规模的经济萧条，但是主流经济学却几乎完全忽略了这些；相反，它完全沉浸在了新发现的利用初级微积分来分析经济决策的方法（边际分析方法）所带来的喜悦当中。这种方法似乎有很广泛的适应性，能够解释消费者和企业如何根据与现实世界无关的看似荒谬不经的假设做出决策。于是，许多来自古典经济学（实际上形成于中世纪中期之前）的概念被借用过来，经改造后用于新的解释任务：供给和需求，均衡，货币数量理论，决定投资的储蓄和利率，作为中性的中介机构的银行，利率决定的债务，作为主要收入变量的利润，以及作为从利润中衍生出来的其他收入形式……当然，还有关于能够自行纠正的经济的所有假设，包括作为稳定机制的价格体系。

　　然而，"宏观"分析却被忽略了，取而代之的是这样一种无效的尝试：将对消费者的购买决策和企业的生产决策的分析，"加总"为总量水平上的分析。微观层面的概念工具（它们本身就已经不堪重负了，因为有太多的完全不符合现实的假设和意识形态化的概念），被当成了解释宏观层面的总体经济的基础；而宏观经济层面上的均衡调整，被当成是微观层面上的过程的加总复制。这样，宏观就被埋没在了微观中，然后又像僵尸般地突然复活了。于是，经济分析就变成了简单的、字面意义上的"见微知著"。①

　　这一时期，也就是后来被称为"新古典经济学"的时期。但是所谓的"新"，其实东西很少，它是被装进了新瓶子的"古典经济学"之酒，而且这个瓶子还是漏的。20 世纪 70 年代之后出现的"新经济学"，甚至连作为亚当·斯密的研究方法的基础的实证观察都付诸阙如。稳定状态或静止状态的确定，甚至需求侧的"缺口"的识别，现在都被搁置了，原先作为价格概念的核心的生产性劳动也被替换掉了。新的说法是，市场上的价格是什么就是什么，供给和需求决定的价格是什么就是什么。经济学分析被掩埋在了一大堆极其抽象的、演绎性的、第一原理式的推理之下。据说，这种推理是现实的反映。

　　到了 20 世纪初，冰面上出现了巨大的裂缝。一部分反主流的货币学者开始公开质疑当时的主流经济学对货币数量理论的一系列极端假设，包括：利率是投资的主要的或唯一的决定因素，只需要解决长期问题，短期仅仅是长

---

① 阿尔弗雷德·马歇尔的《经济学原理》一书总结了 19 世纪的经济学分析，被誉为"经济学圣经"（请读者注意，从斯密到马克思，提到经济学时说的都是"政治经济学"，但是"政治"一词现在已经被从经济学的词典中删除了）。

期的简单增量，收入是一个零和博弈，等等。① 第一次世界大战前后，实体经济表现出了严重的不稳定性，对经济学提出了一个紧迫的要求，即对更短期的收入和投资进行更严格的分析。20世纪初发生的银行业崩溃和金融危机也要求对银行体系（包括新出现的影子银行体系）对周期性的不稳定性的作用进行更准确的分析。这种周期性的不稳定性一再打破资本主义经济体系的平衡。

在第一次世界大战期间和之后，数据更多了，可用性也更高了，这为经济学家分析短期商业周期提供了一定基础，于是人们开始对商业周期和经济短期收缩进行了探索。银行危机和金融市场，甚至金融周期如何与实体经济相互作用，这些都成了分析的对象。② 货币理论的新观点出现了。③ 然而，大多数主流经济学家仍然坚持原来的"静态"均衡分析及其全部相关结论，他们试图继续在旧的概念框架内解释经济日益加剧的波动性，以及银行（包括影子银行）和金融证券市场不断增加的重要性和作用，尽管这个框架的缺陷越来越明显了。即便是在20世纪30年代的大萧条期间（它的萌芽首先于20世纪20年代后半期出现在英国，1929年大崩溃后，全世界都陷入了大萧条之中），他们的观点仍然相当流行。

然后，经济学家约翰·梅纳德·凯恩斯在这些主流经济学家的圣殿中丢进了一颗大炸弹，那就是他于1935年出版的《货币、利息和就业通论》（以下简称《通论》）一书。④ 但是，凯恩斯写作《通论》的本意并不是要打烂新古典经济学的概念框架，而是试图将新古典经济学的许多概念工具都纳入自己的概念工具箱中，例如，将边际分析应用于投资决策。当然，《通论》确实对新古典经济学的概念框架造成了冲击，并且注入了一些新的概念，在许多方面甚至可以说对新古典经济学提出了"根本性"的挑战。这种"局部挑战"给那些更聪明的新古典主义者创造了进行理论重组的机会。到20世纪30年代末，这

① 第一次世界大战前夕，美国经济学家欧文·费雪和瑞典经济学家威克塞尔开始挑战这些流行的观点及其背后的假设，他们打开了进一步质疑的大门。

② 约瑟夫·熊彼特、欧文·费雪，甚至已故的马歇尔，都对金融、投资和债务提出了新的看法，并影响了一些后来者。

③ 凯恩斯本人就是20世纪20年代的顶尖货币理论家，他于1930年出版的《货币论》是当时最先进的分析货币、银行和金融问题的著作。

④ 凯恩斯在其《通论》出版前已经发表过好几篇文章了。

些新古典主义者逐渐摒弃了那些最古怪的新古典假设,吸收了凯恩斯思想中对他们有用的一些概念。也就是说,他们将凯恩斯《通论》一书中较有用的且没有太大挑战性的那些元素抽取出来,与新古典经济学剩下来的元素进行合并重组。这种合并重组后的理论在第二次世界大战之后被称为"新古典综合"。凯恩斯之前的新古典经济学思想,再加上凯恩斯思想中被抽取出来的某些"有用的"元素,成了第二次世界大战之后到 20 世纪 70 年代期间的主流经济学思想。为此,本书作者将它称为"混合凯恩斯主义"。20 世纪 70 年代后,世界经济危机爆发,当时占主流地位的经济学也因此出现了危机,最终导致了新古典经济学与古典货币主义思想的重组,进而形成了本书作者所称的"复古古典主义"。

20 世纪 70 年代,在美国和英国的引领下,全球实体经济也开始了重组的过程。这种重组有时被称为"新自由主义运动"。到 20 世纪 80 年代后,许多主流经济学家都试图为当时由美国和英国的变革所引领的全球经济的新自由主义转型提供思想上的合理性基础。[1]

从这个角度来反思凯恩斯在 20 世纪 30 年代对主流经济学的挑战和"改造",可以给我们很大的启发。凯恩斯的思想贡献(无论是后来被"混合凯恩斯主义"所吸收或改造的,还是后来被"复古古典主义"所挑战的或拒斥的),对于我们理解主流经济学的两翼在解释和预测 21 世纪全球经济的发展轨迹时为什么会不断遭到失败,都非常有意义。

尽管"混合凯恩斯主义"并不是真正的凯恩斯主义,而"复古古典主义"也试图通过修正经济学思想重建新古典主义传统。然而无论如何,直到今天,它们仍然是当代经济学的主流竞争者。

## 凯恩斯的原创性贡献

凯恩斯的理论贡献非常多,有一些是明确阐述过的,另一些则是只提到过或暗示了一下;还有一些与以前的新古典主义传统有着显著的概念裂痕,有一些则只是部分地不同于新古典主义思想;还有一些则试图在批判新古典

---

[1] 它们分别被称为"里根经济学"(美国)和"撒切尔主义"(英国)。

经济学的同时保留其相应的概念框架。

　　凯恩斯思想的这种"局部概念战争"特点，使得后来的批判者和信奉者都有很多机会宣称自己的观点源于凯恩斯。在1945年后，很多有根本性差异的经济学流派都从凯恩斯那里借用了许多观点、概念、命题或结论，然后将其融入自己的思想体系当中——只要有用就行，尽管某些思想体系其实与凯恩斯本人的是完全矛盾的。[①]这种情况之所以会出现，当然也与凯恩斯思想体系本身的概念框架的模糊性和混合性有关。凯恩斯思想体系的这种特点，也使得复古古典主义流派可以从很多方面攻击混合凯恩斯主义。不过，无论如何，在第二次世界大战后，混合凯恩斯主义还是大行其道。自20世纪40年代中期至70年代期间，混合凯恩斯主义是主流经济学中占主导地位的一翼。在此之后，由于全球性的经济危机削弱了混合凯恩斯主义的影响力，而复古古典主义因为显得更加令人信服，因此占据了主导地位。如果说混合凯恩斯主义是凯恩斯观点的产物（是凯恩斯的思想与他的新古典主义前辈们的观点的结合），那么也可以说复古古典主义是混合凯恩斯主义的产物（是混合凯恩斯主义与凯恩斯本人所批判的新古典主义思想的结合）。

## 短期比长期更重要

　　凯恩斯在他早期著作中一再强调的一个基本思想是，经济的短期运行比长期运行更加重要。这个思想集中体现于他经常引用的一句名言："在长期中，我们都死了。"短期绝不仅仅是长期均衡的增量，相反，长期实际上是短期非均衡的调整序列。凯恩斯的这种观点意味着，经济本质上不是自我纠正的，即使在长期中也是如此；一旦经济陷入了"萧条"或者出现了严重的经济萎缩，那么各种经济变量之间的关系，就不一定仍然与它们在经济稳定增长时一样。

## 收入不是一个零和博弈

　　古典经济学家认为，收入只是一个零和博弈，凯恩斯则不这样认为。在他看来，利润也不是驱动所有其他形式收入的最重要的收入形式，工资收入

---

① 这正是意识形态在语言层面起作用的几种途径或技术之一，正如本书作者在一篇文章《意识形态在经济政策中的应用》中指出过的（载《批评》，劳特里奇，格拉斯哥，第37卷，第14期，2009年12月，第1~14页）。

与利润收入对经济增长都同样重要。与古典经济学家的观点相反，凯恩斯认为，提高工资不一定会减少利润，减少工资也不一定带来更多的利润；利润和工资这两种形式的收入是互相决定的，它们之间的关系要比古典经济学家所想象得更加复杂。

在古典经济学中，利润驱动资本积累，工资收入只是利润的一项残余价值，租金和利息收入也是。古典经济学假设，工资在资本积累周期内会上升，但是工资（和其他成本）上升可能会导致利润下降。如果不让（工资或其他）成本上升，则可以恢复利润增长和经济增长。因此，利润在很大程度上决定了工资，利润对经济增长也比工资更加重要。

凯恩斯思想与古典经济学思想的上述差异，在他与塞西尔·庇古（Cecil Pigou）的有历史性意义的辩论中表现得非常清楚。庇古是英国经济学家，当时是新古典经济学最著名的辩护者之一。庇古认为，在萧条时期，因为价格下跌、投资减缓以及随之而来的就业下降，促进经济复苏的办法只能是进一步削减工资。理由是，削减工资将降低企业成本，使更多的收入进入投资领域，从而带来就业增加、消费者收入增加，进而带动投资和消费的回升，最终实现经济复苏。庇古观点的核心是，短期内任何能够降低企业成本的举措都将有助于长期的经济复苏——今天要做的事情是"服药"，即帮助企业投资，以确保明天的"康复"。根据庇古的观点，经济之所以会陷入萧条以致无法复苏，原因就是某些制度上的限制阻碍了企业削减工资；只要工资（即劳动的"价格"）下降了，则价格体系就会发挥作用（工资下降可使企业的可支配收入增多，将带来投资和就业上升，等等），经济系统就会回归均衡。这就是说，只要价格体系这个伟大的稳定器能够发挥其"看不见的手"的奇迹般的作用（在这里，价格指的是工资这样的要素价格），经济就肯定能够回归均衡。[①]

但是在凯恩斯看来，这种"庇古效应"的逻辑结论与庇古本人的预测恰恰相反。在经济衰退或大萧条期间，削减工资会导致家庭收入的进一步下降，

---

① 这是纯粹的"经济意识形态"，而不是经济科学。对现实的观察验证了与庇古论点相反的结论。庇古论证的基础是，利润收入会带动经济增长和获得一个"良好"的经济，而工资收入则会阻碍"良好"的经济的恢复，因此是"坏的"。如下文所述，主流经济学几十年来一直在争论所谓的"黏性（向下）工资"，称它是经济衰退后复苏无力的原因。在介绍经济学的入门著作中，这类观点比比皆是。

从而进一步减少消费；而消费者支出的减少又会转化为对企业产品需求的减少。在意识到自己的产品将缺乏需求之后，企业就不会扩大投资了，即使它有更多的收益（利润因削减工资而增加）也是一样。在这种情况下，企业只会将因削减工资（和其他成本）而获得的额外收入"囤积"起来。因此，通过削减成本促进投资这种方法在经济收缩时必定会遭到失败。①

与此同时，在经济萧条期，由于消费没有恢复且投资继续停滞，因此实物商品价格将持续下跌。通货紧缩会增加企业在衰退前的繁荣时期积累起来的真实债务；真实债务上升则意味着企业的实际成本上升，从而进一步拖累投资。无论是通过裁员来削减工资支出，还是通过减薪来削减工资支出，其逻辑结果都只能如此。

总之，凯恩斯认为，削减工资（因此也减少家庭收入）的逻辑后果与庇古和其他新古典主义者的预期后果完全相反：它不会带来更多的投资，只会导致投资下降，并且会使整个经济的活跃程度变得越来越低。随着实际债务的上升，通货紧缩不但不会使经济恢复均衡，反而只会使经济进入更加远离均衡的状态。价格体制失败了。

### 资本主义经济的"阿喀琉斯之踵"

从根本上说，凯恩斯《通论》讨论的是投资问题，或者用古典经济学的术语来说，它所讨论的是资本积累问题。但是，与新古典主义以及更早的古典主义不同，凯恩斯认为投资（水平）取决于社会各阶层的收入分配的平衡程度。他认识到资本主义经济有两种致命的经济后果，它们是资本主义经济的"阿喀琉斯之踵"：内生的收入不平等趋势和无法确保充分就业。正如凯恩斯在《通论》第24章（题为"略论《通论》可能引致的社会哲学"）总结全书时所说的，资本主义经济不能提供充分就业，它会导致"任意的和不公平的财富和收入分配"问题。②

凯恩斯这样说的含义是：收入不平等是资本主义经济的一个基本特征，不平等是资本主义体系内生的。也就是说，不平等和一定程度的失业是资本主义经济系统正常运行所必需的。更重要的是，收入不平等的程度往往会随

---

① 无论成本的减少是通过减薪、降息还是减免企业所得税实现的，情况均是如此。

② 凯恩斯：《就业、利息和货币通论》，麦克米兰出版社，伦敦，第24章，第372页，1967版。

着时间的推移而提高，并且在资本主义经济体系内造成严重的不平衡。资本主义的系统性失衡又倾向于导致凯恩斯所说的资本家群体中的"食利者阶层"的出现，这些人又会进一步加剧基本的不平等趋势和总体性的不平衡。对于这个阶层，凯恩斯举的一个例子是所谓的"无功能的投资者"，他声称这些人需要缓慢地"施以安乐死"。[①]关于"无功能的投资者"，凯恩斯在《通论》第12 章中讨论了很多。在理解金融资本扭曲实体经济投资和经济增长作用的方面，这些论点代表了凯恩斯的最重要的贡献之一。

### 实物资产投资、利率和货币

对凯恩斯来说，实体经济投资对经济增长至关重要。然而，在与他的前辈们的争论中，凯恩斯又指出，在经济萧条或经济严重萎缩的情况下，要恢复经济增长，投资并不是关键目标变量。试图通过降低利率（和增加货币供给以降低利率）直接促进投资的举措将遭到失败。也就是说，通过降息降低投资成本不会刺激投资——其效果不会比通过降低工资来降低生产成本从而推动投资更好。削减企业所得税也不会有更好的效果。

当然，所有这些通过"降低企业成本"来刺激投资和经济增长的举措都是当代主流经济学的政策工具箱中的主要支柱，并且这种状况已经持续了几十年。由此可见，降低利率的货币政策（和中央银行政策），削减用于补偿（工资）收入的社会福利的平衡预算政策，大规模减免企业税收的政策，都不是凯恩斯自己的主张。它们只能算是"混合凯恩斯主义者"的政策主张，也是"复古古典主义者"认同的政策主张。

### "破坏稳定"的价格机制

凯恩斯在《通论》中声明，他不认为利率本身就能决定投资，同时也不认为增加货币供给是利率的唯一决定因素。他还指出，价格体系也不一定能维持经济系统的稳定，只有收入才是稳定的关键因素（而古典经济学和新古

---

① 凯恩斯：《就业、利息和货币通论》，第 376 页。这些应该被慢慢地"施以安乐死"的"食利者"，是指凯恩斯在该书第 12 章中所说的"无功能的投资者"。"食利者"是指以牺牲他人利润为代价而获得超额利润的企业或投资者，他们的利润都是通过法律或其他权力攫取的，而不是在市场上赚得的。

典经济学都认为价格体系是稳定的关键）。

劳动力的价格——工资，代表了一种价格体系；利率——货币资金的价格，也代表了一种价格体系。然而，在凯恩斯看来，正如降低劳动力价格（工资）不能使经济恢复均衡一样，降低货币资金的价格（利率）也不会带来经济均衡。削减工资（劳动力价格）对收入和消费有不利影响，是因为减少工资只会进一步破坏经济的稳定；而降低货币价格（利率）不能使经济重新恢复稳定，则是因为凯恩斯所说的"流动性陷阱"：资产价格是作为价格体系稳定机制的第三个指标，会随着劳动力价格和货币价格的下降、经济持续收缩而下跌，但是对刺激资产投资需求则几乎没有影响。资产通货紧缩和实体经济投资停滞导致生产、就业和工资收入下降，而这又最终转化为商品价格的去通货膨胀和通货紧缩。价格体系的所有四个要素（工资、货币、资产和商品）都不能使经济复苏。因此，凯恩斯认为，古典主义和新古典主义关于价格体系能够稳定经济的假设是错误的，收入才是关键的决定因素，而且不能主要关注利润。价格波动是收入和投资失败的结果，而不是相反。因此，价格本身不能带来经济复苏和经济增长。事实上，古典主义和新古典主义所假设的那个价格体系根本不存在。不同的价格体系之间如何互相作用、互相反馈和互相决定才是重要的。但是，这些互相作用也仅仅是收入变化所导致的一个结果。在凯恩斯那里，对收入变化的分析的重要性远超对价格变化的分析。这是凯恩斯开创的经济学思想的一个重大转变。

### 凯恩斯与古典货币主义者的分歧

根据凯恩斯的看法，利率（下降）不会驱动投资。那么，驱动投资的到底是什么呢？古典—新古典经济学理论对货币供给、利率和投资之间的关系的认识在哪些方面是错误的？

在讨论这些问题时，我们一定不要忘记，凯恩斯本人就是 20 世纪 20 年代公认的最重要的货币理论家。这一点很重要。凯恩斯于 1930 年出版的两卷本《货币论》，是当时货币理论的一个"决定性的陈述"。[①]凯恩斯与他的新古典主义的前辈们，与今天的混合凯恩斯主义者和复古古典主义者的根本区别在于：他

---

① 凯恩斯：《货币的纯理论》和《货币的应用理论》这两篇文章，引自《凯恩斯著作集》第五卷，伦敦，马丁出版社，1971 年出版。

强调，货币需求和货币流通速度是利率的决定因素，而不仅仅只是货币供给；而古典经济学坚持的货币数量理论却忽略了货币需求，并且假设货币流动速度（在特定时期内货币使用或"周转"的频率）是恒定的、不相关的，从而使货币供给成了利率（或货币价格）和通货膨胀（价格）的唯一决定因素。因此，古典主义者坚持认为，通货膨胀就是货币供给过剩的产物。凯恩斯则坚决反对这一基本观点。他认为，在经济萧条期或经济危机期，持有货币的需求（投资者持有现金而不是投资于非现金资产）很容易抵消货币供给的增加。此外，货币流通速度也将显著减慢。中央银行当然可以将它们想要注入的所有货币都注入经济体中，然而注入的货币都将会被囤积起来，即被银行、投资者和一般公众（在一定程度上）囤积。利率可能会下降，甚至有可能降为零，但是不会刺激投资。作为一种"安全防范措施"而持有货币的愿望，加上需要抛售资产以保持现金水平（因为资产的价格和价值因经济萧条而崩溃），再加上货币需求的降低，所有这些都会导致货币囤积而不是投资或消费。在这种情况下，持有现金，也就是持有流动性，是比投资其他资产更好的投资。因为资产的价格和价值都在下降，而现金的实际价值却在继续上升。更多流动性（即中央银行注入的货币）只会导致各种经济行为主体（银行、企业、投资者等）将流动性从流通中撤出并囤积起来。这就是"流动性陷阱"。这是凯恩斯提出的一个核心概念。"流动性陷阱"意味着，当实体经济严重萎缩时，让中央银行和货币政策唱主角，只会把经济复苏引入死胡同——无论中央银行采取的是量化宽松政策，还是零利率政策，抑或是其他什么货币政策，都是如此。近年来的情况都证明了这一点。[1]

---

[1] 在本章（第 16 章）中，读者将会看到，主流经济学，特别是复古古典主义经济学，不仅认为今天的货币政策要以货币供给为核心，而且甚至认为，在 20 世纪 30 年代，经济之所以能够从大萧条中恢复过来，主要就是因为中央银行在 1939 年后通过增加货币供给注入流动性的结果。复古古典主义还坚持认为，如果不是因为美国联邦储备委员会错误地在 1930 年至 1932 年间减少了货币供给，那么 20 世纪 30 年代的大萧条就不会出现（那或许只是一个经济衰退）。根据这种观点，是美国联邦储备委员会将经济衰退变成了大萧条。另一方面，由于美国联邦储备委员会最终在 1939 年至 1940 年间增加了货币供给，因此这才导致了大萧条的最终"结束"。由此复古古典主义认定，经济萧条总是不良货币政策的结果。至于财政政策，复古古典主义坚持认为，一切财政政策都具破坏性，永远不能解决危机。他们坚决反对一切财政干预，仅认同政府在货币方面"恰当地"进行干预，但前提条件是，这种干预必须仅仅限于根据固定的"货币增长规则"来增加货币供给量。

预期与投资心理学

如果中央银行增加货币供给和降低利率会导致"流动性陷阱"，那么到底什么举措能够促进投资呢？凯恩斯认为，这要靠"预期"。"预期"是凯恩斯提出的另一个关键概念，它既可以指对未来利润变化方向和变化速度、资本品的重置成本、未来的利率水平等预期，也包括许多其他不易量化的"心理变量"。投资不仅仅是简单地与投资成本捆绑在一起就可以了。另外，通过增加货币供给来降低利率、通过削减工资或任何其他方法来压低投资成本，都不一定能促进投资。投资也不仅仅与利润有关。与古典主义者的观点不同，凯恩斯认为，投资与资本家承担风险的勇气和对未来（近期或远期）的看法与判断有关。在有些场合，凯恩斯把这些因素总结为投资者的"动物精神"。不过，这是一个不那么容易量化的概念。

对于凯恩斯来说，投资是由他所称的"资本边际效率"（MEK）所决定的。资本边际效率是一系列变量组合的结果，这些变量不但互相影响，而且还受预期的很大影响。大体上可以说，资本边际效率分析法就是一张投资项目表，它按每个项目的预期盈利能力排序，同时考虑每个项目的资本替换成本（以新资本取代原有资本的成本），以及为项目融资而借入的资金成本（利率）。凯恩斯认为，严重的经济危机造成的真正问题在于，投资者对盈利的预期下降，比起他们对资本更替价格下降或货币价格下降的预期，不仅更快也更低。在严重经济萎缩期，成本总是落后于（更低的）预期。因此，如果盈利预期下降得更快，那么投资就不会发生，无论投资成本下降多少也无济于事。再一次，价格机制（资本替换的价格和货币的价格或利率）并不能恢复均衡，尽管它们一直在下降。至此，价格机制的两种表达都失败了，这与古典经济学的"看不见的手"理论恰恰相反。在古典经济学"看不见的手"的理论中，供给和需求会以某种神奇的方式进行调整，使经济回归均衡。当然，与新古典理论也是相反的。在新古典理论中，供求总会调到均衡状态，而不管价格形式是什么，货币价格、劳动力价格和商品价格概莫能外。

然而，价格体系未能重建均衡的另一个原因是投资者和企业囤积货币，即现金，它是完全流动的。凯恩斯认为，现金是一种可以完全替代其他资产的资产，包括金融资产和实物资产。如果由于经济危机，对实物资产（如财产、建筑物、存货和设备等）投资的价格下跌了，那么投资者就会抛售这些资产，以避免进一步的损失，并将出售资产所得持有在手中。在通货紧缩中，随着其他资产价格的下降、现金实际价格的上升，最好的投资是持有现金。但这会导致对货币的需求上升。当金融资产（股票、债券等）价格下跌时，情形也是如此。投资者抛售价格下跌的金融资产以获得并持有现金（价值随通货紧缩的持续而不断上升）。这样一来，资产价格（无论是实物资产还是金融资产）下跌，就意味着人们将持有更多的现金，从而减少投资。同时这也意味着资产价格（无论是实物资产价格还是金融资产价格）下跌实际上将导致进一步的实体经济收缩。价格的下降并不是"为了恢复均衡"，而是推动了进一步的非均衡。再一次，价格机制进一步破坏了实体经济的稳定，而不是推助它恢复增长。

凯恩斯写作《通论》的目的并不是解释大萧条的原因，而是试图阐明将经济带出萧条、恢复增长的经济理论和政策。它也从根本上批判了以往的新古典经济学理论。以往的理论如果运用到经济政策中去，不但不会促成经济复苏，反倒会使经济复苏更加不可能。在许多方面，新古典经济政策比什么都不做还要糟糕。凯恩斯在与庇古的辩论中强调了这一点，因为庇古错误地认为削减工资是经济复苏的前提条件。[1]

凯恩斯在《通论》中更关注真实的变量，如实体经济投资、工资、就业、货币等，这与他在 1930 年出版的《货币论》中的态度形成了鲜明的对比。之所以会有这种差异，主要与以下事实有关：《通论》主要讨论短期经济周期的"后半段"（复苏阶段），关注的是如何让经济摆脱深度衰退而实现复苏；而《货币论》则更侧重于短期经济周期的"前半段"，即经济崩溃和急剧收缩之前的阶段。新古典经济学认为均衡是资本主义经济的自然状态；可以观察到的对均衡的破坏——衰退或萧条——不过是对均衡的扰动，有了价格体系的魔力、有了总能成功的供需调整，经济自然而然地就能得到纠正。凯恩斯当然不是这样看的。他认为，严重的非均衡情况（比如说经济萧条）可能会持续很长一段时间。有时候均衡虽然恢复了，但那是生产和经济增长水平都较

---

[1] 直到今天，我们仍然看到许多主流经济学家在重复庇古的错误，他们倡导"紧缩政策"，尽管他们可能提议减少"社会工资和社会福利"，而不是像庇古那样建议直接减薪。

低的均衡——投资、就业和收入都比以前少；而且，这种较低水平的均衡状态也可能持续很长时间。①

在凯恩斯出版于1930年的《货币论》中，已经讨论过金融变量和金融投机了，而在《通论》中，则没有这方面的内容。《通论》的分析几乎完全集中于实体经济投资和真实周期。②这里之所以用"几乎"一词，是因为在《通论》的第12章中，凯恩斯确实讨论过金融周期，尽管不是非常深入，而且涉及的内容也有点过于宽泛。要理解凯恩斯对金融投机、金融周期和金融不稳定性的思想贡献，我们首先必须对凯恩斯在这一章中提出的一系列关键概念进行探析。

### 凯恩斯论金融投机与金融不稳定性

在《通论》第12章中，凯恩斯对企业投资和投机性投资进行了区分：前者指对建筑物、设备等实物资产的投资；后者则主要指对金融资产和金融证券的投资。对金融资产和金融证券的投资会随着时间的推移而趋于增长，并在经济繁荣时期加速。凯恩斯认为，这种长期增长受所有权和投资相分离的历史趋势所推动，是专业投资者作为一个"阶层"崛起的后果；而专业投资者的投资行为则受他们对利润增长短期预期的驱动。短期利润源于金融资产市场，特别是那些流动性高的市场，如股票市场和债券市场。在这些高流动性的市场中，投资者进出市场很方便，而且有很多从证券短期价格变动中获得资本收益的机会。专业投资者因此专注于在不久的将来就可能获得盈利的预期。在这个意义上，金融市场上导致金融证券价格发生变化的是需求，以及基于预期的未来需求的需求，而供给一侧的因素在决定价格方面则没有多少作用。因此，证券价格主要依赖需求因素。与商品和服务的价格相比，证券价格上升的速度更快、幅度更大，但是下跌的速度同样也更快、跌幅也更大。因此，金融证券可能更有利可图。这也就意味着，金融资产更容易用来

---

① 不过，与斯密的"稳定状态"或李嘉图的"静态"相比，这种低水平的、停滞的均衡状态还是有一些相似之处的。

② 在《货币论》一书中，凯恩斯深入地讨论了他所谓的"牛市金融投机"和"熊市金融投机"，这些投机导致的金融资产和其他资产价格的上升，出现在金融泡沫最终破灭和实体经济深度收缩之前。

进行金融投机，即对价格的升和（或）跌进行"打赌"。短期的金融资产投机就可能给投资者带来比长期投资实物资产的利润更多的资本收益。因此，专业投资者被凯恩斯称为"流动性拜物教者"。不难看出，凯恩斯所说的"专业投资者"就是一个新的、不断上升的专事投机的金融资本精英阶层。除了关注金融证券的短期价格升跌外，专业投资者的"特殊的热情就是快速赚钱"，他们更多地依靠借款和债务进行投资。企业投资是长期的实物资产投资；而投机性金融资产投资则是短期投资和价格驱动的投资。凯恩斯认为，这两种形式的投资是互相竞争的；但是，投机性投资在流动性强的金融资产市场兴起和扩张后就会占据上风。如此一来，久而久之，投机性金融资产投资就可能占据主导地位。即使在凯恩斯时代，他也不得不承认，"在美国，相对于企业投资，投机早已占据了主导地位"。[①]

在《通论》第 12 章的结论部分，凯恩斯总结了他对专业投资者崛起的趋势的分析。他说，当这种由债务和价格驱动的、专注于短期资本收益的金融资产投机兴起后，企业投资中的"动物精神"很可能会转向这种更有利可图的金融投机投资。"动物精神"和流动资本向投机性金融投资的转移，又可能反过来导致进一步的经济收缩和萧条。最后，凯恩斯在该章最后一段得出了这样的结论：这种金融资产投资以牺牲企业投资（实物资产投资）为代价，它扩张的趋势是无法通过货币政策和利率操作来控制或限制的，因此需要国家承担起更大的"直接组织投资的责任"。[②]

虽然凯恩斯只是非常概略地提到了上面这些概念，但是它们却包含了很多值得我们深入思考的东西，而且代表了对新古典经济学的重大突破。这些概念考虑到了金融资产投资和投机发挥核心作用的可能性，并表明金融变量和金融市场可能严重扰乱短期和长期的实物资产投资。凯恩斯还提出了金融周期与真实周期相互作用的观念，强调了决定整体投资方向的可能是非理性甚至无理性的行为。他指出了一个新的资本家阶层的崛起……在新古典经济学中，所有这些思想都不在考虑范围之内。不过令人遗憾的是，《通论》第 12 章的这些思想并没有很好地与其他章节融合起来，以致后来在《通论》出版

---

① 凯恩斯：《就业、利息和货币通论》，第 12 章，第 158 页，伦敦，麦克米兰出版社，1967 年出版。

② 同①，第 164 页。

后的辩论中被忽视了。再后来，当凯恩斯的其他思想被混合凯恩斯主义吸纳后，这些思想就被完全忽略了。

### 凯恩斯论信贷与债务

凯恩斯对债务持负面立场，但是他并没有直接陈述过自己在这方面的观点，我们得从《通论》之后的著作中去推断。凯恩斯关于利率政策的局限性的讨论与债务的作用间接相关，因为利率与为了一般投资而借入货币资本有关。一方面，凯恩斯并不认为企业债务是投资和复苏的关键。如前所述，凯恩斯认为，在严重的经济衰退中，仅凭优惠利率和债务并不足以带来实物资产的投资，更何况企业还会避免为了实物资产投资而在预期利润率低的条件下进行借贷。因此，凯恩斯对债务在它与利率及实体经济投资的关系中的作用持适度"负面"立场，这与古典主义和新古典主义立场形成了鲜明的对照。古典经济学和新古典经济学都认为债务是实体经济投资的重要资金来源，并认为债务总是能够促进投资。

此外，凯恩斯还认为，债务并不一定用于一般的实体经济投资，而是被用于进行额外的金融投资，因为专业投资者与投机者总是倾向于尽可能地借贷（承担债务）以支持投机性的短期金融投资。在出版于 1930 年的《货币论》中，凯恩斯指出，债务促进了"牛市投机者"的崛起，他们在繁荣周期，会在风险越来越高的投资项目中投入更多的资金。

我们还可以进一步间接推断，对于凯恩斯来说，消费者家庭债务也是一把双刃剑。最初，消费债务增加了家庭的可支配收入，从而刺激了消费。但是，从长远来看，这种短期债务同时也具有减少长期可支配收入的效果。当前（时期 t）发生的债务利息必须在未来（时期 t + 1）支付，从而减少了未来的实际工资和可支配收入。

凯恩斯对政府债务的看法则与他对企业债务和消费者债务的观点相反。他认为，"企业债务是无效的，并且在未来可能会破坏稳定""消费者债务只是在不同时点之间转移了收入"。但是他又认为，在经济收缩期间，提高政府债务更可取；而且，只要充分就业尚未实现，政府预算赤字（其累积额等于政府债务）也是可取甚至是必要的。只要没有实现全部潜在产出，赤字就不会导致通货膨胀。再者，因政府支出而增加的赤字和债务，优于因减税而增加的赤字和债务,这是因为政府支出收入乘数对收入和产出的影响更大,并且支出乘数大于税收乘数。

因此,对于凯恩斯来说,在经济萧条期,企业债务在刺激实体经济投资方面是无效的;而在商业周期的繁荣阶段行将结束时,企业利用债务来进行金融资产投机,则可能导致经济不稳定性。家庭债务能够刺激当前的消费,但是却会在未来抑制消费,所以最多是中性的。相反,因赤字支出而导致的政府债务则是可取的,因为创造债务的预算赤字对收入和经济能够产生积极的乘数效应。此外,与企业债务和家庭债务可能会被"囤积"起来或被"重定向"到本国经济之外或作金融投机不同,政府债务还拥有一个不会被"囤积"起来的额外优势。

总而言之,对凯恩斯来说,有些债务是无效的,有些是中性的,还有一些则是有效的。这一切都取决于目标对实际收入和支出的影响。这种观点与古典经济学和新古典经济学的观点形成了鲜明对照。在古典经济学和新古典经济学中,债务主要被视为企业债务,而且几乎总是有助于刺激对实物资产的投资。

## 凯恩斯的局限性

尽管有许多原创性的贡献,其中一些还实现了概念突破,但是凯恩斯在批判他的新古典主义的前辈时,依然更多的是从他们原有的概念框架出发的,例如,凯恩斯仍然采用"边际分析"方法和理性决策范式。

### 保留了边际分析

尽管他强调了预期和心理因素在决策中的重要作用,但是仍然将资本的边际效率这个概念作为他的投资理论的核心,而且他的家庭消费概念也包含了边际因素。凯恩斯乘数效应取决于消费者的"边际消费倾向"(MPC);资本的边际效率则意味着投资者将选择预期投资回报率更高的投资项目(与其他项目相比)。预期盈利能力是关键,资本成本和借款成本居第二位。边际消费倾向意味着消费者将把收入增量中的一定比例消费掉,而且当收入水平上升时,消费掉的比例将更小。不过,无论是与投资有关还是与消费有关,"边际"都意味着理性决策,并且发生在增量上。然而,投资者既是理性的,也是非理性的。那么,究竟哪一个更有主导权和决定权呢?是理性,还是边际,抑或是非理性,甚至是不理性?毫无疑问,金融投机包含着高度非理性的因素。如果边际上的理性决策和非理性决策并存,那么,决策过程究竟是什么样子的?理性决策和非理性决策又是如何互相作用的?所有这一切在凯恩斯那里都没有得到充分的讨论。他提出了很多新的思想,但是却都没有跟进。

## 储蓄 = 投资

凯恩斯还接受了一个古典主义和新古典主义的观念,即总储蓄和总投资是一回事。也就是说,源于生产过程的收入分配给家庭和消费者后,要么被花掉(消费),要么被储蓄起来。如果被储蓄起来,那么就会通过银行系统被企业借走用于投资(加上企业获得的源于生产的原始收入份额)。古典经济学认为,所有未被消费掉的收入"事实上"都被储蓄起来并被用于再投资了,因此储蓄决定了投资。不过,尽管凯恩斯接受了 S = I(储蓄=投资)这个等式,但是他认为因果关系恰恰相反,即投资创造了收入然后被储蓄起来了,所以是投资决定了储蓄。正确的因果关系方向对政策选择无疑是重要的,然而,由于他仍然停留在储蓄=投资这个概念框架内,因此他似乎仍未摆脱更宽泛的均衡概念。事实上,他确实没有完全拒斥均衡概念,只是对其进行了修正:恢复均衡并不意味着回到以前的产出水平;均衡是有可能发生的,尽管产出水平可能会低得多;经济可能会停滞一段时间,也许是很长一段时间,如果没有引入正确的复苏政策的话。因此,在凯恩斯看来,经济要么是衰退或萧条,要么是增长,只有这两种"选择"。但实际还存在第三种"选择",即持续的停滞。对此,凯恩斯并没有讨论。

## 两种投资形式之间的相互因果关系

凯恩斯的另一个局限性表现在他的投资理论上。如果实物资产投资和投机性金融资产投资会导致对流动性和货币资本的竞争越来越激烈,那么,它们之间的关系到底是怎样的?为什么某种形式会在长期中更加占优势?过度的信贷和债务创造所助长的金融投机过程又是如何破坏经济稳定的?

如果资本的边际效率真的是理解投资的关键,那么,金融资产投资是不是同样基于凯恩斯提出的适用于实物资产投资的"资本的边际效率法则"推助的？实物资产投资和金融资产投资是否都可以用同样的按资本的边际效率排序的投资项目来选择？如果是，那么，金融投机项目是否会在资本的边际效率排序表中挤出实物资产项目？如果真的是这样，那么，在长期中，对投资、就业、资本品和消费品通货紧缩会有什么后果？对于所有这些问题，《通论》都没有给出明确的答案。

### 组织机构的缺失

专业投资者（专业投机者）的崛起，意味着资本主义经济在某个方向上出现了过度发展的情形。凯恩斯将这种经济行为主体的出现和成长归因于 20 世纪资本主义经济中的所有权和投资的分离。但是，真的只有这个原因吗？虽然凯恩斯提到过与这种发展趋势相关的"机构"，但是他并没有描述或解释这种"机构"到底是怎么运行的，也没有讨论它们与新兴的专业投资者 / 投机者阶层之间的关系。进入专业投资者 / 投机者的"新时代"后，基本的组织机构是什么？它们是如何随着时间的推移而演化的？与几十年前的制度框架相比有什么不同？在 20 世纪 20—30 年代，已经出现了各种各样的"影子银行"：投资银行，保险公司，经纪商，金融信托机构，等等。将经济行为主体（专业投资者 / 投机者）与金融市场机构结合起来分析是可行的。

### 阶级中立的资本主义国家

凯恩斯也没有讨论过国家（政府）在专业投资者及其相应的金融机构"综合体"的产生与发展过程中的作用。对于凯恩斯来说，向专业投资转移的趋势似乎完全是市场引导的结果。然而，要说国家在促成专业投机者强势崛起方面没有发挥任何作用，这是很难令人信服的。但在凯恩斯那里，国家实际上被设想为一种"天外飞仙"（Deus Ex Machina），它将驯服资本家、投资者和企业的最糟糕的"性格和行为"，并使经济再次走上复苏之路。在凯恩斯的眼中，国家是"阶级中立"的。但是历史事实表明，国家的作用恰恰与凯恩斯所假设的相反。

### 信贷、债务与乘数

凯恩斯把重点放在收入上而不是价格上，这是一个重大突破，它使得"乘数"的概念得以建立起来。但是，凯恩斯并没有进一步考虑信贷和债务有可能扭曲乘数的问题。债务水平、债务变化率以及影响债务支付方式和时间的其他因素，会怎样影响边际消费倾向进而影响乘数？在今天的资本主义经济中，工资这样的收入形式越来越多地被"视为收入"的信贷/债务形式所取代，那么，从长期来看，这对消费意味着什么？消费信贷的扩张是否会减缓工资收入的增长，甚至导致工资收入的减少？如果是，那么，这又对乘数意味着什么？如上所述，凯恩斯极大地推进了从收入方面展开对经济的分析，但是他对信贷和债务的理解却不透彻。他没有深入探讨信贷和债务的作用，也没有剖析债务与不同形式的收入之间如何相互作用。在凯恩斯那里，消费信贷在短期内被简单地视为另一种形式的收入（因此促进了更多的消费），就像企业债务只是企业投资的另一种资金来源一样（当投资所需资金超过内部收益或利润时）。

### 货币与内部信贷

与他的前辈一样，凯恩斯并没有区分货币与信贷。当贷款给投资者、企业和家庭时，货币就是信贷。但是，信贷也可以在没有货币的情况下存在，从而导致可用流动性显著增大这种思想，却是凯恩斯从没有讨论过的，他甚至可能完全没有想到过。那么，货币是信贷的一个子类别吗？抑或信贷才是货币的一个子类别？凯恩斯没有对内部信贷与外部信贷进行区分，尽管他对实物资产投资（或企业投资）与投机性金融资产投资的区分在逻辑上将导致这种区分。内部信贷对金融投机的影响比对实物资产投资的影响会不会更大？这个问题他也没有讨论过。现在看来，凯恩斯货币需求理论需要在将内部信贷与货币需求和流动性偏好的概念进行整合的基础上作进一步发展。

### 预期与金融资本的边际效率

在凯恩斯的投资理论中，预期会以多种方式影响资本的边际效率。对盈利能力的预期会影响资本的边际效率，对利率变化的方向和变化率的预期也会影响资本的边际效率。如果预期真的影响了这两个变量,那么,它们也必定会影响这两个变量的价格,即利润率和利率。因此,预期会影响资本品和消费品的价格以及货币价格(利率)。除了资本的边际效率之外,预期也会对金融资产价格产生重大影响。在《通论》第12章中,凯恩斯花了不少篇幅谈专业投资者/投机者在决定投资金融证券(无论是股票、债券还是其他金融资产)的过程中,是如何预测金融资产价格的未来变动的。然而,他却从来没有考虑过影响资本品价格的预期(通过它对资本的边际效率的影响),又是如何与影响金融资产价格的预期相互作用的。后者似乎与资本的边际效率无关,但是显然也涉及了实物资产投资。是否还存在另一个"金融资本的边际效率"呢?如果存在,那么,这两个资本的边际效率之间是如何相互决定的呢?金融资产价格如何影响资本品价格,以及反过来又怎样?凯恩斯区分了企业投资和金融投机这两种形式,而且已经认识到了它们彼此之间可能产生重要的影响。正如他在《通论》第12章中所指出的那样,当企业在投机的漩涡中化身为泡沫时,社会整体的经济状况就会变得非常糟糕。然而,他并没有试图把这两个"资本的边际效率"整合为一体,也没有考虑到这种融合是否意味着一个(金融)资本的边际效率的增加,必须以牺牲另一个(真实)资本的边际效率为代价。他也没有考虑到生产者价格(或实物资产价格)与金融证券资产价格在商业周期的繁荣阶段是如何相互作用并导致经济的突然崩溃和萧条的,以及在随后的萧条阶段又是如何相互作用的。

当然,凯恩斯对金融资产价格不稳定性的相对忽视也许是可以理解的,因为他一直在有意识地不再强调价格的作用(在新古典经济学中,对价格的作用估计过高了)。这种"去强调"是为了更好地强调收入对金融资产价格稳定性的决定作用(而这在新古典经济学中基本上被忽视了)。

### "双价格"理论的可能性

凯恩斯的思想间接地为建立一种"双价格"理论奠定了基础:一个是金融资产价格,另一个是商品价格,并解释它们在供求方面的"表现"为什么会不一样。新古典经济学的只有"一个价格体系"和"价格可以解释一切"的理论已经被凯恩斯隐晦地拒斥了,但是他并没有进一步深入分析下去。例如,他没有追问:通货紧缩或金融资产价格崩溃究竟会以什么方式影响其他价格体系（劳动、要素、货币和商品）？如果金融资产价格和其他价格驱使实体经济远离均衡（而不是趋向均衡），那么，各种价格体系又是如何作为实体经济的传导机制使经济变得更加不稳定的？

## 奥地利学派的信贷周期理论

任何一个用来解释经济现实的理论体系一旦出现一个溃口，即当它不能解释某一重大"异常现象"（例如，解释金融危机或实体经济的快速、深刻而持续的收缩）时，那么它就很可能会遭到瓦解。新古典经济学不能解释 20 世纪 30 年代的大萧条——它的起源和演化轨迹，以及也不知道如何解释这个危机，于是它在许多方面（或许多方向）都分崩离析了，代之而起的是另外两个新的理论体系：凯恩斯的著作代表了作为对新古典主义理论体系分崩离析之后的一个替代方向；"奥地利经济学"则是当时正在兴起的新古典经济学的一个分支，它的主要倡导者之一是经济学家弗里德里希·哈耶克。

奥地利经济学非常正确地注意到了信贷的不稳定性作用，以及过度债务对金融危机和经济不稳定所造成的推助作用。然而，它对信贷和债务的不稳定性作用的解决方法从根本上说是"反动的"。也就是说，在面对危机的时候，奥地利经济学派力主"无为"，主张回到那个自我纠正的经济老路上去，说那样就能够成功恢复均衡。由于无法构建一个全新的理论框架，因此哈耶克的奥地利经济学只能是简单地采用 19 世纪的古典经济学和新古典经济学的观点，那就是，经济系统可以并且必将自我纠正，只要政府不干预自我调整的市场机制即可。当新古典经济学因大萧条这个异常现象而出现崩塌的时候，凯恩斯在理论框架上却实现了部分突破，而哈耶克和其他奥地利学派的经济学家却在理论框架上大步后撤——他们回到了让·巴蒂斯特·萨伊的经济学思想和一个多世纪以前流行一时的自我纠正的市场经济世界观上。

在奥地利学派看来，政府是信贷驱动的危机的幕后推手，因此解决危机的关键必定是政府不能干预经济复苏。危机的起源是中央银行（即奥地利学派所说的"政府"）通过过度扩张货币供给所产生的过剩流动性和信贷；过剩的货币供给导致了不正常的低利率，进而导致了过度的银行借款。这是一种以牺牲储蓄为代价的信贷繁荣和过度借款，结果造成了大量的"错误投资"

或不良投资。过多的基于债务的借贷创造的是"坏"的投资，只有储蓄才能创造"好"的投资。自然利率与储蓄有关，推动了好的投资；非自然利率与债务相关，驱动着不良投资。两者是可以共存的。但是中央银行却制造了不平衡，导致了过度的信贷、投机、不良投资和最终的危机。因此，中央银行（政府）才是危机的根本原因，它是不可能提供解决危机的真正办法的。

过度的"不良"投资导致资本品和消费品价格上涨、工资上升，这意味着，不稳定性的传播是通过货币价格（利率）传递到金融资产、商品和劳动力价格上的。中央银行采取的旨在救助银行体系和支撑资产价格的货币政策，只会导致更多的不良投资；同时旨在支持工资收入的政府支出政策，则只会导致坏的消费。禁止中央银行干预经济复苏，就可以消除人为的低利率，使利率恢复到自然状态，进而恢复投资与消费之间的平衡。没有了中央银行的干预，经济自然会实现自我纠正。过剩的债务并不可怕，因为只要听之任之，自然就会自行清算。在今天，美国自由至上主义者和茶党对中央银行的利率政策都极其反感。这些人其实都是奥地利学派（哈耶克）的观点的继承者，尽管他们自己可能并不清楚。

我们或许可以这么说，凯恩斯的目的并不是要解释信贷—债务在引发 20世纪 30 年代大萧条方面所起的作用，因而也就没有解释各种金融因素对引发大萧条所起的作用。凯恩斯所关注的是采取何种实际经济措施可能有助于结束大萧条。相反，奥地利学派则关注信贷—债务问题，但是却又放弃了提供任何实际解决方案的机会。奥地利学派只是简单地得出了这样一个结论：只要听任银行破产、听任不良资产清算，市场就会自动调整，继而就会回到均衡状态：货币（利率）的价格机制会稳定其他价格体系，进而所有价格体一起发挥作用，使实体经济恢复均衡。信贷—债务可能会导致问题，但是价格（利率）自然会再次恢复均衡——只要政府不横插一脚就保证万事大吉。

从上面的论述可以看出，奥地利学派的商业周期理论确实认为过度的信贷和债务是造成 20 世纪 30 年代大萧条的重要因素。但是，该学派却又排除了市场对于私人银行体系和投机者内生地创造过剩"内部信贷"的责任；相反，它极力主张的是，只要把中央银行这个"祸根"连根拔起，经济自然就会通过价格调整进行自我纠正，最终回归均衡。不过，这种价格调整不是古典经济学所说的那种商品价格调整，而是货币价格（利率）驱动的调整。过剩的债务一旦被政府创造出来，就不可能由政府自己来消除，只有市场才能通过资产清算来清除过剩债务。因此，在本质上，奥地利学派的经济学家们是从货币供给的角度来解释引发经济萧条的原因的，但是他们给出的解决方案却是让政府"走开"，使经济在"市场引导下恢复均衡"。

在第二次世界大战结束后，奥地利学派的上述观点对主流经济学中的"复古古典经济学"一翼产生了重大影响。它们两者都认为货币供给不平衡是引发经济萧条的主要原因，因此解决的办法也只能从货币供给不平衡上去找。要想避免因过度信贷和债务驱动的金融危机所导致的整体经济的收缩，只要防止过多的货币注入经济体即可。如果事先的防范工作没有做好，致使金融危机和经济收缩发生了，那么也只要同样做即可（也就是什么事情都不用做），因为市场机制自然会发挥"魔力"，使经济恢复均衡并获得增长。

奥地利学派强调流动性过剩、过度的信贷和债务创造是导致金融危机的关键因素，这无疑是正确的。但是该学派并没有提出任何解决危机的方案，而是只强调让市场自动地把繁荣阶段产生的过剩债务消除掉，同时确保政府在市场进行调整时不要去试图推助经济复苏，听任银行和其他非金融企业破产，让债务违约和资产清算遵循它们的"自然"过程进行下去，这就足够了，即这就足以创造出经济复苏的前提条件了。这两个学派都认为凯恩斯在这一点上完全错了，实体经济将不会重新稳定在远低于平均水平的新均衡上（投资减少、失业率增加、产出下降）的，相反，它最终将完全恢复到金融崩溃和经济收缩前的水平。

## "混合凯恩斯主义"

几乎在凯恩斯《通论》出版的同时，"混合凯恩斯主义"也诞生并发展起来了。当时，在英国以牛津大学和剑桥大学为中心、在美国以哈佛大学为中心，有一大群经济学家批评凯恩斯忽视了一些重要的新古典主义命题。1936年及其后的很长一段时间里，凯恩斯与这些批评者之间发生了激烈的争辩。批评者质疑的是，利率是否具备持续相关性。他们认为，《通论》其实并没有提出一个"一般理论"，而最多只是一个关于经济衰退的理论。他们声称，凯恩斯的论点不适用于经济稳定期和经济增长期，因为在这两种经济形势下，商品通货膨胀有可能发生。批评者们认为，凯恩斯非但没有提出一个一般性的通货膨胀理论，反而显露出了他对古典经济学和新古典经济学的一些新进展并不了解，然而，这些新进展的意义却非常重大。[①] 新古典主义的卫道士们明知凯恩斯确实提出了重大挑战，但是却又坚决不肯放弃他们已经支离破碎的原有范式。因此，他们决定将凯恩斯的思想中不会从根本上推翻他们的旧理论框架的元素吸收进来。为了容纳凯恩斯的部分思想，他们修改了他们的旧框架，但同时又把凯恩斯《通论》中更加彻底的那些元素拒之门外，因为它们会从逻辑上导致他们完全抛弃新古典主义的分析框架。

在第二次世界大战结束不久，混合凯恩斯主义就成了美国和英国学术界当仁不让的主流。它将凯恩斯思想中的一些元素经修正后纳入了其新的"综合模型"中。这个模型就是后来所称的 IS—LM 模型，它成了整个宏观经济学的基石。其中，"IS"代表经济学分析中真实一侧的投资和储蓄，"LM"则代表货币一侧的货币需求和货币供给；货币需求和货币供给成了决定利率的基础因素，而利率则调节了储蓄—投资关系。因此，从根本上说，它并没有超出古老的"利率决定真实投资"的思想——古典经济学的思想。主要由货币供给决定的利率水平和利率变化则在实际上起到了"诱导"家庭将储蓄用于企业投资的作用：借用家庭的银行存款来进行投资并生产出真实的资本品和消费品。也就是说，凯恩斯对古典经济学的这种假设的反转（凯恩斯认为，是投资决定利率而不是相反），在早期的"混合凯恩斯主义"的经济学中又被重新反转过来了。如果利率在推动投资中发挥了关键的中介作用，那么，这种假设就相当于认为价格（利率就是货币的价格）又重新成了实体经济恢复均衡的关键因素。因此，主要决定因素不是收入（凯恩斯认为收入是主要决定因素），而是价格（利率）。早期"混合凯恩斯主义"对利率和投资的这种看法，不仅与前凯恩斯的新古典主义思想完全一致，而且也与奥地利学派的经济分析观点一致（见上文对奥地利学派的评述）。

混合凯恩斯主义将利率放在首要地位的观点导致其政策选择的倾向是：中央银行的货币政策是稳定经济的更重要的政策工具，特别是在经济增长和

---

① 使"混合凯恩斯主义"成为一场运动的是英国经济学家约翰·希克斯，他出版了一本名为《凯恩斯与古典经济学》的专著。不过几十年后，希克斯却认为自己的分析是错误的。

通货膨胀时期。不过它在经济衰退和萧条时期也一样重要。该政策选择的倾向也是混合凯恩斯主义与奥地利学派的分道扬镳之处。混合凯恩斯主义认为中央银行确定的利率是经济复苏的核心，而奥地利学派则认为中央银行确定的利率是破坏经济稳定和阻碍经济复苏的罪魁祸首。相比之下，凯恩斯则完全不看重利率作为重新稳定经济的工具这种作用。①

虽然承认凯恩斯在货币需求分析领域的重大贡献，但是混合凯恩斯主义仍然只强调银行和货币供给的作用，并认为中央银行可以采取更加灵活的影响利率的货币政策。它没有否认货币需求的作用（中央银行在任何情况下都对货币需求没有什么影响），但是却强调货币供给在决定利率方面仍然占主导地位。认为货币供给和利率"优先"，这其实是一种非常"古典"的观点。

如果混合凯恩斯主义强调货币需求更甚于货币供给，那么这就将导致混合凯恩斯主义重新回到凯恩斯的最初思想窠巢中去，即货币需求所产生的后果可以抵消中央银行对货币供给和利率操纵的后果。而且，货币需求有时会压倒或否定货币供给的观点还意味着，利率可能不会对实体经济产生太大的正面影响——无论中央银行的货币供给导致利率下降到多低的水平上。这样一来，混合凯恩斯主义 IS－LM 模型中的"LM"一侧将会崩溃。总之，虽然混合凯恩斯主义承认凯恩斯在货币需求理论方面的贡献，但是却仍然坚持认为货币供给和利率是主要的。

除此之外，混合凯恩斯主义还排除了"预期"在决定利率和（或）投资中发挥任何作用的可能性。引用凯恩斯著作中的一些观点却不提及他关于"预期"的洞见，这一做法是非常荒唐的，这就像引用马克思《资本论》中的观点却删除他所有提及"劳动剥削"的字句、谈到新古典经济学却不考虑"均衡"概念一样。"预期"是凯恩斯思想的根本所在，删除这方面的思想，凯恩斯就不再是凯恩斯了。但是，第二次世界大战后期兴起的混合凯恩斯主义，虽有"凯恩斯主义"之名，却无"预期分析"之实。

全盘不考虑"预期"，凯恩斯的投资理论实际上就不复存在了，因为资本的边际效率无法脱离预期而存在。这样一来，企业就只能根据它们过去的利润有多少、而不是根据它们所认为的未来利润可能有多少来进行投资决策；

---

① 不过，对于利率在一个不处于萧条状态（或不处于远远低于其潜在产出的）经济中的作用，凯恩斯的看法更加模糊。

而消费者也仅仅根据自身当前的收入水平、而不是他们预期自己将来可能获得的收入来进行消费。无论是投资还是消费，都没有了时间维度。如果企业和消费者的投资与消费决策行为所依据的仅仅是当前的利率水平，而不是他们所预期的未来的利率水平，那么利率的决定将变得非常荒谬。

古典经济学和新古典经济学认为利润是投资的主要决定因素，借入的资金（即信贷）则是在利润不足以完成投资项目时所进行的融资，或资本家希望使用其他人而不是自己的资金来进行投资时所做的补充融资。但是，凯恩斯的投资理论还增加了一个更加基本的维度，其核心主张是对未来利润的预期比当前的利润水平更加重要。利润预期是凯恩斯资本边际效率概念的基础，它在确定投资方面发挥的作用，比替换资本的成本或用于补充投资所需资金的借款成本（即利率）更大。

不过，预期是高度"心理化"的，因此很大程度上只能加以定性分析，很难量化。几十年来，混合凯恩斯主义者的一贯策略是，忽略那些不容易量化的东西。第二次世界大战结束后，混合凯恩斯主义越来越多地转向数理分析方法，并在很大程度上用这种方法替代了提出更多、更有可能推动经济学进步的经济学概念的方法。事实上，这种数理分析方法的转向已经实质性地阻碍了经济学新概念的提出和发展。虽然数学可能是一种更有效、更通用的语言，但同时它也更容易受意识形态的操控。

在拒斥凯恩斯"预期"概念的同时，混合凯恩斯主义几乎不加任何修改地全盘接受了凯恩斯在收入、边际消费倾向和乘数等方面的思想。在混合凯恩斯主义者们看来，收入和价格（利率）对于经济复苏都是重要的；政府开支和税收政策（即财政政策）对于收入分析也至关重要，就像中央银行的货币政策对于货币供给和利率一样重要。因此，我们或许可以认为，混合凯恩斯主义在货币方面是"新古典的"，而在收入方面则是"凯恩斯的"。①

然而，虽然接受了凯恩斯在收入分析方面的思想，以及基于收入的被称为"乘数效应"的重要概念，但是混合凯恩斯主义仍然未能充分解释为什么

---

① 这就是为什么"混合凯恩斯主义"有时又被称为"新古典主义综合"的原因。"新古典主义综合"这个术语的目的是为了区分原来的"新古典主义"，其中的"综合"是指将新古典主义命题、概念和关键论点与选择出来的凯恩斯本人的原始命题和论证结合起来。

"乘数效应"会随着时间的推移而越来越小。我们现在都知道这其中有几个方面的原因，而且它们都与最近几十年来不断变化的劳动力市场和金融市场结构有关，但是混合凯恩斯主义者并没有考虑这些方面的原因。[①]

首先，混合凯恩斯主义者未能充分考虑到债务对消费和企业支出的负面影响。其次，他们认为政府注入的所有收入（即政府支出或税收减免）都有相同的乘数。它假设收入就是收入，乘数的主要决定因素是家庭或企业在收入注入时的可支配收入水平。再次，收入注入的构成和时间也被忽略了。

关于第一点，混合凯恩斯主义者承认一些家庭确实积累起了很多债务，出现了"债台高筑"的情况。但是，他们对家庭为何"债台高筑"的分析却非常薄弱，仅仅局限于指出，家庭债台高筑意味着政府注入的收入中有一部分会被家庭转用于偿还债务而不是被用于消费，这将导致较小的乘数效应（因为有一部分被用于支付过多的债务而没有被用于消费）。虽然这是对的，但是它既没有考虑到"高悬的"债务规模或类型，也没有考虑到偿付债务的条款、条件和债务期限结构；更没有考虑到当前的家庭可支配收入变化以及其他因素。这些都是本书用来定义"脆弱性"的重要参数。对于混合凯恩斯主义者来说，债务只是一个总额，它会以某种方式导致政府注入的收入中有一部分将会被转移，从而导致乘数效应变小。

对于第二点，混合凯恩斯主义者假定政府注入的同等规模的不同类型的收入将产生相同的乘数效应，即只受通常的乘数分析时要考虑的可支配收入水平的影响；至于注入的收入是以补贴付款或转移支付或创造就业机会的方式进行并不重要。但是事实上这些都很重要。近年来，政府收入的注入越来越多地采用前两种方式而不是最后一种。不过，与来自新创造的就业机会所获取的收入相比，前两种注入方式下家庭获得的收入，可能消费得更少、储蓄得更多。

关于第三点，混合凯恩斯主义者认为，收入的构成或时间没有重要意义。这是不对的。政府的支出大部分都是国家花费掉的，它并不会导致很大的乘数。这是因为它的很大一部分是由国家来进行"囤积"的，或者是作为社会服务的付费以一次性补贴的方式支付的，这与中央或地方政府通过创造就业

---

① 读者可以参考本书第 11、12 章。这两章分别讨论了近几十年来金融市场和劳动力市场结构的重构，这些都导致了进入 21 世纪后乘数效应的下降。

机会带来的收入的意义全然不同。

作为一个例子，我们来看一看 2009 年至 2010 年间美国经济发生了什么。美国联邦政府注入了大约 3 000 亿美元的资金，它们交由各州政府花费。有人预计，这笔收入将会创造 600 万个就业机会。但事实却是，大部分资金都被各州政府"囤积"起来了，只有少部分落到了实处，其创造出来的就业机会非常少。当联邦政府受到批评时，它给出的回应却是，这些钱至少保证了不会有更多人失去工作。但实际这也不是事实，因为州和地方政府多年来一直在削减政府内部的工作职位。而对企业而言，在 2009 年至 2011 年间，政府至少减免了 1 万亿美元的企业所得税，然而这些钱却也基本上被企业"囤积"起来了，或者被投资到了海外，又或者被转移到了金融证券投资领域。

混合凯恩斯主义乘数理论的问题在于，说到底那只是一个"黑箱"。例如，主流经济学中的"动态随机一般均衡"模型（DSGE）只是简单地假设注入经济体的"X"数量政府收入，将会创造出"Y"个就业机会以及相应的收入，乘数是给定的。而美国的"动态随机一般均衡模型"则假设，在 2009 年，联邦政府总额为 7 870 亿美元的财政刺激计划——主要包括减税、对各州的补贴，以及长期的资本密集投资项目（而不是劳动密集型投资项目）——将导致大小为"Z"的乘数效应，并在 18 个月内创造 600 万个就业机会，包括 100 万个制造业工作岗位和 50 万个建筑业工作岗位。但事实却是，在那 18 个月内，制造业和建筑业与其他行业一样，都在削减工作职位。因此。毫不奇怪，乘数远远低于模型预测。

混合凯恩斯主义经济学还有一个更加明显的缺陷，那就是，它无法区分实物资产投资（设备、建筑物等）和金融证券投资，更无法说明这两种形式的投资是如何相互决定并互相影响的。同时，在一个一般层面的意义上，它也没有解释金融周期（繁荣、破产、银行崩溃、流动性紧缩等）是如何影响真实的商业周期（衰退、大衰退、萧条等）的，当然也没有说明后者是如何对前者产生反馈进而导致产生金融不稳定性的。凯恩斯在《通论》一书第 12 章中讨论了专业投机者—投资者阶层的崛起，但这一内容却从来没有出现在混合凯恩斯主义的经济学分析之中。影子银行的迅猛发展及其对经济的影响，也是近年来混合凯恩斯主义经济学分析中的一个巨大的黑洞。金融资本精英的"金融乐土"（即人们所称的"资本市场"，流动性极高，是金融资产投机发生的场所），近年来已经逐渐取代传统银行，使得中央银行对货币供给的管控变得越来越无关紧要。但是，混合凯恩斯主义经济学分析却很少关注这些非常显著的发展趋势。

一个典型的例子是混合凯恩斯主义的一个分支，即公司金融学所坚持的"有效市场假说"。它完全符合古典经济学的传统智慧：市场总是比政府更有效率，只要听其自然，市场总会回归均衡状态，等等。也就是说，与让·巴蒂斯特·萨伊在1800年说的那些没有什么不同。混合凯恩斯主义经济学也对金融变量如何影响实体经济缺乏认识。事实上，它忽视了金融因素本身及其对实体经济的影响这个一般倾向；导致这种情况的部分原因是，过去七十多年来，混合凯恩斯主义者在接受教育和学术训练的过程中，几乎只关注国民收入和产品账户（NIPA）数据库提供的真实变量数据；该数据库创建于20世纪30年代，一直不包括金融市场数据。从一开始，从国民收入和产品账户的角度统计国内生产总值（GDP）时，就是将金融变量从GDP分析中剔除掉的。由于混合凯恩斯主义者接受的学术训练就是用国民收入和产品账户的数据以及相关的真实变量进行定量分析的，因此他们通常都会忽视金融变量。几乎没有混合凯恩斯主义者会想到，高流动性的全球金融市场、新形式层出不穷的金融证券，甚至进入影子银行业的非金融跨国公司，都可能与不断下降的实体经济投资、不断减缓的经济增长、不断下滑的就业、不断攀升的企业债务有关，也与近几十年来全球经济不断强化的不稳定性有关。

古典经济学和新古典经济学（以及马克思主义经济学）都认为，对实物资产进行投资所需的资金源于企业内部利润或银行借款，它们几乎都没有注意到其他融资形式，例如股本（股票）、债券等。它们都只是反复强调，利润（辅以银行贷款）决定投资。当然，这也许并不足以为怪，因为股票市场和债券市场在19世纪之前并没有发展起来，以及主要由影子银行等金融机构创造活力的资本市场和金融衍生产品市场也不存在。1945年以后，混合凯恩斯主义者承认股票市场和债券市场也是投资所需的资金的主要来源。但是，直到21世纪，他们仍然未能充分考虑到资本市场—影子银行的融资作用和影响——无论是用于实物资产投资还是金融证券资产投资。

金融工程的蓬勃发展和新型证券的爆发性创造，与"内部信贷"融资的兴起和不断加大的影响直接相关，特别是对金融资产市场的影响。然而，混合凯恩斯主义者却很少有人注意到这个发展趋势，他们仍然坚持中央银行体系和私人银行系统在货币创造过程中的相互关系的传统观点，对于不涉及这种传统意义上的货币创造和借贷的信贷概念，一律不被考虑。自从 20 世纪 70 年代初布雷顿森林货币体系崩溃以后，中央银行一直在提供过剩的流动性（这是"外部信贷"）；而从 20 世纪 80 年代至今的全球金融体系本身的历史性重构，"内部信贷"的持续增长又进一步加剧了这种情况。全球化和经济的金融化降低了传统中央银行与商业银行的货币创造对实体经济的影响，同时非货币的"内部信贷"的快速增长又进一步加剧了流动性过剩；而流动性的过剩则驱动着各个层面（企业、家庭和政府）的债务都创下了历史新高。中央银行几十年来一直在逐步失去对货币供给的控制。当然，从当代主流的混合凯恩斯主义者那里，人们是不可能获悉这些的。

主流混合凯恩斯主义者对价格的作用其实特别困惑。我们几乎可以说他们在这个问题上患了"精神分裂症"。价格被视为一种稳定机制，但是只有在有效的政府干预政策的协助下才是如此。实际上在八九十年前，凯恩斯就已经指出，价格机制不一定能够稳定经济，相反，它甚至有可能会破坏经济稳定；然而，混合凯恩斯主义者却直到今日仍然手足无措，不知道怎样给出一个关于价格和通货膨胀的内在一致的综合性理论。此外，混合凯恩斯主义者对通货膨胀的分析提到了与实物商品价格、劳动力价格（工资）以及货币价格（利率）相关的不同调整过程，但是却并没有对金融资产价格进行分析，也没有考虑到金融资产价格是如何与前三种（商品、货币和工资）价格机制相互作用的。

货币价格（利率）的通货膨胀是由于货币供给和（或）货币需求发生变化所致，但是混合凯恩斯主义者却强烈偏向于认为货币供给才是主要因素。这反映了新古典主义的影响（当然，他们名义上也承认凯恩斯货币需求函数的贡献），即中央银行确定利率，至少是短期利率；当货币供给和货币需求在中央银行的协助下调整到位后，货币价格就又重新恢复均衡了。

关于劳动价格（工资），混合凯恩斯主义者认为它是由大公司与大工会之间的相对寡头垄断议价能力决定的。这就是所谓的"有管理的"劳动价格理论。经济增长会使议价能力向有利于工会的方向转移，从而有利于工资增长；而经济停滞或衰退，则会将工资决定权更多地转移给公司。混合凯恩斯主义者据此声称，政府应该管制企业和工会，以确保没有任何一方能够获得过多的议价能力导致另一方的利益受到损失。

至于商品通货膨胀，混合凯恩斯主义者认为它一方面是由需求驱动的。这可能是"太多的货币追逐商品"的结果（这是古典经济学和新古典经济学的论证），也可能是超过经济充分就业水平的超量生产的结果。另一方面，由于工资增长也被视为商品价格通货膨胀的主要决定因素，因此，商品通货膨胀同时也可能是供给方面的因素的结果。政府通过财政政策和货币政策调节供需体系，以确保它们不会偏离均衡状态太远或太久。

在所有上述三种情况下，价格最终都会回归均衡状态，不过市场力量是在政府的干预下恢复的。现在政府在"恢复均衡"时承担了一个角色，这与新古典主义者所主张的"只有政府不干预才能实现均衡"的观点有所不同，混合凯恩斯主义者认为，只有当政府（中央银行的货币政策或政府的财政政策）谨慎地"推动"经济回归均衡位置时，才有可能更快地恢复均衡——比没有政府参与时快得多。

混合凯恩斯主义者的均衡观甚至比凯恩斯本人的均衡观更强。凯恩斯对均衡的看法并不那么乐观，他认为均衡可能会重新建立起来，但是会处于一种低于正常的产出和就业增长水平的停滞状态。总之，像新古典主义者一样，混合凯恩斯主义者相信，完全回到以前的均衡状态是可能的。与新古典主义的唯一区别是，现在要由政府来协助市场恢复均衡了。在所有这三个层面上（货币、劳动和商品），价格都发挥着稳定力量的作用，虽然需要政府的"微调"来协助恢复均衡（通过中央银行和政府的政策）。

混合凯恩斯主义者这种多样化的、不连续的价格（通货膨胀）观，在20世纪50年代末和60年代发展起来的"菲利普斯曲线"模型上表现得非常明显。直到这个模型的提出，混合凯恩斯主义才有了一个真正意义上的通货膨胀理论。在一个关于这个模型的著名的图示中，只有一条向下倾斜的曲线：在纵轴上，工资在很大程度上决定了商品的价格水平（通货膨胀率）；而在横轴上，产出的变化则决定了就业水平，因此也就决定了失业率。随着生产和经济的放缓，失业率上升，工会的工资谈判能力下降，工资也将随之下降。由于工资被认为是"有管理的"价格的主要决定因素，因此价格水平也将随着生产和就业的下降而下降。这既是"需求"驱动的价格变化，因为价格将随着经济的放缓而下降；也是"供给"驱动的价格变化，因为工资成本下降也将导致价格下降。是供给和需求共同决定了通货膨胀水平。当然，在金融危机中，金融资产通货紧缩可能推动工资、物价和利率的三重下降，但这种情况却不在菲利普斯模型考虑的范围之内。

菲利普斯曲线还在刺激生产和经济增长的扩张性财政政策与货币政策之间，以及在放慢经济增长的财政政策与货币政策之间提供了一个看上去很不错的"权衡"机制。减少产出会导致工资和价格下降；相反，GDP 的增长将会导致工资和价格上升。然而，菲利普斯曲线的问题是，到了 20 世纪 70 年代，它所描述的价格和就业 / 实际产出变化之间的这种关联却完全消失了。随着这种至关重要的关联的消失，混合凯恩斯主义的价格机制也就全面瓦解了，它的政策建议的理由也不成立了。混合凯恩斯主义经济学甚至连实体经济的演变也都无法解释了，至于金融业以及实体经济行业与金融业之间的相互作用，就更加不用说了。这样，在 20 世纪 70 年代，主流经济学出现了一个难堪的真空，而填补这个真空的是新出现的货币主义者，他们后来演变成了本书作者所称的"复古古典主义者"。

关于债务问题，混合凯恩斯主义者从来没有分析过企业债务是如何导致金融的不稳定性的。他们对企业债务的看法与古典经济学家相似，那就是，企业债务就是银行贷款，它为实体经济投资提供了另一种融资来源。因此，企业债务被视为是正面的。至于过剩的流动性和债务如何导致企业未来无力偿付债务，进而导致违约、造成经济不稳定，他们并没有试图去解释；他们也不知道企业违约可能加速金融资产通货紧缩，当然也没有考虑过债务、通货紧缩和违约会进一步加大金融业和实体经济的不稳定性。

消费者债务或家庭债务也同样被混合凯恩斯主义者视为是积极的，因为那是家庭的额外收入来源，能够刺激消费。家庭债务将怎样以及在什么情况下会变成对可支配收入的拖累，进而导致消费下降，并没有得到他们的足够重视。他们承认，家庭债台高筑可能会限制消费，但是却又认为这只是在它用部分收入去偿还债务、而不是用于消费这个意义上才成立。因此，债务高悬现象和乘数效应都没有得到深入的分析。

另一方面，混合凯恩斯主义者还是政府债务和赤字支出（也会创造债务）的更大胆的提倡者。他们认为，中央银行为了救助银行、影子银行和投资者而实施的量化宽松政策没有任何问题，即使这会使中央银行的资产负债表增加数万亿美元的债务也没关系。他们在一般政府赤字和债务问题上也持同样的观点。只要经济表现低于充分就业和潜在的 GDP 水平，政府就可以进一步扩大赤字和债务，进而通过财政政策刺激经济复苏。混合凯恩斯主义者声称，因这种政策而出现的需求侧通货膨胀是可以忽略不计的。例如，保罗·克鲁格曼等混合凯恩斯主义者就不断鼓吹，政府应该采取赤字支出政策来促进经济复苏。他们说，没有出现商品通货膨胀就是一个指标，说明不会导致进一步的赤字和债务积累的后果；而赤字和债务是以何种方式累积和增加的无关紧要。政府赤字和债务是怎样使企业债务继续上升的，以及会对未来的不稳定性造成什么影响，混合凯恩斯主义者认为并不重要。他们还忽视了政府的超额债务可能会导致紧缩财政政策，从而降低家庭收入，进而导致更多的家庭债务。

在混合凯恩斯主义者的经济学分析中，所有这三种形式的债务都不会互相影响和互相决定。也就是说，这种分析不考虑各种形式的债务之间的动态相互作用，因而在很大程度上它是静态的。他们不考虑债务与价格不稳定性（通货紧缩）之间的相互作用和反馈效应，①也没有注意到违约（无力偿还债务）是如何导致通货紧缩的，或者反过来，通货紧缩是如何导致违约的。至于在金融危机发生之后，债务—通货紧缩—违约的过程是如何加速实体经济收缩的，当然也未进入他们的视域。

对于混合凯恩斯主义者来说，均衡的破坏（如萧条、一般的衰退和大萧条）只是"外部冲击"给经济体系带来的结果；从根本上说，经济体系时刻都处于均衡状态，"外部冲击"只是将它从平衡基座上撞下来而已。对于新古

---

① 20 世纪 30 年代，经济学家欧文·费雪在他的《经济萧条的债务—通货紧缩理论》一文中（载《经济计量学》杂志，1933 年，第一卷，第一期），详细讨论了债务和通货紧缩之间的关系，后来他又在 1932 年出版的《繁荣与萧条》一书中进一步分析了这个问题。费雪与凯恩斯有些相似，虽然以前也是新古典主义经济学的主要倡导者之一，但是在面对当时的大萧条的现实时，他还是试图通过将金融周期与现实世界联系起来，以突破旧的理论框架的束缚。凯恩斯的《通论》关注经济如何从萧条中走向复苏，而费雪则更侧重于分析大萧条的起源，其中就包括大萧条在 20 世纪 20 年代的金融起源。主流混合凯恩斯主义者同样忽视了费雪的贡献，甚至超过了忽视凯恩斯的贡献的程度。

典主义者（以及复古古典主义者）来说，不应该让政府插手来帮助经济恢复均衡。而对于混合凯恩斯主义者来说，政府的帮助加速了均衡的恢复。但是，所有这几派都认为均衡才是自然状态：经济系统基本上是稳定的，只是周期性地遭受了来自均衡的自然状态之外的外部事件的冲击。这种观点意味着，资本主义经济并不存在会使自己经常地、定期地偏离稳定增长和均衡状态的内生特性。因此，均衡和"外部冲击"导致的经济衰退是并行不悖的，它们合起来构成了一个"联合意识形态"概念。

混合凯恩斯主义者认为，外部冲击既可能是供给冲击（如石油价格冲击），也可能是需求冲击（如政府实施刺激经济的政策）。他们假设，无论是哪种冲击，政府的财政和货币政策都能够成功地使经济恢复稳定。

还有一个重要的问题是，混合凯恩斯主义者对通常的衰退、大衰退（例如 2008 年至 2009 年的衰退）和真正的萧条之间的区分完全是定量意义上的。相对来说严重得多的"大"衰退甚至萧条，也只是比"通常"的衰退"大一些"或"很多"。他们假设，导致"通常"衰退的原因同样适用于"大"的衰退和"最大"的衰退（萧条）。也就是说，导致萧条的原因与导致"通常"衰退的原因并没有什么显著的差异。① 事实上，混合凯恩斯主义者最令人惊异的一个缺陷，恰恰与对 20 世纪 30 年代大萧条发生的原因、演化轨迹和结束标志的诸多相互矛盾的解释有关。对于 20 世纪 30 年代大萧条发生的原因、为什么会持续那么久，以及为什么它终于结束了，混合凯恩斯主义者（以及复古古典主义者）至今仍然没有一个一致的结论。到目前为止，各种各样的解释加在一起不下几十种，有的从货币政策的角度进行分析，有的则从财政政策的角度讨论，还有的从供给侧一方作出探讨，有的从需求侧一方进行研判，有的从国内因素着眼，有的从国际因素入手……对于这个 20 世纪最重要的经济事件，专业经济学家们在争论了超过 75 年之后依然没有给出明确的解释。

这种对不同经济收缩之间的差异的混淆，以及对 20 世纪 30 年代大萧条原因的解释的混乱，隐藏着非常重要的含义。如果在所有三种经济收缩中发挥作用的都是同样的定性因素，那么只要传统的财政政策和货币政策能够成

---

① 对于本书作者为什么拒斥这些假设，以及为什么这三种形式的经济收缩的性质是不一样的，请参阅本书作者的另一本著作：《史诗般的衰退：全球大萧条的序曲》，Pluto 出版社，2010 年，第 1~3 章。

功地结束"通常"的衰退，那么性质相同但力度更大的财政政策和货币政策也应该能够结束更严重的衰退即萧条。①

然而，历史事实显然不是这样的。外部冲击事件可能导致"通常"的衰退，但是经济萧条或者只是很大的经济衰退（很大的衰退通常是萧条的潜在前奏）却不会是因为供给或需求政策的冲击所致的。它们是金融不稳定性事件和金融崩溃所导致的，而且往往出现在流动性过剩、负债过度和金融资产投机等因素累积多年之后。即便是自 2008 年以来的最近这次"大型"衰退，也证实了传统政策显然未能使经济增长恢复到危机前的水平，也没能重新回归均衡。尽管美国和其他国家的中央银行都注入了数十万亿美元的资金，但是随着金融泡沫的增大和扩散加速，实物资产投资和经济增长持续放缓，债务不断增大。传统的财政政策和货币政策对实体经济的积极影响正在急剧下降，但对金融系统的负面影响却在不断强化。②

混合凯恩斯主义者的问题在于他们坚持了静态的历史观。他们考察过 1947 年到 1990 年间发生的几十次"通常"的衰退，并且结果都发现了由"外部冲击"所致的实体经济的收缩。但是他们没有看到，自 20 世纪 70 年代开始，由金融因素所致的经济收缩越来越严重了。最初，这种经济衰退是以非常平和的形式出现的，而且也不会扩散到不同市场和不同国家。但是自那以后，这种衰退就扩大了，而且可能会与因"外部冲击"所致的衰退同时发生。最后，到了 21 世纪，金融因素比产生"通常"衰退的其他因素更"强大"了，从而导致了本书第二部分所概述的各种新型的、因金融危机所致的经济收缩。

进入 21 世纪之后，性质特别严重的实体经济收缩似乎成了经济衰退的"新常态"，而混合凯恩斯主义者却几乎完全忽略了金融因素和金融不稳定性在"大衰退"中所发挥的作用，因此他们无法理解 2008 年开始出现的全球危机的性质。这场危机的根源可追溯到几十年以前，而且至今仍然在发酵：

---

① 在混合凯恩斯主义的代表人物中，一个不遗余力鼓吹采用更大力度财政刺激政策的人是保罗·克鲁格曼，请阅读他在《纽约时报》上的专栏文章。

② 本书作者早在 2011 年年底就预测，传统的财政政策不会促成美国经济复苏，更详细的信息请参阅本书作者于 2012 年出版的著作《奥巴马的经济：少数人的复苏》，Pluto 出版社，2012 年。

它在全球范围内的表现形式和发生区域一直在变化，并且似乎找不到解决办法。混合凯恩斯主义者的问题在于，他们继续坚持以通常的眼光来看待所有的经济收缩，以为它们之间不存在根本的定性差异。确实，他们怎么可能承认呢？那样做就意味着传统政策不会奏效。然而，现实却要求我们必须认识到，并非所有的经济收缩都是由"外部冲击"所致的，以及经济的周期性的不稳定性肯定还有源于其内部的内生性原因——无论是货币的还是实物的。

以下简要总结了混合凯恩斯主义的主要缺陷。它们表明，主流经济学分析的这一翼从"概念框架和理论"上看，已经走进了死胡同。

· 没有金融周期理论，也不考虑金融周期是如何与商业周期互相作用的；

· 分析时对实物资产投资与金融资产投资不作区分；

· 不在分析中整合或解释金融和劳动力市场的根本变化；

· 没有（即使有也非常少）考虑企业和家庭债务的作用，以及两者对实体经济投资和家庭消费的影响，尽管一般来说债务是一个不稳定的因素，而很少是一个积极因素；

· 只要经济未达到潜在产出和充分就业水平，就认为政策性债务是可以接受的，而不考虑它对家庭和企业债务的影响；

· 没有令人信服地解释为什么乘数效应在最近几十年下降了；

· 认为以任何形式注入的流动性都会对乘数和 GDP 产生相同的影响；

· 在利率理论和投资理论中拒绝凯恩斯的"预期"思想；

· 仍然从根本上坚持错误的新古典主义假设，即利率决定实体经济投资，货币供给是利率的决定因素；

· 不能区分货币和信贷，无法解释影子银行和资本市场对传统银行贷款和中央银行政策的历史性挑战；

· 继续将价格机制视为一种稳定经济的力量，认为它肯定能使经济恢复均衡状态，尽管是在政府的干预之下；

· 没有一个金融资产价格理论，没有分析金融资产价格如何影响其他价格体系并导致不均衡；

·认为经济系统最终能够自行纠正，虽然需要政府在必要时"轻推"一把；

·认为所有实体经济收缩的性质全都一样；"通常"的衰退、"大衰退"与真正的萧条之间并没有实质性的差别。

由于上述缺陷，混合凯恩斯主义者在分析过度债务及其对金融不稳定性的影响时，显得特别无力。自 20 世纪 80 年代以来，所有种类的债务都在以前所未有的速度增加，全球资本主义体系形成了金融不稳定和危机不断深化的趋势，但是他们却没有修正和更新其收入理论。总之，混合凯恩斯主义者不能理解全球经济体系内生的系统脆弱性的性质及其重要性。

## "复古古典主义"

像混合凯恩斯主义一样，复古古典主义也源于凯恩斯—新古典经济学分析。而且，正如混合凯恩斯主义代表对凯恩斯本人的思想的一种回应一样，复古古典主义也代表着新古典主义从另一个方向作出的回应。复古古典主义的主要立足点是，拒绝像混合凯恩斯主义那样，试图将凯恩斯的一部分（被修正后的）思想与新古典主义经济分析结合起来。因此，这两翼都代表着向新古典主义的回归，不过复古古典主义要更加直接一些。然而，无论如何，这两个主流经济分析流派的观点都不代表任何原始意义上的、可以被称为"凯恩斯主义"的东西。①

复古古典主义者或多或少地都是货币主义者，他们似乎相信一种"21 世纪的货币数量理论"。尽管他们列出的数理方程可能极其复杂和精妙，但是吹

---

① 当然，在过去七十年里，主流经济学的这两个主要流派还在许多情况下就各种议题展开过争论。混合凯恩斯主义有一个更接近凯恩斯本人的立场的变化，那就是有些人所称的"后凯恩斯主义"或"左派凯恩斯主义"，它的主要特点是坚持要恢复凯恩斯关于预期分析的思想。最近一个更偏离凯恩斯本人思想的变体，是被称为"新凯恩斯主义"的经济学。而在复古古典主义方面，奥地利经济学代表了新古典主义的另一个分支，它更接近于复古古典主义，而不是混合凯恩斯主义。复古古典主义的变体包括新古典学派、真实商业周期学派、芝加哥学派，以及最近出现的所谓的"资产负债表衰退"的倡导者。

去浮沙之后，都可以归纳为古典数量货币理论早就提出过的同样的根本论点：货币供给是解释金融和经济不稳定的主要变量，甚至是唯一变量。对于某些复古古典主义者来说，甚至利率调整也都完全不重要。中央银行应该稳定地增加货币供给，所有政策都应该是可以预期的，任何进一步的干预都会导致比预期更差的效果。

　　复古古典主义者认为，经济衰退和萧条总是由于中央银行的货币政策错误或其他市场原因所致的，因此通货膨胀或通货紧缩始终是一种货币现象，是由于向经济体注入的货币太多或太少了。正是在这个意义上，我们说复古古典主义者首先是货币主义者。他们认为，即使是 20 世纪 30 年代的大萧条，其原因也可以归结为中央银行的政策错误：在 1931 年，中央银行没有提供足够的货币供给，从而导致经济衰退进一步发展为大萧条；1937 年，中央银行再次从经济中撤出货币，进而导致第二次陷入萧条。他们还认为，大萧条之所以会在 20 世纪 40 年代才逐渐结束，是因为中央银行终于开始向经济体注入货币了，同时欧洲的黄金也因为战争而流入了美国。[1] 总之，商业周期的波动总是作为中央银行货币政策的实施的"起起落落"的结果而出现的。时光飞逝，而复古古典主义者的观点却依旧：对于从 2008 年 10 月始于美国的全球经济崩溃，他们认为，当时美国中央银行的不确定的政策"是恐慌的可能原因，或者至少使得恐慌更加严重"。这是一位顶尖的美国的复古古典主义者和货币主义大师在 2012 年说的原话。[2]

　　根据这种观点，私人银行系统，特别是影子银行，与 2008 年的全球金融体系崩溃完全没有关系。这次崩溃是一个"滚雪球"般的事件，至少从 2007 年下半年就开始了，并在 2008 年 9 月至 10 月达到了高峰。在复古古典主义者看来，专业投资者在金融衍生产品、银行股票上的金融投机，抵押贷款公司和其他影子银行的作用，显然都与这次崩溃无关。要承担责任的只有中央银行，尽管危机从肇始到 2008 年年底至少间隔了十八个月。复古古典主义者

---

[1]　认为美国中央银行应该对大萧条负责的复古古典主义的代表作是米尔顿·弗里德曼和安娜·施瓦茨撰写的《美国货币史》，芝加哥大学出版社，1962 年出版；以及艾伦·梅尔策的《美国联邦储备委员会史》（第一卷），芝加哥大学出版社，2003 年出版，第 5 章。

[2]　约翰·泰勒（John B.Taylor）：《第一原理》，Norton 出版社，2012 年，第 45 页。

还认为，与它未能防止崩溃发生类似，它同样也未能结束危机。毫无疑问，从长期来看，中央银行在提供过剩流动性方面确实有无可推卸的责任，因为流动性过剩会导致债务过多和对金融资产的高风险投机。但是，在分析到底是什么因素导致了 2008 年 10 月的全球金融体系崩溃，我们还是不能简单地把所有责任都归结到中央银行身上，而不考虑影子银行在其间发挥的作用。

复古古典主义者反对政府通过财政支出和减税来将收入注入经济体中。在对政府支出乘数进行复杂的重新定义之后，他们将新的变量以财富资产（股票、债券等）和未来收入的形式插入乘数方程之中，从而使得家庭实际消费掉的政府注入的收入大为减少。他们正确地指出，菲利普斯曲线已经"消失"了，为此他们重新定义了经济产出与就业之间的关系，还分析了这种新关系对工资和价格的影响。另外，通过引入"自然失业率"（NRU）概念，他们证明失业与通货膨胀之间的权衡事实上极不常见，只是一种偶然的结果，因此，财政刺激是无效的。[1]"自然失业率"这个概念意味着，即使菲利普斯曲线关系偶尔再次出现，但只要失业率达到自然失业率的水平（大约 5%），也应该立即就会被阻断。如此，财政政策就无效了。

在复古古典主义者看来，各种形式的自由裁量的政府政策，无论是货币政策还是财政政策，全都不但不能阻断危机，反而只会使事情变得更糟。这实际上重复了萨伊本人在 19 世纪 20 年代以及萨伊的新古典主义继承者们在 20 世纪 30 年代说过的话。他们提出的唯一的解决方案是，保证货币供给的稳定增长，当经济发生严重收缩时，让市场去出清不良资产，听任银行和企业倒闭，以便让价格体系实现恢复均衡的"使命"。

作为货币主义者，复古古典主义者一直都在警告：政府赤字将导致债务激增，最终将不可避免地导致恶性通货膨胀。自 2008 年以来，当各国中央银行大规模地注入动辄数万亿美元的流动性时，他们认为，注资将不可避免地导致失控的商品价格通货膨胀。混合凯恩斯主义者如保罗·克鲁格曼，则不断讥讽他们，因为商品价格通货膨胀的现象，在所有发达经济体都不存在。不过，金融证券和资产价格通货膨胀并不包括在复古古典主义者的警告中，也不包括在克鲁格曼等混合凯恩斯主义者对他们的批判中。无论如何，事实

---

[1]　这两个命题在很大程度上否定了混合凯恩斯主义者所强调的收入对刺激经济的积极影响。复古古典主义者的看法是，政府注入的收入不会对实体经济产生太多的刺激效应。

是，中央银行注入的过剩流动性，加上私人金融体系内部信贷的持续增长，正在推动通货膨胀，只不过没有表现在商品价格的普遍上涨上，而是表现在金融资产价格的严重泡沫上。与此同时，商品价格和劳动力价格（工资）则继续停滞不前，在全球资本主义经济最薄弱的区域，即日本和欧洲，甚至还出现了明显下降的情形。不断增多的流动性为金融资产价格上涨提供了强大的动力，从而吹大了资产价格泡沫，进而使货币资本大举从实体经济领域转向金融资产领域、从发达经济体流向新兴市场经济体。这些都促成了工资和收入的下降，并导致消费者对商品和服务的需求减少。因此，混合凯恩斯主义者（以克鲁格曼为代表）和复古古典主义者（以泰勒为代表）的观点都是错误的。当然，这在某种意义上也都是正确的。美国和其他发达经济体的中央银行的政策正在导致金融资产的通货膨胀，同时却降低了投资者对实体经济的投资，减少了家庭的工资收入和消费需求。

克鲁格曼与泰勒的这次"隔空过招"进一步揭示了这样一个事实：对于美国乃至全球经济的金融化及其对金融不稳定的影响，主流经济学的这两大流派对此的理解都存在严重的偏颇。与混合凯恩斯主义者一样，复古古典主义者也没能解释金融周期是如何与实体经济的周期相互作用的。他们认为，所有投资都仍然是"实物"意义上的投资，与一个世纪前没有什么不同；而且与普遍民众都能够看得非常清楚的事实相反，他们认为金融资产投资对经济稳定和商业周期没有什么重要影响。金融投资如何扭曲实物资产投资、如何导致投资从实体经济中转移出去等，都不是这两大流派的经济学家要研究的问题。

复古古典主义是从古典经济学的角度去解释 2008 年金融危机的。危机是个体行为的产物，而不是 21 世纪全球资本主义内在机制或过程的产物。危机的原因被归因于那些"坏人"的"道德风险"行为，而他们的行为背离了其他资本主义投资者、管理者和企业家的稳定的投资规范。这里所说的"道德风险"，是一个用来描述过度冒险行为的术语，即行为人认为，即使风险会导致危机，但是也会有市场甚至政府来补偿或救助。投资者之所以会做出高风险的"道德风险"行为，是因为他们知道自己用不着承担最终代价——自然会有人来承担。公众和其他投资者以及生产者之所以允许这种有"道德风险"的行为发生，是因为他们无法及时获得有关信息，或者说信息是"不对称的"。过度的风险承担者知道发生了什么，但是其他的投资者、生产者和消费者（即大众）却不知道。需要注意的是，不对称信息这个概念的内容和含义仍然集中在了"个人"身上，它不涉及对危机的制度分析，只与个人决策有关。比如，造成危机的是法国兴业银行的流氓交易员，或者是摩根大通的那个外号为"伦敦鲸鱼"的金融衍生产品交易员，又或者是雷曼兄弟公司的首席执行官理查德·福尔德，而不是银行本身或银行的惯例。总之，是那些背离了资本家"基本底线"的流氓导致了一切恶果。监管者被欺骗了，原因是"信息是不对称"的，而不是因为他们明知甚至与之共谋。总之，制度化的、不被监管的影子银行，对冲基金和私人股本所有者，新金融资本精英，新创建的能把所有金融机构都连接起来的金融工具，等等，都与金融危机无关。然而，崩溃就这么发生了，"顺带"还使金融大厦的相当大的一部分地基塌陷了。虽然复古古典主义者们试图解释金融过剩和投机性投资，但是他们却剥离了这些问题的所有制度或系统特征，将之还原为"个人行为"问题。或者说，它们被化约成了一些意识形态化的概念。事实上，许多复古古典主义者确实认为投机是"好"的，因为它通过提供简单的套利机会使企业更有效率。

复古古典主义经济分析中另一个强调的因素是，在实体经济投资的几大决定因素中，企业成本是重中之重。这实际是一种向古典经济学的回归：供给侧的各种因素才是投资的关键。政府不仅不应该以促进消费支出和经济复苏为借口，通过向家庭和消费者提供补助进行干预，而且应该立即撤销过去为了确保经济复苏而出台的增加企业成本的所有政策。也就是说，政府应该停止所有的经济干预调节行为，因为它只会增加企业成本。政府应该减免对企业和投资者征收的所有税收；应该废除一切影响工资成本的法律法规，包括最低工资标准、工会、集体谈判、退休养老、医疗保健福利费用分摊等方面的法律法规。

以下是对复古古典主义观点的综述：

- 它特别强调货币供给，认为实体经济的增长和稳定只能且只需通过中央银行确保适度的货币供给来实现，利率相对于货币供给是次要的。
- 它没有对金融资产投资与实体经济投资进行区分，不考虑这两者之间如何相互作用，也没有在更高的层面上考虑金融周期与实体经济周期如何相互决定。

·金融不稳定性是流氓投资者的个人行为、道德风险和信息不对称的结果，与银行（或影子银行）业务，以及管理它们的金融精英没有任何关系。

·是中央银行导致了金融危机，而不是银行家和投资者；中央银行还通过"坏"的政策使经济衰退升级为大衰退甚至萧条、大萧条。所有形式的政府干预都只能产生反效果，导致更大的不稳定。

·凯恩斯本人和混合凯恩斯主义者的收入分析都是不正确的。"正确的理论"分析表明，乘数在促进经济复苏时是无效的。菲利普斯曲线已经消失，产出与失业、工资与价格这两方面的均衡都不存在了（除了只在历史上偶然发生过之外，而且只在失业率降低到自然率之后的非常狭窄的范围内发生）。

·任意裁量的政府财政政策和中央银行的货币政策都是无效的，效果只会适得其反。经济能够实现自我纠正。当中央银行的政策导致产生金融危机时，应当允许经济衰退和萧条出现，以实现市场出清。

·通货膨胀永远是一种货币现象（这里指的是商品通货膨胀），货币、劳动和金融资产价格与之无关，它们受市场力量的约束。因此，它们之间的相互作用和决定并不是经济学分析的重要主题。

从上述可以很清楚地看出混合凯恩斯主义者和复古古典主义者的一个共同点，即他们都在很大程度上忽视了金融及其变量的力量。具体而言，他们认为：金融资产泡沫可以通过中央银行的货币政策和政府的财政政策来控制，或者（更理想地）由市场本身来控制；他们都没有提出关于金融资产投资和实物资产投资如何互相影响的理论；价格机制能自动调节失衡的经济回归均衡——或者需要政府的推助，或者不需要；只有政策债务才是"危险"的，而且仅限于特定的具体条件下；对于实体经济投资和消费，债务有积极的贡献；不同形式的各种债务彼此之间不会相互影响；衰退和萧条由"外部冲击"所致，即或者是由于供给侧的政策错误所致，或者是由于需求侧的政策错误所致；尽管近几十年来，全球资本主义已经发生根本的结构性变化，但是基本的新古典理论或政策却不需要修正；凯恩斯本人在几十年前提出的那些命题只是部分相关的（且相关性在递减），或者说在很大程度上是不相关的；新古典经济学及其政策在今天比以往任何时候都更适合。

上一段虽只是一个简短的、不完整的总结，但它足以说明，为什么主流经济学的主要流派及各分支，基本上都无法准确地、全面地描述和解释 21 世纪的全球资本主义经济。这种失败意味着政府的财政政策和中央银行的货币政策注定是要失败的，同时也意味着这两大流派的经济学无法预测全球经济的未来轨迹。

# 第17章　机械马克思主义经济学

与当代主流经济学家一样，当今的马克思主义经济学家同样未能有效地解释 21 世纪全球资本主义的结构性变化，特别是金融资本的结构性变化和新的劳动剥削形式，尤其未能解释全球经济中持续的金融不稳定性及其对实体经济的影响——金融不稳定性如何传导实体经济，进而导致全球经济的收缩（特定国家的衰退甚至大衰退和萧条）、实体经济投资的下降、全球通货紧缩，以及全球贸易和 GDP 增长的长期放缓。

虽然当代主流经济学未能充分地解释金融市场和劳动力市场发生的根本性变化及其金融和实体经济的后果，但是当代马克思主义经济学在这方面的解释尤其严重。在下文中，为了行文方便，我们把这个经济学流派简称为"机械马克思主义"（Mechanical Marxism）。

机械马克思主义之所以会失败，部分是因为它的倡导者拒绝提出一个新的理论框架，并将过去四十年来资本主义金融市场和劳动力市场中发生的根本的结构性变化纳入其中。本来，新的理论框架可以扩大马克思主义经济学分析的范畴，即超越只关注价值生产的单一内容，不再只把利润率下降命题（FROP）作为理解资本主义经济体系不稳定性的关键。

然而，在机械马克思主义的经济分析中，马克思在一个半世纪以前对生产、剥削和利润的作用的阐述几乎被原封不动地照搬过来了。具体地说，机械马克思主义仍然在试图运用马克思提出的三个比率来解释今天的全球经济危机（无论是金融危机还是实体经济危机）：剩余价值率（RSV）、资本的有机构成率（OCC），以及不断下降的利润率（FROP）。其中，最后者（不断下降的利润率）是从前两者中推导出来的。这三个比率都是围绕着实物商品（包括资本品和消费品）的生产过程而提出来的，实物商品只能由劳动中被马克思主义者（以及他们之前的古典经济学家）称为"生产性劳动"的这个子集创造出来。这种生产过程以及这种只重视生产性劳动的劳动观反过来又与传统形式的对劳动的第一次剥削有关，后者决定了不断下降的利润率。①反过来，不断下降的利润率又驱使实体经济投资持续减少并导致经济危机的发生。继而，危机再从实体经济领域传播到金融领域。然而，反之则不然。关于金融资产投资可能以何种方式决定实物资产投资，以及实物资产投资和金融资产投资这两者如何互相作用、互相传导并互相叠加共同加剧商业周期和金融周期的波动，机械马克思主义几乎完全没有给出任何解释。

在机械马克思主义者看来，利润变化决定实体经济投资的变化，而投资变化则决定经济增长是持续进行还是中断。经济增长中断的表现形式是商业周期的收缩（衰退）或崩溃（萧条）。这是一种线性的、直接的单向因果关系。所有金融的变量和因素都是次要的、派生的，而且（狭义定义的）"金融化"只是实物商品生产过程中创造的利润不断放缓和下降的一个结果，因此，实物商品只能通过总劳动中的一个被称为"生产性劳动"的子集生产出来。

机械马克思主义并不是当代马克思主义经济学分析的唯——一个流派。近

---

① 有些读者可能不太了解基于"不断下降的利润率"命题的传统马克思主义经济分析，本书作者在此概略地解释一下。利润率是从马克思的另两个关键比率中推导出来的：剩余价值率（有时又被称为剥削率）和资本的有机构成。剩余价值率有时又被称为"剥削率"，资本的有机构成则指固定资本与可变资本之间的比率。简而言之，这三个比率之间的主要关系可表述如下：当固定资本相对于资本的有机构成中的可变资本上升时，利润率就会下降。由于资本主义竞争以及其他因素的作用，利润率自然而然地、不可避免地会随时间的推移而发生变化。资本有机构成的上升会促使资本家增加剥削率（或者更多地从劳动中榨取剩余价值），以维持利润率。在第一次剥削中，剥削的强化是通过延长工作时间，或通过在给定的工作时间内增加工人的产出，又或者同时采取这两种方法来实现的。但是，如果工人组织起来反抗和抵制剥削，那么资本有机构成上升形成的推动利润下降的压力就无法通过增加剥削率来抵消，这样利润就会下降。在马克思主义经济学（以及古典经济学）中，利润（也就是资本积累）是总投资的主要决定因素，因此随着利润的减少，投资也将下降，资本主义经济增长将减慢甚至转为下降。如果抑制利润的这两重力量迅速增大，那么就会导致经济收缩。然而，正如本书下文中将会阐述的，马克思从来没有设想过这种利润率不断下降的过程会导致商业周期。对于马克思来说，这个过程只代表了一个长期的趋势。然而，机械马克思主义者却主张，用"不断下降的利润率"命题，不仅可以解释长期趋势，而且还可以解释短期商业周期。这与马克思本人的观点相反。

年来出现的另一个马克思主义经济学流派是所谓的"方法论马克思主义"
（MMA）。与机械马克思主义不同，方法论马克思主义不一定与马克思本人提
出的某个与生产性劳动相关的公式或概念有直接关联，也不一定与不断下降
的利润率等三个比率相关。它只是将马克思主义的分析方法视为理解当前危
机的一个关键环节。方法论马克思主义源于近年来欧洲学者对马克思的思想
和金融资本的最新反思，它在分析策略上更加开放，即分析时不再依赖于不
断下降的利润率这个概念。它还试图在马克思已经指出但未完成的方向上进
一步加深对银行和信用问题的理论研究——马克思在他未完成的、生前未出
版的《资本论》第三卷中，留下了很多关于这个主题的笔记。《资本论》第三
卷是马克思生前最后的经济学巨著。[1] 然而，方法论马克思主义迄今仍未构
建和完成一个全面的理论基础。总之，当代马克思主义的这两大流派（机械
马克思主义和方法论马克思主义），无论是对马克思所说的不断下降的利润率
的作用的理解，还是对金融资本、信贷和债务，以及金融结构的变化在 21 世
纪资本主义中普遍的不稳定性的认识，都有着截然不同的取向。

　　如前一章所述的混合凯恩斯主义和复古古典主义这两大主流经济学流派
一样，当代马克思主义经济学也有很多分支，而最具代表性的就是机械马克
思主义和方法论马克思主义这两大流派。[2] 对机械马克思主义的批评构成了
本章的主要内容。之所以要对其进行批评，是因为它无法解释全球经济出现
的两个重要趋势：一是金融资本和金融市场的重组；二是新的剥削形式不断
涌现且剥削程度不断加深（即第二次剥削和第三次剥削）。对劳动的第二次剥
削和第三次剥削发生在对劳动的第一次剥削之外，传统的马克思主义经济学
分析只涉及生产过程中的第一次剥削，马克思著名的三大比率（尤其不断下

---

[1]　迈克尔·海因里希（Michael Heinrich）：《马克思三卷本＜资本论＞简介》，每月评
论出版社，2004 年。另见科斯塔斯·拉帕维斯萨斯（Costas Lapavistsas）：《无生产获
利》，Verso Book 出版社，2013；约翰·贝拉米·福斯特（John Bellamy Foster）和罗伯
特·麦克斯尼（Robert McChesney）：《无穷无尽的危机》，每月评论出版社，2012 年；
以及戴维·哈维（David Harvey）的更平和的著作，《马克思＜资本论＞第二卷指南》。
[2]　关于当代马克思主义经济学分析的各分支的更详尽的讨论，请参阅杰克·拉斯穆斯的
《马克思主义经济学分析的分叉》，载《世界政治经济学评论》，2012 年冬季号，第三
卷，第 4 期，第 410~443 页。

降的利润率），就是建立在对第一次剥削分析的基础之上的。①

## 对机械马克思主义"利润率不断下降"的命题的批评

### 用"利润率不断下降"的命题解释短期商业周期

在当代马克思主义经济学中，机械马克思主义这个流派的追随者主要集中在美国和英国。他们非常重视利润率不断下降的趋势，将它作为理解全球资本主义经济不稳定性的关键解释变量。"利润率不断下降"这个命题成了核心组织的概念，机械马克思主义者用它来解释所有商业周期和经济危机，无论是实体经济的还是金融的，也无论是短期的还是长期的。尽管有证据表明，马克思本人提出的"利润率不断下降"的趋势命题，主要用来解释资本主义长期来看的"崩溃"危机，而不是短期商业周期。②

我们在上一章讨论主流经济学的缺陷时，分析过复古古典主义者的一个特点，即他们试图将新古典经济学家原本用来解释长期趋势的供给侧的分析方法，用于解释短期商业周期。事实证明，凯恩斯之前的新古典主义方法在解释商业周期时完全失败了，而且新古典主义用来分析长期趋势的供给侧的分析方法，也被20世纪30年代的大萧条证明是失败的——未能解释大萧条的成因，也无法提供可行的解决方案。即便有先例，并且尽管机械马克思主义也进行了这样的尝试，但是并不成功。两者都说明，原本旨在解释资本主义长期增长趋势或其逆转的概念框架，如果转用于解释金融不稳定性事件（如银行崩溃、金融系统脆弱性的强化，或金融周期和实体经济周期收缩之间的因果关系，等等），必定效果不佳。

---

① 与机械马克思主义相反，方法论马克思主义对最近几十年发生的金融结构变化采取了更开放的立场。但是，在本书作者看来，当代马克思主义经济学分析的这两大流派都没有充分考虑到另一个同样有根本意义的变化，即劳动力市场的结构性变化，特别是没有考虑到本书作者提出的不断延展的第二次剥削和第三次剥削的影响。关于本书作者对金融市场和劳动力市场的结构性变化的观点，见本书第10~12章。

② 请参阅克利曼（Kliman）、罗伯茨（Roberts）、布伦纳（Brenner）和其他美国马克思主义者的近期作品。

负生产率、供给侧，以及长期坍缩为短期

　　机械马克思主义者进行经济学分析的另一个路径和方法也与古典经济学家相似。古典经济学家（例如斯密、李嘉图等）试图解释长期阶段生产率的下降如何导致资本主义经济进入"稳定状态"（斯密）或"静止状态"（李嘉图）的；或者换句话说，他们试图解释生产率与资本主义经济在长期阶段必定走向停滞的趋势有什么关系。

　　马克思之所以提出"资本有机构成"的概念并强调它在决定不断下降的利润率中的核心作用，也可以说是在做一种类似的尝试——解释生产率（下降）如何在长期运行中产生的负面影响。实际"资本有机构成"这种方法比斯密"稳定状态"方法和李嘉图的"静止状态"方法更加成熟和精巧。

　　自亚当·斯密之后两个多世纪以来，生产率（上升）如何促进经济增长一直是经济学的一个主要关注点。然而，对生产率对经济增长的负面影响的分析却没有像生产率促进经济增长的正面作用那样受到重视。斯密、李嘉图和其他一些经济学家都认为，在资本主义经济内部，有某个内生的且与资本主义生产率有关的事物，它会破坏资本主义的经济增长周期。但这主要是针对长期阶段而言的，因此这不是解释短期商业周期、衰退或萧条的方法。根据斯密和李嘉图的看法，资本主义从长期的角度来看并不会"崩溃"，但是它确实放缓了经济增长并陷于停滞（他们分别提出了各自的"稳定状态"和"静止状态"假设）。不过，虽然提到了这种可能性，但是他们都没有进一步提出更深入的理论。他们两人更关心的是如何解释长期资本主义经济增长而不是这种增长的中断，而马克思则试图解释长期资本主义经济增长的中断。

　　马克思是从斯密、李嘉图和其他经济学家停止的地方开始考虑生产率如何抑制长期经济增长的问题的。但是，他并没有直接提出一个简单的稳定状态或静止状态，而是对生产率的潜在负面影响进行更加深入而细致的分析。这种分析体现在他的一般剥削理论中，特别是在他的剩余价值率和资本有机构成等新概念以及这两个重要比率之间的关系中。换句话说，通过引入剩余价值率和资本有机构成，马克思开始从古典经济学关于这个长期停滞问题的概念约束中解脱开来了。但是，马克思对古典经济学的概念的突破是不完整的，他仍然停留在了生产过程导向分析的语境中，使用了不变资本和可变资本（用它们创建了"资本有机构成"这个概念），以及资本家在仅基于生产性劳动的生产过程中榨取剩余价值等古典经济学的概念。虽然在某种程度上他可能超越斯密和李嘉图，但是他的尝试仍然是围绕着供给侧的长期因素而展开的——涉及实物商品的生产以及价值如何在生产过程中进行分配（即剥削），并且是在生产基于劳动的一个被称为生产性劳动的子集中进行的。

　　虽然从新概念和新思想的创造这个角度来看，马克思的这种努力是革命性的，但是从另一个角度看，也是保守的，因为与这种新概念关联的概念范畴仍然都是从古典经济学的词典中引申出来的——生产性劳动、剩余价值、不变资本和可变资本、完全竞争以及其他所有严格的假设等。采用这么多原来的概念，等于背上了重重的"概念行李"。后来的历史证明，这种"概念行李"阻碍了人们对金融资本在引发资本主义危机方面的作用的更好的理解。

　　不过，后人们实在不能因此而过多地苛责马克思。古典经济学的"重要标志"之一就是它无法解释货币、银行和金融；同时不要忘记，马克思仍然是从古典经济学的概念框架内去批评古典经济学的，甚至在他准备与它决裂时也是如此。

　　真正的问题在于，马克思就像他之前的斯密和李嘉图一样，试图解释资本主义生产在长期过程中是怎样减速的以及为什么会减速，但是机械马克思主义者的主要命题却是不断下降的利润率决定了短期商业周期中的经济收缩。因此，机械马克思主义者所做的其实是"削"马克思"不断下降的利润率"假说之"足"，"适"短期商业周期之"履"。用"不断下降的利润率"来解释衰退和萧条，这是马克思从来没有设想过的，他只是认为"不断下降的利润率"是资本主义长期"崩溃"的一个因素。

　　当然，这并不是说机械马克思主义和"不断下降的利润率"命题是完全错误的。但是在宏观经济学中，在长期阶段明显是对的命题，在短期中却不一定是对的。20 世纪 20 年代至 30 年代初的新古典主义者、今天的复古古典主义者和机械马克思主义者，都犯了同样的错误。

### 只有生产商品的生产性劳动才创造剩余和利润

　　对于马克思和古典主义者来说，只有生产性劳动才能创造财富，从而带动经济增长。生产性劳动是用于创造商品的劳动。商品"价值"是生产性劳动赋予的，因为所有价值都源于劳动。这是斯密、李嘉图等古典经济学家和马克思的共同观点。相反，那些不生产商品的劳动，则不是生产性劳动，不能赋予其商品价值，比如，大多数服务，以及对生产性劳动生产出来的商品进行运输和销售等不必要的商业活动，都属非生产性劳动。关于如何定义生产性劳动，以及它如何"独自"将价值赋予生产性商品，古典主义经济学家和马克思的观点完全一致。为此，马克思很自然地推论，既然只有生产性劳动才赋予商品价值，那么也只有资本家在生产过程中从工人劳动中榨取的剩余价值才能转化为利润。当然，只有当商品被售出时，剩余价值才能变成利润。

如此，很显然，出售服务或出售用生产性劳动生产出来的商品的资本家也能创造利润。但这里的关键是，只有用生产性劳动生产出来的商品销售出去后的利润，才是马克思本人和机械马克思主义者所说的"不断下降的利润率"的命题的核心。

不过，只有总利润的这个特定子集的变化才能决定利润率是否会下降。正是剩余价值率（即剥削率）和资本有机构成（即生产商品时所用的固定资本与可变资本的比率）的变化在物品中的比率的变化，共同决定了利润率是否会下降。但是，这里所说的利润仍然仅限于这样一种利润，即基于生产性劳动的、对商品生产过程中的价值的榨取。对于不涉及生产性劳动的服务、不是由生产性劳动生产的商品，都不适用于"不断下降的利润率"的命题。

由此所导致的进一步的推论是，出售金融资产和金融证券的利润不会影响"不断下降的利润率"。金融资产不是由生产性劳动创造的，它甚至不是由劳动创造的；出售金融资产的劳动也没有增加资产价值，因而在理论上，金融资产及其价格不会驱动利润率不断下降。由于只有利润率不断下降的这类利润才能决定实体经济投资和商业周期，所以金融资产对实体经济投资（即资本积累）或商业周期没有影响。也就是说，金融变量和金融资产不决定实体经济投资和商业周期。

这种从生产性劳动、劳动价值榨取、剩余价值创造和作为剩余价值的利润等观念出发的理论，通过纯粹的演绎方法得到的命题当然完全是废话。只要对实体经济稍作观察，我们就会发现，金融资产和金融投资确实会对实体经济发展和商业周期产生重大影响，金融危机也确实会传导到实体经济中，并导致实体经济加速收缩。而且，并不是所有的利润都源于生产性劳动的价值榨取。"不断下降的利润率"这一命题只适用于特定的经济行业，而不是整体经济。然而，机械马克思主义的倡导者却认定利润及其"不断下降的利润率"是实体经济投资的主要决定因素，因而也是经济增长（或经济增长中断）的主要决定因素。

### 只有对生产性劳动的第一次剥削才能决定利润的变化

如果利润是资本家从劳动者身上"榨取"的劳动价值的结果，那么接下来的问题就是如何"榨取"了。在马克思看来，劳动剥削的主要方法是延长工作时间以及让工人在同样的时间内增加产出。以这两种方式榨取的剩余价值分别被称为"绝对剩余价值"和"相对剩余价值"，这两者共同构成了"剥削率"或"剩余价值率"。它是剩余价值率、资本有机构成和不断下降的利润率这个"三位一体"中的第一个比率（不断下降的利润率是从剩余价值率和资本有机构成中推导出来的）。

绝对剩余价值和相对剩余价值都产生于生产性劳动过程中。这是剥削发生的地方（时间）。但机械马克思主义者却坚持认为，必须恪守马克思的"原典"，即马克思讨论了工业资本家如何通过延长工作时间来榨取剩余价值，以及如何通过增加比劳动或可变资本更多的固定资本来提高工人的生产率（以榨取更多的剩余价值）。

然而，机械马克思主义者却停在这里止步不前了。他们坚持认为，剥削仅指第一次剥削，它只能发生在生产过程之中，而不能发生在生产过程之外。当资本家向工人支付工资时，支付的工资总是比他们为资本家创造的价值少（除了某些特殊的、暂时的情况之外），少掉的部分就是资本家榨取的价值。如果留给资本家的作为剩余价值的利润小于资本家支付给工人的工资——工人创造的价值的一部分——那么资本家将会承受净损失，因而肯定不会继续生产。然而，实际上，剥削不仅可能发生在商品生产过程之中，或者说剥削并不仅限于第一次剥削，而且也可能发生在工资支付之后。对此，马克思在他后来的笔记中曾经简略地提到过"第二次剥削"的概念。

确实，在21世纪之前，资本，特别是金融资本，出现了新的形式，与此相对应，劳动剥削也出现了新的形式。如前所述，马克思提到过"第二次剥削"的概念，只是没有再作更深入的研究而已。如今，除了第一次剥削之外还有第二次剥削，甚至第三次剥削。①

在马克思早期的经济学分析中，他一直将重点放在第一次剥削上。然而到了今天，第二次剥削正在日益变成资本主义劳动剩余价值榨取过程的核心。通常而言，第二次剥削是指资本家回收以前支付给工人的工资，而第一次剥削则是指工资的初始支付额低于工人创造的价值。

那么，"第二次剥削"的具体形式又有哪些？在第一次剥削中，资本家要为自己保留尽可能多的价值，然后再向工人支付剩下来的残值，即工资。但是剥削并不止步于此。第二次剥削的要点是，假定资本家会收回最初支付出去的一部分工资；或者换一种说法，资本家会将工人所创造的总价值中的以名义工资形式支付给工人的部分价值收回来。第二次剥削发生在生产性劳动生产之前后，也就是说，在（利润率不断下降的）利润创造过程之外。

在今天，收回工资的形式多种多样。工资指的是总薪酬，而不仅仅是每小时、每星期的名义工资。工资还包括资本家向私人和公共（社会保障、医疗保险）养老基金、失业保险基金的缴款，向残疾保险基金、雇主提供的健康保险计划的缴费，以及支付的其他福利，等等。

近几十年来，在新自由主义主导的资本主义政策之下，资本家开始加紧回收（或通过作为其代表的政府间接回收）上述各种形式的工资补偿金。在政府的帮助下，二次剥削的范围已经大为扩大。以往普遍由雇主提供的固定福利养老金计划基金，或者已经被公司削减；或者被再投资于有利于公司股东的项目，甚或被投资项目的管理者所花费；或者被转换为基于市场的"401k"计划（资本家可以通过收取管理费剥削工人）；或者直接被公司放弃，然后转嫁给政府机构，最终工人只得到部分养老金。

类似的情形也发生在政府的退休养老计划上（例如社会保障计划）。全世界大部分国家都在通过提高退休年龄、禁止提前退休以及降低提前退休人员的福利等手段来减少退休金。还有一些国家的政府则大力支持以减少国家医疗保健服务为目标的各种计划，或者倡导对公共医疗保健系统进行私有化，同时对提供的医疗保险计划的雇主加以惩罚（以促使其放弃），并且还通过回

---

① "第三次剥削"是本书作者首创的一个术语，指一种新的剥削形式。"第三次剥削"与所谓的"共享经济"的兴起以及工作和非工作时间的模糊化有关；后者是资本主义经济所欢迎的，它不用支付工资，或者只用"实物"代替工资。更多细节请参看下文。

收社会工资和递延福利等形式促进第二次剥削。

此外，严重的工资拖欠和迅猛扩张的临时性就业，也是第二次剥削的形式。而向工人提供更多的信贷，实际上也是第二次剥削的一种伪装形式。由于名义工资被冻结或被削减，信贷和消费债务代替了工资增长。然而，信贷和债务的利息是要从未来的名义工资中支付的。因此，信贷是第二次剥削的一种形式——它减少了尚未支付的名义工资。为了获得信贷，工人实际上接受了未来的减薪。所有这些都是今天花样不断翻新的第二次剥削形式。[1]

还有第三次剥削，这是一种更新的剥削形式，是最近这些年才出现的。随着劳动力市场和资本主义生产过程的迅速变化和持续演化，这种剥削形式将日益成为 21 世纪最有效的剥削形式。第三次剥削是叠加在第一次和第二次剥削之上的，它的主要模式是将闲暇时间或非工作时间转换为工作时间，而对于转换过来的"工作时间"，则只支付了较低的工资或"实物"工资，甚或根本不支付工资。因此，第三次剥削体现在了 21 世纪出现的将工作和非工作时间混合起来的无数种新的方式中。这已经形成了一种强大的趋势，它被美其名曰"共享经济"。这是一个非常"委婉"的意识形态化的名词。[2]例如，当 Uber 公司雇用一个司机在他空闲的时间开车时，它实际上是将以前支付给某个专职出租车司机的一小部分工资——这个出租车司机现在失业了，没有了工资和福利——转移给了这位 Uber 司机，而且不用支付任何福利。这里面的差额全成了 Uber 公司的利润。或者，作为另一个例子，当技术人员连续多天 24 小时都待在公司执行某个"团队攻关"项目时，他们在公司提供的免费客房睡、在公司的免费餐厅吃，这时他们的工资实际是"实物工资"，而这部分工资要远远少于公司本应支付给他们的加班工资。[3]

在马克思主义者对生产过程的传统分析中，并不考虑第二、第三次剥削。他们没有想到，剥削或许没有产生在时期 t 内，而是在时期 t + 1 和 t + 2 内；当在时期 t 内支付的工资被收回时，剥削相应就产生了。或者，在工资

---

[1] 读者可以回顾一下前面的第 13 章，看看那里对 21 世纪劳动力市场重构的讨论。这里的关键是，这些与马克思主义意义上的进一步剥削——第二次剥削——直接相关。

[2] 前面第 13 章已经讨论过这个问题了，这里只是简要地重提一下，目的是说明资本主义对劳动力市场的重构与总剥削率上升之间的关系——剥削并不仅仅限于正式的生产过程，也不仅仅与不断下降的利润率有关。

[3] 这些在 Facebook 和 Google 等公司很常见。

以实物形式支付甚至完全不支付时，剥削也就产生了（后者的一个例子是无报酬实习生）。这些新形式的剥削是"不断下降的利润率"的命题不可能涉及的。而"不断下降的利润率"却是机械马克思主义者赖以解释资本主义经济和商业周期的核心概念。这些新形式的剥削代表了资本家在生产过程之外所榨取的价值。

如果生产过程之外的劳动剥削——第二次剥削和第三次剥削——确实存在，那么资本主义的利润难道不应该比仅仅从生产性劳动中进行第一次剥削获得的利润更大吗？毕竟，第二次剥削和第三次剥削代表了价值，因此也代表了利润。但是这种利润却不是"不断下降的利润率"这一命题所能解释的，因为它低估了利润，但同时却又高估了利润减少的速度。

### 重新定义利润以适应理论

机械马克思主义者采用的是狭义的利润定义。他们认为，利润只能产生于商品生产过程中，它不包括金融投资、金融证券交易或金融投机的利润，也不包括将生产性劳动过程中生产出来的商品送达市场并出售和进行服务所产生的利润。所有这些被排除出去的"利润"对"不断下降的利润率"都没有任何影响。

除了上述僵化的观点之外，机械马克思主义者的利润估算还有更严重的问题。退一步说，即使因利润率不断下降而下降的"正宗"的利润，机械马克思主义者的估算也不准确。他们在证明利润减少过快导致商业周期的繁荣阶段中断或崩溃时，使用的是来自政府的利润数据。但是政府的利润数据却是将服务和其他经济活动的利润包括在内的。按照定义，在分析"不断下降的利润率"时，<u>应该将这些</u>"利润"排除在外，因为这里的利润概念不限于生产过程，而"不断下降的利润率"命题中的利润却是一个仅限于生产过程的利润概念。因此，机械马克思主义者用于预测和解释实体经济收缩与商业周期的"不断下降的利润率"命题中的利润概念，与他们所使用的、作为论证数据意义上的利润，存在着严重的不一致问题。

与利润有关的数据怎么收集也是一个问题。机械马克思主义者承认跨国公司在许多国家开展业务并获取利润。然而，这些不同国家的数据因各自收集过程和标准的不同而具有不同的准确度。一些新兴市场经济体很少收集利润数据，或几乎根本不收集任何数据，而且利润的报告还可能涉及"腐败"问题（为了避税）。这在几乎每一个新兴市场经济体中都是广泛存在的。在一些公司，利润也会被重新投入到一些特别基金上，如折旧免税基金，或投资组合资金（用于金融投资，其利润与"利润只包括生产利润且利润率不断下降"的利润概念相矛盾）。由于各种原因，利润普遍大幅低报。而且，使问题进一步复杂化的是，不同的经济体采用不同的会计惯例来定义利润，进而使得利润具有不同的计量标准。

那么，如何在全球范围内汇总利润数据呢？各经济体数据千差万别，统计口径和会计惯例各不相同，同时还存在大量的转移和低报利润的现象，甚至利润的定义也不相同。在这种情形下，怎么得到可信的利润数据并证明利润变化的趋势是随利润率的不断下降而下降的？任何数据收集和报告的方式、数据定义的不同，为了避税而采取的不同的利润报告策略，所有这些都会给全球利润的估算带来困难。如果数据不准确，那么在数据基础上作出的结论又怎么可能准确呢？这意味着，要想证明确实存在一个（先于经济收缩之前出现的）利润率不断下降的趋势是非常困难的。因此，机械马克思主义者所能做的就只能是通过演绎方法得出一个定性的结论，即是利润率不断下降导致了商业周期。

机械马克思主义者断言，2008 年金融危机就是由在它之前出现的利润率不断下降的趋势所导致的。他们还声称，政府数据证明了这一点（尽管政府数据非常有限且不全面）。然而，更细致的分析表明，即便是非常有限且（与利润率不断下降的趋势）高度不一致的美国政府数据也表明，在危机发生前夕，企业利润增幅事实上是迅速加大的。当然，美国政府给出的所有利润数据均包括了服务业和其他非生产性劳动过程中的利润。为了证明利润确实是在降，机械马克思主义者强行剥离了很多类别的利润，并在剥离过程中给出了许多非常可疑的假设。他们试图通过这种操纵数据的方法得到一个精减的数据集，以此证明利润率呈现下降的趋势。然而，这完全是一种纸上谈兵，修饰数据却令理论失去信服力。

机械马克思主义者的数据假设是非常任意的，例如，他们将美国利润数据中的公司利润与非公司性质的"企业收益"区分了开来，将后者的"利润"称为"营业收入"。而后者当然是利润。资本家就是资本家，无论是否注册为公司法人。但是机械马克思主义者却只以公司利润为准，进而排除了没有注册为公司的个人独资企业、合伙企业等。这一做法无疑减少了利润总额，从而使得他们更加容易证明经济收缩前夕利润率出现下降的情形。"企业收益"体现的往往是服务（业）的利润，因为正式的公司较少从事服务业。我们知道，在机械马克思主义者的眼中，服务不是生产性劳动，它被划到了利润的来源之外。机械马克思主义者对租金和利息收入的处理也同样。

因此，来自非生产性劳动过程中的、贸易和金融资产领域的、大多数服务业的，以及来自非公司法人性质的企业的利润，全都不能算是利润；即使非公司法人性质的企业通过生产性劳动生产商品所获得的收入，也不能算作利润。当然，这一切相当有效地"减少了"商业周期变化前夕的利润总额。

然而，即使在进行了这种"处理"后，机械马克思主义者能够证明的也只能是利润与商业周期之间存在着某种相关性，而不能证明两者之间存在着因果关系。要想证明后者，他们必须给出一个令人信服的"传导机制"，即利润率的不断下降会逐步导致实体经济投资的持续减少，进而致使 GDP 和经济增长减缓。然而他们不能，因此他们只能直接假设这种某种程度上的关联就代表了某种因果关系。但事实是，至少从过去十五年来看，全球利润增长幅度加大，而实体经济投资则持续放缓。

对利润的定义、数据的可得性、利润低报、假设问题、逻辑上不一致的问题，以及上面提到过的所有其他问题，都使得从定量的角度证明 21 世纪经济中存在利润率不断下降的趋势且这种趋势与商业周期高度相关极其困难。

而且，"不断下降的利润率"这个概念本身也有一些问题。例如，正如机械马克思主义者已经注意到的，导致商业周期缩短的不是利润水平下降的趋势，而是利润"变化率"下降的倾向。但是，这里所说的"变化率"究竟是什么意思呢？它只是简单地将当前时期的利润与前一个时期的利润相减，然后用前一个时期的利润去除以这个增减量得到的百分比或"比率"吗？或者，"变化率"是指上述"比率"本身随时间的变化吗——一个速率的变化率吗？"率"还可以指两者之间的某种比率，即利润（无论怎么定义利润）除以其他变量中的某一个所得到的比率。"率"本身的含义与"利润"本身的含义同样重要。

机械马克思主义者的"不断下降的利润率"的命题还有其他定义问题。

"不断下降的利润率"这一命题涵盖了利润率"下降"的"趋势"。那么，"下降"到底是什么意思？这个词是否意味着利润率仍然在上升，只是上升得不那么快了？还是意味着利润率真的在下降，而且变得比以前的利润率更低了？利润增加、利润率下降是否就足以触发经济收缩，还是必须出现利润减少和利润率下降才会导致商业周期变短？利润率变化到什么程度（无论是下降或变负）才会导致经济收缩，以及利润率变化的阈值是多少？所有这些，机械马克思主义者都没有澄清，甚至从未讨论过。另外，关于"趋势"这个概念，也可以提出同样的质疑。在任何给定的时间内，如何预测和研判趋势的强弱，以及趋势是惯性存在的还是只在某些条件下存在？哪些变化能够解释某种趋势在某一时刻的意义？这些质疑表面上看起来都是语义性的，但实际上它们对"不断下降的利润率导致实物资产投资（即资本积累）的下降，进而引起经济收缩"这个命题至关重要。机械马克思主义者从来没能解决这些问题，甚至也没能充分定义他们所使用过的术语。

### 利润决定实物资产投资

如果承认利润率决定商业周期，那么从前一时期生产过程中实现的利润就必须首先以某种方式重新进入经济体。这对于机械马克思主义者来说，这里的"某种方式"就是对企业的实体经济投资的融资。机械马克思主义者的另一个关键主张是"利润驱动实体经济投资"。这个断言虽然来自马克思本人，但我们却完全可以说，它还是一个古典经济学的概念。资本家可以用自己留存的利润进行再投资，或者当利润不足时，他们可以向银行借款来进行投资。但是，第二种方式实质上是对其他资本家没有立即用于再投资、暂时存在银行里赚取利息的利润的"循环使用"。不过最终，留存利润也好，银行贷款也好，其实都是利润的不同形式而已。

根据这种分析，那么所有其他形式的投资——通过股权（股票）融资的投资、通过企业债务（债券）融资的投资，以及其他资金来源于今天所称的"资本市场"和影子银行的投资——的资金来源，都不能被视为实体经济投资的资金来源。国家通过退税和补贴形式提供给资本家的信贷，中央银行通过量化宽松政策注入经济体的流动性，影子银行系统提供的内部信贷，投资者与投资者之间的直接融资（众筹），各种形式的企业内部信贷，甚至像比特币这样的新型数字货币，都不能被视为融资来源。然而，在机械马克思主义者的理论框架中，所有这些都不存在，只有利润才能成为实体经济投资的融资来源。要推动投资，能够依赖的所有一切就是留存收益，即生产利润再加上传统银行的贷款。毫无疑问，这是一个很窄的关于如何为投资提供资金的观点。说利润是投资融资的来源不是问题，说投资融资的来源只有利润（甚至主要是利润），那就大有问题了。

在机械马克思主义者的世界里，源于生产的利润是实体经济投资的主要决定因素；利润要么作为留存收益，要么作为银行贷款（其他资本家的收益储蓄起来之后再循环）。因此，他们都有一个强烈的偏见，即认为投资只是实物资产投资，而不包括金融资产投资；或者说，他们认为金融资产投资是次要的，而不像利润驱动的实体经济投资那样重要。

自 19 世纪中叶以来，尤其是在最近几十年里，金融资本结构已经发生了革命性的变化，任何人都不应该对此视而不见，我们必须认真对待已经出现并将继续出现的各种形式的金融资产。而且，我们还必须追问：在 21 世纪，如果其他融资来源确实承担起了更大的作用，那么"不断下降的利润率"这一命题又意味着什么？

### 实体经济投资如何驱动金融资产投资？

对于机械马克思主义者来说，是实体经济投资最终决定了金融投资，这是一个简单的线性因果关系。然而事实却是，实物资产投资的放缓推动了金融资产投资（或经济金融化），后者只是前者的一个结果。机械马克思主义者认为，全球经济不稳定性的解决方案，无论外在形式如何，最终都必依赖于前者，即必须恢复生产利润，用利润来为实物资产进行投资；而不能依赖于防止金融资产价格泡沫或减少转向金融资产投机的资金，那是由中央银行创造的流动性形成的，以及由内部信贷扩张所推动的。

复古古典主义者认为，减免企业所得税、放松管制、限制工会、取消最低工资标准、允许企业放弃由雇主提供的福利，以及更多的旨在降低劳动力成本、为企业提供更多可支配收入的举措，都能够提高"企业信心"，从而鼓励更多的实物资产投资。他们认为投资更多地转向金融资产投资或投机是由于政府没有充分贯彻上述政策的缘故。机械马克思主义者则认为，是实体经济行业的利润率出现下降导致了资本家转向金融投资或投机（目的是为了获得实体经济投资和实物生产无法实现的利润）。无论是复古古典主义者还是机械马克思主义者，他们的基本观点大体上都是一致的：实体经济行业利润不断减少是经济金融化的根本因素。

对于经济金融化，机械马克思主义者给出了一个比较窄的定义。他们认为，有时候"金融化"是以银行的利润来衡量的；如果银行的利润越多，那么经济金融化的程度就越高。而在另外一些时候，衡量经济金融化的指标却是"FIRE"（"FIRE"是金融、保险和房地产等行业的总称）的利润在资本主义总利润中所占的份额。当在不使用金融行业的利润来量化经济金融化的程度时，则使用银行系统或 FIRE 行业在总 GDP 中所占的比例来衡量。还有一种观点认为，经济金融化的程度体现在金融业的就业增长上（相对于非金融行业）。最后，有的人还从银行和其他金融机构对政府政策制定的影响程度上来衡量经济金融化的程度。

但实际上，经济金融化是不能用一个或一组特定的数字指标来衡量的，即它不能用利润、GDP、就业量或任何其他一个因素来衡量。FIRE 行业的利润不能告诉我们今天的经济金融化的性质是什么，也不能告诉我们在 21 世纪的全球资本主义中，金融资本之所以会造成一定程度的不稳定性，背后的传导机制是什么。在美国政府的国民经济账户中被定义为"银行""保险公司"和"房地产公司"的那些机构，其实只是全部金融机构中的一小部分。一个例子是，通常被定义为工业企业或商业公司的那些组织，其来自金融业务的收益通常只占其总收益的四分之一以上。那么，这些企业或公司是不是应该被视为金融机构的一部分？通用电气公司是世界上最大的制造业企业之一，但是在 2008 年之前，它的大部分收益都来自其金融部门，即通用电气信贷公司。迄今为止，参与全球金融衍生产品交易的机构到底都有哪些，仍然不为公众所知，因为这种交易实际上是不透明的且不在公共交易所交易的。银行、对冲基金和制造业企业每天都在从事大规模的金融衍生产品交易，另外还有无数的非法人机构、富有的资本家和个人投资者参与这些交易。这些机构和投资者每天都在市场上汇聚并进行金融资产交易和对赌。而所有这些却很少是被公众所知的。

因此，经济金融化的程度不是利润或任何其他单一数量指标可以衡量的，它是一个复杂的全球经济现象，涉及高净值投资者、影子银行、各种交易安排，以及高流动性的全球金融证券交易市场及其不断推陈出新的金融证券形式，等等。

机械马克思主义者没能令人信服地阐释实体经济投资影响金融投资的传导机制，甚至实体经济投资对金融投资的假想影响也没有怎么讨论过；相反，他们只是直接给出了一个非常简单的、线性的、单向的"机械"过程，即实体经济投资下降导致金融投资上升。他们也没有提出金融资产投资是不是会导致实物资产投资减缓的问题；也不认为这两种形式的投资（实物资产投资和金融资产投资）是互相影响的，即实体经济投资与金融资产投资之间并不存在重要的反馈效应。此外，他们也没有考虑到金融资产投资和投机之间的相互作用问题，只是简单地将其降级为所谓的"资本拜物教者"的"肮脏世界"。他们认为，金融资产投资和投机不会影响实物资产投资；相反，是实物资产投资决定金融投资和投机。

**金融资产是虚拟资本独立于实体经济投资和商业周期**

机械马克思主义者认为，金融资产和金融证券只是虚拟资本的表现形式。这种观念源于马克思本人。正如下文将进一步解释的，对于这种虚拟形式的金融资本的作用，马克思在他的《资本论》第三卷中就表达了一种矛盾的看法：一方面，马克思认为它是不"相干"的，因为虚拟资本来源于"超出我们的计划"的"信贷体系"的一部分。这个"计划"关注的焦点是传统商业信贷和银行信贷，[1] 因此，"从我们的研究目的出发，特殊信贷机构，如特殊形式的银行，不需要进一步加以考虑"。[2] 但是，另一方面，马克思的这一表述又与他在《资本论》第三卷中的一些地方的表述相矛盾。对于这种矛盾，可以用研究仍在进行中的有关《资本论》第三卷笔记中的一些成果来解释。但问题在于，机械马克思主义者却把马克思的这几句话视为他本人最后的结论，而忽略了他的其他评论。马克思曾在其他场合强烈地表示，另类金融机构、金融投机、虚拟资本等都很重要，因为它们会破坏资本主义经济的稳定性。然而，机械马克思主义者却没有看到。实际上，当马克思说"资本拜物

---

① 　马克思：《资本论》第三卷，万国出版社（International Publishers）出版，第 400 页。
② 　同①，第 404 页。

教的一种形式"时，说的是"货币创造的货币"，那也是一种独立的交换价值形式，它能够独立于生产过程而加大自己的价值。它是这样一种"资本，能够产生一定的剩余价值……不需要生产和流通过程的帮助"。[①]

机械马克思主义者对马克思笔记的片面引用也表明，他们认为金融证券根本不代表真实的价值。在他们看来，金融证券不是劳动产物，因此没有价值（劳动才是价值创造的源泉，劳动的价值是在生产过程中转移给商品的）。这种虚拟资本最多只代表法律上的请求权，而没有使用价值。然而，它确实有一个价格，这个价格会因为人们对它在法律上的请求权的竞争而上涨。这方面一个很好的例子是代表虚拟资本的股票的价格。当然，买卖股票与买卖商品是不同的，买卖股票时交易的是法律上的请求权。虽然机械马克思主义者承认，这种请求权的市场价格会随着市场供求情况的变化而波动。但是，他们又认为，价格的这种波动只不过是实体经济中的各种因素共同导致的结果。当然，最终还是不断下降的利润率推动了这一进程。因此，生产过程最终决定了金融资产价格。

资本拜物教者所迷恋的虚拟资本是在生产过程之外创造出来的；而且，因为虚拟资本没有创造价值，所以对于实物商品的生产过程并不重要。这也就是说，它与导致资本主义经济不稳定和商业周期不断变短的利润率无关。对于机械马克思主义者来说，既然虚拟资本不创造价值并且不会影响不断下降的利润率，那它当然是不相关的，因此也不可能是商业周期变短的原因。只有真实的产出、真实价值和不断下降的利润率才可以解释经济衰退和萧条。在机械马克思主义者看来，这种单向的线性相关性就等同于因果关系：金融不稳定是实体经济不稳定的结果，而不是实体经济不稳定的原因。实体经济不稳定（如经济衰退、萧条、大衰退等）是金融不稳定的最终根源。

### 金融资产价格与经济不稳定无关

机械马克思主义者有一个推论，是关于价格体系在破坏经济稳定方面的作用的。在这个问题上，他们与古典主义者、新古典主义者以及当今的复古古典主义者一样，都坚持了一个产生于19世纪的古老的观念，即如前一章

---

① 马克思：《资本论》第三卷，第391~392页。

所述，他们都将价格体系视为一个稳定的因素，并认为经济肯定会恢复到均衡的自然状态——在价格体系的稳定之下，同时政府干预保持在最低限度，或者根本不进行任何试图恢复均衡的干预。所不同的是，机械马克思主义者并没有做出同样的荒谬假设。然而，他们与古典主义者、新古典主义者以及复古古典主义者的共同观念是，重要的是实物资产投资，它是利润的函数，而不是资本的价格或成本的函数。劳动力价格（工资）和产后销售的商品价格可能影响消费。商品必须售出，即马克思主义者所说的"实现"，这样才有利润的产生并回到下一轮的投资和生产过程中。但所有这一切仍然都只是与实物商品的价格有关，其中的假设是，金融资产价格对实物商品价格或真实资本替换或扩张的价格没有任何影响。金融资产价格泡沫从来都不是最基本的生产过程的核心。商品和资本的价格相对于生产过程也是次要的。机械马克思主义者不会说价格体系会导致经济的不稳定，而只会说在生产实物商品及其利润率不断下降的过程中，价格体系只是次要因素。对于像斯密这样的古典主义者、追随他的新古典主义者以及复古古典主义者来说，是价格体系恢复了经济的均衡；而对于机械马克思主义者来说，价格体系和价格变动只是实体经济发生不均衡事件或情况的结果；金融资产价格的变化仍然发生在实际生产过程之外，而且不能决定这一过程。

　　现在我们来总结一下，机械马克思主义者认为，市场价格只是价值的扭曲，因此不是至关重要的（对于马克思来说，它只在长期阶段成立；但是对于机械马克思主义者来说，短期也是如此）。机械马克思主义者并没有解释或者根本不考虑金融资产价格泡沫是如何导致金融不稳定和经济崩溃的，因此他们也不考虑金融资产价格通货紧缩和崩溃又是如何导致实体经济的深刻而持久的收缩的（大衰退和萧条）。金融资产和金融证券价格只是虚拟资本的表现形式，它们由实物商品生产过程和不断下降的利润率所决定。

### 银行作为中介机构，将利润以信贷的形式进行再分配

　　上述观点反过来又导致了另一个关于银行和银行危机的狭隘观点，它也是机械马克思主义者与古典主义者、新古典主义者以及复古古典主义者的一个"共同信念"：银行被认为是"回收"某些资本家利润的金融中介机构，这些资本家决定暂时不将他们过去的利润和货币资本立即再投入实体经济中去。

从这个意义上来说，银行贷款也只是延迟利润再投资的一种方式。为了换取这种"服务"，资本家要银行支付利息。这就是为什么马克思会把利息视为利润"扣除"的一部分的原因（就像地租一样）。从长期来看，银行持有的货币资金肯定会通过循环再回到投资和生产过程中去。但是，在短期来看，银行当然可以囤积它们持有的利润，或将它们借给海外的公司，又或将它们投资于金融证券和金融资产。所有这些都表明，由货币资本到实体经济投资再到生产过程的循环出现了重大的"漏洞"。囤积现金有时会"助力"实体经济投资的下降。如果从银行到生产的循环中有足够多的利润被延期或被转移（到海外）或被中断（转入金融资产投资领域），那么实体经济投资就很可能会减少。但此也表明，金融资产投资会随着时间的推移而对实物资产投资产生负面影响。而这是违背机械马克思主义者的理念的，即实体经济投资和生产处于首要地位，它决定着商业周期。

还有一些机械马克思主义者则强调，利润仍然驱动着实体经济的投资，只是显著程度有所下降。他们不愿承认的是，实物生产领域的利润通过银行系统转入金融资产投资领域后，可能会导致更多的金融投资和投机，继而成了金融投资决定着金融投机，而不完全是实物资产投资减少导致了投资向金融投机的转向。

下面我们用马克思的术语来说明：资本家通过出售实物商品所得到的货币资本 M，可能不会作为下一轮实物资产投资的资金来源回到生产过程中去，而是转入银行。这样就会使货币再创造出货币（M 创造 M'），而不会生产出实物商品 C。马克思的经典公式 M-C-M 表示的是充分流通的资本过程。据此，上述情况可以改写为 M-C-M-M'（至少部分是如此）。这里的 M' 反过来可能意味着只有更少的 M 可用于下一轮商品 C 的生产。

如此看来，银行并不是中性的中介机构，即只负责将利润从一个资本家手中流转到另一个资本家手中，然后收取相应的中介费用。那是古典经济学家的观点。比如，斯密就没有完全搞清楚自己所处时代的银行业的性质。[1]银

---

[1] 其他一些古典经济学家，比如说真正的银行家亨利·桑顿，对此理解得比斯密稍好一些。然而，桑顿的观点并没有被纳入古典经济学的"标准体系"中，请参见他的《对大不列颠纸币信贷的性质和影响的探究》，伦敦，1802 年，2014 年由 Nabu Public Domain 重印出版。

行可能成为破坏经济稳定的一个非常危险的因素。当然，这个意义上的银行并不是指传统的商业银行，而是指全球资本主义经济中正在迅猛扩张的"影子银行"。对此，本书第二编中的讨论全球金融市场结构性变化的那一章已经给出了详尽的分析。

在 19 世纪上半叶，马克思讨论过工业资本家与金融资本家的区别。当时那是他的一个重点，但是到今天再来讨论这样的问题已经没有什么意义了。像希法亭和列宁那样的马克思主义者也曾采用这种二分法，这个不难理解。但是今天的机械马克思主义者竟然亦步亦趋，仍然坚持通过区分工业资本家与金融资本家来观察现在的经济世界，这有些匪夷所思。当然，他们对生产过程和不断下降的利润率的关注实际上已经限定了他们在这个问题上的看法。众所周知，现实是工业资本主义和金融资本主义正在融合为一体，两者之间的区别越来越模糊。

特别是跨国工业企业，早就兼具"金融企业"和"生产企业"的特征了。正如许多人早已正确指出过的，平均而言，跨国企业至少有四分之一的利润来自金融投资和投机。它们经常贷款给一些金融机构，而不是向金融机构借款。影子银行的新形式也越来越多，包括"深影银行"（或影子银行的影子银行）。这样一来，界定工业企业与金融企业的定义差别就成了无意义的事情。

这些非传统的银行形式是天量全球金融资产投资和投机得以进行的制度基础，而且它们也越来越紧密地与传统商业银行融合起来了。因此，机械马克思主义者在经典马克思主义的意义上对银行家与工业资本家（或金融资本与工业资本）进行区分，已经越来越不符合 21 世纪全球经济的现实了。机械马克思主义者的错误在于，假设（作为银行家的）金融资本家是与工业资本家完全分离的另一个不同的资本家阶层，而工业资本家则有一个"表兄弟"——商业资本家——运输、存储和销售工业资本家生产的商品的资本家。这种区分部分地源于马克思本人撰写的讨论阶级斗争、政治对立和欧洲革命的政治著作。在他看来，金融资本家作为一个阶层，在 19 世纪 30 年代、40 年代末、50 年代初，甚至之后，都要与工业资本家阶层竞争政治影响力。在政治斗争中，金融资本家通常要与原来的土地贵族结成同盟。这两个阶层在相当长的一段时间内分享权力，共同压制正在崛起的工业资本家阶层。然而，工业资本家阶层最终占据了主导地位，而且金融资本家阶层在 19 世纪下半叶，至少在欧洲，便放弃了其以前的盟友。随后，竞争就变成了金融资本主义和工业资本主义之间的竞争。①但是到了今天，这种二分法已经没有任何意义了。然而尽管如此，机械马克思主义者还是以间接的方式坚持这种二分法，他们认为，工业资本家的实物资产投资最终决定了金融资产投资的水平，而后者却不能显著地决定实物资产投资——那是由生产过程和不断下降的利润率所决定的。

### 货币、信贷和债务

对于银行的作用，18 世纪和 19 世纪的古典经济学家与新古典经济学家的看法过于简单化了，他们对于银行危机的原因的分析也很粗疏，而机械马克思主义者则在这个问题上犯了错。当然，这种错误在一定程度上源于马克思在这个问题上的观点的互相矛盾。在《资本论》第一卷中，马克思认为货币基本上都是商品货币（即金、银等），纸币仅仅起到一定程度的货币作用。不过，马克思最偏爱的还是商品货币，尤其黄金。这种偏爱也符合这样的观念：商品因创造它们的劳动而具有价值，而黄金的生产与任何其他商品一样，都需要付出生产性劳动。马克思对商品货币的看法与所有类似的看法都一样，类似于今天的一些复古古典主义者的观点，即稳定全球经济的最好方法就是恢复金本位制。事实上，黄金只是另一个投机对象，它本质上与石油期货、大豆期货、比特币或其他形式的"数字货币"一样。比特币可以说是 21 世纪的"数字郁金香"。②

机械马克思主义者不赞同对货币与信贷进行必要的区分。银行系统可以

---

① 沿着这种思路推进的马克思主义经济学在 20 世纪出现了一个著名的转折，那就是鲁道夫·希法亭的《金融资本》。甚至弗拉基米尔·列宁也进行了类似的对比，目的是说明资本主义经济在 20 世纪初进入了全球帝国主义的新阶段。然而，这种二分法在当今已经没有什么意义了。因为在 21 世纪，大型跨国公司虽然从事非金融业务，但同时也越来越多地像金融机构那样从事金融业务了。

② "数字郁金香"借用荷兰历史上郁金香狂热来比喻当今的比特币风潮。在 17 世纪的荷兰，来自荷兰殖民地的过剩流动性导致了疯狂的郁金香球茎投机，形成了巨大的泡沫。随着郁金香球茎价格的上涨，为了进行货币对冲，更多的资金流入了郁金香的投资中。郁金香由此成了金融资本增值投机的一个标的。这种狂热持续了很久，直到有些人决定套现，拿着自己的钱离开，郁金香的泡沫才随之破灭，这致使那些仍然持有郁金香的人损失惨重。比特币就是一个类似的金融游戏。

创造货币，但是这种权力主要源于它创造信贷的能力。货币只是信贷可能采用的很多种形式当中的一种。银行的货币创造与中央银行的货币扩张（当它将印钞作为其量化宽松计划的一部分时），当然有助于信贷。但是，私人银行系统，特别是影子银行，并不一定需要先准备预付资金才能发放信贷。信贷可以在没有货币的情况下就发放出去并得到扩张。随着电子通信技术、互联网和其他技术的发展，金融机构越来越有能力向投资者提供信贷。与此相对照的是，中央银行越来越失去对信贷的控制，因为它仍然局限于发行货币（尽管现在是以电子记录的方式进入私人银行在中央银行的储备金账户的）的功能。中央银行试图通过一些操作，例如通过公开市场业务出售中央银行债券，从市场和私人银行系统中取走"法定"货币。但是这种努力的效果往往被银行、影子银行甚至在线投资者的"内部信贷"所抵消了。随着影子银行体系的扩张，以及中央银行对受监管的商业银行的管控力的相对下降，中央银行越来越失去对金融体系的控制了。很多金融业务，如保证金交易、基于以往的投资价格的抵押品交易、电子快速交易、衍生产品套期保值交易，以及新涌现出来的无数其他金融工具，都促进了内部信贷的快速扩张。随着内部信贷业务的急速增长，中央银行影响经济发展方向的能力也日益下降。

由于对导致资本主义经济不稳定的金融因素一贯心存偏见，因此机械马克思主义的倡导者和支持者并没有将上述情况纳入他们对生产和不断下降的利润率的分析中。事实上，只要"不断下降的利润率"这一命题继续坚持"源于劳动的价值的生产"，那么就必定无法跟上 21 世纪金融资本的快速发展和变化。

信贷的另一方当然是"债务"了。贷款人发放信贷，借款人承担债务。然而，在机械马克思主义者看来，基本上所有的债务都是正面的。银行贷款如果用于实体经济投资，那么当然是一件好事。即使银行向家庭贷款也有助于增加实体经济投资，因为这样的话家庭有能力购买更多的商品了。然而，过度债务所造成的破坏性力量并没有受到机械马克思主义者的充分重视。

在机械马克思主义者看来，过多的家庭债务或消费债务是工资收入增加不足的结果，它是因资本家对劳动剥削的增加所导致的。不过家庭债务是"积极的"，因为它减少了由于商品过度生产而产生的工资降低的压力。当然，债务替代工资降低的积极效果只是暂时性的，而消费债务也不是一个长期的解决方案，它只是暂时性地使资本家能够在工人工资收入下降或增加不足时售出他们的商品，从而"实现"利润。消费债务本身是第二次剥削的一种形式，因为消费债务意味着家庭（主要是工人家庭）必须减少未来的工资，以便在当前"融资"消费。家庭债务是资本家在削减工人工资后，在短期内继续"实现"销售和利润的一种方法，不过要以牺牲未来的利润为代价。因此，家庭债务必定总是导致更多的债务。然而，这是保证价值"实现"和过程完整所必须的——发生在价值过程的后生产阶段。

那么，是谁在对未来要偿还的债务收取"利息"呢？是金融资本家。因为，金融资本家正在从事一种以前被认为专属于工业资本家所在的领域的剥削。因此，一个合理的推论是，金融资本家已经不再位于价值创造和不断下降的利润率的过程之外，而是间接地（并且越来越多地）成了这个过程的一部分。对此，机械马克思主义者并没有解释清楚，也并没有将它整合到利率不断下降的假说中。

近几十年来，全球大部分国家政府债务水平不断上升这个事实也没有融入机械马克思主义的"不断下降的利润率"的命题中。在国家层面，美国政府债务包括联邦债务和中央银行（准政府机构）债务。如前几章所述，仅仅源于量化宽松计划的中央银行债务就曾高达10万亿美元，中央银行的债务主要体现对银行的贷款。其他政府机构的债务也与金融相关，例如，政府住房机构（例如房地美、房利美、联邦住房管理局等）的总债务规模现在已经高达几万亿美元，学生债务也主要由政府机构承担。这些债务中的绝大多数都是由政府直接或间接地用于救助和支持金融机构的。我们在这里不妨以消费债务为例说明一二。消费债务包括抵押贷款债务、分期付款债务和信用卡债务等，通常都是消费者对金融机构的负债。居高不下的消费债务和政府债务都会显著地降低传统财政政策和货币政策的影响，本书第13、14章已经详细地讨论过这个问题了。然而，机械马克思主义者的"不断下降的利润率"的命题，却无法作为理论基础来分析过度债务对经济从衰退中强劲持续复苏方面的阻碍作用，也无法解释过度家庭债务是怎样使得经济衰退开始后，实体经济崩溃会来得更快、更深也更持久。

总而言之，无论主题是货币、信贷还是债务，机械马克思主义者都只是对它们在21世纪如何真正发挥作用给出了非常有限且简单化的解释。

## 总结性概要

机械马克思主义者不理解，或者说，他们拒绝承认资本主义经济在过去150 年至 200 年间发生的天翻地覆的变化，决定资本"运动"（或发展、演化、变革）的力量和因素，已经不再与两个世纪之前一样，甚至与短短几十年前也不再一样了。

全球资本主义经济变得根本不同了。在金融行业，在同时涉及生产性劳动和非生产性劳动的生产过程中的劳资关系上，这种变化最为深刻。机械马克思主义者并没有试图解释这两个方面的变化，或者说，他们的解释是极其不充分的。新的资本形式在金融资本内部不断涌现出来，而金融资本对整体经济的影响远非以往可比。各种形式的金融资本之间的彼此反馈的方式和相互关系（包括因果关系）的影响也远大于以往。

机械马克思主义者仍然试图基于"不断下降的利润率"命题，将实体经济的很小一部分——利润只能作为生产创造的价值的一部分——发生的情形推而广之，试图解释全球资本主义经济的不稳定性。他们认为，驱动实体经济投资的只有利润，而且金融资产投资的增长是实物商品生产利润率下降的结果。在他们看来，与资本主义商业周期有关的任何事物都可以被归结为利润率不断下降的趋势：不断下降的利润率导致了实体经济行业（商品生产）的不稳定性，而这种不稳定性反过来又导致了金融行业（商品交易）的不稳定性。他们坚决拒绝接受如下观点，即过去半个世纪以来金融资本的演变本身就是导致近几十年来金融不稳定性日益增加、金融危机事件频发且严重程度加剧的原因，而且这些金融不稳定性事件可能又反过来造成实体经济投资的衰退、经济增长放缓，甚至经济深度衰退或大衰退和萧条。2008 年以来发生的一系列事件就是如此。但是，对于机械马克思主义者来说，因果关系是由于实物商品生产的利润率下降、实体经济投资和经济增长随之减缓甚至下降，进而导致了金融资产投资的上升以及金融的不稳定性甚至危机。

然而，现实的情形绝非如此。

# 关于马克思《资本论》第三卷的一个注记

有意思的是，虽然机械马克思主义者的"不断下降的利润率"的命题源于马克思的相关论述，但是马克思自己对资本主义经济中潜在的不稳定性作用却持更加开放的态度。特别是在他生命的最后几年，他认为最重要的研究课题就是"理解资本的运动"。在他看来，"运动"一词指的是资本的演变、各种不断变化的形式，以及这些形式是如何发展、彼此之间是如何相互作用的，同时这些变化又是如何影响劳动的。马克思强调，资本主义经济在内容和形式上都是不断变化的，因此，任何理论概念都将不可能永远保持不变。

本章节在此将引用《资本论》第三卷第二十四章中的几个段落。在这些段落里，马克思讨论了被他称为"生息资本"的若干种资本形式。"生息"是指资本"自我扩张价值"的能力，同时也指"货币创造更多货币"这种现象发生的场合。[1]当然，这些都属于"资本拜物教者"喜欢的资本形式，能够"产生一个确定的剩余价值"。也就是说，"它自己的价值独立于再生产过程"之外，即这里发生的是 $M'-M''$，而不是 $M-C-M'$，其中 $M''$ 是金融资本的虚拟形式，即能够增值的"生息资本"。

有趣的是，马克思还进一步阐述了这类资本形式扰乱资本流通的可能性。用他自己的话来说，"在生息资本中，资本的流动是收缩的"。这里的"收缩"是指生息资本和金融资本流动得更快，还是指通过出售实物商品得到的资本在流通时某种程度上被虚拟 g 形式的资本给扰乱了？

马克思指出，真实价值的生产会受到一系列限制。一天只有 24 小时，因通过延长工作时间来创造价值有明显的上限（延长工作时间是第一次剥削的一种形式）。也就是说，价值创造要受时间限制。马克思还认为，相对剩余价值的创造也有上限，它由人口水平和一般的生产率水平决定。但是有意思的是，马克思却认为"资本拜物教者"拥有的有生息能力的资本（用于投资金融资产）的价值却不受类似的限制。对于这些资本而言，"上限只是一个数字"，一个可能超过所有人想象的奇幻数字。[2]

在其他一些地方，马克思还着重分析了"货币交易资本"。他说，"纯粹

---

① 马克思：《资本论》第三卷，第 391 页。

② 同①，第 398 页。

形式"的货币交易发生在货币贷款"脱离信贷体系"的时候。他认识到工业资本家也从事"货币交易资本"的交易。那么，这是否意味着工业资本家也拥有"影子银行家"的特征，除了从商品生产中获得利润之外，还从货币交易中获得利润？显然，马克思认为货币作为一种信贷来源，很可能与其他信贷来源甚至与"信贷体系"分离开来的。

银行家使用的信贷可以采取各种形式。在《资本论》第三卷第二十五章讨论信贷和虚拟资本的时候，马克思注意到银行信贷和交易融资几乎自然而然地就会导致投机性投资，即交易和投机会"非常紧密地结合起来"，因此，人们不可能准确地说出什么地方交易结束了、投机开始了。[1]这就是说，马克思承认金融资产投机性投资是存在的，而信贷则便利了这种投机，使得它得以进行——无论是以"纯粹投机"的形式还是以其他形式进行。

不过，马克思还是认为，只有当信贷用于工业资本融资时，才会是一个积极的因素。在这种情况下，信贷能降低流通成本、平衡各行业的利润率、加速商品生产，并将商品"变形"转化为货币形式。另外，在更广泛的宏观层面上，信贷能够"加速生产力的发展和世界市场的出现"。[2]

马克思还指出，信贷会带来负面的后果，"另一方面，信贷有助于真实的买和卖保持更长时间的分离"，从而为投机提供基础。[3]信贷不仅会加速资本的扩张，而且也会加剧矛盾和冲突，导致"最纯粹和最庞大的赌博与骗局"。[4]

有趣的是，马克思在这里说的这些，与凯恩斯在其《通论》第十二章中的一些段落非常相似。比如，凯恩斯谈到了专业投资者阶层的崛起，以及工业资本家的投资和所有权的分离。马克思则宣称，信贷和金融投机活动催生了"一个新的金融贵族阶层"，这是"寄生阶层"的一个最新变种。他们以发起人、投机者或直接以经理人的面目出现，通过发起成立公司、发行股票、进行股票投机等形式，创建了一整套骗人的制度。[5]

紧接着这一段，马克思又对虚拟资本（如股票）进行了剖析。他说，虚

---

[1]　马克思:《资本论》第三卷，第 405 页。

[2]　同[1]，第 441 页。

[3]　同[1]，第 436 页。

[4]　同[1]，第 441 页。

[5]　同[1]，第 448 页。

拟资本的出现，代表着"资本主义生产方式本身取消了资本主义生产方式"，因此这是一种自我解体式的收缩，尽管从表面上看，它似乎代表着向新的生产方式过渡的纯粹转型阶段。[①]虽然马克思在这里讨论的是股份公司，但是很显然，他认为股票投资以及对股票市场的操纵只是更广泛的金融投资和投机现象的一个例子，而这种现象反映了"新的金融贵族"阶层的崛起。这个阶层规模壮大后，"破坏了工业"并"侵入了新的生产领域"。

马克思在其这本一生最后的著作中显然认为，金融资本、金融资产投资和投机，不仅仅是工业生产的后果，也不仅仅是工业生产的推动力。这是一个新生事物，孕育于工业资本主义的"子宫"，来到世上后就变成了一头新的、更强大的追求剩余价值的猛兽，甚至可能吞噬掉它自己的"创造者"。

关键的一点是，马克思已经认识到信贷（和债务）既可能带来积极后果，也可能带来消极后果。但是，机械马克思主义者却仍然只关注信贷和债务的积极影响，并且完全不打算考虑其消极后果及其与"不断下降的利润率"之间的关系。

与之前的古典经济学家一样，马克思也认为利息是生产利润中的一个扣除项。因此，利息是利润的一种形式。既然利息是一种利润形式，那么，利息和利润是否应该一同都被纳入一般的"不断下降的利润率"的命题之中呢？如果应该纳入，那么，是不是所有形式的"生息资本"——金融资产投资的利润——也都可以成为有待纳入的"候选者"？

有人可能会问：为什么马克思直到《资本论》第三卷中才讨论这些问题？要理解这一点，一定要记住，马克思在写作时遵循了德国学者的传统，即采取先一般后特定、先抽象后具体、先长期后短期的论述顺序。《资本论》第一卷主要论述一般的、抽象的、长期的问题，它关注的核心是价值。当然，资本主义不可能仅仅限于这个核心，还有许多围绕这个核心的各种运动和变化。马克思计划，要剖析所有"围绕核心而波动"的现象，其中也包括更多地考虑价格的作用。利润、工资和市场价格都是"交换变量"，或者说，它们出现在所谓的资本流通领域，即在商品生产出来之后、在货币和其他形式的资本"回到"生产过程之前。交换价值和资本流动与劳动生产资本（作为剩

---

① 马克思：《资本论》第三卷，第438页。

余价值）同样重要。对于马克思来说，真正重要的是理解整个"资本再生产"的循环过程，即从剩余价值的创造（那是在劳动剥削最初发生的地方，即生产过程中）到剩余价值的实现（那是在由价格和交换主导的流通领域），再到货币形式的资本的重新引入（回到生产过程中）。这个循环的后半段，正是金融资本能够发挥其主要破坏性作用并可能扰乱资本整个流通过程的领域。这种破坏性作用和扰乱可能导致实物资产投资的下降、资本积累减少，从而导致利润率不断下降带来的资本主义商业周期。

不过，也正是在这个"流通领域"发生了其他形式的剥削。因此，剥削不仅仅限于生产过程中的第一次剥削。一个突出的例子是，马克思讨论了工人如何因"借贷房屋"而被欺骗，这种骗局可以说是 21 世纪初在美国发生的次级抵押丑闻的先声，也令人想到"发薪日贷款"等信贷剥削、工资拖欠或信用卡公司收取的过高利息和费用。正如马克思所指出的，"这是第二次剥削"，它与生产过程中的剥削并行不悖。① 换句话说，在马克思看来，剥削不仅仅限于第一次剥削，即不仅仅限于在生产商品的劳动过程中所榨取的剩余价值（通过延长工作时间或提高生产率，让工人在给定的工作时间内生产出更多的商品）。剥削也可以通过收回以前支付给工人的工资的一部分来实现。也就是说，收回工人的工资所包含的部分价值也是剥削。既然如此，那么，我们还可以追问：资本交换和流通中的价格体系是否会成为榨取最初作为工资支付给工人的剩余价值的一种手段？如果确实是这样，那么，有这种功能的价格体系应该不会仅限于商品价格，比如，金融资产价格又会怎样呢？当房主在 2000 年至 2002 年期间的网络科技泡沫崩溃中损失了数万亿美元的"401k 计划"养老金时，这种金融资产的崩溃是否可以算作第二次剥削？或者，当他们的房屋市场价值在 2007 年至 2014 年间极度缩水时，是否也可以算作第二次剥削？一些投机者变得越来越富，而作为消费者的工人的养老金计划和住房却蒸发了大部分价值（那是他们用自己的工资支付的）。这难道不是资本家在生产过程之外通过金融资产价格泡沫和金融崩溃实现的第二次剥削吗？机械马克思主义者可能不得不承认，这些都是不可否认的历史事件。

---

① 马克思：《资本论》第三卷，第 609 页。

但是，他们却从来没有将这些纳入他们的剥削理论之中，因为他们仍然囿于"利润率不断下降"和"只存在第一次剥削"等旧观念。

马克思感兴趣的不仅仅是价值的生产，而且还包括价值的再生产；或者说，他关注的是整个资本循环过程，而不仅仅是资本循环的前半段。他要考察的是，从商品生产过程到各种货币形式的资本的出现，再到这些货币资本又如何被再投资到下一轮的价值生产中。在这个循环的后半段，可能会出现很多干扰。不过令人遗憾的是，对于生产过程结束之后的资本价值运动，对于交换领域中出现的事物，马克思本人和机械马克思主义者都很少进行深入细致的分析。

这就是说，传统的马克思主义经济分析几乎将一半的资本循环都排除在外了。经济的金融化可能导致资本循环速度减慢并阻碍资本回流到实物资产投资中；或者，经济金融化甚至可能永久性地引导资本离开实体经济。这些情况都是机械马克思主义者从未考虑过的。当代马克思主义经济学对金融资本越来越占据主导地位的流通领域的分析少有创新——在至少四分之三个世纪里几乎没有多少改变。

至此，我们可以得出一个结论，即机械马克思主义者的观点及其"不断下降的利润率"的命题也许不一定是全错的，但是可以肯定它们最多只能是"对了一半"。

本书提出的"系统脆弱性"概念，是对当代经济学失败的一个补充。无论是当代主流经济学的两大流派（混合凯恩斯主义和复古古典主义），还是马克思主义经济学分析中的机械马克思主义，都未能将越来越重要的内生的金融不稳定性源头纳入对全球资本主义经济近年发展状况的解释和未来方向的预测中。

资本主义有强大的生命力，一直处于发展变化当中。混合凯恩斯主义者、复古古典主义者和机械马克思主义者都有一个共同特点，那就是，他们都试图解释当今经济形势的变化，但是眼光却都在向后看。很显然，他们全都相信存在着某种理论的"天然磁极"，这一"天然磁极"可以从经济学前辈们对过去的资本主义的分析中重新发掘出来，比如，货币总供给和总需求，不断下降的利润率，等等，就是他们各自的理论的"天然磁极"。这些可以作为理解 21 世纪全球资本主义的概念基础。然而，基于这些概念对今天的资本主义进行分析是有很大缺陷的。我们的使命是提出一个新的理论框架，以便更好地解释金融不稳定性的新现实和劳动剥削的新形式，同时更好地描述 21 世纪全球资本主义经济的演化造就的特点和仍然不断在演化的特点。

# 第 18 章　明斯基"金融不稳定性"假说的理论贡献和不足

　　主流经济学家和机械马克思主义者都普遍低估了金融变量的作用，但是有一个明显的例外，那就是经济学家海曼·明斯基（Hyman Minsky）。明斯基的著述活动，主要集中在 20 世纪 70 年代到 90 年代中期。他的著作代表了一个潮流：复活并发扬光大凯恩斯和其他一些学者在 20 世纪 30 年代提出的金融不稳定性思想。这些思想在 1945 年后被主流经济学忽略了。事实上，关于危机的经济学分析一直处于"转型"过程中，即从只关注实体经济的内生变量到转变为关注金融周期和商业周期的相互作用。明斯基本人是这个过程中的关键一环。此外，明斯基还在金融周期分析中引入了"脆弱性"概念。由于这两个原因，我打算在结束全书并给出自己的结论之前，先讨论一下明斯基的观点与我自己关于"系统脆弱性"的核心概念之间的关系，这样做无疑是恰当的。

　　明斯基将 1945 年以来被主流经济学"考虑到便利性"而忽略掉的凯恩斯的思想重新发掘出来，力图恢复对金融因素的经济学分析，从而把凯恩斯的思想传统重新接续上。正如他自己经常说的，凯恩斯提出了一个投资理论，用于分析商业周期；而他则在凯恩斯的基础上建立了一个用于分析投资周期的金融理论。对于明斯基来说，凯恩斯于 1935 年出版的《通论》代表着一场"半途而废的革命"。[①] 明斯基本人的多产期（在 1970 年至 1995 年期间），恰恰是凯恩斯与现实最密切相关的那些思想被主流经济学忽视的一个时期，而这一时期，实体经济投资放缓和金融不稳定性时隐时现。明斯基认为，主流经济学基本上忽视了"金融机制，这是凯恩斯所关注的核心"；如果说主流经

---

① 关于海曼·明斯基对凯恩斯的分析，请参阅他的《约翰·梅纳德·凯恩斯》，哥伦比亚大学出版社，1975 年。

济学也提及了凯恩斯关于金融机制的思想的话,那也是"以掐头去尾的方式对待的"。因此,他呼吁推动经济学的"第二次革命",重新解释凯恩斯,并专注于"金融关系、扰动和不稳定",因为在 20 世纪 70 年代,这些因素已经开始在经济的演变中再次发挥主要作用了。[①]

不过,明斯基和凯恩斯的着眼点还是有所不同。凯恩斯关注作为个人行为主体的专业投机者所推动的金融资产投资和投机,而明斯基则试图对金融不稳定性进行"制度性的分析"。在建构自己理论的过程中,明斯基还大量引用了与凯恩斯同时代的其他经济学家的思想,例如欧文·费雪在 20 世纪 30年代初提出的一个观点,即债务是在金融崩溃之前的时期内积累起来的,并且还会在金融崩溃之后加剧金融的不稳定和实体经济的收缩,因为过度债务会导致通货紧缩。明斯基还接受了利润决定投资的观念,这是由马克思主义经济学家迈克尔·卡莱茨基首先提出的;他从卡莱茨基那里借鉴了特别强调偿债所需的"现金流"的思想。"现金流"是明斯基理论中的一个关键变量,但它主要是指来自以往的实物资产投资的利润流。另外,明斯基还从其他一些经济学家那里,比如说从他早期的老师、经济学家亨利·西蒙那里,学会了从制度的视角去分析金融不稳定性问题。

明斯基的理论可以归纳为"金融不稳定性假说"(FIH),这个假说的一个关键因素是他的"金融脆弱性"概念。显然,本书作者的"系统脆弱性"与明斯基所说的"金融脆弱性"概念之间有着许多的相似之处(当然同时也有不少显著的和关键的差异)。正如明斯基接受了凯恩斯、费雪、卡莱茨基和其他一些经济学家的思想,然后又超越了他们一样,本书作者的"系统脆弱性"概念的广度和深度,也远远超出明斯基的"金融脆弱性"的概念。

明斯基的贡献无疑是卓越的,但是他的"金融不稳定性假说"以及其他相关的思想也有很多局限性(接下来我们就会讨论到)。然而,就像明斯基扩展和进一步发展了凯恩斯、费雪和其他一些经济学家的思想一样,我们今天也必须充分挖掘明斯基对金融资本本质的看法并进一步发展它们。我们还要借鉴凯恩斯、费雪和其他一些经济学家对金融周期和商业周期之间的关系的理解,剖析为什么这种关系在 21 世纪对全球资本主义经济的不稳定起

---

① 海曼·明斯基:《约翰·梅纳德·凯恩斯》,导言,第 7~11 页。

到越来越大的破坏作用。

虽然明斯基、凯恩斯、费雪和其他一些经济学家对理解金融经济与实体经济之间的交互作用的性质作出了重大贡献（马克思以及更早的一些经济学家也有重要贡献），但是在本书作者看来，这些经济学家中没有任何一个人提出过一个完整的关于金融周期与商业周期相互作用的理论，也没有人能够充分解释金融因素是如何破坏资本主义的金融体系的，从而影响实体经济，进而在某些情况下形成相互反馈的回路，致使金融行业和实体经济行业的关系进一步恶化。明斯基、凯恩斯、费雪和其他一些经济学家都为解决金融不稳定性问题"添了砖、加了瓦"，但是他们却都没有提出一个完整的理论框架，一个可以用来预测 21 世纪全球资本主义金融不稳定性演变模式和轨迹的理论框架。当然，我们不能指责他们为什么没有这样做。

## "超前于自己的时代"的马克思和凯恩斯

在马克思生活的时代，金融资本的各种各样的新形式刚刚开始出现。在讨论了作为实体经济驱动力的价值生产的各种基本因素之后，马克思计划更彻底地解释源于生产过程的价值如何转变为各种交换价值和货币形态的价值，并考虑资本从生产过程到离开生产过程转变为货币形态，然后又回到生产过程的整个循环。对于马克思来说，还存在着一个"价值流通"的领域，在这个领域，19 世纪后期出现的银行和其他金融机构对资本流通中的价值流动的破坏作用更大。[①]然而，马克思只来得及在他生前最后的著作和笔记中对此进行了初步探究，他并没能完成他的工作。不过，即使他真的"完成"了自己的研究计划，也未必能给出一个完整的分析金融资本的理论框架，因为当时这种形式的资本仅仅算得上初显峥嵘。马克思"生得太早"了。

凯恩斯在他的《通论》中也没有发展出一个一般的分析金融"投机性投

---

① 马克思《资本论》第一卷的焦点之所以放在经济生产领域，是因为这是他在观察 1840 年至 1860 年间欧洲资本主义经济发展的结果基础之上写成的。在那之后的几十年里，资本主义经济的金融行业开始发生迅速变化。他的《资本论》第三卷的大量注释表明，他也试图对这些变化进行总结。

资"的理论框架，也没有讨论这种投资与其对立面"企业投资"究竟有什么不同。凯恩斯只是在《通论》的第十二章中给出了简单的解释。虽然这些解释充满了对金融投资的深刻洞见，但是他却未能有效地将其与其余章节结合起来，那些章节大部分都只涉及实体经济投资（以及这种投资与商业周期、货币政策和财政政策之间的关系）。凯恩斯本来可以在《通论》中更彻底、更详尽地分析金融投资和投机是如何影响实体经济投资的，或反过来，实体经济投资是如何影响金融投资和投机的。事实上，关于投资和消费之间的关系，凯恩斯也可以阐述得更深入一些，但是他没有。另外，凯恩斯在 1930 年年初的著作《货币论》中探析过金融周期，但是在 1935 年的《通论》中却舍弃了这部分内容。当然，由于历史局限，我们不能对凯恩斯指责过多。

《通论》几乎只关注实变量。凯恩斯认为，当时全球经济要想从大萧条中走出来，出路只能是从实变量中去找。他在《货币论》中曾经提出过，金融变量在导致 1929 年金融危机中发挥了重要作用，而且当时的银行崩溃对于大萧条后来的演变轨迹至关重要。然而，在《通论》中，凯恩斯却认为金融变量根本不是结束大萧条的关键所在。他反复强调的一个观点是，货币政策解决方案（货币供给、利率等）对于结束大萧条完全无用。《通论》所关注的不是大萧条如何发端，而是如何结束（既然它已经发生了）。凯恩斯当然知道货币因素也很重要，但他只是选择不去强调它，因为它不是结束大萧条的解决方案的核心因素。[①]

从 20 世纪 30 年代末开始，随着混合凯恩斯主义的诞生和发展，资本主义经济中的周期性的不稳定性金融因素、金融变量和原因几乎完全被忽略了。混合凯恩斯主义的经济分析只关注基于实体经济变量建立起来的所谓的"一般均衡模型"，而货币和信贷的概念是极其简单化的。货币就是 M1、M2……且是信贷的唯一来源。混合凯恩斯主义并没有区分货币和信贷，因为一旦区分，就需要考虑金融因素及其变量。金融资产价格与商品价格之间也没有进

---

① 这与 2008 年全球金融危机中政府政策的重点形成了鲜明对比。2008 年以来的旨在促进经济复苏的解决方案的重点是中央银行注入流动性和降息的货币政策。这也就进一步验证了政府相应的政策并非是凯恩斯主义的，而是大部分是复古古典主义的，小部分是混合凯恩斯主义的。

行区分，它们之间的相互作用也未被考虑进去。经济中只有一个价格体系是重要的，那就是商品价格体系，这个价格是稳定力量，而非不稳定力量。混合凯恩斯主义和复古古典主义都认为价格是稳定力量，两者之间唯一重要的区别是，前者认为适当的政府干预是必要的（协助价格发挥稳定作用），而后者则认为政府的干预不但无助，反而会起反作用。

进入 20 世纪 70 年代后，全球资本主义经济又出现了一次危机，其首要标志是布雷顿森林体系的崩溃，其次是发达国家实体经济投资的减缓甚至停滞，商品价格不稳定的程度增加。主流经济学也随之进入了"动荡期"。由于未能预测和解释危机，因而混合凯恩斯主义被抛弃了，而复古古典主义则重现生机。原因是布雷顿森林体系崩溃后出现的经济学真空很快就被世界各国的中央银行给填补了，它们开始试图通过注入和收回货币来稳定全球经济体系。虽然注入货币很容易，但是要撤出就非常困难了。这一点几乎从一开始就注定了，而到 21 世纪之后，则进一步被验证了。但是，即便如此，中央银行的货币政策也都早已被当成了"一根救命稻草"或一个支柱了，被视为制度性的稳定力量。这一货币政策与复古古典主义将货币作为关键经济变量的主张非常契合，也为其"复出"提供了强大的支持。

对货币和中央银行政策的高度重视，是 20 世纪 70 年代末开始出现的"新自由主义政策革命"的关键因素。"新自由主义"是那个十年里应对实体经济危机的理论和政策的名号。所谓"新自由主义政策革命"，本质上是在财政政策的基础上加入其他政策（和理论）要素：对投资者和企业减税，放松管制，公共产品和服务私有化，自由贸易和就业外包，去工会化，限制集体谈判，压缩工资福利，将退休养老和健康保险福利计划私有化，促进临时性就业，以及采取其他"国内"政策措施。然而，实际上，除了上述明面上的国内政策之外，"新自由主义政策革命"更为核心的因素是国际货币体系的重构——将世界各国中央银行及其货币政策提高到中心地位上来，并促成随之而来的全球经济金融化。这是后来大多数批评新自由主义的人都没有看到的。这一主张付诸政策实施始于 20 世纪 80 年代，不久之后又得到进一步强化。明斯基后来在他的论著中指出，新自由主义政策，特别那些与经济金融化密切相关的政策，为全球金融脆弱性和不稳定性以及更频繁的金融危机埋下了隐患。

与马克思和凯恩斯一样，明斯基也是一个超越自己时代的人物，但他在时空上 "更加贴近" 现实，因为金融新变革的核心地区是美国而不是欧洲。他的主要观点是，资本主义经济内部固有的、内生的金融不稳定性，于 1945 年至 1965 年间就被抑制了，但是到 20 世纪 60 年代末又开始重新抬头。基于不需要在这里解释的原因，这一点从 20 世纪 40 年代中期到 60 年代中期，战后资本主义经济在金融方面基本是稳定的情形，以及从商品价值的角度看也是如此。然而，到了 20 世纪 60 年代末，金融结构发生变化的早期迹象开始显现。明斯基从 20 世纪 70 年代中期就开始关注这一现象，他为此撰写了许多论著，并一直持续到 1995 年。越来越多的证据表明，到 1995 年时，金融不稳定性的 "质变" 已经完成：20 世纪 80 年代，美国频繁发生金融不稳定性事件；20 世纪 90 年代初，欧洲，尤其日本，出现了历史性的金融崩溃事件。在那个时期，明斯基也许给出了一个关于可能发生重大事件的大纲，但是还无法描绘出更全面、更明朗的图景，因为全球金融结构的演化还远未结束。事实证明，结构金融大概还需要再演化二十年，才能为下一次更广泛的全球金融危机爆发创造条件。终于，在 2007 年至 2009 年间爆发了全球金融危机。

### 明斯基论 "金融不稳定性"

明斯基在很大程度上突破了主流经济学的理论。他从 20 世纪 70 年代开始便撰写了关于金融不稳定性的论著，到 1992 年至 1995 年间逐渐收笔。在此期间，明斯基一直强调资本主义经济在长期过程中的内在不稳定性，而且这种不稳定性的根源在金融方面。他认为，很长一段时间以来，金融体系已经从 "稳健的" 演化成了 "脆弱的"，从而导致了内生的不稳定性。"脆弱"（"脆弱性"）这个术语暗示潜在的不稳定性。[1] 由于经济繁荣的长期持续，经

---

[1]　明斯基在 20 世纪 80 年代出版的两部代表作分别是：《还会再次发生吗？论不稳定性与金融》，M.E.Sharpe 出版社，1982 年；以及《稳定不稳定的经济》，耶鲁大学出版社，1986 年，并由麦格劳希尔出版集团于 2008 年重新出版发行。不过，直到 20 世纪 80 年代末和 90 年代初，当美国、日本和北欧分别发生了一系列金融不稳定性事件（即美国储蓄和贷款协会危机、北欧银行危机和日本于 1990 年至 1992 年间的金融危机）之后，明斯基才在他的一系列重要论著中提出了一个完整的理论框架和体系。

济体系向不稳定性方面的内生漂移并不总是很明显。全球经济在 1945 年至
1965 年间是"金融稳定"的，实体经济的衰退也相对温和、短暂，而传统的
财政与货币政策纠偏也明显。金融周期并没有导致或加剧实体经济周期的缩
短，因此与 19 世纪末、20 世纪初的银行体系的反复崩溃以及每几十年左右
发生一次的周期性大萧条相比，这一时期相对保持了稳定。但是，明斯基指
出，新的不稳定性迹象从 20 世纪 60 年代末就开始显现了，到 70 年代得到了
强化，并在 80 年代进一步加速。20 世纪 80 年代末至 90 年代初的一系列金融
不稳定性事件——美国的储蓄和贷款协会危机以及垃圾债券危机、1987 年的
股市崩盘、日本金融危机、区域银行危机、重复出现的国际主权债务危机和
新兴市场货币危机等——全都成了明斯基的经验证据，他据此提出了自己的
金融危机理论，即他所称的"金融不稳定性假说"（FIH）。[①]

　　对于明斯基来说，资本主义经济体具有非常复杂的结构，由不同的行为
主体、机构和金融关系组成，随着时间的推移，日复一日地朝着越来越脆弱
和不稳定的方向演化。明斯基认为，对资本存量中的实体经济投资的份额或
比例是这个过程的核心。在这一点上，他的看法与凯恩斯一样。日益强化的
金融复杂性、脆弱性和不稳定性扰乱了实体经济的投资过程。明斯基的利润
理论来自凯恩斯，但是在存在"金融扭曲"的情况下，却更接近于 20 世纪
30 年代的马克思主义经济学家迈克尔·卡莱茨基的观点，后者认为源于生产
和销售实物商品（资本品和消费品）的利润是实体经济投资的主要决定因素。
明斯基也认为利润是实体经济投资的决定因素，但是随着时间的推移，不断
上升的企业债务会显著影响作为实体经济投资的决定因素的利润，同时还会
影响投资者是否投资于实体经济的决定。换句话说，利润决定了实体经济投
资（如卡莱茨基所说），但是不断上升的债务和金融不稳定性却扰乱了这个过
程，因为随着时间的推移，资本主义金融结构内生地从稳健演化为脆弱。[②]尽
管实体经济投资的利润决定着未来的实体经济投资，但是不断上升的债务和

---

① 　请参阅明斯基《还会再次发生吗？论不稳定性与金融》一书的第 3、5 章，以及他在
　　1991 年至 1995 年期间发表的一系列论文（本章下面的正文中将会提到）。

② 　"稳健"意味着"不易"发生金融不稳定性事件，即对系统的冲击会相对较容易地被
　　吸收掉。"脆弱"意味着在受到冲击后不能快速地恢复并对金融系统的波动和严重干
　　扰做出强烈反应。

金融脆弱性却可以打断这个因果链条。①

当金融结构和金融体系处于相对稳健的状态时，它是稳定的。此时实物资产投资的融资可以作为一种"抵补"*——这里存在着一个"抵补"资本融资的体系。当企业和金融机构以"抵补"的方式融资时，是可以用过去投资产生的现金流来清偿债务的。抵补性企业还可以更多地以股权（股票）进行融资，而不是通过借款、发行企业债券或通过其他形式的企业债务进行融资。当债务被用来在一定程度上为投资融资时，它就是长期债务而不是短期债务。对于抵补性的企业和金融机构，通常现金流足以支付到期债务的本金和利息。然而，随着时间的推移，随着投资者（企业或专业投资者）变得更加乐观——这通常发生在经济形势良好的时期——他们对未来利润的预期不断提高，因此他们开始越来越多地通过债务为实体经济投资进行融资。这样一来，债务与股本和现金的比例提高了，因此现金流中必须用于偿还不断增加的本金和利息的比例也就提高了。由于现金流主要来自以前拥有的实物资产所创造的利润，因此当债务随着时间的推移而稳步上升时，就需要越来越多的现金流来偿还债务，而这就必然导致可以用于再投资实物资产的现金的减少，于是实体经济投资的利润也随之减少。"好时光"持续的时间越长，转向债务融资的情形就会越普遍，从而最终从现金流和利润中流失掉的份额就会越大——现金流毕竟是因利润而来的。

随着这个过程的不断推进，企业和金融机构变得越来越不稳健，即逐渐从"抵补性"的企业变成了明斯基所称的"投机性"的"资本资产融资单位"。它们的现金流足以支付到期利息，但却不足以支付到期本金。这些"投机单位"因此不得不反复"展期"（再融资）到期债务，当然，它们通常必须

---

① 问题在于：源于实体经济投资并用于进一步投资的利润和债务，哪一个是更重要的？债务对实体经济投资—利润—实体经济投资链条的这种破坏什么时候会发生？而且，最根本的问题是：利润和债务来自哪里？债务是源于金融投机融资，还是源于实体经济投资融资？利润是来自实物资产投资，还是来自金融资产投资？对于这些，明斯基从来都没有提到过。

* "抵补"一词的英文原文是"hedge"。在本书作者看来，明斯基在这里用这个术语并不恰当，因为它会使读者想到某种与"对冲基金"有关的东西，那是影子银行的一种形式。当然，这里所说的"hedge"与对冲基金完全无关，这也是译者将它译为"抵补"的原因。——译者注

承担更高的利率、接受更不利的偿债条款和条件。而在"困难"时期，特别是在经济衰退或增长缓慢乃至停滞时期，这种"滚雪球"的情形会更加频繁，而且条件会更加恶劣（即更高的利率、更短的付款期限、给予贷款人更多冻结和扣押企业资产的机会等）。对于那些因经济衰退或萧条之外的原因而不得不进行债务"展期"（再融资）的企业和金融机构，再融资条件和条款也会相应地恶化。因此，各种"投机单位"高度依赖于正常而稳健的经济和金融体系；没有这个条件，它们就很容易违约。这些"投机单位"若偿债能力不足，但同时又暂时没有违约（无力偿还到期本金和利息），那么就会逐渐恶化为明斯基所称的"庞氏投机单位"。①

这些"庞氏投机单位"不得不借入更多的新债务，以支付原来债务的本金和利息，而不仅仅是设法将债务延期。它们自己产生的现金流不足以偿还本金或利息，债务/权益比急剧恶化。通常来说，对于这些因负债过度而无力偿还债务、一步步走向破产且剩余资产可能被扣押的"庞氏投机单位"，没有投资者会有兴趣去购买它们的股票。因此，在金融危机爆发的情况下，如果无法借入新债务，"庞氏投机单位"就会违约；退一步说，即使有机构愿意向它们提供贷款，但是新增的债务也往往是极其"昂贵"的，以至于它们通常只会加速而无法阻止最终走向破产。

当大部分企业和金融机构都从抵补性融资转向投机性融资，之后又进一步转变为"庞氏投机单位"后，它们的脆弱性就会不断上升，于是整个经济也就将变得更加脆弱。当金融危机——股票市场暴跌、银行崩溃等——发生时，由于"庞氏投机单位"的数量大增而变得更加脆弱的金融体系本身，也会放大金融危机的程度，并将金融不稳定性更快地传导到整个经济系统中。实际上，根据明斯基的说法，银行及其他金融机构的极度脆弱性本身也可能导致金融不稳定性事件的发生。尤其是，如果企业和银行都极度热衷于利用短期债务去购买长期资产（这种情况在一个更长时期的增长期的后期阶段最容易发生），那就更是如此了。

随着债务水平的上升和债务构成状况的恶化（即从长期债务转向短期债

---

① "庞氏"（"Pond"）这个术语也不是一个好的选择，因为"庞氏"是贬义的，意味着某种非法的金融骗局，而不是这个术语本来用来描述的企业在沉重的财务压力之下行将破产的状况。

务，从低利率债务转向高利率债务，以及借款人必须接受更加苛刻的偿债条款和条件），整个经济系统就会加速向金融脆弱性演变。当实体经济投资的比例随着经济（如 GDP）增长率的提高而上升时，实体经济行业的企业创造出来的利润和现金流反过来会为债务的增加提供支持。但是，过了一段时间之后，临界点就会出现，即企业的负债将超过利润和现金流可以支持的限度。当遇到经济衰退或经济增长陷于停滞时，这种情况就会加速，使得债务展期或增加新债变得越来越困难，从而抵补性企业转变为投机性企业、投机性企业转变为"庞氏投机单位""庞氏投机单位"转变为违约企业的步伐也就大大加快了。为了避免违约，以前积累下来的实物资产必须以火线清仓的方式低价抛售。当企业资产抛售和违约潮盛行时，就会放大金融脆弱性，进而助推这种脆弱性的进一步加剧。

换句话说，脆弱性是一种内生条件，它的逐步强化是一种长期趋势，尤其在经济停滞或衰退期间更为显著。不过，虽然明斯基描述了金融脆弱性的长期演化趋势，但是却并没有阐述导致这种情形发生的传导机制，相反，他只是像费雪一样，直接假设金融资产通货紧缩与脆弱性不断强化的过程有关。此外，他还认为，金融资产价格不仅可以作为传导机制而存在，而且它还是一种破坏金融稳定的力量。

费雪和明斯基都没有解释清楚在经济崩溃之前的"景气上行"期，金融资产价格是如何发挥传导机制的作用的，以及它是如何促进或助推企业和金融机构从"抵补"到"投机"再到"庞氏"的内生性的转变的。在经济繁荣阶段，金融资产通货膨胀与债务累积之间的关系如何，与金融资产价格在泡沫破灭期间如何影响债务同样重要。换句话说，金融脆弱性是在金融不稳定性事件发生之前长期积累的，而在金融不稳定性事件发生之后会迅速强化。也就是说，脆弱性具有双重的"顺周期特征"：无论是在繁荣期还是在萧条期，脆弱性都具有不断强化的趋势。这意味着，一旦脆弱性内生地累积到一定程度，它就会像一颗"定时炸弹"那样爆炸。

因此，要想充分认识现代资本主义经济中的脆弱性问题，就必须搞清楚：脆弱性的三大决定变量是如何动态地相互作用的，以及这三个变量之间的关系是如何随着时间的推移而发生变化的；同时在这些变量不断变化的关系当中，各种传导机制又发挥了什么作用，以及是如何发挥作用的。

　　明斯基认为，有三个主要变量决定了经济的脆弱性，它们分别是债务、现金流和（影响利用现金流偿还债务的能力的）其他"条款和条件"。债务主要以债务水平或债务数量来衡量，但实际上债务的构成却很重要。第三个变量"条款和条件"，其实是一组潜在的变量。长期债务与短期债务的区分，以及多少短期债务用于长期实物资产投资，也很重要。现金流是一种收入，明斯基认为它源于利润，因而来自实体经济行业。这样一来，金融的脆弱性也就部分地由实体经济投资来决定了，或者至少在必须用来自利润的现金流偿还债务时是这样的。第三个变量"条款和条件"不仅包括长期债务与短期债务的"混合条件"，而且还包括关于短期债务的使用条件。利率水平以及利率的变化率也是"条款和条件"中的一个重要因素。

　　明斯基给出的企业和金融机构从"抵补性"到"投机性"再到"庞氏"的线性转移机制，代表的是一种事实上的收入与债务关系。如果债务增加，那么金融的脆弱性就会上升；如果收入（来自利润的现金流）增长减缓或下降，情形也同样。在金融危机之前的经济繁荣时期，收入（现金流）上升的速度快于债务增加的速度。但是，当收入增长开始减缓时，债务累积会继续甚至加速，债务最终会超出企业以现有收入流为现有债务融资的能力。此外，当金融不稳定性事件和经济衰退发生时，随着商品价格的下跌和实际收入的下降，债务会上升得更快。如此，收入和债务两个方面都加速了金融脆弱性的强化。

　　这也就直接引出了一个问题：明斯基怎样看待一般的价格体系，特别是如何看待价格体系与他所说的金融脆弱性的关系？在这个问题上，他受凯恩斯在20世纪30年代提出的"双价格体系"理论的影响很深——在当时，那是一个相当激进的思想。所谓"双价格体系"，一方面是商品（产出）的价格，另一方面是资本（资产）的价格。（凯恩斯之前的）新古典主义经济学家认为，只有一个"适用于一切情形的价格体系"：所有价格都会通过推动均衡的供需过程而回归均衡，因此价格体系稳定了（金融市场和其他）市场。但这个观点都被凯恩斯和明斯基拒斥了。

　　对于"资本资产"，在明斯基那里主要是指来自实体经济投资的实物资产，即建筑物、生产设施和设备等。不过在某些时候，又不仅仅是指实物资产，它还包括金融证券和金融资产。他的区分并不总是很清楚。很显然，他的假设是，实物资产与金融资产和金融证券之间并没有任何本质性的区别。然而，正如本书的结论部分将要阐明的，区分实物资产价格和金融资产价格，与区分资本资产价格和商品—产出价格同样重要。①

价格体系的功能绝不仅仅是分配资源和收入，那是新古典经济学的假设。根据明斯基的说法，资本资产价格必须足够高，才能证明实体经济投资是合理的；反过来，实体经济投资带来了利润，而利润又创造了现金流——是偿还债务所必不可少的。对此，明斯基明确指出，"价格所包含的现金流能够用于偿付债务，并能诱导投资和提供部分融资，而且能够用于新的债务融资"。据此，他补充道："资本主义经济中实际上有两种价格体系：一种是当前产出（商品）的价格体系；另一种是资本资产的价格体系。当资本资产的价格水平较高时（相对于当前产出的价格水平），经济环境就有利于投资；而当资本资产的价格水平较低时（相对于当前产出的价格水平），经济环境就不利于投资，并且这实际上预示了经济衰退（或萧条）的到来……经济政策的一个关键问题就在于，如何稳定经济，并使这两个价格水平保持在相对合理的位置上，以保证适度的投资。"②

明斯基的这个观点意味着，资本资产通货紧缩会产生阻碍实物资产投资的效果，而实物资产投资的下降又会减少实体经济投资带来的利润。因此，资本资产的价格是利润的重要决定因素之一，而利润又带来偿付债务所需的现金流。这样一来，在"双价格体系"理论中，资本资产价格甚至比商品—产出价格更具根本性，因为如果资本资产的价格不够高，那么日后用来生产商品的投资就根本不会发生，因此也就根本不会有可供出售的商品；虽然是前者（实物资产）创造了后者（商品或产出），但却是资本资产价格最终决定了商品价格，因此后者是首要的。

当然，反过来商品价格也会对资本资产价格产生影响。比如，如果商品没有售出，那么利润就会受到影响。③但是，在两者的关系中，明斯基把资本

---

① 因此，我们可以认为不仅仅只有两个不同的价格体系，而是有三个。每个价格体系的"行为"都决定着一组特定的关键变量；而且所有这三个价格体系之间都互相作用并影响着各种形式的脆弱性。

② 海曼·明斯基：《稳定不稳定的经济》，麦格劳希尔出版集团，2008 年，第 159~160 页。

③ 用马克思主义的术语来说，利润没有"实现"，同时资本也未能完全实现流通或自身的"再生产"。

资产及其价格视为引发因素：是资本资产投资带动了商品产出，所以前者仍然是首要的。

明斯基"双价格体系"理论的显著不足是，他没有对实物资本资产与金融资本资产进行区分。正如实物资本资产可以决定和驱动商品价格一样，金融资产价格也可以推动和决定实物资本资产价格。根据明斯基的说法，资本资产价格必须超过商品价格才能引来实体经济的投资。但是，如果金融资产价格（以及因此而获得的盈利能力）超过了实物资本资产价格又会怎样？这会不会将投资从实物资本资产中转投到金融资产上去呢？这种转移会不会减少实物资本资产的投资，因为随着对实物资产投资需求的降低，实物资本资产的价格（和利润率）会随之下降？

此外，当金融资产价格超过实物资本资产价格时，实物资本资产价格与商品价格之间的关系又意味着什么？当实物资本价格变得更低时（相对于商品价格），实体经济投资会进一步减少吗？如果是，那么这就意味着对实体经济投资的双重负面影响：当金融资产价格较高时，会使投资从实物资本资产上转投到金融证券上去，由此而导致的较低的实物资本资产价格（相对于商品价格），还会进一步阻碍实体经济投资。或者，金融资产价格上涨又会对商品价格产生何种间接的并行影响（不是通过较低的资本资产价格产生的影响）？总之，这里意味深长的是，金融资产价格不断上涨可能严重破坏实体经济投资的稳定性，并通过多种途径导致投资者对实物资本投资需求的下降。但是对于这些问题，明斯基都没有作过深入的探讨。

在这一点上，明斯基的思路与卡莱茨基非常相似。他直接给出了一个结论："什么决定利润"才是理解经济体系如何运行的关键。[1] 是的，泛泛而论这似乎没错，但是利润从何而来？来自实物资本资产投资还是金融资产投资，或者商品生产和销售？应该说，仅仅从实物资本资产中获利，绝不是21世纪全球资本主义经济的完全"利润图景"。说到底，明斯基给出的这个卡莱茨基式的断言最多只是部分正确。明斯基认为，金融资产投资的利润根本不能被视为一个决定性的因素。而这正是当今主流经济学和机械马克思主义者共同

---

[1]　海曼·明斯基：《稳定不稳定的经济》，麦格劳希尔出版集团，2008年，第160页。

坚持的一个"基本点"。由此看来，明斯基至少还有一只脚仍然留在这个"统一阵线"中。

如果价格在所有以下三种情况下——实物资本资产、商品和产出，以及金融资本资产——都是决定利润的关键因素，那么哪个价格体系才是其他两个价格体系的主要驱动和决定因素？或者在什么条件下，再或者在商业周期的哪个阶段，哪个价格体系才是首要的？又或者，无论处于商业周期的哪个阶段，某一价格体系对其他价格体系的"决定关系"总是一样的吗？这种决定关系总是线性的吗？如果不是一样的或不总是线性的，那么三个价格体系又是如何互相作用和互相决定的？

这些都是明斯基所没有解决的关键问题。混合凯恩斯主义的价格理论的缺陷早已众所周知。明斯基从混合凯恩斯主义的价格理论出发，试图突破它的限制，但是他仍然将它的一些错误"继承"了下来。他虽然正确地指出新古典主义者所说的"一个价格体系适用于所有价格；价格体系总能使市场回归均衡和稳定状态"，完全是废话。他也认识到，资本资产价格不同于商品价格；而且他很清楚，资本资产价格与商品价格的相互作用是实体经济投资的决定因素之一。这些理解都很重要。但是遗憾的是，他没有再往前走下去，即未能认识到金融资产和金融证券与实物资本资产的"价格行为"是不同的，正如资本资产与商品的"价格行为"不同一样。①

明斯基未能充分区分实物资产"价格行为"与金融资产"价格行为"，也未能充分区分金融资产投资和实物资产投资。他仍然认为金融的不稳定性最终源于实体经济行业，即实物商品的利润生产过程。在实体经济行业，实体经济投资不足降低了利润，从而减少了偿还经济繁荣期间加速累积起来的债务所需的现金流。因此，如果实体经济投资不足，那么最终会降低企业偿付累积债务的能力，进而导致这些"经济单位"由稳健变得脆弱、从"抵补"转变为"庞氏"。到了这一步，就很容易引发金融不稳定性事件了。总之，明斯基认为，金融不稳定性源于实体经济行业，而非金融体系本身。

明斯基之所以特别关注实物资产的利润，很显然与他或多或少地接受了卡莱茨基的有缺陷的利润理论有关，即利润来自实体经济投资和实物商品的生产。

---

① 对于这种"价格行为"的差异，本书在最后一章还会作更细致的分析。

不过，金融资产投机带来的利润不包括在卡莱茨基的"利润方程"中。[①]外部融资的各种来源——发行股票和企业债券、银行贷款，以及利用其他金融工具进行融资——在卡莱茨基看来都是次要的。投资主要依赖于内部利润，而利润则来自实体经济投资。毫无疑问，这种金融观点仍然停留在了19世纪。在21世纪，无论是实物资产投资还是金融证券投资，其来源于外部信贷的资金都比来源于内部的资金要大得多。今天，企业大多从外部借款，以便将内部利润分配给股东或将其作为留存现金囤积在资产负债表上。

卡莱茨基和其他一些经济学家认为，投资（所需资金）基本上来自内部利润，因此他们将实体经济行业视为金融不稳定性的根源，而没有看到金融行业与实体经济行业之间的动态相互作用才是金融不稳定性的根源；他们也未能认识到，进入21世纪后，金融行业在这种相互作用中扮演了越来越重要的角色。明斯基当然已经认识到了债务和债务融资的作用，他知道除了股权融资和内部利润融资之外，债务形式的外部融资也很重要。但是，他又说，虽然债务可能影响整个经济系统，但是"系统行为的关键决定因素依然是利润水平"。[②]

明斯基认为，债务与收入（和现金流）一样，都是金融脆弱性的决定因素。企业和金融机构从"抵补"到"庞氏"的连续变化，就是由收入（源于利润的现金流）和债务这两个变量决定的。这两者都是使金融脆弱性强化的关键因素，因而也是金融不稳定性的关键因素。金融脆弱性实际表明的是收入与债务关系的恶化，它可能由于收入减缓或下降，或者由于债务上升所致。明斯基进一步指出，金融创新似乎会随着债务水平的上升而加快。然而，金融创新中引入的新的信贷形式，不但会加速债务的累积，并且还会强化金融的脆弱性。用

---

① 卡莱茨基是一位马克思主义经济学家，他的思想未能摆脱典型的机械马克思主义的观点的桎梏。如前一章所述，机械马克思主义者认为，源于实际剩余价值生产的利润才是主要的，而来自交换价值的利润则是无关紧要的；后面这种利润是资本主义金融机构通过"以货币创造货币"的途径创造出来的，而不是从生产性劳动即生产实物商品的生产过程中创造出来的。因此，马克思主义经济学家从20世纪30年代至今，一直都没有发展出一套能把资本主义再生产过程中的金融因素包括进去的理论。关于卡莱茨基的利润理论，请参阅卡莱茨基的《利润理论》，载《经济杂志》，1942年6~9月，第258~267页。明斯基与卡莱茨基非常相似的观点体现在他的《稳定不稳定的经济》中的第7章"资本主义经济中的价格和利润"中，麦格劳希尔出版集团，2008年，第157~190页。

② 海曼·明斯基：《金融不稳定性之假说》，巴德学院，工作论文第74号，1992年5月。

他自己的话来说，"金融创新和金融惯例的变化是金融结构脆弱性在长期阶段不断强化的过程的一部分"。①但是，他没有对内部信贷的发展和作用进行更深层次的探讨（除了针对抵押贷款证券化和信用卡应收账款的一些评论之外）。

对于明斯基的金融不稳定性假说，需要评论的还有另一个领域，那就是：在金融危机和随后的实体经济收缩之后，政府政策——财政政策和货币政策——能够发挥重新使金融和实体经济稳定下来的作用吗？对于这个问题，就明斯基所处的时代，以及他的思想与凯恩斯思想的密切关联度，使他得出了一个乐观的结论，即政府的行为——中央银行的货币政策和政府的预算政策——可以成功地"抑制"金融结构脆弱性。失控的金融结构脆弱性会导致资产价格的巨大波动，以及银行和其他企业出现流动性（现金）和/或偿付能力（破产）危机。但是，根据明斯基的观点，只要作为"最后贷款人"的中央银行注入足够的流动性，就可以阻止金融结构的脆弱性和金融不稳定性的持续强化；同时，联邦政府的预算赤字支出也可以通过补贴非银行企业的方式对它们提供类似的救助。

这种明显偏乐观的观点无疑是他对 1988 年至 1992 年美国金融危机的观察的结果，当时美国出现了银行及其他金融机构的储蓄和贷款部门的崩溃、用于杠杆收购的垃圾债券融资危机、短暂但跌幅巨大的股市崩盘。明斯基的观察结论是，美国本来很可能陷入一个债务—通货紧缩周期（与 1929 年至 1933 年的情况类似），但由于财政部进行了干预，因此储蓄与贷款协会被接管，而且存款保险和政府的其他举措也阻止了金融机构愈益强化的脆弱性与资产通货紧缩的危机传导到家庭。②与此同时，非银行企业的利润的下降趋势，也因联邦储备委员会向银行系统注入了更多的流动性而得到了阻止。因此，政府不同机构之间的协调的政策行动，减少了企业和银行等其他金融机构对资产进行"火线甩卖"的行为（这种抛售通常会加剧资产通货紧缩和债务的进一步恶化，并导致费雪所说的"债务—通货紧缩型萧条"）。可以说，

---

① 海曼·明斯基：《金融脆弱性的原因：资本主义经济学中的金融因素》，1995 年 3 月 21 日，《海曼·明斯基档案》，巴德学院，第 69 页。

② 需要指出的很有意思的一点是，在 2007 年至 2009 年间，美国政府却允许金融脆弱性及其不稳定性转移给家庭。政府干预的主要方式是由中央银行注入流动性，以及作为其补充的政府财政预算赤字。然而，令人毫不奇怪的是，这一次经济在 2009 年之后并没有像 20 世纪 90 年代初那样对政府的干预政策做出良好的反应。

政府增加的预算赤字成功阻止了金融危机的发生。

因此，明斯基应对金融危机的解决办法是：让"大政府"（联邦政府）通过赤字补贴企业等机构，让"大银行"（中央银行）注入货币救助银行体系。他认为这是有可能实现的，因为他确实观察到了。他也观察到了历史上出现的类似的情况，那是在 1934 年至 1936 年间，当时罗斯福政府与美国财政部共同创建了一系列全新职能的政府机构，它们共同救助了房主、家庭、农民和小企业。基于这样一个解决方案，很显然我们应该把明斯基归于凯恩斯的"阵营"（虽然他肯定不是混合凯恩斯主义者）。明斯基还呼吁，停止各种社会福利计划和转移支付方案的实施，以促进就业的方案取而代之。他还建议拆分大银行并推进全面的金融改革。

因此，在明斯基的理论框架内，政府因素无疑是一个重要的变量，但是更多的却是作为一个抑制金融不稳定性和阻止危机发生的再稳定力量，而不是作为系统脆弱性增强的助推力量。虽然明斯基深入讨论了企业、银行及其非银行金融机构的脆弱性，同时他还认为家庭也存在脆弱性的问题，但是他却没有对政府的脆弱性进行分析。他认为，政府代表了一种力量，这种力量有可能通过正确的政策和体制改革凝聚起来，将脆弱性"抑制"住。因此，政府本身并不是系统脆弱性的根本原因。从这里我们可以看出，明斯基并没有考虑过如下问题，即政府行为并不能真正解决或降低系统脆弱性的问题——最多也只不过是将系统脆弱性从企业和银行等机构转移到自己身上而已。同时，他也没有仔细考量过，中央银行的货币注入或政府的赤字政策，如果用于"抑制"或抗衡或"阻止"脆弱性的强化，以防止金融危机和重大金融不稳定性事件发生后出现的螺旋形内循环式的"债务—通货紧缩—违约下降"的情况，是不是完全没有上限的。

## 明斯基的贡献

明斯基为我们加深对金融资本本质的理解做出了很多贡献。但是，他的理论的局限性也很大。迄今为止，还从来没有任何经济学家能够提供"真正全面"的分析，凯恩斯不能，费雪不能，马克思不能，哈耶克不能，其他贡献较小的经济学家更不能，明斯基也不能。今天，明斯基的一些信徒坚称，明斯基的理论就是对现代资本主义经济的金融资本和金融不稳定性的唯一正确的、全面的分析。这种看法不仅夸大其词,而且其实质是认定资本主义经济是静态的,不会有改变。这当然是不正确的。

要评述明斯基的主要贡献,可以从他如下观点入手:资本主义经济是内生不稳定性的,而且这种不稳定性的根源大部分源于金融机构和投资者的心理预期。这个观点的一个推论是,即便是在经济形势良好的时期,经济不稳定性也在经济系统内部内生并发展着;或者换句话说,金融不稳定性——正如银行和非银行机构的金融脆弱性所表明的——是资本主义经济的长期现象。由于在金融崩溃或其他金融不稳定性事件爆发之前就找寻和定位经济的系统脆弱性和不稳定性,因此,从这一点上来说,我们认为明斯基超越了费雪和凯恩斯;费雪只关注经济崩溃后的短期情形,而凯恩斯则只关注如何从金融危机和实体经济的收缩中恢复过来。

明斯基首创的"金融脆弱性"概念,是经济学家有史以来第一次将金融不稳定性描述为债务、收入与偿债条款及其条件之间的相互动态作用的结果;后者是一组变量,会随着时间的推移和收入结构的改变而改变债务结构。在明斯基用"金融脆弱性"这一概念将上述三个变量统一起来并使之变得更具可操作性之前,主流经济学家们却通常只强调某一个变量,而不怎么考虑其他变量。他们认为,问题在于债务过高或需求不足,或者在于中央银行设定的短期利率太高,等等,对此只要调整某个参数,就可以使经济回归一般均衡水平。但是,对于明斯基来说,"自然状态"并非均衡状态,而是向非均衡状态的持续偏移。这种偏移是由金融负债结构和不足以支付债务的收入流所共同驱动的。

明斯基认为,金融不稳定性是实体经济收缩的主要决定因素(尽管他这个观点并非一直都表述得非常清楚)。同时他又认为,实物资产投资创造了利润,进而创造了现金流收入以用于偿付债务。为此,他的观点可以归结为:金融投资与实体经济投资的相互作用,可以解释金融危机的发生。实体经济投资、利润和现金流的下降加剧了金融的脆弱性,进而加剧了金融的不稳定性;同时,在债务的驱动下,各种各样的"经济单位"从"稳健的"演变为"脆弱的",进而形成了债务密集型金融体系。今天,许多人都认为,是实体经济的发展决定着金融业的发展,或者反过来,是金融业的发展决定了实体经济的发展。但是明斯基却果断地"切断"了这种过于简单的线性因果关系。

明斯基指出，这种金融的脆弱性还与通货紧缩（无论是金融资产通货膨胀，还是商品通货紧缩）有关。这是他的又一大贡献。他还指出，价格变动对实体经济投资的下降也有很大的影响，而实体经济投资的下降又会进一步导致利润和现金流的减少以及金融脆弱性的强化。明斯基还"复活"了凯恩斯的"双价格体系"理论（资本资产价格和商品—产出价格），这本身就是对新古典主义和今天的主流经济学的如下观点的直接挑战和反驳：所有价格行为都相同，而且都能有效地配置资源并会使经济系统最终恢复均衡状态。

明斯基的另一个重要的贡献是为解释金融的脆弱性和不稳定性提供了一个制度背景。在他之前，大多数经济学家关注的重点都是单个行为主体，即专业投资者或公司 CEO，而对他们的投资决策的分析并没有考虑到制度框架及背景。①

明斯基认为，银行和其他金融机构不是中立的"中介机构"。主流经济学家的通常看法是，银行和其他金融机构只是在需要的时候分配信贷，因此不会成为金融危机的因果性因素。他们认为，银行和其他金融机构与非银行企业并没有什么实质性的区别，它们都是"追求利润"的。金融机构的历史就是金融创新的历史，目的是以各种各样的方式创造信贷，以便尽可能多地获取利润。

明斯基还认为，金融脆弱性是至关重要的，它是债务融资从"抵补"逐渐蜕变为"庞氏"的核心因素，同时也是实物资产投资—利润—现金流的产物，它是各种形式脆弱性中的最重要的一种"形式"。他还认识到，金融脆弱性可能会蔓延到家庭，从而加剧家庭（消费）的脆弱性。这样一来，明斯基也就间接地提出了各种形式的脆弱性之间可能存在的因果性相互作用的问题。

此外，明斯基还讨论了政府政策如何与各种形式的脆弱性之间的相互作用问题。这也是一个重要贡献。与企业和家庭一样，政府也是"单位"。但是他同时却又认为，政府这种"单位"所采取的传统财政政策和货币政策，不

---

① 这种"个人主义方法论"在今天的主流经济学界仍然占主导地位，它将金融不稳定性视为个体投资者和决策者在"不对称信息"和"道德风险"下进行决策的结果。据此可以断定，这是个人决策问题，而经济系统内并没有驱动金融不稳定性的内生因素。

仅是 "对抗" 甚至减弱各种脆弱性的关键，而且还能够降低各种脆弱性（企业脆弱性和家庭脆弱性）之间的反馈效应，从而保证各种脆弱性和不稳定性不至于恶化。在这里，明斯基再次超越了费雪和凯恩斯。在费雪那里，除了建议中央银行注入流动性以引发价格通胀，或者让经济系统自我清算，将 "坏" 的金融资产和其他资产 "清理掉" 之外，并没有其他的解决方案。明斯基拒绝让市场自行清算。不过他也像费雪一样，建议 "大银行"（中央银行）采取行动，只是他更偏向由美国财政部而非中央银行实施的解决方案。在他给出的复苏方案中，还包括了重组大型商业银行的建议。因此，在许多方面，明斯基的观点非常类似于新政凯恩斯主义者，但是他又反对那些无效的收入援助政策，他还反对社会福利和转移支付计划。更重要的是，他赞成政府以创造就业为目标的赤字政策。在他看来，"大政府" 的援助只能意味着通过创造就业的方式来增加人们的收入，而不能是政府以任何形式直接注入收入形式的流动性。他同时也表达了一些反凯恩斯主义的观点，例如，他建议取消所得税，将养老金私有化，终止生成成本指数化，甚至建议在经济状况正常时应实现联邦预算平衡。[①]他认为，经济政策的主要目标是 "创造条件以维持利润流"。[②]后面这些观点又使得他在某种程度上更像今天的主流经济学中的复古古典主义者，而不怎么像一个传统的新政凯恩斯主义者。

　　明斯基对决定金融脆弱性和不稳定性、金融危机和实体经济危机的金融因素与实体经济因素，以及这些因素之间的相互关系问题，提出了很多独特的见解。以上所述，远远未能穷尽他的贡献，而只是总结了其中比较重要的一部分。当然，他的观点也存在一定的局限性甚至错误。不过这些局限性恰恰表明发展和深化明斯基理论的重要性与必要性，这就要求后来者在他那些正确的相关理论基础上作进一步的深入研究，同时拒绝接受或修正那些不准确的观点，而略去那些不相关的观点。

---

① 关于他在 1990 年至 1991 年美国金融危机和衰退期间提出的 "临时应急政策建议"，请参阅他的文章：《金融危机：系统性或特殊性》，巴德学院，工作文件第 51 号，1991年 4 月，第 28~29 页。

② 海曼·明斯基：《金融危机：系统或特质》，第 29 页。

# 明斯基经济分析的局限性

明斯基最常提到的是一般"资本资产"概念。当然，他也经常讨论资本资产与实物资产投资（生产设施、设备等）之间的关系。不过，他进行的最有趣的对比和动态分析是针对金融资产、金融证券（股票、债券、货币以及所有的金融衍生产品等）投资与实物资产投资的。当代经济学分析的一个主要缺陷就是未能解释金融资产投资和实物资产投资之间的因果关系问题。

## 缺少投资的二分法

虽然纯粹的"投资"这种东西根本不存在，但是"金融投资"与"实物资产投资"这种二分法确实存在。在本书下面的章节中，我们将实物资产国内总投资记为 Ig，将金融资产投资记为 If。一个重要的问题是：是否存在某些因素使得投资者越来越多地投入 If，同时又造成了"挤出" Ig 的后果？或者，正如明斯基所说的，不断下降的 Ig 会不会导致更多的 If？又或者，在这两种形式的投资（Ig 和 If）之间是否存在着动态的相互关联关系？

无论某个人更偏向哪一种解释，他都会倾向于把某个传导机制解释为他自己喜欢的因果关系的证据。简单地声称两者之间存在着某种相关性，然后直接假设某个因果方向，这种做法是不可接受的。明斯基的问题就在于此，他没有提供一个令人信服的传导机制作为他的理论假说的证据。他的假说是：实体经济投资利润的下降，导致了现金流的减少，这反过来又加剧了金融的脆弱性，进而增强了金融的不稳定性。虽然他暗示企业债务的上升——这也是金融脆弱性的一个因素——可能源于金融资产投资，但他从未详细说明这种情况是如何发生的。产生过度债务的金融资产投资与产生较少利润的实物资产投资之间，是否存在某种关系，这种可能性也未阐述清楚。他对卡莱茨基理论（利润决定实物资产投资）的坚信，阻碍了他作出更具根本性的解释：利润—现金流—实物资产投资是否会受到因债务驱动的金融资产投资的负面影响？或者，反过来是否也同样成立？

## 卡莱茨基利润理论的负担

来自实体经济投资和实物商品生产过程的利润只是完整"利润图景"的

一部分。利润理当包括来自"交换"和货币创造货币这一过程（在马克思主义的意义上）的利润，而不仅仅包括来自商品生产过程的利润。如果未能将前者包括在利润之中，那这就是一种偏见。这种偏见反映了主流经济学和机械马克思主义的一个共同特征，即不重视金融变量。接下来的问题是，20 世纪末到 21 世纪初，金融资产交换和投机的获利机会是否比实物资产投资还大？如果是，那是为什么？金融投资的相对更多的获利机会是因为实体经济投资获利机会减少（无论原因是什么）而出现的，或者相反，实体经济投资获利机会减少是由于金融投机和投资获利机会增多的结果？再者，作为因果关系的证据的机制是什么？要想回答这些问题，明斯基的利润理论显然还不足。①

### "双价格体系"理论还是"三价格体系"理论

从上面这些问题还可以导出明斯基的思想的另一个局限性，那就是，他虽然正确地指出了商品价格与资本资产价格之间的重要区别，但却并没有对实物资本资产和金融资本资产的"价格行为"给出进一步的描述。金融资产和金融证券的"价格行为"与实物资产的"价格行为"为什么会不同，以及不同在哪里（而与商品和服务的"价格行为"就更加不同了）？明斯基虽然正确地阐释了，为什么"双价格体系"理论胜过新古典主义和当代经济学的主流观念——价格是稳定力量且是市场恢复均衡的关键。但是，他却并没有详细论及资产价格是如何导致金融不稳定和不均衡的。债务、金融资产价格（金融资产通货膨胀和通货紧缩）和商品价格之间的重要关系到底是什么？金融资产价格波动是造成金融脆弱性的重要"传导机制"吗？金融资产价格对商品价格、货币价格（利率）和劳动力价格（工资）的影响如何？如其利润理论一样，其价格理论也不够完善。虽然他的分析在逻辑上已经指明了进一步发展的方向，但是他的结论却并不与这个方向一致。

### 现金流与收入分析

现金流分析是明斯基关注的核心，它与债务是同样重要的金融脆弱性的

---

① 就这一点而言，主流经济学和马克思主义的经济分析都有利润理论。

决定因素。金融脆弱性是这两个变量的函数。但现金流作为一个概念，有点过于狭窄。一般来说，各种形式的收入都应该是重点，而不应只关注某种特定的形式。现金流只代表了企业的收入（虽然不是所有收入都表现为现金流）。但是，如果金融脆弱性的概念超出了企业的范畴，那么就可以将家庭和政府"单位"也包括进来（事实就是这样），如此，其他形式的收入就是在系统层面上分析这一脆弱性所必不可少的。正如本书最后一章将会详细讨论的，企业的金融脆弱性只是经济系统脆弱性的一部分，家庭的消费脆弱性是其中的第二部分，而政府的资产负债表脆弱性则是第三部分。那么，与后两种形式的脆弱性的相应的收入形式是什么？对家庭来说，是家庭的实际可支配收入还是个人收入，或者是工资收入？而对于政府来说，税收是否是恰当的收入形式？或者是否应该把政府出售债券的所得列入政府收入之中？考虑脆弱性的上述三种形式——金融脆弱性、家庭消费脆弱性和政府资产负债表脆弱性——之后，在经济系统脆弱性的层面上，各种收入形式（现金流、实际可支配收入、税收收入或其他收入）如何相互作用并决定其他收入的水平？应该说，现金流作为收入，只有在脆弱性严格限于企业层面时才是相关的。

### 系统脆弱性的第三个关键变量并没有阐述清楚

虽然明斯基曾经明确地指出过，除了债务和现金流之外，助推系统脆弱性发生、发展的还有第三个变量，那就是偿付债务本金和利息的条款和条件。但这个"条款和条件"的变量（T & C）实际上是一个组变量，它由不同的因素组成。明斯基指出，利率的期限结构，即企业可能承担的短期债务与长期债务的"混合"情况，是"条款和条件"这一变量的一部分。当然，还有许多其他"条款和条件"也很重要，比如，金融机构对公司的信贷（债务）条款中包括的"约定事项"、实物支付条款（PIK）、违约触发定义……这些也是"条款和条件"，但是明斯基对这第三个变量并没有定义清楚。

### 政府是脆弱性问题的解决者还是制造者？

明斯基将政府作为一个"单位"与企业和家庭放在一起进行分析，但是他对政府"单位"与其他"单位"的区分却是非常不充分的。他暗示，政府就是联邦政府或国家立法与行政机构（即中央政府）。但实际上，省—地区—州和地方政府"单位"对政府资产负债表脆弱性的演变至关重要——至少不会比中央政府更加不重要，因为它们为债务进行融资的收入来源更加有限。联邦政府或中央政府可以在情况紧急下开动印钞机创造收入，但是其他各级政府"单位"却不能。这反过来又增强了中央银行这种政府"单位"的作用，因为印钞（或者称"量化宽松"）的权力属于中央银行，而中央银行至少在技术上是一个准政府机构。基于此，他认为政府可以变成成功弱化各种脆弱性的一个"外部"因素。他说，政府既可能内生但也可能外生于脆弱性的过程。

明斯基非常乐观地认为，政府（联邦政府或中央政府）能够通过一定的财政政策和货币政策来抵御甚至扭转脆弱性、不稳定性及其消极的实际经济后果。但他却没有仔细考量过这两大政策无法减轻脆弱性的可能性。在其最后一部著作中他这样说，政府（在 1994 年左右）可以使用的那些政策工具意味着"战后以来，政府规模比以往任何时期都要大得多，这使得利润不可能像过去那样完全消失"。①明斯基对政府干预政策的积极效果的描述，在当时看也许是真的，但是到今天看情形就完全两样了。他假设政府的赤字和救助政策会使政府债务增加，但是债务与年度 GDP 的比率最多不会超过 25%~50%。然而在今天，美国联邦政府的债务与 GDP 的比率已经接近 100% 了，欧洲也类似，而日本则已经超过 200%，至于中国，更是高达 250% 左右。

明斯基从未考虑过，当政府总债务水平远远高于 50% 时（债务与 GDP 的比率），支出与投资乘数会受到什么影响，货币乘数和短期利率弹性又会受到什么影响，以及中央银行促进实体经济投资的政策努力，又会因货币乘数和短期利率弹性所受的影响而受到什么影响。

他也没有考虑到，政府债务可能会增加企业和家庭的债务负担，或者对后者用于偿付债务的可支配收入产生负面影响；以及政府旨在减少企业和家庭债务及降低脆弱性的政策，可能会增加政府自身债务并加剧政府本身的脆弱性。在当今世界，这样的例子很多，比如希腊、日本甚至中国的经验都表明（这些国家的债务与 GDP 的比率都接近或超过 200%），过多的政府债务会导致企业和家庭的脆弱性。这就证明，明斯基对政府化解脆弱性的能力过度

---

① 海曼·明斯基：《金融脆弱性的根源：资本主义经济学中的金融因素》，1995 年 3 月 21 日，《海曼·明斯基档案》，巴德学院，第 21 页。

乐观了。

明斯基思想的一个最重要的局限性体现在，他过高地估计了政府政策对金融脆弱性的正向影响，而同时又过低地估计了政府政策对系统脆弱性的"贡献"。在 1994 年，明斯基没有料到，他在 20 世纪 80—90 年代在现实世界中观察到的金融不稳定性——政府政策能够成功地加以抑制，尽管是暂时的——只是一种更加温和的不稳定性，而到了 2007 年至 2008 年，它已经让位于"毒性高出百倍"的不稳定性了。

### 金融脆弱性的动态性和系统性

明斯基只关注金融机构的脆弱性，这使得他无法对家庭和政府"单位"的脆弱性进行同样细致的动态分析。明斯基的金融不稳定性理论实际上是以投资功能为核心的，而不是以系统脆弱性为核心的。这就导致了他无法对三种主要的脆弱性——金融脆弱性、消费脆弱性和政府资产负债表脆弱性——之间的动态相互作用和"反馈"效应进行系统性的分析。由于强调金融脆弱性的首要地位，并且只偶尔讨论它对家庭消费脆弱性的溢出效应（因为假设政府政策能够成功地降低家庭脆弱性），明斯基没能发展出一个更全面的系统脆弱性理论。

### 传导机制

相关性分析以假设的因果关系而告终，这是主流经济学（和机械马克思主义）经济分析长期存在的一个问题。这种经济分析经常出现这样的情况：某种相关性被识别出来后，紧接着提出一个关于因果关系方向的命题，但是继而就不再具体论证了，只是"静静地"停留在对因果关系的假设上，使得关键的传导机制往往付诸阙如。通常，传导机制的分析意味着必须有理有证地阐明某个变量是怎样在几个不同的层次上决定另一个变量的。就本书讨论的系统脆弱性而言，首先，必须说明三种脆弱性的三个变量之间的关系，即债务、收入以及"条款和条件"之间的关系。其次，必须说明脆弱性的三种基本形式（金融脆弱性、消费脆弱性和政府资产负债表脆弱性）相互决定的传导机制。第三，脆弱性的各种组合形式，即系统脆弱性是如何影响实体经济的；或者反过来，实体经济又是如何影响系统脆弱性的。明斯基认为，存

在一个金融脆弱性 "从稳健到脆弱的连续体"，但是他并没有对消费脆弱性或政府脆弱性给出类似的解释，因此就更谈不上对作为它们的组合的系统脆弱性作出解释了。此外，变量之间的传导路径永远不会是线性的，而反馈效应也总是动态和多方向的。在明斯基的最后一篇论著中，他提出了两个 "子模型" ——"金融结构子模型" 和 "现金流子模型"，但是他对这两个子模型之间如何通过相互作用生成一个 "正式模型" 的解释仅仅是一个大纲（不足两页纸），这实在是太过于简单了，无法令人信服。

制度框架

在 21 世纪，如果不考虑金融机构和金融结构的革命性变化，就不可能真正理解金融的脆弱性。这种革命性变化最晚始于 20 世纪 70 年代，到 90 年代开始加速。金融结构变化的一个重要方面是商业银行和影子银行同时出现 "分叉" 和 "合流"。商业银行的贷款一直在给资本市场和影子银行的兴起 "让路"，这种趋势对金融脆弱性和不稳定性造成了重大影响。影子银行是全球性的，它们在很大程度上不受监管，而且主要侧重金融资产市场。它们又是投机性投资的主要信贷来源，也是金融工程和创新的发起机构——特别是金融衍生产品。影子银行已经成为并且仍然在日益成为数量不断增加、财富和资产迅速膨胀的新金融资本精英的首选投资工具。新金融资本精英和金融机构创造了日益扩大的高流动性金融资产市场，那是大部分金融资产投资进行的场所。新的市场、新的金融证券增值形式、加速债务累积的信贷创新，以及影子银行体系本身，共同 "举办并参加" 了总额超过一百万亿美元的可投资短期资产的 "全球货币大游行"，从而 "促成并确保" 了 21 世纪的资本主义经济走向日益加剧的金融脆弱性和不稳定的不归路。但是，明斯基的分析并没有考虑这些制度性的因素。在他的理论中，个人就是机构投资者（可能是正在从稳健向脆弱演变的银行和企业的金融决策者）。明斯基假设，大多数资本资产融资都是通过内部信贷完成的，尽管他也承认存在外部形式的融资。在他看来，银行贷款是第二重要的，接下来是股权融资。他认为，不断扩张的流动资本市场（背后是各种形式的影子银行）所提供的债务并不是特别大，但饶具讽刺意味的是，这些提供债务的影子银行却退回到了明斯基的理论的阴影中。不过，如果不考虑这个更广泛的、制度性的、非政府的影子银行体系，那就根本不可能理解 21 世纪的金融资本。

## 债务的来源

如前所述，明斯基认为债务和现金流的作用至关重要。然而，虽然他强调债务是关键变量之一，但是债务的来源是什么，以及为什么债务水平会加速上升，他却没有给出足够详细的解释。债务同时就是信贷，除非发生以下两种情况，否则借款人不会得到信贷：银行以贷款形式提供资金；或者，投资者通过企业债券、商业票据或其他金融工具的形式提供资金。货币是会流动的，即很容易转换为这一种或那一种非货币的、流动性较低的资产。但是，现有的流动性必定来自某处，即中央银行及其随后发放的信贷（债务）；没有货币供给、没有非货币形式的信贷扩张，就不会有债务。因此，分析应该从这里开始：最近几十年来，为什么会有这么多的流动性被注入全球经济体当中，以及是怎样注入的？为什么中央银行将这么多的流动性注入全球经济体中是最根本的问题？正如本书前面章节所论述的，这种情况始于布雷顿森林国际货币体系在 20 世纪 70 年代初崩溃之后。到 80 年代，各国政府纷纷取消了对全球资本流动的控制，使得这种情况进一步加剧。而 90 年代的数字技术、互联网革命以及经济全球化也发挥了关键作用。但是，明斯基几乎没有分析债务的来源，他只是假设，债务会越来越多，债务构成的风险也会越来越大，因而随着时间的推移，债务必定会加剧金融的脆弱性。过度的流动性会使得债务过度累积。虽然像明斯基一样，有些人认为政府政策能够抵御脆弱性，但是他们并不理解政府机构及其"流动性的创造"，也是金融脆弱性和不稳定性的根源之一。

## 货币与内部信贷

不过，单纯说流动性过剩导致债务过剩的观点也有问题。因为在 21 世纪，流动性所导致的债务并不是唯一的信贷来源。当金融机构以银行贷款或其他金融工具的形式向投资者提供资金时，就是在"发放信贷"。当然，信贷也可以由私人金融机构发放，即允许投资者基于他们以前购买的金融工具的市场价值而购买额外的金融资产；换句话说，金融机构不用发放新的银行贷款或债券，只要有了这种信贷，投资者就可以根据价格变化和以前购买的金融工具的价值而购买额外的金融工具，完全不会产生货币的转手。① 这种"内部信贷"在 21 世纪一直在迅猛扩张，进而导致了越来越严重的债务累积。对于主流经济学家来说，债务要形成，就必须要有银行向投资者提供资金。他们不了解的是，债务的不同来源——是货币信贷还是"内部"信贷或抵押价值——之间是不同的，这也是明斯基没能解决的一个重要问题。

### 商业周期与利润——债务的不同阶段

如果说明斯基对利润的观点过多地受到了卡莱茨基的影响，那么他对 20 世纪末资本主义商业周期的解释则很可能过多地受到了费雪的影响。事实上，明斯基的商业周期理论（如果有的话），就是对卡莱茨基和费雪的观点的综合：商业周期是由利润和债务的相互作用驱动的。在商业周期的第一个阶段，利润上升，企业以往累积起来的债务下降；在第二个阶段，实体经济出现了强劲的扩张，利润上升，但企业债务再次开始累积；在第三个阶段，即繁荣阶段，债务持续上升，但到该阶段行将结束时，利润增长开始放缓；在第四个阶段，债务下降（因为债务违约和债务注销），利润加速下降。

一方面，利润增长放缓意味着实物资产投资放缓，而反过来，实物资产投资放缓又意味着利润增速减慢，它会导致可以用来偿还债务的现金流减少。从这一点来看，明斯基似乎是通过"从实体经济层面到金融层面"的因果关系来解释商业周期的。然而，由于并不是所有的企业债务累积都是对不断减缓的实体经济投资和不断下降的利润的反应，因此，在他的理论中仍然保留了金融投资导致债务累积这个因素。至此，明斯基未能解释的是：如果情况真是这样的话，那么上述两个导致债务的因素——实体经济投资和金融投资——又是如何互相决定的？它们又都涉及了哪些过程和机制？

很明显，明斯基的商业周期理论在很大程度上是一个主张企业投资主要通过利润来融资的理论，不过他同时却又给许多其他实体经济的变量和金融

---

① 一个极端的例子可能是投机者所称的"裸卖空"。在这种投机行为中，投资者承诺以当前价格出售股票或其他金融工具，然后在价格下跌时重新买入。这就是说，它以低价买进了他以前以更高的价格卖出去的东西，但是在这过程中，并没有任何货币易手。这是一种电子交易，没有中央银行参与，也没有私人银行提供贷款或出售企业债券。这些涉及债务的交易都是"内部信贷"的例子。货币可以用作信贷，但并不是所有信贷都必须与货币关联。

变量留下了空间，让它们一并"参与"决定商业周期。另外，明斯基所说的利润，究竟是什么意义上的利润？他是如何定义利润的，是按利润水平还是按变化率（如果是这样，那么"率"的具体含义又是什么）？由于明斯基对利润的观点主要来自卡莱茨基，因此这些问题与本书上一章所述的机械马克思主义的"利润率下降"的理论存在的问题很相似，同时也与主流经济学的传统观念不无类似之处——将金融资产投资和投机所得及资本收益排除在商业周期分析之外。

明斯基"四阶段"的商业周期理论还存在另外一个问题。他已经认识到，在某些情况下，严重的金融脆弱性有可能"触发"金融崩溃，并导致随后的实体经济周期收缩，继而引发大衰退或萧条。这是一个关于商业周期内"从金融层面到实体经济层面"的因果关系的理论，但是对于"触发机制"，他却从来没有具体说明过。人们或许可以假设，这种"触发机制"可能是"费雪式"的。但是，金融周期到底是如何使得实体经济的商业周期与之同步的？金融因素会不会加速实体经济的急速下滑（因为在金融不稳定性事件发生后，这种下滑明显加速了）？明斯基也没法回答。

因此，虽然明斯基本来有机会提出一个"从实体经济层面到金融层面、又从金融层面到实体经济层面"的"综合性"的商业周期理论，但他却只是停留在了高度抽象的层面上，始终没有说清楚实体经济周期和金融周期到底是如何相互决定的。

我们不妨替明斯基设想一下。他的商业周期理论至少必须解释"利润—企业债务驱动机"是如何导致金融崩溃进而引发实体经济收缩的（它不能归于"正常的衰退"之列）。而这就需要澄清，大衰退和／或萧条与"正常的衰退"在量上和质上有什么不同。一些主流经济学家认为，"大衰退"和／或萧条不过是"正常的衰退"的放大版。我们认为它当然不是。另外，明斯基的商业周期理论还需要进一步解释，脆弱性是如何不仅导致了经济危机初期比通常的衰退更严重的实体经济收缩，而且还导致了更漫长的经济放缓和更疲弱、更不可持续的经济复苏。商业周期确实可以划分为若干阶段，但是金融崩溃导致的商业周期的各个阶段是与"正常的商业周期"不同的。如果仅仅专注于"利润—企业债务驱动机"，是很难解释这一切的。总而言之，明斯基的商业周期理论在很大程度上是对他自己关于利润、债务和衰退之间的相关性的经验观察结论的总结，而不是用来解释金融周期和实体经济的商业周期如何相互决定并使金融脆弱性达到触发严重的实体经济收缩的水平的。

　　上述对明斯基理论的局限性的批评，并不影响我们对他在许多方面做出的贡献的高度评价。他增进了我们对于金融不稳定性如何发端、发展并导致金融不稳定性事件（股市暴跌、银行崩溃、严重信贷收缩、广泛的流动性和偿付能力危机等），以及金融不稳定性事件如何作用于实体经济的理解。他的理论的贡献与局限性，均为我们解决他尚未解决的一些关键问题提供了坚实的基础。另外，虽然主流经济学和机械马克思主义经济分析也没能解决上述问题，但它们也为接下来的一章（也是本书的最后一章）要阐述的系统脆弱性理论做了很好的铺垫。

# 第四部分

part 04

# 第19章 我的系统脆弱性理论

本书的一个中心主题是，2007年至2008年爆发的全球经济危机并没有像有些人所说的那样在2009年就结束了。它非但没有结束，而且还在2010年发生了"变异"：危机中心所处的地理位置发生了变化，危机的形式也变了，即危机从美国和英国转移到了日本和欧元区，尤其是欧元区的外围国家。到了2013年年底，危机再一次转移，转移到了各新兴市场经济体甚至中国。到2015年中期以后，危机又进入了一个新阶段，继续蔓延和日趋严重。就形式而言，2007年至2009年主要是抵押债券、金融衍生产品和股票市场危机；2010年至2012年则转变为以主权债务危机为主；自2014年以来，企业债务、商品和石油期货、新兴市场经济体甚至中国的股票市场，以及国际货币兑换市场，都发生了危机。

## 历史背景

2007年至2009年，几乎全球经济都深受金融危机的影响。危机爆发后，全球范围内又出现了实体经济的深度萎缩，甚至从最低程度上说，实体经济出现了巨幅收缩（有时被称为"大衰退"）。① 这场金融危机对经济衰退的助推作用从许多方面都看得很清楚，而且它很可能就是实体经济萎缩的根本原

---

① 本书作者在其他地方已经批评过"大衰退"这个术语，因为它不准确且带有误导性，具体原因请参阅本人的《史诗般的衰退：全球大萧条序曲》，Pluto出版社，2010年。本书作者早就预测过，传统的财政政策和货币政策无法使发达经济体的经济增长率恢复到与以往的历史平均水平同等的均线上，而且金融不稳定性事件将不可避免地再次出现。关于这一问题的论述，请参阅本人的《奥巴马的经济：少数人的复苏》，Pluto出版社，2012年。

因。自 20 世纪 20 年代末至 30 年代初的大萧条以后，2007 年至 2009 年的全球金融危机和实体经济深度萎缩显然是 21 世纪第一个具有划时代意义的经济危机。在这场金融和经济危机中，金融周期与实体经济周期明显趋同，而且还以各种消极的方式互相放大。应该说，这肯定不会是最后一场危机。

虽然在 20 世纪 60 年代到 21 世纪的第一个十年间，金融危机和经济衰退曾发生过多次，但是全都局限于某个特定的地理区域和（或）某个特定的金融资产领域，极少会出现各种危机互相汇聚和互相放大的情形；并且，实体经济的收缩（衰退）也仅限于一国或一地，它大多是供给或需求"冲击"的结果，或者是政府干预政策所导致的，几乎没有哪一次危机是由金融危机所导致的。① 它们都是所谓的"正常衰退"。相对而言，这些衰退的收缩幅度较浅、收缩时间也较短，因此政府和中央银行所采取的促进经济复苏的财政政策和货币政策都有比较明显的作用。这种"正常衰退"几乎从来都不是由重大的金融不稳定性事件所引发的，尽管相对温和的金融不稳定性事件可能在实体经济收缩后发生。但是，这类金融不稳定性事件总是有限度的，而且通常只发生在特定的金融资产市场上和特定的金融证券类别上，一般来说，金融机构只是偶尔出现违约的情况。

局部性的金融不稳定性和经济短期的轻微衰退发生变化的时间是在 20 世纪 90 年代。第一个值得指出的例子是日本的金融危机以及随之而来的"史诗般"的实体经济衰退。这是一场金融业和实体经济行业"一起发病"的危机，它直接导致了日本经济在四分之一世纪后的今天仍未完全恢复。

不过，日本的这次经济衰退仍然只是局部的，它算不上一次能引发全球性金融危机和实体经济衰退的危机。真正的全球性的金融危机和实体经济衰退共同"联手"的危机直到 2007 年至 2009 年期间才出现。这次危机不仅在"量"上与以往的金融危机和实体经济衰退完全不同，而且在"质"上也要严重得多。2009 年之后，全球经济的演变轨迹也与以前大不相同，经济复苏非常缓慢，在"量"上和"质"上都有别于"正常衰退"下的情形。

---

① 例如，美国分别于 1970 年、1973 年至 1975 年间、1980 年、1981 年至 1982 年间的衰退，都是外部供给"冲击"和（或）政府货币政策与财政政策等原因造成的。因此，这些外部因素导致的衰退可以被称为"正常衰退"，而内生因素所导致的金融危机则不是"正常衰退"。基于这个理由，本书作者给出了"史诗般的衰退"这一术语。

　　2007 年至 2009 年的金融危机和 2009 年之后的"大衰退"（"史诗般的衰退"）表明了很多新情况，这是一个标志性的事件——标志着全球经济开始向新的方向转化：2010 年至 2013 年是这种转化的第一阶段；而 2013 年年底以来则属于第二阶段。

　　在 2010 年至 2013 年的全球经济复苏的第一阶段，虽然核心发达经济体——美国和英国——通过中央银行注入大量流动性稳定了其银行体系，但是其实体经济也只出现了部分的、历史上从未有过的微弱的复苏。其他两个主要发达经济体——欧洲和日本——则既没有迅速恢复金融稳定，也未能实现可持续的实体经济增长。日本和欧洲的实体经济一直停滞不前；当金融体系中的某些机构和（或）某些地区发生新的金融不稳定性事件时，实体经济就再次陷入了"双底衰退"。与发达经济体形成鲜明对照的是，在同一时期的中国和新兴市场经济体的金融行业和实体经济行业，都出现了快速复苏甚至一片繁荣的景象，中国以 10%~12% 的速度快速增长，其他主要新兴市场经济体也不遑多让。来自发达经济体的货币资本以创历史纪录的速度增长，金融产品和普通商品价格都上涨到了前所未有的历史最高水平。

　　那么，该如何解释发达经济体和中国及新兴市场经济体之间的巨大差异呢？是实体经济条件、金融环境不同，还是政策选择不同？另外，发达经济体内部的巨大差异也有待解释，比如，为什么美国和英国的经济能够稳定下来（虽然只是部分的稳定），而欧洲和日本却再一次陷入了衰退之中？这是政策问题所致，抑或是其他什么更具根本性的原因所致？

　　事实上，发达经济体与中国和新兴市场经济体之间出现的巨大的不平衡的情况，在 2013 年年底就开始有了新的变化。虽然这种不平衡仍然存在，但只是完全反过来了：中国和各新兴市场经济体在 2010 年至 2013 年间出现的实体经济快速增长的势头到 2013 年年底戛然而止；到 2015 年年底，中国的实体经济增长率下降了一半；而在 2014 年，越来越多的新兴市场经济体都陷入了衰退。全球石油和其他大宗商品价格自 2014 年年中开始迅速下跌。金融泡沫和不稳定性开始出现，特别是在中国。全球货币资本流入中国和新兴市场经济体的趋势开始逆转，即开始从中国和新兴市场经济体逃往发达经济体。货币汇率波动性在全世界范围内加大。为了防止新的金融不稳定性事件的发生，日本和欧洲都推出了量化宽松政策，加快了中央银行注入货币流动性的速度，但是美国和英国却开始准备淡出量化宽松政策。总的来说，各发达经济体的财政紧缩政策和货币宽松政策变得趋向一致，因为美国和英国政府在2011年开始在财政紧缩方面跟随日本和欧洲，而日本和欧洲的中央银行则又分别仿照美国和英国实施量化宽松政策（日本从2013年开始，欧洲从2015年开始）。因此，作为核心发达经济体的美国和英国，与其他发达经济体（欧洲和日本）之间在货币政策和财政政策上的不同，从2013年到2014年开始转为趋同。

作为全球经济的一个组成部分，发达经济体的实体经济在2015年开始由缓慢增长转为停滞，而中国和新兴市场经济体的经济增长速度则快速放缓，金融也趋于不稳定。美国经济在2014年和2015年先后两次出现了单季度GDP负增长的情形，英国在2013年至2014年间的房地产投资短暂复苏也在2015年宣告结束，英国经济再次陷入停滞。日本和欧洲的经济增长也停滞不前甚至倒退，其年均增长率徘徊在0%～1%的水平上。

虽然从2013年开始的第二阶段经济复苏至今仍未结束，但是与前一阶段（2010年至2013年）相比，这个阶段已经显示出了以下主要特点：

发达经济体在第一阶段稳定了银行体系，但是未能实现实体经济的持续复苏。自2009年以来，发达经济体的实体经济从整体上看一直没有真正复苏：日本和欧洲在2015年中期再一次陷入停滞状态，而美国和英国的实体经济也显现出了越来越明显的再度疲软迹象。自官方2009年年中正式宣布经济危机结束六七年后，尽管各发达经济体的银行体系已经稳定下来了，但是实体经济增长依然乏力。中国和各新兴市场经济体的表现在2015年显然弱于2010年，无论是在金融不稳定性方面还是在实体经济增长方面。在发达经济体和中国以及新兴市场经济体，总债务（包括企业、金融机构、家庭、政府和中央银行等的债务）一直在持续攀升，而实际收益却正在承受着越来越大的下行压力。如果发生金融不稳定性事件和（或）实体经济增长受阻事件，导致某些机构的实际收益增长显著减少（即使为时很短），就会使经济的系统脆弱性程度迅速上升甚或恶化，因为金融脆弱性、消费脆弱性和政府资产负债表脆弱性之间的反馈效应会加剧彼此的脆弱性程度。与2007年的情形相比，今天的经济已经显著走弱，金融不稳定性事件和潜在的、更加糟糕的"大衰退"，使得中央银行和政府的决策者难以对下一次危机未雨绸缪，甚至有可能更加没有能力应对下一次危机。所有机构——家庭、企业和政府——都变得更加脆弱了，只有大银行和大型跨国公司，以及前 10%最富有的消费者家庭（由于最近获得的创纪录的收入，他们能够在一定程度上抵御脆弱性）除外。而绝大多数企业、家庭和地方政府却没有办法和能力建立"收入缓冲垫"；退一步说，即使那些有足够厚实"收入缓冲垫"的机构，如果面对另一次金融危机以及随后而来的实体经济萎缩，它们的收入增长也很快将被金融资产财富的蒸发所抵消。因而，过度的债务将只能利用不充足的收入、条款和条件更加不利的债务再融资来维持。

换句话说，自从官方于 2009 年年中宣布上一次金融危机和严重的经济衰退"正式结束"以来，在经过六七年的所谓的"复苏"之后，全球经济的系统脆弱性变得更强化了，而不是减弱了。

## 对若干历史问题的澄清

上述对历史背景的简短概述引出了一系列重要的理论问题：为什么 2007 年至 2008 年在全球范围内爆发的金融危机是一个有一般意义的事件？为什么这次危机显然是由金融崩溃所导致的？金融危机如何使实体经济出现特别深幅和快速的收缩，并在之后长达六年多的时间里阻碍了经济的正常复苏？金融条件和金融变量对一般危机来说是"根本的"（fundamental）吗？换句话说，人们怎样才能将那些发挥引发 / 诱致作用（precipitating）或使能 / 促成作用（enabling）的因素，与那些更具根本性的因素（既包括金融层面的，也包括实体经济层面的）区分开来？那些已经导致经济脆弱性日益强化的金融力量和条件，对于"大衰退"以及随后的全球经济复苏疲弱来说，是根本性的原因吗？抑或只是使能 / 促成作用的原因？金融条件和金融事件是如何导致实体经济收缩的，进而导致"大衰退"或更严重的萧条的？为什么过去四十年的金融不稳定性事件变得越来越频繁、越来越严重？实体经济到底发生了什么，以致其近几十年来对越来越频繁、越来越严重的金融不稳定性事件变得更加"敏感"？

这些问题又引出了另一个相关的关键问题：为什么自 2009 年以来的政府政策——即中央银行通过量化宽松政策注入的超过 20 万亿美元的流动性，对企业和投资者的数万亿美元的减税，以及直接或间接地用于救助非银行企业的数千亿美元补贴——全都未能带来持续的全球经济复苏，同时也无力阻止金融资产泡沫的增大甚至破灭？

还有如下重要问题，那就是：21世纪的全球资本主义经济到底发生了什么根本性的变化，使得金融与实体经济关联性更强了？或者换句话说，金融周期为什么会对今天的实体经济周期产生比过去更大的影响？这种影响是怎么产生的，以及为什么还会继续下去？

到目前为止，当代主流经济分析一直无法回答这些问题。本书的一个主要观点是，主流经济学之所以在这些问题上表现得无能为力，在很大程度上是因为它的理论框架已经严重过时了。

全球经济的系统脆弱性的各种"质性起源"，本书已经在前面的第7–15章讨论九大主要趋势时分析过了。它们可以说是一系列"历史地标"，代表着各种历史力量，即正在发展和演变并在发展和演变过程中强化了的全球经济的系统脆弱性，是导致全球金融不稳定的根本决定因素。反过来，2007年至2009年的经济危机就是这种全球金融不稳定性重大事件引发的一个例子。本书还将解释它们之间的相互作用，以及它们是如何结合起来共同导致全球经济系统脆弱性的强化的。

本章接下来的部分将综述全书所有与全球经济系统脆弱性相关的观点。有关支持这些观点的材料和证据，请读者阅读前述第7–15章。

## 流动性过剩是债务累积的根本原因

全球经济的系统脆弱性首先源于20世纪70年代以来的全球范围内的流动性史无前例的爆炸式增长。流动性有两种基本形式：第一，中央银行向私人银行提供资金，这种流动性通常被称为"货币流动性"；第二，银行和影子银行共同创造的"内部信贷"，即这些不受监管的独立于中央银行的金融机构因提供货币信贷所创造出来的信贷，我们称之为"（内部）信贷流动性"，或直接称为"内部流动性"。

几个世纪前，黄金和其他贵金属是货币的主要形式，当时的主要问题是商品的实际产出和潜在产出大于货币（如黄金等）的可得性——货币是为生产提供资金、保证商品流通所必需的。然而，到了21世纪的今天，日益恶化的问题已经反过来了：货币和信贷已经远远超出了为实物商品生产和流通及服务所需提供的资金，因为货币和信贷的创造早就变得更容易、更迅速和更具规模了。正如货币和银行票据形式的纸币流动性的发展和扩张，最终使得黄金和贵金属形式的货币在总货币创造中变得不太重要一样，新形式的货币流动性创造最终也将超过现在由中央银行和商业银行系统提供的旧形式的货币创造，流动性的扩张也将更迅猛。

因此，流动性过剩成了全球资本主义经济的一个日趋严重的问题，而且必将在可预见的未来继续成为一个问题。不过，真正关键的问题还不在于流动性本身，也不在于流动性是否过剩，而在于过剩的流动性终将会转化为债务，而债务又将会对金融的不稳定性和脆弱性带来严重后果。

### 货币流动性

正如我们在本书前面的章节中已经阐述过的，布雷顿森林体系的崩溃给各国中央银行"开了绿灯"，自此它们开启了创造"货币流动性"的历程。到20 世纪 70 年代末和 80 年代初，美国和其他发达经济体的政治与经济精英们决定取消对全球货币资本流动的控制，使得中央银行创造的天量流动性在全球泛滥。同时，各国中央银行也开始承担起了"调节"和稳定货币汇率波动、促进世界贸易和资本流动的重任。这就需要它们定期地注入流动性，以确保世界各国货币对美元及其他主要货币的汇率在可以接受的范围内波动。在以前，稳定货币的任务是通过金本位制完成的；之后，也即从 1944 年到 1973年，根据布雷顿森林体系的规则，美元黄金本位制取代了金本位制。但自布雷顿森林体系于 1971 年至 1973 年间崩溃后，一切都改变了。此后，各国货币大幅波动，于是到 20 世纪 70 年代末，各国中央银行不得不加以干预。

尤其在 20 世纪 80—90 年代，全球金融不稳定性事件和经济衰退频发，对各国经济造成了很大干扰，严重破坏了全球货币和银行体系的稳定，进而威胁到了许多高度依赖世界贸易的国家的贸易和经济增长。这些都要求各国中央银行注入更多的流动性，以抗衡周期性的金融不稳定性事件的发生和经济衰退。因此，除了稳定货币的需求之外，经济增长及其所受到的严重干扰，也都要求中央银行注入更多的流动性。

此外，还有另几个因素：第一，为了应对 20 世纪 70 年代的经济危机，美国的资本精英们在 80 年代初决定开始在全球范围内扩张资本，而不是着力于其国内的经济增长。因而，美国企业在全球范围内的快速扩张，也要求中央银行提供更多的货币资本。第二，到 20 世纪 90 年代，随着苏联的解体，出现了更多资本在全球扩张的机会，因此对更多的流动性的需求也更加迫切。第三，随着中国在 21 世纪初开始融入全球经济，对更多的流动性也提出了进一步的需求。第四，20 世纪 90 年代，随着新的数字和网络技术的发展，无数新的行业、新的产品涌现出来，这也需要更多的流动性。第五，自 20 世纪 80 年代末以来，欧洲和美国开始扩大自由贸易（而且自 20 世纪 90 年代以来一直在加速），这同样需要更多的流动性。

总而言之，布雷顿森林体系的瓦解、货币资本流动的全球化、资本主义贸易和经济在全球的扩张、金融不稳定性事件和经济衰退越来越频繁与严重，所有这些都要求提供更多的流动性。可以说，在 20 世纪 70 年代中期到 21 世纪初的第一个十年时间里，中央银行和商业银行系统提供了天量的流动性。但是，到了 2007 年至 2009 年，当全球金融危机发生时，为了救助金融体系，又需要更多的流动性。

自布雷顿森林体系崩溃以来，中央银行一直都是通过商业银行向经济体注入越来越多的货币流动性的。但是在以前，中央银行实际上并不直接创造货币，而是间接地赋予银行有创造货币的能力：为商业银行提供额外的储备，然后银行可以将之借出；当借贷发生时，经济体中的流动性就增加了。

但是这种情况后来也发生了变化，从而导致更多的流动性被注入经济体中。这是因为中央银行进行了革命性的政策的创新，例如，从 2008 年开始引入"量化宽松政策"。量化宽松政策意味着中央银行直接创造货币，而不再需要通过商业银行系统给经济体间接注入流动性。通过量化宽松政策，中央银行以电子方式"印钞"，并用印出来的货币从私人投资者手中购买金融资产，然后再将其买进的资产在自身的资产负债表上记为债务（实际上是将商业银行和私人投资者的债务转移到了中央银行的资产负债表上）。这样，私人投资者出售资产所获得的货币就可以注入经济体，从而增加经济体的总流动性。

如前所述，自 2008 年以来，通过量化宽松政策，美国和英国已经有超过 9 万亿美元的流动性被注入了全球经济中，而且日本和欧元区可能很快就会注入更多的流动性。此外，过去二十五年来，发达经济体的中央银行以间接方式注入经济体的流动性也有数十万亿美元，其中只有一小部分被撤回。并且，自 2008 年以来，各发达经济体纷纷将银行利率降低到了几乎为零，中央银行通过利率政策到现在为止已经向经济体注入了 10 万亿到 15 万亿美元。

在各发达经济体中央银行间接和直接地（通过量化宽松政策）创造流动性的同时，其他新形式的货币和信贷也正在被创造出来。其中一个例子是"数字货币"，以比特币为代表，各种形式的数字货币层出不穷，在一些企业的应用迅速扩展。这类货币既不是由中央银行创造的，也不是由商业银行或影子银行创造的，它在中央银行和商业银行的控制之外。在未来数年内，资本主义制度下的技术进步，几乎肯定会使各种新形式的货币激增，从而创造出更多的流动性。比特币的例子仅表明，超额的货币流动性创造完全可能发生，而且新的货币形式往往是人们无法预料到的。退一步说，在当今社会，即便是中央银行，也无法控制非货币形式的内部信贷流动性的扩张；信贷流动性创造正是影子银行特别活跃、特别能发挥其"重要作用"的地方。

### 内部信贷流动性

影子银行当然会向它们的高净值投资者客户提供货币形式的信贷。不仅如此，由于不受监管，它们也会向投资者提供非货币形式的信贷，目的是让其客户购买更多的金融资产和金融证券。这种"信贷流动性"是以投资者以前购买的商品的价格和价值为基础发放的；如果投资者以前购买的证券价格上升了，那么它作为抵押品的价值也就随之上升了，这样，影子银行就可以在此基础上进一步向投资者发放更多的信贷。影子银行在提供这种信贷时，并不需要传统意义上的货币。因此，内部信贷的基础是现有证券的交换价值，而不是借新的贷款去购买更多的证券。

就实物资产投资而言，信贷流动性也可能会以上述同样方式扩张，不过不会太频繁。但是，内部信贷在金融证券和其他金融资产投资方面却特别有效：信贷的扩张使投资者能够买入更多的金融资产，而这只需要基于以前购买的证券的价格和市场价值的不断上升即可。以保证金交易形式购买的股票就是这种内部信贷创造的一个典型例子，还有许多其他衍生证券也都是以这种形式购买的。一些企业或公司也可以根据自己保留的资产的价值获得信贷，而银行则基于作为抵押品的银行资产的价值，在短期内以"回购协议"的形式扩展信贷。表面上看，这样做似乎完全没问题，但是当作为额外信贷的抵押品的资产价值开始下降时，这一切就都将崩溃。之后，增发的内部信贷必须用真实的货币去支付。通常而言，在经济扩张和金融资产价格上涨时期，在技术进步和金融创新的推动下，（内部）信贷流动性的形式会不断花样翻新，会为投资（特别是金融证券）提供资金。但是当经济形势反转时，情形就完全不同了。

### 从流动性过剩到债务过多

无论是商业银行、影子银行，抑或是深影银行，都会向一些企业提供信贷。自 20 世纪 80 年代以来，美国债务增长最多的是企业，其债务规模远远超过政府和家庭。国际清算银行的数据证明了这一点。之所以会出现这种情况，部分原因是与家庭和政府相比，企业更大程度地利用债务"杠杆"进行投资更加方便。"杠杆"一词在这里是指从金融机构获得信贷并将其进行再投资的能力，而往往企业或投资者自身的货币资本则只占投资总额的一小部分。例如，某人借入 9 美元的资金，同时只投入 1 美元的自有资本，则总投资额为 10 美元。

杠杆作用也更有利于金融资产的投资，而不是实物资产的投资。由于金融资产价格往往比商品和服务价格上升得更快和更高，因此信贷会更多地用于进一步购买金融资产。例如，某企业首次发行股票时，每股原始股的价格可能仅为 20 美元至 30 美元，但是如果发行成功，那么一年内就有可能会涨到每股数百美元。但商品价格不可能有这种情形。在市场上大获成功的实物商品在推出后一年内，价值几乎不可能会上升，只会一直下降，智能手机就是一个典型的例子。这意味着金融资产的市场价值会随着金融资产价格的上升而上升。这种市场价值增长反过来又能够使投资者更多地利用债务去购买更多的金融资产。

流动性过剩不仅转化为过多的金融资产投资（债务），而且也意味着有更多的信贷可用于（基于债务）家庭消费。对家庭来说，在工资收入增长放缓后，廉价信贷的易得性就显得非常重要，因为雇主不可能频繁地提高雇员工资，或者他们干脆从来都不提高工资。因此，依赖工资收入的家庭将通过申请信贷来抵消因工资增长缓慢所导致的收入不足的负面影响。这就是说，当家庭试图提高（或至少维持）生活水平时，家庭成员不是要求雇主支付更高的工资，也不是参与工会组织活动去争取工资有所增加，或要求政府立法保证最低工资增长率，而是通过提高债务来实现。这样一来，债务就成了家庭维持生活水平的工具，而在以往，这个职责是由随生产率提高而提高的工资承担的。

流动性过剩还助推了联邦政府、地方政府、政府机构和中央银行的债务总额的提高。流动性过剩意味着利率保持在低水平上，这会激励政府发行更多的债券。在美国，低利率意味着各州和地方政府会加紧发行更多的市政债券。较低的利率还反映在联邦住房机构（如房利美、房地美等）担保和购买的更多抵押贷款的债务上。另外，通过实施量化宽松政策，购买抵押债券，中央银行实际上将企业等机构的坏账转移到了自己的资产负债表上。

就美国而言，大部分的政府债务都发生在联邦或国家层面。美国联邦政府的债务规模现在已经超过了 18 万亿美元，其中大部分是在 2000 年以后累积起来的。联邦政府的债务可以通过多种途径累积起来，其中赤字支出的增加和减税都会增加债务。支出增加可能归因于社会福利政策或国防开支。比如，国防开支会加快债务增长的速度，因为美国在 21 世纪进行了好几场战争，但同期却并没有不断提高税率。这在它的历史上还是第一次。根据不同估计，自 2000 年以来，美国付出的战争成本从 3 万亿美元到 7 万亿美元不等。事实上，美国在进入 21 世纪后一直在参加战争，而且至今仍然没有结束。根据乔治·布什（小布什）的减税政策，联邦政府税收收入减少了大约 4 万亿美元；在奥巴马的第一个任期内（2009 年至 2012 年），减税额也超过了 2 万亿美元。而根据 2013 年 1 月的《财政悬崖法案》，在接下来的十年内（2012 年至 2022 年），美国政府还将再减税 4 万亿美元。

在社会福利支出方面，政府对医疗保健项目的支出也有所增加，这部分是因为健康保险业、连锁私立医院、制药公司和医疗服务机构，利用通过华尔街筹集到的并购资金完成了大规模的兼并重组，进而变得更加集中了。自 20 世纪 90 年代中期以来，药品价格每年的平均上涨幅度都达到了两位数。由此导致的一个后果是，医疗保险、医疗补助以及最近出台的《平价医疗计划》（Obattacare）的成本不断上升。单单是 2005 年通过的《处方药计划》，在过去的十年里就使美国的赤字和债务增加了五千多亿美元，原因是药品价格上涨飞速，以及美国政府拒绝开征新税，宁愿完全用赤字来融资。

美国政府赤字和债务累积部分也是由于一些周期性的原因，而不仅仅是上述提到的长期趋势的结果。金融危机除了导致实体经济收缩之外，还会增加政府救助银行体系和非银行企业的成本。联邦储备委员会是救助银行所需资金的主要来源，它已经使美国联邦政府的总债务额提高了大约 4 万亿美元；同时，自 20 世纪 80 年代以来，政府为了救助那些受金融危机影响的非银行企业，也大幅提高了政府债务，并且这类债务在 2008 年之后还上升得特别快。

当然，如果美国没有提出所谓的"双赤字"战略，那么政府债务是不可能以如此高的速度累积起来的。对此，本书第 15 章已经给出了详细的描述。简单地说，"双赤字"战略是新自由主义者在 20 世纪 80 年代提出来的：只要美国的贸易伙伴（欧洲、日本、石油输出国，以及 2000 年后的中国）同意将自己通过贸易顺差积累起来的美元送回美国（通过购买美国国债等途径），美国就允许贸易赤字不断扩大。对美元的这种"回收利用"，使得美国政府可以在预算赤字不断增长的情况下持续运转，最终导致其超过 18 万亿美元的政府债务。

另外，在政府债务总额中，有相当大的一部分（包括中央银行的债务、联邦政府的债务，以及地方政府的债务）是通过各种方式将企业银行投资者等债务转移到政府机构的资产负债表上所导致的。因此，自 20 世纪 70 年代以来，随着私人债务（主要是银行、企业和投资者）的一路上升，政府债务也在不断攀升。如果国家不通过这种途径吸收私人债务（并持续这样做下去），那么金融不稳定性事件将更加频繁和严重。正是因为国家采取这种政策，使得全球资本主义制度即便在"生病"期间也依然能够保持一定的活力，从而确保"病人的生命能够继续维持下去"，尽管"健康状况"一直在从根本上持续恶化。

因此，通过各种各样的手段和途径创造过度的流动性导致产生了各个层面上的过多债务——金融机构、企业、政府和家庭。过多债务的创造是各个层面的脆弱性的重要组成部分——企业的金融脆弱性、家庭消费脆弱性和政府资产负债表脆弱性。债务只是流动性过剩的一种镜像反映，过多的债务 /

流动性驱动经济系统走向系统脆弱性和不稳定性。债务这个引擎推动着金融资产投资的加速升级，并给实物资产投资带来更多的负面影响。

## 债务与金融资产投资转向

### 金融资产与实物资产

　　金融资产价格比商品价格的波动性更高，在商业周期的繁荣阶段尤其如此。我们或许可以说，有了金融资产之后，"需求创造了自己的需求"，进而不断推高价格的情况才得以出现。就金融资产而言，供给因素在抑制价格波动方面的作用非常有限。金融资产的价格越高，进入市场的买家越多，购买金融资产的需求就越大，从而价格进一步上涨的推动力就越强。另外，由于"生产"金融资产产品的"成本"非常低，因此供给成本上升基本上不会阻碍或降低对资产的需求。

　　商品价格的"行为"则恰恰相反。在商品价格中，需求所能导致的价格波动性较小，而供给却能发挥很大的抑制作用。如果商品价格上涨，那么购买该商品的买家将更少，不像金融证券那样，价格上涨反而会吸引更多的买家。这是因为商品本身的流动性远远不如金融证券，除非降价，否则商品很难快速转售出去；一旦抬高售价，商品就几乎卖不出去。换句话说，商品价格上涨很难带来利润，而金融资产的利润却主要取决于价格上涨。这就意味着，金融资产拥有巨大的潜在利润（只要价格能够上涨），这是吸引买家的一个重要因素。

　　金融资产极强的潜在获利能力还因为其"生产"成本极低。"生产"金融证券几乎完全不会像通常的商品那样产生"商品成本"——所需的原材料极少，没有中间产品，劳动成本很低，交付给买方时也没有运输成本和库存成本，等等。任何一种金融资产，说到底无非是某个"金融工程"专家小组创建的电子或纸质条目，它不会付出类似实物商品生产所需的生产成本和供给成本，这使得金融资产的生产更加方便和快捷。

　　还有第三个因素，它使得金融资产价格更加有利可图。因为金融资产是通过网络、电话或其他通信手段出售的，因此不需要维持一个庞大而昂贵的销售队伍，分销成本几乎可以忽略不计。此外，金融资产的潜在市场非常大，它覆盖了全世界的金融投资者。这些投资者组成了专业而强大的网络，他们通常都很"精明"，为了获利，会主动去寻找卖家，而卖家自身却不用花太多心思去寻找买家。金融资产和金融证券的卖家通常只需要付出极低的广告费用即可。

总之，金融资产与实物商品（无论是汽车、机械产品、服装，还是食品）相比，在所有三种类型的利润来源上都有后者不可比拟的优势：价格上升、成本最小化和销售潜力。它们更加有利可图（只要价格上涨）。当然，在经济收缩阶段，与普通商品价格相比，金融资产价格下跌的潜在损失相应地更大一些。不过，尽管短期内跌幅可能相当大，但是金融资产价格在经济复苏阶段通常比商品价格涨幅更大，能更快地弥补损失。

金融资产比实物资产更具吸引力的另一个原因是，金融资产是在流动性很高的市场上交易（买卖）的。这意味着，只要资产价格没有涨得足够多，也没有开始下跌，就可以进行投资，然后又迅速地撤回投资（出售）。而这是实物资产投资所不具有的特性；投资实物资产必须先生产出商品，然后再在更长的周期或时间段内出售；如果投资成本上升和市场价格下降，则投资者便无法尽快撤回以减少损失。因此，相比较而言，实物资产投资、商品生产和销售的风险更大，而金融资产的投资者可以根据市场情况更快地止损或更快地盈利。

金融资产和金融证券可以利用债务加杠杆的方式买入，而且它们的潜在获利能力更高，再加上投资者可以快速地进出市场把握新的机会，因此具有更大的灵活性，可以为他们提供巨大的激励，使他们将自己的货币资本和可得信贷都投入到金融资产中去。

相反，投资于实物资产则意味着盈利能力较低，因为价格涨落的幅度没有什么作用，而且生产成本在商业周期的繁荣阶段显著上升。实物资产投资还意味着必须建立一个昂贵的分销渠道，商品的卖方必须"寻找"到买方。这就意味着货币资本流动的灵活性较低，投资者很难最小化损失和最大化收益。这就是为什么只关心如何在短期内取得最高资本收益的专业投资者——新金融资本精英——肯定会将自己的货币资本从实物资产领域转向金融资产领域的原因。他们对创办企业、努力降低生产成本、尽可能地占领市场、击败竞争对手没有什么兴趣，他们只对短期的源于价格起落的利润和资本利得感兴趣。显然，金融资产投资对他们更具吸引力。

简而言之，因为金融资产投资通常更容易地运用债务加杠杆的方式，它在短期内更加有利可图，它流动性更高、更灵活（因而不确定性也更低），所以投资者可以频繁地、快速地进出市场以获利得。他们在短期内就可以因价格上涨而获得可观的资本收益，然后再转向其他短期投资。他们不会放过高流动性金融资产市场上的任何一次机会。或者，如果金融资产价格没有上涨，他们就会迅速退出市场，以最大限度减少损失。举个例子来说，在某个给定的年份，投资者就可以将一定数额的货币资本从亚洲的股票市场转出，然后再转投美国的页岩油（气）垃圾债券，或者英国的金融衍生产品，再或者欧元和瑞士法郎……在金融资产投资中，货币资本并不会像实物资产投资那样被长期"绑定"，也不会有那么高的不确定性。

### 金融资产投资转向

总体而言，更大的债务加杠杆的机会、更强的潜在盈利能力、更短的投资周期、更高的流动性和灵活性、更低的不确定性，所有这些都给了投资者更大的激励，使得他们尽可能多地投资金融资产和金融证券，而非实物资产。正因为拥有这些优势，所以毫不意外地，金融资产投资转向已经持续几十年了。现在，投资金融资产的相对潜在盈利能力变得更强了。在全球经济中，专业投资者数量迅猛增加，他们控制着前所未有的巨量的可投资资本，因而实体经济投资持续趋缓并不足怪。凯恩斯曾在八十年前就预言过，更喜欢金融资产和金融证券的专业投资者必将崛起，取而代之以喜欢投资实物资产的企业所有者和投资者并成为主导者。到今天，这已经成了常规而非例外。

当然，转向金融资产投资并不意味着实物资产的投资完全消失。过剩流动性和爆炸式增长的债务，总会有一些流入实物资产投资领域和实物商品生产中。随着互联网、无线通信、社交网络等新技术的出现，美国国内出现了波浪形的重大投资机会。此外，实体经济投资的外部机会也不时显现，例如，俄罗斯和东欧诸国在 20 世纪 90 年代向外国资本开放；中国和新兴市场经济体在 2000 年后出现的实体经济投资机会；2008 年之后的北美页岩油（气）繁荣，等等。但是，从实物资产投资中获取利润的时间窗口通常相对较小。实物资产投资一般在几年后或者最多在五六年之内就会饱和，从而会出现产能过剩的情形，于是成本开始上升，而价格则很难上涨。竞争扩大了供给却稀释了需求，即需求在销售高峰到来后很快就会下降：繁荣期相对较短，而随后的需求下降期却通常很长。

与此相反，随着资金不断涌入金融资产投资领域，繁荣很可能会延续下去，价格在很长时间内都会不断攀升；而且只要价格保持稳步上升（且不过度加速），金融资产投资就会持续进行下去并不断加大。这里不会出现"产能过剩"的问题。金融资产价格当然也可能下行，而且有时甚至会出现深幅下跌，但是下跌阶段通常都是相对较短的。例如，在 2008 年至 2009 年，股票和债券等金融资产价格急剧下跌，但是不久之后就"快速回升"了，并且在危机发生后的短短几个月内就创下了新高。相比之下，房地产和其他商品等实物资产的价格和销售量在危机期间却都下降了很多，而且在经济衰退结束六年多后仍然没有恢复到以前的价格水平和销售量。自 2009 年以来，股票、债券和其他金融资产的价格一直稳步上行；相反，商品价格在各发达经济体却都一直处于通货紧缩状态。到今天，中国和新兴市场经济体也步入了下降通道。

尽管金融资产投资相对于实物资产投资的重要性与日俱增，但是主流经济学理论仍然不承认这个事实，或者说，没有对金融资产投资的转向加以足够的重视。在主流经济学分析中，投资仍然只是基于源自国民收入账户的数据的"实物资产投资"，金融变量在一般均衡模型中几乎没有任何地位。金融变量如何影响甚至决定实体经济，也从来没有得到过充分的解释。与此类似，马克思主义经济学家也继续"忙于驳斥"金融资产投资，并将它称为"虚拟资本"，认定它完全不重要。

主流经济学家和马克思主义经济学家都没有对金融资产投资和实物资产投资进行过区分，也没有考虑过这两者之间是如何相互决定的。投资就是投资，即对应于国民收入账户的总国内私人投资或净国内私人投资。如果 GDP 是衡量实体经济绩效的指标，那么金融投资变量就对 GDP 水平没有什么影响。他们认为，驱动经济发展进而导致金融不稳定性的只能是实物资产投资。

在主流经济学家和马克思主义经济学家看来，对实物资产投资"负有责任"的是非金融的力量。由于实物资产投资的放缓，投资者更倾向于金融资产投资，因而驱动经济"金融化"的是实体经济（不过，他们通常将"金融化"定义为银行和其他金融机构的利润在总利润中所占的份额越来越大。这个过于狭窄了，而且也不准确）。主流经济学家认为，导致实体经济投资放缓的原因是生产率改进乏力、社会福利过高、政府税收过重，以及其他成本因素。马克思主义经济学家则认为，由于固定资本对可变资本的比率不断上升、工人抵制雇主剥削、资本主义竞争日趋激烈，因此资本主义生产的利润率不断下降，才是实体经济投资放缓的原因。

奇怪的是，主流经济学家和马克思主义经济学家都没有认识到，金融资产投资转向，也可能是因为这种投资更容易获得更高的利润——这是过去四十年来金融业结构调整的结果。他们也不接受如下观念：金融资产投资的更高和更确定的盈利能力推动了可用货币和信贷更多地转向全球经济中的金融行业，进而导致本来会进入实物资产投资领域的货币和信贷减少了。

虽然货币和信贷越来越多地转为金融资产投资和金融证券投资是一个不争的事实，但是主流经济学家和机械马克思主义者依然坚持认为，是实体经济投资的下降导致了金融投资的上升。在实体经济投资减速和金融投资加速之间，我们可以观察到明显的相关性，这种相关性应该有一个替代性的因果解释。金融资产投资之所以会"挤出"实物资产投资，只是因为前者比后者更有利可图。推动金融投资的不仅仅是流动性过剩，而转向金融投资的也不仅仅是实体经济投资发生后留下来的过剩的流动性和债务。也就是说，金融投资本身拥有的更强大的吸引力，使货币和信贷从实体经济投资转向了金融投资。是的，实物资产投资之所以放缓，很可能不是因为生产率下降、社会福利成本上升、政府税收过高，而是因为金融投资在 21 世纪的全球资本主义经济中吸引力更大、潜在利润更高。

关于金融资产投资的转向，我最后的一点结论是：金融资产价格崩溃后，随着时间的推移，它在长期阶段将变得更具投机性。这里所说的"投机性"，意味着投资于价格波动性极高的金融资产，其投资期限可能比金融资产投资的平均期限还要短。投机性投资的侧重点在于在流动性极高的市场中快速"买入卖出"金融资产，力求快速通过价格上升（或下跌）以获得资本利得。投机性还意味着在投资中使用更多的债务加杠杆。投机性投资的目的是追逐高风险"收益"，即通过投资风险更高的金融资产来博取利润，例如，投资公司垃圾债券和杠杆贷款债务、不良主权债务以及更多的"裸"卖空股票（打赌自身所投资的股票价格将下跌，并在价格真的下跌时买入），或在最不稳定的货币期货市场上进行投资。

投机性投资不仅倾向于更多地依赖债务杠杆，而且更有可能通过内部信贷来融资。一个很好的例子是，在2014年至2015年的中国股市泡沫中，散户投资者越来越多地依赖于保证金交易，而出场的影子银行投资者则很好地抓住了股票价格暴跌的机会，通过卖空股票大获其利。散户们在通过保证金交易买入股票时，标杆债务往往驱使股票价格上涨得更快和更高，而且涨势持续时间长；而卖空的效果则在于，驱动这些股票的价格以更快的速度下跌。

总而言之，在投资转向金融资产的过程中，还伴随着一个更加容易导致金融不稳定性的因素——金融投机愈演愈烈的趋势；而更倾向于对金融资产进行投机的趋势则通常表明，金融资产市场的金融脆弱性普遍上升到了相当危险的程度。以前述的例子而论，如果没有中国自2008年以来的流动性和债务的急剧攀升，就不会出现投资向金融交易方面的转移，因而也就不会使中国的金融脆弱性迅速上升，当然也就不可能出现不受控制的保证金交易以及随后的股票卖空情形。

## 金融资产投资与实物资产投资之间的"新差距"

企业经济学家和媒体评论员通常都喜欢谈论长期利率与短期利率之间的"利差"，用它来解释经济周期演变的不同阶段和股市扩张的不同时期。而实际上，金融资产和实物资产投资之间的"差距"，则可能是一个可以表明经济增长轨迹的更重要的长期指标。

流动性过剩导致债务被更多地使用和杠杆化，又会进一步导致金融资产投资与实物资产投资之间的"差距"随着时间的推移而发生变化，即先出现收敛迹象，然后再日益扩大。流动性、债务和杠杆化可能会加大实物资产投资，尤其是当投资机会"断断续续"地出现在内部或外部时。不过，在过去的四分之一个世纪以来，金融资产投资的持久性已经变得相当稳固了。尤其自2000年以来，金融资产投资一直在加速，尽管它在2008年至2009年金融危机期间突然"被矫正"了一下，但现在又重新沿袭这个趋势了。

相比之下，自2000年以来，除了与石油相关的资本支出有所增长、中国对西方资本开放之后外商投资激增，以及随后的新兴市场经济体的投资热潮之外，全球实物资产投资持续下降。相关的事实也证明，所有这些实物资产投资的周期都是短暂的。2000 年后的实物资产投资主要集中在如下三大领域：石油和能源，中国和新兴市场经济体的基础设施建设，以及大宗商品开采。然而，到了 2014 年至 2015 年，上述三大领域的投资都出现了明显反转的情形，即出现了减缓或收缩的迹象。可以说，在未来的十年，实物资产投资可能还会进一步放缓。

与此相对照的是，在 2008 年以前，金融资产投资一直稳步加速，仅仅在 2008 年至 2009 年间出现了短暂的下跌，而在 2010 年之后，又创下了历史新高。因此，可以说，如果在未来五年内发生另一场金融危机，虽然金融资产投资有可能会深幅下跌，但肯定也是短期的，就像在 2008 年至 2009 年时一样，中央银行和政府为了救助和稳定金融体系，肯定会进一步注入更多的流动性。当然，在救助金融体系的过程中，也会为未来的另一场金融危机埋下伏笔。而且，即使在短期内，要救助并促进实物资产投资和实体经济增长也不会很容易。①

更何况在过去的十年时间里，即使是"外部"的投资机会或地域性的扩张机会所推动的微不足道的实物资产投资增长，也不再像之前的那几十年时间里那么容易实现了。苏联、中国和新兴市场经济体的实物资产投资机会都已经一去不复返了。也许非洲的资源开发和基础设施建设会提供类似的机会，但是其潜力远远不如其他国家那么大；至于"内部"扩张机会，各新兴产业所需的实物资产，无论从生产设施、设备、库存还是其他资产来看，似乎都不大。与 20 世纪 90 年代中期的数字技术—互联网通信革命相比，21 世纪新兴的社交网络、生物技术等产业对实物资产投资的推动力要弱得多，因为它们都不是实物资产密集型的。替代能源（绿色能源）产业带来的投资机会，也不太可能带动实物资产投资潮，因为替代能源产业将主要由政府机构进行投资（在美国，政府投资在 GDP 中的占比预计将从 20%~22% 上升到 30%~35%）；并且这种投资将需要更长的时间，与实物资产投资这种"不温

---

① 为了稳定经济，政府需要对重点行业及其重点公司广泛地进行国有化，同时还要直接实施就业机会创造计划。这样一来（以美国为例），政府投资占 GDP 的比例将由原来的 20%～22% 上升到 30%～35%。

不火"的情形完全不同。总体而言，金融资产投资将持续高速增长。甚至在某些国家，金融资产投资不仅在相对意义上（增长速度）超过实物资产投资，而且在绝对意义上（新增投资规模和总资产水平）也超过实物资产投资。

新金融机构、流动性极高的市场、新金融证券和新金融结构、持续的金融产品创新、富得令人难以置信的新金融资本精英组成的全球网络，所有这些都促进了金融资产投资的加速增长。据估计，全球一些机构、市场和投资者手中的可投资资产已经超过 100 万亿美元，这些财富大部分来自过去的金融投资和投机，不会突然消失，也不会闲置不用。

与此同时，为了防止全球银行体系崩溃，各国政府和中央银行除了继续增加流动性之外，别无他法。而银行系统现在都已经沉溺于免费货币大餐中不可自拔了。如果中央银行将利率上调至 4% 或以上，那么银行体系就肯定无法正常运行。总之，它仍然过于脆弱。

从扭转或阻止转向金融资产投资的趋势这个政策目标来看，2007 年至 2009 年全球金融—经济崩溃之后所启动的金融业及其机构的重新调整和再管制无疑已经失败了，这实在令人沮丧。美国和英国的银行系统曾经是全球银行业中最薄弱的（不过现在已经不再是了），因此这两个国家一直在进行金融业的去管制化。如今，本来仅具象征意义的银行体系监管制度也正在被取消。因此，说某个国家或政府能够监管全球金融资本，那只是一个神话。实际上，金融资本就像从山上倾泻而下的河流，最终肯定能够找到一条绕过政府监管的通道。

金融监管之所以是徒劳的，还有另一个原因，那就是民主政治的衰败。这在发达经济体中表现得特别明显。这些国家近几十年来的政治变迁的一个后果是，普通民众的影响越来越小，而企业（也包括银行家和投资者）的影响则持续上升。因此，通过加强对金融机构的监管来预防下一次金融危机的发生的可能性几乎微乎其微，更不用说遏制金融资产投资持续膨胀的势头了。

并且，中央银行流动性的注入将会持续，而通过影子银行系统发放更多的内部信贷也将会持续。它们都将造成债务的更大规模的扩张，而这意味着金融体系在未来几年内将变得更加脆弱。

鉴于金融资产投资几乎肯定长期持续扩张，而实物资产投资则持续萎缩，因此我们很自然地提出如下问题：这种双重趋势对理论、政策乃至全球经济意味着什么？

在理论方面，这种投资"二分法"提出了如下问题：金融资产投资与实物资产投资之间的因果关系是什么？实物资产投资减少是不是由非金融的因素所导致的？是实物资产投资减少造成了金融资产投资的转向，还是金融资产投资的兴起造成了实物资产投资的缩减？这是一个双向因果关系吗？如果是，那么两个方向上的决定作用是否对等？金融投资决定实物资产投资、实物资产投资决定金融投资的过程究竟是怎样的？可识别的传导机制或变量有哪些？解释清楚上述所说的传导机制、变量和过程至关重要，否则我们就只能说，不断减缓的实物资产投资与不断增加的金融资产投资之间存在着相关性。这种相关性往往使许多人误解为因果关系。

这种投资"二分法"对经济政策也有非常重大的意义。从实物资产投资转向金融资产投资，意味着就业机会的减少，以及仅有的就业也以工资收入更低的劣质就业岗位居多。实物资产投资对建筑业、消费品生产行业、采矿业、大宗商品生产行业、运输业、设备制造业、物流行业、仓储业和服务业，以及研发行业都有非常重要的意义，而金融资产投资则只涉及某些非常专业的服务业。同样规模的投资，金融资产投资所创造的就业机会远远少于实物资产投资，因此，金融资产投资创造的总收入也较少。这意味着更低的家庭消费水平，因为家庭从金融资产投资中获得的收入也较少。总之，"位于收入金字塔底部的那 90% 的人"几乎不能通过金融资本获得收入。而且，由于金融交易几乎完全不用纳税，因此，实物资产投资的减少以及随之而来的公司员工工资收入的降低和家庭消费水平的下降，也就意味着政府的税收收入减少。换句话说，投资转向金融资产还意味着收入的转移——从赚取工资收入的公司员工及其家庭和政府，转移到金融机构和富有的投资者手中。

因此，家庭和政府都将变得更加"脆弱"，因为脆弱性是用于偿还债务本金和利息的收入的下降速度的函数。这里存在一种负面的反馈效应。家庭工资项下的收入增长放缓意味着家庭为了维持一定的生活水平而必须承担更多的债务（否则生活水平将因收入减少而下降）。因此，消费脆弱性增加的原因有两个：家庭收入减少和负债上升。政府"单位"也是如此，特别是地方一级政府。较低的税收收入导致政府"单位"不得不承担更多的债务（地方政府的市政债券、中央政府的国债）。

以上论述表明，当收入下降导致债务上升时，脆弱性就会在家庭和政府内部滋生；而当债务上升导致收入下降时，也会导致脆弱性，因为未来的债务支付减少了未来的收入流。因此，无论是债务上升还是收入下降，抑或是两者兼而有之，脆弱性都会增加，而且还可能会在不同组织或机构之间蔓延。如果家庭收入下降导致消费减少，那就意味着政府"单位"的税收收入也在减少，因此其脆弱性会增加。同时，如果税收收入减少得过快和过多，政府还将面临赤字，这就需要更多借款来维持政府支出的水平，而这就意味着更多的政府债务和脆弱性的增强。

据此，我们可以看出收入增长放缓和债务上升对政府政策的影响。政府是否会通过提高税收来恢复收入水平，以避免不得不提高债务？如果是这样，那么政府也许有可能降低自身的脆弱性，但是却肯定会加大需要纳税的家庭和企业的脆弱性。

关于脆弱性的"内部滋生"和"蔓延"、关于政策和脆弱性的传导机制之间的反馈效应，我们还可以举出更多的例子。不过现在这里已经很清楚了，随着金融资产投资相对于实物资产投资的快速增长，实物资产投资与金融资产投资之间日益拉大的"差距"有重大的政策意义。

## 通货紧缩与"双价格"理论

投资向金融资产转向对全球经济发展的轨迹也有重要影响。这不仅意味着收入不平等的趋势将进一步强化——收入不平等会对未来经济增长产生重大影响，并且也意味着价格趋势也将发生重大变化。

实物资产投资减少意味着商品生产的生产率改进放缓、成本削减、裁员增加、工资收入下降和消费需求减少。在这一连串效应的尾端，则是商品通货紧缩。

相比之下，金融资产投资上升则意味着对金融产品的需求增加，因此金融资产价格将进一步上涨。金融资产定价的特性是需求和价格自我驱动，即需求导致价格上涨，然后导致更进一步的需求和价格上涨。而且，金融资产和金融证券的价格与商品的价格不同，供给对价格影响极少，成本约束也无法减缓或抑制价格上涨的趋势。因此，投资向金融资产转向的结果是，商品价格趋于"反通货膨胀"甚至最终陷于通货紧缩；相反，如果金融资产价格开始上升并倾向于加速上升，那么最终会导致金融泡沫。

还有一个额外的要素，即与对商品价格和商品通货膨胀的预期相比，人们似乎更容易形成对金融资产价格上涨和金融资产通货膨胀的预期，同时对金融资产通货膨胀的预期的形成速度会不断加快；反过来也一样：通货紧缩预期会对金融资产价格发挥更大的影响作用（与商品价格相比）。

更重要的问题是：金融资产价格的变化如何影响商品价格？反过来，商品价格的变化是否也会影响金融资产价格？

以股票这种金融资产为例。通常而言，某种商品的价格的上涨，可能会反映在生产该商品的上市公司的股票上，至少在该商品价格上涨时是这样，即会给该上市公司带来更多的利润。但是我们在这里讨论的是总量，而不是特定的某个商品或某家上市公司的股票的价格。因此，一个恰当的问题是：当金融资产价格上涨时，商品的一般价格水平是否会随之上升？从 2009 年以来的情况看，至少在各发达经济体似乎不是这样，反而是：商品的价格一直呈现出反通货紧缩的趋势并向通货紧缩靠拢；而金融资产价格（例如股票、债券和其他金融证券的价格）则一直在加速上涨。这里不存在明显的相关性，即并未显示金融资产通货膨胀推高了商品的一般价格水平。

因此，在商业周期的繁荣阶段，金融资产价格体系和实物资产价格体系之间，似乎并不存在一个决定另一个的情形。金融资产价格可能会随着信贷的普遍扩张而上升；金融资产在价格上涨之后，需求自身就会推动对其的进一步的需求。因此，即使金融资产不再通货膨胀，金融资产价格也有强劲的上涨驱动力。然而，在通货紧缩情况下，金融资产通货紧缩与商品通货紧缩之间却存在着较强的相关性。

例如，在金融危机或银行体系崩溃的情况下（就像 2007 年至 2009 年期间那样），几乎所有金融资产——抵押债券、股票、市政债券、衍生证券等——的价格都会快速下跌。这时，流动性冻结了，金融机构不再发放贷款，企业也没有办法发行债券。由于资产负债表上的资产价值下跌，银行和其他金融机构拒绝向非银行企业贷款，并将现有的现金和流动性高的资产囤积在自己的资产负债表上。但是，这些资金仍然不足以抵消银行因金融资产价格通货紧缩和会计计提而出现的损失。由于没有任何贷款来源（甚至连日常业务贷款也得不到），因此非银行企业不得不通过大规模裁员和其他措施来削减成本（其中大部分是工资成本）；供应商由于得不到回款，也不得不这样做；

在大力削减成本的同时，非银行企业还试图通过"低价倾销"自己的库存产品来获得更多的短期收入，同时通过降低商品价格来打击竞争对手。因此，当金融机构普遍出现金融资产价格崩溃时，实体经济企业也会出现大规模的裁员、削减成本和降低商品价格等情形。总之，金融危机会导致实体经济萎缩，继而导致商品价格通货紧缩。

相反的通货紧缩效应（从商品到金融资产）在金融崩溃和实体经济深幅收缩时，更有可能发生。它分别通过直接和间接的两种方式发生。直接的方式是，商品价格下跌会减少利润或影响其他关键业绩指标，进而导致股价下跌；或者，现金流不断减少，致使投资者担心企业是否有足够的偿债能力，从而导致企业的债券价格下跌（因为它必须承担更高的利率才能发行新债券）。

商品通货紧缩引发金融资产通货紧缩更多的是以间接的方式发生的。例如，非银行企业获得借款的渠道在经济衰退开始后就会迅速减少，之后它只能将通过销售商品获得的"收入流"作为继续偿还债务所需资金的主要来源。另一方面，伴随经济衰退而来的大规模裁员和大幅度降薪，会导致家庭收入和消费水平的迅速下降；为了吸引家庭购买自己的产品，同时确保持续的收入和现金流（那是偿付债务所必不可少的），企业必须降低自身产品的价格。因此，产品价格下降后的销售收入就成了企业继续偿还债务的主要现金流来源。当许多企业都试图这样做时，产品价格的下跌将导致更进一步的价格下跌，这就造成了商品的通货紧缩。这样一来，金融资产的通货紧缩最终以间接的方式转化为商品通货紧缩了。

更重要的一点是，如上所述的这两个过程——金融资产价格通货紧缩最终导致商品价格通货紧缩、商品价格通货紧缩导致金融资产通货紧缩——是互相作用的。在商业周期的收缩阶段，一个过程会反馈到另一个过程中。这里面存在着两种价格体系，它们之间的相互关系在一定条件下会互相强化。

或者换句话说，这里面存在着一个动态的甚至可以说是"辩证"的过程：一个价格体系中的通货紧缩驱动着另一个价格体系中的通货紧缩。这种"相互启动"的通货紧缩过程主要发生在金融危机后的实体经济收缩阶段；相互影响效应越大，两个价格体系对经济收缩的共同作用就越大，彼此之间的相互支持性也就越强。当金融资产通货紧缩变得特别严重时，就会导致违约。那时，金融资产价格可能会完全崩溃，因为法院会启动破产程序以拍卖企业剩余的资产。如果有足够多的违约事件同时发生，或者极具知名度的企业出现违约的情况，那么担心资产价格崩溃和迅速蔓延的这种心理效应就会迅速扩散到其他企业，进而会导致更多的金融资产价格的快速下跌。

当然，只有当人们深刻认识到金融资产价格波动与商品价格波动，是全球经济中存在着的不同的"两个价格体系"之后，才能真正理解上面这一相互作用的反馈过程。并不是所有的价格在供给和需求方面都是一致的，也并不是所有的价格运行都趋于恢复均衡的，那需要假设完全竞争市场上"供给和需求必定导致均衡"——但这不是事实。主流经济学理论从不承认"两个价格体系"的思想，因而也就不能解释金融资产价格和商品价格是如何相互作用并互相反馈的（特别是在经济收缩阶段）。它也不能解释为什么在经济的繁荣阶段，金融资产通货膨胀的发展趋势会独立于商品价格的变动之外。而且，这也并不是主流经济学对于价格对金融不稳定性的作用，以及价格在金融不稳定性事件中可能引发大衰退和萧条作用的理解的唯一错误。

## 从"滞胀"到"反通货膨胀"

在经济学中，"滞胀"这个术语描述的是这样一种现象：在通货膨胀上升的同时，实体经济的产出也在下降。"滞胀"在 20 世纪 70 年代危机期间非常普遍。需要注意的是，在主流经济学中，这个术语所描述的是"真实"变量——国内生产总值和商品价格。"滞胀"发生在 GDP 增速减缓甚至下降、通货膨胀却在加速时。如今，GDP 与一般价格水平之间的反向关系再一次出现了，但是这一次涉及的不是 GDP 与商品通货膨胀，而是 GDP 与商品通货紧缩；而且商品通货紧缩只是其中的一个方面，另一个方面是金融资产价格通货膨胀和估值上扬。为了描述这种新的"反向关系"（在实体经济不景气的同时却是金融资产价格通货膨胀，而商品价格则通货紧缩），我们也许需要创建另一个新的术语。不过在目前，由于一时之间还难以找到更恰当的术语，因此我们不妨先采用"反通货膨胀"这一术语。[*]

20 世纪 70 年代出现的"滞胀"对经济学提出了严峻的挑战，也造成了极大的经济政策困境。在"滞胀"发生之前，如果财政政策和货币政策侧重于

---

[*]　"反通货膨胀"的原文是"definflation"，这个单词或者是本书作者生造的，或者是拼写有误。本书译者认为它是拼写错误，应为"deflation"。——译者注

刺激经济增长，那么决策者可以寄望于 GDP 上升的同时失业率会下降，尽管还需要权衡另一个因素，即商品通货膨胀率也会上升。而如果政策重点是降低通货膨胀率，那么就可以采用紧缩性的财政政策和货币政策，令经济收缩，从而减少收入，进而降低商品需求、压低商品价格。当然，还需要权衡失业率。但是 20 世纪 70 年代的"滞胀"使人们对这种理论失去了信心。刺激性的财政政策和货币政策不但不能减少失业，反而还会进一步加剧通货膨胀；而旨在减缓经济增速的财政政策和货币政策则只会使失业情况更加恶化，但是却不能降低商品价格。可以说，经济政策完全失效了。同样的政策困境也出现在了今天。旨在刺激实体经济投资的货币政策，不但不能阻止实体经济投资的减缓和商品价格的通货紧缩，反而推助了金融资产投资的加大和金融资产价格的通货膨胀。

这种政策困境对全球经济的长期发展造成了严重的后果。如果货币政策只能促进金融资产投资和金融资产通货膨胀，却不能阻止商品通货紧缩，那么又有什么用呢？我们怎样才能阻止商品通货紧缩的趋势？当增加流动性会导致金融资产投资上升时，那么怎样才能将实物资产投资恢复到以前的增长水平——金融资产投资更加有利可图，并且与实物资产投资相比，还拥有许多其他优势？日益恶化的收入不平等问题能否通过对工资收入进行调整来解决——尽管实体经济投资正在放缓，而金融资本收益和源于金融利润的资本收入正在加速上升？如何才能减缓甚至扭转金融资产投资转向、金融资产通货膨胀和国民收入再分配越来越有利于资本收入（以牺牲工资收入为代价）的趋势，同时又不至于使政府的规模过大和社会阶层政策不发生根本性的变化，且不会对金融行业造成重大利益损失？

今天，面对通货膨胀当中又有通货紧缩的复杂经济形势，经济学家们无法给出相应的理论以使政府摆脱政策困境，这与他们的前辈们在 20 世纪 70 年代经济危机中，对于"滞胀"带来的政策困境束手无策不无相似之处。①

---

① 这部分是因为主流经济学仍然不承认凯恩斯以及后来明斯基提出的"双价格理论"，即金融资产价格的运行与商品价格的运行不一样。这两个价格体系是截然不同的，不过它们也是互相决定的。传统经济学的价格体系通过供给和需求的相互作用使价格恢复均衡，从而稳定经济（无论是实体经济行业，还是金融业）的理论，从根本上受到了"双价格理论"的挑战。有关这个主题的更详细的讨论，请参见本书前述第 15、17 章。在 20 世纪 70 年代出现"滞胀"时，主流经济学家提出的解决方案被称为"货币主义"。但事实证明，这种解决方案对并没有什么显著效果。

这种相合引申出了另一个问题，它也与从实物资产投资到金融资产投资的转向有关，值得我们在此费些笔墨概略性地讨论一下。

### "货币导致通货膨胀论"是没有意义的

在 20 世纪 70 年代，主流经济学家曾对于通货膨胀与就业之间是否可以进行政策权衡展开了激烈的争辩，但是这种争辩毫无用处。似曾相识的是，自 2008 年以来，主流经济学家对于中央银行的超额货币供给（即流动性注入）是否会导致过度的通货膨胀压力也进行了激烈的争辩，但这种争辩同样毫无意义。

本书前述第 16 章已经讨论过，主流经济学家的一翼——复古古典主义者——认为美国联邦储备委员会的政策最终必然导致失控的通货膨胀；而另一翼——混合凯恩斯主义者则认为没有证据表明通货膨胀正在发生或将会发生。时至今日我们知道，这两种观点都是错误的。当然，这其中也都有正确的成分。这一情况意味着这两派主流经济学家实际上都很困惑。混合凯恩斯主义者（即自由主义者，如保罗·克鲁格曼）正确地预见到了大量的流动性注入经济体不会导致商品通货膨胀这一情形。事实上，流动性注入之后，商品价格在美国持续走低，在欧洲和日本则一直维持在低位，甚至在中国也出现了明显的价格走低现象。克鲁格曼所说的"通货膨胀"，所指的当然是"商品通货膨胀"。但是他的错误在于，他完全没有提到金融资产通货膨胀问题。由于创纪录的流动性注入，导致金融资产通货膨胀迅速加快。复古的古典主义者（即保守的货币主义者，如约翰·泰勒）则坚持认为商品通货膨胀就在眼前（不在下一年，就在下下年，必定会出现）。但是泰勒也忽略了金融资产通货膨胀问题。换句话说，今天的金融资产投资转向已经发生，并且导致了金融资产通货膨胀和商品通货紧缩的双重趋势。混合凯恩斯主义者和复古古典主义者都只仍然关注商品价格，而完全忽视了金融资产价格。这就意味着，这两派激烈争辩的其实都只是后果，而不是原因。

主流经济学这两派其实都不明白，流动性和债务爆炸所造成的主要是金融资产投资规模增大，而实物资产投资萎缩，因而造成了金融资产通货膨胀和商品通货紧缩的双重结果。商品通货紧缩的趋势不仅表明，各大经济体的中央银行近年来注入的流动性大都流入了金融资产投资领域，不仅如此，还可能将实体经济投资领域中的资金吸走了。其原因我们在前述章节中已经阐释过了。[①]

## 流动性成了实体经济增长的制动器

自 20 世纪 70 年代以来，规模远超实体经济吸收能力的过剩流动性一直在流入金融资产投资领域。创造额外的流动性显然要比为流动性找到有价值的投资渠道更加容易。过剩流动性的数额是如此巨大，债务水平的上升是如此迅速，以至于发达经济体的政府和中央银行正在失去对过剩流动性和过多债务的控制。从这点上来看，金融资产投资转向的出现就属必然了。

为了应对 20 世纪 70 年代的经济危机，各发达经济体相继放松了对金融资本流动的管制。甚至为了在全球开拓新市场，为了建立一个可以替代布雷顿森林国际货币体系和贸易秩序的新经济体系（尽管它很不稳定），各发达经济体的政府和中央银行不惜动用一切手段允许资本自由流动，但却没能及时地建立相应的过剩流动性调节机制，导致随之而来的过度债务创造。

这真是一个历史性的悖论：20 世纪 70 年代以来的流动性爆炸已经成为制约经济增长的障碍，而当初释放流动性的目的却恰恰是为了促进经济增长。巨量的流动性和不断加大的债务已经成了打破全球资本主义经济体系稳定的力量，因为金融资产投资挤出了实物资产投资，进而导致了一系列问题，如长期低水平就业、工资收入增长停滞、消费日趋疲软、生产率下降、商品通货紧缩、收入不平等加剧，以及全球金融资产泡沫不断涌现，等等。

---

① 当然，自 2008 年以来，美国中央银行通过其货币政策注入的天量流动性并没有被全部投入金融投资和投机中，而是流向了中国和其他新兴市场经济体。这部分流动性可能更多地用于实体经济投资而不是金融资产投资——至少在 2013 年以前是这样。还有相当一部分被用于 2010 年以来的股票回购和股息支付。据统计，2010 年以后，仅仅美国最大的 500 家公司用于股票回购和股利支付的资金就超过 5 万亿美元。这些美国公司通过发行债券筹集的资金大部分都用在了这些地方。此外，还有一部分则保留在美国本土的企业和银行资产负债表上。

# 国际金融市场和劳动力市场重构

流动性上升，债务激增，流动性向金融资产投资和投机领域转向，实物资产投资放缓甚至萎缩，金融资产投资和实物资产投资之间差距及收益的日益加大，金融资产价格泡沫中又间杂着商品通货紧缩，等等，所有这些共同导致了经济系统的脆弱性。当然，这种脆弱性的出现离不开特定的制度框架，这个制度框架既是上面这些现象的产物，又是这些现象本身的决定性因素。明斯基已经提到过制度因素与金融脆弱性相关，凯恩斯也曾指出过专业投资者对企业投资（实物资产投资）的不稳定性负有部分责任。然而，由于他们两人的思想都有未竟之处，因此这就为进一步发展关于金融不稳定性的理论留下了空间。[①]

## 金融市场结构的变化

自 20 世纪 70 年代以来，资本主义的金融市场结构发生了根本性的变化，金融机构也发生了颠覆性的变化。各发达经济体的政府及其中央银行在过去四十年中将大量流动性和信贷注入全球经济中，以用于各种投资项目。当然，其中大部分都是金融资产投资项目。这意味着大量全新的金融证券和金融产品会被创造出来，同时也意味着新的、高流动性的金融市场的创建（因为它们是金融证券的交易场所）。尽管投资是由投资者即机构和个人完成的，但金融机构，无论新旧，都会进入新市场买卖新证券。那些非常富有的个人，或者自己直接进行投资，或者将自己的资金交予这些机构由它们代理投资。这些人构成了全球经济中的"新金融资本精英"。他们就是凯恩斯所说的"专业投机者"，也是明斯基所说的金融脆弱性背后的制度框架的人格化。

我们在这里所说的"新金融结构"，是指一个由金融机构（有时被称为影子银行）、全世界范围内的高流动性市场、新金融资本精英组成的全球性网络。新金融资本精英由影子银行的管理层，以及大约二十万位非常高和超高净值人士组成，他们通过金融机构投资或由自己直接投资。[②]据保守估计，全球的新金融资本精英如今已经控制了大约 100 万亿美元的可投资流动资产和近似流动资产。

---

① 请参阅本书前面第 16、18 章。

② 读者如果想了解更详细的信息，请参阅本书前面第 12 章。

只有这种由金融机构、金融市场、金融资产产品和金融资产投资者一起组成的全新的金融结构，才有可能成为"金融化"的定义的基础。其他"金融化"的定义，或者基于总利润，或就业份额，或其他变量，甚或又基于"FIRE"（金融、保险和房地产行业）行业对政府的影响，其实它们全都只是"金融化"的结果或"症状"，只能作为对该术语的定义的补充。

影子银行的扩张是金融系统脆弱性不断强化这种关键趋势的随附性制度表现。影子银行现在仍在不断扩张，并且形式上不断花样翻新，在全球资本主义经济中的地位变得更加稳固。商业银行或因受到监管，已经通过各种途径与影子银行融为一体了。这也是导致 2007 年至 2009 年信贷和银行全面崩溃的一个重要原因之一。在这次危机中，投资银行（如贝尔斯登和雷曼兄弟）、经纪商（美林）、保险公司（美国国际集团）、抵押贷款公司（全国金融公司）、通用电气信贷公司、通用汽车金融服务公司、房利美等机构最早崩溃，它们都是影子银行。由于它们与许多商业银行关系紧密，因此将这些银行拖下了水。出问题的重要银行包括花旗集团、美国银行、华盛顿互惠银行、英格兰皇家银行，以及欧元区内的比利时、爱尔兰等国的银行。它们有的宣告"破产"，有的从技术上看已经破产，但是却被政府救助了（例如美国的花旗集团和美国银行）。

影子银行的发展已经扩展到了非银行的跨国公司中。如通用汽车公司、福特汽车公司、通用电气公司等都拥有长期经营的"金融公司"，即影子银行。越来越多的跨国公司都已经成了事实上的影子银行，或者可以将它们称为"深影银行"。影子银行一直在向全球经济的每个角落渗透，包括在互联网上开拓新的金融领域。例如，最近非常热门的"众筹"就是一个很好的例子。当然，如果不是因为新金融市场、新金融资本精英以及他们可以轻易获得的过剩流动性，这些新的影子银行是不会出现的。同时，如果不是金融创新创造出了供新金融资本精英在这些市场上购买和出售的新金融产品，它们也是不可能存在的。

我们不妨以美国经济史为例。自 19 世纪初以来，美国每一次严重的"大"衰退和萧条，都与某种形式的影子银行所参与的投机性金融资产投资有关。过剩流动性和过度负债向来是银行崩溃的前奏，而且在崩溃后还会进一步拖累实体经济。① 在每次金融危机后，传统银行和影子银行都会受到一定程度的监管。然而，过了一段时间之后，新的形式的影子银行又会再次出现，金融投机会再度活跃，之后金融体系会再次走向不稳定。

美国和英国的金融结构重构并不是偶然事件，这是 20 世纪 70 年代末和 80 年代初启动的对应性政策的结果，而且在此后一直在进一步施行。之后，欧洲和日本也进行了金融结构重构，不过推进的速度较慢。中国的影子银行发展和金融投机活动虽始于 2007 年至 2009 年全球金融危机之后，但却是到目前为止发展速度最快的。

关于影子银行，虽然近年来一些"官方"报告都提到过它，但是大多数只是通过少数几个特征来定义它。还有些定义将这类金融机构与特定的金融市场和金融工具联系起来。但是却没有一个是将相关的机构、工具和市场与"行为主体"——由全球专业投资者 / 投机者组成的新金融资本精英——联系起来进行定义的。

如今，创建和扩大用来交易的"市场"与金融工具更加容易了。除了股票、商品期货和债券交易之外，大多数金融市场都是虚拟和电子化的，而且越来越多地被"重定向"到所谓的"暗池"之中。在那里，只有金融资本精英和机构才有资格和机会交易股票及其他证券，而且交易是保密的，普通散户完全没有资格。至于创设新证券的金融工程，也越来越多地沦为一种"游戏"，比如，从沃顿商学院招聘几个"天才少年"，让他们"发明"一些新的证券玩法。这种"游戏"形式使得投资已经变得越来越不像原本意义上的投资了，而更像是一种只能由高净值的金融精英享受的"金融盛宴"。

20 世纪 80—90 年代，金融结构重构继续推进，影子银行、高流动性市场和金融证券的数量与规模都扩大了许多倍，资本收益与可控的投资资产总额也增加了很多倍。随着金融结构的演变，金融投资的范围也发生了变化。这个阶段的金融创新主要体现在许多类别的金融资产的"证券化"和金融衍生产品的快速扩张上，这些都加速了金融资产投资的增长。巨大的回报推动金融结构性重构的进一步深入，而这又反过来带来了更大的回报。到了 21 世纪

---

① 关于 19 世纪 30 年代、70 年代、90 年代的三次大萧条，以及 20 世纪初的经济崩溃和"史诗般的衰退"，及其金融因素所起的作用，请参阅杰克·拉斯穆斯的《史诗般的衰退：全球大萧条的序曲》中的第 5 章，Pluto 图书出版公司，2010 年 5 月。

初，任何事物，只要能够产生某种收入流，就能够从中创造出金融资产来。例如，基于摇滚明星的巡回演出，或者基于英国连锁酒吧的啤酒销售，都可以发行债券。任何一种证券，都可以与另一种证券合并，然后创造出第三种证券，再经过精心"包装"后就可以高价出售。例如，房屋抵押贷款可以合并成抵押债券后高价出售；而抵押债券又可以与资产支持证券（ABS）合并，在进一步"证券化"为"债务抵押债券"（CDO）后再次包装出售。而某种债务抵押债券又可以与别的债务抵押债券组合，创造出合成债务抵押债券并转售。信贷违约掉期（CDS）则可以作为针对债务抵押债券的保险合约而出售——如果这种不稳定的证券价值有所下降，那么就可以获得赔偿。

这样一层一层的金融产品买下来，债务杠杆就会越来越大。但只要资产价格上涨，金融回报就会增加，不过债务和杠杆也会增加。不断上升的债务意味着金融脆弱性的上升。然而，只要金融资产的价格持续上涨，来自债务的脆弱性就能够被抵消。但是，一旦金融资产价格开始下跌，收入流就会消失，但是债务却依然存在。此时，金融脆弱性再也无法因金融资产价格的上升和资本收益的增加而被抵消了。金融脆弱性不仅受高债务水平的驱动，而且还受第二个变量——资本收益下降——的驱动（因为资本收益由于金融资产价格的崩溃而迅速下降）。这就是 2007 年至 2009 年期间发生的事情。

直到今天，金融结构重构仍在不断深化。新的在线形式的影子银行（互联网金融平台）正在快速发展，新的金融衍生产品也正在不断被创造出来。新金融精英们继续在全球众多高流动性的金融市场上腾挪资金——卖出欧元、比索、加拿大元和澳大利亚元，买入美元和日元；从美国商品期货市场转移到欧洲垃圾债券市场；从中国股票市场转移到美国和英国的高端房地产市场；从对赌中国股票价格将上升到对赌中国股票价格将会崩溃；从新兴市场股票转为交易所交易基金（ETF）……

自 2009 年以来，发达经济体的各种机构已经发行了 5 万亿美元的垃圾级债券和投资级债务、杠杆贷款和其他证券，致使企业债务水平急剧上升，金融脆弱性进一步强化。除非违约或注销，否则债务将保持不变。而如果资产价格下跌，则收入或现金流就很容易全部蒸发掉。例如，如果美国和英国开始加息，或者油价跌至每桶 40 美元以下，再或者商品价格继续进一步下跌，那么债务和资本收益就都会下降，而且这两种下降趋势就会相互强化。然后

是金融脆弱性加速上升，当达到某个临界点时，就有可能触发全球性的金融
不稳定性事件。

明斯基、凯恩斯和其他一些经济学家非常关注金融方面的脆弱性，即银
行和非银行企业的脆弱性。这种脆弱性是由债务和资本收益之间的关系所驱
动的（如上文所述）。明斯基也提到过家庭的消费脆弱性，他认为这是由金融
脆弱性恶化的后果外溢所造成的。当然，这种看法是不全面的。溢出是有可
能发生的，但是劳动力市场的结构性变化及其对工人工资收入的影响这一独
立而动态的过程，是一个不可忽视的重要因素，尽管劳动力市场结构与金融
市场结构并行变化均始于 20 世纪 70 年代末并一直持续到今天。

### 劳动力市场结构的变化

与金融结构变化类似，劳动力市场结构的变化也不是一个意外事件，更
不是一个其本身自然演化的结果。它是政治家和商业领袖共谋并有意为之的
政策决定的结果。这种变化始于 20 世纪 70 年代末，进入 21 世纪之后又进
一步强化了。

在所有发达经济体中，工资收入增长一直在显著放慢。这主要是由于就
业结构的变化所致，即工作从由全职性的、长期性的转变为兼职性的、临时
性的。后者的小时工资率更低，总工时也较少，因而总收入也更低。目前，
这种就业结构的变化在各发达国家已经成了一个主要趋势。工人在收入减少
的同时，还要面对无法获得正常退休资格或退休福利被大幅削减的情形，以
及被迫支付更多的医疗保险金。这又进一步降低了他们的实际工资收入。

更频繁和更深幅的周期性经济衰退，以及衰退后就业恢复缓慢，这些也
都影响了工人的工资收入。另外，最近几十年来，为了避税，许多美国公司
都将生产和运营移至海外，紧随的是一大批高薪工作也都转移到了海外，这
也拉低了美国国内工人的工资收入。

有关最低工资标准和加班工资的法律法规被更改甚至被废除，使得工人
的工资收入水平维持起来更难。服务行业的雇主拖欠工人工资的手法花样翻
新。在一些公司，很多年轻人被迫同意先"无薪"实习几个月甚至一两年，
因为他们怀抱着有朝一日自己会被聘用、从而得到一份真正工作的虚幻希望。
当然，到头来雇主还是会让他们走人，因为更多的年轻人都在等着这份"无

薪"的实习工作。交通行业所谓的"共享经济公司"——Uber公司、Lift公司等是其中的典型例子——正在破坏出租车司机和公共交通工人的稳定工作和收入环境，而且这一情形已经扩展到了其他行业，吸引了更多的工人从事工资更低且没有什么福利的兼职工作。工人的净收入总额下降了。虽然少数人因此而获得了更多的收入，但其收入总额要远远低于其他人因失去工作（或部分失去工作）而损失的总收入。

自20世纪80年代以来，越来越多的工会遭到破坏甚至被完全摧毁，入会工人与未入会工人之间的工资差别渐次消失。目前工会会员与非会员之间的工资差别之所以还部分存在，全赖一个制度性的工具——集体谈判——的存在，但事实上它从几十年前就成为"摆设"了。工会最主要的战术武器——自由罢工权——也受到了有效的限制，甚至几乎被完全禁止。各种法律法规已经组成了一个致密的"法网"，将工会组织紧紧包裹，使工会及其成员的活动范围不断缩小。

以往曾经有过的"出口"和"进口"工资之间的差别，也像工会会员与非会员之间的工资差别一样逐渐消失了。在发达经济体，自由贸易创造的新工作岗位的工资收入较低，而且没有任何证据表明，自由贸易带来的净工资收入能够抵消净工资收入损失。

所有这些都反映了劳动力市场的结构已经发生了重大变化，特别是在各发达经济体。劳动力市场的这种结构变化主要体现在生产过程中，许多雇主为节约成本、阻止生产率和利润的下降"变革"了原有的就业结构。但是政府不但完全同意一些公司的这种做法，而且还通过立法加以鼓励。这又进一步推动了劳动力市场的结构性变化。政府还通过税收政策对这种"变革"行为进行补贴，同时废除了有可能会限制或制约这种"变革"的法律法规。

劳动力市场的结构性变化首先出现在核心发达经济体，即美国和英国，后来欧洲和日本也开始对劳动力市场进行了所谓的"结构改革"，或者更确切地说是"劳动力市场改革"，从而使劳动力市场环境发生了显著的变化。这种结构改革的目的是，通过削减工资收入来增强出口产品的竞争力，即从竞争对手那里"争得"本国的经济增长。日本和欧洲今天特别强调推动和扩大劳动力市场的改革（即压缩工人的工资和福利），以牺牲其他竞争对手的市场份额为代价促进本国产品的出口和生产。核心发达经济体所进行的劳动力市场结构变革到如今已经几十年了，而且也扩展到了其他国家，并且正在成为21世纪全球资本主义经济的诸多特征之一。

但是，劳动力市场结构的巨大变化带给大多数家庭的是实际工资收入的降低和消费脆弱性的上升，以及家庭债务的上升，因为工资收入停滞或下降，大部分家庭会试图通过承担更多的消费债务来维持必要的生活水平。因此，家庭脆弱性会同时从两个方向强化：一个是从收入减缓方向，另一个是从债务上升方向。结果造成在家庭总消费中，债务融资消费所占的份额越来越大。

近年来，这种由"债务引致"的份额不断增加的家庭消费，不仅加剧了家庭消费的脆弱性，而且也增加了政府的脆弱性。这是因为，家庭债务还具有削弱政府财政乘数的作用——使得传统的财政政策效率更低。这正是自2009年以来经济复苏乏力的原因之一。在同样的意义上，2009年之后的家庭债务与企业和银行债务类似，都削弱了货币乘数对非银行企业借款的影响，从而降低了实际的和潜在的实体经济投资。

### 结构变化与脆弱性

随着时间的推移，金融市场结构和劳动力市场结构重构会稳步强化金融和家庭消费的脆弱性。首先，这两种市场重构都导致了过多的债务。通过为越来越多的机构和组织及个人使用债务提供便利条件，金融市场重构促成并助推了金融资产投资的转向。其次，独立于金融市场重构但又与金融市场重构并行展开的劳动力市场重构，则导致了工人工资收入的停滞甚至下降，这迫使更多的家庭转而承担更多的债务以维持必要的生活水平。再次，这两种市场重构不仅造成了金融的脆弱性和家庭消费的脆弱性，而且它们还互相作用、互相反馈，从而进一步强化金融和家庭消费的脆弱性。

最后，相比较而言，金融债务在导致金融脆弱性方面所起的作用，要比家庭债务对消费脆弱性所起的作用更大。美国的相关数据表明，导致总债务——企业债务、银行债务、消费者（家庭）债务和政府债务之和——飙升的主要是企业债务。国际清算银行的数据也验证这一点。自2009年以来，加速增长最快的是私人企业债务，而不是消费者（家庭）债务。事实上，自2009年以后，政府政策在一定程度上恢复了金融企业和非金融企业的收入。因此，收入下降不是造成金融脆弱性的主要因素。

　　然而，对于家庭消费脆弱性来说，情况并非如此，因为政府从来就没有相应的政策来恢复大多数家庭的收入。因此，与债务上升一样，收入下降一直是导致家庭负债增加的一个因素。政府政策之外的许多因素也导致了家庭收入的下降。金融资产价格在金融崩溃之后迅速恢复并加速上升，远远快于劳动力价格（即工资）的上升。金融机构在金融危机之后比家庭恢复得更快。与企业和金融机构不同，家庭是不可能提高自己的价格的（即工资收入）。另外，甚至在从经济衰退阶段缓慢复苏的过程中，劳动力市场重构也在继续进行中，家庭工资收入仍在持续下降；而同期的金融市场重构则有助于提高金融资产价格，从而进一步提高金融机构在复苏阶段的收益。这是金融市场重构与劳动力市场重构的一个根本区别。

　　由此而导致的一个结果是，由于家庭工资收入停滞和负债上升的双重效应，致使家庭在经济复苏阶段变得更加脆弱；相形之下，金融机构如银行、影子银行等，虽然在经济复苏阶段也出现了债务上升的情况，但是它们的收益（现金流）在渐次恢复当中，从而减缓了金融脆弱性。也就是说，只有当金融资产价格（和收益）在接下来的另一场危机中崩盘后，金融脆弱性才会急剧强化；也只有到那时（即在金融崩溃和经济收缩阶段），这两种形式的脆弱性（金融脆弱性和家庭消费脆弱性）才会开始互相强化，即每一种脆弱性的强化都会导致另一种脆弱性的同步强化。

财政政策：从稳定到不稳定

　　对于财政政策和货币政策，我们必须把它们放在导致系统脆弱性增加，进而导致不稳定性增加的九大主要趋势下考虑。

　　主流经济学认为，财政政策和货币政策是在金融危机和（或）经济衰退发生后，用来恢复经济系统的稳定性的；财政政策——政府的支出和税收政策——在金融危机和实体经济收缩时能够提供必要的刺激：税收减少了、支出增加了，就能使经济复苏。货币政策是指，中央银行通过所谓的“公开市场操作”或者通过降准（降低私人银行必须保留下来的不得借出的准备金）来增加货币供给量，再或者直接降低中央银行向私人银行贷款的利率。主流经济学对货币政策的效果解释是，这一政策能够降低利率、刺激银行发放贷款。表面上看，这似乎相当合乎逻辑，但事实却不然。自2009年以来，各发达经济体的情形完全否定了这种解释。①因此，传统的财政政策和货币政策的效果就变成了：它们在今天为什么以及怎样促进了经济系统脆弱性的强化，特别是在各发达经济体。

在这两大政策当中，又以货币政策导致更严重的（而不是更轻的）脆弱性这个趋势最为明显的。自 1973 年布雷顿森林国际货币体系崩溃以后，各发达经济体的中央银行纷纷把过剩的流动性注入全球经济中，随后又在 20 世纪 80 年代取消了对全球资本流动的管控。此外，始于 20 世纪 90 年代的技术革命，在使货币通过电子方式加速流动的同时，也大大便利了流动性的注入。过剩流动性的注入极大地影响了债务、金融资产投机和其他的结构性因素，进而导致脆弱性不断升级。事实证明，各发达经济体的中央银行对私人银行（和影子银行）的监管几乎完全失效，从而也就在事实上允许甚至鼓励金融资产投资和投机不断升级。自金融危机以来，各发达经济体的中央银行已经维持的七年多的低利率政策（实际利率接近零或等于零甚至负利率），极大地助推了家庭消费的脆弱性，因为依赖固定利息收入的数千万家庭都失去了这一笔收入。零利率政策的本质是，间接地将依赖固定收入的退休人员和其他人的收入转移给银行、影子银行和投机者。

至少在美国和英国，自 2009 年以来的货币政策，无论是传统的（公开市场操作等）还是新制定的（特别拍卖、量化宽松和零利率等），除了救助了私人银行之外，对推动实体经济复苏几乎完全没有任何贡献。据一般估计，现在中央银行需要注入 4 美元的货币才能获得 1 美元的 GDP（而在前几十年，注入每 2 美元货币就能获得 1 美元的 GDP）。也就是说，货币政策的"乘数效应"只有 0.25。这种情况不仅发生在发达经济体（如美国），而且还发生在中国等新兴市场经济体。中央银行将大规模的流动性注入政策当作应对危机的主要政策来用，却完全不理会这种政策最多只能在短期内救助银行体系的事实；并且，虽然在短期内救助了银行体系，但也极大地加大了流动性的过剩，从而从长远来看，必将会导致更多的债务和巨量的金融投机，最终造成另一场危机。因此，货币政策过去一直是而且将来也只会是对危机的短暂应对与缓和，并不能从根源上加以解决；相反，从长期来看，反而会加剧危机。货

①　为什么不再是这样？请参阅本书前面的第 14、15 章关于货币政策和财政政策的详细讨论。

币政策就好像针对末期癌症患者的大剂量化疗方案一样，可能会给患者多争取一点存活的时间，但实际上却往往使患者的病情更加严重，因为这种治疗方案的实施会破坏患者的免疫系统，进而会在患者的病情再次恶化时令他虚弱至极。

就弱化脆弱性这一点而言，财政政策的效果与货币政策相比也好不到哪里去。理论上，针对消费者家庭的政府支出应该能够提高家庭收入，从而降低消费脆弱性。但是政府支出的构成和支出时间也是很重要的，而不仅仅是政府用于支持家庭收入的支出的规模。如果支出采取了补贴的形式，那么就只能提供一种暂时的刺激，一旦补贴用完刺激就会消失。如果政府支出用于长期基础设施项目，特别是用于资本密集型项目而不是劳动密集型项目，那么这种支出也不会产生多大的效益。如果采取减税的形式，那么就债务过多和极度脆弱的那些家庭来说，大多数因减税而产生的额外收入都会被积蓄起来，或者用于偿还过去的债务，因而对经济复苏同样没有什么影响。

## 可以做些什么？

因此，真正需要的是能够直接减少或消除家庭债务并能够直接创造就业岗位的政府支出计划。只有创造就业岗位才能创造出真正的收入流，即在最初的政府支出结束后仍然不会消失的收入流。然而，2008 年金融危机之后在较短的时间内出台的财政政策的施行结果表明，其构成很不合理，时机的选择也非常糟糕。而且在那之后，政府支出的政策更进一步走向了反面：出台的不是财政刺激政策，而是紧缩政策。

财政紧缩政策会导致家庭工资收入显著减少，进而造成家庭消费脆弱性的进一步上升。所以，在财政紧缩政策施行最苛严的那些地区和国家，如欧洲和日本，家庭消费支出也最乏力。一些决策者和新闻界人士认为这种情况很令人惊讶，他们无法理解为什么会这样。其实道理非常简单明了：由于家庭收入停滞或下降而被迫承担了更多的债务，这两重因素共同加剧了家庭消费的脆弱性。

即便就那些旨在刺激经济的财政支出政策而言，政府支出效率也显著下降了；政府支出和减税的乘数效应也在减弱。居高不下的家庭债务会削弱政府支出的乘数效应，因为大部分家庭会将政府注入的资金用于偿还过去的债务，而不是用于当前的消费。而工资收入的停滞或下降也会使家庭将政府提供的补助储蓄起来，以备日后不时之需，而不是用于当前消费，因为他们预期未来很可能还会发生危机。

旨在扶助银行企业和非银行企业的政府支出与减税政策的效果也大打折扣，而无法促成更多的实物资产投资。原因是，大部分企业被减免的所得税都被转移走了，其流向可能包括（但不限于）：离岸投资，更加有利可图的金融资产投资，股票回购和股息支付，收购和兼并竞争对手，或者干脆直接囤积在企业的资产负债表上。

无论是旨在帮助家庭还是企业的传统财政政策，其在创造收入流上的作用都一直在递减，这意味着更严重的脆弱性。但是无论如何，尤其是自 2009年以来，传统的财政刺激政策在美国、英国等其他一些发达经济体甚至从来都没有被运用过；相反，这些国家采取的是财政紧缩政策。财政紧缩政策肯定只会加剧消费脆弱性，同时鼓励金融资产投资，致使企业债务增加、金融脆弱性进一步强化。

越来越多的证据表明，货币政策会鼓励银行和非银行企业增加债务，从而加剧金融脆弱性。而货币政策（长期低利率）的另一个后果是，降低家庭收入，迫使家庭增加债务，从而导致消费脆弱性上升。相比而言，财政紧缩政策对家庭收入和债务的负面影响比企业更大。

现实世界中，财政政策和货币政策已经成了金融脆弱性和消费脆弱性产生并加剧系统脆弱性的一个重要原因。

## 九大趋势与系统脆弱性简述

要了解前述提到过的九大基本趋势是怎样助推系统脆弱性的，或者其与系统脆弱性的关联性如何，就必须首先界定清楚到底什么是"助推"（contribution）；其次，这九大趋势是怎样分别导致系统脆弱性，进而导致金融不稳定性的产生的；再次，这些决定系统脆弱性的不同趋势之间到底有什么"质"的差异。为了回答这些问题，我们可以先从如下这些情况分析入手：一肯定有某些因果性因素引发了危机；二与此相伴的次生因素最好理解为在金融崩溃和随后的经济急剧收缩中发挥了"使能"或"催化"作用；三还有一些因素是根本性的"自然"因素，它们属于"基本面因素"；四不仅仅是这九大趋势，脆弱性本身也会成为脆弱性的原因，因为系统脆弱性进一步强化之后会导致反馈效应（如下文所述）。

在我们所说的九大趋势中，源于根本性的"自然因素"或"基本面因素"包括：伴随 20 世纪 70 年代以来全球经济中流动性爆炸所产生的债务上升问题；随着实体经济投资减速和金融资产投资和投机上升而出现的金融资产投资转向问题；以及二十万新出现的金融资本精英与数亿"工薪阶层人士"之间不断加大的收入差距问题。

重要的"使能"或"催化"因素包括：全球金融市场和劳动力市场结构的重构；政府的政策（包括财政政策、货币政策和其他政策）。这些都"鼓励"或"助推"了债务的上升和收入的下降。①

我们并没有把不稳定性事件（市场崩溃、银行系统崩溃、严重信贷收缩、大型金融机构破产、战争、重大自然灾害等）这种"诱因"包括进上述九大趋势当中。引发一场重大金融危机的诱因，通常都与投资者的心理预期产生重大转变有关。价格体系的变动，特别是金融资产价格通货紧缩的加速，在投资者的预期转变中发挥了密切的配合作用。

接下来我们简要概述一下这九大趋势，并剖析它们与脆弱性和金融不稳定性之间的关系。自 20 世纪 70 年代以来，由于各发达经济体的中央银行大量创造了"货币信贷"，银行等金融机构内部信贷的创造（因为金融结构的内在变化），致使流动性呈爆炸式增长，进而导致债务特别是私人企业债务的过度增长。由于债务可得性极高，因而导致投资者普遍利用债务购买金融资产；而金融资产投资的高回报率又将货币资本从实物资产投资中吸引出来，转而用于其他投资；并且，实物资产领域的流动性早已超过了其所能吸收的程度。脆弱性是不断增长的债务、持续下降的用来偿付债务的收入，以及影响支付

---

① 在这种情形下，"收入"将这样定义：就金融脆弱性而言是现金流，就家庭消费脆弱性而言是工资，就政府脆弱性而言是与"双赤字"战略相关的税收和借款。"债务"的定义也类似，即分别针对企业、家庭和政府来定义各种形式的债务。第三个变量，即偿还债务的"条款和条件"是一个组变量，也是市场重构和政策制定中的各种因素共同作用的结果。

能力的组变量（偿债条款和条件）的函数。金融市场重构后，形成了包括影子银行、深影银行、商业银行与影子银行一体化的机构、流动性极高的全球金融市场网络，以及在这些市场上进行交易的金融证券在内的新结构。这种新结构和它为专业投资者带来的前所未有的金融收益，共同创造了一个新的金融资本精英阶层，它由不超过二十万名的"非常高净值人士"组成。一个关于"金融化"的贴切定义，必须将金融市场的新结构、新金融精英阶层和系统脆弱性的强化等涵盖在内。在金融市场重构的同时，实体经济行业的劳动力市场也进行了根本性的重构。劳动力市场重构导致了工资收入的停滞甚至下降，从而造成了家庭收入的下降和债务的上升，进而加剧了家庭消费的脆弱性。这是与金融市场重构导致的债务上升和金融脆弱性进一步强化同时发生的。这些都是长期趋势。而金融危机和随之而来的实体经济收缩，还会加大金融脆弱性和家庭消费脆弱性之间的互相影响。政府脆弱性也是一个长期存在的趋势，因为政府政策总是倾向于减少其收入来源，即便是在政府补贴私人企业导致政府债务上升时也不例外。政府债务会在出现周期性危机、金融不稳定性事件和实体经济收缩时加速上升，因为政府已将私人债务转移到了自己的资产负债表上。系统脆弱性使得政府的财政政策和货币政策的效率降低，因为它部分地抵消了乘数效应、降低了消费和投资的利率弹性。这三种脆弱性在金融危机期间和危机之后，其相互反馈效应将会加强。总体而言，金融资产价格的高波动性，在系统脆弱性的强化、加剧金融危机和实体经济危机、降低政府的财政政策和货币政策的有效性等方面，都扮演了关键角色。

## 评估三种形式的系统脆弱性

　　如上所述，脆弱性的三种形式——金融脆弱性、家庭消费脆弱性和政府脆弱性，尤其最后一种，对政府政策实施的有效性、阻止更深层次的实体经济收缩、促进经济持续复苏，有重大而深刻的影响。

　　为了评估系统脆弱性，可以将这三种形式的脆弱性加总起来。由于债务水平和流动性规模是潜在可衡量的，因此，在理论上，对于这三种脆弱性中的任何一种，都可以计算出一个"脆弱性指数"；而系统脆弱性则可以用基于所有三个指数的一个综合指数来表示。不过，事实上，系统脆弱性不仅仅是"三种形式的脆弱性的总和"，它是发生在三种脆弱性之间的许多非常复杂的因素相互作用和互相反馈的结果。这种性质就使得系统脆弱性的指数生成更难，而不能简单地将三种脆弱性的指数加起来。

这三种脆弱性的共同点是，其主要的决定性变量都是债务、可用于偿付债务的收入，以及一组影响可用收入对债务进行偿付的组合变量。

债务（和收入）变量不仅仅包括债务（和收入）的水平或规模，而且还包括这种水平或规模的变化率。当然，债务和收入的定义是否"全面"，也是一个很重要的问题。

例如，用于支付债务的基本收入形式，一般包括金融机构和非金融企业的现金流，以及家庭的工资收入。虽然明斯基在分析三种脆弱性时就是这么定义的，但是这种定义显然还不够"全面"。

在测算金融脆弱性程度的时候，如果按明斯基的现金流变量定义来衡量显然过于狭窄了。影响金融脆弱性的收入变量应定义为现金流加上企业持有的其他形式的近似流动资产，它们都能够在危机发生时相对快速地转换为现金以用于支付债务。此外，还应考虑这种更宽泛定义下的收入变量的变化率，而不是仅仅考虑其水平。

对于家庭和消费脆弱性来说，恰当的收入变量应涵盖依赖工资收入的家庭的实际可支配收入再加上这些家庭获得的源于转移支付的收入。同样，家庭收入的水平和变化率都很重要。由于绝大多数家庭（90%或更多）的收入都来自家庭成员的工资收入和转移支付，因此将实际可支配收入当作工资收入变量也是可以接受的。然而，由于最富有的家庭（特别是前1%，甚至前0.1%）在部分收入来源于金融投资和资本收益的所有家庭中占据了一定比例，因此在评估家庭消费脆弱性时，对这两者也可以加以区分。[①]

而对于政府"单位"，税收收入不仅仅构成"收入"，而且还代表着它们能不能在市场上快速售出债券的能力。与政府脆弱性相关的另一个主要因素是，中央政府或联邦政府有没有快速创造替代收入的能力，以及在必要时

---

① 收入位于前1%的家庭当然不一定与这里所说二十万全球金融资本精英（专业投资者）完全一一对应。事实上，从收入水平来看，这些金融资本精英的家庭收入属于前0.01%，甚至前0.001%。

"印钞"并借给自己的权力（当税收收入和向私人投资者及其他政府出售债券
所获的收入不敷使用时）。由于根据法律，只有中央政府或联邦政府的才能为
自己创造收入，所以区分中央政府或联邦政府的脆弱性与州—省—地方政府
（"单位"）的脆弱性是非常重要的。对后者而言，直接为自己创造收入不是一
个可行的选择。

明斯基还假设，金融脆弱性的内部变量（债务和收入）发挥作用的方式
在金融机构（银行、影子银行等）与非金融企业之间没有区别。这也是不对
的。由于金融资产通货紧缩对金融机构尤其银行的影响比对非银行企业更严
重和更迅速，因此在这两者之间不进行足够的区分是不对的。金融资产价格
崩溃会导致银行现金流和近似流动资产急剧减少，因此银行实际负债的增长
速度要远远快于非银行企业，虽然后者的现金流也会因实物商品价格的下降
而受到不利影响，但受影响的速度要慢得多。这是一个关键的区别。明斯基
未能说明这一点，这反映了他的"双价格体系"理论还远远没有达到完善的
程度（这是他本人也承认的）。明斯基同样未能观察到，在银行与非银行企业
之间，还出现了一种中间形式的金融机构，那就是将银行业务和非银行业务
组合到一起的跨国公司，或者我们所称的"深影银行"，其业务模式同时基于
实物资产投资和金融资产投资。另外，还有一个相关的问题：影子银行是不
是通常比商业银行更脆弱？如果是这样，那么应该怎样运用债务和收入这两
个基本变量来解释这一点？

脆弱性的定义的另一面是债务。债务的来源和种类也很重要，而不仅仅
是债务总水平或变化率。例如，各种不同类型的企业债务（企业债券、应付
票据、银行贷款等）在不同情况下的偿付条款和条件，都有很重要的区别。
就银行和其他金融机构而言，如果回购协议在总债务组合中占据了很大的比
例，那么其脆弱性就可能很高；而垃圾债务占总债务的比例则对非银行金融
机构的脆弱性有重要影响。同样，债务构成（抵押贷款、信用卡债务、学生贷
款、发薪日贷款等）对消费者家庭也很重要。甚至政府债务，特别是地方政府
债务也一样，例如，当政府债务中包含了利率互换等衍生工具的时候。

这也正是定义脆弱性的第三个关键变量的重要性得以凸显的地方，它可
以称为偿还债务的"条款和条件"变量。这个变量通过多种途径与债务和收
入相互作用，共同决定脆弱性。

明斯基对"条款和条件"变量的分析也不完善。"条款和条件"变量其实是一个组变量，它由多个可能存在于与特定债务相关联的不同组合和"权重"中的多个因素组成。"条款和条件"变量作为一个组变量，其包括的因素有：债务利息水平；债务的期限结构（短期债务或长期债务）；债务利息支付是固定的还是可变的（后者受利率波动影响）；罚金、费用和其他违约费用；在没有及时支付本金和（或）利息的情况下，定义债务违约规定的前提条件是什么；违约后的义务；确定违约的时间限制（30天、60天，还是90天）；违约时债权人的权利；破产程序，以及被称为"契约"的其他用于确定借款人付款方式的条款；替代付款（例如以实物支付的选择权）；再融资条件，等等。

由此可见，"条款和条件"变量是很复杂的，其构成因素和影响在不同形式的债务之间可能存在很大的不同（例如，投资级企业债券、高收益率的"垃圾"企业债务、企业商业票据债务、证券化债券、国家政府主权和地方政府市政债务、家庭分期付款债务、信用卡债务、学生贷款、通过私人股本影子银行对企业的贷款等）。"条款和条件"变量难以量化的特性，使得我们对构成系统脆弱性的三种形式的脆弱性的指数估算特别困难。并且，当金融不稳定性事件发生且金融资产通货紧缩极速发生变化时，"条款和条件"变量对脆弱性的重要性和影响力就会大大增加。

因此，在决定系统脆弱性的三种形式的脆弱性当中，三个关键变量就是债务、收入和偿还债务的"条款和条件"。[①]这三个变量的相互作用程度决定了每种形式的脆弱性（金融脆弱性、家庭消费脆弱性和政府脆弱性）的水平的一级近似。但是，这只是一级近似，因为各种脆弱性的水平以及作为其总和的系统脆弱性的水平，还是这三种形式的脆弱性之间各种反馈效应的结果；而各种反馈效应又是通过不同的传导机制来实现的，因此这些传导机制也就构成了系统脆弱性"方程式"的一部分。

---

① 此外，对于这三种形式的脆弱性的内部的每一种细分，例如，银行与非银行企业、工薪阶层与高端人士、中央政府与地方政府……可能都需要相应区分不同类型的债务和收入。

# 脆弱性的反馈效应

与其他建立在"脆弱性是金融不稳定性的决定因素"这个假设基础上的理论不同，本书构建的系统脆弱性理论非常重视"反馈效应"。提出这个术语，是因为我们认识到"脆弱性"是一个动态而非静态的概念，而且它的发展不是线性的。

"反馈"和"动态"意味着，在"系统脆弱性"这种聚合状态的发展过程中，存在着一个由多个相互决定因素构成的复杂网络，而且变量之间的相互因果关系在各个层次上都有发生。

正如前面所举的那些例子已经证明的，三种形式的脆弱性之间的关系是一种相互决定的关系。而债务、收入以及"条款和条件"这三个内部变量也是相互影响的：在某些情况下会抵消和降低脆弱性；而在其他一些情况下，则会加剧其中的任一种脆弱性。而且，随着系统脆弱性的强化，金融资产投资与实物资产投资之间还存在着第三种更一般的相互作用与决定关系。

债务、收入以及"条款和条件"这三个变量还在任一形式的脆弱性中以多种方式相互作用。例如，用于偿还债务的收入减缓或下降可能会导致更高的债务，因为非银行企业必须借入更多的钱来偿还债务；或者，偿付债务的"条款和条件"可能会更加不利，因为它不得不以更高的利率和（或）在更短的期限内偿还债务，甚至失去先前更有利的"契约"；债务上升又会降低企业可用于投资的收入，因为它必须将更多的未来收入用于支付当前更高的债务；当债务到期时，其较低的收入流和较高的债务水平可能导致债务再融资的条件比以前更加糟糕，使得它降低未来支付的能力。总之，随着时间的推移，债务、收入和"条款和条件"之间的相互作用会呈现出各种各样的组合。

类似的分析也适用于家庭消费脆弱性。消费者实际可支配收入和（或）转移支付收入下降，可能迫使家庭承担更多的债务（以便维持必要的生活水平）；而债务水平的上升，又会使家庭必须在债务方面支付更高的本金和利息，这意味着在支付更高的债务之后，家庭未来的实际可支配收入将减少；消费者的债务负担和债务支付占其可支配收入的百分比越高，其在借款时能够获得的信贷条件就越差；较高的负债和较低的收入将导致家庭不得不为住房抵押贷款或汽车贷款支付更高的利率。另外，负债的具体情况也会影响付款条件，例如，过多的信用卡债务可能会迫使某个家庭成员借入发薪日贷款，但是这种贷款的利率明显高得离谱。

政府"单位"，特别是地方政府"单位"的税收收入下降会影响其信用评级，使得其被迫支付较高的债券利率。由于更多的债务和更高的利率需要支付更高的利息，因此这意味着政府"单位"未来的收入将减少。收入下降和债务进一步上升，会使政府脆弱性增强。

即使是中央政府或联邦政府也可能面临类似的困境。一个很典型的例子是希腊。自从 1999 年欧元横空出世之后，与欧元区的一些次发达国家一样，希腊政府从北欧各国银行借入了大量的款，致使在 2000 年到 2008 年期间希腊主权债务水平一直稳步上升。[①]当 2008 年至 2009 年金融危机爆发后，希腊实体经济深幅收窄，政府税收收入锐减，以致无力支付过去累积的债务。为此，北欧各国政府在 2010 年不得不对希腊政府债务进行重组和再融资（债务获得展期并有所增加），但却进一步增加了希腊政府将要支付的总债务水平。同时，偿债的"条款和条件"也变得更加苛刻了。作为债务重组计划的一部分，希腊政府被迫将税收收入转而用于支付更高的债务。这样一来，一方面债务上升，另一方面可用于偿付债务的收入却下降了，而同时偿债条款和条件却更加糟糕，造成导致政府脆弱性的三个因素同时被进一步强化。此外，由于采取紧缩政策，政府收入转而被用于支付债务，因此这进一步拉低了希腊的国内生产总值，而这反过来又进一步减少了希腊政府的税收收入，使之变得更加脆弱。从 2011 年至 2012 年，欧洲第二次陷入衰退，希腊又重复了上述过程：2012 年的第二次债务重组，带给希腊的是同样的总体后果；2015 年，希腊又进行了第三次债务重组，这次重组又进一步提高了希腊债务水平和到期债务总额，并进一步减少了税收收入，使得希腊的经济再次崩溃。

我们认为，每种形式的脆弱性的三个关键变量之间可能存在的反馈效应是多种多样的，它们相互作用的强度越大，任一形式的脆弱性水平就越高。

---

① 希腊和欧元区其他次发达国家在 1999 年以后还并行地存在着另一种情形，即这些国家的非银行企业分别从希腊本国银行和北欧各国银行借款。在制定 2010 年和 2012 年的第一次和第二次债务重组协议之前，私人债务上升的速度甚至远远高于政府债务。后通过债务重组，这些国家欠私人贷款的债务被置换为欠北欧各国政府的债务。由此，私人的债务得到了"偿还"，他们的债务由北欧各国政府和欧洲政府机构（欧洲中央银行、国际货币基金组织和欧盟委员会）承担。

此外，这种相互作用的强度在金融不稳定性事件发生期间和结束之后都会上升，从而加速强化每种形式的脆弱性；反之，任一种形式的脆弱性的强化又都会导致三种脆弱性之间的反馈效应增强。

本书前述章节中给出的一些例子说明了金融脆弱性是怎样与家庭消费脆弱性互相作用并强化的，这里再概略地重述一下：当金融危机爆发并引发经济衰退时，不同形式的脆弱性之间的相互作用就会增强；随后出现的"血战到底式"的逐底竞争，会导致商品价格的普遍下跌（出现商品通货紧缩）、劳动力成本削减和更严重的家庭消费脆弱性。

就银行和其他金融机构的金融脆弱性而言，这种反馈效应会作用到非银行企业和家庭层面上，从而加剧后两者的脆弱性。一般来说，这里的传导机制是这样的：由于银行崩溃，金融资产价格暴跌，导致非银行企业和消费者家庭的银行贷款被冻结；由于新增贷款冻结，银行无法获得新收入。银行也不能卖出金融证券，因为没有人会愿意在金融资产价格崩溃时买入证券。[①]这样一来，银行的脆弱性就转化为非银行企业的脆弱性，因为非银行企业无法从银行那里获得日常业务经营的贷款，从而不得不采取削减成本等手段来渡过难关。也就是说，非银行企业（它们本来不一定是脆弱的）可能很快就会受银行系统的拖累而进入脆弱状态，并且不得不削减成本和（或）以更糟糕的条件从其他地方借入更多的债务。银行贷款的冻结也会对家庭产生类似的影响。银行裁员意味着与银行业相关的雇员收入下降及其家庭消费脆弱性上升。非银行企业因为无法获得银行贷款而不得不削减成本，也会给相应的雇员及其家庭带来同样的影响。银行金融资产价格崩溃可能意味着家庭成员的退休养老金收入的减少或消失，这通常也会导致家庭能够赚取的利息收入的下降。抵押贷款再融资作为增加家庭收入的一种手段，也将随着银行冻结贷款而失效。总之，银行脆弱性可以直接地和间接地（通过非银行企业脆弱性）导致家庭收入的停滞或下降，进而造成家庭消费脆弱性的上升。同时，银行贷款冻结也会迫使家庭像非银行企业那样，通过其他途径寻找"条款和条件"更加苛刻的债务，这也会助推家庭消费脆弱性的上升。

银行脆弱性还直接地和间接地增加政府资产负债表的脆弱性。银行贷款

---

[①]　例外可能是专门从事"卖空"股票和其他金融资产交易的追求高风险的投资者和影子银行，它们"押注"价格会下跌，并在价格实际下跌时获得资本收益。

的冻结会导致实体经济投资和家庭消费的减少，从而使经济增长乏力，进而减少政府税收收入。政府在经济衰退的情况下最终会支出更多（自由裁量支出和非自由裁量支出通常都会增加）。更多的支出和更少的税收收入意味着预算赤字的增加，从而迫使政府通过更多的债务来为赤字"融资"。因此，政府脆弱性由于收入下降和债务上升而进一步强化了。

在金融危机和经济严重衰退期间，政府还会通过提供救助将特别是来自银行和有"战略意义"的非银行企业的债务，转移到政府的资产负债表上。政府可以购买不良资产，并将之转移到中央银行或所谓的"坏账银行"上。坏账银行是国有的，专门持有各种"有毒"资产，直到政府将其转售出去为止。政府也可能发放大规模的直接贷款、补贴，或者对有"战略意义"的非银行企业提供贷款担保。银行向政府机构出售坏账，就相当于将债务卸下并转移给政府，同时也就在一定程度上将脆弱性转嫁给了政府。[1]另外，通过对银行和企业大幅减税，政府也就间接地将私人机构的债务和脆弱性转移到了自己身上。银行和非银行企业的收入由于税负减少而提高，但政府自己的收入却下降了，因此政府的脆弱性增强了。

各级政府"单位"也可以通过类似的途径吸收家庭债务，例如，可以向面临止赎风险或已经背上了"负资产"的房主发放补贴，为他们的抵押贷款进行再融资。不过这种情况与政府向银行、金融机构和投资者提供的数量更多、规模更大的债务转移方案相比，实在不值一提。政府更典型的补贴方式是直接补贴钱给家庭，从而在实际上减少自己的收入，并将债务和脆弱性转移到自己的资产负债表上。从长远来看，特别是在金融危机后，政府可以通过向家庭增加转移支付来为家庭收入提供支持，但代价是自身的赤字和债务都会上升。这样一来，家庭消费脆弱性的上升在一定程度上又被抵消了，而政府自身的脆弱性则因更多的支出、更多的赤字和债务而进一步恶化。

在上面这些例子中，"反馈效应"的方向都是从金融脆弱性特别是银行脆弱性，到家庭消费脆弱性，再到政府资产负债表脆弱性的。当然，消费脆弱性也可能对金融脆弱性和政府脆弱性产生"反馈效应"。

---

[1]　一个很好的例子是美国在这方面的制度安排。准政府机构如房利美、房地美和联邦住房管理局，必须买下私人的抵押贷款公司和银行出售给它们的抵押贷款，其中也包括价格正在下跌中的抵押债务。

例如，由于劳动力市场的结构性变化，家庭收入可能出现停滞或下降，从而导致消费减少，进而使家庭对非银行企业的商品和服务的需求减少，使得企业的利润减少，加剧企业的脆弱性。当然，如果家庭在收入下降后不减少消费，而是承担更多的消费债务以维持之前的消费水平，那么这种"反馈效应"就有可能会降低。然而，家庭能够维持或希望维持的消费水平都是有上限的，因此家庭的总债务额也是有上限的。而消费债务会减少家庭未来的可支配收入（因为必须支付更多的债务利息），[①]因此家庭收入的停滞或下降的反馈效应，会进一步强化非银行企业的金融脆弱性和未来家庭的消费脆弱性。

家庭消费脆弱性也会强化政府资产负债表的脆弱性。家庭收入减少和（或）债务上升的结果是消费开支减少，而这意味着销售税收入的下降。这对高度依赖这种特定形式税收收入的地方政府的影响尤为严重。[②]在美国，深度经济衰退通常都伴随着家庭收入因企业裁员、减薪等原因而大幅下降，而收入的下降则又可能转化为抵押贷款无力偿债、止赎，以及房产价格的下跌。房产价格的下跌又会导致地方政府的财产税收入减少，从而会强化政府的脆弱性。取决于地方政府和财产税收入的地方公共教育服务也将被削减，除非中央政府或联邦政府提供补助以维持这种服务。总之，家庭消费脆弱性的上升会通过税收收入的下降，间接地提升地方政府脆弱性的程度，同时还会通过更多的支出、赤字和债务，间接地强化中央政府或联邦政府资产负债表的脆弱性。较少的家庭消费还会影响政府所得税的收入，就像它会影响地方政府的销售税和财产税收入一样。减少消费也意味着减少企业生产和就业岗位，而这两者都会减少应税收入，从而减少政府收入。并且，家庭消费脆弱性还会对政府脆弱性产生二阶衍生效应：不仅政府债务水平可能会上升（因为政府必须借入更多的债务去抵消税收收入损失），而且借入额外债务的条款和条件也可能会更糟糕，从而提高债务成本。出现大量预算赤字的州和地方政府，

---

① 美国再次提供了一个很好的例子。例如，过高的学生贷款债务对年龄介于 21~29 岁之间的年轻人的消费能力造成了极大的影响。美国新建住宅之所以停滞，主要是因为年轻人无力购买住房，而这在很大程度上就是因为过多的学生贷款债务负担所致。如果当前的 1.2 万亿美元学生贷款债务不存在，那么很多家庭就可能会购买住房。也就是说，年轻学生及其家庭未来的大额消费都因当前的债务水平过高而减少了。

② 对于那些中央政府收入大部分来自所谓的"增值税"（VAT）的国家，例如欧洲的许多国家，也存在同样的效应。

在出售市政债券时还将不得不提高利率，不然就无法为因税收收入下降而出现的高额赤字融资。

金融脆弱性加剧了家庭消费脆弱性，反之亦然。同理，一方面，金融脆弱性和家庭消费脆弱性以各种形式向政府"提供"资产负债表的脆弱性，另一方面，政府资产负债表的脆弱性也以各种方式"回馈"金融脆弱性和家庭消费脆弱性。这种情况往往是财政紧缩政策发挥重要作用的时候。紧缩政策的实质是将真实的或潜在的政府债务转移给家庭，这样，政府资产负债表的脆弱性程度就降低了，但是代价却是家庭消费脆弱性上升了。紧缩政策意味着政府开支的大幅度削减，或者说政府保留了更多的收入。减少政府支出意味着减少赤字和债务融资，而削减政府的转移支付支出也意味着家庭的可支配收入减少了。紧缩政策通常还意味着政府会出售公共资产，这会暂时性地提高政府收入。但是它会迫使家庭转而向私人以更高的价格购买以往由政府提供的服务，或者以往本来免费的公共服务及其产品，现在却必须由家庭付钱才能买到。这当然会减少家庭的可支配收入并提升家庭的消费脆弱性。紧缩政策还意味着政府将增加税收、减少退休人员的养老金和退休金，以及减少公共医疗保健服务的费用。所有这些都会提高政府收入或降低政府成本，但是同时也会降低家庭可支配收入和提高家庭生活成本。紧缩政策之下加征的大部分税收都是销售税，以及其他严重影响中位数收入水平及以下的家庭的"累退性"税收，而对投资者和企业影响却不是太大。养老金、退休金和公共医疗保健服务支出的削减，受影响的明显是中等收入家庭。

上面的论述表明，三种形式脆弱性中的任何一种，都可以通过许多不同的方式和路径"反馈"到其他形式的脆弱性上。有时候，"反馈"是直接的，即从政府资产负债表脆弱性到家庭消费脆弱性，或从银行脆弱性到非银行企业脆弱性和家庭消费脆弱性，再或者从家庭消费脆弱性到政府资产负债表脆弱性或非银行企业脆弱性。这种直接的"反馈"或者通过导致收入下降，或者通过导致债务上升，再或者是两者同时进行传导。"反馈"还可能间接地发生，即金融脆弱性上升导致家庭消费脆弱性上升，进而导致政府资产负债表脆弱性上升；或者，从金融脆弱性传导到政府资产负债表脆弱性再到家庭消费脆弱性。当然，可能出现的组合形式绝不仅仅限于上面提到的这两种。

无论如何，最重要的一点是，这些"反馈效应"确实存在。脆弱性不会只在三种形式中的某一种内部独立生成并发展。在金融不稳定性事件发生以及随后的实体经济快速收紧期间，这种"反馈效应"会迅速增强，从而强化系统脆弱性。事实上，不仅存在这种"加速器效应"，而且不同形式的脆弱性在互相"反馈"期间，可能还存在不同的"响应弹性"。①也许，金融脆弱性的微小变化就会对家庭消费脆弱性产生严重的"反馈效应"（即导致家庭消费脆弱性大幅上升）。然而，家庭消费脆弱性的上升对金融脆弱性的影响却较小。②

## 系统脆弱性的传导机制

最后，非常重要的一个问题是，"传导机制"（TXM）或"脆弱性的过程"的重要性体现在哪里。这也是所有其他试图解释脆弱性、金融不稳定性与经济周期之间的关系的经济学理论特别不完善的地方。

在决定系统脆弱性的过程中，传导机制在好几个层面上都发挥着重要作用。"反馈效应"——相互决定性——首先发生在三个内部变量（债务、收入、条款和条件）之间；其次还发生在更高的层面上，即在三种形式的脆弱性（金融脆弱性、家庭消费脆弱性和政府资产负债表脆弱性）之间；最后也发生在一般的层面上，即金融资产投资与实物资产投资之间。所有的相互决定作用都需要某种传导机制来实现和完成。

对系统脆弱性至关重要的传导机制至少有三个，它们分别是价格体系、政府政策和投资者的心理预期。

### 作为传导机制的价格体系

新古典主义的观点是，只有一种价格体系，即所有价格的"行为"都相

---

① 这里所说的"弹性"是一个从经济学中借来的术语，它用以描述一个变量的变化在何种程度上受另一个变量的变化的影响。如果一个变量的变化在另一个变量中产生了更大程度的变化，那么这个变量就是很有"弹性"的。如果一个变量的变化只是在其他变量中产生了小于这个变量本身的变化的微小变化，那么它就是"无弹性"的。换句话说，这三种形式的脆弱性效应，彼此之间存在着不同的弹性。

② 因此，估计一种形式的脆弱性的变化对另一种形式的脆弱性的"反馈效应"的强度（加速度）、估计一种形式的变化对另一种形式的变化的敏感性（弹性），是我们进一步对系统脆弱性进行估量时要着重考虑的。

同，都以相同的方式对供给和需求作出反应。无论是金融资产价格、商品和服务价格（产出价格）、要素价格（工资作为劳动力的价格、实物资本价格、土地价格等），还是货币价格（利率），对供求关系的反应都是一样的。供给与需求的相互作用和价格调节，使经济回归均衡。换句话说，一种价格体系适合所有商品的价格；价格体系是经济体系稳定的关键。

然而，新古典主义的这个观点并不符合现实。就金融资产价格而言，需求起着更大的作用，而供给的作用却几乎可以忽略。在金融资产通货膨胀的情况下，只要价格持续上扬，需求就会带来更多的需求，从而驱动价格的进一步上涨，但增加供给并不能调节资产价格的通货膨胀。只有当投资者认为价格不可能进一步上升，而且价格停滞或下降已经迫在眉睫时，金融资产价格才会突然迅速下跌（即出现通货紧缩的情形）。因此，使金融资产通货膨胀趋势发生逆转并变为通货紧缩的，是一种心理感知或对即将发生的价格变动的预期，而不是供给侧的因素。从通货膨胀向通货紧缩的转变，与商品价格的额外供给或成本上升无关，因为生产金融证券的"商品成本"几乎可以忽略不计。

金融资产通货紧缩是某种脆弱性内部的机制之一，它会强化一个脆弱性变量对另一个脆弱性变量的影响，例如，债务对收入、债务对"条款和条件"等。以银行间日益强化的金融脆弱性为例，金融资产通货紧缩会减少银行的收入（收入可用于向它借款的另一家银行偿付债务）。当资产通货紧缩发生时，投资者将不再从银行购买新资产，这样会导致银行收入下降，同时出售银行股票的收入也会减少。而且，这种收入下降一般都发生在银行需要增加收入以弥补资产价格下跌造成损失和偿付债务的时候。较少的收入加上下降的资产价格，再加上上升的实际债务，意味着银行脆弱性的强化。

那么，这种强化了的银行脆弱性又是如何传导到其他形式的脆弱性上面的呢，即如何从金融脆弱性传导到家庭消费脆弱性和（或）政府资产负债表脆弱性上的呢？在这里，价格体系再次发挥了作为传导机制的作用：金融资产通货紧缩导致商品通货紧缩，甚至导致随后的工资通货紧缩。接下来我们将细述银行脆弱性是如何通过价格体系这种传导机制将脆弱性传导给非银行企业和家庭的。

银行本身也是资本主义企业，这一点与其他企业并没有什么不同，但是必须把它与非银行企业区分开来，因为它是向经济系统各行业提供信贷的资本主义机构。银行在提供信贷时，实行的是"部分准备制"。因此，当银行资产价格下跌、损失增加时会停止贷款，以确保自身仍然能够保留足够的储备。通常，在资产通货紧缩的情况下，银行会尽可能多地囤积现有收入（现金资产）以抵消损失。当金融资产通货紧缩不是很严重时，银行会采取所谓的"信贷紧缩"措施（大幅提高贷款利率）；而当资产通货紧缩更严重时，银行会采取"流动性紧缩"（暂时停止发放贷款；或者有意设置障碍、提高贷款利率，变相阻止贷款）措施；当银行无法支付到期债务、出现违约时，就面临"偿付能力危机"了，也就是说，无力偿债的银行，如果得不到求助，就只能破产，由法院拍卖其剩余资产以分配给债权人。

因此，银行金融资产崩溃的程度大致对应于银行贷款收缩的程度，同时也对应于实体经济收缩的程度。非银行企业无法获得保证日常业务正常经营的贷款（因为银行几乎完全不发放贷款了），迫于无奈，不得不通过降低商品价格来增加销售，和（或）通过削减劳动力价格（工资）来降低成本，以便获得更多的收入。在这种情况下，始于银行的金融资产通货紧缩就传导到了其他行业，致使非银行企业形成了商品和（或）工资的通货紧缩。进一步地，商品和工资的通货紧缩又会降低非银行企业员工及其家庭的收入，从而增加家庭消费的脆弱性。这个传导过程从金融资产开始，即从金融资产价格到商品价格，再到工资价格。

非银行企业除了降低商品和（或）劳动力价格之外，还有一个可以选择的替代性办法，就是削减产量和（或）裁员。但这样做会导致政府税收减少，从而加剧政府资产负债表的脆弱性。裁员相当于减少总工资收入，因此还会对家庭消费脆弱性产生同样的影响。

价格体系作为一种传导机制，也可能发生在相反的因果方向上。与金融资产通货紧缩无关的商品或劳动力价格下降，可以将非银行企业或家庭的消费脆弱性传导给银行。但是，金融资产通货紧缩对金融资产通货膨胀的影响，与金融资产通货紧缩对货币和工资的影响相比，通常远没有那么频繁和显著。这是由金融资产价格的性质决定的：它天生地更加不稳定。因此，在现实世界中，我们更常观察到的是，金融资产通货紧缩将金融脆弱性传导给非银行企业，而将消费脆弱性传导给家庭。

正如各种形式的脆弱性之间存在着多种"反馈效应"一样，价格体系在三种不同形式的脆弱性之间传导收入下降和债务上升，并且传导脆弱性的形式也是多种多样的。金融危机爆发后出现的资产通货紧缩越"陡峭"，从一种脆弱性向另一种脆弱性的传导就越强烈。此外，当金融危机和资产通货紧缩开始时，各种形式的脆弱性就越来越严重，并且从一种脆弱性形式到另一种脆弱性形式的传导也就越来越迅速。脆弱性通常长期稳定地上升，然后在金融危机爆发、实体经济收缩时突然加速。

政府政策的变化是另一个传导机制，它既可以导致某种形式的脆弱性通过内部各变量之间进行传导而强化，也可以导致脆弱性通过在不同形式的脆弱性之间进行传导而强化。如果我们把政府政策的变化理解为政府"价格"的变化，那么也可以认为政府"价格"在这里发挥了传导机制的作用。①

在诸如股市崩溃或银行破产危机等重大金融不稳定性事件发生之后，政府（中央银行）通常会通过货币政策将大量流动性注入银行，以阻止银行金融资产价格的崩溃并降低损失。为了做到这一点，中央银行可能将银行贷款利率和银行间贷款利率降低到零（2008年以来各发达经济体中央银行的做法就是如此，到现在已经持续七年多了）。政府政策的意图是，通过降低资金的"价格"（即利率）来降低银行的成本，进而提高银行收入。当然，银行也可以通过借入新债务（几乎没有成本）为到期债务和以前累积的旧债务再融资。不过，这种收入支持与债务利息削减（"条款和条件"变量的改善）合在一起虽然降低了银行的脆弱性，但是也减少了家庭收入，因而加剧了家庭的消费脆弱性。另外，家庭原先从利率较高的储蓄中获得的利息收入也消失了。家庭固定收入的减少，意味着家庭消费脆弱性因收入下降而上升。因此，中央银行的零利率货币政策会导致收入从家庭转移到银行，即让家庭去补贴银行。从脆弱性分析的角度来看，这意味着脆弱性从银行传导到了家庭。

较低的利率也会降低中央银行和政府的脆弱性程度，因为它降低了这两大机构的债务融资成本。因此，中央银行和政府都特别喜欢零利率政策，这也正是为什么各发达经济体的零利率政策能够持续这么长时间，并且在七年多后仍然优先于财政政策的主要原因之一。不难想见，这种政策长期持续的更重要的原因是，零利率能够提供低到几乎无成本的流动性，便于投资者进

---

① 我们或许可以认为，在传导过程中，不仅存在着两种价格体系，而且还存在着第三种价格体系，因此实际上总共有三种价格体系。

一步增加金融资产投资，也便于跨国公司扩大海外的实体经济投资规模。当然，纯经济因素在这里也增加了地缘政治优势。说低利率能够刺激本国实体经济，其实更多的只是一种辩解理由，而且肯定是次要目标。

　　因此，政府和中央银行的利率政策及流动性政策的变化都是一种脆弱性传导机制，它们使脆弱性从一种形式（银行金融脆弱性）传导到另一种形式（家庭消费脆弱性）上。或者，有人可能会说，在这里，货币价格充当了脆弱性的传导机制。

　　另一个政府价格传导机制是税收。政府的税收政策也能将脆弱性从一种形式传导到另一种形式上。在这里，税收是政府服务的"价格"。通过减少对银行或非银行企业的税收，政府实际上增加了企业收入（降低了企业脆弱性），但同时也降低了自己的税收收入、提高了自身的脆弱性。较低的税收收入导致了政府收入减少，这可能会产生一系列的"连锁"反应，即需要政府承担更多的债务以抵消企业所得税减免和政府收入损失。因此，政府债务上升、收入下降，政府资产负债表的脆弱性会随着企业脆弱性的下降而上升。这相当于脆弱性从企业和银行系统（即金融脆弱性）向政府资产负债表转移。当然，从理论上说，政府也可以为家庭做同样的事情，因为从家庭消费脆弱性向政府资产负债表脆弱性的转移，无论是规模还是效果，都要逊许多。然而，事实却是，自 2008 年以来，政府更加频繁地采用了紧缩政策，将自己因对银行和非银行企业提供救助而承受的债务激增与收入下降的压力（即脆弱性）转移给了家庭。换句话说，紧缩政策相当于通过政府这个"中介"，将脆弱性从银行和非银行企业那里转移到了消费者及其家庭中。

　　其他类型的政府政策也可以作为传导机制，通过降低债务和提高收入或降低收入和提高债务等组合形式，将脆弱性从三种形式中的某一种转移到另一种形式上。例如，自由贸易政策以牺牲工资收入为代价，它提高了企业收入，但却降低了企业员工及其家庭的收入，这意味着脆弱性从企业转向了家庭（当然，这是在其他条件都相同的情况下）。

　　旨在使退休养老制度和健康保险制度私有化的去国有化政府政策（如奥巴马医改政策），虽然能够为企业节省大量成本、降低其脆弱性，但同时也会导致家庭递延工资收入的下降和福利补偿的减少，从而加大家庭消费的脆弱性。

　　近年来，发达经济体的趋势是实施所谓的"劳动力市场改革"，目的是削弱工会势力，从而限制集体谈判权和其他就业权利，以帮助企业削减成本和提高收入。这当然可能会导致工人工资收入的下降，表面上看企业脆弱性是被"卸载"了，但是转过头来又被"装载"在依赖工资收入的普通家庭上。

还有一种传导机制，同样既能够在某种特定形式内又在三种形式之间互相加剧脆弱性，那就是投资者的心理预期。

全球金融资本精英对于某个特定市场上金融资产价格未来趋势的预期，对于金融脆弱性与消费脆弱性之间的直接传导，以及对于这两种脆弱性向政府资产负债表脆弱性的间接传导，都会产生至关重要的作用。全球金融资本精英如果一致预期某个市场上的金融资产价格达到峰值，那么就会抛售该金融资产，而其他低层次的投资者也会跟进抛售……这个过程相当迅速，以致当散户投资者也跟进加入抛售队伍后，金融资产价格通货紧缩就可能演变成价格崩溃。因此，金融资本精英的预期会引发金融资产由通货紧缩向通货膨胀的逆转。

这种逆转的出现，很可能是由于主要影子银行机构甚或商业银行机构之间共同串谋。近年来，这种共谋的情形层出不穷，伦敦证券交易所固定 Libor 利率不变就是其中的一个例子。或者，这也可能是由于大型机构、影子银行甚或商业银行的知名交易员通过大买单或大卖单发出的共谋信号的结果。这些年，相同的模式似乎一再重复：货币资本和信贷从影子银行和大投资者手中流入特定的市场，导致金融资产价格大幅上涨、成交量激增、利润被兑现，继而天量的货币又急匆匆地涌入另一个金融证券市场……

它可能先进入亚洲股票市场，然后再进入企业垃圾债券市场，再然后是交易所交易基金，接着是石油商品期货市场……它也可能投机日元或欧元汇率，因为资本"嗅到"了日元或欧元大幅波动的气息（日本和欧洲的量化宽松计划即将推出）。全球经济已经出现了一个波涛涌动的资本海洋，它不断地从一个高流动性的金融市场涌入另一个市场。随着投资者需求的激增，资产价格迅猛上涨；而价格暴涨之际，也正是利润被收割之时；价格回落后，除了一地鸡毛之外，剩下的是散户们的遍地哀鸿和一蹶不振的实体经济。在这个过程中，金融资产泡沫形成然后又破灭，而金融脆弱性却急剧强化。当出现违约情形时，银行的资产损失又会对非银行企业的货币资本和信贷的可得性产生不利影响，从而增大非银行企业和依赖工资收入的员工及其家庭的消费脆弱性。投资者的预期一次又一次地将金融资产价格推高到泡沫的程度，然后又制造泡沫破灭的灾难，而收获者却带着巨额资本瞬间就进入了其他高流动市场——那些市场的资产价格更有增值潜力。

由此而导致的结果是，股票市场的表现与上市公司的基本收益几乎无关，而投资者则忙于在风险更高的市场中不断追求高额收益，但同时货币汇率的波动性却显著增加——这只是负面影响的其中之一。需要指出的是，导致市场巨幅波动和方向重大转变的往往不是普通投资者，而是"大进大出"的"机构"投资者（影子银行）。

大投资者——金融资本精英——的投资决策决定了金融证券价格的运行方向（上涨或下跌）和波动中心。而他们的投资决策则受他们对某个特定金融市场的价格水平是否即将达到峰值或接近最低点的预期的影响。金融资本精英阶层之外的投资者，则在方向转变发生之后进行交易（从中赚取少量利润，或者因为"迟进"或"晚出"而蒙受重大损失）。正是在推动资产价格大幅波动的过程中，全球金融资本精英赚取了巨额利润。

金融资本精英的预期和决策，对金融脆弱性向非银行企业、家庭甚至政府资产负债表的传导有重大影响。

## 系统脆弱性理论的初步方程

上面阐述的系统脆弱性的理论还不是一个"成品"，其理论体系建构工作仍在进行中。我们需要提出一个更全面的概念框架，以及构建一组方程式，用来定量地衡量系统脆弱性。在衡量系统脆弱性的过程中，我们可以提炼出一套"系统脆弱性指数"，它将有助于我们确定系统脆弱性——从历史和经验的角度——达到何种严重程度，会转变为重大的金融不稳定性事件，并引发实体经济出现持续的深度收缩——"大衰退"或"史诗般的衰退"，甚或更糟糕的"大萧条"。衡量系统脆弱性的第一步是：构建一组描述三种形式的脆弱性相互之间互相作用的联立方程，该方程必须反映任一种形式的脆弱性中的三个关键变量的互动关系。本书附录中给出了我们用方程式描述系统脆弱性的初步成果。有了这些方程式，我们就可以定量地对系统脆弱性进行衡量。

附录以符号和方程的形式重述了本章的系统脆弱性理论。当然，现在还只是一些初步的方程式，因为我们的理论体系建构才刚刚走出第一步。

# 附　录　系统脆弱性的初步方程

以系统脆弱性理论为基础，在当代各经济学流派之外另行构建一套理论框架的最终目的是，制定一套衡量当今全球经济系统脆弱性的量化指标。

在某些情况下，与系统脆弱性相关的因素很容易作定量分析，但是在其他情况下，这些因素却是定性的，因此需要事先转换为定量的。我们的目的是，将决定系统脆弱性的各个关键因素之间的相互作用程度作定量化处理，以便以数值的形式反映出系统脆弱性的不同程度和发展状况。为此，我们建立了一种波动性指数，该指数为定量指数，与其他定性指数（如表示股市波动性的"Vix"指数）不同，它能够反映各重要经济体、经济区域甚至全球经济本身的金融不稳定性程度，甚至能显示金融不稳定性事件在哪个临界点上爆发会导致金融崩溃和包括实体经济危机在内的全面经济危机。

下面给出的方程是我们正在构建的"系统脆弱性指数"的一些初步成果。我们的工作还远未完成，下一步需要做的事情还有很多。

如本书第19章所述，经济体存在三种形式的脆弱性（金融脆弱性、家庭消费脆弱性和政府资产负债表脆弱性），而每一种脆弱性的关键变量都是债务、用来偿还债务的本金和利息的收入，以及其他可能影响债务和收入的条款与条件。这三种形式的脆弱性如何相互作用并决定，以及这种相互决定又如何通过各种传导机制在不同形式的脆弱性之间进行传导，这些问题在下面给出的三个方程式中都没有得到解决。要完成这个任务，还需要进一步发展和完善这三个方程式及其一系列传导机制，然后将所得到的方程式表示为一组联立方程。不过，这一任务只能留待未来去完成了。

## 方程式一：金融脆弱性

需要强调的是，金融脆弱性适用于金融机构和非金融机构。当然，赋予方程式中不同变量的权重，肯定会因机构是金融机构还是非金融机构而不同。在金融机构中，同样的原则也适用于影子银行或商业银行。当然，它也适用于公司，无论是"混合型"影子银行（例如持有大量"投资组合"的跨国公司），还是已经通过所谓的"总投资"将经营活动与金融投资结合起来的企业。金融脆弱性的理论还适用于个人行为主体，例如，作为金融投机者的专业投资者，他们不直接受雇于影子银行、商业银行或混合型公司。大多数全球金融资本精英都是非常高净值人士和超高净值人士。

金融脆弱性的方程式可以表示为：

$$FF = l'_{f+} \left( \frac{rl_f + icrl_f + liql_f}{D} \right) \frac{(P_f^e - P_f)}{d^{t+1} - d^{t^-}} + (X) + (Z)$$

其中，

$l'_f$ 和 $l_f$ 表示金融资产投资总水平；

$l'_f$ 表示自主金融资产投资水平；

$l_f$ 表示非自主金融资产投资水平，它又由 $rl_f$、$icrl_f$ 和 $liql_f$ 所组成：

$rl_f$ 是适度的一揽子中央银行短期和长期利率、主要私人银行利率（例如，联邦基金利率）、企业债券和贷款利率，以及 $l_f$ 对这些利率的变化的敏感程度；

$icrl_f$ 是 $l_f$ 对影子银行和其他银行提供的"内部信贷"的变化的敏感程度；

$liql_f$ 是潜在的金融资产投资的可得收入，其形式为现金流、近似现金流的资产，以及投资者可用的开放式信贷额度。

$D$ 是有待偿还的总债务的水平，即金融资产和（如适用的话）实物资产，在这里，金融资产投资会对金融资产通货膨胀和债务的改变作出反应（债务带来投资，但也导致通货膨胀）；

$P_f$ 表示时期 $t$ 内的金融资产价格；

$P_f^e$ 表示从时间段 $t$ 到时间段 $t+1$ 内的预期未来金融资产价格的涨幅度；

$d^{t+1}-d^t$ 表示债务的百分比变化——从时间段 $t$ 的债务水平 $d$ 到时间段 $t+1$ 的债务水平 $d'$。

金融脆弱性方程中的前两个元素，第一个代表当前收入水平和先前累积的债务水平，第二个代表因金融资产通货膨胀（或通货紧缩）所导致的收入水平和债务水平的未来变化程度，它们又进一步取决于变量 $X$（可能进一步影响债务变量的条款和条件），以及变量 $Z$ [进一步影响债务和（或）收入的政府政策]。

其中，变量 $X$ 由以下子元素组成：

　　$X_1$ 代表契约、实物支付计划、债务暂停、违约触发暂停；

　　$X_2$ 代表债务再融资、缓解债务转换、债务权益互换、违约期延长；

　　$X_3$ 代表短期债务与长期债务的比率、可变期限还是固定期限债务、期限支付结构。

而变量 $Z$ 则由以下子元素组成：

　　$Z_1$ 代表政府对坏账的购买（通过量化宽松政策和在政治方面支持企业与"坏账银行"等）和直接救助（如"问题资产救助计划"）；

　　$Z_2$ 代表政府在危机期间增加企业补贴和减税；

　　$Z_3$ 代表政府会计规则在危机期间暂停（例如"包装上市"）。

## 方程式二：家庭消费脆弱性

家庭消费脆弱性适用于工资收入、薪金收入和转移支付收入占家庭总收入 90% 以上的家庭，那些资本收入占家庭总收入 10% 以上的家庭除外。资本收入包括资本收益、利息、股息、租金、特许权使用费和继承收入等。

家庭消费脆弱性的方程式可以表示为：

$$CF = C_f' + \frac{y\left(wC_f + tC_f + rC_f\right)}{D}\frac{1}{d^t - d^{t-1}} + (X) + (Z)$$

其中，

$C_f'$ 和 $C_f$ 表示家庭收入占 90% 的家庭的家庭总消费；

$C_f'$表示自主家庭消费水平；

$C_f$表示非自主家庭消费水平，它由$wC_f$、$tC_f$和$rC_f$组成：

$wC_f$是工资收入的消费，其中工资收入由创造的净就业、名义工资变化和由于工作时间改变带来的收入变化所决定；

$tC_f$是转移收入的消费，包括"实物"支付（如食品券）和退税收入；

$rC_f$是在时间段$t$内源于额外信贷收入的消费。这里的额外信贷收入是在时间段$t$内给予家庭的信贷，包括家庭抵押贷款、汽车贷款、信用卡贷款、个人分期贷款和学生贷款，还包括家庭债务因利率上升而增加的部分。


$D$代表要偿付的总债务的水平。

家庭消费受实物和服务以及债务的变化的影响，其中，

$y$代表消费品和服务的通货膨胀的调整；

$d^t - d^{t-1}$代表家庭消费对家庭债务水平在最近一段时间内的变化的反应（从时间段$t-1$的债务水平$d$到时间段$t$的债务水平$d$）。

$CF$方程中的前面两个元素，第一个代表当前收入水平和以往累积的债务水平，第二个代表因消费品和服务通货膨胀（或通货紧缩）所导致的收入水平和债务水平的变化。它们都进一步取决于变量$X$（可能进一步影响债务变量的条款和条件），以及变量$Z$［进一步影响债务和（或）收入的政府政策］。

其中变量$X$由以下子元素组成：

$X_1$代表债务本金延期偿付、债务利息减少、债务偿付暂停；

$X_2$代表债务再融资、债务合并、债务核销、债务期限结构扩展；

$X_3$代表短期利率和（或）固定利率支付的组成变化。


而变量$Z$则由以下子元素组成：

$Z_1$代表减少家庭税负（销售税、工资税、退税或一次性返还）；

$Z_2$代表政府增加补贴或直接雇用失业人员；

$Z_3$代表抵押贷款或其他债务援助（如住房可偿付调整计划、住房可偿付再融资计划等）。

## 方程式三：政府资产负债表脆弱性

政府资产负债表脆弱性的方程式可表示为：

$$GF = \frac{(T - G - tlg + l + E)}{Dg} + \frac{(Tlg + tlg - Glg)}{Glg} + \frac{r(B - iB) + M_{YZ}}{Dcb}$$

其中，

$GF$ 代表政府资产负债表的总脆弱性，包括联邦政府（或中央政府）、州政府和地方政府，所有具有收入和支出业务的附属政府机构、联邦政府（或中央政府），以及具有发行债券和直接货币创造能力的中央银行。

$(T - G - tlg + l + E)$ 代表联邦政府（或中央政府）的收入。其中，$T$ 为税收收入，但不包括政府发行债券所获得的收入；$G$ 为政府支出——商品和服务的支出，但不包括向地方政府的转移支付（$tlg$），以及政府通过债券发行所获得的收入；$l$ 为债券之外项目的利息收入；$E$ 为政府机构生产商品所获得的销售收入、拍卖公共物品和其他资产所获得的收入，以及所有其他非税收、非利息的收入。

（$Tlg + tlg + Glg$）是州政府和地方政府的收入，等于税收收入（$Tlg$）加上中央政府的转移支付（$tlg$），再减去地方政府的支出（$Glg$）。

$Dg$ 和 $Dlg$ 分别表示联邦政府（或中央政府）和州政府及地方政府累积的债务。

中央银行的收入由方程式中的其余元素表示，其中，

$r$（$B - iB$）代表来自传统的债券和短期票据销售的中央银行资产负债表的债务（例如，来自公开市场操作卖出的国债、进行其他特殊拍卖的债务）；$r$ 代表债券发行时的利率水平；$B$ 代表销售 / 购买债券所获得的净收入，$i$ 代表从债券交易中得到的利息收入。

$M_{yz}$ 代表中央银行通过非传统的量化宽松政策创造的货币，用来救助政府的"坏账银行"，即将商业金融机构的不良资产转移过来，同时用于购买债券和其他流动资产——这并非源于税收或其他方面的政府收入或借款。此处，

　　　　$y$ 代表为达到自然失业率目标所创造的货币数量；

　　　　$z$ 代表为实现年通货膨胀率 2% 的一般价格水平目标所创造的货币数量。

$Dcb$ 代表中央银行资产负债表上累积的债务。

需要强调的是，政府债务主要是衍生债务，因此政府资产负债表脆弱性也主要是"衍生的"。换句话说，政府资产负债表脆弱性主要是与金融脆弱性和家庭消费脆弱性相关的动态过程的结果。因此，政府资产负债表脆弱性虽是前者的一个结果，但反过来又是前者的一个原因。

# 英文索引

# 译后记

2008 年至 2009 年金融危机及其随后的全球经济表现，给当代经济学家提出了很多挑战。在本书中，拉斯穆斯试图解释：为什么全球经济增长持续放缓而且变得更加不稳定？为什么迄今的财政政策和货币政策基本上都归于无效？为什么下一次危机可能会比 2008 年至 2009 年的那次更加糟糕？拉斯穆斯所依据的是他在明斯基的"金融脆弱性"概念基础上扩展而来的"系统脆弱性"理论。

拉斯穆斯认为，全球经济的系统脆弱性根植于九大关键趋势：真实投资放缓；通货紧缩趋势明显；货币、信贷和流动性爆炸；全球债务水平急剧上升；向投机性金融资产投资的转移；奖励资本收入的金融市场重构；限制工资收入的劳动力市场重构；中央银行的货币政策的失败；政府财政政策的无效。这九大趋势导致了金融脆弱性、家庭消费脆弱性和政府资产负债表脆弱性，并且这三种脆弱性之间是相互作用、相互反馈、相互强化的，它们共同构成了经济的"系统脆弱性"。

本书阐明，21 世纪全球资本主义经济结构已经发生了根本性的变化（特别是金融市场和劳动力市场），经济的系统脆弱性将是一种长期趋势并将进一步强化。在这种趋势主导下，价格体系，尤其是金融资产价格，已经转变为一种不稳定的力量（而不再是恢复经济均衡的力量）。以此为核心，本书解释了为什么近几十年来，全球经济越来越变得依赖甚至沉迷于大规模的流动性注入，而财政政策则恰恰加剧了全球经济的脆弱性和不稳定性。

拉斯穆斯试图为分析经济（及政治）的系统脆弱性提供一个完整的框架。他在书中的很多观点，对当代主流经济学都颇具挑衅意味。当然在这篇简短的"译后记"中，译者自然无法一一加以评述。但是毫无疑问，他的分析，确实可算是对当今沉沦于"停滞陷阱"中的全球经济的一个深刻描述。拉斯穆斯本人是一个相当"另类"的经济学家，在这本书中，他似乎操纵着一台特制的 X 光机，一方面扫描当代经济的系统脆弱性，另一方面则扫描当代经济学的无效性。他的"诊疗"手法，从根本上说是"政治经济学"的。这不仅体现在他的观点上，而且还体现在他的论述风格上：试图将理论、历史和经验证据冶为一炉，在批判中完成建构。这种写作看似容易，其实极难把握，这也导致了本书在表面上看来似乎有些"啰嗦"，但其实也可以算是优点带来的缺点。

本书英文版出版于 2016 年，作者拉斯穆斯在当时就特别强调指出，俄罗斯与乌克兰之间的冲突，很可能会演变成触发全球经济（乃至政治）的系统性危机的一只"黑天鹅"。在本书中文版付印前夕，俄罗斯与乌克兰的战事仍然在渐次升级，而且北约实际上已经以某种隐秘的方式与俄罗斯开战了，全球经济也因此受到了极其重大的影响。俄乌事态的发展，说明拉斯穆斯确有先见之明，同时也凸显了他的全球经济的系统脆弱性理论的价值。

本书翻译颇辛苦。我要感谢我夫人傅瑞蓉的帮助和鼓励。这些年，译书不少，我在"译后记"中经常说的一句话，在这里还要再说一次：本书能够完成，至少一半要归功于她。感谢我儿子贾岚晴带给我的无限快乐。

我还要感谢汪丁丁教授、叶航教授、罗卫东教授和韦森教授的教诲和帮助。感谢岳父傅美峰、岳母蒋仁娟对贾岚晴的悉心照料。感谢何永勤、虞伟华、余仲望、傅晓燕、鲍玮玮、傅锐飞等好友的帮助。

我还要特别感谢我现在就职的农夫山泉股份有限公司和钟睒睒先生。虽然在入职农夫山泉股份有限公司之前，我就已经译出了本书初稿，但是许多修改和补充工作，还是在那之后完成的。农夫山泉公司为我提供了有弹性的工作安排；它一贯注重品质、强调利他，正与我的追求契合。钟睒睒先生既是我的老板，也是我的良师和益友，感谢他为我创造了非常难得的读书、译书、写作的空间。

感谢华夏出版社对我的信任，感谢编辑李雪飞老师的辛苦付出。

**贾拥民**

**写于杭州耑谷阁**

**图书在版编目（CIP）数据**

全球经济的系统脆弱性 /（美）杰克·拉斯穆斯（Jack Rasmus）著；贾拥民译 . -- 北京：华夏出版社，2023.6

（西方经济·金融前沿译丛）

书名原文：Systemic Fragility in the Global Economy

ISBN 978-7-5080-9509-7

Ⅰ.①全… Ⅱ.①杰… ②贾… Ⅲ.①世界经济—研究 Ⅳ.① F11

中国版本图书馆 CIP 数据核字（2018）第 146176 号

**全球经济的系统脆弱性**

| | |
|---|---|
| **作　　者** | ［美］杰克·拉斯穆斯 |
| **译　　者** | 贾拥民 |
| **特邀编辑** | 李雪飞 |
| **责任编辑** | 杜潇伟 |
| **责任印制** | 顾瑞清 |
| **出版发行** | 华夏出版社有限公司 |
| **经　　销** | 新华书店 |
| **印　　刷** | 三河市少明印务有限公司 |
| **装　　订** | 三河市少明印务有限公司 |
| **版　　次** | 2023 年 6 月北京第 1 版　　2023 年 6 月北京第 1 次印刷 |
| **开　　本** | 710×1000　1/16 开 |
| **印　　张** | 35 |
| **字　　数** | 537 千字 |
| **定　　价** | 129.00 元 |

**华夏出版社有限公司**　　网址：www.hxph.com.cn　电话：（010）64663331（转）

地址：北京市东直门外香河园北里 4 号　邮编：100028

若发现本版图书有印装质量问题，请与我社营销中心联系调换。